Der kleine DUDEN

Der passende Ausdruck

Der kleine DUDEN

Der passende Ausdruck

Ein Synonymwörterbuch für die Wortwahl

Bearbeitet von der Dudenredaktion

DUDENVERLAG
Mannheim/Wien/Zürich

Redaktionelle Mitarbeiter:
Dr. Maria Dose · Dieter Mang
Dr. Charlotte Schrupp
Marion Trunk-Nußbaumer

CIP-Titelaufnahme der Deutschen Bibliothek
Der **kleine Duden Der passende Ausdruck**
ein Synonymwörterbuch für die Wortwahl
bearb. von d. Dudenred.
Mannheim; Wien; Zürich: Dudenverl., 1990
ISBN 3-411-04241-9
NE: Bibliographisches Institut & F. A. Brockhaus AG,
Mannheim/Dudenredaktion;
Der passende Ausdruck

Satz: Bibliographisches Institut & F. A. Brockhaus AG
(DIACOS Siemens) und Mannheimer Morgen
Großdruckerei und Verlag GmbH
Druck: Druckerei Plenk, Berchtesgaden
Einband: Graphische Betriebe Langenscheidt,
Berchtesgaden
Printed in Germany
ISBN 3-411-04241-9

Vorwort

Unsere Sprache stellt uns einen großen Bestand an sinnverwandten Wörtern und Wendungen zur Verfügung. Wenn wir feiern wollen, dann können wir z. B. sagen, daß wir „ein Fest, eine Party geben" oder – etwas zwangloser – „eine Fete machen", in salopper Redeweise auch „eine Sause machen, ein Faß aufmachen, auf den Putz hauen". Wollen wir einen Menschen charakterisieren, der Alkohol getrunken hat, dann haben wir die Möglichkeit, aus einer Fülle von Ausdrücken das passende Wort auszuwählen, z. B. „angetrunken, angeheitert, angesäuselt, beschwipst, beschickert, benebelt, betütert" oder „betrunken, berauscht, bezecht, blau, besoffen" oder aber „volltrunken, stockbesoffen, zu". Welches Wort wir auswählen, ist nicht nur eine Frage der Bedeutung, des Wortinhalts, sondern auch des Stils.

Wenn man beim Schreiben von Briefen, beim Verfassen von Texten, bei der Ausarbeitung von Reden nicht auf das einer Situation angemessene Wort kommt oder sich nicht im Ausdruck wiederholen möchte, dann hilft dieses Synonymwörterbuch. Es bietet etwa 7 500 Gruppen mit sinnverwandten Wörtern und Wendungen an, die die Wortwahl leichtmachen.

Die Dudenredaktion

Zur Anlage und Benutzung des Buches

1. Die Synonymgruppen

Die sinnverwandten Wörter sind jeweils unter einem sogenannten Leitwort – das ist das erste Wort – in Gruppen zusammengestellt. Als Leitwort steht in der Regel das Wort mit dem allgemeinsten Inhalt.

2. Register

Am Ende des Bandes befindet sich ein Register, in dem Wörter, die nicht als Leitwörter von Synonymgruppen erscheinen, aufgelistet sind. Das sind einerseits Wörter, die der Umgangssprache oder einer Fachsprache angehören oder die beispielsweise nur in bestimmten Landschaften gebräuchlich sind, andererseits Wörter, die sich nicht als Leitwort von Synonymgruppen eigneten, häufig Fremdwörter. Diese im Register aufgeführten Wörter werden mit einem Pfeil auf das Leitwort der Synonymgruppe, in der sie enthalten sind, verwiesen. Das Register dient damit als zusätzliche Suchhilfe.

3. Angaben zum Stil und Wortgebrauch

Wörter, die in ihrem Stilwert nicht neutral sind oder eine bestimmte Einstellung oder Einschätzung des Sprechers enthalten, die einer Fach- oder Sondersprache angehören, nur in einem Teil des deutschen Sprachgebiets gebräuchlich oder nicht mehr üblich sind, werden gekennzeichnet:
dichterisch (z. B. Antlitz): feierliche, poetische, oft altertümliche Ausdrucksweise;

bildungssprachlich (z. B. Kriterium): gebildete, besonders in Fachkreisen übliche, meist fremdsprachliche Ausdrucksweise;
gehoben (z. B. sich ergötzen): nicht alltägliche Ausdrucksweise; kann – besonders in mündlicher Alltagssprache – gespreizt klingen;
umgangssprachlich (z. B. jmdm. etwas aufhalsen): zwanglose, alltagssprachliche Ausdrucksweise; meist in der gesprochenen Sprache;
familiär (z. B. Oma): Ausdrucksweise im engeren, vertrauten Kreise;
Jargon (z. B. etwas kippen): in einer bestimmten sozialen Gruppe oder Berufsgruppe übliche umgangssprachliche Ausdrucksweise;
salopp (z. B. bescheuert): gefühlsbetonte und anschauliche, oft nachlässig-burschikose Ausdrucksweise; überwiegend in der gesprochenen Sprache;
derb (z. B. Fresse): ungepflegte, gewöhnliche und grobe Ausdrucksweise;
vulgär (z. B. scheißen): sehr derbe, als anstößig, unanständig geltende Ausdrucksweise;
abwertend (z. B. Lakai): enthält Kritik, emotionale Ablehnung des Sprechers/Schreibers;
scherzhaft (z. B. Karbolmaus): lustig-bildhafte Ausdrucksweise;
emotional (z. B. Suppe = Nebel): nicht sachlich-neutrale Ausdrucksweise, die die gefühlsbetonte – positive oder negative – Wertung durch den Sprecher/Schreiber widerspiegelt;
verhüllend (z. B. Hausfreund): Ausdrucksweise, die etwas harmloser erscheinen lassen oder mit der etwas weniger direkt gesagt werden soll;
landschaftlich (z. B. schwätzen): regional begrenzte Ausdrucksweise;
veraltend (z. B. Abort): nur noch selten, meist von der älteren Generation gebraucht;

veraltet (z. B. Maid): nicht mehr, gelegentlich noch in altertümelnder, scherzhafter oder ironischer Ausdrucksweise gebraucht.

4. Die im Wörterbuch verwendeten Zeichen, Zahlen, Klammern

[] Die eckigen Klammern schließen weglaßbare Buchstaben innerhalb eines Wortes (gerade[n]wegs) ein.

() In runden Klammern stehen Angaben und Erläuterungen zu den Wörtern, z. B. Stilhinweise und variable Teile von Wendungen, z. B. (Menschen) jeder Couleur.

/ Der Schrägstrich wird verwendet, um reflexive Verben oder Wendungen, die in einigen Bestandteilen übereinstimmen, zusammenzufassen, z. B. sich in etwas schicken/ergeben/finden/fügen.

Hochgestellte Zahlen (z. B. [1]beschäftigen ..., [2]beschäftigen ...): Wenn das gleiche Wort mehr als einmal in der alphabetischen Folge vorkommt, erhalten die Wörter vorangestellte Indizes (hochgestellte Zahlen), um den Benutzer auf das mehrfache Vorhandensein aufmerksam zu machen. Auch die Wörter, die zwar gleich geschrieben werden, aber verschiedenen Wortarten angehören oder sich durch den Artikel unterscheiden, sind mit Indizes versehen, z. B. [1]vermessen (Verb), [2]vermessen (Adjektiv); [1]Flur (der), [2]Flur (die).

5. In diesem Buch verwendete Abkürzungen

aleman.	alemannisch	fachspr.	fachsprachlich
bayr.	bayrisch	Fachspr.	Fachsprache
bibl.	biblisch	fam.	familiär
bildungsspr.	bildungssprachlich	Gaunerspr.	Gaunersprache
bzw.	beziehungsweise	geh.	gehoben
dichter.	dichterisch	Ggs.	Gegensatz
ev.	evangelisch	hist.	historisch

iron.	ironisch	Philos.	Philosophie
jidd.	jiddisch	Psych.	Psychologie
jmd.	jemand	Rel.	Religion
jmdm.	jemandem	rhein.	rheinisch
jmdn.	jemanden	scherzh.	scherzhaft
jmds.	jemandes	schweiz.	schweizerisch
kath.	katholisch	Soldatenspr.	Soldatensprache
Kochk.	Kochkunst	südd.	süddeutsch
landsch.	landschaftlich	südwestd.	südwestdeutsch
md.	mitteldeutsch	Theol.	Theologie
Med.	Medizin	u. a.	und andere
milit.	militärisch	ugs.	umgangssprachlich
mundartl.	mundartlich	verhüll.	verhüllend
niederd.	niederdeutsch	volkst.	volkstümlich
nordd.	norddeutsch	westd.	westdeutsch
o. ä.	oder ähnliches	westmd.	westmitteldeutsch
österr.	österreichisch	wiener.	wienerisch
ostmd.	ostmitteldeutsch	z. B.	zum Beispiel

aalen (sich; *ugs.*), alle viere von sich strecken *(ugs.),* sich rekeln, sich dehnen, sich behaglich ausstrecken.

Abänderung, Änderung, Umänderung, Veränderung, Abwandlung, Umwandlung, Verwandlung, Umarbeitung, Ummodelung, Umkrempelung *(ugs.),* Modifizierung, Variierung, Variation, Modifikation, Umformung.

abarbeiten (sich), sich anstrengen, alle Kräfte anspannen, sich fordern, sich etwas abverlangen, seine ganze Kraft aufbieten, seinen Stolz dareinsetzen, sich ins Zeug legen *(ugs.),* nichts unversucht lassen, alle Hebel / *(ugs.)* Himmel und Hölle in Bewegung setzen, sich ins Geschirr legen, sich bemühen / befleißigen / befleißen / mühen / abmühen / abschleppen / strapazieren / *(ugs.)* auf den Hosenboden setzen / *(ugs.)* abrakkern / plagen / abplagen / *(ugs. landsch.)* placken / *(ugs. landsch.)* abplacken / *(österr.)* abfretten / *(ugs.)* abschuften / quälen / abquälen / *(ugs.)* schinden / *(ugs.)* abschinden / aufreiben / Mühe geben, es sich sauer werden lassen, bemüht sein, einen Versuch machen, sein möglichstes / Bestes / das menschenmögliche tun, sich zusammenreißen *(salopp),* zusehen, daß ...; zu strampeln haben *(ugs.),* schuften *(salopp),* puckeln *(salopp),* ackern *(salopp),* asten *(salopp),* sich verausgaben *(ugs.),* krebsen *(salopp),* herumkrebsen *(salopp),* rumkrebsen *(salopp),* sich in geistige Unkosten stürzen *(iron.).*

abartig, pervers, widernatürlich, verkehrt, unnatürlich, anormal.

Abbildung, Bild, Darstellung, Ansicht, Illustration.

abblasen *(ugs.),* absetzen, kippen *(Jargon),* ausfallen lassen.

abbrechen, beenden, beendigen, aufgeben, aufstecken, aussteigen *(ugs.),* begraben *(ugs.),* einstellen, es dabei bewenden lassen, Feierabend / Schluß / ein Ende machen, aufhören, ein Ende setzen, ad acta legen, einen Strich *bzw.* Schlußstrich unter etwas ziehen / machen, einen Punkt machen, abschließen, zum Abschluß / unter Dach und Fach / *(ugs.)* über die Bühne bringen, schließen, beschließen, mit etwas zu Ende sein / gehen, das Handtuch werfen.

abbüßen, eine Strafe verbüßen, einsitzen, gefangensitzen, im Gefängnis / in Haft / im Zuchthaus / hinter schwedischen Gardinen / hinter Schloß und Riegel / hinter Gittern / auf Nummer Sicher sitzen, im Kerker liegen, brummen *(ugs.),* [bei Wasser und Brot] sitzen *(ugs.),* seine Zeit / Strafe absitzen *(ugs.),* abbrummen *(ugs.),* abreißen *(salopp),* Arrest / Knast schieben *(salopp),* Tüten drehen / kleben *(ugs.),* gesiebte Luft atmen *(ugs. scherzh.).*

abdanken, abtreten, den Dienst quittieren, den Hut nehmen, gehen, zurücktreten, seine Koffer packen, sein Bündel schnüren, demissionieren, sein Amt niederlegen / zur Verfügung stellen, den / seinen Abschied nehmen, seinen Rücktritt erklären, sich [ins Privatleben] zurückziehen, einen Posten abgeben / abtreten.

Abdankung, Rücktritt, Austritt, Ausscheiden, Demission, Amtsverzicht, Abschied.

abdunkeln, verdunkeln, dunkel machen, abblenden, abschalten, das Tageslicht / die Sonne abschirmen.

Abend, Dämmerung, Dämmerstunde, Abendzeit, Abendstunde, blaue Stunde.

abends, am Abend, des Abends *(geh.)*, allabendlich.

aber, jedoch, doch, jedennoch *(veraltend)*, indes, indessen, dabei, immerhin, mindestens, zum mindesten, wenigstens, dagegen, dahingegen, hingegen, hinwieder, hinwiederum, wiederum, allerdings, freilich, and[e]rerseits, anderseits, nur, höchstens, sondern, allein, im Gegensatz dazu, demgegenüber.

aberkennen, absprechen, entziehen.

abfällig, abschätzig, pejorativ, geringschätzig, verächtlich, wegwerfend, despektierlich.

Abfälligkeit, Geringschätzung, Geringschätzigkeit, Abschätzigkeit, Verächtlichmachung, Herabwürdigung, Herabsetzung, Demütigung, Entwürdigung, Verachtung, Naserümpfen.

abfärben, auslaufen, ausgehen, Farbe verlieren, Farbe abgeben, nicht farbecht sein, nicht waschecht sein.

abflauen, abnehmen, nachlassen, schwinden, dahinschwinden, im Schwinden begriffen sein, aussterben, abklingen, zurückgehen, sinken, absinken, fallen, nachgeben (Kurse, Preise), sich verringern / vermindern / verkleinern, zusammenschrumpfen, abebben, verebben, erkalten, einschlafen, schwächer / weniger / geringer werden, sich beruhigen, sich dem Ende zuneigen, ausgehen, zu Ende / zur Neige / *(dichter.)* zur Rüste gehen, zu Ende / *(ugs.)* alle sein *bzw.* werden, rückläufig / rezessiv / regressiv sein.

Abfolge, Reihenfolge, Folge, Ablauf, Aufeinanderfolge, Sequenz, Turnus.

abgeben (sich mit), sich befassen mit, sich beschäftigen / tragen mit, sich widmen, sich in etwas hineinknien *(ugs.)*, einer Sache frönen / huldigen, umgehen mit, schwanger gehen mit *(ugs. scherzh.)*.

abgeblaßt, verblaßt, ausgebleicht, verwaschen, verschossen.

abgedroschen, phrasenhaft, leer, hohl, nichtssagend, banal, trivial, inhaltslos, stereotyp, abgeleiert, abgeklappert.

abgehärtet, widerstandsfähig, gestählt, unempfindlich, stabil, resistent, gefeit, immun.

abgeklärt, ruhig, besonnen, bedächtig, gemessen, bedachtsam, überlegen, harmonisch, würdevoll, vernünftig, nachdenklich, geruhsam, gemächlich, ruhevoll, geruhig *(veraltet)*.

Abgeklärtheit, Gesetztheit, Altersweisheit, Alterswürde.

abgelegen, entlegen, abgeschieden, einsam, jwd *(salopp)*, am Ende der Welt, wo sich Fuchs und Hase gute Nacht sagen *(scherzh.)*, am Arsch der Welt *(derb)*, in der Pampa *(ugs.)*.

abgemacht, in Ordnung, einverstanden, okay, roger *(ugs.)*, gemacht, ist geritzt *(salopp)*, richtig, gut.

abgenutzt, abgegriffen, abgewetzt, abgeschabt, verschabt, blank, schäbig geworden, verschlissen, zerschlissen, durchgewetzt *(ugs.)*, dünn geworden.

Abgeordnete[r], Delegierte[r], Volksvertreter[in], Parlamentarier[in], Deputierte[r].

abgeschlossen, fertig, beendet, beendigt, erledigt, ausgeführt, zu Ende, unter Dach und Fach.

abgespannt, müde, ausgelaugt, ausgepumpt, erschöpft, ab *(ugs.)*, schachmatt, abgeschlafft *(ugs.)*, erledigt *(ugs.)*, groggy *(ugs.)*, kaputt *(ugs.)*, erschossen *(ugs.)*, [fix und] fertig *(ugs.)*, erschlagen *(ugs.)*, geschafft *(ugs.)*, k. o. *(ugs.)*, am Boden zerstört *(ugs.)*, down *(ugs.)*.

abgestumpft, unempfindlich, abgebrüht *(salopp abwertend)*, dumpf.

Abgestumpftheit, Abstumpfung, Stumpfheit, Stumpfsinn, Stumpfsinnigkeit, Lethargie, Dumpfheit, Trägheit.

abgewöhnen (sich etwas), sich einer Sache entwöhnen / enthalten, einstellen, abstellen, aufgeben, ablassen von, aufhören, [eine Gewohnheit] ablegen, mit einer Gewohnheit brechen, von einer Gewohnheit abgehen.

Abgott, Angebeteter, Idol, Schwarm, Götze.

abhauen *(salopp)*, fliehen, flüchten, die Flucht ergreifen, sein Heil in der Flucht suchen, entfliehen, entweichen, Reißaus nehmen *(ugs.)*, ausreißen *(ugs.)*, das Hasenpanier ergreifen *(scherzh.)*, türmen *(salopp)*.

abheben (sich), kontrastieren, in Gegensatz / Kontrast / Opposition stehen zu, einen Kontrast bilden zu, abstechen gegen, abweichen von, divergieren, sich unterscheiden.

abheilen, heilen, verheilen, heil werden, vernarben, zuheilen.

abhorchen, behorchen, auskultieren, abhören.

abhören, mithören, lauschen, horchen, anhören, zuhören, hören, hinhören, die Ohren aufsperren *(ugs.)*, die Ohren / Löffel spitzen *(ugs.)*, lange Ohren machen *(ugs.)*, losen *(landsch.)*.

Abitur, Reifeprüfung, Abi *(Jargon)*, Gymnasialabschluß, Matur, Maturum, Matura *(österr., schweiz.)*, Maturität *(schweiz.)*.

abkanzeln, zusammenstauchen *(salopp)*, eine Gardinenpredigt / Strafpredigt / Standpauke halten, jmdm. die Leviten lesen, mit jmdm. ein Hühnchen zu rupfen / noch ein Wörtchen zu reden haben, jmdm. etwas flüstern, jmdm. aufs Dach steigen / Bescheid stoßen / die Meinung geigen / den Marsch blasen *(salopp)*, zurechtweisen, jmdm. den Kopf waschen, jmdm. die Flötentöne beibringen, jmdm. eins auf den Deckel geben *(ugs.)*, jmdm. eins reinwürgen *(salopp)*, jmdn. heruntermachen / runtermachen / runterputzen *(salopp)*, jmdn. fertigmachen, jmdn. zur Minna / Schnecke machen *(salopp)*, jmdn. zur Sau machen *(derb)*, jmdn. Mores lehren, es jmdm. geben.

abkassieren, kassieren, einkassieren, einnehmen, vereinnahmen, einstecken, einheimsen, einsammeln, eintreiben, einstreichen *(ugs.)*, einziehen, heben *(landsch.)*, einheben *(südd., österr.)*, erheben, beitreiben, betreiben *(schweiz.)*.

abkehren (sich), sich abwenden, sich wegkehren, den Rücken drehen, brechen mit, sich lösen, alle Brücken hinter sich abbrechen, die Schiffe hinter sich verbrennen.

Abklatsch, Nachahmung, Nachbildung, Replik, Replikation, Klischee, Kopie, Imitation, Schablone, Attrappe.

abkommandieren, abordnen, delegieren, deputieren, entsenden, schicken, beordern, abstellen, senden.

abladen, ausladen, entladen, leeren, entleeren, leermachen, ausleeren, (ein Schiff) löschen.

Ablage, Gestell, Regal, Etagere, Bord, Stellage.

Ablauf, Verlauf, Prozeß, Vorgang, Hergang, Gang, Lauf.

ablaufen, verfallen, ungültig werden, auslaufen.

ablegen, lagern, ablagern, deponieren, einlagern, einbunkern, magazinieren, ein Lager anlegen, auf Lager legen.

ablehnen, abschlagen, abweisen, verweigern, versagen, abwinken, abfahren lassen *(ugs.),* abblitzen lassen *(ugs.),* einen Korb geben, die kalte Schulter zeigen, abschlägig bescheiden, nein sagen, ausschlagen, verschmähen.

[1]**ablenken,** erheitern, aufheitern, aufmuntern, zerstreuen, auf andere Gedanken bringen, Stimmung machen, Leben in die Bude bringen *(salopp),* für Abwechslung sorgen.

[2]**ablenken** (sich), sich zerstreuen, einen Tapetenwechsel vornehmen *(ugs.),* einmal etwas anderes hören und sehen wollen, Zerstreuung suchen.

ablisten (jmdm. etwas), jmdm. etwas ablocken / herauslocken / abschwindeln / herausschwindeln / abjagen / abheucheln / abschmeicheln / abbetteln / abschmarotzen / *(ugs.)* abgaunern / abgaukeln / *(ugs.)* abknöpfen / *(ugs.)* abzwacken / *(salopp)* abluchsen / *(salopp)* ablotsen / *(salopp)* ablausen / *(salopp)* abzapfen / *(salopp)* aus dem Kreuz leiern / *(landsch.)* abschwätzen / *(ugs.)* abhandeln / *(landsch.)* herausschwätzen / *(landsch.)* rausschwätzen / *(nordd.)* abschnacken, schröpfen, zur Ader lassen, ausziehen / *(ugs.),* rupfen, ausnehmen *(salopp),* maßnehmen *(salopp),* [von jmdm.] etwas schlauchen *(salopp).*

[1]**ablösen,** abmachen, entfernen, abtrennen, lösen von, loslösen, abreißen, reißen von, trennen von, lostrennen, abkneifen, abschneiden, abschrauben, abmontieren.

[2]**ablösen** (sich), sich lösen, sich lockern, locker werden, abgehen, losgehen, abfallen, abblättern, abbröckeln, abspringen, abplatzen, absplittern.

abmachen, ablösen, entfernen, abtrennen, lösen von, loslösen, abreißen, reißen von, trennen von, lostrennen, abkneifen, abschneiden, abschrauben, abmontieren.

Abmachung, Absprache, Vereinbarung, Abrede, Übereinkunft, Übereinkommen, Abkommen.

Abmagerungskur, Diät, Schlankheitskur, Fastenkur, Hungerkur.

abnabeln (sich), sich loslösen / lösen / losmachen von, sich freischwimmen, loskommen von, die Nabelschnur durchschneiden / durchtrennen, selbständig werden, sich emanzipieren.

[1]**abnehmen,** abmagern, mager / dünner / schlank werden, an Gewicht verlieren, immer weniger werden, vom Fleisch / aus den Kleidern fallen.

[2]**abnehmen,** nachlassen, schwinden, dahinschwinden, im Schwinden begriffen sein, aussterben, abklingen, zurückgehen, sinken, absinken, fallen, nachgeben (Kurse, Preise), sich verringern / vermindern / verkleinern, zusammenschrumpfen, abflauen, abebben, verebben, erkalten, einschlafen,

schwächer / weniger / geringer werden, sich beruhigen, sich dem Ende zuneigen, ausgehen, zu Ende / zur Neige / *(dichter.)* zur Rüste gehen, zu Ende / *(ugs.)* alle sein *bzw.* werden.

Abneigung, Antipathie, Ressentiment, Aversion, Widerwillen, Widerstreben.

Abnutzungserscheinung, Alterserscheinung, Verschleiß, Kräfteverschleiß.

abordnen, delegieren, deputieren, entsenden, schicken, beordern, abkommandieren, abstellen, senden.

abpflücken, pflücken, abrupfen, abzupfen, abreißen, abbrechen, klauben *(österr.),* brocken *(südd., österr.),* abbrocken *(südd., österr.).*

abraten, widerraten, zu bedenken geben, abbringen von, warnen, verleiden, vermiesen *(ugs.),* einwenden.

abrechnen, Kasse machen, Kassensturz machen, Rechnung legen.

abreisen, abfahren, wegfahren, abfliegen, in See stechen, aufbrechen, fortfahren, auslaufen, abdampfen *(ugs.),* starten, fortziehen.

abreißen, niederreißen, einreißen, demolieren *(österr.),* abbrechen, wegreißen, abtragen, schleifen.

abrücken (von), sich zurückziehen, sich distanzieren von, sich innerlich entfernen von, mit etwas nichts zu tun / zu schaffen haben wollen, Abstand nehmen von, ein Rückzugsgefecht machen.

abrupt, jäh, jählings, unvermittelt, unversehens, schlagartig, plötzlich, urplötzlich, auf einmal, mit einem Mal, Knall und Fall.

abrutschen, gleiten, rutschen, schurren, ausgleiten, ausrutschen, ausglitschen *(ugs.),* abgleiten, den Halt verlieren, schlittern, schlipfen *(schweiz.),* ausschlipfen *(schweiz.).*

absagen, eine Zusage zurücknehmen, rückgängig machen, abblasen *(ugs.),* widerrufen, ablehnen.

abschaffen, aufheben, annullieren, für ungültig erklären, für [null und] nichtig erklären, außer Kraft setzen, einen alten Zopf abschneiden, kassieren.

abschalten, ausspannen, ausruhen, eine Pause einlegen, auftanken *(ugs.),* Ferien / Urlaub machen.

abschätzig, pejorativ, abfällig, geringschätzig, verächtlich, wegwerfend, despektierlich.

Abschätzigkeit, Nichtachtung, Respektlosigkeit, Despektierlichkeit, Geringschätzung, Geringschätzigkeit, Abfälligkeit, Pejoration, Verächtlichmachung, Herabwürdigung, Herabsetzung, Demütigung, Entwürdigung, Mißachtung, Verachtung.

Abscheu, Ekel, Widerwillen, Aversion, Degout, Antipathie, Abneigung.

abscheulich, scheußlich, häßlich, unschön, greulich, widerlich, ekelhaft, zum Kotzen *(derb),* abscheuerregend, widerwärtig, ätzend *(ugs.),* schlimm, schlecht.

abschicken, absenden, wegschikken, versenden, zum Versand bringen, hinausgehen lassen.

abschlagen, ablehnen, abweisen, verweigern, versagen, abwinken, abfahren lassen *(ugs.),* abblitzen lassen *(ugs.),* einen Korb geben, die kalte Schulter zeigen, abschlägig bescheiden, nein sagen, ausschlagen, verschmähen.

abschließen, einschließen, schließen, zumachen, absperren *(landsch.),* zusperren *(landsch.),* zuriegeln, verriegeln.

abschließend, zusammenfassend, resümierend, zum Schluß, zum Abschluß.

Abschluß, Ende, Ausgang, Schlußpunkt, Schluß, Beschluß *(veraltend),* Rüste *(dichter.),* Neige *(dichter.),* Ausklang, Beendigung, Finale.

abschmecken, kosten, versuchen, probieren, verkosten, degustieren, gustieren *(österr.),* schmecken, eine Kostprobe / Probe nehmen.

Abschnitt, Absatz, Kapitel, Passus, Passage, Teil, Teilstück, Teilbereich, Sektor.

[1]**abschreiben,** plagiieren, ein Plagiat / geistigen Diebstahl begehen, sich mit fremden Federn schmükken, abkupfern, abfeilen *(landsch.).*

[2]**abschreiben,** abstreichen, Abstriche machen, abtun, fallenlassen, verzichten, Verzicht leisten, sich einer Sache entschlagen, seine Rechte abtreten, resignieren, aufgeben, verloren geben, nicht mehr rechnen mit, sich trennen von, sich einer Sache begeben, einer Sache entsagen / entraten / abschwören / absagen, zurücktreten / absehen / lassen / ablassen / abgehen / abkommen / abstehen / Abstand nehmen von, Umgang nehmen von *(schweiz.),* sich etwas versagen / aus dem Kopf *bzw.* Sinn schlagen, etwas zu Grabe tragen, an den Nagel hängen *(ugs.),* in den Mond / in den Kamin / in den Schornstein / in die Esse / in den Wind schreiben *(ugs.),* fahrenlassen *(ugs.),* bleibenlassen *(ugs.),* lassen, schießen lassen *(salopp).*

Abschreibung, Abzahlung, Abschlagszahlung, Ratenzahlung, Teilzahlung, Abtragung, Tilgung, Amortisierung.

Abschrift, Zweitschrift, Duplikat, Doppel, Durchschlag, Durchschrift, Kopie, Ablichtung.

abschwächen, dämpfen, mildern, abmildern, abwiegeln, eindämmen, herunterspielen, drosseln, reduzieren.

abschweifen, vom Thema abkommen, vom Hundertsten ins Tausendste kommen, nicht beim Thema bleiben, sich ins Uferlose verlieren, einen Exkurs machen, Gedankensprünge machen.

absehbar, voraussehbar, vorhersehbar, vorherzusehen, berechenbar, vorausberechenbar, voraussagbar, erkennbar, vorhersagbar.

absenden, abschicken, wegschikken, versenden, zum Versand bringen, hinausgehen lassen.

absetzen, abblasen *(ugs.),* kippen *(Jargon),* ausfallen lassen.

absichern (sich), sichern, sicherstellen, Sicherheitsmaßnahmen / Sicherheitsvorkehrungen / Maßnahmen / Vorkehrungen / Vorsorge treffen, vorsorgen, vorbauen *(ugs.).*

Absicht, Plan, Vorhaben, Intention, Vorsatz, Ziel, Bestreben, Streben, Projekt.

absichtlich, geflissentlich, wissentlich, absichtsvoll, beabsichtigt, vorsätzlich, gewollt, bewußt, mit Willen / Bedacht / Absicht, willentlich, wohlweislich, mit Fleiß / *(südd., österr., schweiz.),* zum Trotz, erst recht, nun gerade, aus Daffke *(salopp berlin.),* zufleiß *(österr.),* justament *(österr.).*

absolut, grundlegend, fundamental, von Grund auf / aus, vollkommen, völlig.

absolvieren, durchlaufen, erfolgreich beenden, abschließen, hinter sich bringen.

absondern, abgeben, abscheiden, ausscheiden, auswerfen, ausschwitzen.

abspreizen, von sich wegstrecken, zur Seite strecken, ausstrecken, spreizen.

abstammen, stammen von, entstammen, herkommen / kommen von.

Abstammung, Abkunft, Herkunft, Herkommen, Geburt, Provenienz, Ursprung.

[1]**Abstand,** Distanz, Entfernung, Luftlinie, Zwischenraum.

[2]**Abstand,** Intervall, Zwischenraum, Zwischenzeit.

abstechen (gegen), kontrastieren, sich abheben von, in Gegensatz / Kontrast / Opposition stehen zu, einen Kontrast bilden zu, abweichen von, divergieren, sich unterscheiden.

[1]**abstellen,** ausschalten, abschalten, ausmachen, abdrehen, ausdrehen, ausknipsen *(ugs.)*.

[2]**abstellen,** hinstellen, niederstellen, niedersetzen, absetzen, deponieren.

abstrahieren, verallgemeinern, generalisieren, schablonisieren.

abstrakt, ungegenständlich, begrifflich, nur gedacht, nur vorgestellt, gedanklich, theoretisch, vom Dinglichen gelöst, unanschaulich.

abstreiten, bestreiten, in Abrede stellen, leugnen, ableugnen, zurückweisen, verneinen, negieren, sich verwahren gegen, von sich weisen, dementieren, als unrichtig / unwahr / unzutreffend / falsch bezeichnen, absprechen.

Abstufung, Nuance, Differenzierung, Abschattung, Schattierung, Tönung, Abtönung, Spur, Hauch, Touch, Schatten, Anflug, Schimmer, Stich.

absurd, unsinnig, blödsinnig *(ugs.)*, schwachsinnig *(ugs.)*, idiotisch *(ugs.)*, stussig *(ugs.)*, ohne Sinn und Verstand, hirnverbrannt *(ugs.)*, hirnrissig *(ugs.)*.

Absurdität, Wahnwitz, Unvernunft, Aberwitz, Irrwitz, Wahnsinn, Irrsinn, Unsinn, Unsinnigkeit, Dummheit, Betise, Sottise, Widersinnigkeit, Sinnwidrigkeit, Sinnlosigkeit, Torheit, Narrheit, Blödsinn *(ugs.)*, Blödsinnigkeit, Hirnverbranntheit *(ugs.)*, Witzlosigkeit, Hirnrissigkeit *(österr. ugs.)*, Quatsch *(salopp)*.

Abteilung, Truppe, Einheit, Geschwader, Pulk, Zug, Trupp, Vorhut, Vorausabteilung, Nachhut, Schar, Kolonne, Haufen.

abtragen, abzahlen, abbezahlen, in Raten zahlen, abstottern *(salopp)*, seine Schulden bezahlen, amortisieren, tilgen.

Abtreibung, Schwangerschaftsunterbrechung, Schwangerschaftsabbruch, Abbruch.

abwälzen (auf), aufbürden, aufladen, überbürden *(schweiz.)*, andrehen *(ugs.)*, zuschieben, abschieben auf, jmdm. den Schwarzen Peter zuspielen / zuschieben, unterjubeln *(ugs.)*, jmdm. etwas unter die Weste jubeln *(ugs.)*, aufpelzen *(österr.)*, jmdm. ein Kuckucksei ins Nest legen.

abwandern, weggehen, wegziehen, gehen, fortgehen, auswandern, nicht bleiben, davongehen.

Abwandlung, Änderung, Abänderung, Umänderung, Veränderung, Umwandlung, Verwandlung, Umarbeitung, Ummodelung, Umkrempelung *(ugs.)*, Modifizierung, Variierung, Variation.

abwarten, sich abwartend verhalten, sich gedulden, sich in Geduld fassen, etwas an sich herankommen lassen, warten, zuwarten.

abwärts, ab, herab, hinab, nach unten, hernieder, nieder, herunter, hinunter, bergab, stromab, talab, talabwärts, talwärts, flußabwärts.

abwechselnd, umschichtig, alternierend, im Wechsel mit, wechselweise.

abwechslungsreich, kurzweilig, unterhaltend, unterhaltsam, abwechslungsvoll.

abwegig, ungereimt, verfehlt, irrig, unsinnig, merkwürdig, seltsam, ohne Sinn, witzlos, hirnverbrannt, hirnrissig *(ugs.)*.

[1]**Abwehr,** Gegenwehr, Widerstand, Notwehr, Verteidigung, Defensive.

[2]**Abwehr,** Geheimpolizei, Geheimdienst, Spionageabwehr, politische Polizei.

Abweichung, Ausnahme, Sonderfall, Irregularität, Regelverstoß, Abirrung, Abnormität, Anomalität, Anomalie, Normwidrigkeit, Regelwidrigkeit, Unstimmigkeit, Aberration, Deviation, Unterschied, Unterschiedlichkeit, Divergenz, Differenz, Änderung, Variation, Variante, Varietät, Spielart, Abart, Lesart, Diskrepanz, Derivation, Verschiedenartigkeit, Verschiedenheit, Ungleichheit, Ungleichmäßigkeit, Mißverhältnis, Disproportion.

abwenden (sich), sich abkehren, sich wegkehren, den Rücken drehen, brechen mit, sich lösen, alle Brücken hinter sich abbrechen, die Schiffe hinter sich verbrennen.

abwerben, abspenstig machen, ausspannen *(ugs.)*, loseisen *(ugs.)*, weglocken, abziehen.

abwesend, aushäusig, nicht zu Hause, nicht greifbar, nicht anwesend, nicht da, weg, fort, ausgeflogen, nicht zu sprechen.

abwiegeln, bagatellisieren, als Bagatelle behandeln / hinstellen, als geringfügig / unbedeutend hinstellen, verniedlichen, verharmlosen, vernütigen *(schweiz.)*, herunterspielen.

abwiegen, wiegen, auswiegen, einwiegen, das Gewicht feststellen, auf die Waage legen, austarieren.

abwürgen *(salopp)*, lahmlegen, zum Erliegen / Stillstand bringen.

abzahlen, abbezahlen, in Raten zahlen, abstottern *(salopp)*, abtragen, seine Schulden bezahlen, amortisieren, tilgen.

Abzahlung, Abschlagszahlung, Ratenzahlung, Teilzahlung, Abtragung, Tilgung, Amortisierung, Abschreibung.

Abzeichen, Plakette, Anstecknadel, Button.

abzielen (auf), zielen auf, abheben auf, abstellen auf, anspielen auf, etwas mit etwas meinen, etwas mit etwas ansprechen, gerichtet sein auf.

abzweigen, abgehen, sich gabeln / verzweigen / teilen / *(landsch.)* zwieseln.

Abzweigung, Weggab[e]lung, Scheideweg, Wegscheid.

achten, hochachten, ehren, in Ehren halten, adorieren *(geh.)*, jmdm. Ehre erzeigen / erweisen, schätzen, verehren, bewundern, würdigen, anbeten, vergöttern, jmdm. zu Füßen liegen, ästimieren, respektieren, anerkennen, honorieren, große Stücke auf jmdn. halten *(salopp)*, viel für jmdn. übrig haben *(ugs.)*.

ächten, brandmarken, verfemen, verpönen, in Acht und Bann tun, verfluchen, verwünschen, verdammen, verurteilen, etwas / das Kind beim [rechten *bzw.* richtigen] Namen nennen, den Stab brechen über, geißeln, anprangern, an den Pranger stellen.

achtgeben, achten auf, aufpassen, Obacht geben, zuhören, sich konzentrieren / sammeln, seine Gedanken sammeln / zusammennehmen, seine fünf Sinne zusammennehmen, aufpassen wie ein Heftelmacher / Haftelmacher *(landsch.)*, bei der Sache sein *(ugs.)*, aufmerksam sein, ganz Ohr sein *(ugs.)*, die Ohren spitzen *(ugs.)*, ganz Auge und Ohr sein *(ugs.)*, an jmds. Mund hängen, die Augen aufmachen / offenhalten, aufmerken, achthaben, sein Augenmerk auf jmdn. / etwas richten, ein Auge haben auf *(ugs.)*, passen auf *(ugs.)*, [einen Rat] annehmen, beachten, Notiz nehmen von, zur Kenntnis nehmen, sich merken, bemerken, ad notam nehmen *(geh.)*, beobachten, Beachtung schenken.

Achtung, Respekt, Verehrung, Hochachtung, Wertschätzung, Ehrerbietung, Bewunderung, hohe Meinung.

ächzen, stöhnen, aufstöhnen, seufzen, aufseufzen, einen Seufzer ausstoßen.

Acker, Ackerland, Feld, Land, [Grund und] Boden, Flur.

Ackerbau, Landwirtschaft, Agrikultur, Bodenkultur, Feldbau, Landbau.

ackern, pflügen, umpflügen, umakkern, umbrechen, umgraben.

adäquat, passend, stimmig, in sich stimmend, entsprechend.

ad[e]lig, blaublütig, aristokratisch, hochgeboren, von hoher Abkunft.

Ader, Blutader, Blutgefäß, Arterie, Vene, Schlagader.

Adresse, Anschrift, Wohnung, Aufenthaltsort.

Advokat, Rechtsanwalt, Anwalt, Rechtsbeistand, Rechtsberater, Rechtsvertreter, Winkeladvokat *(abwertend)*, Winkelschreiber *(österr. abwertend)*, Fürsprech *(schweiz.)*, Fürsprecher *(schweiz.)*.

[1]**Affäre,** Sache, Angelegenheit, Fall, Kasus, Geschichte *(ugs.)*, Ding *(ugs. oder schweiz.)*, Chose *(salopp)*.

[2]**Affäre,** Liebschaft, Flirt, Liebesabenteuer, Abenteuer, Liebeserlebnis, Erlebnis, Amouren *(veraltend, noch scherzh.)*, Liebesaffäre, Liebelei, Liebesverhältnis, Verhältnis, Bratkartoffelverhältnis *(ugs.)*, Liaison, Romanze, Episode, Techtelmechtel *(ugs.)*, Gspusi *(bes. südd., österr.)*, Pantscherl *(österr. ugs.)*, Bandelei *(österr. veraltet)*.

affektiert, geziert, gequält, gezwungen, gesucht, gemacht, unecht, unnatürlich, gespreizt, gestelzt, geschraubt, geschwollen, phrasenhaft, theatralisch, manieriert, gekünstelt, erkünstelt, geblümt, blumenreich, blumig.

affektiv, gefühlsbetont, emotional, emotionell, expressiv, irrational.

Affinität, Anziehungskraft, Attraktivität, Zugkraft, Magnetismus, Sog.

Affront, Herausforderung, Provokation, Brüskierung, Kampfansage.

Agent, Geheimagent, Undercoveragent, Spion, Spitzel, Geheimpolizist, Maulwurf *(Jargon)*, Sleeper *(Jargon)*.

aggressiv, angriffslustig, herausfordernd, provokant, provokatorisch, provokativ, offensiv, angriffig *(schweiz.)*, militant, kombattant, kampflustig, kämpferisch, streitbar, streitsüchtig.

agieren, handeln, tätig sein, tun, wirken, verfahren, vorgehen, sich verhalten, einen bestimmten Weg einschlagen, eine bestimmte Methode anwenden.

agil, geschickt, gewandt, wendig, clever, beweglich, habil *(veraltet)*.

Agitator, Hetzer, Aufhetzer, Aufwiegler, Unruhestifter, Wühler, Demagoge, Volksverführer, Brunnenvergifter.

[1]**ähneln,** ähnlich sein / sehen, etwas gemeinsam haben, [aufs Haar] gleichen, nach jmdm. kommen / arten / geraten / schlagen, jmdm. nachschlagen, in die Art schlagen, jmdm. wie aus dem Gesicht geschnitten sein, ganz jmd. sein; jmd. sein, wie er leibt und lebt.

[2]**ähneln** (sich / einander), gleichen, übereinstimmen, sich decken, kongruieren, korrespondieren, sich / einander entsprechen, gleich sein, ähnlich sein / sehen, sich / einander gleichen wie ein Ei dem andern.

Ahnenforschung, Genealogie, Stammbaumkunde, Familienforschung.

ähnlich, gleichartig, vergleichbar, von gleicher / ähnlicher Art, [annähernd] gleich, verwandt, sich *bzw.* einander gleichend / ähnelnd / entsprechend, analog, übereinstimmend.

[1]**Ähnlichkeit,** Gemeinsamkeit, Verwandtschaft, Geistesverwandtschaft, Affinität, Berührungspunkt, Bindeglied, Verbindung.

[2]**Ähnlichkeit,** Gleichartigkeit, Vergleichbarkeit, Verwandtschaft, Verwandtsein, Entsprechung, Analogie, Übereinstimmung.

Ahnung, Vorahnung, Vorgefühl, Gefühl, Vorherwissen, Vermutung, Befürchtung, innere Stimme, sechster Sinn *(ugs.),* Animus *(ugs.).*

ahnungsvoll, voll böser Ahnungen, vorausahnend, vorahnend, Böses / nichts Gutes ahnend.

akademisch, lebensfremd, lebensfern, trocken, dröge *(niederd.),* theoretisch, nicht anschaulich.

akkreditieren, in seinem Amt bestätigen, beglaubigen, anerkennen.

Akribie, Sorgfalt, Genauigkeit, Akkuratesse.

Akrobat, Artist, Zirkusartist, Zirkuskünstler.

Aktenordner, Ordner, Aktendeckel, Hefter, Schnellhefter.

Aktentasche, Aktenmappe, Aktenköfferchen, Diplomatenköfferchen, Tasche, Mappe.

Aktion, Akt, Tat, Handlung, Operation, Unternehmung, Unternehmen, Vorgehen, Maßnahme.

aktiv, unternehmend, unternehmungslustig, tätig, rührig, regsam, rastlos, geschäftig.

Aktivität, Tätigkeitsdrang, Betätigungsdrang, Unternehmungsgeist, Tatkraft, Betriebsamkeit, Gschaftelhuberei *(ugs. abwertend).*

Aktualität, Bedeutsamkeit, Bedeutung, Wichtigkeit, Relevanz, Signifikanz, Gewichtigkeit, Brisanz.

aktuell, akut, spruchreif.

Akzent, Tonfall, Ton, Betonung, Aussprache, Artikulation.

akzeptieren, billigen, gutheißen, absegnen, [einen Vorschlag] annehmen, bejahen, ja [und amen] sagen zu, sanktionieren, legitimieren, goutieren, Geschmack finden an, anerkennen, zulassen, genehmigen, beistimmen, etwas richtig / nicht falsch finden, etwas für richtig / nicht für falsch halten, beipflichten, beiwilligen *(schweiz.),* zustimmen, belieben *(schweiz.),* seine Zustimmung geben, sein Amen / seinen Segen zu etwas geben, die Genehmigung erteilen / geben, jmdm. einen Freibrief ausstellen / geben, begrüßen, übereinstimmen / sympathisieren mit, einiggehen, konform gehen, unterschreiben, einverstanden sein, dafür sein, nichts dagegen / dawider haben, dulden, tolerieren, respektieren, geschehen lassen, erlauben, zubilligen, einräumen, konzedieren, einwilligen, jmdm. etwas freistellen, auf einen Vorschlag eingehen, anbeißen *(ugs.)*, die Erlaubnis geben, gestatten, zugeben, verstatten, jmdm. freie Hand lassen, grünes Licht geben für etwas, jmdn. gewähren / schalten und walten lassen, etwas in jmds. Hände legen.

[1]**albern,** kindisch, infantil, läppisch.

[2]**albern,** lächerlich, lachhaft, lächerbar *(scherzh.)*, grotesk, absurd, sinnwidrig, töricht, blödsinnig, komisch, ridikül.

Alkoholika, Spirituosen, scharfe Getränke, scharfe Sachen *(ugs.)*, alkoholische / geistige Getränke.

Alkoholiker, Trinker, Säufer *(derb)*, Trunksüchtiger, Gewohnheitstrinker, Trunkenbold, Saufbruder *(derb)*, Saufbold *(derb)*, Saufloch *(derb)*, Saufaus *(derb veraltend)*, Schnapsbruder *(ugs.)*, Schluckbruder *(ugs.)*, Schluckspecht *(ugs.)*, Schnapsdrossel *(ugs.)*, durstige Seele *(ugs.)*.

alkoholisiert, betrunken, angetrunken, angeheitert, berauscht, trunken, volltrunken, bezecht, kopflastig *(landsch. scherzh.)*, sternhagelvoll *(salopp)*, stockbetrunken *(ugs.)*, stockbesoffen *(derb)*, stinkbesoffen *(derb)*, angesäuselt *(ugs.)*, besäuselt *(ugs.)*, beschwipst *(ugs.)*, benebelt *(ugs.)*, beschickert *(ugs.)*, betütert *(ugs.)*, beduselt *(salopp)*, voll *(salopp)*, blau *(salopp)*, fett, besoffen *(derb)*, zu *(ugs.)*.

All, Weltall, Weltraum, Raum, Weltenraum, Kosmos, Universum.

alle, sämtliche, allesamt, vollzählig, jeder, jedermann, jedweder, jeglicher *(geh. veraltend)*, wer auch immer, ausnahmslos, ohne Ausnahme, durch die Bank *(ugs.)*, samt und sonders, mit Kind und Kegel, mit Mann und Maus, groß und klein, jung und alt, arm und reich, hoch und nieder, jeden Alters, aller Altersstufen, Freund und Feind, Hinz und Kunz *(abwertend)*, Krethi und Plethi *(abwertend)*, alle Welt, alle möglichen, die verschiedensten, (Menschen) aller / jeder Couleur *bzw.* jeder Sorte *bzw.* jeden Standes und Ranges; alles, was Beine hat; geschlossen wie ein Mann, bis zum letzten Mann.

Allee, Avenue, Boulevard, Prachtstraße.

allein, mutterseelenallein, allein auf weiter Flur, einsam, verlassen, vereinsamt, ohne Gesellschaft, ohne Freunde, solo.

alleinstehend, ledig, unverheiratet.

Alleinstehender, Single, Unverheirateter, Junggeselle, Einspänner, Hagestolz.

allerdings, aber, jedoch, doch, jedennoch *(veraltend)*, indes, indessen, dabei, immerhin, mindestens, zum mindesten, wenigstens, dagegen, dahingegen, hingegen, hinwieder, hinwiederum, wiederum, freilich, and[e]rerseits, anderseits, nur, höchstens, sondern, allein, im Gegensatz dazu, demgegenüber.

allerlei, mancherlei, allerhand, alles mögliche, viel, vielerlei, verschiedenes.

allgemein, universal, universell, umfassend, weltweit, global, weltumspannend.

Allgemeinarzt, Allgemeinmediziner, praktischer Arzt, Praktiker, Hausarzt, Doktor, Arzt.

Allgemeinbesitz, Gemeinbesitz, Gemeineigentum, Gemeingut,

Allgemeingut, Gemeinschaftseigentum, Gemeinschaftsbesitz.

Allgemeinheit, Öffentlichkeit, Bevölkerung, Gesellschaft.

Allgemeinplatz, Plattheit, Platitüde, Gemeinplatz, Allgemeinheiten, Selbstverständlichkeit, Binsenwahrheit, Binsenweisheit.

allgemeinverständlich, gemeinverständlich, volkstümlich, volksläufig, populär.

allmählich, sukzessive, langsam, allgemach *(veraltet),* bei kleinem *(selten),* nach und nach, schrittweise, kleinweis *(bayr., österr.),* zizerlweis *(bayr., österr.),* auf die Dauer / *(österr.)* Länge, auf die Länge hin gesehen, à la longue, Schritt um Schritt, Schritt für Schritt, mit der Zeit, anfangs *(südwestd., schweiz.),* im Laufe der Zeit, der Reihe nach, nacheinander, peu à peu.

allmittäglich, mittäglich, jeden Mittag, alle Mittage, Mittag für Mittag, immer mittags / am Mittag / zu Mittag / über Mittag / in der Mittagszeit / um die Mittagszeit.

allmorgendlich, morgendlich, jeden Morgen, alle Morgen, Morgen für Morgen, immer morgens / am Morgen, immer vormittags / am Vormittag.

allnächtlich, nächtlich, jede Nacht, alle Nächte, Nacht für Nacht, immer nachts / in der Nacht / während der Nacht.

alltäglich, täglich, jeden Tag, alle Tage, Tag für Tag.

Alltagsmensch, Durchschnittsmensch, Dutzendmensch, [Otto] Normalverbraucher, Durchschnittsbürger, der gemeine / kleine / einfache Mann, der Mann auf der Straße, der gewöhnliche Sterbliche, Menschen wie du und ich, Lieschen Müller.

Allüren, Benehmen, Betragen, Konduite *(veraltet),* Auftreten, Haltung, Gebaren, Manieren, Benimm *(ugs.),* Gehabe *(abwertend).*

Alm, Alpe, Bergwiese, Bergweide, Matte *(schweiz.),* Maiensäß *(schweiz.).*

Alphabet, Abc, Abece, Buchstabenfolge.

alphabetisch, abecelich, abeceweise, in alphabetischer / abecelicher Ordnung *bzw.* Reihenfolge, nach dem Alphabet / Abc / Abece, nach der Buchstabenfolge / Buchstabenreihe.

alphabetisieren, in eine alphabetische / abeceliche Ordnung bringen, alphabetisch / abecelich / nach dem Alphabet / Abc / Abece ordnen *bzw.* anordnen *bzw.* einordnen *bzw.* einreihen.

Alpinistik, Bergsteigen, Hochtouristik.

also, mithin, jedenfalls, infolgedessen, danach, folglich, demnach, ergo, demzufolge, demgemäß, dementsprechend, somit, sonach.

[1]**alt,** älter, angejahrt, in die Jahre gekommen, angegraut, betagt, greis, hochbetagt, uralt, steinalt, vergreist, jenseits von Gut und Böse, abgelebt.

[2]**alt,** antiquarisch, gebraucht, second hand, nicht neu, aus zweiter Hand, übertragen *(österr.).*

altbacken, nicht mehr frisch, trokken / hart [geworden], alt.

älter, alt, angejahrt, in die Jahre gekommen, angegraut.

Alter, Lebensabend, Lebensausklang, Ruhestand, Vorruhestand, Lebensherbst.

altern, älter werden, in die Jahre kommen, ergrauen, grau werden / geworden sein, verfallen.

Alternative, Gegenvorschlag, Zweitmöglichkeit, andere Möglichkeit.

Altersgenosse, Gleichaltriger, Schulkamerad.

Altersheim, Altenheim, Altenwohnheim, Seniorenheim, Heim, Seniorenresidenz, Seniorenwohnsitz, Pflegeheim, Feierabendheim, Stift.

Altersklasse, Generation, Altersgruppe, Altersstufe, Jahrgang.

altersschwach, hinfällig, gebrechlich, verfallen, elend, schwach, schwächlich, schlapp, matt, zittrig, wack[e]lig *(ugs.),* tatt[e]rig *(ugs.),* tap[e]rig *(ugs.),* klapp[e]rig *(ugs.).*

Altersweisheit, Gesetztheit, Abgeklärtheit, Alterswürde.

althergebracht, herkömmlich, hergebracht, überliefert, überkommen, traditionell, ererbt, klassisch, konventionell, üblich, gewohnt, eingeführt, gängig, nach [alter] Väter Sitte *(veraltend).*

altklug, frühreif, unkindlich.

altmodisch, unmodern, veraltet, gestrig, zöpfig *(ugs.),* uralt, aus der Mottenkiste *(ugs.),* aus grauer Vorzeit, Opas ..., obsolet, abgelebt, vorsintflutlich *(abwertend),* altväterisch, altfränkisch, altbacken *(ugs.),* aus dem Jahre Schnee *(österr.),* antiquiert, altertümlich, antiquarisch, archaisch.

Altweibersommer, Indianersommer, Spätsommer, Nachsommer, Marienfäden *(veraltend).*

Amerika, Nordamerika, die Vereinigten Staaten, die Staaten, die USA, Uncle Sam *(scherzh.),* das Land der unbegrenzten Möglichkeiten, die Neue Welt.

amortisieren, abzahlen, abbezahlen, in Raten zahlen, abstottern *(salopp),* abtragen, seine Schulden bezahlen, tilgen.

Amt, Behörde, Dienststelle, Verwaltung, Administration, [zuständige] Stelle.

Amulett, Fetisch, Talisman, Maskottchen, Glücksbringer, Totem, Götzenbild.

amüsieren (sich), sich vergnügen / unterhalten / *(scherzh.)* verlustieren, Spaß finden an, fröhlich sein.

amusisch, unmusisch, unkünstlerisch, unschöpferisch.

anachronistisch, überlebt, überholt, überaltert, passé, vorbei, vergangen, verstaubt, abgetan.

analog, gleichartig, ähnlich, vergleichbar, von gleicher / ähnlicher Art, [annähernd] gleich, verwandt, sich *bzw.* einander gleichend / ähnelnd / entsprechend.

Analogie, Gleichartigkeit, Parallele, Ähnlichkeit, Vergleichbarkeit, Verwandtschaft, Verwandtsein, Entsprechung, Übereinstimmung.

Anarchie, Gesetzlosigkeit, Chaos, Herrschaftslosigkeit.

anbahnen, einleiten, vorbereiten, in die Wege leiten, Beziehungen / Verbindungen anknüpfen, Fühlung nehmen, Kontakt aufnehmen.

anbandeln (mit), anbändeln mit, jmdn. anmachen *(ugs.),* anbinden mit, ein Gespräch anknüpfen, schäkern, tändeln, sich jmdn. anlachen, sich jmdn. anschaffen / zulegen / ankratzen / angeln *(salopp),* jmdn. aufreißen, auf Männerfang gehen.

anbei, beiliegend, anliegend, inliegend, im Innern, innen, als *bzw.* in der Anlage / *(österr.)* Beilage, beigeschlossen.

anbiedern (sich), sich einschmeicheln / heranmachen, sich lieb Kind machen.

anbieten, offerieren, antragen, sich erbieten, sich anheischig machen, andienen.

anbrechen, anbrauchen *(ugs.),* in Gebrauch / *(österr.)* Verwendung nehmen, zum ersten Mal benutzen.

anbringen, befestigen, festmachen, anmachen, montieren.

Anbruch, Beginn, Anfang, Anbeginn, Eröffnung, Ausbruch, Eintritt, Auftakt, Startschuß, erster Schritt.

Andachtsbild, Heiligenbild, Gnadenbild, Kultbild, Ikone.

andauern, dauern, währen, anhalten, fortbestehen, fortdauern, sich hinziehen, nicht enden wollen, nicht aufhören.

Andenken, Souvenir, Erinnerung, Erinnerungsstück, Mitbringsel.

[1]**ändern** (sich), sich wandeln, sich entwickeln / verändern, im Gang / in der Entwicklung / im Fluß sein, im Wandel begriffen / noch nicht abgeschlossen sein.

[2]**ändern,** abändern, umändern, umkrempeln *(ugs.),* auf den Kopf stellen, modifizieren, revidieren, umarbeiten, überarbeiten, umwandeln, umformen, umsetzen, transformieren, ummodeln, modeln, verändern, abwandeln, wandeln, variieren, umfunktionieren, ummünzen, verwandeln, anders machen, novellieren.

andersartig, verschieden, unterschiedlich, verschiedenartig, abweichend, anders, divergent *(bildungsspr.),* divergierend *(bildungsspr.).*

anderswo, anderwärts, sonstwo, woanders.

Änderung, Abänderung, Umänderung, Veränderung, Abwandlung, Umwandlung, Verwandlung, Umarbeitung, Ummodelung, Umkrempelung *(ugs.),* Modifizierung, Variierung, Variation.

anderwärts, anderswo, sonstwo, woanders.

andeuten, ansprechen, anschneiden, antippen *(ugs.),* erwähnen, berühren, fallenlassen, zur Sprache bringen, zu sprechen kommen auf.

andienen, anbieten, offerieren, antragen, sich erbieten, sich anheischig machen.

Andrang, Ansturm, Run, Zulauf, Sturm, Zustrom.

androhen, drohen mit, ankündigen, in Aussicht stellen.

aneignen (sich), nehmen, sich bemächtigen, Besitz nehmen / ergreifen von, behändigen *(schweiz.),* grapschen, angeln, sich unter den Nagel reißen *(salopp),* an sich reißen, sich zu eigen machen, wegschnappen, schnappen, erhaschen, zusammenraffen.

anekeln, anwidern, ankotzen *(derb),* widerlich / zuwider sein, Ekel erregen.

anerkennenswert, lobenswert, verdienstvoll, verdienstlich, löblich, rühmlich, rühmenswert, achtbar, bemerkenswert, bewundernswert, beeindruckend, imposant.

anfahren, angreifen, attackieren, anherrschen, anzischen, anknurren, anschreien, anbrüllen, andonnern, anfauchen, anschnauben, anschnauzen, anpfeifen, anblaffen, einen Anschiß verpassen *(salopp).*

Anfall, Attacke, Kollaps.

anfällig, nicht widerstandsfähig, labil, schwächlich, empfindlich.

Anfang, Beginn, Anbeginn, Eröffnung, Anbruch, Ausbruch, Eintritt, Auftakt, Startschuß, erster Schritt.

anfangen, beginnen, in die Wege leiten, angehen, anpacken, in Angriff nehmen, einer Sache zu Leibe gehen / rücken, den Stier bei den Hörnern fassen / packen, eröffnen, starten, loslegen *(ugs.),* einsteigen *(ugs.),* sich an etwas machen, seinen Anfang nehmen, anheben, einsetzen, anbrechen, anlaufen, sich anlassen, angehen *(ugs.)*, losgehen *(ugs.)*, in Schwung kommen.

[1]**anfassen,** berühren, anrühren, in die Hand nehmen, hinlangen *(ugs. landsch.)*, an etwas fassen, an etwas greifen, angreifen, befühlen, befingern *(salopp)*, antasten, anlangen *(ugs. landsch.)*, betasten, befummeln *(salopp)*, antatschen *(salopp abwertend)*, betatschen *(salopp abwertend)*, angrapschen *(salopp abwertend)*, begrapschen *(salopp abwertend)*, an etwas fummeln *(salopp abwertend)*, streifen.

[2]**anfassen,** greifen, ergreifen, erfassen, fassen, zufassen, in die Hand nehmen.

anfeinden, hassen, unsympathisch finden, nichts übrig haben für, nichts zu tun haben wollen mit, nicht leiden können / mögen, nicht mögen, nicht ausstehen / *(ugs.)* nicht verknusen / *(ugs.)* nicht verputzen / *(ugs.)* nicht riechen können, jmdn. gefressen haben *(ugs.)*, jmdn. am liebsten von hinten sehen *(ugs.)*, jmdm. nicht grün sein *(ugs.)*, einen Pik auf jmdn. haben *(ugs.)*.

anfertigen, fertigen, verfertigen, herstellen, bereiten, zubereiten, machen *(ugs.)*, in der Mache haben *(salopp)*, fabrizieren.

Anfertigung, Herstellung, Fabrikation, Erarbeitung, Erschaffung, Erzeugung, Schaffung, Erstellung, Errichtung, Fertigung, Fertigstellung.

anfeuchten, naß machen, feucht machen, befeuchten, nässen, netzen, benetzen.

anfeuern, anstacheln, anspornen, aufstacheln, anstiften, antreiben, begeistern, jmdn. zu etwas bringen / bewegen / inspirieren, schaffen, daß...; jmdn. auf Trab bringen *(ugs.)*, jmdm. Beine machen *(salopp)*, jmdm. Dampf machen *(salopp)*, jmdm. einheizen *(ugs.)*, jmdn. auf Touren bringen *(salopp)*.

Anflug, Hauch, Spur, Touch, Schimmer, Stich.

anfragen, befragen, nachfragen, sich erkundigen / informieren / orientieren / unterrichten.

anfreunden (sich), sich befreunden, Freundschaft schließen, Freunde werden, jmdn. zu seinem Freund machen, mit jmdm. vertraut werden.

anführen (jmdn.), äffen, narren, nasführen, an der Nase herumführen, anschmieren *(ugs.)*, foppen, jmdn. zum besten *bzw.* zum Narren haben / halten, jmdn. in den April schicken, ankohlen *(ugs.)*, verkohlen *(ugs.)*, jmdm. einen Bären aufbinden *(ugs.)*, jmdn. am Seil herunterlassen *(schweiz.)*, jmdn. am Schmäh halten *(österr.)*, veräppeln *(salopp)*, vergackeiern *(salopp)*, verhohnepipeln *(salopp)*, verarschen *(derb)*.

[1]**Anführer,** Führer, Oberhaupt, Befehlshaber, Gebieter, Machthaber, Gewalthaber.

[2]**Anführer,** Rädelsführer, Bandenführer, Gangleader, Haupt, Chef, Boß, King *(Jargon)*, Leiter, Räuberhauptmann *(scherzh.)*.

angeben, prahlen, protzen, renommieren, aufschneiden, bramarbasieren, Schaum schlagen, ein Schaumschläger sein, sich in die Brust werfen, den Mund voll nehmen, Sprüche machen / hermachen, Wind machen, sich aufspielen / brüsten / großtun, sich aufblähen / aufblasen / aufplustern / dicketun, sich wichtig machen / tun, dick auftragen, [bis zum Ellenbogen] reinlangen *(landsch.)*, große Reden schwingen, große

Töne spucken *(salopp)*, ein großes Maul haben *(derb)*.

Angeber, Großsprecher, Maulheld *(derb)*, Aufschneider, Prahlhans, Renommist, Schaumschläger, Großtuer, Zampano, Großkotz *(derb)*, Prahler, Großschnauze *(derb)*, Märchenerzähler, Märchenonkel, Lügenbaron, Großmaul *(derb)*.

angeberisch, protzig, großspurig, großsprecherisch, großtuerisch, prahlerisch, bamstig *(österr.)*, großkotzig *(salopp)*.

angeheitert, angetrunken, angesäuselt *(ugs.)*, besäuselt *(ugs.)*, beschwipst *(ugs.)*.

angehen (gegen), ankämpfen gegen, bekämpfen, befehden, vorgehen gegen, Front machen, zu Felde ziehen gegen, entgegentreten, begegnen, entgegenwirken, entgegenarbeiten, kämpfen, offene Türen einrennen, gegen Windmühlen / Windmühlenflügel kämpfen.

Angehöriger, Verwandter, Anverwandter, Blutsverwandter, Familienmitglied, Familienangehöriger.

Angeklagter, Beschuldigter, Tatverdächtiger.

Angelegenheit, Sache, Affäre, Fall, Kasus, Geschichte *(ugs.)*, Ding *(ugs.)*, Chose *(salopp)*.

angelegentlich, geflissentlich, mit Eifer, weitläufig, eingehend, wortreich.

[1]**angemessen,** gebührend, gebührlich, ordentlich, gehörig, geziemend, nicht unbillig, geziemlich, -gerecht (z. B. altersgerecht, leistungsgerecht), schuldig, schicklich.

[2]**angemessen,** gleichwertig, wertentsprechend, entsprechend, äquivalent, von gleichem / entsprechenden Wert, von gleicher Geltung.

angesagt *(ugs.)*, modern, in, en vogue, im Schwange, [top]aktuell.

angesagt sein *(ugs.)*, geschehen, gemacht werden.

angesehen, geachtet, bewundert, geehrt, verehrt, verdient, hochgeschätzt, geschätzt, beliebt, geliebt, angebetet, vergöttert, gefeiert, populär, volkstümlich, volksverbunden, renommiert.

Angesicht, Gesicht, Antlitz *(dichter.)*, Physiognomie, Visage *(salopp abwertend)*, Fratze *(salopp, oft abwertend)*, G[e]frieß *(südd., österr. salopp abwertend)*, Ponem *(jidd. abwertend)*, Ponim *(jidd. abwertend)*, Fresse *(derb abwertend)*.

angleichen, gleichsetzen, gleichstellen, nicht unterscheiden.

angreifen, überfallen, herfallen über, überrumpeln *(ugs.)*, losschlagen, zum Angriff übergehen, überraschen.

Angriff, Attacke, Schlag, Offensive, Invasion, Aggression, Überfall.

angriffslustig, streitbar, streitsüchtig, kämpferisch, kampfesfreudig, kampflustig, kombattant, militant, aggressiv, herausfordernd, angriffig *(schweiz.)*, provokant, provokatorisch, provokativ, offensiv.

Angst, Furcht, Bangigkeit, Ängstlichkeit, Beklommenheit, Panik, Bange, Furchtsamkeit, Bammel *(ugs.)*, Herzklopfen, Beklemmung.

Angsthase *(ugs.)*, Feigling, Duckmäuser *(abwertend)*, Hasenfuß, Hasenherz, Memme *(veraltend abwertend)*, Waschlappen *(ugs. abwertend)*, Schlappschwanz *(ugs. abwertend)*, Hosenscheißer *(derb)*, Trauminet *(österr. ugs.)*.

ängstigen (sich), Angst haben, sich fürchten, sich grauen, Furcht haben, jmdm. ist angst / himmelangst / [angst und] bange, Bange / Bammel / Muffe / Manschetten / eine Heidenangst haben *(ugs.)*,

Fracksausen haben *(salopp)*, sich graulen *(ugs.)*, die Hose [gestrichen] voll haben / Schiß haben *(derb)*.

[1]**ängstlich,** furchtsam, schreckhaft, phobisch, bang, besorgt, angsterfüllt, angstvoll, angsthaft *(veraltend)*, angstbebend, angstschlotternd, angstverzerrt (vom Gesicht), zähneklappernd *(ugs.)*, bänglich, beklommen, scheu, schüchtern, verschüchtert, eingeschüchtert, verschreckt, dasig *(südd., österr.)*, verängstigt, zaghaft, zag.

[2]**ängstlich,** feige, memmenhaft *(veraltend abwertend)*, feigherzig, hasenherzig, hasenfüßig.

angucken, ansehen, anschauen, anblicken, betrachten, besichtigen, beschauen, beobachten, studieren, in Augenschein nehmen, beaugenscheinigen *(scherzh.)*, beaugapfeln *(scherzh.)*, beäugeln, beäugen *(ugs. scherzh.)*, mustern, kein Auge von jmdm. / etwas wenden, jmdn. [mit Blicken] messen, fixieren, anstarren, anglotzen *(abwertend)*, anstieren, angaffen *(abwertend)*, besehen, beglotzen *(abwertend)*, begaffen *(abwertend)*, begucken, blicken auf, den Blick heften auf, den Blick nicht abwenden können, kein Auge von jmdm. / etwas lassen, jmdm. einen Blick zuwerfen / schenken / gönnen, einen Blick werfen auf, anglupschen *(abwertend)*, jmdn. / etwas mit den Augen verschlingen, Stielaugen machen *(ugs.)*, jmdm. gehen die Augen über, jmdn. mit Blicken durchbohren, jmdn. scharf ins Auge fassen.

anhaben, tragen, bekleidet sein mit, auf dem Leib haben / tragen.

[1]**anhalten,** halten, haltmachen, stehenbleiben, zum Stehen / Stillstand kommen, bremsen.

[2]**anhalten,** andauern, dauern, währen, fortbestehen, fortdauern, sich hinziehen, nicht enden wollen, nicht aufhören.

Anhaltspunkt, Anzeichen, Zeichen, Symptom.

Anhänger, Fan, Bewunderer, Verehrer, Freak, Groupie.

anheben, aufbessern, heraufsetzen, erhöhen, verbessern, nachbessern, draufsatteln.

anheimelnd, gemütlich, behaglich, wohnlich, heimelig, wohlig, angenehm, traulich, traut, lauschig, idyllisch.

anheimstellen (jmdm. etwas), jmdm. etwas überlassen / freistellen / anheimgeben, jmdm. vorbehalten sein, jmdn. selbst entscheiden lassen.

anheizen, heizen, Feuer machen / anmachen, die Heizung aufdrehen / andrehen / anstellen, einheizen, feuern, warm machen.

ankämpfen (gegen etwas), bekämpfen, befehden, angehen / vorgehen gegen, Front machen, zu Felde ziehen gegen, entgegentreten, begegnen, entgegenwirken, entgegenarbeiten, kämpfen, offene Türen einrennen, gegen Windmühlen / Windmühlenflügel kämpfen.

Anklage, Klage, Gerichtsverfahren, Prozeß, Verfahren.

anklagen, vor den Kadi bringen, vor Gericht stellen / bringen, jmdm. den Prozeß machen, Anklage erheben, in Anklagezustand versetzen, zur Verantwortung / zur Rechenschaft ziehen.

ankleiden, anziehen, bekleiden, kleiden, anlegen *(geh.)*, antun, ausstaffieren, bedecken, hineinschlüpfen, steigen in *(ugs.)*, in die Kleider fahren, überwerfen, überziehen, überstreifen.

[1]**ankommen,** anlangen, eintreffen,

sich einfinden, erscheinen, einrükken, einziehen, kommen.

[2]**ankommen** (jmdn.), befallen, heimsuchen, verfolgen, beschleichen, anwandeln, überfallen, sich jmds. bemächtigen.

ankreuzen, anstreichen, anhaken, anzeichnen, bezeichnen, markieren, kennzeichnen, kenntlich machen, märken *(österr.),* mit einem Zeichen versehen.

ankünden, anzeigen, Anzeichen für etwas sein, hindeuten auf, signalisieren.

Ankündigung, Mitteilung, Meldung, Botschaft, Kunde.

ankurbeln, in Gang / in Schwung bringen, vorantreiben, Dampf hinter etwas machen *(ugs.),* Gas geben, anheizen, grünes Licht geben, durchstarten, beleben, beschleunigen.

[1]**Anlage,** Veranlagung, Veranlagtsein, Geartetsein, Geartetheit, Geprägtsein, Beschaffensein, Beschaffenheit, Artung, Gepräge, Vorbelastetsein *(scherzh.),* Vorbelastung *(scherzh.).*

[2]**Anlage,** Disposition, Disponiertsein, Anfälligkeit, Empfänglichkeit, Neigung.

[3]**Anlage,** Grünanlage, Park, Parkanlage, Garten, Grünfläche, grüne Lunge, Anpflanzung, Schmuckplatz *(landsch.).*

Anlaß, Beweggrund, Triebfeder, Grund, Motiv.

Anleihe, Darlehen, Kredit, Hypothek, Pump *(ugs.),* Borg *(ugs.).*

anleiten, anlernen, einweisen, einführen, einarbeiten.

Anleitung, Unterweisung, Ausbildung, Schulung, Drill.

anlernen, anleiten, einweisen, einführen, einarbeiten.

Anlernling, Lehrling, Auszubildende[r], Azubi *(ugs.),* Lehrjunge, Lehrbub *(landsch.),* Lehrmädchen, Stift *(ugs.).*

Anliegen, Wunsch, Bitte.

anliegend, beiliegend, anbei, inliegend, im Innern, innen, als *bzw.* in der Anlage / *(österr.)* Beilage, beigeschlossen.

Anlieger, Anrainer, Anwohner, Anstößer *(schweiz.),* Nachbar.

[1]**anmachen,** anstellen, einstellen, einschalten, anschalten, andrehen *(ugs.),* anknipsen *(ugs.).*

[2]**anmachen** (jmdn.; *salopp*), begeistern, in Begeisterung versetzen, mit Begeisterung erfüllen, entzükken, berauschen, trunken machen, hinreißen, entflammen, mitreißen, anturnen *(Jargon),* mit sich reißen, fesseln, enthusiasmieren *(bildungsspr.).*

Anmahnung, Ermahnung, Mahnung, Erinnerung.

anmaßen (sich), sich erdreisten, sich vermessen / erkühnen / erfrechen, die Dreistigkeit / Vermessenheit / Kühnheit / Stirn / Frechheit haben *bzw.* besitzen, so dreist / vermessen / kühn sein, sich etwas erlauben, sich nicht scheuen / *(abwertend)* entblöden, nicht zurückschrecken / haltmachen / zurückscheuen vor.

anmerken (jmdm. etwas), bemerken, feststellen, entdecken, konstatieren, registrieren, jmdm. etwas ansehen, jmdm. etwas an der Nase / Nasenspitze ansehen.

Anmerkung, Glosse, Marginalie, Randbemerkung.

Anmut, Liebreiz, Reiz, Lieblichkeit, Schmelz, Zartheit, Zauber, Grazie, Charme, Liebenswürdigkeit.

anmutig, voller Anmut / Grazie, graziös, gazellenhaft, leichtfüßig, anmutsvoll, grazil.

annektieren, sich einverleiben,

sich aneignen, angliedern, eingliedern.

annoncieren, inserieren, anzeigen, eine Anzeige / ein Inserat / eine Annonce aufgeben, in die Zeitung setzen *(ugs.),* in der Zeitung anbieten.

Anomalie, Mißbildung, Abnormität, Deformation, Deformierung, Abweichung vom Normalen / von der Norm.

anormal, abnormal, anomal, abnorm, normwidrig, unnormal, von der Norm abweichend, regelwidrig, krankhaft.

anpacken, anfangen, beginnen, in die Wege leiten, angehen, in Angriff nehmen, einer Sache zu Leibe gehen / rücken, den Stier bei den Hörnern fassen / packen, eröffnen, starten, loslegen *(ugs.),* einsteigen *(ugs.),* sich an etwas machen, seinen Anfang nehmen, anheben, einsetzen, anbrechen, anlaufen, sich anlassen, angehen *(ugs.),* losgehen *(ugs.),* in Schwung kommen.

anpassungsfähig, flexibel, kompromißbereit.

anpflanzen, pflanzen, säen, ansäen, aussäen, setzen, legen, stecken.

anprangern, brandmarken, ächten, verfemen, verpönen, in Acht und Bann tun, verfluchen, verwünschen, verdammen, verurteilen, etwas / das Kind beim [rechten *bzw.* richtigen] Namen nennen, den Stab brechen über, geißeln, an den Pranger stellen.

anpreisen, feilhalten, feilbieten, ausbieten, ausschreien, [zum Kauf] anbieten.

Anrainer, Anlieger, Anwohner, Anstößer *(schweiz.),* Nachbar.

anreden, ansprechen, ein Gespräch beginnen / anknüpfen, das Wort an jmdn. richten, jmdn. adressieren, apostrophieren, anquatschen *(salopp),* anquasseln *(salopp),* anhauen *(salopp),* anmachen *(abwertend),* anpöbeln *(abwertend).*

anregend, belebend, stimulierend, aufputschend, aufregend, aufpeitschend, aufpulvernd, aufmöbelnd.

Anregung, Anstoß, Impuls, Antrieb, Ermunterung, Aufmunterung.

Anreiz, Reiz, Verlockung, Zauber, Anziehungskraft, Wirkung, Pfiff *(ugs.),* Kitzel.

anrüchig, berüchtigt, verschrien, übel beleumdet, in üblem Geruch stehend, einen schlechten Leumund habend, halbseiden, verrufen, fragwürdig, bedenklich, verdächtig, undurchsichtig, unheimlich, lichtscheu, nicht ganz hasenrein / astrein *(ugs.),* zweifelhaft, dubios, ominös, obskur, suspekt.

Anruf, Telefonanruf, Telefongespräch, Telefonat, Gespräch.

anrühren, berühren, in die Hand nehmen, hinlangen *(ugs. landsch.),* an etwas fassen, anfassen, an etwas greifen, angreifen, befühlen, befingern *(salopp),* antasten, anlangen *(ugs. landsch.),* betasten, befummeln *(salopp),* antatschen *(salopp abwertend),* betatschen *(salopp abwertend),* angrapschen *(salopp abwertend),* begrapschen *(salopp abwertend),* an etwas fummeln *(salopp abwertend),* streifen.

ansässig, einheimisch, ortsansässig, heimisch, beheimatet, zu Hause, alteingesessen, eingesessen, eingeboren, wohnhaft, niedergelassen, heimatberechtigt, heimatgenössisch *(schweiz.),* eingebürgert, verbürgert *(schweiz.),* zuständig nach *(österr.).*

anschaffen, kaufen, erstehen, an sich bringen, [käuflich] erwerben, sich beschaffen, sich zulegen /

(schweiz.) zutun, mitnehmen *(ugs.),* ankaufen, einkaufen, einholen *(ugs.),* posten *(schweiz.).*

Anschaffung, Kauf, Erwerb, Erwerbung, Einkauf, Errungenschaft *(scherzh.),* Ankauf.

anschauen, ansehen, anblicken, betrachten, besichtigen, beschauen, beobachten, studieren, in Augenschein nehmen, beaugenscheinigen *(scherzh.),* beaugapfeln *(scherzh.),* beäugeln, beäugen *(ugs. scherzh.),* mustern, kein Auge von jmdm. / etwas wenden, jmdn. [mit Blicken] messen, fixieren, anstarren, anglotzen *(abwertend),* anstieren, angaffen *(abwertend),* besehen, beglotzen *(abwertend),* begaffen *(abwertend),* angucken, begukken, blicken auf, den Blick heften auf, den Blick nicht abwenden können, kein Auge von jmdm. / etwas lassen, jmdm. einen Blick zuwerfen / schenken / gönnen, einen Blick werfen auf, anglupschen *(abwertend),* jmdn. / etwas mit den Augen verschlingen, Stielaugen machen *(ugs.),* jmdm. gehen die Augen über, jmdn. mit Blicken durchbohren, jmdn. scharf ins Auge fassen.

anschaulich, bildhaft, sinnfällig, deutlich, verständlich, sprechend, lebendig, wirklichkeitsnah, bilderreich, farbig, einprägsam, drastisch, plastisch, demonstrativ, veranschaulichend, illustrativ.

anscheinend, dem Anschein nach, wie es scheint, vermutlich, wohl, vermeintlich, es sieht so aus, es ist denkbar / möglich, es kann sein, es ist nicht ausgeschlossen, daß..., mutmaßlich, wahrscheinlich, höchstwahrscheinlich, aller Wahrscheinlichkeit nach, voraussichtlich, aller Voraussicht nach, wenn nicht alle Zeichen trügen.

anschicken (sich), Anstalten / Miene machen, sich rüsten, dabeisein, ansetzen, in etwas begriffen sein, Vorbereitungen zu etwas treffen, im Begriff sein.

Anschlag, Terroranschlag, Mordanschlag, Handstreich, Gewaltstreich *(veraltend),* Attentat, Überfall.

anschnauzen, angreifen, attackieren, anfahren, anherrschen, anzischen, anknurren, anschreien, anbrüllen, andonnern, anfauchen, anschnauben, anpfeifen, anblaffen, einen Anschiß verpassen *(salopp).*

Anschrift, Adresse, Wohnung, Aufenthaltsort.

[1]ansehen, anschauen, anblicken, betrachten, besichtigen, beschauen, beobachten, studieren, in Augenschein nehmen, beaugenscheinigen *(scherzh.),* beaugapfeln *(scherzh.),* beäugeln, beäugen *(ugs. scherzh.),* mustern, kein Auge von jmdm. / etwas wenden, jmdn. [mit Blicken] messen, fixieren, anstarren, anglotzen *(abwertend),* anstieren, angaffen *(abwertend),* besehen, beglotzen *(abwertend),* begaffen *(abwertend),* angucken, begukken, blicken auf, den Blick heften auf, den Blick nicht abwenden können, kein Auge von jmdm. / etwas lassen, jmdm. einen Blick zuwerfen / schenken / gönnen, einen Blick werfen auf, anglupschen *(abwertend),* jmdn. / etwas mit den Augen verschlingen, Stielaugen machen *(ugs.),* jmdm. gehen die Augen über, jmdn. mit Blicken durchbohren, jmdn. scharf ins Auge fassen.

[2]ansehen (als), beurteilen, ein Urteil fällen / abgeben, urteilen / denken über, werten, bewerten, begutachten, abschätzen, einschätzen, würdigen, etwas von jmdm. / etwas halten, halten / erachten für, stehen zu, eine bestimmte Einstellung haben zu, charakterisieren, beleuchten, durchleuchten, betrachten / empfinden / auffassen / nehmen / verstehen als, etwas in jmdm. *bzw.* in etwas sehen / erblicken, aufs falsche / richtige Pferd setzen *(ugs.)*, jurieren, mit zweierlei Maß messen, parteiisch / nicht unparteiisch sein.

an sich, per se, von selbst, von allein, durch sich, von sich aus, per definitionem.

Ansicht, Meinung, Standpunkt, Überzeugung, Auffassung.

ansiedeln (sich), zuwandern, an einem Ort seßhaft werden, seine Zelte aufschlagen, bleiben, sich niederlassen, Fuß fassen, Wurzel schlagen, Aufenthalt nehmen, vor Anker gehen.

ansonsten, außerdem, überdies, obendrein, zudem, weiter, weiters *(österr.)*, weiterhin, des weiteren, ferner, fernerhin, im übrigen, sonst, dazu, daneben, nebstdem *(schweiz.)*, erst noch *(schweiz.)*.

anspielen (auf), abzielen auf, zielen auf, abheben auf, abstellen auf, etwas mit etwas meinen, etwas mit etwas ansprechen, gerichtet sein auf.

anspornen, anstacheln, begeistern, aufstacheln, anstiften, anzetteln, ins Werk setzen, anfeuern, aneifern *(südd., österr.)*, beflügeln, befeuern, antreiben, in Gang bringen, jmdn. zu etwas bringen / bewegen / inspirieren; schaffen, daß...; jmdn. auf Trab bringen *(ugs.)*, jmdm. Beine machen *(salopp)*, jmdm. Dampf machen *(salopp)*, jmdm. einheizen *(ugs.)*, mennen *(schweiz.)*, jmdn. auf Touren bringen *(salopp)*.

Ansprache, Rede, Vortrag, Referat.

ansprechen, ein Gespräch beginnen / anknüpfen, das Wort an jmdn. richten, jmdn. adressieren, apostrophieren, anreden, anquatschen *(salopp)*, anquasseln *(salopp)*, anhauen *(salopp)*, anmachen *(abwertend)*, anpöbeln *(abwertend)*.

ansprechend, anregend, spannend, fesselnd, packend, mitreißend, reizvoll, interessant, lehrreich, instruktiv, lesenswert, sehenswert, hörenswert.

anspruchslos, genügsam, bescheiden, bedürfnislos.

anspruchsvoll, wählerisch, unbescheiden, prätentiös, verwöhnt, schwer zufriedenzustellen, kritisch, heikel, mäkelig.

anstacheln, anspornen, begeistern, aufstacheln, anstiften, anzetteln, ins Werk setzen, anfeuern, aneifern *(südd., österr.)*, beflügeln, befeuern, antreiben, in Gang bringen, mobilisieren, jmdn. zu etwas bringen / bewegen / inspirieren; schaffen, daß...; jmdn. auf Trab bringen *(ugs.)*, jmdm. Beine machen *(salopp)*, jmdm. Dampf machen *(salopp)*, jmdm. einheizen *(ugs.)*, mennen *(schweiz.)*, jmdn. auf Touren bringen *(salopp)*.

anstandslos, ohne weiteres, ohne Bedenken / Anstände, ungeprüft, unbesehen, bedenkenlos, blanko, selbstverständlich, selbstredend, natürlich, bereitwillig, gern, mit Vergnügen, kritiklos, kurzerhand.

anstechen, anzapfen, anschlagen *(österr.)*.

[1]anstecken, anzünden, zünden, entzünden, anbrennen, anfachen, entfachen, zum Brennen bringen.

[2]anstecken (sich), krank werden, erkranken, eine Krankheit bekommen, sich infizieren / etwas zuziehen / *(ugs.)* etwas holen, etwas schnappen / aufschnappen /

aufgabeln / fangen / ausbrüten *(ugs.)*.

[1]**anstellen,** einstellen, beschäftigen, engagieren, verpflichten, berufen, in Lohn und Brot nehmen, heuern, anheuern.

[2]**anstellen,** einstellen, einschalten, anschalten, andrehen *(ugs.)*, anmachen, anknipsen *(ugs.)*.

Anstellung, Stellung, Position, Posten, Amt, Beschäftigung, Arbeit, Arbeitsplatz, Job, Arbeitsverhältnis.

anstiften, anstacheln, anspornen, begeistern, aufstacheln, anstiften, anzetteln, ins Werk setzen, anfeuern, aneifern *(südd., österr.)*, beflügeln, befeuern, antreiben, in Gang bringen, jmdn. zu etwas bringen / bewegen / inspirieren; schaffen, daß...; jmdn. auf Trab bringen *(ugs.)*, jmdm. Beine machen *(salopp)*, jmdm. Dampf machen *(salopp)*, jmdm. einheizen *(ugs.)*, mennen *(schweiz.)*, jmdn. auf Touren bringen *(salopp)*.

Anstoß, Antrieb, Impuls, Anregung, Ermunterung, Aufmunterung.

anstößig, unschicklich, ungehörig, unziemlich, shocking, ungebührlich, unanständig, zweideutig, nicht salonfähig / *(scherzh.)* stubenrein, pikant, lasziv, schlüpfrig, schmutzig, unsittlich, unmoralisch, schlecht, wüst, liederlich, zuchtlos, verdorben, verderbt, verrucht, ruchlos, verworfen, unzüchtig, pornographisch, tierisch, zotig, schweinisch *(abwertend)*, lasterhaft, sittenlos, unkeusch, ausschweifend, obszön, schamlos.

Anstreicher, Maler, Tüncher *(bes. südd.)*, Weißbinder *(landsch.)*, Tapezierer.

anstrengen (sich), alle Kräfte anspannen, sich fordern, sich etwas abverlangen, seine ganze Kraft aufbieten, seinen Stolz dareinsetzen, sich ins Zeug legen *(ugs.)*, nichts unversucht lassen, alle Hebel / *(ugs.)* Himmel und Hölle in Bewegung setzen, sich ins Geschirr legen, sich bemühen / befleißigen / befleißen / mühen / abmühen / abarbeiten / abschleppen / strapazieren / *(ugs.)* auf den Hosenboden setzen / *(ugs.)* abrakkern / plagen / abplagen / *(ugs. landsch.)* placken / *(ugs. landsch.)* abplacken / *(österr.)* abfretten / *(ugs.)* abschuften / quälen / abquälen / *(ugs.)* schinden / *(ugs.)* abschinden / aufreiben / Mühe geben, es sich sauer werden lassen, bemüht sein, einen Versuch machen, sein möglichstes / Bestes / das menschenmögliche tun, sich zusammenreißen *(salopp)*, zusehen, daß ...; zu strampeln haben *(ugs.)*, schuften *(salopp)*, puckeln *(salopp)*, ackern *(salopp)*, asten *(salopp)*, sich verausgaben *(ugs.)*, krebsen *(salopp)*, herumkrebsen *(salopp)*, rumkrebsen *(salopp)*, sich in geistige Unkosten stürzen *(iron.)*.

anstrengend, beschwerlich, aufreibend, nervenaufreibend, aufregend, ermüdend, arbeitsintensiv, arbeitsreich, arbeitsaufwendig, streng *(schweiz.)*, strapaziös, stressig, mühevoll, mühsam, strub *(schweiz.)*, mühselig.

Anteilnahme, Mitleid, Mitgefühl, Mitempfinden, Teilnahme, Erbarmen, Barmherzigkeit.

Antinomie, Gegensätzlichkeit, Widersprüchlichkeit, Widerspruch, Schizophrenie, Janusköpfigkeit, Gegenteiligkeit, Ungleichartigkeit, Unvereinbarkeit, Polarisierung, Disparität, Polarität.

Antipode, Gegner, Kontrahent, Oppositionsführer, Intimfeind, Widersacher, Widerpart, Antagonist, Gegenspieler, Feind, Opponent, Regimekritiker, Dissident, Frondeur, Neinsager, die andere Seite.

antiquarisch, alt, gebraucht, second hand, nicht neu, aus zweiter Hand, übertragen *(österr.)*.

Antiquität, Altertümer, Altertumsstück, Altertümlichkeit, Altertümchen *(landsch.)*, alter / altertümlicher / antiker / antiquarischer Gegenstand *bzw.* Kunstgegenstand, altes / altertümliches / antikes / antiquarisches Stück.

antithetisch, gegensätzlich, widerspruchsvoll, widersprüchlich, widersprechend, schizophren, einander ausschließend, paradox, widersinnig, unlogisch, disjunktiv, [diametral] entgegengesetzt, gegenteilig, umgekehrt, konvers, oppositionell, dichotomisch, unvereinbar, ungleichartig, disparat, konträr, polar, kontradiktorisch, komplementär, korrelativ, antinomisch, adversativ.

antizipieren *(bildungsspr.)*, vorgreifen, vorwegnehmen, zuvorkommen.

Antrag, Gesuch, Anfrage, Eingabe, Botschaft *(schweiz.)*, Anzug *(schweiz.)*, Ansuchen *(österr.)*, Petition, Bittschrift, Bittgesuch, Bittschreiben, Bittadresse, Supplik, Bettelbrief *(abwertend)*.

antragen, anbieten, offerieren, sich erbieten, sich anheischig machen, andienen.

Antragsteller, Bittsteller, Supplikant, Petent, Ansprecher *(schweiz.)*.

antreffen, finden, entdecken, stoßen auf, auffinden, vorfinden, treffen auf, begegnen, aufspüren, ausfindig machen, auf die Spur kommen, ausmachen, herausfinden, aufstöbern, auftreiben.

antreiben, anstacheln, anspornen, begeistern, aufstacheln, anstiften, anzetteln, ins Werk setzen, anfeuern, aneifern *(südd., österr.)*, beflügeln, befeuern, in Gang bringen, jmdn. zu etwas bringen / bewegen / inspirieren; schaffen, daß...; jmdn. auf Trab bringen *(ugs.)*, jmdm. Beine machen *(salopp)*, jmdm. Dampf machen *(salopp)*, jmdm. einheizen *(ugs.)*, mennen *(schweiz.)*, jmdn. auf Touren bringen *(salopp)*.

Antriebsschwäche, Energielosigkeit, Anergie, Willensschwäche, Willenslähmung, Willenlosigkeit.

antrocknen, eintrocknen, verkleben, verkrusten, verschorfen.

Antwort, Erwiderung, Entgegnung, Beantwortung, Gegenrede, Replik, Retourkutsche.

antworten, zur Antwort geben / bekommen, beantworten, Bescheid geben, entgegnen, erwidern, versetzen, zurückgeben, zurückschießen *(ugs.)*, eingehen auf, reagieren, dagegenhalten, widersprechen, aufbegehren, Widerspruch erheben, jmdm. in die Parade fahren, einwenden, einwerfen, entgegenhalten, Einwände erheben / machen, replizieren, nichts / keine Antwort schuldig bleiben, Rede und Antwort stehen, kontern, Kontra geben, jmdm. über den Mund fahren *(ugs.)*.

anvertrauen (sich jmdm.), ins Vertrauen ziehen, sich aussprechen, seinem Herzen Luft machen, sich / sein Herz erleichtern; sagen, was man auf dem Herzen hat; sich etwas von der Seele reden, jmdm. sein Herz ausschütten.

anverwandeln (sich etwas), sich etwas zu eigen machen, sich etwas aneignen.

anwachsen, ansteigen, zunehmen, anschwellen, sich vermehren /

vervielfältigen / vergrößern / ausweiten, eskalieren.

Anwalt, Rechtsanwalt, Advokat *(veraltend),* Rechtsbeistand, Rechtsberater, Rechtsvertreter.

Anwaltsbüro, Kanzlei, Praxis, Anwaltskanzlei *(südd., österr., schweiz.),* Rechtsanwaltskanzlei *(südd., österr., schweiz.),* Rechtsanwaltsbüro.

anwandeln (jmdn.), befallen, heimsuchen, verfolgen, beschleichen, ankommen, überfallen, sich jmds. bemächtigen.

Anwärter, Aspirant, Bewerber, Kandidat, Spitzenkandidat.

anwenden, verwenden, Verwendung haben für, gebrauchen, Gebrauch machen von, in Gebrauch nehmen, einsetzen, zum Einsatz bringen, verwerten, ausschlachten *(ugs.),* sich einer Sache bedienen, sich etwas dienstbar machen, benutzen, nutzen, sich zunutze machen.

Anwendung, Verwendung, Gebrauch, Einsatz.

anwesend, zugegen, da, greifbar, gegenwärtig, präsent, zur Stelle, hier, zu Hause.

Anwesenheit, Präsenz, Zugegensein, Gegenwart.

anwidern, anekeln, ankotzen *(derb),* widerlich / zuwider sein, Ekel erregen.

Anwohner, Anlieger, Anrainer, Anstößer *(schweiz.),* Nachbar.

Anzahl, Zahl, Quantum, Quantität.

anzapfen, anstecken, anschlagen *(österr.).*

Anzeichen, Zeichen, Anhaltspunkt, Symptom.

[1]**anzeigen,** ankünden, Anzeichen für etwas sein, hindeuten auf, signalisieren.

[2]**anzeigen,** Anzeige / Strafanzeige erstatten, melden, Meldung machen, zur Polizei gehen.

anziehen, ankleiden, bekleiden, ausstaffieren, bedecken, anlegen *(geh.),* antun, kleiden, hineinschlüpfen, steigen in *(ugs.),* in die Kleider fahren, überwerfen, überziehen, überstreifen.

anziehend, attraktiv, sexy, aufreizend, betörend, verführerisch, lasziv.

Anziehungskraft, Attraktivität, Affinität, Zugkraft, Magnetismus, Sog.

anzünden, zünden, anstecken, entzünden, anbrennen, anfachen, entfachen, zum Brennen bringen.

anzweifeln, zweifeln, bezweifeln, in Frage stellen, in Zweifel ziehen; ich fresse einen Besen [samt der Putzfrau], wenn... *(salopp).*

Apathie, Teilnahmslosigkeit, Gleichgültigkeit, Desinteresse, Uninteressiertheit, Unempfindlichkeit, Indolenz *(bildungsspr.),* Geistesabwesenheit, Lethargie.

Aperçu, Ausspruch, Zitat, geflügeltes Wort, Sprichwort, Diktum, Denkspruch, Wahlspruch, Kernspruch, Losung, Devise, Sentenz, Aphorismus, Gedankensplitter, Gedankenblitz, Bonmot, Maxime, Lebensregel.

Apotheker, Pharmazeut, Arzneikundiger, Pillendreher *(scherzh.).*

Apparat, Apparatur, Maschine, Gerät, Vorrichtung, Maschinerie, Automat.

Appell, Aufruf, Aufforderung, Mahnung.

Appetit, Hunger, Kohldampf *(ugs.),* Eßlust, Freßlust *(ugs.),* Gusto *(österr. veraltend).*

appetitlich, lecker, fein, delikat, köstlich, deliziös, schnuddelig *(berlin.),* gustiös *(österr.).*

applaudieren, klatschen, Beifall spenden / zollen, beklatschen, mit Beifall überschütten, bravo rufen.

Applaus, Beifall, Standing ovations, Beifallsäußerung, Beifallsbezeugung, Beifallsgeschrei *(abwertend)*, das Klatschen, Ovation, Beifallskundgebung, Beifallsdonner, Beifallssturm, Beifallsorkan, Jubel, Huldigung, Akklamation, Achtungsapplaus.

Appretur, Imprägnierung, Ausrüstung, Zurüstung.

äquivalent, gleichwertig, wertentsprechend, entsprechend, angemessen, von gleichem / entsprechendem Wert, von gleicher Geltung.

Ära, Zeitalter, Epoche, Zeit, Zeitabschnitt, Zeitspanne.

[1]**Arbeit,** Maloche *(ugs.)*, Tätigkeit, Beschäftigung, Betätigung, Fron, Dienst.

[2]**Arbeit,** Werk, Œuvre, Opus, das Schaffen, Machwerk *(abwertend)*, Elaborat *(abwertend)*.

arbeiten, tätig sein, sich beschäftigen / betätigen / regen / rühren, fleißig sein, tun, schaffen *(landsch.)*, einer Beschäftigung nachgehen, schuften, malochen *(ugs.)*, roboten *(ugs.)*, barabern *(österr.)*.

Arbeiter, Proletarier, Arbeitnehmer, Lohnabhängiger, Werktätiger, Betriebsangehöriger, Lohnempfänger, Beschäftigter, Bediensteter, Lohnsklave *(emotional)*, Arbeitskraft.

Arbeitgeber, Dienstherr, Brotherr, Brötchengeber *(ugs.)*.

Arbeitnehmer, Arbeiter, Betriebsangehöriger, Werktätiger, Lohnempfänger, Beschäftigter, Bediensteter, Gehaltsempfänger, Arbeitskraft.

arbeitsam, fleißig, eifrig, emsig, strebsam, unermüdlich, rastlos, nimmermüde, arbeitswillig, tüchtig, tätig.

arbeitsaufwendig, arbeitsintensiv, zeitraubend, [viel] Zeit kostend, langwierig.

arbeitslos, ohne Arbeit, erwerbslos, beschäftigungslos, unbeschäftigt, ohne Beschäftigung / Arbeitsplatz / Erwerb / Gelderwerb, stellenlos, stellungslos, ohne Anstellung, brotlos, nicht erwerbstätig.

Arbeitsplatz, Anstellung, Stellung, Position, Posten, Amt, Beschäftigung, Arbeit, Arbeitsverhältnis, Job.

arbeitsscheu, faul, träge, müßig, untätig, bequem.

Arbeitsscheu, Faulheit, Faulenzerei *(abwertend)*, Trägheit, Müßiggang, mangelnde Arbeitsmoral.

Arbeitsweise, Methode, Technik, Verfahren, Weg, Schiene *(ugs.)*, System, Verfahrenstechnik, Verfahrensweise, Vorgehensweise, Handhabung, Strategie, Taktik.

Areal, Gebiet, Bereich, Bezirk, Biet *(schweiz.)*, Feld, Fläche, Raum, Komplex, Rayon *(bes. österr.)*, Gemarkung, Region, Revier, Terrain, Territorium, Zone.

[1]**Ärger,** Zorn, Wut, Stinkwut *(emotional)*, Rage *(ugs.)*, Täubi *(schweiz.)*, Grimm, Ingrimm, Jähzorn.

[2]**Ärger,** Unannehmlichkeiten, Verdruß, Widrigkeit, Unbill, Unbilden (Plural), Zores *(südwestd.)*, Unstimmigkeiten, Mißstimmung, Krach *(ugs.)*, Scherereien, Tanz, Theater.

ärgerlich, böse, aufgebracht, verärgert, entrüstet, empört, peinlich / unangenehm berührt, unwillig, ungehalten, unwirsch, fünsch *(niederd.)*, indigniert, erbost, erzürnt, erbittert, zornig, fuchtig, wütend, rabiat, wutentbrannt, wutschäumend, wutschnaubend, fuchsteufelswild, zähneknirschend, grimmig, ingrimmig, tücksch *(ugs. landsch.)*.

ärgerlich werden, böse werden, ungemütlich werden, krötig werden *(ugs.),* aufbrausen, die Beherrschung / Geduld verlieren, jmds. Geduld ist zu Ende, jmdm. reicht es / langt es *(ugs.),* jmdm. reißt der Geduldsfaden *(ugs.),* in Harnisch geraten / kommen, in Fahrt / in Rage kommen *(ugs.),* wütend / *(ugs.)* wild werden, in Wut kommen / geraten, ergrimmen, Zustände kriegen *(ugs.),* jmdm. kommt der Kaffee hoch *(salopp),* aufdrehen *(österr.),* hochgehen *(ugs.),* in die Luft / an die Decke gehen *(ugs.),* explodieren *(ugs.),* vor Wut bersten / *(ugs.)* platzen / *(ugs.)* aus der Haut fahren, jmdm. platzt der Kragen *(salopp),* jmdm. läuft die Galle über *(ugs.).*

[1]**ärgern** (jmdn.), verärgern, aufbringen, hochbringen *(salopp),* reizen, wütend / rasend machen, in Harnisch / Wut bringen, ertäuben *(schweiz.),* jmdm. das Blut in Wallung bringen, Unfrieden stiften, böses Blut machen, jmdn. bis aufs Blut peinigen / quälen / reizen, auf die Palme bringen *(salopp),* zur Weißglut bringen, jmdm. die Freude verderben / die Lust nehmen, jmdn. erzürnen, erbosen, empören, erbittern, verdrießen, kränken, verstimmen, verwunden, bekümmern, deprimieren, betrüben, fuchsen *(ugs.),* wurmen *(ugs.),* bedrücken, bedrängen, belästigen, jmdm. auf die Nerven / *(salopp)* auf den Wecker fallen *bzw.* gehen, jmdm. den letzten Nerv rauben / töten *(ugs.),* auf jmds. Nerven herumtrampeln, eine Landplage sein, lästig sein, zuviel werden, ein rotes Tuch für jmdn. sein, wie ein rotes Tuch auf jmdn. wirken.

[2]**ärgern** (sich), ärgerlich / böse / verärgert / aufgebracht / zornig sein, zürnen, sich alterieren / aufregen / erregen / enragieren, ausflippen *(ugs.),* ausrasten *(ugs.),* sich schwarz ärgern, sich fuchsen / giften *(ugs.),* sich etwas antun *(österr.),* rotsehen *(ugs.),* geladen / sauer sein *(salopp).*

arglos, ohne Arg / Argwohn / Falsch, harmlos, leichtgläubig, einfältig, treuherzig, naiv, blauäugig.

Argwohn, Verdacht, Mißtrauen, Skepsis, Zweifel, Bedenken.

argwöhnisch, mißtrauisch, skeptisch, kritisch.

arm, mittellos, unbemittelt, unvermögend, notleidend, notig *(südd., österr.),* verarmt, bedürftig, bettelarm, einkommensschwach, arm wie eine Kirchenmaus, schwach auf der Brust *(ugs.).*

armselig, karg, kärglich, unergiebig, wenig, dürftig, ärmlich, pop[e]lig *(ugs.)* plöt[e]rig *(ugs. landsch.),* spärlich, knapp, schmal, kümmerlich, beschränkt, bescheiden, frugal.

Aroma, Geschmack, Arom *(dichter.),* Würze.

aromatisch, würzig, kräftig, herzhaft, intensiv, pikant, gewürzt.

arrivieren, avancieren, aufrücken, steigen, befördert werden, klettern *(ugs.),* hochkommen, emporsteigen, aufsteigen, emporkommen, etwas werden, es zu etwas bringen, Karriere machen, sein Fortkommen finden, vorwärtskommen, die Treppe rauffallen *(ugs.),* auf die Beine fallen *(ugs.).*

arrogant, dünkelhaft, eingebildet *(abwertend),* stolz, selbstbewußt, selbstsicher, selbstüberzeugt, selbstüberzogen *(ugs. abwertend),* wichtigtuerisch *(abwertend),* aufgeblasen *(abwertend),* selbstgefällig *(abwertend),* überheblich, hybrid, anmaßend, präpotent *(österr.),* süffisant, hochmütig, hoffärtig, hochfahrend, blasiert *(abwertend),* herablassend, gnädig, snobistisch, spleenig, hochnäsig *(ugs.).*

artig, brav, folgsam, fügsam, gehorsam, lieb, manierlich, gesittet, wohlerzogen.

artikulieren, formulieren, ausdrükken, aussprechen, in Worte fassen / *(geh.)* kleiden.

Artist, Akrobat, Zirkusartist, Zirkuskünstler.

Arzneimittel, Arznei, Medikament, Heilmittel, Präparat, Pharmakon, Droge, Medizin, Therapeutikum, Mittel, Mittelchen *(ugs.).*

Arzt, Doktor, praktischer Arzt, Praktiker, Allgemeinarzt, Allgemeinmediziner, Hausarzt, Humanmediziner, Mediziner, Halbgott in Weiß *(abwertend),* Therapeut, Medizinmann *(scherzh.),* Medikus *(scherzh.),* Heilkundiger, Heiler, Kurpfuscher *(abwertend),* Medikaster *(abwertend),* Quacksalber *(abwertend),* Physikus *(veraltet),* Bader *(hist.).*

äsen, weiden, grasen.

aseptisch, keimfrei, steril.

Aspekt, Gesichtspunkt, Blickpunkt, Faktor, Moment, Umstand, Begleiterscheinung, Punkt.

Aspirant, Anwärter, Bewerber, Kandidat, Spitzenkandidat.

Assistent, Mitarbeiter, Gehilfe, Hilfskraft, Hiwi *(ugs.),* Handlanger *(abwertend),* Adlatus *(scherzh.).*

Atem, Luft, Puste *(ugs.),* Odem *(dichter.).*

Athlet, Kraftmensch, Herkules, Athletiker, Kraftmeier, Kraftprotz, Supermann, Mister Universum, Muskelmann, Tarzan, Muskelprotz, Kraftlackel *(österr.).*

athletisch, muskulös, kraftstrotzend, herkulisch *(geh.).*

atmen, Luft / Atem holen, Luft schnappen *(ugs.),* schnaufen, keuchen, hecheln, japsen *(ugs.),* röcheln.

Atmosphäre, Flair, Fluidum, Kolorit, Klima, Stimmung.

Attacke, Kollaps, Anfall.

attackieren, angreifen, anfahren, anherrschen, anzischen, anknurren, anschreien, anbrüllen, andonnern, anfauchen, anschnauben, anschnauzen, anpfeifen, anblaffen, einen Anschiß verpassen *(salopp).*

Attentat, Anschlag, Terroranschlag, Mordanschlag, Handstreich, Gewaltstreich *(veraltend),* Überfall.

Attraktion, Glanzpunkt, Glanznummer, Glanzlicht, Glanzstück, Stern, Star, Prachtstück, Paradenummer, Zugstück, Zugnummer, Zugpferd, Clou, Schlager, Hit, Aushängeschild, -lokomotive (z. B. Wahllokomotive), -magnet (z. B. Wahlmagnet), Anziehung.

attraktiv, anziehend, sexy, aufreizend, betörend, verführerisch, lasziv.

Attraktivität, Anziehungskraft, Magnetismus, Sog, Affinität, Zugkraft.

aufbauen, bauen, erbauen, errichten, erstellen, bebauen, hochziehen, aufführen, aufrichten.

aufbegehren, sich empören / auflehnen / aufbäumen / erheben / widersetzen / sträuben / wehren / zur Wehr setzen, auftrumpfen, Sperenzchen / Mätzchen machen *(ugs.),* einen Tanz aufführen *(ugs.),* sich mit Händen und Füßen wehren / sträuben *(ugs.),* jmdm. die Stirn bieten / die Zähne zeigen, protestieren, opponieren, Protest erheben / einlegen, revoltieren, rebellieren, meutern, Krach schlagen *(ugs.),* eine [dicke] Lippe riskieren *(ugs.),* auf die Barrikaden steigen / gehen, Sturm laufen gegen, wider / gegen den Stachel löcken, Widerpart bieten, in Aufruhr geraten, trotzen, mukken, murren, aufmucken, aufmucksen, sich auf die Hinterbeine stellen, sich etwas nicht gefallen lassen.

aufbessern, verbessern, erhöhen, anheben, nachbessern, draufsatteln.

aufbewahren, aufheben, verwahren, bewahren, behalten, versorgen *(schweiz.),* zurückbehalten, zurückhalten, jmdm. etwas vorenthalten, unter Verschluß halten, in Verwahrung / an sich nehmen, sammeln, ansammeln, häufen, anhäufen, akkumulieren, speichern, aufspeichern, beiseite legen / bringen, horten, hamstern *(ugs.),* kuten *(berlin.).*

Aufbewahrung, Lagerung, Ablagerung, Einlagerung, Magazinierung, Stapelung, Speicherung, Aufspeicherung.

aufbrauchen, durchbringen, verbrauchen, vertun, verwirtschaften, verbringen, verprassen, verplempern *(ugs.),* verläppern *(ugs.),* verjubeln *(ugs.),* verjuxen *(ugs.),* verpulvern *(ugs.),* das Geld auf den Kopf hauen / kloppen *(salopp),* das Geld zum Fenster hinauswerfen / *(salopp)* hinausschmeißen, verbumfiedeln *(salopp),* verklötern *(norddt. salopp).*

aufbrausend, unbeherrscht, auffahrend, heftig, jähzornig, cholerisch, hitzig, hitzköpfig, güggelhaft *(schweiz.),* meisterlos *(schweiz.).*

[1]**aufbrechen,** erbrechen, knacken, aufsprengen, aufreißen, auffetzen, aufschlagen.

[2]**aufbrechen,** abreisen, abfahren, wegfahren, abfliegen, in See stechen, fortfahren, auslaufen, abdampfen *(ugs.),* starten, fortziehen.

aufbringen, jmdn. ärgern, verärgern, hochbringen *(salopp),* reizen, wütend / rasend machen, in Harnisch / Wut bringen, ertäuben *(schweiz.),* jmdm. das Blut in Wallung bringen, Unfrieden stiften, böses Blut machen, jmdn. bis aufs Blut peinigen / quälen / reizen, auf die Palme bringen *(salopp),* zur Weißglut bringen, jmdm. die Freude verderben / die Lust nehmen, jmdn. erzürnen, erbosen, empören, erbittern, verdrießen, kränken, verstimmen, verwunden, bekümmern, deprimieren, betrüben, fuchsen *(ugs.),* wurmen *(ugs.),* bedrücken, bedrängen, belästigen, jmdm. auf die Nerven / *(salopp)* auf den Wecker fallen *bzw.* gehen, jmdm. den letzten Nerv rauben / töten *(ugs.),* auf jmds. Nerven herumtrampeln, eine Landplage sein, lästig sein, zuviel werden, ein rotes Tuch für jmdn. sein, wie ein rotes Tuch auf jmdn. wirken.

aufbürden, aufladen, überbürden *(schweiz.),* andrehen *(ugs.),* zuschieben, abwälzen / abschieben auf, jmdm. den Schwarzen Peter zuspielen / zuschieben, unterjubeln *(ugs.),* jmdm. etwas unter die Weste jubeln *(ugs.),* aufpelzen *(österr.),* jmdm. ein Kuckucksei ins Nest legen.

aufdecken, bloßlegen, durchschauen, nachweisen, aufrollen, hinter etwas kommen, Licht in etwas bringen, ans Licht bringen, enthüllen, entschleiern, den Schleier lüften, entlarven, dekuvrieren, demaskieren.

aufdringlich, penetrant, zudringlich, plump-vertraulich, lästig.
aufessen, verspeisen, aufzehren, vertilgen, verschmausen, verschlingen, verschlucken, konsumieren, verkonsumieren *(ugs.),* verdrücken *(ugs.),* auffuttern *(ugs.),* verputzen *(ugs.),* wegputzen *(ugs.),* verspachteln *(ugs.),* seinen Teller leer essen / *(ugs.)* leer spachteln / *(ugs.)* ratzekahl essen.
auffächern, gliedern, aufgliedern, untergliedern, klassifizieren, indexieren, katalogisieren, unterteilen, segmentieren, staffeln, differenzieren, anordnen, ordnen, systematisieren.
auffahren, anfahren, rammen, fahren / prallen / knallen / *(salopp)* rumsen auf, aufeinanderrumsen *(salopp).*
auffinden, finden, stoßen auf, entdecken, sehen, antreffen, vorfinden, treffen [auf], begegnen, wiedersehen, aufspüren, orten, den Standort bestimmen, ausfindig machen, ausfinden, ausmachen, ermitteln, in Erfahrung bringen, feststellen, auf die Spur kommen, herausfinden, herausbekommen, herausbringen *(ugs.),* herauskriegen *(salopp),* rausbringen *(salopp),* ausklamüsern *(ugs.),* aufstöbern, auftreiben *(ugs.),* auflesen *(ugs.),* aufgabeln *(salopp),* auffischen *(salopp).*
[1]**Aufforderung,** Weisung, Auftrag, Anweisung, Direktive, Verhaltensmaßregel, Verhaltungsmaßregel *(veraltend),* Ukas, Order, Instruktion, Reglement, Gebot, Geheiß, Anordnung, Befehl, Kommando, Verfügung.
[2]**Aufforderung,** Appell, Aufruf, Mahnung.
auffrischen, restaurieren, instand setzen, wiederherstellen, renovieren.
aufführen, zur Aufführung bringen, herausbringen, spielen, (ein Stück) geben / zeigen, auf die Bühne bringen, auf den Spielplan setzen, uraufführen, erstaufführen, zur Uraufführung / Erstaufführung bringen.
[1]**aufgeben,** abschreiben, abstreichen, Abstriche machen, abtun, fallenlassen, verzichten, Verzicht leisten, sich einer Sache entschlagen, seine Rechte abtreten, verloren geben, nicht mehr rechnen mit, sich trennen von, sich einer Sache begeben, einer Sache entsagen / entraten / abschwören / absagen, zurücktreten / absehen / lassen / ablassen / abgehen / abkommen / abstehen / Abstand nehmen von, Umgang nehmen von *(schweiz.),* sich etwas versagen / aus dem Kopf *bzw.* Sinn schlagen, etwas zu Grabe tragen, an den Nagel hängen *(ugs.),* in den Mond / in den Kamin / in den Schornstein / in die Esse / in den Wind schreiben *(ugs.),* fahrenlassen *(ugs.),* bleibenlassen *(ugs.),* lassen, schießen lassen *(salopp).*
[2]**aufgeben,** beenden, beendigen, abbrechen, aufstecken, aussteigen *(ugs.),* begraben *(ugs.),* einstellen, es dabei bewenden lassen, Feierabend / Schluß / ein Ende machen, aufhören, ein Ende setzen, ad acta legen, einen Strich *bzw.* Schlußstrich unter etwas ziehen / machen, einen Punkt machen, abschließen, zum Abschluß / unter Dach und Fach / *(ugs.)* über die Bühne bringen, schließen, beschließen, mit etwas zu Ende sein / gehen, das Handtuch werfen.
[3]**aufgeben,** klein beigeben, den Schwanz einziehen / einkneifen *(salopp),* kapitulieren, in die Knie gehen, die weiße Fahne hissen, re-

signieren, passen, die Flinte ins Korn werfen, die Waffen strecken, die Segel streichen, kleinlaut werden, klein [und häßlich] werden.

aufgebracht, ärgerlich, böse, verärgert, entrüstet, empört, peinlich / unangenehm berührt, unwillig, ungehalten, unwirsch, fünsch *(niederd.),* indigniert, erbost, erzürnt, erbittert, zornig, fuchtig, wütend, wutentbrannt, wutschäumend, wutschnaubend, fuchsteufelswild, zähneknirschend, grimmig, ingrimmig, tücksch *(ugs. landsch.).*

aufgedonnert *(abwertend),* aufgeputzt, herausgeputzt, overdressed, aufgemascherlt *(österr.),* gstatzt *(österr.),* zurechtgemacht, aufgemacht *(ugs.),* in großer Toilette, gestriegelt *(ugs.),* geschniegelt und gebügelt *(scherzh.),* wie geleckt *(scherzh.),* geputzt / geschmückt wie ein Pfingstochse *(ugs. scherzh.).*

Aufgedunsenheit, Gedunsenheit, Aufgequollenheit, Verquollenheit, Verschwollenheit, Aufgeschwemmtheit, Schwammigkeit.

aufgeklärt, vorurteilsfrei, vorurteilslos, freisinnig, liberal, lax *(abwertend),* wissend, erfahren, unterrichtet, eingeweiht.

aufgelockert, gelockert, entspannt, locker, gelöst.

aufgeputzt, herausgeputzt, aufgedonnert *(abwertend),* overdressed, aufgemascherlt *(österr.),* gstatzt *(österr.),* zurechtgemacht, aufgemacht *(ugs.),* in großer Toilette, gestriegelt *(ugs.),* geschniegelt und gebügelt *(scherzh.),* wie geleckt *(scherzh.),* geputzt / geschmückt wie ein Pfingstochse *(ugs. scherzh.).*

aufgeregt, erregt, nervös, neurasthenisch, nervenschwach, hysterisch, gereizt, ruhelos, unruhig, ungeduldig, unstet, bewegt, fahrig, tumultuarisch, turbulent, hektisch, fiebrig, schußlig *(ugs.),* huschlig *(ugs.),* zapplig *(ugs.),* kribblig *(ugs.),* fickrig *(ugs. landsch.),* außer sich, aufgelöst, außer Fassung, ganz aus dem Häuschen *(ugs.),* ein Nervenbündel, kopflos.

aufgeschlossen, interessiert, empfänglich, vielseitig, lernbegierig.

aufgeweckt, klug, clever, gewitzt, gescheit, verständig, vernünftig, umsichtig, intelligent, scharfsinnig.

aufgliedern, gliedern, untergliedern, klassifizieren, indexieren, katalogisieren, unterteilen, aufteilen, strukturieren, segmentieren, staffeln, auffächern, differenzieren, anordnen, ordnen, systematisieren.

Aufgliederung, Gliederung, Untergliederung, Kategorie, Kategorisierung, Klassifizierung, Klassifikation, Unterteilung, Aufteilung, Segmentierung, Staffelung, Stufung, Auffächerung, Aufschlüsselung, Differenzierung, Systematisierung, Anordnung, Disposition.

aufgreifen (jmdn.), ergreifen, jmds. habhaft werden, erwischen, [auf frischer Tat] ertappen, anpakken, packen, fassen, [beim Wikkel / am Schlafittchen / zu fassen] kriegen *(ugs.),* schnappen *(salopp),* ausheben, hochnehmen, hochgehen / auffliegen lassen *(ugs.),* hoppnehmen *(salopp).*

aufhalten, behindern, hindern, stoppen, hinderlich sein, obstruieren, hemmen, lähmen, stören, querschießen, verzögern, beeinträchtigen, trüben, erschweren, im Wege stehen, ein Handikap sein, gehandikapt sein.

aufhängen (sich), sich erhängen /

aufknüpfen / aufbaumeln *(salopp).*

[1]**aufheben,** abschaffen, annullieren, für ungültig / für [null und] nichtig erklären, außer Kraft setzen, einen alten Zopf abschneiden, kassieren.

[2]**aufheben,** aufbewahren, verwahren, bewahren, behalten, versorgen *(schweiz.),* zurückbehalten, zurückhalten, jmdm. etwas vorenthalten, unter Verschluß halten, in Verwahrung / an sich nehmen, sammeln, ansammeln, häufen, anhäufen, akkumulieren, speichern, aufspeichern, beiseite legen / bringen, horten, hamstern *(ugs.),* kuten *(berlin.).*

aufheitern, erheitern, aufmuntern, zerstreuen, ablenken, auf andere Gedanken bringen, Stimmung machen, Leben in die Bude bringen *(salopp).*

aufhellen, blondieren, bleichen, tönen, färben.

aufhetzen, aufwiegeln, hetzen, agitieren, hussen *(österr. ugs.),* aufhussen *(österr. ugs.),* verhetzen, aufreizen, aufputschen, anheizen, Öl ins Feuer gießen, fanatisieren, Zwietracht säen, scharfmachen *(ugs.),* stänkern *(salopp),* pesten *(ugs.).*

aufholen, [Boden] gutmachen, einholen, nachholen, wettmachen, nachziehen, ausgleichen, das Gleichgewicht herstellen, gleichziehen.

[1]**aufhören,** beenden, beendigen, abbrechen, aufgeben, aufstecken, aussteigen *(ugs.),* begraben *(ugs.),* einstellen, es dabei bewenden lassen, Feierabend / Schluß / ein Ende machen, ein Ende setzen, ad acta legen, einen Strich *bzw.* Schlußstrich unter etwas ziehen / machen, einen Punkt machen, abschließen, zum Abschluß / unter Dach und Fach / *(ugs.)* über die Bühne bringen, schließen, beschließen, mit etwas zu Ende sein / gehen, das Handtuch werfen.

[2]**aufhören,** enden, zu Ende gehen, ein Ende haben, zum Erliegen kommen, vergehen, vorübergehen, vorbeigehen.

aufklären, jmdm. etwas beibringen, jmdm. die Augen öffnen / *(ugs.)* den Star stechen / ein Licht aufstecken / reinen Wein einschenken, jmdn. ins Bild setzen, es jmdm. stecken *(ugs.),* jmdm. etwas hinreiben / hindrücken / unter die Nase reiben *(ugs.).*

aufkommen, heraufziehen, aufziehen, heranziehen, im Anzug sein, herankommen, nahen, herannahen, sich nähern, kommen, sich zusammenbrauen, drohen, dräuen *(veraltet).*

aufkreuzen *(salopp),* auf der Bildfläche erscheinen, antanzen, hereinschneien *(ugs.),* hereingeschneit kommen *(ugs.),* eintrudeln *(salopp),* einlaufen *(salopp),* sich einfinden / einstellen, anlangen, kommen.

aufladen, aufbürden, überbürden *(schweiz.),* andrehen *(ugs.),* zuschieben, abwälzen / abschieben auf, jmdm. den Schwarzen Peter zuspielen / zuschieben, unterjubeln *(ugs.),* jmdm. etwas unter die Weste jubeln *(ugs.),* aufpelzen *(österr.),* jmdm. ein Kuckucksei ins Nest legen.

auflehnen (sich), aufbegehren, sich empören / aufbäumen / erheben / widersetzen / sträuben / wehren / zur Wehr setzen, auftrumpfen, Sperenzchen / Mätzchen machen *(ugs.),* einen Tanz aufführen *(ugs.),* sich mit Händen und Füßen wehren / sträuben *(ugs.),* jmdm. die Stirn bieten / die

Zähne zeigen / *(schweiz.)* die Stange halten, protestieren, opponieren, Protest erheben / einlegen, revoltieren, rebellieren, meutern, Krach schlagen *(ugs.)*, eine [dicke] Lippe riskieren *(ugs.)*, auf die Barrikaden steigen / gehen, Sturm laufen gegen, wider / gegen den Stachel löcken, Widerpart bieten, in Aufruhr geraten, trotzen, mukken, murren, aufmucken, aufmucksen, sich auf die Hinterbeine stellen, sich etwas nicht gefallen lassen.

auflösen, dechiffrieren, entschlüsseln, aufschlüsseln, entziffern, dekodieren.

Auflösung, Lösung, Antwort, das Ei des Kolumbus, Deus ex machina.

aufmachen, aufschließen, öffnen, aufsperren *(landsch.)*, auftun, entriegeln.

aufmerksam, gespannt, angestrengt, konzentriert, andächtig, angespannt, erwartungsvoll.

Aufmerksamkeit, Konzentration, Sammlung, Andacht.

aufmuntern, erheitern, aufheitern, zerstreuen, ablenken, auf andere Gedanken bringen, Stimmung machen, Leben in die Bude bringen *(salopp)*.

aufmüpfig, aufsässig, widerspenstig, widerborstig, trotzig, widersetzlich, renitent.

Aufnahme, Fotografie, Lichtbild, Foto, Bild.

[1]**aufnehmen,** beherbergen, unterbringen, Unterkunft gewähren / geben, Asyl / Obdach geben, Unterschlupf gewähren, Quartier geben, kasernieren.

[2]**aufnehmen,** fotografieren, ein Foto / eine Aufnahme / ein Bild machen, knipsen *(ugs.)*, ablichten *(ugs.)*, ein Foto / ein Bild schießen *(ugs.)*.

aufpäppeln *(fam.)*, großziehen, aufziehen, hochpäppeln *(ugs.)*.

[1]**aufpassen,** achtgeben, achten auf, Obacht geben, zuhören, sich konzentrieren / sammeln, seine Gedanken sammeln / zusammennehmen, seine fünf Sinne zusammennehmen, aufpassen wie ein Heftelmacher / Haftelmacher *(landsch.)*, bei der Sache sein *(ugs.)*, aufmerksam sein, ganz Ohr sein *(ugs.)*, die Ohren spitzen *(ugs.)*, ganz Auge und Ohr sein *(ugs.)*, an jmds. Mund hängen, die Augen aufmachen / offenhalten, aufmerken, achthaben, sein Augenmerk auf jmdn. / etwas richten, ein Auge haben auf *(ugs.)*, passen auf *(ugs.)*, [einen Rat] annehmen, beachten, Notiz nehmen von, zur Kenntnis nehmen, sich merken, bemerken, ad notam nehmen *(geh.)*, beobachten, Beachtung schenken.

[2]**aufpassen** (auf), beaufsichtigen, sehen nach, sich kümmern um, hüten, bewachen, babysitten, gaumen *(bes. schweiz.)*.

Aufpreis, Aufschlag, Aufgeld, Zuschlag.

aufputschen, aufwiegeln, hetzen, aufhetzen, agitieren, hussen *(österr. ugs.)*, aufhussen *(österr. ugs.)*, verhetzen, aufreizen, anheizen, Öl ins Feuer gießen, fanatisieren, Zwietracht säen, scharfmachen *(ugs.)*, stänkern *(salopp)*, pesten *(ugs.)*.

aufputschend, anregend, belebend, stimulierend, aufregend, aufpulvernd, aufmöbelnd.

aufraffen (sich), sich aufschwingen / aufrappeln, sich einen Ruck geben, seinem Herzen einen Stoß geben, über seinen eigenen Schatten springen, sich überwinden.

aufräumen (mit etwas), eingreifen, durchgreifen, einschreiten, dazwischentreten, ein Machtwort sprechen, mit der Faust auf den Tisch schlagen / *(ugs.)* hauen, dazwischenfunken *(ugs.)*, sich einmischen / *(ugs.)* einmengen, sich mischen / *(ugs.)* mengen in, dreinreden, andere Maßnahmen ergreifen, andere Register ziehen, andere Saiten aufziehen, strenger werden / vorgehen, einen anderen Ton anschlagen, reinen Tisch / tabula rasa machen, Ordnung schaffen, Schluß machen mit etwas, zuschlagen, kurzen Prozeß machen, nicht lange fackeln *(ugs.)*, mit eisernem Besen auskehren, einhaken *(ugs.)*.

aufrecht, gerade, kerzengerade, stocksteif *(ugs.)*.

[1]**aufregen,** erregen, in Wallung bringen, in Aufregung versetzen, aufbringen, aus der Fassung bringen, empören, in Wut versetzen, in Rage bringen.

[2]**aufregen** (sich), sich empören / entrüsten / erhitzen, böse / zornig / wütend werden, hochgehen, explodieren, an die Decke gehen, wild werden, ausflippen *(ugs.)*, sich fuchsen / giften *(ugs.)*, rotsehen *(ugs.)*, geladen / sauer sein *(ugs.)*.

aufreibend, beschwerlich, nervenaufreibend, aufregend, ermüdend, anstrengend, arbeitsintensiv, arbeitsreich, arbeitsaufwendig, streng *(schweiz.)*, strapaziös, stressig, mühevoll, mühsam, strub *(schweiz.)*, mühselig.

aufreizen, reizen, entflammen, lokken, verlocken, jmdm. den Mund wäßrig machen *(ugs.)*, anmachen *(salopp)*, jmdn. verrückt / scharf machen *(ugs.)*, aufgeilen *(salopp)*.

[1]**aufreizend,** sexy, lasziv, betörend, verführerisch, attraktiv, anziehend.

[2]**aufreizend,** provozierend, herausfordernd, provokativ, provokatorisch, provokant.

[1]**aufrichten,** trösten, aufmuntern, aufheitern, ermutigen, beruhigen, beschwichtigen, Trost spenden / zusprechen / bieten, Mut zusprechen / geben.

[2]**aufrichten** (sich), aufstehen, sich erheben, aufspringen, in die Höhe schnellen.

aufrichtig, ehrlich, vertrauenswürdig, zuverlässig, geradlinig, gerade, offen, offenherzig, freimütig, frank und frei, unverhüllt, unverhohlen, wahrhaftig, wahr, wahrhaft, ohne Falsch.

aufrollen, aufdecken, bloßlegen, durchschauen, nachweisen, aufrollen, hinter etwas kommen, Licht in etwas bringen, ans Licht bringen, enthüllen, entschleiern, den Schleier lüften, entlarven, dekuvrieren, demaskieren.

aufrücken, avancieren, steigen, befördert werden, klettern *(ugs.)*, arrivieren, hochkommen, emporsteigen, aufsteigen, emporkommen, etwas werden, es zu etwas bringen, Karriere machen, sein Fortkommen finden, vorwärtskommen, die Treppe rauffallen *(ugs.)*, auf die Beine fallen *(ugs.)*.

Aufruf, Appell, Aufforderung, Mahnung.

Aufrührer, Revolutionär, Reformator, Neuerer, Umstürzler, Revoluzzer *(abwertend)*, Verschwörer, Aufständischer, Rebell, Insurgent *(veraltet)*.

aufrüsten, rüsten, mobilisieren, mobil machen.

aufrütteln, wachrütteln, zur Besinnung / Vernunft / Einsicht bringen.

aufschieben, verschieben, hinausschieben, zurückstellen, vertagen, verlegen, umlegen, verzögern, hinauszögern, hinausziehen, verschleppen, auf die lange Bank schieben *(ugs.),* auf Eis legen *(ugs.).*

[1]**aufschließen,** aufmachen, öffnen, aufsperren *(landsch.),* auftun.

[2]**aufschließen,** nachrücken, aufrücken, anschließen, Anschluß haben an.

aufschneiden, prahlen, protzen, renommieren, bramarbasieren, angeben [wie zehn nackte Neger / eine Tüte voll Wanzen *bzw.* Mükken], Schaum schlagen, ein Schaumschläger sein, sich in die Brust werfen, den Mund voll nehmen, Sprüche machen / hermachen, Wind machen, sich aufspielen / brüsten / großtun, sich aufblähen / aufblasen / aufplustern / dicketun, sich wichtig machen / tun, dick auftragen, [bis zum Ellenbogen] reinlangen *(landsch.),* große Reden schwingen, große Töne spucken *(salopp),* ein großes Maul haben *(derb).*

Aufschneider, Angeber, Großsprecher, Maulheld *(derb),* Prahlhans, Renommist, Schaumschläger, Großtuer, Zampano, Großkotz *(derb),* Prahler, Großschnauze *(derb),* Märchenerzähler, Märchenonkel, Lügenbaron, Großmaul *(derb).*

aufschreiben, aufnotieren, notieren, hinschreiben, zur Feder greifen, aufnehmen, festhalten, über etwas Buch führen, vermerken, anmerken, niederschreiben, aufzeichnen, verzeichnen, zusammenstellen, eintragen, mitschreiben, protokollieren, stenographieren, zu Papier bringen, aufs Papier werfen, aufsetzen, formulieren, entwerfen, verfassen, abfassen, texten, ins unreine schreiben.

Aufschwung, Blüte, Boom, Konjunktur, Hausse.

aufsein *(ugs.),* geöffnet / offen haben, aufhaben, offen sein.

aufsitzen (jmdm.), reinfallen *(ugs.),* jmdm. auf den Leim gehen / kriechen *(ugs.),* jmdm. in die Falle / ins Garn / ins Netz gehen, hereinfliegen *(ugs.),* reinfliegen *(ugs.),* den kürzeren ziehen, der Dumme / *(ugs.)* Lackierte sein, betrogen / getäuscht / *(ugs.)* übers Ohr gehauen / hereingelegt / *(ugs.)* reingelegt / hintergangen / überlistet / *(ugs.)* angeschmiert / *(ugs.)* gelinkt werden.

aufspüren, auffinden, finden, stoßen auf, entdecken, sehen, antreffen, vorfinden, treffen [auf], begegnen, wiedersehen, orten, den Standort bestimmen, ausfindig machen, ausfinden, ausmachen, ermitteln, in Erfahrung bringen, feststellen, auf die Spur kommen, herausfinden, herausbekommen, herausbringen *(ugs.),* herauskriegen *(salopp),* rausbringen *(salopp),* ausklamüsern *(ugs.),* aufstöbern, auftreiben *(ugs.),* auflesen *(ugs.),* aufgabeln *(salopp),* auffischen *(salopp).*

aufstacheln, anstacheln, begeistern, anspornen, anstiften, anzetteln, ins Werk setzen, anfeuern, aneifern *(südd., österr.),* beflügeln, befeuern, antreiben, in Gang bringen, jmdn. zu etwas bringen / bewegen / inspirieren; schaffen, daß...; jmdn. auf Trab bringen *(ugs.),* jmdm. Beine machen *(salopp),* jmdm. Dampf machen *(salopp),* jmdm. einheizen *(ugs.),* mennen *(schweiz.),* jmdn. auf Touren bringen *(salopp).*

Aufstand, Erhebung, Aufruhr, Empörung, Revolte, Rebellion.

aufstecken, beenden, beendigen, abbrechen, aufgeben, aussteigen *(ugs.),* begraben *(ugs.),* einstellen, es dabei bewenden lassen, Feierabend / Schluß / ein Ende machen, aufhören, ein Ende setzen, ad acta legen, einen Strich *bzw.* Schlußstrich unter etwas ziehen / machen, einen Punkt machen, abschließen, zum Abschluß / unter Dach und Fach / *(ugs.)* über die Bühne bringen, schließen, beschließen, mit etwas zu Ende sein / gehen, das Handtuch werfen.

aufstehen, sich erheben, sich aufrichten, aufspringen, in die Höhe schnellen.

aufsteigen, avancieren, aufrücken, steigen, befördert werden, klettern *(ugs.),* arrivieren, hochkommen, emporsteigen, emporkommen, etwas werden, es zu etwas bringen, Karriere machen, sein Fortkommen finden, vorwärtskommen, die Treppe rauffallen *(ugs.),* auf die Beine fallen *(ugs.).*

Aufsteiger, Shooting-Star, Senkrechtstarter, Seiteneinsteiger, Emporkömmling, Parvenü, Karrierist, Karrieremacher.

aufstöbern, auffinden, finden, stoßen auf, entdecken, sehen, antreffen, vorfinden, treffen [auf], begegnen, wiedersehen, aufspüren, orten, den Standort bestimmen, ausfindig machen, ausfinden, ausmachen, ermitteln, in Erfahrung bringen, feststellen, auf die Spur kommen, herausfinden, herausbekommen, herausbringen *(ugs.),* herauskriegen *(salopp),* rausbringen *(salopp),* ausklamüsern *(ugs.),* auftreiben *(ugs.),* auflesen *(ugs.),* aufgabeln *(salopp),* auffischen *(salopp).*

aufsuchen, besuchen, einen Besuch machen / abstatten, jmdn. [mit einem Besuch] beehren, zu Besuch kommen, einkehren, absteigen, vorbeikommen *(ugs.),* vorsprechen, jmdm. seine Aufwartung machen, hereinschauen, gehen / hingehen zu, Visite machen, auf einen Sprung vorbeikommen / kommen, zukehren *(österr.),* hereinschneien *(ugs.),* ins Haus platzen *(ugs.).*

auftanken, tanken, auffüllen, nachfüllen, vollschütten.

auftauen, aus sich herausgehen, die Scheu / Befangenheit verlieren, munter / *(ugs.)* warm werden.

aufteilen, teilen, verteilen, zur Verteilung bringen, halbpart / halbehalbe / fifty-fifty machen *(ugs.).*

auftragen, servieren, auftafeln, auftischen, auf den Tisch bringen, vorsetzen, auffahren / anfahren [lassen] *(salopp),* reichen, bewirten.

auftreiben, beschaffen, besorgen, herbeischaffen, bringen, holen, verhelfen zu, verschaffen, aufbringen, beibringen, zusammenbringen, zusammenkratzen, haben.

auftreten, vorkommen, sich finden, erscheinen, auftauchen, begegnen, auf den Plan treten.

aufwachsen, heranwachsen, groß werden, seine Kindheit verbringen.

aufwärts, empor *(geh.),* auf, hoch, herauf, hinauf, nach oben, bergan, stromauf, talauf, bergauf, bergwärts, stromaufwärts, flußaufwärts.

aufwecken, wecken, aus dem Schlaf reißen, munter / wach machen, wach rütteln, aus dem Bett werfen *(ugs.).*

aufweisen, zeigen, haben, besitzen, sich kennzeichnen durch, in sich tragen / bergen, jmdm. *bzw.* einer Sache eigen sein / eigentümlich sein / eignen.

aufwenden, ausgeben, verbraten *(ugs.),* springen lassen *(salopp),* lockermachen *(salopp).*

aufwiegeln, hetzen, aufhetzen,

agitieren, hussen *(ugs. österr.)*, aufhussen *(ugs. österr.)*, verhetzen, aufreizen, aufputschen, anheizen, Öl ins Feuer gießen, fanatisieren, Zwietracht säen, scharfmachen *(ugs.)*, stänkern *(salopp)*, pesten *(ugs.)*.

Aufwiegler, Hetzer, Aufhetzer, Agitator, Unruhestifter, Wühler, Demagoge, Volksverführer, Brunnenvergifter.

aufzehren, aufbrauchen, verbrauchen, konsumieren, verkonsumieren *(ugs.)*.

aufzeichnen, aufschreiben, aufnotieren, notieren, hinschreiben, zur Feder greifen, aufnehmen, festhalten, über etwas Buch führen, vermerken, anmerken, niederschreiben, verzeichnen, zusammenstellen, eintragen, mitschreiben, protokollieren, stenographieren, zu Papier bringen, aufs Papier werfen, aufsetzen, formulieren, entwerfen, verfassen, abfassen, texten, ins unreine schreiben.

[1]**aufziehen,** großziehen, hochpäppeln *(ugs.)*, aufpäppeln *(fam.)*.

[2]**aufziehen** *(ugs.)*, necken, mit jmdm. seinen Schabernack / seinen Scherz treiben, hänseln, veralbern *(ugs.)*, anöden *(salopp)*, ärgern, frotzeln, verulken *(ugs.)*, hochnehmen *(ugs.)*, uzen *(ugs. landsch.)*, auf den Arm nehmen *(ugs.)*, auf die Schippe nehmen *(salopp)*, durch den Kakao ziehen *(salopp)*, witzeln, spötteln, spotten, jmdn. dem Gelächter preisgeben, verspotten, ausspotten *(südd., österr., schweiz.)*, pflanzen *(österr.)*, höhnen, verhöhnen, foppen, ulken *(ugs.)*, flachsen *(ugs.)*, anpflaumen *(salopp)*.

[3]**aufziehen,** heraufziehen, heranziehen, im Anzug sein, herankommen, aufkommen, nahen, herannahen, sich nähern, kommen, sich zusammenbrauen, drohen, dräuen *(veraltet)*.

Aufzug, Fahrstuhl, Lift, Ascenseur, Paternoster, Proletenbagger *(scherzh.)*, Beamtenbagger *(scherzh.)*, Bonzenheber *(scherzh.)*.

Auge, Sehorgan, Gucker *(ugs.)*, Äuglein, Augensterne *(dichter.)*.

äugen, blicken, sehen, schauen, gucken, kucken *(nordd.)*, kieken *(salopp)*, starren, spähen, peilen *(ugs.)*, ein Auge riskieren *(ugs.)*, glotzen *(salopp abwertend)*, stieren *(abwertend)*, glubschen *(abwertend)*, linsen *(ugs.)*, lugen, luchsen, sperbern *(schweiz.)*.

Augenblick, Moment, Weile, Weilchen, Nu, Atemzug, Sekunde, Minute.

augenblicklich, jetzt, gegenwärtig, zur Zeit, derzeit, momentan, im Augenblick / Moment, zur Stunde, soeben, eben, gerade, just *(veraltend)*, justament *(veraltet)*.

augenfällig, offensichtlich, augenscheinlich, sichtlich, sichtbar, deutlich, aufgelegt *(österr.)*, manifest, flagrant, offenkundig, eklatant, offenbar.

Augenlicht, Sehvermögen, Sehkraft, Sehschärfe, Gesicht *(geh.)*.

Ausarbeitung, Aufbereitung, Verarbeitung, Bearbeitung, Nutzbarmachung.

ausbaldowern *(salopp)*, auskundschaften, erkunden, erfragen, jmdn. ansprechen auf, ausspüren, aufspüren, ausspionieren, rekognoszieren, aufklären, ausschnüffeln *(ugs. abwertend)*.

ausbedingen (sich etwas), sich etwas vorbehalten / *(österr.)* austragen, etwas zur Bedingung machen, verlangen, fordern.

ausbeuten, [jmdn. bis aufs Blut] aussaugen, jmdm. das Mark aus den Knochen saugen, arm machen, an den Bettelstab bringen, ruinieren, zugrunde richten, jmdm. das Gas abdrehen *(salopp),* jmdm. den Rest geben *(ugs.),* auspowern *(abwertend),* jmdm. die Gurgel zuschnüren / zudrücken *(ugs.),* jmdm. den Hals abschneiden *(ugs.),* jmdm. das Fell über die Ohren ziehen *(ugs.),* ausnutzen, ausnützen *(landsch.).*

ausbilden, schulen, drillen *(abwertend),* lehren, unterweisen, anleiten, instruieren, trainieren, unterrichten.

Ausbilder, Instrukteur, Leiter, Unterrichtender.

Ausbildung, Lehre, Lehrzeit, Studium.

ausbitten (sich etwas), erbitten, bitten, ersuchen, ansuchen, nachsuchen, einkommen um, vorstellig werden, jmdm. anliegen [mit etwas], ansprechen um, flehen, erflehen, anflehen, winseln um *(abwertend),* anrufen, bemühen, bestürmen, beschwören, betteln, angehen um *(ugs.),* sich wenden an, jmdm. mit etwas kommen, über jmdn. herfallen, anhauen *(salopp),* ankeilen *(salopp),* löchern *(salopp),* bohren *(ugs.),* drängen, bedrängen, jmdm. zusetzen, jmdm. auf der Seele knien *(ugs.),* jmdm. die Hölle heiß machen *(ugs.),* drängeln, dremmeln *(ugs.),* quengeln *(ugs.),* quesen *(nordd.),* keine Ruhe geben, jmdm. keine Ruhe lassen, jmdn. nicht in Ruhe lassen, jmdm. in den Ohren liegen *(salopp),* jmdm. auf die Pelle / auf die Bude rücken *(salopp),* jmdm. auf der Pelle sitzen *(salopp),* benzen *(österr.),* penzen *(österr.),* jmdn. beknien *(salopp).*

ausbleichen, bleichen, verbleichen, verblassen, ausblassen, abblassen, verschießen, schießen *(südd., österr.).*

Ausblick, Aussicht, Panorama, Fernblick, Blick.

ausbooten (jmdn.; *ugs.),* jmdn. [fristlos] entlassen, jmdm. kündigen, fortschicken, abservieren *(ugs.),* jmdm. den Laufpaß geben, abhängen *(ugs.),* abschieben *(ugs.),* kaltstellen *(ugs.),* jmdm. den Stuhl vor die Tür setzen, jmdn. auf die Straße setzen / werfen, davonjagen, schassen *(ugs.),* ablösen, hinauswerfen *(ugs.),* rauswerfen *(ugs.),* hinausschmeißen *(ugs.),* rausschmeißen *(salopp),* hinauskatapultieren *(salopp),* rauspfeffern *(salopp),* feuern *(salopp),* rausfeuern *(salopp),* absetzen, entsetzen *(schweiz.),* abhalftern *(salopp),* absägen *(salopp),* des Amtes entheben / entkleiden, suspendieren, einstellen *(schweiz.),* stürzen, entthronen, entmachten, entfernen, abbauen, abschießen *(salopp),* über die Klinge springen lassen *(ugs.),* in die Wüste schicken, aufs Abstellgleis schieben *(ugs.),* zum alten Eisen werfen *(ugs.).*

ausbreiten, darüberbreiten, breiten über, decken (auf / über), bedecken, zudecken, verdecken, abdecken, überdecken, überziehen.

Ausbuchtung, Rundung, Wölbung, Ausstülpung, Bauch.

Ausdauer, Beharrlichkeit, Beharrung, Beharrungsvermögen, Entschiedenheit, Entschlossenheit, Festigkeit, Standhaftigkeit, Unbeugsamkeit, Unerschütterlichkeit, Zielstrebigkeit, Zielbewußtsein, Geduld, Unermüdlichkeit, Unverdrossenheit, Stetigkeit, Zähigkeit, Durchhaltevermögen, Stehvermögen, Kondition, Konstanz, Konsequenz, Perseveranz.

ausdenken (sich etwas), erfinden, konstruieren, erdenken, ersinnen, erdichten, aussinnen, ausgrübeln, ergrübeln, ausklügeln, austüfteln, ertüfteln, ausknobeln *(ugs.)*, ausixen *(ugs. landsch.)*, ausbrüten *(ugs. abwertend)*, aushecken *(salopp abwertend)*.

ausdeuten, auslegen, deuten, deuteln, erklären, erläutern, klarmachen, explizieren, exemplifizieren, ausdeutschen *(südd., österr. ugs.)*, hineingeheimnissen *(abwertend)*, interpretieren *(bildungsspr.)*, kommentieren, auffassen, jmdm. das Wort im Mund herumdrehen.

Ausdruck, Wort, Bezeichnung, Benennung, Vokabel, Begriff, Terminus.

[1]ausdrücken, formulieren, artikulieren, aussprechen, in Worte fassen / *(geh.)* kleiden.

[2]ausdrücken, bedeuten, heißen, die Bedeutung haben, besagen, sagen, aussagen, sein, darstellen, vorstellen, repräsentieren, bilden, ausmachen, ergeben.

ausdrücklich, explizit, expressis verbis, nachdrücklich, bestimmt, entschieden, dezidiert, eindringlich, inständig, mit ganzem Herzen, drastisch, demonstrativ, ostentativ, betont, deutlich, unmißverständlich, gewichtig, emphatisch, mit Nachdruck / Emphase / Gewicht, beschwörend, flehentlich, flehend.

ausdrucksstark, expressiv, mit Ausdruck, mit Gefühl.

Ausdünstung, Transpiration, Schweißabsonderung, Schweißsekretion, Hautausdünstung, Schwitzen, Diaphorese.

auseinandergehen, sich trennen, scheiden, weggehen, sich empfehlen, verlassen, den Rücken wenden / kehren, Abschied nehmen, sich verabschieden, auf Wiedersehen sagen, sich lösen / losreißen.

auseinanderleben (sich), sich entfremden, sich fremd werden, sich nichts mehr zu sagen haben, sich auseinanderschweigen, nebeneinander leben.

auseinandernehmen, zerlegen, zerteilen, zertrennen, auflösen, demontieren, abbauen.

Auseinandersetzung, Streit, Reiberei, Streiterei, Zwist, Tätlichkeit, Handgreiflichkeit, Handgemenge, Schlammschlacht, Knatsch *(salopp)*, Disput, Wortwechsel, Wortgefecht, Kontroverse, Konflikt, Zusammenstoß, Krawall, Zank, Händel, Gezänk, Krach *(abwertend)*, Knies *(salopp landsch.)*, Stunk *(salopp)*, Zoff *(salopp landsch.)*.

auserkoren, auserwählt, erwählt, elitär, berufen, ausersehen, auserlesen.

ausersehen, auswählen, wählen, auslesen, lesen aus, heraussuchen, aussuchen, suchen, die Wahl treffen, eine Auswahl treffen / vornehmen, nehmen, jmds. Wahl fällt auf.

auserwählt, erwählt, elitär, berufen, ausersehen, auserlesen, auserkoren.

Ausfall, Verlust, Einbuße, Minus, Flaute.

[1]ausfallen, nicht stattfinden, ins Wasser fallen, abgesetzt werden, abgeblasen werden *(ugs.)*, gekippt werden *(Jargon)*, ausfallen wegen Nebel *(scherzh.)*.

[2]ausfallen, geraten, werden, gelingen.

Ausflucht, [faule] Ausrede, Vorwand, Finte *(abwertend)*, Entschuldigung, Sperenzchen *(ugs.)*, Notlüge, Bluff.

Ausflug, Tour, Spritztour, Trip.

ausfragen, jmdn. mit Fragen überschütten, jmdm. ein Loch in den Bauch fragen *(ugs.)*, jmdm. die Seele aus dem Leib fragen *(ugs.)*, aushorchen, ausforschen, bohren *(ugs.),* ausholen *(ugs.),* ausquetschen *(ugs.),* ausnehmen *(ugs.),* nachfassen *(ugs.),* auf den Busch klopfen *(ugs.).*

ausführen, verwirklichen, realisieren, erledigen, bewerkstelligen, Wirklichkeit / Realität werden lassen, in die Tat umsetzen, Ernst machen, wahr machen, ins Werk / in Szene setzen, durchführen, vollstrecken, vollziehen, durchziehen *(ugs.),* zustande / zuwege bringen, über die Bühne bringen, schmeißen *(ugs.),* schaukeln *(ugs.).*

ausführlich, eingehend, in extenso, breit, langatmig *(abwertend),* weitschweifig, prolix, umständlich, weitläufig, wortreich, lang und breit *(ugs. abwertend),* des langen und breiten *(ugs. abwertend),* langstielig *(ugs. abwertend).*

Ausgaben, Kosten, Aufwendung, Kostenaufwand, Unkosten.

Ausgang, Ende, Schlußpunkt, Schluß, Abschluß, Beschluß *(veraltend),* Rüste *(dichter.),* Neige *(dichter.),* Ausklang, Beendigung, Finale.

ausgeben, aufwenden, verbraten *(ugs.),* springen lassen *(salopp),* lockermachen *(salopp).*

ausgedehnt, geräumig, groß, weit, großräumig, großflächig, nicht eng, nicht klein.

ausgefallen, extravagant, verdreht, verrückt, verstiegen, skurril, überdreht, überspannt, ungewöhnlich, aus dem Rahmen fallend, spektakulär, unkonventionell.

ausgeglichen, harmonisch, maßvoll, abgewogen, ausgewogen, gleichmäßig, im richtigen Verhältnis, zusammenstimmend, zusammenpassend.

[1]**ausgehen,** enden, endigen, auf etwas hinauslaufen, herauskommen *(schweiz.),* ein Ende / Ergebnis haben, zu einem Ende kommen, zu Ende sein / gehen, aufhören, zum Erliegen kommen.

[2]**ausgehen,** abfärben, auslaufen, Farbe verlieren, Farbe abgeben, nicht farbecht sein, nicht waschecht sein.

ausgelassen, übermütig, unbekümmert, außer Rand und Band, wild, ungezügelt, aufgedreht, ungestüm, stürmisch, unbändig, ungebärdig, wüst *(schweiz.).*

ausgeliefert, preisgegeben, verraten und verkauft, ausgesetzt, schutzlos.

ausgemacht, unverbesserlich, eingefleischt, unbekehrbar, hoffnungslos, vollkommen, überzeugt.

ausgenommen, außer, ohne, sonder, ausschließlich, mit Ausnahme, bis auf, abgesehen von, exklusive, nicht inbegriffen / einbegriffen.

ausgereift, ausgewogen, überlegt, wohlüberlegt, [gut] durchdacht, ausgearbeitet, ausgetüftelt *(ugs.),* ausgefeilt, ausgeknobelt *(ugs.),* durchgeknobelt *(ugs.).*

ausgeschlossen, undenkbar, unmöglich, kommt nicht in Frage / *(scherzh.)* in die Tüte, nicht um alles in der Welt, auf gar keinen Fall.

Ausgestoßener, Paria, Geächteter, Outlaw, Outcast, Entrechteter, Verfemter.

ausgewogen, ausgereift, überlegt, wohlüberlegt, [gut] durchdacht, ausgearbeitet, ausgetüftelt *(ugs.),* ausgefeilt, ausgeknobelt *(ugs.),* durchgeknobelt *(ugs.).*

[1]**ausgezeichnet,** vortrefflich, trefflich, gut, sehr gut, bestens, exzellent, fein, herrlich, vorzüglich, hervorragend, überdurchschnittlich, tadellos, einwandfrei, erst-

klassig, prima *(ugs.)*, eins a *(ugs.)*, picobello *(ugs.)*.

[2]**ausgezeichnet,** preisgekrönt, prämi[i]ert.

ausgleichen, aufholen, [Boden] gutmachen, einholen, nachholen, wettmachen, nachziehen, das Gleichgewicht herstellen, gleichziehen.

ausgleiten, gleiten, rutschen, schurren, ausrutschen, ausglitschen *(ugs.)*, abrutschen, abgleiten, den Halt verlieren, schlittern, schlipfen *(schweiz.)*, ausschlipfen *(schweiz.)*.

aushandeln, sich abstimmen / arrangieren / einig werden / einigen, verabreden, vereinbaren, ausmachen, absprechen, abmachen, sich verständigen / vergleichen, handelseinig werden, übereinkommen, ein Übereinkommen / eine Vereinbarung / Übereinkunft treffen.

Aushängeschild, Glanzpunkt, Glanznummer, Glanzlicht, Glanzstück, Stern, Star, Prachtstück, Paradenummer, Zugstück, Zugnummer, Zugpferd, Attraktion, Clou, Schlager, Hit, -lokomotive (z. B. Wahllokomotive), -magnet (z. B. Wahlmagnet), Anziehung.

aushorchen, ausfragen, ausforschen, bohren *(ugs.)*, ausholen *(ugs.)*, ausquetschen *(ugs.)*, ausnehmen *(ugs.)*, jmdn. mit Fragen überschütten, jmdm. ein Loch in den Bauch fragen *(ugs.)*, jmdm. die Seele aus dem Leib fragen *(ugs.)*, nachfassen *(ugs.)*, auf den Busch klopfen *(ugs.)*.

auskennen (sich), kennen, zu Hause sein in etwas, in- und auswendig kennen *(ugs.)*, vom Bau sein, etwas wie seine Westentasche kennen *(ugs.)*, in allen Sätteln gerecht sein.

Ausklang, Ende, Ausgang, Schlußpunkt, Schluß, Abschluß, Beschluß *(veraltend)*, Rüste *(dichter.)*, Neige *(dichter.)*, Beendigung, Finale.

ausklingen, verklingen, verhallen, aushallen, abklingen, austönen *(selten)*, verwehen, ersterben, kaum noch zu hören sein.

auskommen (mit jmdm.), mit jmdm. harmonieren / in Frieden leben, sich vertragen, sich nicht zanken.

auskosten, genießen, zu schätzen wissen, ein Genießer / ein Genußmensch / ein Lebenskünstler / ein Genußspecht *(österr.)* / kein Kostverächter *(scherzh.)* sein, durchkosten, bis zur Neige auskosten, nichts auslassen.

auskultieren, abhorchen, behorchen, abhören.

auskundschaften, erkunden, erfragen, jmdn. ansprechen auf, ausspüren, aufspüren, ausspionieren, rekognoszieren, aufklären, ausschnüffeln *(ugs. abwertend)*, ausbaldowern *(salopp)*.

auslachen, verspotten, verlachen, verhöhnen, lachen / spotten über, schadenfroh sein.

Auslage, Vitrine, Schaukasten, Schaufenster.

auslassen (sich über etwas), sich äußern, sprechen / reden über, etwas von sich geben, sich verbreiten / ausbreiten über, sich ergehen in / über, Stellung nehmen, seine Meinung kundtun, den Mund auftun, meinen, erklären, behaupten.

ausleeren, leeren, entleeren, leer machen, ausgießen, ausschütten, auskippen.

[1]**auslegen,** vorlegen, verauslagen, vorstrecken *(ugs.)*, in Vorlage bringen, vorschießen *(ugs.)*.

[2]**auslegen,** deuten, deuteln, erklären, erläutern, klarmachen, explizieren, exemplifizieren, ausdeu-

ten, ausdeutschen *(südd., österr. ugs.)*, hineingeheimnissen *(abwertend)*, interpretieren *(bildungsspr.)*, kommentieren, auffassen, jmdm. das Wort im Mund herumdrehen.

Auslegung, Ausdeutung, Lesart, Deutung, Erklärung, Worterklärung, Erläuterung, Kommentar, Bestimmung, Definition, Begriffsbestimmung, Denotation, Sinndeutung, Stellungnahme, Urteil, Grundsatzurteil, Interpretation, Explikation, Hermeneutik, Exegese.

ausleihen (sich etwas), borgen, ausborgen, auf Borg nehmen *(ugs.)*, pumpen *(ugs.)*, entleihen, erborgen, jmdn. anpumpen *(salopp)*, Schulden machen, sich in Schulden stürzen, Geld / einen Kredit / ein Darlehen aufnehmen, Verbindlichkeiten eingehen.

auslesen, auswählen, wählen, lesen aus, heraussuchen, herausklauben *(ugs. landsch.)*, klauben aus *(ugs. landsch.)*, selektieren, aussuchen, suchen, nehmen, jmds. Wahl fällt auf.

ausliefern, überantworten, übergeben, preisgeben, ans Messer liefern.

auslosen, losen, verlosen, das Los ziehen, das Los entscheiden lassen.

auslüften, lüften, frische Luft hereinlassen, belüften, durchlüften, die Fenster öffnen / aufreißen.

[1]**ausmachen,** abstellen, ausschalten, abschalten, abdrehen, ausdrehen, ausknipsen *(ugs.)*.

[2]**ausmachen,** ergeben, bilden, repräsentieren, vorstellen, darstellen, ausdrücken, aussagen, sagen, besagen, heißen, bedeuten, die Bedeutung haben.

Ausmaß, Größe, Größenordnung, Maß, Abmessung, Ausbreitung, Dimension, Ausdehnung, Umkreis, Reichweite, Spielraum, Höhe, Breite, Länge, Tiefe, Weite, Dichte, Fülle, Umfang, Grad, Stärke.

ausmessen, messen, abmessen, bemessen, vermessen, berechnen, abzirkeln.

[1]**Ausnahme,** Seltenheit, Rarität, Ausreißer, Besonderheit, weißer Rabe.

[2]**Ausnahme,** Abweichung, Sonderfall, Irregularität, Abnormität, Anomalität, Anomalie, Regelwidrigkeit.

[1]**ausnutzen,** ausbeuten, [jmdn. bis aufs Blut] aussaugen, jmdm. das Mark aus den Knochen saugen, arm machen, an den Bettelstab bringen, ruinieren, zugrunde richten, jmdm. das Gas abdrehen *(salopp)*, jmdm. den Rest geben *(ugs.)*, auspowern *(abwertend)*, jmdm. die Gurgel zuschnüren / zudrücken *(ugs.)*, jmdm. den Hals abschneiden *(ugs.)*, jmdm. das Fell über die Ohren ziehen *(ugs.)*, ausnützen *(landsch.)*.

[2]**ausnutzen,** ausnützen *(landsch.)*, sich etwas zunutze machen, sich einer Sache bedienen, jmdn. zu etwas gebrauchen, aus etwas / jmdm. Vorteil ziehen, die Gelegenheit beim Schopfe packen / fassen / greifen / nehmen, jmdm. auf der Nase herumtanzen.

ausplaudern, preisgeben, verraten, weitererzählen, verplaudern, ausplappern *(ugs.)*, ausquatschen *(ugs.)*, ausquasseln *(ugs.)*, ausposaunen *(ugs.)*, ausplauschen *(österr.)*, ausratschen *(österr. ugs.)*, nicht für sich behalten, nicht dichthalten *(ugs.)*, den Mund nicht halten *(ugs.)*, aus der Schule / *(ugs.)* aus dem Nähkästchen plaudern.

[1]**ausrauben** (jmdn.), bestehlen, begaunern *(ugs.)*, erleichtern *(ugs.)*,

fleddern, ausnehmen *(ugs.)*, beklauen *(ugs.)*, ausräubern, bis aufs Hemd ausziehen *(ugs.)*.

[2]**ausrauben** (etwas), ausplündern, plündern, ausräubern, ausräumen, brandschatzen *(veraltet)*.

Ausrede, faule Ausrede, Ausflucht, Vorwand, Finte *(abwertend)*, Entschuldigung, Notlüge, Sperenzchen *(ugs.)*, Bluff.

ausreichend, gehörig, gründlich *(ugs.)*, gebührend, ordentlich *(ugs.)*, tüchtig *(ugs.)*, nach Strich und Faden *(ugs.)*, nicht zu knapp.

ausreißen, entfernen, herausreißen, reißen aus, rausreißen *(ugs.)*, ausraufen, raufen aus, herausrupfen, ausrupfen, rupfen aus, rausrupfen *(ugs.)*, auszupfen, zupfen aus, rauszupfen *(ugs.)*.

[1]**ausrichten,** bestellen, übermitteln, sagen lassen, hinterlassen.

[2]**ausrichten,** aufziehen, durchführen, veranstalten, abhalten, durchziehen *(ugs.)*, organisieren, inszenieren, arrangieren, halten, geben, unternehmen, machen.

ausruhen, sich ausruhen, rasten, ruhen, verschnaufen, sich entspannen, [sich] ausrasten *(südd., österr.)*.

ausrutschen, gleiten, rutschen, schurren, ausgleiten, ausglitschen *(ugs.)*, abrutschen, abgleiten, den Halt verlieren, schlittern, schlipfen *(schweiz.)*, ausschlipfen *(schweiz.)*.

aussagen, gestehen, bekennen, Farbe bekennen *(ugs.)*, sein Gewissen erleichtern, einbekennen *(österr.)*, eingestehen, mit der Sprache herausrücken *(ugs.)*, auspacken *(ugs.)*, singen *(salopp)*, einräumen, zugeben, beichten, eine Beichte ablegen, offenbaren, eine Aussage machen, ein Geständnis ablegen / machen, jmdm. etwas entdecken / eröffnen, geständig sein, die Karten aufdecken / offen auf den Tisch legen, die Hosen runterlassen *(salopp)*.

aussaugen, ausbeuten, jmdm. das Mark aus den Knochen saugen, arm machen, an den Bettelstab bringen, ruinieren, zugrunde richten, jmdm. das Gas abdrehen *(salopp)*, jmdm. den Rest geben *(ugs.)*, auspowern *(abwertend)*, jmdm. die Gurgel zuschnüren / zudrücken *(ugs.)*, jmdm. den Hals abschneiden *(ugs.)*, jmdm. das Fell über die Ohren ziehen *(ugs.)*, ausnutzen, ausnützen *(landsch.)*.

ausschalten, abstellen, abschalten, ausmachen, abdrehen, ausdrehen, ausknipsen *(ugs.)*.

ausscheiden, kündigen, verlassen, weggehen, gehen, ausstehen *(südd., österr.)*, abtreten, sich [ins Privatleben] zurückziehen, aufhören.

Ausscheidung, Exkrement, Fäkalien, Fäzes, Stuhlgang, Stuhl, Kot, Aa *(Kinderspr.)*, Schiet *(salopp)*, Kacke *(derb)*, Scheiße *(vulgär)*.

ausschlagen, ablehnen, abschlagen, abweisen, verweigern, versagen, abwinken, abfahren lassen *(ugs.)*, abblitzen lassen *(ugs.)*, einen Korb geben, die kalte Schulter zeigen, abschlägig bescheiden, nein sagen, verschmähen.

ausschlaggebend, entscheidend, maßgebend, maßgeblich, bestimmend, beherrschend, autoritativ, tonangebend, richtungweisend, wegweisend, normativ, federführend.

ausschließen, isolieren, sondern von, ausstoßen, verstoßen, ausscheiden, nicht in Betracht ziehen, ausschalten.

Ausschnitt, Segment, Teilstück.

ausschreien, feilhalten, feilbieten, ausbieten, [zum Kauf] anbieten, anpreisen.

Ausschreitung, Krawall, Zusammenstoß, Auseinandersetzung, Straßenschlacht, Tätlichkeit.

[1]**Ausschuß,** Ausschußware, Schleuderware, schlechte Ware, der letzte Dreck *(salopp abwertend),* Schrott, Altware, Ramsch, Tinnef *(abwertend),* Schofel *(abwertend),* Plunder *(abwertend),* Ladenhüter, Ladengaumer *(schweiz.).*

[2]**Ausschuß,** Pfuscherei, Stümperei, Flickwerk.

[3]**Ausschuß,** Komitee, [wissenschaftlicher] Rat, Kommission, Gremium, Kreis, Zirkel.

Ausschweifung, Exzeß, Orgie.

Außenseiter, Einzelgänger, Eigenbrötler, Kauz, Original, Sonderling, Individualist, Nonkonformist, Außenstehender, Outsider, Outcast, Drop-out, Aussteiger, Freak, Ausgeflippter, Paria, Ausgestoßener, Geächteter, Verfemter, Asozialer, Unterprivilegierter, Entrechteter.

außer, ausgenommen, ohne, sonder, ausschließlich, mit Ausnahme, bis auf, abgesehen von, exklusive, nicht inbegriffen / einbegriffen.

außerdem, überdies, obendrein, zudem, weiter, weiters *(österr.),* weiterhin, des weiteren, ferner, fernerhin, im übrigen, ansonsten, sonst, dazu, daneben, nebstdem *(schweiz.),* erst noch *(schweiz.).*

außergewöhnlich, ungewöhnlich, ausgefallen, außerordentlich, exzeptionell, extraordinär.

[1]**äußern,** mitteilen, erzählen, berichten, artikulieren, schildern, darstellen, beschreiben, Bericht erstatten, einen Bericht geben, Mitteilung machen, ein Bild geben von, vermitteln, zum Ausdruck bringen, dartun, referieren, wiedergeben, ausführen, vortragen, vorbringen.

[2]**äußern** (sich), sprechen / reden über, etwas von sich geben, sich verbreiten / ausbreiten / auslassen über, sich ergehen in / über, Stellung nehmen, seine Meinung kundtun, den Mund auftun, meinen, erklären, behaupten.

äußerst, sehr, überaus, höchst, unermeßlich, ungeheuer, unheimlich, riesig, mächtig, unbeschreiblich, unsäglich, unsagbar, grenzenlos, zutiefst, maßlos, über die / über alle Maßen, mordsmäßig *(salopp),* aufs höchste / äußerste, in höchstem Grad, verdammt *(ugs.),* verflucht *(ugs.),* verteufelt *(ugs.),* ausnehmend, ungemein, furchtbar, schrecklich.

Aussicht, Ausblick, Blick, Panorama, Fernblick.

aussichtslos, undurchführbar, unausführbar, unerreichbar, unmöglich, undenkbar.

aussiedeln, evakuieren, räumen, verlegen, verlagern, auslagern.

aussöhnen, bereinigen, schlichten, beilegen, Frieden / einen Burgfrieden schließen, das Kriegsbeil / den Zwist begraben, die Friedenspfeife rauchen *(scherzh.),* Urfehde schwören *(geh.),* ins reine / in Ordnung / ins Lot bringen, in Ordnung kommen, [einen Streit] aus der Welt schaffen, versöhnen, einrenken, zurechtrücken, geradebiegen *(salopp),* zurechtbiegen *(salopp),* hinbiegen *(salopp),* ausbügeln *(salopp).*

aussondern, wegwerfen, wegtun, wegschmeißen *(ugs.),* ausrangieren *(ugs.),* aussortieren, zum alten Eisen werfen

ausspannen, Ferien / Urlaub machen, auftanken *(ugs.),* eine Pause einlegen, abschalten, ausruhen.

ausspionieren, auskundschaften,

erkunden, erfragen, jmdn. ansprechen auf, ausspüren, aufspüren, rekognoszieren, aufklären, ausschnüffeln *(ugs. abwertend),* ausbaldowern *(salopp).*

aussprechen (sich), sich jmdm. anvertrauen, ins Vertrauen ziehen, seinem Herzen Luft machen, sich / sein Herz erleichtern; sagen, was man auf dem Herzen hat; sich etwas von der Seele reden, jmdm. sein Herz ausschütten.

Ausspruch, Zitat, geflügeltes Wort, Sprichwort, Diktum, Denkspruch, Wahlspruch, Kernspruch, Losung, Devise, Sentenz, Aphorismus, Gedankensplitter, Gedankenblitz, Aperçu, Bonmot, Maxime, Lebensregel.

ausspülen, gurgeln, spülen, den Mund ausspülen.

Ausstattung, Ausrüstung, Outfit, Äußeres, Aufmachung.

ausstechen, übertreffen, überbieten, den Vogel abschießen, übertrumpfen, überflügeln, überholen, überrunden, hinter sich lassen, in den Schatten stellen, in die Tasche / in den Sack stecken *(ugs.),* jmdm. haushoch / turmhoch überlegen sein, jmdm. den Rang ablaufen, jmdm. die Schau stehlen *(ugs.),* aus dem Felde schlagen.

Ausstellung, Exposition *(veraltet),* Messe, Schau, Salon.

Aussteuer, Mitgift, Heiratsgut, Morgengabe *(veraltet).*

[1]**aussuchen,** auswählen, wählen, erwählen *(geh.),* küren *(geh.),* erkiesen *(veraltet),* ausersehen, bestimmen, eine / seine Wahl treffen, sich entscheiden für.

[2]**aussuchen,** auswählen, wählen, auslesen, lesen aus, heraussuchen, herausklauben *(ugs. landsch.),* klauben aus *(ugs. landsch.),* selektieren.

austreiben, sprießen, keimen, knospen, Knospen treiben, ausschlagen, grünen, grün werden, sich begrünen *(selten).*

austreten, verlassen, die Mitgliedschaft aufkündigen, sein Parteibuch zurückgeben.

austüfteln, sich etwas ausdenken, erfinden, konstruieren, erdenken, ersinnen, erdichten, aussinnen, ausgrübeln, ergrübeln, ausklügeln, ertüfteln, ausknobeln *(ugs.),* ausixen *(ugs. landsch.),* ausbrüten *(ugs. abwertend),* aushecken *(salopp abwertend).*

ausüben, versehen, bekleiden, einnehmen, innehaben, amtieren / tätig sein / Dienst tun als.

Auswahl, Sortiment, Kollektion, Musterkollektion, Palette, Zusammenstellung.

[1]**auswählen,** wählen, auslesen, lesen aus, heraussuchen, herausklauben *(ugs. landsch.),* klauben aus *(ugs. landsch.),* selektieren, aussuchen, die Wahl treffen, eine Auswahl treffen / vornehmen, nehmen, jmds. Wahl fällt auf.

[2]**auswählen,** wählen, erwählen *(geh.),* küren *(geh.),* erkiesen *(veraltet),* ausersehen, bestimmen, eine / seine Wahl treffen, sich entscheiden für, aussuchen.

auswandern, emigrieren, ins Ausland / in die Fremde gehen.

Ausweglosigkeit, Sackgasse, Aporie, Teufelskreis, Circulus vitiosus.

ausweisen (sich), sich legitimieren, seinen Ausweis zeigen, seine Identität nachweisen.

Ausweisung, Verbannung, Exil, Vertreibung, Ausstoßung.

ausweiten (sich), überhandnehmen, sich häufen, üppig / zuviel werden, ausarten, überborden, ausufern, ins Kraut schießen, zu einer Landplage werden, eine

Seuche sein, wimmeln von, um sich greifen.

auswirken (sich), wirken, wirksam werden, zur Auswirkung / zur Wirkung / zum Tragen kommen, auf fruchtbaren Boden fallen, seine Wirkung nicht verfehlen, eine Wirkung haben / erzielen, Einfluß ausüben, einen Effekt haben / erzielen, etwas bewirken.

Auswirkung, Folge, Folgerung, Konsequenz, Wirkung, Ergebnis.

auszahlen (sich), sich lohnen, lohnend sein, sich bezahlt machen, sich rentieren, dafürstehen *(österr.),* sich rechnen; Kleinvieh macht auch Mist, viele Wenig machen ein Viel.

[1]**Auszeichnung,** Lob, Preis, Ruhm, Ehre, Ehrung, Belobigung, Belobung, Lobpreis, Lobpreisung.

[2]**Auszeichnung,** Orden, Ehrung, Ehrenzeichen, Dekoration.

Auszubildende[r], Lehrling, Anlernling, Azubi *(ugs.),* Lehrjunge, Lehrbub *(landsch.),* Lehrmädchen, Stift *(ugs.).*

auszusetzen haben (etwas), beanstanden, bemängeln, kritisieren, jmdn. anschießen / beschießen, beanständen *(österr.),* unmöglich finden, verhackstücken *(ugs.),* reklamieren, monieren, ausstellen, sich stoßen / stören an, Anstoß nehmen, Kritik üben, sich beschweren / beklagen, klagen über, Klage führen, Beschwerde einlegen / einreichen / führen, Beschwerden haben / vorbringen, Einspruch erheben, anfechten, angehen gegen, mit nichts zufrieden sein, ein Haar in der Suppe / in etwas finden, raunzen *(landsch.),* meckern *(ugs.).*

authentisch, verbürgt, echt, zuverlässig, aus erster Hand / Quelle, gewährleistet, garantiert, sicher.

Auto, Wagen, Automobil, Kraftfahrzeug, Fahrzeug, Personenkraftwagen, Pkw, fahrbarer Untersatz *(scherzh.),* Straßenkreuzer, Limousine, Benzinkutsche *(scherzh.),* Flitzer, Vehikel *(abwertend),* Kiste *(ugs.),* Schlitten *(salopp),* Karre *(ugs.).*

Autofahrer, Kraftfahrer, Fahrzeuglenker, Pkw-Fahrer.

autonom, unabhängig, ungebunden, autark, frei, eigenständig, selbständig, eigenlebig *(schweiz.),* für sich allein.

Autor, Verfasser, Schreiber, Erzähler, Schriftsteller, Dichter.

autorisieren, ermächtigen, bevollmächtigen, Vollmacht erteilen / verleihen, die Berechtigung geben, berechtigen, befugen.

autorisiert, befugt, berechtigt, mit Fug und Recht, mit gutem Recht / guten Gründen, in guten Treuen *(schweiz.),* ermächtigt, bevollmächtigt.

autoritär, absolutistisch, autokratisch, totalitär, obrigkeitlich, unumschränkt, patriarchalisch, repressiv, selbstherrlich, willkürlich.

avantgardistisch, fortschrittlich, progressiv, vorkämpferisch, zeitgemäß, modern, links.

avancieren, aufrücken, steigen, befördert werden, klettern *(ugs.),* arrivieren, hochkommen, emporsteigen, aufsteigen, emporkommen, etwas werden, es zu etwas bringen, Karriere machen, sein Fortkommen finden, vorwärtskommen, die Treppe rauffallen *(ugs.),* auf die Beine fallen *(ugs.).*

Aversion, Abneigung, Antipathie, Widerwillen, Widerstreben, Abscheu, Ekel, Ressentiment.

Azubi *(ugs.),* Lehrling, Anlernling, Auszubildende[r], Lehrjunge, Lehrbub *(landsch.),* Lehrmädchen, Stift *(ugs.).*

B

Baby, Säugling, Kleinstkind, Wickelkind, kleiner / junger Erdenbürger, Neugeborenes, Nachwuchs, Kind, Kindchen, Kindlein, Wurm *(ugs.),* Würmchen *(ugs.).*

babysitten, Babysitter sein, beaufsichtigen, aufpassen auf, sehen nach, sich kümmern um, hüten, bewachen, gaumen *(bes. schweiz.).*

Background, Hintergrund, Fond, Tiefe, Folie, Kulisse.

baden, erfrischen, ein Bad nehmen, in die Wanne steigen *(ugs.).*

Bagatelle, Kleinigkeit, Lappalie, Läpperei *(ugs.),* Quisquilien (Plural), Minuzien (Plural), Kleinkram.

bagatellisieren, abwiegeln, als Bagatelle behandeln / hinstellen, als geringfügig / unbedeutend hinstellen, verniedlichen, verharmlosen, vernütigen *(schweiz.),* herunterspielen.

bahnbrechend, umwälzend, revolutionär, epochal, innovativ, genial.

Bakterie, Krankheitserreger, Krankheitskeim, Keim, Bazille, Bazillus, Virus.

bald, in Bälde, über kurz oder lang, in kurzer / absehbarer / nächster Zeit, in Zukunft, künftig, später.

balgen (sich), sich katzbalgen, sich raufen, knuffen, boxen, rangeln, handgemein / handgreiflich werden, sich prügeln / hauen / schlagen.

ballern, schießen, abschießen, feuern, Feuer geben, abfeuern, knallen.

Balustrade, Geländer, Brüstung.

banal, trivial, gewöhnlich, alltäglich, leer, hohl, phrasenhaft, nichtssagend, platt, abgedroschen.

Banause *(abwertend),* Botokude *(abwertend),* Prolet *(abwertend),* Primitivling *(abwertend),* Ungebildeter.

banausisch, ungeistig, unkünstlerisch, ungebildet, philiströs, spießig, spießbürgerlich, kleinlich, kleinkariert, eng, muckerhaft.

Band, Schnur, Faden, Bindfaden, Kordel *(südwestd.),* Sackband *(nordd.),* Strippe *(ugs.),* Bendel, Bändel *(schweiz.).*

bandagieren, verbinden, umwickeln, einen Verband anlegen, faschen *(südd., österr.).*

bändigen, zügeln, zurückhalten, im Zaum / in Schranken halten, Zügel anlegen, mäßigen, zähmen, bezähmen.

bang, ängstlich, furchtsam, schreckhaft, phobisch, besorgt, angsterfüllt, angstvoll, angsthaft *(veraltend),* angstbebend, angstschlotternd, angstverzerrt (vom Gesicht), zähneklappernd *(ugs.),* bänglich, beklommen, scheu, schüchtern, verschüchtert, eingeschüchtert, verschreckt, dasig *(südd., österr.),* verängstigt, zaghaft, zag.

Bangigkeit, Angst, Furcht, Bange *(ugs.),* Ängstlichkeit, Beklommenheit, Furchtsamkeit, Bammel *(ugs.),* Panik, Herzklopfen, Beklemmung.

Bank, Geldinstitut, Kreditinstitut, Kreditanstalt, Bankhaus.

Bankett, Festbankett, Festmahl, Festessen, Galadiner.

bankrott, zahlungsunfähig, insolvent, illiquid, blank *(salopp),* pleite *(salopp).*

Bar, Nachtklub, Nightclub, Amüsierlokal, Amüsierbetrieb.

barbusig, busenfrei, oben ohne, topless.

barfuß, barfüßig, bloßfuß, mit nackten / bloßen Füßen, ohne Schuhe und Strümpfe.

bargeldlos, unbar, durch / per Scheck, über die Bank / das Konto, durch Überweisung, mit Kreditkarte.

Barmherzigkeit, Mildtätigkeit, Wohltätigkeit, Karitas, Nächstenliebe.

Barrikade, Absperrung, Wall, Wand, Mauer, Hürde, Barriere, Schlagbaum.

barsch, rüde, schroff, brüsk, grob, rüpelig, rüpelhaft, ruppig, harsch.

Basis, Grundlage, Quelle, Vorlage, Original, Bedingung, Voraussetzung, Ursprung, Vorstufe, Ausgangspunkt, Plattform, Unterlage, Unterbau, Fundament, Substrat, Bestand, Mittel, Grundstock, Fundus.

Bassin, Becken, Wasserbehälter, Wasserbecken.

Bau, Bauwerk, Gebäude, Baulichkeit, Haus, Villa, Bungalow, Hütte, Schuppen *(ugs. abwertend),* Bude *(ugs. abwertend),* Kasten *(ugs. abwertend).*

Bauart, Typ, Typus, Type *(bes. österr.),* Modell.

Bauch, Leib, Abdomen, Unterleib, Ranzen, Wanst *(derb),* Wampe *(derb),* Wamme *(derb),* Schmerbauch, Bierbauch, Spitzbauch, Embonpoint.

[1]**bauen,** erbauen, errichten, aufbauen, erstellen, hochziehen, aufführen, aufrichten.

[2]**bauen,** bebauen, bewirtschaften, kultivieren, bepflanzen, bestellen.

[3]**bauen** (auf), jmdm. glauben, sich auf jmdn. verlassen, zählen auf, rechnen auf / mit, Glauben / Vertrauen schenken, Vertrauen haben, vertrauen, trauen.

Bauer, Landwirt, Agrarier, Agronom, Landmann, Bauersmann, Pflanzer, Farmer.

bäuerlich, dörflich, ländlich.

Bauernhof, Hof, Landwirtschaft, landwirtschaftlicher Betrieb, Gut, Hofgut, Gehöft, Bauerngut, Agrarfabrik, Gutshof.

Bauernschläue, Klugheit, Findigkeit, Schlauheit, Verschmitztheit, Mutterwitz, gesunder Menschenverstand, Gewitztheit, Cleverneß, Gerissenheit.

baufällig, alt, altersschwach, verfallen, zerfallen, brüchig, schrottreif.

Bauplatz, Grundstück, Baugrundstück, Baugrund, Grund *(österr.),* Bauland, Baustelle, Baustätte *(geh.),* Baufläche, Baugelände, Parzelle.

beabsichtigen, vorhaben, wollen, intendieren, bezwecken, den Zweck haben / verfolgen, die Absicht haben, planen, schwanger gehen mit *(ugs.),* in Aussicht nehmen, sich etwas vornehmen / *(veraltend)* vorsetzen / zum Ziel setzen / in den Kopf setzen, sich mit dem Gedanken tragen, ins Auge fassen, im Auge haben, im Sinn haben, sinnen auf, im Schilde führen, es anlegen auf, sich bemühen um.

beachten, befolgen, beherzigen, einhalten, sich [den Anordnungen] fügen / unterwerfen / beugen / unterordnen / *(schweiz.)* unterziehen, [den Anordnungen] Folge leisten.

beanstanden, bemängeln, kritisieren, jmdn. anschießen / beschießen, beanständen *(österr.),* unmöglich finden, verhackstücken *(ugs.),* etwas auszusetzen haben, reklamieren, monieren, ausstellen, mißbilligen, sich stoßen / stören an, Anstoß nehmen, Kritik üben, mit jmdm. [scharf] ins Gericht gehen, sich beschweren / beklagen, klagen über, Klage führen, Beschwerde einlegen / einreichen / führen, Beschwerden haben / vorbringen, Einspruch erheben, anfechten, angehen gegen, rekurrieren, herumnörgeln, nörgeln, herumkritteln, bekritteln, bemäkeln, kritteln, herummäkeln, rummäkeln *(ugs.),* mäkeln, mit nichts zufrieden sein, ein Haar in der Suppe / in etwas finden, raunzen *(landsch.),* meckern *(ugs.),* brabbeln *(ugs.).*

beantworten, zur Antwort geben / bekommen, antworten, Bescheid geben, entgegnen, erwidern, versetzen, zurückgeben, zurückschießen *(ugs.),* eingehen auf, reagieren, dagegenhalten, widersprechen, Widerspruch erheben, aufbegehren, jmdm. in die Parade fahren, einwenden, einwerfen, entgegenhalten, Einwände erheben / machen, replizieren, nichts / keine Antwort schuldig bleiben, Rede und Antwort stehen, kontern, Kontra geben, jmdm. über den Mund fahren *(ugs.).*

Bearbeitung, Ausarbeitung, Aufbereitung, Verarbeitung, Auswertung, Nutzbarmachung.

beaufsichtigen, aufpassen auf, sehen nach, sich kümmern um, hüten, bewachen, babysitten, gaumen *(bes. schweiz.).*

beauftragen, betrauen, befassen mit, verpflichten.

bebauen, bauen, bewirtschaften, kultivieren, bepflanzen, bestellen.

beben, zittern, erzittern, erbeben, zucken, vibrieren.

bebildern, illustrieren, mit Bildern versehen / ausschmücken.

Becken, Bassin, Wasserbehälter, Wasserbecken.

Bedachtsamkeit, Umsicht, Umsichtigkeit, Besonnenheit, Bedachtheit, Bedacht, Ruhe.

bedanken (sich), danken, Dank wissen / sagen / abstatten / bezeigen / bezeugen / aussprechen / ausdrücken / *(geh.)* zollen / bekunden, dankbar sein, sich dankbar erweisen, jmdm. verbunden / verpflichtet sein, seine Dankbarkeit zeigen / zum Ausdruck bringen, jmdn. / etwas verdanken *(schweiz.),* jmdn. / etwas bedanken *(südd., österr.).*

bedauerlicherweise, unglücklicherweise, zu allem Unglück, unglückseligerweise, dummerweise, leider, leider Gottes, zu meinem Bedauern / Leidwesen, so leid es mir tut.

[1]**bedauern** (etwas), bereuen, Reue empfinden, in sich gehen, jmdn. reuen, gereuen, jmdm. leid tun, untröstlich / traurig / betrübt sein, daß...; sich an die Brust schlagen, sein Haupt mit Asche bestreuen, sich Asche aufs Haupt streuen.

[2]**bedauern,** beklagen, beweinen, bejammern, betrauern, nachtrauern, nachweinen.

bedauernswert, bedauernswürdig, beklagenswert, bemitleidenswert, bemitleidenswürdig, bejammernswert, mitleiderregend.

bedecken, zudecken, verdecken, abdecken, decken (auf / über), überdecken, überziehen, darüberbreiten, breiten über, ausbreiten.

Bedenken, Zweifel, Einwand, Vorbehalt, Skrupel, Skepsis, Zurückhaltung.

bedenkenlos, anstandslos, ohne weiteres, ohne Bedenken / Anstände, ungeprüft, unbesehen, blanko, selbstverständlich, selbstredend, natürlich, bereitwillig, gern, mit Vergnügen, kritiklos, blindlings, kurzerhand.

Bedenkenlosigkeit, Gewissenlosigkeit, Skrupellosigkeit, Rücksichtslosigkeit.

bedenklich, beängstigend, besorgniserregend, übel, unselig, arg, schlimm.

bedeuten, heißen, die Bedeutung haben, besagen, sagen, aussagen, ausdrücken, sein, darstellen, vorstellen, repräsentieren, bilden, ausmachen, ergeben.

bedeutend, bedeutungsvoll, bedeutsam, wichtig.

bedeutsam, wichtig, belangvoll, bedeutungsvoll, gewichtig, folgenreich, folgenschwer, wesentlich, essentiell, substantiell, relevant, signifikant.

Bedeutsamkeit, Wichtigkeit, Gewichtigkeit, Relevanz, Signifikanz, Bedeutung, Aktualität, Brisanz.

[1]**Bedeutung,** Sinn, Intension, Gehalt (der), Inhalt, Substanz, Essenz, Tenor.

[2]**Bedeutung,** Wichtigkeit, Geltung, Gewicht, Rang, Größe.

Bedeutungslosigkeit, Unwichtigkeit, Wertlosigkeit, Nichtigkeit, Belanglosigkeit, Nebensächlichkeit, Trivialität, Unerheblichkeit, Unwesentlichkeit, Unbedeutendheit, Irrelevanz.

bedienen (sich einer Sache), gebrauchen, benutzen, nutzen, sich zunutze machen, verwenden, einsetzen, verwerten, ausschlachten *(ugs.)*, sich etwas dienstbar machen, anwenden.

Bedienung, Kellner[in], Garçon *(veraltet)*, Ober, Serviererin, Saaltochter *(schweiz.)*, Serviertochter *(schweiz.)*, Servierfräulein.

[1]**Bedingung,** Grundlage, Quelle, Vorlage, Original, Voraussetzung, Ursprung, Vorstufe, Ausgangspunkt, Plattform, Unterlage, Unterbau, Fundament, Substrat, Bestand, Mittel, Grundstock, Fundus, Basis.

[2]**Bedingung,** Vorbedingung, Voraussetzung, Kondition, Conditio sine qua non.

bedingungslos, vorbehaltlos, rückhaltlos, voraussetzungslos, ohne Einschränkung / Vorbehalt / Vorbedingung / Bedingungen, ohne Wenn und Aber.

bedrängen, jmdm. zusetzen, drängen, jmdm. die Hölle heiß machen, keine Ruhe geben, jmdm. keine Ruhe lassen, jmdn. nicht in Ruhe lassen, nicht nachlassen / aufhören mit, insistieren, bohren, jmdn. in die Mangel / Zange nehmen, jmdn. hart herannehmen.

bedrohen, nötigen, Druck / Zwang ausüben, jmdn. unter Druck setzen, jmdm. das Messer an die Kehle setzen, jmdm. die Pistole auf die Brust setzen, Daumenschrauben ansetzen.

bedrohlich, kritisch, ernst, beängstigend, bedenklich.

Bedrohung, Gefahr, Gefährlichkeit, Gefährdung, Unsicherheit, Sicherheitsrisiko.

bedrücken, bekümmern, beunruhigen, quälen, betrüben, jmdm. Kummer machen / bereiten, jmdm. Sorge machen / bereiten, jmdm. zu schaffen machen, jmdm. [schwer] im Magen liegen, jmdn. mit Kummer / Sorge erfüllen, jmdm. Kopfzerbrechen machen /

bereiten, ein Nagel zu jmds. Sarg sein, jmdm. das Herz brechen / [fast] das Herz abdrücken.

[1]**bedürfen,** brauchen, benötigen, gebrauchen können, nicht entbehren / nicht missen können, etwas nötig haben [wie das tägliche Brot], angewiesen sein auf, nicht auskommen ohne.

[2]**bedürfen,** verlangen, erfordern, voraussetzen, brauchen, kosten.

bedürfnislos, anspruchslos, genügsam, bescheiden.

bedürftig, mittellos, unbemittelt, unvermögend, notleidend, notig *(südd., österr.)*, verarmt, bettelarm, einkommensschwach, arm [wie eine Kirchenmaus], schwach auf der Brust, in Geldverlegenheit, in finanziellen Schwierigkeiten, knapp bei Kasse.

beeilen (sich), sich sputen / tummeln / abhetzen *(ugs.)*, sich eilen *(landsch.)*, sich überstürzen, schnell / rasch / fix machen *(ugs.)*, keinen Augenblick verlieren, sich dazuhalten / ranhalten *(salopp)*; zusehen, daß... *(ugs.)*; dazuschauen *(österr.)*, es eilig haben, jmdm. brennt der Boden unter den Füßen, in Hetze sein, keine Zeit verlieren / versäumen dürfen, keine Zeit [zu verlieren] haben, unter Zeitdruck / *(ugs.)* unter Dampf stehen.

beeindruckend, außergewöhnlich, ungewöhnlich, ausgefallen, ungeläufig, außerordentlich, exzeptionell, extraordinär, groß, erstaunlich, überraschend, entwaffnend, umwerfend, bewundernswert, bewunderungswürdig, großartig, feudal, formidabel, ersten Ranges, brillant, kapital, stupend, hervorragend, überragend, himmelsstürmerisch, eminent, überwältigend, hinreißend, eindrucksvoll, unschätzbar, beträchtlich, erklecklich, stattlich, ansehnlich, nennenswert, bedeutend, unvergleichlich, ohnegleichen, sondergleichen, einzigartig, bedeutungsvoll, bedeutsam, erheblich, grandios, imponierend, imposant, phänomenal, beachtlich, enorm, sensationell, spektakulär, aufsehenerregend, auffallend, auffällig.

beeinflußbar, labil, schwankend, wandelbar, unausgeglichen, unstet, von einem Extrem ins andere fallend.

beeinflussen, Einfluß nehmen auf, Einfluß haben / gewinnen, einwirken / *(ugs.)* abfärben auf, einflüstern, einflößen, eingeben, infizieren, anstecken, insinuieren, suggerieren, hinlenken auf, jmdm. etwas in den Mund legen.

beenden, beendigen, abbrechen, aufgeben, aufstecken, aussteigen *(ugs.)*, begraben *(ugs.)*, einstellen, es dabei bewenden lassen, Feierabend / Schluß / ein Ende machen, aufhören, ein Ende setzen, ad acta legen, einen Strich *bzw.* Schlußstrich unter etwas ziehen / machen, einen Punkt machen, abschließen, zum Abschluß / unter Dach und Fach / *(ugs.)* über die Bühne bringen, schließen, beschließen, mit etwas zu Ende sein / gehen, das Handtuch werfen.

beendet, beendigt, fertig, erledigt, abgeschlossen, ausgeführt, zu Ende, unter Dach und Fach.

beerdigen, bestatten, beisetzen, begraben, abdanken *(schweiz.)*, der Erde übergeben, zur letzten Ruhe betten, in die Grube senken, zu Grabe tragen, jmdm. das letzte Geleit geben, zur letzten Ruhe geleiten, jmdm. die letzte Ehre erweisen.

befähigt, fähig, begabt, gut, tüchtig, qualifiziert, geschickt, patent *(ugs.)*.

Befähigung, Begabung, Fähigkeiten, Ingenium, Anlage, Veranlagung, Gaben, Geistesgaben, Talent, Genialität, Genie.

befahren, bereisen, besuchen, reisen durch, trampen durch, durchqueren, durchreisen, durchkreuzen, durchziehen, durchwandern, durchstreifen.

befallen, heimsuchen, verfolgen, beschleichen, ankommen, anwandeln, überfallen, sich jmds. bemächtigen, jmdn. überkommen / übermannen / packen / erfassen.

Befangenheit, Voreingenommenheit, Vorurteil, Parteilichkeit, Einseitigkeit.

[1]**befassen** (sich mit), sich beschäftigen / tragen / abgeben mit, sich jmdm. / einer Sache widmen, sich in etwas hineinknien*(ugs.)*, einer Sache frönen / huldigen, umgehen mit, schwanger gehen mit *(ugs. scherzh.)*.

[2]**befassen** (mit), betrauen, beauftragen, verpflichten.

befehligen, führen, leiten, lenken, verwalten, kommandieren, gebieten / herrschen über, vorstehen, an der Spitze stehen, das Heft / das Steuer / die Zügel fest in der Hand haben, die Fäden in der Hand haben / halten.

befestigen, festmachen, anmachen, anbringen, montieren.

befeuchten, anfeuchten, feucht / naß machen, netzen, benetzen.

[1]**Befinden,** Verfassung, Zustand, Form.

[2]**Befinden,** Gesundheit, Wohlbefinden, Wohlsein, Rüstigkeit, Wohlergehen, Fitneß, Gesundheitszustand.

befolgen, beherzigen, beachten, einhalten, sich [den Anordnungen] fügen / unterwerfen / beugen / unterordnen / *(schweiz.)* unterziehen, [den Anordnungen] Folge leisten.

befördern, transportieren, expedieren, spedieren, überführen.

befragen, konsultieren, um Rat fragen, einen Rat einholen, zu Rate ziehen, fragen.

Befragung, Umfrage, Recherche, Exploration, Interview, Rundfrage, demoskopische Untersuchung, Enquete, Erhebung, Repräsentativerhebung, Repräsentativbefragung.

befreien (sich von etwas), sich jmds. / einer Sache entledigen, abschütteln, die Fesseln abstreifen, loskommen / freikommen von, loswerden, von sich tun / abtun, sich jmdn. / etwas vom Halse schaffen *(salopp)*.

Befreier, Retter, Erretter, Erlöser, rettender Engel, Helfer in der Not.

befremden, in Verwunderung / Erstaunen setzen, stutzig machen, zu denken geben, wundernehmen, erstaunen.

befremdlich, seltsam, sonderbar, verwunderlich, eigentümlich, bizarr, befremdend, merkwürdig, eigenartig, absonderlich.

befriedigen, etwas stillen, [einer Forderung] entsprechen, erfüllen, jmdn. zufriedenstellen, jmdn. abfinden, jmdm. eine Abfindung zahlen, jmdm. Genüge tun.

Befriedigung, Zufriedenheit, Erfüllung, Genugtuung.

befristen, [zeitlich] begrenzen, eine Frist / ein Ziel setzen.

Befruchtung, Besamung, Insemination, Fekundation, Fertilisation, Kopulation, Imprägnation, Zeugung, Begattung, Schwängerung, Konzeption, Empfängnis.

Befugnis, Berechtigung, Vollmacht, Auftrag, Generalvollmacht, Pleinpouvoir, Blankovollmacht, Machtvollkommenheit, Verfügungsgewalt, Bevollmächtigung, Ermächtigung, Autorisierung, Autorisation, Recht.

befugt, berechtigt, mit Fug und Recht, mit gutem Recht / guten Gründen, in guten Treuen *(schweiz.),* ermächtigt, bevollmächtigt, autorisiert.

begabt, talentiert, genial, genialisch, begnadet, gottbegnadet.

Begabung, Fähigkeiten, Befähigung, Ingenium, Anlage, Veranlagung, Gaben, Geistesgabe, Talent, Genialität, Genie.

Begebenheit, Ereignis, Begebnis, Geschehen, Geschehnis, Vorkommnis, Vorfall.

[1]**begegnen** (jmdm.), widerfahren, zustoßen, blühen *(salopp),* zuteil werden, in den Schoß fallen, jmdn. erwarten, auf jmdn. zukommen, etwas erleben.

[2]**begegnen,** treffen, stoßen auf, zusammentreffen, den Weg kreuzen, über den Weg / in die Arme laufen *(ugs.).*

begehren, lieben, gern haben, liebhaben, jmdm. gut / geneigt / hold / gewogen sein, sich zu jmdm. hingezogen fühlen, an jmdm. hängen, jmdm. zugetan / *(veraltet)* attachiert sein, [gern] mögen, leiden können / mögen, eine Schwäche haben für, für jmdn. zärtliche Gefühle hegen, etwas / viel übrig haben für, zum Fressen gern haben *(ugs.),* an jmdm. einen Affen / einen Narren gefressen haben *(salopp),* wie eine Klette an jmdm. hängen *(ugs.),* schätzen, Gefallen finden an, ins Herz geschlossen haben, jmdm. sein Herz geschenkt haben, an jmdn. sein Herz verschenkt / gehängt haben, jmds. Herz hängt an, Interesse zeigen für, mit jmdm. gehen, eine Liebschaft / *(ugs.)* ein Verhältnis / *(ugs.)* ein Techtelmechtel haben, etwas / es mit jmdm. haben, ein Auge haben auf.

begehrt, gefragt, gesucht, viel verlangt.

begeistern, in Begeisterung versetzen, mit Begeisterung erfüllen, entzücken, berauschen, trunken machen, hinreißen, entflammen, mitreißen, anmachen *(salopp),* anturnen *(Jargon),* mit sich reißen, fesseln, enthusiasmieren *(bildungsspr.).*

begeistert, hingerissen, enthusiasmiert *(bildungsspr.),* entzückt, trunken *(geh.),* hin *(ugs.),* weg *(ugs.).*

Begierde, Leidenschaft, Begier, Sinnlichkeit, Gier, Begehrlichkeit, Begehren, Konkupiszenz, Kupidiät, Gelüst[e], Gieper *(landsch.),* Jieper *(bes. berlin.),* Verlangen, Passion, Trieb, Appetenz.

Beginn, Anfang, Anbeginn, Eröffnung, Anbruch, Ausbruch, Eintritt, Auftakt, Startschuß, erster Schritt.

beginnen, anfangen, in die Wege leiten, angehen, anpacken, in Angriff nehmen, einer Sache zu Leibe gehen / rücken, den Stier bei den Hörnern fassen / packen, eröffnen, starten, loslegen *(ugs.),* einsteigen *(ugs.),* sich an etwas machen, seinen Anfang nehmen, anheben, einsetzen, anbrechen, anlaufen, sich anlassen, angehen *(ugs.),* losgehen *(ugs.),* in Schwung kommen.

[1]**beglaubigen,** bescheinigen, testieren, attestieren, bestätigen.

[2]**beglaubigen,** akkreditieren, in seinem Amt bestätigen, anerkennen.

begleichen, zahlen, bezahlen, erledigen, hinblättern *(ugs.),* auf den Tisch des Hauses legen, erlegen, blechen *(ugs.)*, berappen, tief in die Tasche greifen müssen.

begleiten, geleiten, das Geleit geben *(geh.)*, eskortieren, [nach Hause] bringen.

Begleitung, Geleit, Begleit *(schweiz.)*,
Gefolge, Eskorte, Bedeckung *(milit.)*, Geleitzug, Konvoi.

beglücken, erfreuen, jmdm. Freude machen / bereiten, glücklich machen, entzücken.

beglückend, glückbringend, glückhaft.

beglückt, glücklich, selig, hochbeglückt, glückselig, glückstrahlend, freudestrahlend, zufrieden, im sieb[en]ten Himmel *(ugs.)*.

beglückwünschen, gratulieren, Glück wünschen, Glückwünsche übermitteln / überbringen / darbringen, einem Wunsch Ausdruck verleihen, jmdm. die Hand drükken.

Beglückwünschung, Glückwunsch, Gratulation, Segenswünsche.

begnadet, begabt, talentiert, genial, genialisch, gottbegnadet.

begnügen (sich), sich zufriedengeben / bescheiden, vorliebnehmen mit, fürliebnehmen mit *(veraltend)*, sich genügen lassen / genug sein lassen an.

begraben, beisetzen, bestatten, beerdigen, abdanken *(schweiz.)*, der Erde übergeben, zur letzten Ruhe betten, in die Grube senken, zu Grabe tragen, jmdm. das letzte Geleit geben, zur letzten Ruhe geleiten, jmdm. die letzte Ehre erweisen.

Begräbnis, Beerdigung, Bestattung, Beisetzung, Leichenbegängnis, Leich *(südd., österr.)*.

begreifen, verstehen, fassen, erfassen, kapieren *(ugs.)*, folgen können, mitbekommen *(ugs.)*, mitkriegen *(ugs.)*, schnallen *(salopp)*, schalten *(ugs.)*, checken *(ugs.)*, fressen *(salopp)*, auf den Trichter kommen *(ugs.)*, intus kriegen *(ugs.)*, klarsehen *(ugs.)*, durchschauen, durchblicken, durchsteigen *(ugs.)*.

begreiflich, verständlich, erklärlich, plausibel, einsehbar, nachvollziehbar, einleuchtend, einsichtig.

begrenzen, limitieren, kontingentieren, einschränken, beschränken.

begrifflich, abstrakt, ungegenständlich, nur gedacht, nur vorgestellt, gedanklich, theoretisch, vom Dinglichen gelöst, unanschaulich.

begründen, gründen, konstituieren, einrichten, etablieren, errichten, instituieren, stiften, ins Leben rufen, aus der Taufe heben, [neu] schaffen.

begründet, fundiert, gesichert, hieb- und stichfest, unangreifbar.

begrüßen, grüßen, guten Tag sagen, die Zeit bieten / *(geh.)* entbieten, willkommen heißen, bewillkommnen, die Honneurs machen, empfangen, salutieren, eine Ehrenbezeigung machen, jmdm. die Hand geben / reichen / schütteln / drücken, Pfötchen geben *(ugs. scherzh.)*, mit Handschlag / Handkuß begrüßen, jmdm. Reverenz erweisen, seine / die Ehrerbietung erweisen, das Haupt entblößen *(geh.)*, den Hut abnehmen / lüften / ziehen.

begünstigen, fördern, protegieren, lancieren, aufbauen, sich verwenden für, ein gutes Wort einlegen für, befürworten, jmdm. die Bahn / die Wege ebnen, jmdn. ins Geschäft bringen, jmdn. in den Sattel helfen.

begutachten, beurteilen, jurieren,

ein Urteil fällen / abgeben, urteilen / denken über, werten, bewerten, einschätzen, würdigen, etwas von jmdm. / etwas halten, halten / ansehen / erachten für, stehen zu, eine bestimmte Einstellung haben zu, charakterisieren, beleuchten, durchleuchten, betrachten / empfinden / auffassen / nehmen / verstehen als, etwas in jmdm. *bzw.* in etwas sehen / erblicken.

begütert, vermögend, reich, wohlhabend, bemittelt, betucht, gutsituiert, zahlungskräftig, potent, mit Glücksgütern gesegnet, behäbig *(schweiz.),* vermöglich *(schweiz.),* hablich *(schweiz.).*

behagen, gefallen, zusagen, imponieren, Gefallen / Geschmack finden an, auf den Geschmack kommen, Blut lecken *(ugs.),* schön finden, jmdm. sympathisch / angenehm / genehm sein, jmds. Typ sein, jmds. Fall sein *(ugs.),* nach jmds. Herzen sein, auf jmdn. / etwas stehen *(salopp),* Anklang finden, konvenieren *(veraltet),* bei jmdm. [gut] ankommen *(ugs.),* es jmdm. angetan haben, jmdm. liegen, nicht unbeliebt sein.

behaglich, gemütlich, wohnlich, heimelig, wohlig, angenehm, anheimelnd, traulich, traut, lauschig, idyllisch.

Behaglichkeit, Gemütlichkeit, Wohnlichkeit, Heimeligkeit, Traulichkeit, Trautheit, Lauschigkeit.

Behälter, Behältnis, Gefäß, Container.

[1]**behandeln,** umgehen / verfahren / umspringen mit.

[2]**behandeln,** gesund machen, therapieren, pflegen, heilen, wiederherstellen, [aus]kurieren, nicht verschleppen, besprechen, gesundbeten, Hand auflegen, in Ordnung / in die Reihe / über den Berg / wieder auf die Beine bringen *(ugs.),* wieder hinkriegen *(salopp),* aufhelfen, retten.

Behandlung, Therapie, Heilmethode.

Beharrlichkeit, Beharrung, Beharrungsvermögen, Entschiedenheit, Entschlossenheit, Festigkeit, Standhaftigkeit, Unbeugsamkeit, Unerschütterlichkeit, Zielstrebigkeit, Zielbewußtsein, Ausdauer, Geduld, Unermüdlichkeit, Unverdrossenheit, Stetigkeit, Zähigkeit, Durchhaltevermögen, Stehvermögen, Kondition, Konstanz, Konsequenz, Perseveranz.

behaupten (sich), sich durchsetzen / durchkämpfen / durchbringen / *(ugs.)* durchboxen / *(ugs.)* durchschlagen / *(österr.)* durchfretten / durchs Leben schlagen, seinen Willen durchsetzen / durchdrücken / bekommen / haben, die Oberhand gewinnen / behalten.

beheimatet, einheimisch, ansässig, ortsansässig, heimisch, zu Hause, alteingesessen, eingesessen, eingeboren, wohnhaft, niedergelassen, heimatberechtigt, heimatgenössisch *(schweiz.),* eingebürgert, verbürgert *(schweiz.),* zuständig nach *(österr.).*

behelfsmäßig, notdürftig, schlecht und recht, Behelfs-, provisorisch, vorläufig, vorübergehend, zur Not.

beherbergen, unterbringen, aufnehmen, Unterkunft gewähren / geben, Asyl / Obdach geben, Unterschlupf gewähren, Quartier geben, kasernieren.

beherrschend, entscheidend, maßgebend, maßgeblich, bestimmend, autoritativ, tonangebend, richtungweisend, wegweisend, normativ, ausschlaggebend, federführend.

beherrscht, gelassen, ruhig, entspannt, sicher, gefaßt, gezügelt, gesammelt, diszipliniert, stoisch, bedacht, gleichmäßig, cool *(Jargon).*

beherzigen, befolgen, beachten, einhalten, sich [den Anordnungen] fügen / unterwerfen / beugen / unterordnen / *(schweiz.)* unterziehen, [den Anordnungen] Folge leisten.

behindern, hindern, hinderlich sein, aufhalten, obstruieren, hemmen, lähmen, stören, querschießen, verzögern, beeinträchtigen, trüben, erschweren, im Wege stehen, ein Handikap sein, gehandikapt sein.

Behinderter, Körperbehinderter, Invalide, Krüppel.

Behinderung, Hindernis, Erschwernis, Erschwerung, Fessel, Hemmschuh, Hemmung, Barriere, Handikap, Stolperstein, Engpaß, Flaschenhals.

Behörde, Amt, Dienststelle, Verwaltung, Administration, [zuständige] Stelle.

behüten, beschützen, schützen, Schutz gewähren, seine [schützende / helfende] Hand über jmdn. halten, verteidigen, decken, jmdm. den Rücken decken, bewahren, beschirmen.

behutsam, sanft, schonend, schonungsvoll, gnädig, glimpflich, sacht, mild, lind, vorsichtig, sorgsam, pfleglich, sorgfältig.

beichten, gestehen, bekennen, Farbe bekennen *(ugs.),* sein Gewissen erleichtern, einbekennen *(österr.),* eingestehen, mit der Sprache herausrücken *(ugs.),* auspacken *(ugs.),* singen *(salopp),* einräumen, zugeben, eine Beichte ablegen, offenbaren, aussagen, eine Aussage machen, ein Geständnis ablegen / machen, jmdm. etwas entdecken / eröffnen, geständig sein, die Karten aufdecken / offen auf den Tisch legen, die Hosen runterlassen *(salopp).*

Beifall, Applaus, Beifallsäußerung, Beifallsbezeugung, Beifallsgeschrei *(abwertend),* das Klatschen, Ovation, Beifallskundgebung, Beifallsdonner, Beifallssturm, Beifallsorkan, Jubel, Huldigung, Akklamation, Achtungsapplaus, Standing ovations.

Beihilfe, Zuschuß, Unterstützung, Beitrag, Subvention, Finanzspritze, Zubuße, Zuschlag, Zustupf *(schweiz.).*

beiläufig, nebenbei, nebenher, obenhin, am Rande, nebstbei *(österr.),* en passant, wie zufällig.

beilegen, bereinigen, schlichten, Frieden / einen Burgfrieden schließen, das Kriegsbeil / den Zwist begraben, die Friedenspfeife rauchen *(scherzh.),* Urfehde schwören *(geh.),* ins reine / in Ordnung / ins Lot bringen, in Ordnung kommen, [einen Streit] aus der Welt schaffen, aussöhnen, versöhnen, einrenken, zurechtrükken, geradebiegen *(salopp),* zurechtbiegen *(salopp),* hinbiegen *(salopp),* ausbügeln *(salopp).*

beiliegend, anbei, anliegend, inliegend, im Innern, innen, als *bzw.* in der Anlage / *(österr.)* Beilage, beigeschlossen.

beimischen, beimengen, beigeben, beifügen, zusetzen, zugeben, hinzugeben, zufügen, hinzufügen, einrühren, unterrühren, dranrühren *(ugs. landsch.),* ranrühren *(ugs. landsch.),* verschneiden *(Fachspr.).*

Bein, Fuß *(südd., österr., schweiz.),* Fahrgestell *(salopp scherzh.),* Stelze *(salopp abwertend),* Haxe *(salopp abwertend),* Kackstelze *(derb).*

beinahe, fast, nahezu, bald, um ein Haar, praktisch, so gut wie.

beirren, verwirren, irremachen, irritieren, durcheinanderbringen, drausbringen *(österr.),* aus dem Konzept / aus der Fassung / aus dem Text bringen, in Verwirrung / Unruhe versetzen, verunsichern, unsicher / konfus / verwirrt machen, derangieren, konsternieren, in Zweifel stürzen.

beisetzen, bestatten, begraben, beerdigen, abdanken *(schweiz.),* der Erde übergeben, zur letzten Ruhe betten, in die Grube senken, zu Grabe tragen, jmdm. das letzte Geleit geben, zur letzten Ruhe geleiten, jmdm. die letzte Ehre erweisen.

Beisetzung, Begräbnis, Beerdigung, Bestattung, Leichenbegängnis, Leich *(südd., österr.).*

Beispiel, Kostprobe, Probe, Muster.

beispielhaft, beispielgebend, vorbildlich, mustergültig, musterhaft, exemplarisch, nachahmenswert.

beispiellos, einmalig, einzigartig, ohne Beispiel, ohnegleichen, sondergleichen.

beißen, brennen, stechen, pieken *(ugs.),* kratzen.

[1]**Beistand,** Stütze, Halt, Säule *(scherzh.),* Hilfe, Rückhalt.

[2]**Beistand,** Unterstützung, Förderung, Hilfe, Hilfestellung, Hilfeleistung.

beistehen, helfen, Hilfe / Beistand leisten, zur Seite stehen, unterstützen, an die / zur Hand gehen, mithelfen, assistieren, beispringen, behilflich sein, zu Hilfe kommen / eilen, Schützenhilfe leisten, unter die Arme greifen, die Stange halten *(ugs.),* Hilfestellung leisten.

beitreten, eintreten, Mitglied werden, die Mitgliedschaft erwerben, sich anschließen.

beizeiten, frühzeitig, früh, zeitig, zur rechten Zeit, rechtzeitig.

beiziehen, heranziehen, benutzen, benützen, auswerten, zitieren, hinzuziehen, sich zunutze machen.

bejahen, billigen, gutheißen, akzeptieren, absegnen, [einen Vorschlag] annehmen, ja sagen zu, sanktionieren, legitimieren, zulassen, beistimmen, etwas richtig / nicht falsch finden, etwas für richtig / nicht für falsch halten, dafür sein, nichts dagegen / dawider haben.

bekämpfen, ankämpfen gegen, befehden, angehen / vorgehen gegen, Front machen, zu Felde ziehen gegen, entgegentreten, begegnen, entgegenwirken, entgegenarbeiten, kämpfen, offene Türen einrennen, gegen Windmühlen / Windmühlenflügel kämpfen.

bekannt, wohlbekannt, namhaft, ausgewiesen, berühmt, prominent, anerkannt, weltbekannt, weltberühmt, von Weltruf / Weltgeltung / Weltrang, in.

Bekanntenkreis, Freundeskreis, Bekanntschaft.

bekanntgeben, melden, vermelden, verlautbaren, verlauten, bekanntmachen, kundmachen *(veraltend),* kundgeben *(geh.),* kundtun *(geh.),* vernehmlassen *(schweiz.).*

Bekanntmachung, Bekanntgabe, Mitteilung, Kundgabe *(geh.),* Kundmachung *(österr.),* Vernehmlassung *(schweiz.),* Information, Verkündigung, Bulletin, Verlautbarung, Kommuniqué.

bekehren (sich), sich bessern, sich läutern / wandeln, aus einem Saulus ein Paulus werden, Einkehr halten, umkehren, in sich gehen, ein neues Leben beginnen, ein besserer / neuer Mensch werden, den alten Adam ausziehen / von sich werfen / ablegen.

bekennen, gestehen, Farbe bekennen *(ugs.)*, sein Gewissen erleichtern, einbekennen *(österr.)*, eingestehen, mit der Sprache herausrücken *(ugs.)*, auspacken *(ugs.)*, singen *(salopp)*, einräumen, zugeben, beichten, eine Beichte ablegen, offenbaren, aussagen, eine Aussage machen, ein Geständnis ablegen / machen, jmdm. etwas entdecken / eröffnen, geständig sein, die Karten aufdecken / offen auf den Tisch legen, die Hosen runterlassen *(salopp)*.

Bekenntnis, Glaube, Glaubensbekenntnis, Konfession, Religion.

beklagen, bedauern, beweinen, bejammern, betrauern, nachtrauern, nachweinen.

beklagenswert, bejammernswert, bemitleidenswert, bemitleidenswürdig, mitleiderregend, bedauernswert, bedauernswürdig.

beklatschen, applaudieren, klatschen, Beifall spenden / zollen, mit Beifall überschütten, bravo rufen.

bekleckern, beschmutzen, verunreinigen, beschmieren, vollschmieren, besudeln, besabbern, beklecksen, anpatzen *(österr.)*, antrenzen *(österr.)*, beflecken, einen Fleck machen, sich verewigen *(scherzh.)*, bespritzen, vollspritzen, schmutzig / *(salopp)* dreckig machen, versauen *(derb)*, einsauen *(derb)*.

[1]**bekleiden,** kleiden, anziehen, ankleiden, anlegen *(ugs.)*, antun, bedecken, ausstaffieren, hineinschlüpfen, steigen in *(ugs.)*, in die Kleider fahren, überwerfen, überziehen, überstreifen.

[2]**bekleiden,** innehaben, einnehmen, versehen, ausüben, amtieren / tätig sein / Dienst tun als.

Bekleidung, Kleidung, Kleidungsstück, Garderobe, Kleider, Plünnen *(salopp)*, Gewandung, Aufzug *(abwertend)*, Kluft, Sachen, Klamotten *(ugs.)*, Zeug *(salopp)*, Kledasche *(salopp abwertend)*, Habit, Kostüm, Toilette, Montur *(ugs. scherzh.)*.

beklommen, ängstlich, furchtsam, schreckhaft, phobisch, bang, besorgt, angsterfüllt, angstvoll, angsthaft *(veraltend)*, angstbebend, angstschlotternd, angstverzerrt (vom Gesicht), zähneklappernd *(ugs.)*, bänglich, scheu, schüchtern, verschüchtert, eingeschüchtert, verschreckt, verängstigt, zaghaft, zag.

bekommen, erhalten, kriegen, einer Sache teilhaftig werden, empfangen.

bekömmlich, verträglich, leicht verdaulich, leicht.

bekümmern, bedrücken, beunruhigen, quälen, betrüben, jmdm. Kummer machen / bereiten, jmdm. Sorge machen / bereiten, jmdm. zu schaffen machen, jmdm. [schwer] im Magen liegen, jmdn. mit Kummer / Sorge erfüllen, jmdm. Kopfzerbrechen machen / bereiten, ein Nagel zu jmds. Sarg sein, jmdm. das Herz brechen, jmdm. [fast] das Herz abdrücken.

bekümmert, trist, traurig, freudlos, unglücklich, todunglücklich, kreuzunglücklich, betrübt, bedrückt, gedrückt, deprimiert, unfroh, mauserig *(schweiz.)*, trübsinnig, wehmütig, melancholisch.

bekunden, erkennen lassen, an den Tag legen, zeigen, zum Ausdruck bringen, dartun, dokumentieren, kundgeben, offenbaren.

beladen, laden, volladen, befrachten, bepacken, vollpacken, aufladen, aufsacken, aufbürden, auflasten, einladen, verladen.

belastend, gravierend, erschwerend.

belauschen, beobachten, beschatten, bespitzeln, überwachen, verfolgen, im Auge behalten, nicht aus den Augen verlieren / lassen, unter Aufsicht stellen, beluchsen *(ugs.)*, jmdm. auf die Finger sehen / gucken, jmdn. aufs Korn / unter die Lupe nehmen, jmdn. auf dem Kieker haben *(salopp)*, belauern, lauschen.

beleben, erfrischen, erquicken, laben, belebend wirken, anregen.

belebend, anregend, stimulierend, aufputschend, aufregend, aufpeitschend, aufpulvernd, aufmöbelnd.

belegen, nachweisen, beweisen, untermauern, erbringen, bringen, aufzeigen, den Nachweis führen.

Belegschaft, Personal, Betriebsangehörige, Angestelltenschaft, Arbeiterschaft, Arbeitnehmerschaft.

[1]belehrend, informativ, informierend, instruktiv, informatorisch, informell *(selten)*.

[2]belehrend, lehrhaft, lehrerhaft, oberlehrerhaft, schulmeisterlich *(abwertend)*, paukerhaft *(abwertend)*.

beleibt, dick, wohlbeleibt, stark, korpulent, vollschlank, fest *(schweiz.)*, breit, behäbig, füllig, dicklich, mollig, mollert *(ugs., österr.)*, rundlich, rund, kugelrund, üppig, drall, knubbelig, wohlgenährt, voluminös, umfangreich, pummelig, fett, feist, feiß *(südwestd., schweiz.)*, fleischig, dickwanstig, dickleibig, fettleibig.

Beleibtheit, Korpulenz, Fettleibigkeit, Dickleibigkeit, Feistheit, Dickwanstigkeit *(ugs.)*.

beleidigen, kränken, verletzen, jmdn. ins Herz / bis ins Mark treffen, insultieren, schmähen, treffen, jmdm. einen Stich ins Herz geben, jmdm. eine Beleidigung zufügen, jmdn. vor den Kopf stoßen, verprellen, bei jmdm. ins Fettnäpfchen treten, jmdm. auf den Schlips treten, jmdm. auf die Hühneraugen treten *(ugs.)*, jmdm. Nadelstiche versetzen.

beleidigt, gekränkt, verletzt, verstimmt, pikiert, verschnupft *(ugs.)*, eingeschnappt *(ugs.)*, mucksch *(nordd.)*.

Beleidigung, Beschimpfung, Verunglimpfung, Schmähung, Kränkung, Insult.

beliebt, angesehen, geachtet, bewundert, geehrt, verehrt, hochgeschätzt, geschätzt, geliebt, angebetet, vergöttert, gefeiert, populär, volkstümlich, volksverbunden, renommiert.

beliefern, liefern, anliefern, ausliefern, zustellen, bringen, zubringen, zustreifen *(österr. veraltend)*.

bellen, belfern *(ugs.)*, kläffen *(abwertend)*, anschlagen, Laut geben, blaffen, knurren, winseln, jaulen.

Belobigung, Lob, Preis, Ruhm, Ehre, Ehrung, Belobung, Auszeichnung, Lobpreis, Lobpreisung.

belüften, lüften, frische Luft hereinlassen, auslüften, durchlüften, die Fenster öffnen / aufreißen.

[1]bemächtigen (sich jmds.), befallen, heimsuchen, verfolgen, beschleichen, ankommen, anwandeln, überfallen.

[2]bemächtigen (sich), nehmen, sich aneignen, Besitz nehmen / ergreifen von, greifen, behändigen *(schweiz.)*, grapschen, angeln, sich unter den Nagel reißen *(salopp)*, an sich reißen, sich zu eigen machen, wegschnappen, schnappen, erhaschen, zusammenraffen.

bemängeln, beanstanden, kritisieren, jmdn. anschießen / beschießen, unmöglich finden, verhackstücken *(ugs.)*, kein gutes Haar an jmdm. lassen, jmdm. etwas am Zeug flicken, auf jmdm. herumhacken, etwas auszusetzen haben, reklamieren, monieren, ausstellen, mißbilligen, sich stoßen / stören an, Anstoß nehmen, Kritik üben, mit jmdm. [scharf] ins Gericht gehen, sich beschweren / beklagen, klagen über, Klage führen, Beschwerde einlegen / einreichen / führen, Beschwerden haben / vorbringen, Einspruch erheben, anfechten, angehen gegen, rekurrieren, herumnörgeln, nörgeln, herumkritteln, bekritteln, bemäkeln, kritteln, herummäkeln, rummäkeln *(ugs.)*, mäkeln, mit nichts zufrieden sein, ein Haar in der Suppe / in etwas finden, raunzen *(landsch.)*, meckern *(ugs.)*, brabbeln *(ugs.)*.

bemänteln, beschönigen, schönfärben, ausschmücken, frisieren, verbrämen.

bemerken, feststellen, entdecken, konstatieren, registrieren, jmdm. etwas anmerken / ansehen, jmdm. etwas an der Nase / Nasenspitze ansehen.

bemerkenswert, bewundernswert, beeindruckend, imposant, anerkennenswert, lobenswert, verdienstvoll, verdienstlich, löblich, rühmlich, rühmenswert, achtbar, ehrenvoll.

bemühen (sich), sich anstrengen, alle Kräfte anspannen, sich fordern, sich etwas abverlangen, seine ganze Kraft aufbieten, seinen Stolz dareinsetzen, sich ins Zeug legen *(ugs.)*, nichts unversucht lassen, alle Hebel / *(ugs.)* Himmel und Hölle in Bewegung setzen, sich ins Geschirr legen, sich befleißigen / befleißen / mühen / abmühen / abarbeiten / abschleppen / strapazieren / *(ugs.)* auf den Hosenboden setzen / *(ugs.)* abrakkern / plagen / abplagen / *(ugs. landsch.)* placken / *(ugs. landsch.)* abplacken / *(österr.)* abfretten / *(ugs.)* abschuften / quälen / abquälen / *(ugs.)* schinden / *(ugs.)* abschinden / aufreiben / Mühe geben, es sich sauer werden lassen, bemüht sein, einen Versuch machen, sein möglichstes / Bestes / das menschenmögliche tun, sich zusammenreißen *(salopp)*, zusehen, daß ...; zu strampeln haben *(ugs.)*, schuften *(salopp)*, puckeln *(salopp)*, ackern *(salopp)*, asten *(salopp)*, sich verausgaben *(ugs.)*, krebsen *(salopp)*, herumkrebsen *(salopp)*, rumkrebsen *(salopp)*, sich in geistige Unkosten stürzen *(iron.)*.

benachrichtigen, Nachricht / Bescheid geben, wissen lassen, Auskunft geben / erteilen, in Kenntnis / ins Bild setzen, informieren, unterrichten, aufklären, instruieren, verständigen, vertraut machen mit.

benachteiligen, zurücksetzen, diskriminieren, unterschiedlich / ungerecht behandeln.

benannt, genannt, geheißen, benamst *(ugs. scherzh.)*, des Namens, sogenannt, beibenannt, zubenannt.

benehmen (sich), sich verhalten / geben / zeigen / betragen / aufführen / gehaben / gebärden / gebaren / gerieren, auftreten, sein.

Benehmen, Betragen, Konduite *(veraltet)*, Allüren, Auftreten, Haltung, Gebaren, Anstand, Lebensart, Erziehung, Kinderstube, Umgangsformen, Manieren, Weltläufigkeit, Benimm *(ugs.)*.

beneiden, neiden, mißgönnen, nicht gönnen, scheel sehen, vor Neid bersten / platzen, vergönnen *(schweiz.)*, jmdm. nicht das Schwarze unter dem Nagel gönnen, jmdm. nicht das Salz in der Suppe gönnen, mißgünstig / neidisch sein, grün und gelb sein vor Neid, jmdn. / etwas mit scheelen Augen ansehen.

benetzen, netzen, nässen, naß machen, befeuchten, anfeuchten.

Bengel, Schlingel, Schelm, Lümmel, Strolch, Lausbub, Frechdachs, Lausejunge *(ugs.),* Lausebengel *(ugs.),* Lauser *(landsch.),* Früchtchen *(ugs.),* Rotznase *(derb),* Rotzlöffel *(derb),* Tunichtgut *(veraltend).*

Benjamin, jüngster Sohn, Jüngster, Kleiner, Kleinster, Küken, Nesthäkchen, Nestküken.

benötigen, brauchen, bedürfen, gebrauchen können, nicht entbehren / nicht missen können, etwas nötig haben [wie das tägliche Brot], angewiesen sein auf, nicht auskommen ohne.

benutzen, nutzen, sich zunutze machen, gebrauchen, Gebrauch machen von, in Gebrauch nehmen, anwenden, verwenden, verwerten, ausschlachten *(ugs.),* sich einer Sache bedienen, sich etwas dienstbar machen.

beobachten, beschatten, bespitzeln, bewachen, überwachen, verfolgen, im Auge behalten, nicht aus den Augen verlieren / lassen, unter Aufsicht stellen, beluchsen *(ugs.),* jmdm. auf die Finger sehen / gucken, jmdn. aufs Korn / unter die Lupe nehmen, jmdn. auf dem Kieker haben *(salopp),* belauern, lauschen, belauschen.

bepflanzen, bebauen, pflanzen auf, kultivieren, bewirtschaften, bestellen.

bequem, leicht, einfach, mühelos, ohne Mühe, spielend, unschwer, mit Leichtigkeit / Bequemlichkeit, unproblematisch.

berechnen, errechnen, vorausberechnen, kalkulieren, ermitteln, ausrechnen.

[1]Berechnung, Kalkulation, Vorausberechnung, Kostenanschlag, Kostenvoranschlag, Voranschlag, Überschlag, Veranschlagung, Schätzung, Abschätzung.

[2]Berechnung, Überlegung, Kalkül.

berechtigen, ermächtigen, bevollmächtigen, autorisieren, Vollmacht erteilen / verleihen, die Berechtigung geben.

[1]berechtigt, befugt, mit Fug und Recht, mit gutem Recht / guten Gründen, in guten Treuen *(schweiz.),* ermächtigt, bevollmächtigt, autorisiert.

[2]berechtigt, rechtmäßig, gerechtfertigt, recht, richtig, gerecht, billig *(veraltend).*

Berechtigung, Befugnis, Vollmacht, Auftrag, Generalvollmacht, Pleinpouvoir, Blankovollmacht, Machtvollkommenheit, Verfügungsgewalt, Bevollmächtigung, Ermächtigung, Autorisierung, Autorisation, Recht.

Beredsamkeit, Redegewandtheit, Redegabe, Wortgewandtheit, Redegewalt, Sprachgewalt, Eloquenz *(geh.).*

beredt, beredsam, zungenfertig, wortgewandt, redegewandt, sprachgewaltig, redegewaltig, eloquent, deklamatorisch.

Bereich, Sparte, Sphäre, Sektor, Sektion, Ressort, Gebiet, Fachgebiet, Abteilung, Distrikt, Branche, Geschäftszweig, Wirtschaftszweig.

bereinigen, schlichten, beilegen, Frieden / einen Burgfrieden schließen, das Kriegsbeil / den Zwist begraben, die Friedenspfeife rauchen *(scherzh.),* Urfehde schwören *(geh.),* ins reine / in Ordnung / ins Lot bringen, in Ordnung kommen, [einen Streit] aus der Welt schaffen, aussöhnen, versöhnen, einrenken, zurechtrükken, geradebiegen *(salopp),* zurechtbiegen *(salopp),* hinbiegen *(salopp),* ausbügeln *(salopp).*

bereisen, befahren, besuchen, reisen durch, trampen durch, durchqueren, durchreisen, durchkreuzen, durchziehen, durchwandern, durchstreifen.

[1]**bereit,** gewillt, geneigt, gesonnen, willig, gutwillig, gefügig, gefüge, willfährig.

[2]**bereit,** verfügbar, fertig, parat, gerüstet, vorbereitet.

bereitwillig, anstandslos, ohne weiteres, ohne Bedenken / Anstände, ungeprüft, unbesehen, bedenkenlos, blanko, selbstverständlich, selbstredend, natürlich, gern, mit Vergnügen, kritiklos, kurzerhand.

bereuen, Reue empfinden, in sich gehen, jmdn. reuen, gereuen, jmdm. leid tun / sein, etwas bedauern; untröstlich / traurig / betrübt sein, daß ...; sich an die Brust schlagen, sein Haupt mit Asche bestreuen, sich Asche aufs Haupt streuen.

bergan, aufwärts, empor *(geh.),* auf, hoch, herauf, hinauf, nach oben, stromauf, talauf, bergauf, bergwärts, stromaufwärts, flußaufwärts.

Berggipfel, Gipfel, Spitze, Spitz *(schweiz.),* Kuppe, Bergkuppe, Bergspitze, Gupf *(südd., österr., schweiz.),* Nock *(bayr., österr.),* Kogel *(südd., österr.),* Kofel *(bayr.).*

Bergrücken, Grat, Kamm.

Bergsteigen, Bergwandern, Trekking.

berichten, mitteilen, erzählen, schildern, artikulieren, darstellen, beschreiben, Bericht erstatten, einen Bericht geben, Mitteilung machen, ein Bild geben von, vermitteln, zum Ausdruck bringen, äußern, dartun, referieren, wiedergeben, ausführen, vortragen, vorbringen.

berichtigen, verbessern, korrigieren, korrektionieren *(schweiz.),* richtigstellen, revidieren, emendieren, abklären, klären, klarstellen, jmdn. [eines anderen / eines Besseren] belehren, klarlegen, einer Klärung zuführen, dementieren.

Berichtigung, Korrektur, Verbesserung, Richtigstellung, Revision.

bersten, platzen, zerplatzen, zerbersten, zerspringen, explodieren, implodieren, losgehen, detonieren, sich entladen, zerknallen, in die Luft fliegen / gehen, aufplatzen, aufbersten.

berüchtigt, anrüchig, verschrien, übel beleumdet, in üblem Geruch stehend, einen schlechten Leumund habend, halbseiden, verrufen, fragwürdig, bedenklich, verdächtig, undurchsichtig, unheimlich, lichtscheu, nicht ganz hasenrein / astrein *(ugs.),* zweifelhaft, dubios, ominös, obskur, suspekt.

berückend, betörend, bestrickend, gewinnend, hinreißend, charmant, bezaubernd.

Beruf, Arbeit, Arbeitsfeld, Arbeitsgebiet, Arbeitsbereich, Wirkungskreis, Wirkungsbereich, Tätigkeitsbereich, Broterwerb, Metier, Job, Stellung, Stelle, Anstellung, Engagement, Amt, Beamtung *(schweiz.),* Posten, Position.

berufen, ernennen, einsetzen, bestallen, mit einem Amt betrauen.

Berufsanfänger, Anfänger, Neuling, Lehrling, Auszubildender, Azubi *(ugs.).*

beruhen (auf), herrühren von, resultieren aus, sich herleiten von, sich ergeben aus, herkommen / kommen von, zurückzuführen sein / zurückgehen / fußen auf, seinen Ursprung / seine Wurzel haben in, stammen von.

beruhigend, dämpfend, ruhigstellend, narkotisierend, betäubend.

beruhigt, unbesorgt, mit gutem Gewissen, leichten / frohen Herzens.

berühmt, bekannt, wohlbekannt, namhaft, ausgewiesen, prominent, anerkannt, weltbekannt, weltberühmt, von Weltruf / Weltgeltung / Weltrang, in.

berühren, anrühren, in die Hand nehmen, hinlangen *(ugs. landsch.),* an etwas fassen, anfassen, an etwas greifen, angreifen, befühlen, befingern *(salopp),* antasten, anlangen *(ugs. landsch.),* betasten, befummeln *(salopp),* antatschen *(salopp abwertend),* betatschen *(salopp abwertend),* angrapschen *(salopp abwertend),* begrapschen *(salopp abwertend),* an etwas fummeln *(salopp abwertend),* streifen.

Berührungspunkt, Gemeinsamkeit, Ähnlichkeit, Verwandtschaft, Geistesverwandtschaft, Affinität, Bindeglied, Verbindung.

besagen, bedeuten, heißen, die Bedeutung haben, sagen, aussagen, ausdrücken, sein, darstellen, vorstellen, repräsentieren, bilden, ausmachen, ergeben.

besagt, bewußt, genannt, betreffend, betroffen, fraglich, in Rede stehend.

beschädigen, ramponieren *(ugs.),* ruinieren *(ugs.),* lädieren.

beschädigt, schadhaft, defekt, kaputt, ramponiert *(ugs.).*

beschaffen, besorgen, herbeischaffen, bringen, holen, verhelfen zu etwas, verschaffen, aufbringen, beibringen, zusammenbringen, zusammenkratzen, auftreiben, haben.

Beschaffenheit, Merkmal, Attribut, Kennzeichen, Charakteristikum, Besonderheit, Eigentümlichkeit, Eigenschaft.

[1]**beschäftigen,** anstellen, einstellen, engagieren, verpflichten, berufen, zu Lohn und Brot nehmen, heuern, anheuern.

[2]**beschäftigen** (sich), arbeiten, tätig sein, sich betätigen / regen / rühren, fleißig sein, tun, schaffen *(landsch.),* einer Beschäftigung nachgehen, schuften, malochen *(ugs.),* roboten *(ugs.),* barabern *(österr.).*

[3]**beschäftigen** (sich mit), sich befassen mit, sich tragen / abgeben mit, sich jmdm. / einer Sache widmen, sich in etwas hineinknien *(ugs.),* einer Sache frönen / huldigen, umgehen mit, schwanger gehen mit *(ugs. scherzh.).*

Beschäftigung, Arbeit, Tätigkeit, Dienst, Maloche *(ugs.),* Betätigung, Fron.

beschäftigungslos, arbeitslos, ohne Arbeit, erwerbslos, unbeschäftigt, ohne Beschäftigung / Arbeitsplatz / Erwerb / Gelderwerb, stellenlos, stellungslos, ohne Anstellung, brotlos, nicht erwerbstätig.

beschatten, überwachen, bespitzeln, beobachten, observieren, beaufsichtigen, kontrollieren.

[1]**bescheiden** (sich), zurückstecken, in seinen Forderungen zurückgehen, Abstriche machen, kleinere / kleine Brötchen backen, sich mäßigen, bescheidener werden, den Gürtel enger schnallen.

[2]**bescheiden,** anspruchslos, bedürfnislos, genügsam.

[3]**bescheiden,** karg, kärglich, unergiebig, wenig, dürftig, ärmlich, armselig, pop[e]lig *(ugs.),* plöt[e]rig *(ugs. landsch.),* spärlich, knapp, kümmerlich, beschränkt, frugal.

bescheinigen, testieren, attestieren, beglaubigen, bestätigen.

beschimpfen, schimpfen, vom Leder ziehen, schelten, beflegeln *(österr.),* auszanken, zanken, ein Donnerwetter loslassen, jmdm. die Ohren / die Hammelbeine langziehen, ausschimpfen, ausschelten.

Beschlagnahme, Beschlagnahmung, Konfiszierung, Sicherstellung, Einziehung.

beschleichen, befallen, heimsuchen, verfolgen, ankommen, anwandeln, überfallen, sich jmds. bemächtigen.

beschließen, sich entschließen, sich schlüssig werden / entscheiden, einen Entschluß / Beschluß fassen, zu einem Entschluß kommen, eine Entscheidung treffen / fällen, sich etwas vornehmen, den Sprung wagen.

Beschluß, Entschließung, Entschluß, Resolution.

beschmutzen, verunreinigen, beschmieren, vollschmieren, besudeln, bekleckern, besabbern, beklecksen, anpatzen *(österr.),* antrenzen *(österr.),* beflecken, einen Fleck machen, sich verewigen *(scherzh.),* bespritzen, vollspritzen, schmutzig / *(salopp)* dreckig machen, versauen *(derb),* einsauen *(derb).*

beschönigen, schönfärben, ausschmücken, frisieren, bemänteln, verbrämen.

beschränken, begrenzen, limitieren, kontingentieren, einschränken.

[1]**beschränkt,** karg, kärglich, knapp, wenig, dürftig, armselig, spärlich, schmal, kümmerlich.

[2]**beschränkt,** geistlos, einfältig, borniert, engstirnig, vernagelt *(ugs.),* stupid, geistig zurückgeblieben / *(iron.)* minderbemittelt.

beschreiben, schildern, darstellen, ausmalen.

Beschuldigter, Angeklagter, Verklagter, Tatverdächtiger.

beschummeln, betrügen, Betrug begehen, prellen, hintergehen, corriger la fortune, jmdn. um etwas bringen, Schmu machen *(ugs.),* tricksen *(ugs.),* anschmieren *(salopp),* andrehen *(salopp),* ausschmieren *(salopp),* bescheißen *(derb),* anscheißen *(derb),* schummeln, betakeln *(österr.),* mogeln, täuschen, mit jmdm. ein falsches Spiel treiben, mit falschen / gezinkten Karten spielen, hintergehen, hereinlegen, reinlegen *(ugs.),* überlisten, jmdm. eine Falle stellen, abkochen *(salopp),* einkochen *(österr. salopp),* anmeiern *(salopp),* überfahren, übervorteilen, austricksen *(ugs.),* über den Tisch ziehen *(ugs.),* übernützen *(schweiz.),* übernehmen *(österr.),* übertölpeln *(abwertend),* neppen *(abwertend),* übers Ohr hauen *(salopp),* ums Haxel hauen *(ugs. österr.),* papierln *(ugs. österr.),* einseifen *(ugs.),* einwickeln *(ugs.),* behumsen *(salopp),* beschupsen *(salopp),* bluffen, düpieren, jmdn. hinters Licht / aufs Glatteis führen, jmdm. Sand in die Augen streuen, jmdn. aufs Kreuz legen / über den Löffel balbieren *(salopp),* jmdm. ein X für ein U vormachen, verschaukeln *(salopp),* linken *(ugs.).*

beschützen, behüten, schützen, Schutz gewähren, seine [schützende / helfende] Hand über jmdn. halten, verteidigen, decken, jmdm. den Rücken decken, bewahren, beschirmen.

Beschwerde, Protest, Beanstandung, Reklamation, Einspruch, Einsprache, Widerspruch, Einwand, Einwendung, Veto, Demarche, Rekurs, Berufung, Klage.

beschwerlich, aufreibend, nervenaufreibend, aufregend, ermüdend, anstrengend, arbeitsintensiv, arbeitsreich, arbeitsaufwendig, streng *(schweiz.)*, strapaziös, stressig, mühevoll, mühsam, strub *(schweiz.)*, mühselig.

beschwören, mahnen, ermahnen, anhalten, zu bedenken geben, predigen.

beseitigen, fortschaffen, entfernen, wegschaffen, wegbringen, entsorgen, aus der Welt schaffen.

Besessenheit, Sucht, Manie, Trieb.

Besetzung, Okkupation, Eroberung, Invasion, Einnahme.

besiegen, überwinden, unterwerfen, unterjochen, unter das Joch zwingen, sich untertan machen, vernichten, schlagen, bezwingen, überwältigen, niederringen, bodigen *(schweiz.)*, baschgen *(schweiz.)*, jmdm. ein Morgarten bereiten *(schweiz.)*, jmdn. außer Gefecht setzen, zur Strecke bringen *(ugs.)*, kampfunfähig machen, aufreiben, ruinieren, fertigmachen *(salopp)*, in die Knie zwingen, in die Pfanne hauen *(salopp)*.

besinnungslos, bewußtlos, ohne Besinnung, ohne Bewußtsein, ohnmächtig.

Besitz, Besitztum, Vermögen, Vermögenswerte, Sachwerte, Eigentum, Habe, Habseligkeiten, [Hab und] Gut, Geld und Gut, Haus und Hof, irdische Güter.

[1]**besitzen,** haben, in Besitz haben, im Besitz sein von, sein eigen / Eigentum nennen, verfügen über, versehen / bestückt sein mit.

[2]**besitzen,** zeigen, aufweisen, haben, sich kennzeichnen durch, in sich tragen / bergen, jmdm. *bzw.* einer Sache eigen sein / eigentümlich sein / eignen.

Besitzer, Eigentümer, Inhaber, Eigner, Herr.

Besitzgier, Habgier, Habsucht, Raffgier, Profitsucht, Gewinnsucht, Geldgier, Unersättlichkeit.

Besoldung, Gehalt, Dotierung, Bezahlung, Entlohnung, Lohn, Verdienst, Salär *(schweiz.)*, Fixum, Adjutum *(schweiz.)*, Gage.

besonnen, bedächtig, ruhig, gemächlich, gemessen, würdevoll, überlegen, bedachtsam, abgeklärt, harmonisch, vernünftig, nachdenklich, geruhsam, ruhevoll, geruhig *(veraltet)*.

Besonnenheit, Umsicht, Umsichtigkeit, Bedachtsamkeit, Bedachtheit, Bedacht, Ruhe.

besorgen, beschaffen, herbeischaffen, bringen, holen, verhelfen zu etwas, verschaffen, aufbringen, beibringen, zusammenbringen, zusammenkratzen, auftreiben, haben.

besorgniserregend, bedenklich, beängstigend, übel, schlimm.

bespitzeln, beobachten, beschatten, bewachen, überwachen, verfolgen, im Auge behalten, nicht aus den Augen verlieren / lassen, unter Aufsicht stellen, beluchsen *(ugs.)*, jmdm. auf die Finger sehen / gucken, jmdn. aufs Korn / unter die Lupe nehmen, jmdn. auf dem Kieker haben *(salopp)*, belauern, lauschen, belauschen.

besprechen, durchsprechen, erörtern, diskutieren, bereden, bekakeln *(ugs.)*, durchkauen *(ugs.)*, durchhecheln *(ugs.)*.

besprengen, sprengen, gießen, begießen, einsprengen, spritzen, einspritzen, bespritzen, besprühen, bewässern, wässern, berieseln.

[1]**bessern** (sich), sich läutern / bekehren / wandeln, aus einem Saulus ein Paulus werden, Einkehr halten, umkehren, in sich gehen, ein neues Leben beginnen, ein besserer / neuer Mensch werden,

den alten Adam ausziehen / von sich werfen / ablegen.

[2]**bessern** (sich), gesund werden, heilen, ausheilen, genesen, gesunden, auf dem Wege der Besserung sein, sich auf dem Wege der Besserung befinden, Besserung tritt ein, aufkommen, wieder auf die Beine / auf den Damm kommen *(ugs.),* sich [wieder] bekrabbeln *(ugs.),* sich aufrappeln *(ugs.).*

[3]**bessern,** lindern, mildern, erträglicher machen, erleichtern, den Schmerz dämpfen / stillen.

Besserung, Läuterung, Reinigung, Kartharsis *(fachspr.).*

Besserwisser, Neunmalkluger, Neunmalschlauer, Neunmalgescheiter, Oberlehrer, Alleswisser, Rechthaber, Klugscheißer *(derb),* Klugschnacker *(nordd.),* Wichtigtuer, Wichtigmacher, Gschaftlhuber *(südd., österr.).*

bestallen, ernennen, berufen, einsetzen, mit einem Amt betrauen.

Bestallung, Ernennung, Amtseinsetzung.

beständig, bleibend, dauerhaft, fest, unvergänglich, von Bestand, wertbeständig, krisenfest, unauflöslich, unauflösbar, unzerstörbar, unwandelbar, für immer, zeitlebens, für Zeit und Ewigkeit, für alle Zeiten, bis in alle Ewigkeit.

Bestandteil, Ingredienz, Beimengung, Beimischung, Zutat.

bestätigen (sich), sich bewahrheiten, sich als wahr / richtig herausstellen *bzw.* erweisen.

bestatten, beisetzen, begraben, beerdigen, abdanken *(schweiz.),* der Erde übergeben, zur letzten Ruhe betten, in die Grube senken, zu Grabe tragen, jmdm. das letzte Geleit geben, zur letzten Ruhe geleiten, jmdm. die letzte Ehre erweisen.

Bestattung, Beerdigung, Beisetzung, Leichenbegängnis, Leich *(südd., österr.).*

[1]**bestehen** (auf), pochen auf, sein Recht geltend machen / erzwingen / behaupten, von seinem Recht Gebrauch machen, beanspruchen, Ansprüche stellen / erheben, Bedingungen stellen, beharren auf, persistieren, insistieren, bleiben bei, verharren bei, nicht lockerlassen, sich von etwas nicht abbringen lassen, nicht ablassen, sich versteifen.

[2]**bestehen,** herrschen, vorhanden sein, walten.

[3]**bestehen** (aus), sich zusammensetzen aus, sich rekrutieren aus, gebildet werden von.

bestehlen, berauben, begaunern *(ugs.),* ausrauben, erleichtern *(ugs.),* fleddern, ausnehmen *(ugs.),* beklauen *(ugs.),* ausräubern, bis aufs Hemd ausziehen *(ugs.).*

besteigen, steigen auf, ersteigen, erklimmen, erklettern, bezwingen, hochklettern, hinaufklettern, hinaufsteigen, hochsteigen, klettern / klimmen / kraxeln auf, hinaufkraxeln, hochkraxeln, emporsteigen, emporklimmen, emporklettern.

[1]**bestellen,** ausrichten, übermitteln, sagen lassen, hinterlassen.

[2]**bestellen,** bewirtschaften, kultivieren, bebauen, bepflanzen.

Bestialität, Grausamkeit, Roheit, Gewalttätigkeit, Mordlust, Mordgier, Blutdurst, Blutrausch, Ruchlosigkeit *(geh.),* Inhumanität, Unmenschlichkeit.

[1]**bestimmt,** mit Sicherheit, gewiß, wirklich, in der Tat, tatsächlich, ungelogen, ohne daß ich lüge, ohne Übertreibung, nicht übertrieben, ehrlich [wahr] *(ugs.),* auf Ehre und Gewissen, sage und schreibe *(ugs.).*

[2]**bestimmt,** unmißverständlich, kategorisch, apodiktisch, unumstöß-

lich, unzweideutig, massiv, rigoros, rigide, energisch, entschieden.

Bestimmungsort, Ziel, Zielort, Endstation, Endziel.

bestirnt, gestirnt, mit Sternen bedeckt / übersät, sternenbedeckt, im Sternenglanz erstrahlend *(dichter.),* stern[en]hell, stern[en]klar, von Sternen erhellt *(geh.).*

bestrafen, zur Verantwortung / zur Rechenschaft ziehen, strafen, mit einer Strafe belegen, jmdm. eine Strafe auferlegen / zudiktieren / *(salopp)* aufbrummen, jmdm. einen Denkzettel verpassen *(salopp),* über jmdn. eine Strafe verhängen / *(schweiz.)* ausfällen, maßregeln, ahnden, züchtigen, rächen, vergelten, Rache üben / nehmen, Vergeltung üben, lynchen, teeren und federn *(hist.),* [mit gleicher Münze] heimzahlen, es jmdm. [gehörig] eintränken, abrechnen, sich revanchieren, jmdn. beim Kanthaken nehmen / an den Kanthaken kriegen *(ugs.).*

bestreiten, abstreiten, in Abrede stellen, leugnen, ableugnen, zurückweisen, verneinen, negieren, sich verwahren gegen, von sich weisen, dementieren, als unrichtig / unwahr / unzutreffend / falsch bezeichnen, absprechen.

bestricken, bezaubern, berücken, behexen, verhexen, verzaubern, faszinieren, blenden, umgarnen, becircen, betören.

Bestseller, Hit, Erfolg, Schlager, Renner, Magnet.

[1]**besuchen,** einen Besuch machen / abstatten, jmdn. [mit einem Besuch] beehren, zu Besuch kommen, einkehren, absteigen, vorbeikommen *(ugs.),* vorsprechen, aufsuchen, jmdm. seine Aufwartung machen, hereinschauen, gehen / hingehen zu, Visite machen, auf einen Sprung vorbeikommen / kommen, zukehren *(österr.),* hereinschneien *(ugs.),* ins Haus platzen *(ugs.).*

[2]**besuchen,** bereisen, befahren, reisen durch, trampen durch, durchqueren, durchreisen, durchkreuzen, durchziehen, durchwandern, durchstreifen.

besudeln, beschmutzen, verunreinigen, beschmieren, vollschmieren, bekleckern, besabbern, beklecksen, anpatzen *(österr.),* antrenzen *(österr.),* beflecken, einen Fleck machen, sich verewigen *(scherzh.),* bespritzen, vollspritzen, schmutzig / *(salopp)* dreckig machen, versauen *(derb),* einsauen *(derb).*

betagt, alt, älter, angejahrt, in die Jahre gekommen, angegraut, greis, hochbetagt, uralt, steinalt, vergreist, jenseits von Gut und Böse, abgelebt.

betasten, berühren, anrühren, in die Hand nehmen, hinlangen *(ugs. landsch.),* an etwas fassen, anfassen, an etwas greifen, angreifen, befühlen, befingern *(salopp),* antasten, anlangen *(ugs. landsch.),* befummeln *(salopp),* antatschen *(salopp abwertend),* betatschen *(salopp abwertend),* angrapschen *(salopp abwertend),* begrapschen *(salopp abwertend),* an etwas fummeln *(salopp abwertend),* streifen.

betätigen (sich), arbeiten, tätig sein, sich beschäftigen / regen / rühren, fleißig sein, tun, schaffen *(landsch.),* einer Beschäftigung nachgehen, schuften, malochen *(ugs.),* roboten *(ugs.),* barabern *(österr.).*

Betätigungsdrang, Aktivität, Tätigkeitsdrang, Unternehmungsgeist, Tatkraft, Betriebsamkeit, Gschaftelhuberei *(ugs. abwertend).*

beteiligen (sich), teilnehmen, teilhaben, mitwirken, mitmachen, mitarbeiten, dabeisein, beteiligt sein, mitspielen, mittun, mithalten, mit von der Partie sein *(ugs.)*, mitziehen *(ugs.)*.

Betonung, Tonfall, Ton, Akzent, Aussprache, Artikulation.

betören, bezaubern, bestricken, berücken, behexen, verhexen, verzaubern, faszinieren, blenden, umgarnen, becircen.

betörend, verführerisch, aufreizend, sexy, lasziv, anziehend, attraktiv, berückend.

betrachten, ansehen, anschauen, anblicken, besichtigen, beschauen, beobachten, studieren, in Augenschein nehmen, beaugenscheinigen *(scherzh.)*, beaugapfeln *(scherzh.)*, beäugeln, beäugen *(ugs. scherzh.)*, mustern, kein Auge von jmdm. / etwas wenden, jmdn. [mit Blicken] messen, fixieren, anstarren, anglotzen *(abwertend)*, anstieren, angaffen *(abwertend)*, besehen, beglotzen *(abwertend)*, begaffen *(abwertend)*, angucken, begukken, blicken auf, den Blick heften auf, den Blick nicht abwenden können, kein Auge von jmdm. / etwas lassen, jmdm. einen Blick zuwerfen / schenken / gönnen, einen Blick werfen auf, anglupschen *(abwertend)*, jmdn. / etwas mit den Augen verschlingen, Stielaugen machen *(ugs.)*, jmdm. gehen die Augen über, jmdn. mit Blicken durchbohren, jmdn. scharf ins Auge fassen.

beträchtlich, erklecklich, stattlich, ansehnlich, nennenswert, bedeutend, erheblich.

Betrachtungsweise, Gesichtspunkt, Blickpunkt, Blickwinkel, Blickrichtung, Perspektive, Aspekt.

betragen (sich), sich benehmen / verhalten / geben / zeigen / aufführen / gehaben / gebärden / gebaren / gerieren, auftreten, sein, Lebensart haben / zeigen, Schliff haben *(ugs.)*, keine gute Kinderstube gehabt haben, im D-Zug durch die Kinderstube gefahren / gerast sein, einen Fauxpas begehen, entgleisen, aus der Rolle fallen, sich vorbeibenehmen / danebenbenehmen, sich im Ton vergreifen, sich benehmen wie die Axt im Walde.

Betragen, Benehmen, Konduite *(veraltet)*, Allüren, Starallüren, Auftreten, Haltung, Gebaren, Anstand, Lebensart, Erziehung, Kinderstube, Umgangsformen, Manieren, Weltläufigkeit, Wohlverhalten, Verhalten, Benimm *(ugs.)*, Schliff, Zucht, Disziplin, Ordnung, Etikette, Protokoll, Zeremoniell, Getue *(abwertend)*, Gehabe *(abwertend)*.

betrauen, beauftragen, befassen mit, verpflichten.

betreffend, besagt, bewußt, genannt, fraglich, in Rede stehend.

betreuen, sich kümmern, sorgen für, umsorgen, versorgen, befürsorgen *(österr.)*, bemuttern, umhegen, jmdn. unter seine Fittiche nehmen, nach dem Rechten sehen, nach jmdm. sehen / schauen.

Betreuung, Hege, Pflege, Obsorge *(bes. südd., österr.)*, Zuwendung, Nestwärme.

Betrieb, Fabrik, Werk, Fabrikationsstätte, Werkstätte, Unternehmen, Firma.

Betriebsamkeit, Geschäftigkeit, Hast, Eile, Hektik, Wirbel, Trubel.

betrinken (sich), sich bezechen / besäuseln, zu tief ins Glas gucken, einen über den Durst trinken, sich einen antrinken / ankümmeln *(ugs.)*, sich die Nase begießen *(ugs.)*, sich die Hucke voll saufen *(salopp)*, sich den Kanal vollaufen lassen *(salopp),* sich einen Affen kaufen *(salopp),* sich einen ansaufen *(derb),* sich besaufen / volllaufen lassen *(derb).*

betroffen, erschüttert, ergriffen, bewegt, gerührt, angerührt, beeindruckt, aufgewühlt, überwältigt.

Betroffener, Leidtragender, Trauernder, Hinterbliebener, Hinterlassener *(schweiz.),* Trauergemeinde.

betrüben, bekümmern, bedrücken, beunruhigen, quälen, jmdm. Kummer machen / bereiten, jmdm. Sorge machen / bereiten, jmdm. zu schaffen machen, jmdm. [schwer] im Magen liegen, jmdn. mit Kummer / Sorge erfüllen, jmdm. Kopfzerbrechen machen / bereiten, ein Nagel zu jmds. Sarg sein, jmdm. das Herz brechen / [fast] das Herz abdrücken.

Betrübnis *(geh.),* Melancholie, Wehmut, Trauer, Traurigkeit, Bekümmertheit, Bekümmernis, Trübsal *(geh.).*

betrübt, trübselig, trübsinnig, wehmütig, melancholisch, trist, traurig, freudlos, unglücklich, todunglücklich, kreuzunglücklich, bedrückt, gedrückt, bekümmert, deprimiert, unfroh, mauserig *(schweiz.).*

Betrug, Unregelmäßigkeit, Durchstecherei, Beschiß *(derb),* Schmu *(ugs.),* Gaunerei, Täuschung, Urkundenfälschung, Machenschaft, Schiebung, Manipulation, Machination, Irreführung, Desinformation, Köpenickiade, Hintergehung, Nepp.

betrügen, Betrug begehen, prellen, hintergehen, corriger la fortune, jmdn. um etwas bringen, Schmu machen *(ugs.),* tricksen *(ugs.),* anschmieren *(salopp),* andrehen *(salopp),* ausschmieren *(salopp),* bescheißen *(derb),* anscheißen *(derb),* beschummeln, schummeln, betakeln *(österr.),* mogeln, täuschen, mit jmdm. ein falsches Spiel treiben, mit falschen / gezinkten Karten spielen, hintergehen, hereinlegen, reinlegen *(ugs.),* überlisten, jmdm. eine Falle stellen, abkochen *(salopp),* anmeiern *(salopp),* überfahren, übervorteilen, austricksen *(ugs.),* über den Tisch ziehen *(ugs.),* übernützen *(schweiz.),* übernehmen *(österr.),* übertölpeln *(abwertend),* neppen *(abwertend),* übers Ohr hauen *(salopp),* ums Haxel hauen *(ugs. österr.),* einseifen *(ugs.),* einwickeln *(ugs.),* behumsen *(salopp),* beschupsen *(salopp),* bluffen, düpieren, jmdn. hinters Licht / aufs Glatteis führen, jmdm. Sand in die Augen streuen, jmdn. aufs Kreuz legen / über den Löffel balbieren *(salopp),* jmdm. ein X für ein U vormachen, verschaukeln *(salopp),* linken *(ugs.).*

betrunken, angetrunken, angeheitert, berauscht, trunken, volltrunken, bezecht, kopflastig *(landsch. scherzh.),* alkoholisiert, sternhagelvoll *(salopp),* stockbetrunken *(ugs.),* stockbesoffen *(derb),* stinkbesoffen *(derb),* angesäuselt *(ugs.),* besäuselt *(ugs.),* beschwipst *(ugs.),* benebelt *(ugs.),* beschickert *(ugs.),* betütert *(ugs.),* beduselt *(salopp),* voll *(salopp),* blau *(salopp),* fett, besoffen *(derb),* zu *(ugs.),* strack *(ugs.),* breit *(ugs.).*

Bett, Bettstatt, Lager, Lagerstatt, Schlafstatt, Liegestatt, Liege, Schlafgelegenheit, Koje *(ugs.),* Klappe *(ugs.),* Falle *(ugs.),* Nest *(ugs.),* die Federn *(ugs.),* Kahn *(ugs.),* Pritsche.

Bettuch *(bes. md.),* Laken *(nordd.),* Bettlaken *(nordd.),* Leintuch *(landsch.),* Leilach *(landsch. veraltet),* Leilachen *(landsch. veraltet),*

Leilak *(landsch. veraltet),* Leilaken *(landsch. veraltet).*

beurteilen, ein Urteil fällen / abgeben, urteilen / denken über, werten, bewerten, begutachten, abschätzen, einschätzen, würdigen, etwas von jmdm. / etwas halten, halten / ansehen / erachten für, stehen zu, eine bestimmte Einstellung haben zu, charakterisieren, beleuchten, durchleuchten, betrachten / empfinden / auffassen / nehmen / verstehen als, etwas in jmdm. *bzw.* in etwas sehen / erblicken, aufs falsche / richtige Pferd setzen *(ugs.),* jurieren, mit zweierlei Maß messen, parteiisch / nicht unparteiisch sein.

Beute, Raub, Fang, Diebesgut, Sore *(Jargon),* heiße Ware *(Jargon).*

Beutel, Sack, Tüte, Tasche, Tragetasche.

Bevölkerung, Öffentlichkeit, Allgemeinheit, Gesellschaft.

bevollmächtigen, ermächtigen, autorisieren, Vollmacht erteilen / verleihen, die Berechtigung geben, berechtigen, befugen.

bevollmächtigt, autorisiert, ermächtigt, befugt, berechtigt, mit Fug und Recht, mit gutem Recht / guten Gründen, in guten Treuen *(schweiz.).*

bevormunden, lenken, führen, gefügig / *(landsch.)* kirre machen, manipulieren, indoktrinieren, erziehen, umerziehen, gängeln, jmdn. am Gängelband führen / haben, bevogten *(schweiz.),* jmdn. ducken, autoritär erziehen, auf Vordermann bringen, jmdn. anspitzen *(ugs.),* jmdn. kommandieren, jmdn. einer Gehirnwäsche unterziehen.

bewachen, beaufsichtigen, aufpassen auf, sehen nach, sich kümmern um, hüten, babysitten, gaumen *(bes. schweiz.).*

bewaffnet, gewappnet, abwehrbereit, verteidigungsbereit, wehrhaft, bis an die Zähne bewaffnet, waffenstarrend, gepanzert, gerüstet, aufgerüstet.

bewahrheiten (sich), sich als wahr / richtig herausstellen *bzw.* erweisen, sich bestätigen.

bewährt, altbewährt, erprobt, gängig, gebräuchlich, zuverlässig.

bewältigen, meistern, lösen, schaffen, erringen, vollbringen, es bringen *(ugs.),* jmdm. / einer Sache gewachsen sein, fertig werden / zu Rande kommen / *(salopp)* klarkommen mit, eine Schwierigkeit überwinden, eine Hürde nehmen, mit etwas einig werden, das Beste aus etwas machen, sich zu helfen wissen, über die Runden kommen, aus der Not eine Tugend machen, [das Ziel] erreichen; erreichen, daß ...; gelangen zu / an, bestehen, [mit Rückenwind] durchkommen.

bewandert, beschlagen, versiert, erfahren, firm, sicher, fest, sattelfest.

Beweggrund, Anlaß, Triebfeder, Grund, Motiv.

beweglich, wendig, gewandt, geschickt, mobil, agil, flexibel.

Beweglichkeit, Biegsamkeit, Gelenkigkeit, Geschicklichkeit, Wendigkeit, Akrobatik, Körperbeherrschung.

Bewegungsfreiheit, Spielraum, Ellenbogenfreiheit, Unabhängigkeit.

bewegungslos, regungslos, reglos, unbewegt.

Beweis, Beweisstück, Beweismaterial, Beweismittel, Rechtfertigung, Bestätigung, Nachweis, Erweis *(veraltend).*

beweisen, nachweisen, untermauern, erbringen, bringen, aufzeigen, belegen, den Nachweis führen.

Bewerber, Anwärter, Aspirant, Kandidat, Spitzenkandidat.

bewerten, beurteilen, ein Urteil fällen / abgeben, urteilen / denken über, werten, begutachten, abschätzen, einschätzen, würdigen, etwas von jmdm. / etwas halten, halten / ansehen / erachten für, stehen zu, eine bestimmte Einstellung haben zu, charakterisieren, beleuchten, durchleuchten, betrachten / empfinden / auffassen / nehmen / verstehen als, etwas in jmdm. *bzw.* in etwas sehen / erblicken, aufs falsche / richtige Pferd setzen *(ugs.),* jurieren, mit zweierlei Maß messen, parteiisch / nicht unparteiisch sein.

bewiesenermaßen, nachweislich, erweislich *(veraltet),* nachweisbar, beweisbar, erwiesenermaßen.

bewilligen, gewähren, [einem Wunsch] entsprechen, [einer Bitte] stattgeben, zugestehen, zuteil werden lassen.

bewillkommnen, begrüßen, grüßen, guten Tag sagen, die Zeit bieten / *(geh.)* entbieten, willkommen heißen, die Honneurs machen, empfangen, salutieren, eine Ehrenbezeigung machen, jmdm. die Hand geben / reichen / schütteln / drücken, Pfötchen geben *(ugs. scherzh.),* mit Handschlag / Handkuß begrüßen, jmdm. Reverenz erweisen, seine / die Ehrerbietung erweisen, das Haupt entblößen *(geh.),* den Hut abnehmen / lüften / ziehen.

bewirken, verursachen, bedingen, veranlassen, herbeiführen, hervorrufen, heraufbeschwören, provozieren, auslösen, erwecken, zeitigen *(geh.),* mit sich bringen, nach sich ziehen, in Bewegung / in Gang setzen, ins Rollen bringen, zur Folge haben.

bewirtschaften, bebauen, bauen, kultivieren, bepflanzen, bestellen.

Bewohner, Einwohner, Bürger.

bewölkt, bedeckt, wolkig, bezogen, grau, verhangen.

Bewunderer, Fan, Anhänger, Verehrer, Freak, Groupie.

bewundert, geachtet, angesehen, geehrt, verehrt, verdient, hochgeschätzt, geschätzt, beliebt, geliebt, angebetet, vergöttert, gefeiert, populär, volkstümlich, volksverbunden, renommiert.

bewußt, besagt, betreffend, betroffen, fraglich, in Rede stehend.

bewußtlos, ohnmächtig, ohne Bewußtsein, besinnungslos, ohne Besinnung.

bezahlen, zahlen, begleichen, erledigen, hinblättern *(ugs.),* auf den Tisch des Hauses legen, erlegen, blechen *(ugs.),* berappen, tief in die Tasche greifen müssen.

bezähmen, bändigen, zügeln, zurückhalten, im Zaum / in Schranken halten, Zügel anlegen, mäßigen, zähmen.

bezaubern, bestricken, berücken, behexen, verhexen, verzaubern, faszinieren, blenden, umgarnen, becircen, betören.

bezaubernd, charmant, reizend, anmutig, bestrickend, berückend, gewinnend, entzückend, liebenswürdig, zauberhaft.

Bezauberung, Faszination, Verzauberung, Berückung.

Bezeichnung, Wort, Terminus, Begriff, Vokabel, Ausdruck.

bezeugen, zeugen für / gegen, Zeuge sein, Zeugnis ablegen *(geh. veraltend),* als Zeuge aussagen / auftreten.

bezichtigen, verdächtigen, anschuldigen, beschuldigen, zeihen, jmdm. etwas unterstellen / unterschieben / *(salopp)* unterjubeln / zur Last legen, jmdm. die Schuld in die Schuhe schieben, für etwas verantwortlich machen, in Verdacht haben.

Beziehung, Lebensgemeinschaft, Zweierbeziehung, Beziehungskiste *(Jargon),* Verbindung, Partnerschaft, eheähnliche Gemeinschaft, wilde Ehe, Ehe ohne Trauschein, Ehe auf Probe, Konkubinat, Onkelehe.

beziehungsweise, oder, andernfalls, im anderen Fall, sonst.

Bezüge, Einkünfte, Einkommen, Einnahmen, Honorar, Erträge, Rente, Pension, Revenuen, Rendite, Apanage, Jahrgeld.

bezüglich, hinsichtlich, in Hinsicht auf, im / in Hinblick auf, betreffs, betreffend, was das betrifft / anbelangt, in bezug auf, in puncto, puncto *(ugs.).*

bezuschussen, subventionieren, finanzieren, [für die Kosten] aufkommen, die Kosten tragen, bestreiten, Geld in etwas hineinstekken, investieren.

bezweifeln, zweifeln, anzweifeln, in Frage stellen, in Zweifel ziehen; ich fresse einen Besen [samt der Putzfrau], wenn ... *(salopp).*

bezwingen, besiegen, überwinden, unterwerfen, unterjochen, unter das Joch zwingen, sich untertan machen, vernichten, schlagen, überwältigen, niederringen, bodigen *(schweiz.),* baschgen *(schweiz.),* jmdm. ein Morgarten bereiten *(schweiz.),* jmdn. außer Gefecht setzen, zur Strecke bringen *(ugs.),* kampfunfähig machen, aufreiben, ruinieren, fertigmachen *(salopp),* in die Knie zwingen, in die Pfanne hauen *(salopp).*

Bibel, [Heilige] Schrift, Buch der Bücher, Wort Gottes, Evangelium, Frohe Botschaft.

Biederkeit, Schlichtheit, Einfachheit, Einfalt, Herzenseinfalt, Geradheit, Biedersinn *(veraltend),* Redlichkeit.

Biegung, Bogen, Kurve, Wegbiegung, Abbiegung, Abknickung, Wegkrümmung, Kehre, Rank *(schweiz.).*

bigott, frömmlerisch, frömmelnd, scheinheilig.

Bild, Abbildung, Illustration, Darstellung, Ansicht.

bilden, formen, gestalten.

bildhaft, anschaulich, metaphorisch *(bildungsspr.),* sinnfällig, deutlich, verständlich, sprechend, lebendig, wirklichkeitsnah, bilderreich, farbig, einprägsam, drastisch, plastisch, demonstrativ, veranschaulichend, illustrativ, praxisnah.

bildlich, konkret, gegenständlich, figurativ, figürlich, darstellend.

Bildschirm, Fernsehgerät, Fernsehapparat, Fernsehempfänger, Fernseher, Mattscheibe *(ugs.),* Flimmerkiste *(ugs.),* Heimkino *(ugs.),* Pantoffelkino *(ugs.),* Glotze *(ugs.).*

billig, preiswert, preisgünstig, kostengünstig, herabgesetzt, im Preis gesenkt, fast umsonst, [halb] geschenkt, preiswürdig, günstig, zu zivilen Preisen, wohlfeil, spottbillig.

billigen, gutheißen, akzeptieren, absegnen, [einen Vorschlag] annehmen, bejahen, ja sagen zu, sanktionieren, legitimieren, zulassen, genehmigen, beistimmen, etwas richtig / nicht falsch finden, etwas für richtig / nicht für falsch halten, beipflichten, beiwilligen *(schweiz.),* zustimmen, belieben *(schweiz.),* seine Zustimmung geben, sein Amen / seinen Segen zu etwas geben, die Genehmigung erteilen / geben, jmdm. einen Freibrief ausstellen / geben, begrüßen, einiggehen, konform gehen, unterschreiben, einverstanden sein, zu etwas ja und amen sagen, dafür sein, nichts dagegen / dawider haben, dulden, tolerieren, respektieren, geschehen lassen, erlauben, zubilligen, einräumen, konzedieren, einwilligen, jmdm. etwas freistellen, die Erlaubnis geben, gestatten, zugeben, verstatten, jmdm. freie Hand lassen, grünes Licht geben für etwas, jmdn. gewähren / schalten und walten lassen, etwas in jmds. Hände legen.

bindend, verbindlich, endgültig, definitiv, feststehend, unwiderruflich, obligatorisch.

Binder, Krawatte, Schlips, Senkel *(salopp).*

Binsenweisheit, Plattheit, Platitüde, Gemeinplatz, Allgemeinplatz, Allgemeinheiten, Selbstverständlichkeit, Binsenwahrheit.

Biographie, Memoiren, Autobiographie, Lebensgeschichte, Lebensbeschreibung, Lebensbild, Lebenserinnerungen, Erinnerungen, Denkwürdigkeiten, Lebenslauf, Vita, Werdegang.

Birne *(ugs.),* Glühbirne, Glühlampe, Lampe *(ugs.).*

bissig, spitz, beißend, scharf, schnippisch, patzig *(abwertend),* schnodderig *(abwertend),* höhnisch, bitter, gallig, scharfzüngig, sarkastisch, zynisch, spöttisch.

Bitte, Wunsch, Anliegen, Ersuchen, Ansuchen.

bitten, erbitten, sich etwas ausbitten, ersuchen, ansuchen, nachsuchen, einkommen um, vorstellig werden, jmdm. anliegen [mit etwas], ansprechen um, flehen, erflehen, anflehen, winseln um *(abwertend),* anrufen, jmdn. bemühen, bestürmen, beschwören, betteln, angehen um *(ugs.),* sich wenden an, jmdm. mit etwas kommen, anhauen *(salopp),* ankeilen *(salopp),* löchern *(salopp),* bohren *(ugs.),* drängen, bedrängen, jmdm. zusetzen, jmdm. auf der Seele knien *(ugs.),* jmdm. die Hölle heiß machen *(ugs.),* drängeln, dremmeln *(ugs.),* quengeln *(ugs.),* quesen *(nordd.),* keine Ruhe geben, jmdm. keine Ruhe lassen, jmdn. nicht in Ruhe lassen, jmdm. in den Ohren liegen *(salopp),* jmdm. auf die Pelle / auf die Bude rücken *(salopp),* jmdm. auf der Pelle sitzen *(salopp),* benzen *(österr.),* penzen *(österr.),* jmdn. beknien *(salopp).*

Bitterkeit, Unzufriedenheit, Verdrossenheit, Verbitterung, Erbitterung, Groll.

Bittgesuch, Gesuch, Antrag, Anfrage, Eingabe, Botschaft *(schweiz.),* Anzug *(schweiz.),* Ansuchen *(österr.),* Petition, Bittschrift, Bittschreiben, Bittadresse, Supplik, Bettelbrief *(abwertend).*

Bittsteller, Antragsteller, Supplikant, Petent, Ansprecher *(schweiz.).*

Blabla *(ugs. abwertend),* Gewäsch *(ugs. abwertend),* Geschwätz *(ugs. abwertend),* Gefasel *(ugs. abwertend),* Bafel *(landsch.),* Geschwafel *(ugs. abwertend),* Geseire *(ugs. abwertend),* leeres Gerede / Stroh *(ugs. abwertend),* Wischiwaschi *(ugs.),* Wischwasch *(ugs.),* Schmus *(ugs.),* Gesülze *(salopp),* Schmonzes *(ugs.).*

[1]**blamieren,** kompromittieren, bloßstellen, brüskieren, zum Gespött machen, lächerlich machen, aufschmeißen *(österr.),* desavouieren.

[2]**blamieren** (sich), sich bloßstellen, sich eine Blöße geben, eine Blöße bieten, zum Gespött werden, keine gute Figur machen, sich dekolletieren, sich kompromittieren, seinen Namen / seinen Ruf / sein

Ansehen aufs Spiel setzen, sich lächerlich machen, seinem Namen keine Ehre machen, sich ein Armutszeugnis ausstellen.

[1]**blaß,** farblos, fahl, matt.

[2]**blaß,** bläßlich, blaßgesichtig, bleichgesichtig, blaßwangig, blutleer, blutarm, bleichsüchtig, fahl, grau, bleich, käseweiß *(ugs.),* käsig *(ugs.),* weiß, kreidebleich, kreideweiß, kalkweiß, kalkig, wachsbleich, totenblaß, leichenblaß, geisterbleich, totenbleich, aschgrau, aschfahl.

blauäugig, arglos, ohne Arg / Argwohn / Falsch, harmlos, leichtgläubig, einfältig, treuherzig, naiv.

bleibend, dauerhaft, fest, unvergänglich, von Bestand, wertbeständig, krisenfest, unauflöslich, unauflösbar, unzerstörbar, unwandelbar, für immer, zeitlebens, für Zeit und Ewigkeit, für alle Zeiten, bis in alle Ewigkeit.

bleibenlassen, unterlassen, verabsäumen, [sein]lassen, nicht tun / machen.

bleich, blaß, bläßlich, blaßgesichtig, bleichgesichtig, blaßwangig, blutleer, blutarm, bleichsüchtig, fahl, grau, käseweiß *(ugs.),* käsig *(ugs.),* weiß, kreidebleich, kreideweiß, kalkweiß, kalkig, wachsbleich, totenblaß, leichenblaß, geisterbleich, totenbleich, aschgrau, aschfahl.

Blendwerk, Gaukelei, Hokuspokus, Scharlatanerie *(abwertend),* fauler Zauber *(ugs. abwertend).*

blicken, sehen, schauen, gucken, kucken *(nordd.),* kieken *(salopp),* starren, spähen, peilen *(ugs.),* ein Auge riskieren *(ugs.),* äugen, glotzen *(salopp abwertend),* stieren *(abwertend),* glupschen *(abwertend),* linsen *(ugs.),* lugen, luchsen, sperbern *(schweiz.).*

Blickfeld, Gesichtskreis, Gesichtsfeld, Horizont, Gedankenwelt.

Blickwinkel, Gesichtspunkt, Blickpunkt, Blickrichtung, Perspektive, Aspekt, Betrachtungsweise.

blinkend, glänzend, leuchtend, funkelnd, schimmernd, gleißend, blitzend, glitzernd, schillernd, opalisierend.

Blödsinn *(ugs.),* Unsinn, Unfug, dummes Zeug *(ugs.),* Dummheiten, Allotria, Firlefanz, Faxen, Fez *(landsch.),* Quark *(ugs.),* Krampf, Käse *(nordd.),* kalter Kaffee *(salopp),* Pallawatsch *(österr.),* Quatsch [mit Soße] *(salopp),* Mumpitz *(ugs.),* Humbug *(ugs.),* Kokolores *(ugs.),* Blech *(salopp),* Stuß *(salopp),* Kohl *(salopp),* Kappes *(salopp),* Nonsens, Bockmist *(derb),* Mist *(derb),* Scheiße *(derb),* Schwachsinn *(salopp).*

blödsinnig, lächerlich, lachhaft, lächerbar *(scherzh.),* grotesk, absurd, sinnwidrig, töricht, albern, komisch, ridikül, ein Bild für [die] Götter.

blondieren, aufhellen, bleichen, tönen, färben.

[1]**bloßstellen** (sich), sich eine Blöße geben, eine Blöße bieten, zum Gespött werden, keine gute Figur machen, sich dekolletieren, sich kompromittieren, seinen Namen / seinen Ruf / sein Ansehen aufs Spiel setzen, sich lächerlich machen, sich blamieren, seinem Namen keine Ehre machen, sich ein Armutszeugnis ausstellen.

[2]**bloßstellen** (jmdn.), jmdn. entlarven, demaskieren, jmdm. die Maske abreißen / vom Gesicht reißen, jmdn. durchschauen, jmdm. auf die Schliche kommen *(ugs.),* kompromittieren, brüskieren, blamieren, desavouieren, jmdn. zum Gespött / lächerlich machen.

blubbern, brodeln, Blasen werfen, wallen, aufwallen.

[1]blühen, in [voller] Blüte stehen, aufgeblüht / aufgegangen sein, Blüten haben / tragen.

[2]blühen (jmdm.; *salopp*), begegnen, widerfahren, zustoßen, zuteil werden, in den Schoß fallen, jmdn. erwarten, auf jmdn. zukommen, etwas erleben.

Blume (von Wein), Bukett, Duft, Aroma.

Blumenstrauß, Strauß, Gebinde, Bukett, Blumen, Buschen *(südd., österr.).*

Blutgefäß, Ader, Blutader, Arterie, Vene, Schlagader.

Boden, Speicher *(südd.),* Estrich *(landsch.),* Dachboden, Bühne *(schweiz.).*

Bohle, Planke, Brett, Diele, Bord.

bombastisch *(abwertend),* pompös *(abwertend),* schwülstig *(abwertend),* salbungsvoll *(abwertend),* pathetisch, anspruchsvoll, gewichtig, hochtrabend, hochgestochen *(abwertend).*

Bonmot, Ausspruch, Zitat, geflügeltes Wort, Sprichwort, Diktum, Denkspruch, Wahlspruch, Kernspruch, Losung, Devise, Sentenz, Aphorismus, Gedankensplitter, Gedankenblitz, Aperçu, Maxime, Lebensregel.

Bonze *(abwertend),* Funktionär, Politruk *(abwertend),* Apparatschik *(abwertend),* Parteibonze *(abwertend).*

Boom, Blüte, Aufschwung, Konjunktur, Hausse.

Boot, Kahn, Nachen, Barke *(dichter.),* Gondel, Nußschale, Zille *(landsch.).*

Bord, Gestell, Regal, Etagere, Ablage, Stellage.

Bordell, Eros-Center, Etablissement, Freudenhaus, öffentliches Haus, Liebessilo *(scherzh.),* Massageinstitut *(verhüllend),* Hurenhaus *(salopp),* Knallhütte *(salopp),* Puff *(derb),* Kontakthof, Studio.

borniert, engstirnig, vernagelt *(ugs.),* verblendet, stupid, einfältig, beschränkt, kurzsichtig, mit Scheuklappen.

bösartig, böse, bitterböse, boshaft, maliziös, übelgesinnt, übelwollend, gemeingefährlich, schlimm, übel, garstig, unausstehlich, unleidlich, wüst *(schweiz.),* widrig, haarig *(ugs.).*

Bösartigkeit, Bosheit, Garstigkeit, Niedertracht, Boshaftigkeit, Häme, Gemeinheit, Schurkerei, Hundsfötterei *(veraltet),* Infamie, Unverschämtheit, Schadenfreude, Gehässigkeit, Übelwollen, Rachsucht, Ranküne.

böse, ärgerlich, aufgebracht, verärgert, entrüstet, empört, peinlich / unangenehm berührt, unwillig, ungehalten, unwirsch, fünsch *(niederd.),* indigniert, erbost, erzürnt, erbittert, zornig, fuchtig, wütend, rabiat, wutentbrannt, wutschäumend, wutschnaubend, fuchsteufelswild, zähneknirschend, grimmig, ingrimmig, tücksch *(ugs. landsch.).*

Bösewicht, Schurke, Halunke, Schuft, Lump, Kanaille, Schweinehund *(derb).*

boshaft, böse, bitterböse, maliziös, übelgesinnt, übelwollend, bösartig, gemeingefährlich, schlimm, übel, garstig, unausstehlich, unleidlich, wüst *(schweiz.),* widrig, haarig *(ugs.).*

Boshaftigkeit, Bosheit, Niedertracht, Häme, Gemeinheit, Schurkerei, Hundsfötterei *(veraltet),* Infamie, Unverschämtheit, Schadenfreude, Gehässigkeit, Übelwollen, Rachsucht, Ranküne.

Bosheit, Bösartigkeit, Garstigkeit, Niedertracht, Boshaftigkeit, Häme, Gemeinheit, Schurkerei, Hundsfötterei *(veraltet),* Infamie, Unverschämtheit, Schadenfreude, Gehässigkeit, Übelwollen, Rachsucht, Rankune.

Boß *(ugs.),* Chef, Manager, Leiter, Vorsteher, Direktor, Führungskraft, Lenker, Kopf, Macher *(ugs.).*

böswillig, mutwillig, absichtlich, in böser Absicht, mit Absicht, willentlich, vorsätzlich.

Böswilligkeit, böse Absicht, böser / übler Wille, Übelwollen.

Botschaft, Mitteilung, Message *(Jargon),* Ankündigung, Äußerung, Kunde.

Bottich, Zuber, Bütte *(landsch.),* Schaff *(südd., österr.).*

Boulevard, Allee, Avenue, Prachtstraße.

Boxhieb, Fausthieb, Faustschlag, Boxer *(ugs.).*

Brand, Feuer, Feuersbrunst, Feuersturm, Flammenmeer, Schadenfeuer.

brandmarken, ächten, verfemen, verpönen, in Acht und Bann tun, verfluchen, verwünschen, verdammen, verurteilen, etwas / das Kind beim [rechten *bzw.* richtigen] Namen nennen, den Stab brechen über, geißeln, anprangern, an den Pranger stellen.

braten, rösten, schmoren, schmurgeln, brägeln *(landsch.),* brutzeln, grillen, backen, kücheln *(schweiz.),* toasten.

Bratrost, Grill, Rost, Barbecue.

Brauch, Sitte, Regel, Brauchtum, Gebräuche, Althergebrachtes, Herkommen, Mode, Übung, Tradition, Konvention, Zeremonie, Zeremoniell, Protokoll, Vorschrift, Gewohnheit, Gepflogenheit, Usance, Usus.

brauchen, bedürfen, benötigen, gebrauchen können, nicht entbehren / nicht missen können, etwas nötig haben [wie das tägliche Brot], angewiesen sein auf, nicht auskommen ohne.

braun, gebräunt, bräunlich, braunverbrannt, sonn[en]verbrannt, abgebrannt *(österr.),* bronzen.

Brause, Limonade, Sprudel, Sprudelwasser, Brauselimonade, Kracherl *(bayr., österr. ugs.).*

[1]**brausen,** stürmen, toben, tosen, blasen.

[2]**brausen,** duschen, unter die Dusche / Brause stellen, unter die Dusche / Brause treten *bzw.* gehen, sich erfrischen.

brav, artig, folgsam, fügsam, gehorsam, lieb, manierlich, gesittet, wohlerzogen.

Bravheit, Gehorsam, Folgsamkeit, Fügsamkeit, Angepaßtheit, Unterordnung, Gefügigkeit, Willfährigkeit, Unterwürfigkeit, Subordination, Kadavergehorsam *(abwertend),* Obedienz.

bravourös, meisterhaft, meisterlich, gekonnt, glänzend, prächtig, virtuos, fulminant, vollendet, vollkommen, perfekt, famos *(ugs.).*

brechen, sich übergeben, [sich] erbrechen, vomieren, etwas von sich geben, speien [wie ein Reiher], speiben *(bayr., österr.),* reihern *(derb),* spucken *(landsch.),* kotzen *(derb),* die Fische füttern *(scherzh.),* Neptun opfern *(scherzh.).*

Bredouille, Not, Notlage, Übel, Crux, Zwangslage, Bedrängnis, Verlegenheit, Misere, Dilemma, Kalamität, Malaise, Krise, Schwierigkeit, Zwickmühle, Schlamassel *(salopp).*

[1]**bremsen,** abbremsen, auf die Bremse treten, die Bremse betätigen / bedienen, die Geschwindigkeit drosseln / herabsetzen / verringern, abstoppen.

[2]**bremsen** (etwas), abbremsen, ins Stocken geraten lassen, abstoppen, stoppen, zum Stillstand bringen, nicht mehr fördern.

[1]**brennen,** schmoren, sengen, schwelen, glühen, glimmen, glosen *(landsch.),* glosten *(schweiz.),* aufflammen, aufbrennen, in Flammen aufgehen / stehen, lodern, auflodern, lohen, wabern, flackern, aufflackern, versengen, verbrennen, ein Raub der Flammen werden, verglimmen, verglühen, verkohlen.

[2]**brennen,** beißen, stechen, pieken *(ugs.),* kribbeln, prickeln.

Brennpunkt, Knotenpunkt, Schnittpunkt, Mittelpunkt, Zentralpunkt, Zentrum, Mitte, Herz, Herzstück, Kern, Achse, Pol.

Brett, Planke, Bohle, Diele, Bord, Latte, Sparren.

Brief, Schreiben, Schrieb *(ugs.),* Wisch *(abwertend),* Zuschrift, Zeilen, Epistel *(iron.).*

Briefwechsel, Schriftwechsel, Schriftverkehr, Briefverbindung, Korrespondenz.

Brille, Augengläser, Gläser, Nasenfahrrad *(scherzh.).*

bringen, liefern, anliefern, beliefern, ausliefern, zustellen, zubringen, zustreifen *(österr. veraltend).*

Brisanz, Bedeutsamkeit, Wichtigkeit, Relevanz, Signifikanz, Gewichtigkeit, Aktualität, Bedeutung.

Brocken, Klumpen, Stück, Batzen *(ugs.),* Trumm *(südd., österr., ugs.).*

brodeln, blubbern, Blasen werfen, wallen, aufwallen.

Brötchen, Semmel *(landsch.),* Schrippe *(berlin.),* Weck *(südd.),* Wecken *(südd.),* Rundstück *(nordd.).*

Brücke, Steg, Viadukt, Überführung.

brüderlich, freundschaftlich, kameradschaftlich, partnerschaftlich, als Freund, in aller Freundschaft, einträchtig, harmonisch.

brüllen, rufen, sich die Kehle / die Lunge aus dem Hals schreien *(emotional),* sich die Seele aus dem Leib schreien, zetermordio / Zeter und Mordio schreien, kreischen.

brummen, surren, sausen, summen, burren *(österr.).*

brüsk, schroff, barsch, rüde, abweisend, unfreundlich, unhöflich.

Brust, Busen, Brüste, Büste, Titten *(derb),* Paradiesäpfel, Holz vor der Hütte, Vorbau, Balkon.

Brüstung, Geländer, Balustrade.

brutal, unbarmherzig, mitleid[s]los, erbarmungslos, schonungslos, gnadenlos, kaltblütig, roh, krud[e], verroht, entmenscht, gefühllos, barbarisch, grausam, grob, rabiat, rüde.

Bub *(südd., österr., schweiz.),* Junge, Knabe, kleiner Kerl, Kerlchen, Bübchen, Bürschchen.

Buch, Band, Titel, Schmöker *(ugs.),* Wälzer *(ugs.),* Schwarte *(salopp),* Schinken *(ugs.),* Scharteke *(abwertend),* Foliant, Druckerzeugnis, Werk, Schrift.

Bücher, Geschäftsbücher, Hauptbuch, Kontobuch, Kassenbuch.

Bücherwurm *(scherzh.),* Leser[in], Leseratte, Vielleser[in], Schnellleser[in].

Buchstabe, Letter, Schriftzeichen.

Bucht, Meeresbucht, Meerbusen, Bai, Golf, Förde.

Büffel *(ugs.),* Grobian *(abwertend),* Holzkopf *(ugs.).*

büffeln *(ugs.),* lernen, erlernen, auswendig lernen, memorieren, aufnehmen, sich etwas anlernen / zu eigen machen / annehmen / aneignen, studieren, Kenntnisse erwerben, sich präparieren, üben, exerzieren, durchexerzieren, trainieren, sich (die Vokabeln o. ä.) angucken / anschauen, stucken *(österr. ugs.)*, pauken *(ugs.)*, ochsen *(ugs.)*.

Bühne, Podium, Podest, Erhöhung.

Bukett (von Wein), Blume, Duft, Aroma.

bullig, untersetzt, gedrungen, stämmig, kompakt.

Bummel, Spaziergang, Gang, Promenade, Streifzug, Marsch, Tour.

[1]**bummeln,** spazierengehen, spazieren, sich ergehen, lustwandeln, schlendern, einen Bummel machen, flanieren, promenieren.

[2]**bummeln,** sich Zeit lassen, trödeln, nölen, herumtrölen *(schweiz.)*, harzen *(schweiz.)*, mären, sich ausmären, brodeln *(österr.)*, herumbrodeln *(österr.)*, tachinieren *(österr.)*.

bunt, in Farbe, mehrfarbig, buntscheckig, scheckig, farbig, farbenfroh, farbenfreudig, farbenprächtig, leuchtend, lebhaft, poppig, kräftig, satt, grell, knallig *(abwertend)*, schreiend *(abwertend)*.

Bürde *(geh.)*, Last, Arbeitslast, Kreuz, Zentnerlast, Joch *(geh.)*.

Burg, Festung, Fort, Kastell, Zitadelle, Feste *(veraltet)*.

bürgen (für), gewährleisten, verbürgen, verbriefen.

Bürger, Citoyen, Staatsbürger, Mitbürger, Steuerzahler, Einwohner, Bewohner.

bürgerlich, bourgeois, spießig, konservativ, rechts.

Bürgersteig, Gehsteig, Gehweg, Fußgängerweg, Fußweg, Fußgängersteig, Fußsteig, Gangsteig *(südd., österr.)*, Gehbahn, Trottoir.

Büro, Kanzlei, Kontor, Office *(schweiz.)*, Amtsstube, Amtszimmer, Schreibstube, Großraumbüro.

Bürokrat, Federfuchser, Schreiberseele, Schreiberling, Prinzipienreiter, Paragraphenreiter.

Bursche, Jugendlicher, Jüngling *(geh.)*, Heranwachsender, Halbwüchsiger, junger Mann / Mensch / Herr, junger Kerl / Dachs / Spund *(ugs.)*, Teen *(ugs.)*, Boy *(ugs.)*, Milchbart *(scherzh.)*.

Busen, Brust, Brüste, Büste, Titten *(derb)*, Paradiesäpfel, Holz vor der Hütte, Vorbau, Balkon.

Button, Plakette, Abzeichen, Anstecknadel.

C

campen, zelten, Camping machen *(ugs.),* campieren *(bes. österr., schweiz.),* biwakieren.

Casanova, Frauenheld, Frauenliebling, Frauenmann, Belami *(veraltend),* Charmeur, Schürzenjäger, Schwerenöter, Don Juan, Herzensbrecher *(veraltend),* Suitier *(veraltet),* Playboy.

Chaiselongue, Liege, Couch, Ruhebett *(veraltet),* Ruhbett *(schweiz.),* Diwan, Ottomane, Liegesofa, Recamiere.

Chance, Möglichkeit, Gelegenheit, Okkasion *(veraltet),* Glück, Glücksfall.

chaotisch, wirr, verworren, konfus.

Charakter, Wesen, Wesensart, Art, Gepräge, Gemütsart, Natur, Naturell, Typ, Temperament, Eigenart, Anlage, Veranlagung.

charakterisieren, kennzeichnen, charakterisch / kennzeichnend / typisch sein, ein Kennzeichen für etwas sein.

charakteristisch, kennzeichnend, typisch, charakterisierend, bezeichnend, auszeichnend, wesensgemäß, unverkennbar, spezifisch.

charmant, bezaubernd, reizend, anmutig, bestrickend, berückend, gewinnend, entzückend, liebenswürdig, zauberhaft.

Charme, Anmut, Liebreiz, Reiz, Lieblichkeit, Schmelz, Zartheit, Zauber, Grazie, Liebenswürdigkeit.

Charmeur, Süßholzraspler, Schmeichler, Schwerenöter.

Chef, Leiter, Manager, Boß *(ugs.),* Direktor, Führungskraft, Lenker, Kopf, Macher *(ugs.).*

chiffrieren, verschlüsseln, kodieren, enkodieren, in Geheimschrift / Geheimsprache abfassen.

Chor, Singgemeinschaft, Chorgemeinschaft, Singverein, Gesangverein, Singkreis, Kurrende.

Christus, Jesus Christus, Jesus, Jesus von Nazareth, Heiland, Gottessohn, Sohn Gottes, Friedefürst, Menschensohn, Nazarener, Sohn Davids, Messias, Erlöser, der Gekreuzigte, Schmerzensmann, Lamm Gottes, der Gute Hirte, König der Juden, Seelenbräutigam.

City, Innenstadt, Stadtzentrum, Zentrum, Stadtkern, Stadtmitte.

Clan, Familie, Angehörige, Anhang, Sippe, Sippschaft.

clever, geschickt, gewandt, schlau, findig, agil, beweglich, habil *(veraltet).*

Cleverneß, Klugheit, Findigkeit, Schlauheit, Verschmitztheit, Mutterwitz, gesunder Menschenverstand, Gewitztheit, Bauernschläue, Gerissenheit.

Clinch, Kampf, Gefecht, Nahkampf, Ringen, Geplänkel, Plänkelei, Konfrontation.

Clique, Gruppe, Clan, Gang, Bande, Klüngel *(abwertend).*

Clown, Spaßmacher, Possenreißer, Narr, dummer August, Kasper.

Code, Geheimschrift, Chiffreschrift, Geheimcode.

codieren, chiffrieren, verschlüsseln, enkodieren, in Geheimschrift / Geheimsprache abfassen.

Comeback, Wiederaufleben, Wiederbelebung, Renaissance, Neubelebung.

Container, Behälter, Behältnis, Gefäß.

cool, kaltblütig, lässig, gelassen, ruhig, beherrscht, stoisch.

Couch, Liege, Chaiselongue, Ruhebett *(veraltet),* Ruhbett *(schweiz.),* Diwan, Ottomane, Liegesofa, Recamiere.

Curriculum, Lehrplan, Lehrprogramm.

D

Dach, Bedachung, Überdachung.

Dachboden, Boden, Speicher *(südd.),* Estrich *(landsch.),* Bühne *(schweiz.).*

dagegen, aber, jedoch, doch, jedennoch *(veraltend),* indes, indessen, dabei, immerhin, mindestens, zum mindesten, wenigstens, dahingegen, hingegen, hinwieder, hinwiederum, wiederum, allerdings, freilich, and[e]rerseits, anderseits, nur, höchstens, sondern, allein, im Gegensatz dazu, demgegenüber.

daheim *(bes. südd.),* zu Hause, am häuslichen Herd, in seinen / in den eigenen vier Wänden, im trauten Heim, im Schoß der Familie, in der Heimat, im eigenen Land.

dahingehen, vergehen, vorbeigehen, vorübergehen, verrinnen, verfließen, verstreichen, verrauchen, verrauschen, verfliegen.

daliegen, liegen, langliegen *(ugs.),* alle viere von sich strecken *(ugs.),* sich aalen *(ugs.).*

damals, früher, seinerzeit, in / zu der *bzw.* jener Zeit, in jenen Tagen, da, dazumal, einst, einstens, einmal, ehemals, einstmals, derzeit, vormals, vordem, ehedem, weiland *(veraltet),* zu Olims Zeiten, Anno dazumal / *(ugs.)* dunnemals / *(ugs.)* Tobak, im Jahre / anno Schnee *(österr.),* vor Zeiten, vor alters.

Dame, Frau, Lady, Sie *(ugs.).*

Dämmerung, Abend, Dämmerstunde, Abendzeit, Abendstunde, blaue Stunde.

dämpfend, ruhigstellend, beruhigend, narkotisierend, betäubend.

[1]**danach,** hinterher, nachher, später, nachträglich, hintennach *(landsch.),* im nachhinein, hernach, sodann, dann, im Anschluß, anschließend.

[2]**danach,** also, mithin, jedenfalls, infolgedessen, folglich, demnach, ergo, demzufolge, demgemäß, dementsprechend, somit, sonach.

Dandy, Geck, Laffe *(abwertend),* Fant, Stutzer, Gent *(abwertend veraltend),* Zierbengel *(veraltet),* Fatzke *(abwertend),* eitler Affe *(abwertend),* feiner Pinkel *(abwertend),* Snob, Camp, Elegant, Stenz, Lackaffe *(abwertend),* Geschwuf *(wiener.),* Zieraffe, Grasaffe *(abwertend),* Gigerl *(österr. abwertend).*

daneben, außerdem, überdies, obendrein, zudem, weiter, weiters *(österr.),* weiterhin, des weiteren, ferner, fernerhin, im übrigen, ansonsten, sonst, dazu, nebstdem *(schweiz.),* erst noch *(schweiz.).*

danebenbenehmen (sich), sich vorbeibenehmen, einen Fauxpas begehen, entgleisen, aus der Rolle fallen, sich im Ton vergreifen, sich benehmen wie die Axt im Walde *(ugs.).*

danken, sich bedanken, Dank wissen / sagen / abstatten / bezeigen / bezeugen / aussprechen / ausdrücken / *(geh.)* zollen / bekunden, dankbar sein, sich dankbar erweisen, jmdm. verbunden / verpflichtet sein, seine Dankbarkeit zeigen / zum Ausdruck bringen, jmdn. / etwas verdanken *(schweiz.)*, jmdn. / etwas bedanken *(südd., österr.)*.

[1]**darstellen,** erzählen, berichten, artikulieren, schildern, mitteilen, beschreiben, Bericht erstatten, einen Bericht geben, Mitteilung machen, ein Bild geben von, vermitteln, zum Ausdruck bringen, äußern, dartun, referieren, wiedergeben, ausmalen, ausführen, vortragen, vorbringen.

[2]**darstellen,** bedeuten, heißen, die Bedeutung haben, besagen, sagen, kennzeichnen, charakterisieren, aussagen, ausdrücken, sein, vorstellen, repräsentieren, bilden, ausmachen, ergeben.

[3]**darstellen,** verkörpern, mimen, spielen, agieren, auftreten als.

Darstellung, Gestaltung, Formung, Ausformung.

dasein, anwesend / zugegen / präsent / gegenwärtig / gekommen sein, zur Stelle sein, dabeisein, vertreten sein.

Dasein, Leben, Sein, Existenz.

dauerhaft, bleibend, fest, unvergänglich, von Bestand, wertbeständig, krisenfest, unauflöslich, unauflösbar, unzerstörbar, unwandelbar, für immer, zeitlebens, für Zeit und Ewigkeit, für alle Zeiten, bis in alle Ewigkeit.

[1]**davongehen,** weggehen, fortgehen, gehen, ausziehen, von dannen gehen, von hinnen gehen, seiner Wege gehen, den Rücken kehren, aufbrechen, abmarschieren, sich entfernen / zurückziehen / absetzen / absentieren / verfügen / fortbegeben / wegbegeben / trollen / aufmachen / *(ugs.)* fortmachen / auf den Weg / *(ugs.)* auf die Strümpfe *bzw.* auf die Socken machen / *(derb)* verpissen, den Staub von den Füßen schütteln, abhauen *(salopp)*, die Flatter machen *(ugs.)*, abzittern *(salopp)*, absocken *(salopp)*, abzwitschern *(salopp)*, abschieben *(salopp)*, abschwirren *(salopp)*, abschwimmen *(salopp)*, absegeln *(salopp)*, losziehen *(ugs.)*, abdampfen *(ugs.)*, lostigern *(salopp)*, abrücken *(ugs.)*, Leine ziehen *(salopp)*, weglaufen, laufen, davonlaufen, rennen, wegrennen, abzischen *(salopp)*, das Weite suchen, Fersengeld geben, ausrükken *(ugs.)*, ausreißen *(ugs.)*, Reißaus nehmen *(ugs.)*, ausbüxen *(salopp)*, auskneifen *(salopp)*, auswichsen *(salopp)*, durchbrennen *(salopp)*, durchgehen *(salopp)*, auskratzen *(salopp)*, die Kurve kratzen *(salopp)*, sich fortstehlen / fortschleichen / wegstehlen / davonstehlen / auf französisch empfehlen / *(ugs.)* davonmachen / *(ugs.)* aus dem Staub machen / *(ugs.)* verkrümeln / *(salopp)* verdrücken / *(salopp)* verdünnisieren / *(salopp)* dünnmachen / *(salopp)* flüssigmachen / *(salopp)* verziehen / fortscheren / wegscheren, [von der Bildfläche] verschwinden *(ugs.)*, abtauchen, untertauchen, stiftengehen *(salopp)*, verduften *(ugs.)*.

[2]**davongehen,** abwandern, weggehen, wegziehen, gehen, fortgehen, auswandern, nicht bleiben.

davonkommen, entrinnen, entkommen, entgehen, sich retten können, noch einmal Glück haben, mit einem blauen Auge / mit heiler Haut davonkommen.

davonlaufen, fliehen, flüchten, die Flucht ergreifen, sein Heil in der Flucht suchen, entfliehen, entweichen, Reißaus nehmen *(ugs.)*, ausreißen *(ugs.)*, das Hasenpanier ergreifen *(scherzh.)*, abhauen *(salopp)*, türmen *(salopp)*.

davonmachen (sich; *ugs.*), sich aus dem Staub machen *(ugs.)*, abhauen *(ugs.),* sich absetzen, weglaufen, das Weite suchen, ausrükken *(ugs.),* ausreißen *(ugs.),* Reißaus nehmen *(ugs.),* ausbüxen *(salopp),* auskneifen *(salopp),* durchbrennen *(salopp),* sich fortstehlen / wegstehlen / davonstehlen, davonlaufen, sich verkrümeln *(ugs.)* / verdrücken *(salopp)* / verdünnisieren *(salopp)* / dünnmachen *(salopp),* abtauchen, untertauchen, stiftengehen *(salopp),* verduften *(ugs.).*

dazwischentreten, eingreifen, durchgreifen, einschreiten, ein Machtwort sprechen, mit der Faust auf den Tisch schlagen / *(ugs.)* hauen, dazwischenfunken *(ugs.),* sich einmischen / *(ugs.)* einmengen, sich mischen / *(ugs.)* mengen in, dreinreden, andere Maßnahmen ergreifen, andere Register ziehen, andere Saiten aufziehen, strenger werden / vorgehen, einen anderen Ton anschlagen, aufräumen *(ugs.),* reinen Tisch / tabula rasa machen, Ordnung schaffen, [gewaltsam] aufräumen / Schluß machen, zuschlagen, kurzen Prozeß machen, nicht lange fackeln *(ugs.),* mit eisernem Besen [aus]kehren, einhaken *(ugs.).*

Deal *(Jargon),* Geschäft, Handel.

dechiffrieren, entschlüsseln, aufschlüsseln, auflösen, entziffern, dekodieren.

Deckbett, Federbett, Oberbett, Überbett, Bettdecke, Plumeau.

[1]**decken** (auf / über), zudecken, verdecken, abdecken, überdekken, überziehen, darüberbreiten, breiten über, ausbreiten.

[2]**decken** (sich), übereinstimmen, kongruieren, korrespondieren, sich / einander entsprechen, gleich sein, ähneln, ähnlich sein / sehen, sich / einander gleichen wie ein Ei dem andern, [aufs Haar] gleichen.

defäkieren, Stuhlgang / Stuhl haben, koten, abführen, sich entleeren, groß machen *(ugs.),* Aa machen *(Kinderspr.),* abprotzen *(derb),* kacken *(derb),* einen Haufen machen *(derb),* ein Ei legen *(vulgär),* scheißen *(vulgär).*

defekt, beschädigt, schadhaft, kaputt.

definitiv, endgültig, feststehend, unabänderlich, bindend, verbindlich, unumstößlich, unwiderruflich, obligatorisch, ein für allemal, endgültig.

Deformation, Deformierung, Mißbildung, Anomalie, Abnormität.

dehnen, strecken, ziehen.

dekodieren, dechiffrieren, entschlüsseln, aufschlüsseln, auflösen, entziffern.

dekorieren, schmücken, ausschmücken, zieren, verzieren, verschönern, garnieren.

delegieren, übertragen, weitergeben an.

delikat, appetitlich, lecker, fein, köstlich, deliziös, schnuddelig *(berlin.),* gustiös *(österr.),* schmackhaft, wohlschmeckend, vorzüglich.

Delikatesse, Leckerbissen, Köstlichkeit, Schleck *(schweiz.),* Gaumenkitzel, Gaumenfreude, Gaumenreiz, Schmankerl *(bayr., österr. ugs.).*

Demagoge, Hetzer, Aufhetzer, Aufwiegler, Agitator, Unruhestifter, Wühler, Volksverführer, Brunnenvergifter.

demaskieren, entlarven, bloßstellen, jmdm. die Maske abreißen / vom Gesicht reißen, durchschauen, jmdm. auf die Schliche kommen *(ugs.).*

Dementi, Widerruf, Zurücknahme,

Zurückweisung, Ableugnung, Zurückziehung, Rückzug *(schweiz.)*.

dementieren, abstreiten, bestreiten, in Abrede stellen, leugnen, ableugnen, zurückweisen, verneinen, negieren, sich verwahren gegen, von sich weisen, als unrichtig / unwahr / unzutreffend / falsch bezeichnen, absprechen.

demgegenüber, aber, jedoch, doch, jedennoch *(veraltend)*, indes, indessen, dabei, immerhin, mindestens, zum mindesten, wenigstens, dagegen, dahingegen, hingegen, hinwieder, hinwiederum, wiederum, allerdings, freilich, and[e]rerseits, anderseits, nur, höchstens, sondern, allein, im Gegensatz dazu.

Demission, Rücktritt, Austritt, Ausscheiden, Amtsverzicht, Abdankung, Abschied.

demissionieren, abdanken, abtreten, den Dienst quittieren, den Hut nehmen, gehen, zurücktreten, seine Koffer packen, sein Bündel schnüren, sein Amt niederlegen, seinen Abschied nehmen, seinen Rücktritt erklären.

demolieren, zertrümmern, zerschlagen, zerbrechen, zerteppern *(ugs.)*, zerschmeißen *(ugs.)*, zerschmettern, zertreten, zerstampfen, zertrampeln, eintreten, einschlagen, kaputtmachen *(ugs.)*, aus etwas Kleinholz / etwas zu Kleinholz machen *(ugs.)*, einer Sache den Rest geben *(ugs.)*, kurz und klein schlagen *(ugs.)*.

Demonstration, Protestaktion, Protestmarsch, Demo *(ugs.)*.

[1]**demonstrieren,** eine Demonstration veranstalten, auf die Straße gehen, eine Protestaktion starten, an einer Demo teilnehmen.

[2]**demonstrieren,** illustrieren, veranschaulichen, verlebendigen, vergegenständlichen, konkretisieren, anschaulich / lebendig / gegenständlich machen.

demütigen, erniedrigen, entwürdigen, herabsetzen, herabwürdigen, verächtlich machen.

demzufolge, also, mithin, jedenfalls, infolgedessen, danach, folglich, demnach, ergo, demgemäß, dementsprechend, somit, sonach.

Denkart, Denkweise, Denkungsart, Denkungsweise, Mentalität, Gesinnung, Einstellung, Weltanschauung, Lebensanschauung, Ideologie, Sinnesart.

denkbar, möglich, potentiell, gangbar, durchführbar, ausführbar.

[1]**denken,** überlegen, nachdenken, Reflexionen anstellen, reflektieren, durchdenken, sich fragen / Gedanken machen, einem Gedanken / seinen Gedanken nachhängen, sich besinnen / bedenken, mit sich zu Rate gehen, seine Gedanken zusammennehmen, nachsinnen, nachgrübeln, sinnen, grübeln, tüfteln, sinnieren, brüten, rätseln, herumrätseln, sich den Kopf zerbrechen, sich das Hirn zermartern, knobeln *(ugs.)*, den Verstand gebrauchen, seinen Geist anstrengen.

[2]**denken,** glauben, meinen, vermeinen, der Meinung / Ansicht / Überzeugung sein, finden, dafürhalten *(geh.)*.

Denkschrift, Memorandum, Kommuniqué.

Denkspruch, Ausspruch, Zitat, geflügeltes Wort, Sprichwort, Diktum, Apophthegma, Philosophem, Parömie, Wahlspruch, Kernspruch, Losung, Devise, Sentenz, Gnome, Aphorismus, Gedankensplitter, Gedankenblitz, Aperçu, Bonmot, Maxime, Lebensregel.

Denkweise, Denkart, Denkungsart, Denkungsweise, Mentalität, Gesinnung, Einstellung, Weltanschauung, Lebensanschauung, Ideologie, Sinnesart.

denkwürdig, unvergeßlich, unvergessen, unauslöschlich, bedeutungsvoll.

deplaciert, unangebracht, fehl am Platze, störend, unpassend, unqualifiziert, peinlich, taktlos, verpönt, unerwünscht, nicht gern gesehen / gehört.

Deponie, Mülldeponie, Müllkippe, Müllabladeplatz, Müllhalde, Schuttplatz, Schuttabladeplatz, Schutthalde, Abraumhalde, Schrottplatz.

deponieren, lagern, ablagern, ablegen, einlagern, einbunkern, magazinieren, ein Lager anlegen, auf Lager legen.

Depression, Trübsinn, Schwermut, Schwermütigkeit, Melancholie, Niedergeschlagenheit, Bedrücktheit, Gedrücktheit, seelisches Tief.

depressiv, schwermütig, trübsinnig, melancholisch, pessimistisch, schwarzseherisch, defätistisch, miesepetrig *(ugs.),* hintersinnig *(schweiz.),* bregenklüterig *(landsch.),* trübselig, wehmütig, wehselig *(schweiz.).*

deprimiert, niedergeschlagen, gedrückt, niedergedrückt, down *(ugs.),* resigniert, decouragiert, geknickt *(ugs.),* mutlos, flügellahm *(ugs.),* entmutigt, verzagt, kleinmütig, verzweifelt, gebrochen, lebensmüde, niedergeschmettert *(ugs.).*

desavouieren, bloßstellen, brüskieren, blamieren, zum Gespött machen / lächerlich machen, aufschmeißen *(österr.),* kompromittieren.

desillusionieren, ernüchtern, entzaubern, wie eine kalte Dusche wirken, jmdn. auf den Boden der Wirklichkeit zurückbringen, jmdm. einen Dämpfer geben *(ugs.),* Wasser in den Wein gießen.

Desinteresse, Gleichgültigkeit, Teilnahmslosigkeit, Uninteressiertheit, Unempfindlichkeit, Indolenz *(bildungsspr.),* Geistesabwesenheit, Apathie, Lethargie.

desinteressiert, teilnahmslos, gleichgültig, leidenschaftslos, apathisch, lethargisch, phlegmatisch, träge, schwerfällig, dickfellig *(ugs.),* tranig *(ugs.),* indolent *(bildungsspr.),* dumpf, stumpf, stumpfsinnig, abgestumpft.

despektierlich, abschätzig, pejorativ, abfällig, geringschätzig, verächtlich, wegwerfend.

Despot, Gewaltherrscher, Tyrann, Unterdrücker, Diktator, Alleinherrscher.

detonieren, bersten, zerbersten, platzen, zerplatzen, explodieren, implodieren, zerspringen, losgehen, sich entladen, zerknallen, in die Luft fliegen / gehen.

deuten, auslegen, deuteln, erklären, erläutern, klarmachen, explizieren, exemplifizieren, ausdeuten, ausdeutschen *(südd., österr. ugs.),* hineingeheimnissen *(abwertend),* interpretieren *(bildungsspr.),* kommentieren, auffassen, jmdm. das Wort im Mund herumdrehen.

deutlich, klar, genau, bestimmt, fest umrissen, greifbar, handfest, exakt, präzis[e], prägnant, unmißverständlich, eindeutig, unzweideutig, glasklar, sonnenklar, anschaulich, bildhaft, unverblümt, im Klartext, mit anderen Worten, ungeschminkt, klipp und klar *(ugs.).*

Deutung, Auslegung, Ausdeutung, Lesart, Erklärung, Worterklärung, Erläuterung, Kommentar, Bestimmung, Definition, Begriffsbestimmung, Denotation, Sinndeutung, Stellungnahme, Urteil, Grundsatzurteil, Interpretation, Explikation, Exegese, Hermeneutik.

dezent, diskret, verschwiegen, taktvoll.

dezidiert, entschieden, bestimmt, ausdrücklich, mit Nachdruck.

dezimieren, verringern, vermindern, herabmindern, abmindern, schmälern, verkleinern, minimieren, reduzieren, drosseln, herabsetzen, herunterschrauben, herunterdrücken, abgrenzen, begrenzen, eingrenzen, beschränken, einschränken, streichen, Abstriche machen.

diagnostizieren, identifizieren, registrieren, wahrnehmen, erkennen, erfassen, sehen.

Diagramm, Graph, graphische Darstellung, Schaubild.

[1]Diät, Schlankheitskur, Abmagerungskur, Fastenkur, Hungerkur.

[2]Diät, Schonkost, Krankenkost.

Dichter, Lyriker, Poet, Dichtersmann, Reimschmied, Verseschmied, Dichterling *(abwertend),* Reimling *(abwertend),* Versemacher *(abwertend).*

dichtgedrängt, dicht bei dicht, Kopf an Kopf, Schulter an Schulter, Mann an Mann.

Dichtung, Dichtkunst, Poesie, Lyrik, Literatur, Schrifttum.

dick, wohlbeleibt, beleibt, stark, korpulent, vollschlank, fest *(schweiz.),* breit, behäbig, füllig, dicklich, mollig, mollert *(österr. ugs.),* rundlich, rund, kugelrund, üppig, drall, knubbelig, wohlgenährt, voluminös, umfangreich, pummelig, fett, feist, feiß *(südwestd., schweiz.),* fleischig, dickwanstig, dickleibig, fettleibig.

Dickkopf *(ugs.),* Starrkopf, Trotzkopf, Dickschädel *(ugs.),* Querkopf *(ugs.),* Rechthaber.

dickköpfig, trotzig, störrisch, renitent, unnachgiebig, kompromißlos, eigensinnig, starrsinnig, starrköpfig, halsstarrig, rechthaberisch, verbohrt, dickschädelig, unbelehrbar, bockbeinig *(ugs.),* bokkig *(ugs.),* verstockt, stur.

didaktisch, pädagogisch, methodisch, erzieherisch, erziehlich.

Dieb, Spitzbube, Langfinger.

Diebesgut, Raub, Fang, Beute, Sore *(Jargon),* heiße Ware *(Jargon).*

Dienst, Arbeit, Tätigkeit, Beschäftigung, Betätigung, Maloche *(ugs.),* Fron.

dienstbeflissen, gefällig, hilfsbereit, diensteifrig, eilfertig, dienstfertig, dienstwillig.

Dienstherr, Arbeitgeber, Brotherr, Brötchengeber *(ugs.).*

diesig, dunstig, neblig, verhangen, trüb[e].

diesseitig, irdisch, weltlich, profan.

diffamieren, verleumden, verunglimpfen, jmdm. die Ehre abschneiden, jmdm. etwas nachsagen / nachreden / andichten / anhängen.

diffizil, schwierig, schwer, kompliziert, verwickelt, verzwickt *(ugs.),* vertrackt *(ugs.).*

Diktator, Gewaltherrscher, Tyrann, Despot, Unterdrücker, Alleinherrscher.

diktatorisch, tyrannisch, despotisch, autoritär, selbstherrlich, willkürlich, repressiv, herrisch, gebieterisch, rechthaberisch, herrschsüchtig.

Diktum, Ausspruch, Zitat, geflügeltes Wort, Sprichwort, Apophthegma, Philosophem, Denkspruch, Parömie, Wahlspruch, Kernspruch, Losung, Devise, Sentenz, Gnome, Aphorismus, Gedankensplitter, Gedankenblitz,

Aperçu, Bonmot, Maxime, Lebensregel.

Dilettant, Laie, Außenstehender, Nichtfachmann, Exoteriker, Amateur, selbsternannter ..., Stümper, Pfuscher.

dilettantisch, laienhaft, stümperhaft, nicht fachmännisch.

Dimension, Ausmaß, Größe, Größenordnung, Maß, Abmessung, Ausbreitung, Ausdehnung, Umkreis, Reichweite, Spielraum, Höhe, Breite, Länge, Tiefe, Weite, Dichte, Fülle, Umfang, Grad, Stärke.

Ding, Sache, Gegenstand, Objekt, ein Etwas, Dings *(ugs.),* Dingsda *(ugs.),* Dingsbums *(ugs.).*

dinieren, speisen, tafeln, essen, Tafel halten *(geh.).*

direkt, geradewegs, geradenwegs *(ugs.),* geradeswegs *(bes. schweiz.),* schnurstracks *(ugs.).*

Dirne, Prostituierte, Freudenmädchen, Straßenmädchen, Kokotte *(veraltet),* Hetäre *(geh.),* Strichmädchen, Strichbiene *(ugs.),* Hure *(abwertend),* Metze *(geh.),* Liebesdienerin, Gunstgewerblerin, Nutte *(abwertend),* Edelnutte *(iron.),* Callgirl, Baby-Pro, Hosteß *(verhüll.),* Modell *(verhüll.).*

diskreditieren, in Verruf / Mißkredit bringen, in ein schlechtes Licht setzen / stellen / rücken, diffamieren, herabsetzen, abqualifizieren, herabwürdigen, entwürdigen, schlechtmachen, verächtlich machen, an jmdm. kein gutes Haar / keinen guten Faden lassen, in den Schmutz / *(salopp)* Dreck ziehen.

diskret, dezent, verschwiegen, taktvoll.

diskriminieren, benachteiligen, zurücksetzen, unterschiedlich / ungerecht behandeln.

Diskussion, Gespräch, Unterhaltung, Meinungsaustausch, Gedankenaustausch, Unterredung, Aussprache, Dialog, Debatte, Diskurs.

Diskutant, Gesprächsteilnehmer, Diskussionsteilnehmer, Diskussionspartner, Gesprächspartner.

diskutieren, erörtern, besprechen, durchsprechen, bereden, bekakeln *(ugs.),* durchkauen *(ugs.),* durchhecheln *(ugs.).*

Disposition, Anlage, Disponiertsein, Anfälligkeit, Empfänglichkeit, Neigung.

Dissens *(bildungsspr.),* Meinungsverschiedenheit, Unstimmigkeit, Differenz, Nichtübereinstimmung.

Distanz, Entfernung, Abstand, Zwischenraum, Strecke.

[1]**distanzieren** (sich von jmdm.), abrücken von, sich abgrenzen, sich jmdn. vom Leib halten, jmdn. fallenlassen, nicht mehr zu jmdm. halten.

[2]**distanzieren** (sich von etwas), sich zurückziehen, abrücken von, sich innerlich entfernen von, mit etwas nichts zu tun / zu schaffen haben wollen, Abstand nehmen von etwas, ein Rückzugsgefecht machen.

Disziplin, Fachrichtung, Fach, Zweig, Fachbereich, Fakultät.

diszipliniert, beherrscht, gelassen, ruhig, entspannt, sicher, gefaßt, gezügelt, gesammelt, stoisch, bedacht, gleichmütig, cool *(Jargon).*

Doktor, Arzt, praktischer Arzt, Praktiker, Allgemeinarzt, Allgemeinmediziner, Hausarzt, Humanmediziner, Mediziner, Halbgott in Weiß *(abwertend),* Therapeut, Medizinmann *(scherzh.),* Medikus *(scherzh.),* Heilkundiger, Heiler, Kurpfuscher *(abwertend),* Medikaster *(abwertend),* Quacksalber *(abwertend),* Physikus *(veraltet),* Bader *(hist.).*

Doktrin, Lehre, Lehrsatz, Theorie, These, Behauptung, Glaubenssatz, Dogma, Lehrmeinung, Lehrgebäude, Schulmeinung.

Dokument, Urkunde, Schriftstück, Unterlage, Papier.

Dokumentation, Erfassung, Kodifizierung, Registrierung.

dominieren, überwiegen, vorherrschen, vorwiegen, prädominieren, beherrschen.

Domizil, Wohnsitz, Behausung, Heim, Daheim *(bes. südd.),* Zuhause, Wohnung; Stelle, wo man hingehört.

donnern, krachen, poltern, grollen, rollen.

doppeldeutig, mehrdeutig, vieldeutig, zweideutig, doppelsinnig, schillernd, äquivok *(bildungsspr.),* mißverständlich, unklar, vage, amphibolisch *(bildungsspr.).*

Dorf, Ortschaft, Bauerndorf, Ort, Flecken, Weiler, Nest *(ugs.),* Kaff *(abwertend),* Kuhdorf *(abwertend),* Siedlung, Ansiedlung.

dörflich, ländlich, bäuerlich.

Dosis, Quantum, Menge.

Dossier, Faszibel, Konvolut, Aktenbündel.

dozieren, lehren, unterrichten, Vorlesung halten, unterweisen, instruieren, Unterricht erteilen / geben, belehren, erläutern, erklären, schulen, beibringen, vormachen, zeigen, vertraut machen mit, einpauken *(salopp),* eintrichtern *(salopp).*

drahtig, sehnig, rank, sportlich, sportiv, gut gebaut / gewachsen.

drakonisch, drastisch, streng, hart, scharf, rücksichtslos, rigoros.

Drama, Schauspiel, Bühnenstück, Bühnenwerk, Theaterstück, Stück.

Drang, Neigung, Tendenz, Trend, Strömung, Entwicklung, Zug, Hang, Geneigtheit, Drift, Einschlag.

Drangsal *(geh.),* Leid, Pein, Qual, Marter, Martyrium, Schmerz, Gram, Kummer, Leidensdruck, Sorge, Herzeleid *(dichter.),* Weh *(dichter.),* Harm *(dichter.),* Kümmernis, Jammer, Chagrin, Pfahl im Fleische.

drangsalieren, schikanieren, schinden, plagen, piesacken, malträtieren, tyrannisieren, auf dem Kieker / Strich haben *(ugs.),* es auf jmdn. abgesehen haben, [seine Wut] an jmdm. auslassen, jmdm. die Gräten brechen *(emotional),* schlecht behandeln, schurigeln, kujonieren, sekkieren *(österr.),* mit jmdm. Schlitten fahren, triezen, zwiebeln, scheuchen, fertigmachen, jmdm. den Klabustermarsch orgeln *(salopp),* jmdm. den Arsch aufreißen *(derb),* quälen, peinigen, traktieren, jmdm. das Leben sauer / schwer / zur Hölle machen.

drastisch, streng, strikt, drakonisch, einschneidend, massiv, rigoros, rigide, energisch, entschieden, bestimmt, hart, scharf.

Draufgänger, Haudegen, Kämpfer, Kampfhahn, Heißsporn, Desperado, Kombattant, Kämpe *(meist scherzh.).*

Draufgängertum, Tollkühnheit, Wagemut, Waghalsigkeit, Mumm *(ugs.).*

Dreck, Schmutz, Staub, Kot, Unreinigkeit, Schmiere.

dreckig *(salopp),* schmutzig, unsauber, unrein, verschmutzt, mit Flekken übersät / bedeckt, mit Dreck und Speck *(emotional),* schmutzstarrend, unansehnlich *(salopp),* verdreckt *(salopp),* versaut *(derb),* kotig, mistig *(derb).*

Dreckspatz *(salopp),* Schmutzfink, Dreckfink *(salopp),* Schmierfink *(ugs.),* Mistfink *(derb),* Ferkel *(abwertend),* Schwein *(derb),* Dreckschwein *(derb),* Pottsau *(derb),* Sau *(derb),* Drecksau *(derb).*

drehen (sich), kreisen, rotieren, sich bewegen, umlaufen.

Drehorgel, Leierkasten, Werkel *(bayr., österr.),* Nudelkasten *(nordd.).*

Dreifaltigkeit, Dreieinigkeit, Trinität; Vater, Sohn und Heiliger Geist.

Dreigespann, Trio, Kleeblatt, Troika.

Dreikäsehoch, Knirps, Steppke, Wicht, Wurm, Hemdenmatz, Hosenmatz, Fratz, Krümel.

dreist, frech, ungezogen, unartig, ungesittet, unmanierlich, unverfroren, insolent *(bildungsspr.),* unverschämt, keck, keß, vorlaut, vorwitzig, naseweis, naßforsch *(ugs.),* impertinent, ausverschämt *(landsch.),* patzig *(ugs.),* pampig *(ugs.),* flapsig *(ugs.).*

Dreistigkeit, Frechheit, Unverschämtheit, Impertinenz, Ungezogenheit, Unverfrorenheit, Insolenz *(bildungsspr.),* Chuzpe.

Drink, Getränk, Trank, Trunk, Trinkbares *(ugs.),* Tranksame *(schweiz.),* Gebräu, Gesöff *(derb abwertend),* Plörre *(salopp abwertend),* Plempe *(salopp abwertend),* Brühe *(salopp abwertend).*

Droge, Rauschgift, Suchtmittel, Betäubungsmittel, Stoff *(Jargon).*

drollig, possierlich, putzig, spaßig, lustig, komisch, ulkig.

Drolligkeit, Komik, Lächerlichkeit, Lachhaftigkeit, Drolerie.

drüben, jenseits, auf der anderen Seite, gegenüber.

drückend, schwül, feuchtwarm, tropisch, föhnig.

Dschungel, Urwald, Regenwald, Monsunwald.

[1]**Duckmäuser** *(abwertend),* Feigling, Angsthase *(ugs.),* Hasenfuß, Hasenherz, Memme *(veraltend abwertend),* Waschlappen *(ugs. abwertend),* Schlappschwanz *(ugs. abwertend),* Hosenscheißer *(derb),* Trauminet *(österr. ugs.).*

[2]**Duckmäuser,** Mucker *(ugs.),* Heuchler, Pharisäer, Scheinheiliger.

duldsam, tolerant, verständnisvoll, einsichtig, aufgeschlossen, weitherzig, nachsichtig, großzügig, freizügig, großmütig, offen, liberal, vorurteilslos, vorurteilsfrei, human.

Duldung, Nachsicht, Milde, Einsehen, Langmut, Engelsgeduld, Indulgenz, Konnivenz, Laisser-faire, Laisser-aller, Gewährenlassen, Treibenlassen, Hinnahme.

dumm, unbedarft, unerfahren, strohdumm *(abwertend),* dumm wie Bohnenstroh *(abwertend),* unintelligent, unverständig, töricht, idiotisch *(abwertend),* dümmlich, dämlich *(salopp abwertend),* doof *(salopp abwertend),* dußlig *(salopp abwertend),* bescheuert *(salopp),* behämmert *(salopp),* damisch *(südd., österr. ugs.),* unterbelichtet *(salopp),* blödsinnig *(salopp),* blöde *(salopp abwertend),* blöd *(salopp abwertend),* saudumm *(derb abwertend),* saublöd *(derb abwertend),* tappert *(österr. abwertend),* tappich[t] *(landsch. abwertend).*

Dumpfheit, Stumpfheit, Stumpfsinn, Stumpfsinnigkeit, Abgestumpftheit, Abstumpfung, Lethargie, Trägheit.

dunkel, finster, halbdunkel, dämm[e]rig, zwielichtig, düster, trüb[e], schumm[e]rig, duster *(landsch. salopp),* zappenduster *(landsch. salopp),* stockdunkel, stockfinster.

dünkelhaft, eingebildet *(abwertend),* stolz, selbstbewußt, selbstsicher, selbstüberzeugt, selbstüberzogen *(ugs. abwertend),* wichtigtuerisch *(abwertend),* aufgeblasen *(abwertend),* selbstgefällig *(abwertend),* überheblich, hybrid, anmaßend, präpotent *(österr.),* arrogant, süffisant, hochmütig, hoffärtig, hochfahrend, blasiert *(abwertend),* herablassend, gnädig, snobistisch, spleenig, hochnäsig *(ugs.).*

dünn, schmal, mager, magersüchtig, hager, schlank wie eine Tanne, zaundürr *(bayr., österr.),* dürr, spindeldürr, knochig, spillerig.

Dunst, Dampf, Brodem, Wasen *(nordd.),* Wrasen *(niederd.),* Nebel, Waschküche, Brühe *(emotional),* Suppe *(emotional).*

dunstig, diesig, neblig, verhangen, trüb[e].

Duplikat, Abschrift, Zweitschrift, Doppel, Durchschlag, Durchschrift, Kopie, Ablichtung.

Durchblick, Scharfsichtigkeit, Hellsichtigkeit, Scharfsinn, Kombinationsgabe.

durchblicken lassen, hinweisen, anklingen / verlauten lassen, zu erkennen geben, [kund und] zu wissen tun, durch die Blume sagen, andeuten.

durchboxen (sich), sich durchsetzen / behaupten / durchkämpfen / durchbringen / *(ugs.)* durchschlagen / *(österr.)* durchfretten / durchs Leben schlagen, seinen Willen durchsetzen / durchdrükken / bekommen / haben, die Oberhand gewinnen / behalten.

durchbringen, verbrauchen, aufbrauchen, vertun, verwirtschaften, verbringen, verprassen, verplempern *(ugs.),* verläppern *(ugs.),* verjubeln *(ugs.),* verjuxen *(ugs.),* verpulvern *(ugs.),* das Geld auf den Kopf hauen / kloppen *(salopp),* das Geld zum Fenster hinauswerfen / *(salopp)* hinausschmeißen, verbumfiedeln *(salopp),* verklötern *(nordd. salopp).*

[1]**durchdacht,** ausgewogen, ausgereift, überlegt, wohlüberlegt, ausgearbeitet, ausgetüftelt *(ugs.),* ausgefeilt, ausgeknobelt *(ugs.),* durchgeknobelt *(ugs.).*

[2]**durchdacht,** überlegt, logisch, folgerichtig, schlüssig, konsequent.

durchdrehen *(ugs.),* aufgeregt / außer sich / aufgelöst / außer Fassung / *(ugs.)* ganz aus dem Häuschen / ein Nervenbündel sein, Herzklopfen / Lampenfieber haben, jmdm. schlägt das Herz bis zum Hals, den Kopf / die Nerven verlieren, seiner selbst / seiner Sinne nicht mehr *bzw.* kaum noch mächtig sein, kopflos sein, jmdm. gehen die Nerven durch, jmdm. brennen / gehen die Sicherungen durch *(salopp).*

Durcheinander, Gewirr, Wirrsal, Wirrnis, Chaos, Wirrwarr, Kuddelmuddel *(ugs.),* Tohuwabohu, Verwirrung, Konfusion.

durcheinanderbringen, irremachen, verwirren, beirren, irritieren, drausbringen *(österr.),* aus dem Konzept / aus der Fassung / aus dem Text bringen, in Verwirrung / Unruhe versetzen, verunsichern, unsicher / konfus / verwirrt machen, derangieren / konsternieren, in Zweifel stürzen.

durcheinanderwerfen, durcheinanderbringen, verquicken, verbinden, vermischen, vermengen, in einen Topf werfen *(ugs.).*

durchfallen, [die Prüfung] nicht bestehen, durchfliegen *(ugs.),* durchrasseln *(ugs.),* durchsausen *(ugs.),* durchplumpsen *(ugs.),* versagen.

durchführen, veranstalten, abhalten, ausrichten, aufziehen, durchziehen *(ugs.),* organisieren, inszenieren, arrangieren, halten, geben, unternehmen, machen.

durchgreifen, eingreifen, einschreiten, dazwischentreten, ein Machtwort sprechen, mit der Faust auf den Tisch schlagen / *(ugs.)* hauen, dazwischenfunken *(ugs.)*, sich einmischen / *(ugs.)* einmengen, sich mischen / *(ugs.)* mengen in, dreinreden, andere Maßnahmen ergreifen, andere Register ziehen, andere Saiten aufziehen, strenger werden / vorgehen, einen anderen Ton anschlagen, aufräumen *(ugs.)*, reinen Tisch / tabula rasa machen, Ordnung schaffen, [gewaltsam] aufräumen / Schluß machen mit etwas, zuschlagen, kurzen Prozeß machen, nicht lange fackeln *(ugs.)*, mit eisernem Besen [aus]kehren, einhaken *(ugs.)*.

durchgreifend, einschneidend, fühlbar, merklich, empfindlich, spürbar, nachhaltig, scharf, streng.

durchhalten, standhalten, aushalten, ausharren, nicht aufgeben / nachgeben / schlappmachen, die Ohren steifhalten *(ugs.)*, nicht wanken und nicht weichen, das Feld behaupten.

Durchhaltevermögen, Beharrlichkeit, Beharrung, Beharrungsvermögen, Entschiedenheit, Entschlossenheit, Festigkeit, Standhaftigkeit, Unbeugsamkeit, Unerschütterlichkeit, Zielstrebigkeit, Zielbewußtsein, Ausdauer, Geduld, Unermüdlichkeit, Unverdrossenheit, Stetigkeit, Zähigkeit, Stehvermögen, Konstanz, Konsequenz, Perseveranz.

durchkreuzen, hindern an, verhindern, unterbinden, verhüten, vereiteln, hintertreiben, verwehren, blockieren, abblocken, boykottieren, abwehren, abwenden, abbiegen *(ugs.)*, konterkarieren *(bildungsspr.)*, zu Fall bringen, zunichte machen, unmöglich machen, jmdm. in den Arm fallen / das Handwerk legen / einen Strich durch die Rechnung machen / *(ugs.)* die Tour vermasseln.

durchlaufen, absolvieren, erfolgreich beenden, abschließen, hinter sich bringen.

durchmachen, [am eigenen Leib] erfahren, erleiden, erdulden.

durchreisen, bereisen, befahren, besuchen, reisen durch, trampen durch, durchqueren, durchkreuzen, durchziehen, durchwandern, durchstreifen.

durchschaubar, transparent, durchsichtig, vordergründig, fadenscheinig *(abwertend)*, schwach.

Durchschlag, Abschrift, Zweitschrift, Duplikat, Doppel, Durchschrift, Kopie, Ablichtung.

durchschnittlich, mäßig, mittelmäßig, einigermaßen, dürftig, mittel *(ugs.)*, mittelprächtig *(ugs. scherzh.)*, so lala *(ugs. scherzh.)*, soso *(ugs.)*, mau *(ugs.)*, durchwachsen *(ugs.)*, halbwegs *(ugs.)*, nicht besonders / *(ugs.)* berühmt / *(ugs.)* aufregend / *(ugs.)* berauschend / *(ugs.)* doll / *(ugs.)* rosig.

Durchschnittsmensch, Alltagsmensch, Dutzendmensch, [Otto] Normalverbraucher, Durchschnittsbürger, der gemeine / kleine / einfache Mann, der Mann auf der Straße, der gewöhnliche Sterbliche, ein Mensch wie du und ich, Lieschen Müller.

[1]**durchsetzen** (sich), sich behaupten / durchkämpfen / *(ugs.)* durchboxen.

[2]**durchsetzen,** erwirken, durchdrücken, durchkriegen *(ugs.)*, erreichen, erzwingen, durchpauken *(ugs.)*, durchboxen *(ugs.)*, ertrotzen.

Durchsicht, Kontrolle, Prüfung, Nachprüfung, das Checken, Untersuchung, Untersuch *(schweiz.),* Überprüfung, Audit, Inspizierung, Inspektion, Revision.

durchsickern, durchdringen, herauskommen, aufkommen, ans Licht kommen, an die Öffentlichkeit dringen.

durchweg, generell, im allgemeinen, im großen [und] ganzen, mehr oder weniger, mehr oder minder, mehr-weniger *(österr.),* durchwegs *(österr.),* gemeinhin, weithin, weitgehend, durchgängig, fast immer, durch die Bank *(ugs.),* durchs Band [weg] *(schweiz.),* [für] gewöhnlich, gemeiniglich *(veraltet).*

dürftig, karg, kärglich, unergiebig, wenig, ärmlich, armselig, pop[e]lig *(ugs.),* plöt[e]rig *(ugs. landsch.),* spärlich, knapp, schmal, kümmerlich, beschränkt, bescheiden, frugal.

[1]**dürr,** spindeldürr, knochig, spillerig, mager, magersüchtig, hager, dünn, schmal.

[2]**dürr,** vertrocknet, ausgetrocknet, trocken, verdorrt, ausgedorrt.

Dürre, Trockenheit, Aridität.

duschen, erfrischen, brausen, unter die Brause / Dusche stellen, unter die Brause / Dusche treten *bzw.* gehen.

düster, dunkel, finster, halbdunkel, dämm[e]rig, zwielichtig, trüb[e], schumm[e]rig, duster *(landsch. salopp),* zappenduster *(landsch. salopp),* stockdunkel, stockfinster.

Dutzendmensch, Durchschnittsmensch, Alltagsmensch, [Otto] Normalverbraucher, Durchschnittsbürger, der gemeine / kleine / einfache Mann, der Mann auf der Straße, der gewöhnliche Sterbliche, ein Mensch wie du und ich, Lieschen Müller.

duzen, du sagen, mit jmdm. per du sein, mit jmdm. auf [dem] Duzfuß stehen *(ugs.),* mit jmdm. Brüderschaft getrunken haben, sich nicht mehr siezen.

E

ebenbürtig, geistesverwandt, wesensgleich, kongenial.

ebenfalls, desgleichen, auch, in gleichem Maße, in gleicher Weise, gleichermaßen, gleichfalls, genauso, ebenso, dito, selbst, sogar.

ebenmäßig, gleichmäßig, regelmäßig, symmetrisch, harmonisch.

echt, natürlich, ungekünstelt, rein, ursprünglich, genuin, originell, urwüchsig, urchig *(schweiz.),* unverfälscht, [wie] aus dem Leben gegriffen, typisch, waschecht, in Reinkultur *(ugs.).*

[1]eckig, kantig, scharfkantig, schartig, spitz.

[2]eckig, linkisch, ungelenk, ungelenkig, hölzern, ungewandt, unsportlich, steif, lahm, eingerostet *(scherzh.).*

edel, fein, kostbar, hochwertig, wertvoll, erlesen, exquisit.

edelmütig, selbstlos, uneigennützig, altruistisch, großherzig, aufopfernd, idealistisch.

effektiv, wirksam, wirkungsvoll, effizient.

effizient, wirksam, eindrucksvoll, wirkungsvoll, effektiv, probat.

[1]egal, einerlei, gleich, Jacke wie Hose *(salopp),* gehüpft wie gesprungen.

[2]egal, gleichviel, wie dem auch sei, wie auch immer, gleichwie, einerlei, gleichgültig.

egalisieren, nivellieren, gleichmachen, einebnen, planieren, ausgleichen, glätten.

Egoismus, Selbstsucht, Eigennutz, Egozentrik, Ichsucht, Ichbezogenheit.

egoistisch, selbstsüchtig, eigennützig, selbstisch, ichsüchtig, ichbezogen, egozentrisch.

ehedem, damals, früher, seinerzeit, in / zu der *bzw.* jener Zeit, in jenen Tagen, da, dazumal, einst, einstens, einmal, ehemals, einstmals, derzeit, vormals, vordem, weiland *(veraltet),* zu Olims Zeiten, Anno dazumal / *(ugs.)* dunnemals / *(ugs.)* Tobak, im Jahre / anno Schnee *(österr.),* vor Zeiten, vor alters.

Ehefrau, Frau, Gattin, Gemahlin, Ehepartner, Angetraute, Lebensgefährtin, Weggefährtin, Lebenskamerad, Lebenskameradin, Weib, Eheliebste, Ehegespons *(ugs.),* Ehegenossin, bessere / schönere Hälfte *(ugs.),* Hauszierde *(scherzh.),* Alte *(salopp),* Olle *(derb),* Drachen *(abwertend),* Xanthippe *(abwertend).*

Eheleute, Ehepaar, Paar, Mann und Frau, Vermählte, Verheiratete, Ehegespann.

ehemalig, gewesen, vergangen, vormalig, früher, letzt..., verflossen *(ugs.),* Alt... (z. B. Altbundeskanzler), Ex... (z. B. Expräsident).

Ehemann, Mann, Gatte, Gemahl, Ehepartner, Angetrauter, Lebensgefährte, Weggefährte, Lebenskamerad, Herr und Gebieter *(scherzh.),* Ehewirt *(veraltet),* Eheliebster, Ehegenosse, Ehegespons *(ugs.),* bessere Hälfte *(ugs.),* Göttergatte *(ugs.),* Gatterich *(ugs. scherzh.),* Alter *(salopp),* Oller *(derb),* Ehekrüppel *(abwertend),* Pantoffelheld *(abwertend),* Simandl *(österr. abwertend),* Tyrann *(abwertend),* Haustyrann *(abwertend).*

Ehepaar, Eheleute, Paar, Mann und Frau, Vermählte, Verheiratete, Ehegespann.

Ehepartner, Ehemann, Mann, Gatte, Gemahl, Angetrauter, Lebensgefährte, Weggefährte, Lebenskamerad, Herr und Gebieter *(scherzh.),* Ehewirt *(veraltet),* Eheliebster, Ehegenosse, Ehegespons *(ugs.),* bessere Hälfte *(ugs.),* Göttergatte *(ugs.),* Gatterich *(ugs. scherzh.),* Alter *(salopp),* Oller *(derb),* Ehekrüppel *(abwertend),* Pantoffelheld *(abwertend),* Simandl *(österr. abwertend),* Tyrann *(abwertend),* Haustyrann *(abwertend).*

Ehepartnerin, Ehefrau, Frau, Gattin, Gemahlin, Angetraute, Lebensgefährtin, Weggefährtin, Lebenskamerad, Lebenskameradin, Weib, Eheliebste, Ehegespons *(ugs.),* Ehegenossin, bessere / schönere Hälfte *(ugs.),* Hauszierde *(scherzh.),* Alte *(salopp),* Olle *(derb),* Drachen *(abwertend),* Xanthippe *(abwertend).*

ehestens, frühestens, ehest, nicht vor, nicht eher.

Ehrbarkeit, Rechtschaffenheit, Honorigkeit, Ehrsamkeit, Redlichkeit, Achtbarkeit *(veraltend).*

[1]**Ehre,** Lob, Preis, Ruhm, Ehrung, Belobigung, Belobung, Auszeichnung, Lobpreis, Lobpreisung.

[2]**Ehre,** Gunst, Gnade, Huld, Auszeichnung.

ehren, loben, beloben, belobigen, anerkennen, würdigen, preisen, verherrlichen, verklären, idealisieren, glorifizieren, laudieren *(veraltet),* beweihräuchern, rühmen, lobpreisen, feiern, auszeichnen, Lob erteilen / spenden / zollen, jmdn. mit Lob überhäufen, jmds. Loblied singen, ein Loblied anstimmen, jmds. Ruhm verbreiten, sich in Lobreden / Lobesworten ergehen, schwärmen von, in den höchsten Tönen von jmdm. / von etwas reden, auf den Schild erheben, jmdm. etwas nachrühmen, des Lobes voll sein über, jmdn. über den Schellenkönig / grünen Klee loben, jmdn. in den Himmel heben, nicht schelten.

ehrlich, aufrichtig, vertrauenswürdig, zuverlässig, geradlinig, gerade, offen, offenherzig, freimütig, frank und frei, unverhüllt, unverhohlen, wahrhaftig, wahr, wahrhaft, ohne Falsch.

Eid, Schwur, Gelübde, Gelöbnis, eidesstattliche Versicherung.

Eifer, Fleiß, Emsigkeit, Strebsamkeit, Unermüdlichkeit, Rastlosigkeit, Arbeitsamkeit *(veraltend).*

eiförmig, oval, ellipsenförmig, länglichrund, eirund.

eifrig, fleißig, emsig, strebsam, unermüdlich, rastlos, nimmermüde, arbeitsam, arbeitswillig, tüchtig, tätig.

Eigenart, Wesen, Wesensart, Art, Gepräge, Natur, Naturell, Typ, Charakter, Temperament.

eigenartig, seltsam, sonderbar, verwunderlich, komisch, bizarr, befremdend, befremdlich, merkwürdig.

eigenhändig, selbst, höchstselbst, persönlich, höchstpersönlich, in persona, leibhaftig.

Eigennutz, Selbstsucht, Berechnung, Egozentrik, Egoismus, Ichsucht, Ichbezogenheit.

Eigenschaft, Merkmal, Attribut, Beschaffenheit, Kennzeichen, Charakteristikum, Besonderheit, Eigentümlichkeit.

Eigensinn, Eigensinnigkeit, Halsstarrigkeit, Starrsinn, Starrsinnigkeit, Rechthaberei, Unnachgiebigkeit, Intransigenz, Starrköpfigkeit, Dickschäd[e]ligkeit, Steifnackigkeit, Unbelehrbarkeit, Störrischkeit, Sturheit, Bockbeinigkeit *(ugs.)*, Bockigkeit *(ugs.)*, Kratzbürstigkeit, Aufsässigkeit, Aufmüpfigkeit, Unbotmäßigkeit, Trotz, Widersetzlichkeit, Widerspenstigkeit, Renitenz, Protesthaltung, Widerborstigkeit, Ungehorsam, Unlenksamkeit, Eigenwilligkeit, Verbohrtheit, Hartgesottenheit, Hartnäckigkeit, Verstocktheit, Uneinsichtigkeit, Dickköpfigkeit, Obstination.

eigensinnig, starrsinnig, starrköpfig, halsstarrig, dickköpfig, dickschäd[e]lig, unbelehrbar, obstinat, rechthaberisch, verbohrt.

Eigenständigkeit, Unabhängigkeit, Freiheit, Ungebundenheit, Selbstbestimmung, Selbständigkeit, Autarkie, Autonomie.

[1]**eigentlich,** ursprünglich, von Haus aus, primär, originär, original.

[2]**eigentlich,** gewissermaßen, an und für sich, sozusagen, so gut wie, quasi.

Eigentum, Besitz, Besitztum, Vermögen, Habe, Habseligkeiten, [Hab und] Gut, Geld und Gut, Haus und Hof, irdische Güter.

Eigentümer, Besitzer, Eigner, Inhaber.

[1]**Eile,** Geschwindigkeit, Schnelligkeit, Fixigkeit *(ugs.)*, Tempo, Rasanz *(ugs.)*.

[2]**Eile,** Hast, Hektik, Betriebsamkeit, Geschäftigkeit, Wirbel, Trubel.

[1]**eilen,** rennen, springen, laufen, spurten, sprinten, hasten, huschen, jagen, stieben, stürzen, rasen, sausen, fegen, pesen *(ugs.)*, wetzen *(ugs.)*, düsen *(ugs.)*, flitzen *(ugs.)*, spritzen *(ugs.)*, die Beine in die Hand / unter die Arme nehmen *(ugs.)*.

[2]**eilen,** eilig sein, Eile haben, pressieren *(ugs.)*, drängen, dringend sein, von großer Dringlichkeit sein, keinen Aufschub dulden.

einarbeiten, anlernen, anleiten, einweisen, einführen.

Einäscherung, Feuerbestattung, Verbrennung, Kremierung, Kremation.

einbehalten, zurückhalten, behalten, nicht zurückgeben, nicht herausgeben / *(salopp)* herausrücken.

Einbildung, Überheblichkeit, Arroganz, Hochmut, Dünkel, Eingebildetheit, Aufgeblasenheit *(abwertend)*, Blasiertheit *(abwertend)*, Anmaßung, Vermessenheit, Präpotenz *(österr.)*.

einbürgern (sich), üblich / zur Gewohnheit werden, in Fleisch und Blut übergehen, zur zweiten Natur werden, Sitte werden.

Einbuße, Verlust, Ausfall, Minus, Flaute.

eindeutig, klar, genau, exakt, präzis[e], prägnant, unmißverständlich, unzweideutig, deutlich, glasklar, sonnenklar, klipp und klar *(ugs.)*.

eindringlich, nachdrücklich, mit sanfter Gewalt, inständig, mit ganzem Herzen, drastisch, ultimativ, demonstrativ, ostentativ, betont, ausdrücklich, deutlich, unmißverständlich, gewichtig, emphatisch, mit Nachdruck / Emphase / Gewicht, mahnend, beschwörend, flehentlich, flehend.

Eindruck, Impression, Sinneseindruck, Empfindung, Wahrnehmung.

eindrucksvoll, außergewöhnlich, ungewöhnlich, ausgefallen, ungeläufig, außerordentlich, exzeptionell, extraordinär, groß, erstaunlich, überraschend, entwaffnend, umwerfend, bewundernswert, bewunderungswürdig, großartig, feudal, formidabel, ersten Ranges, brillant, kapital, stupend, hervorragend, überragend, himmelsstürmerisch, prometheisch, eminent, überwältigend, hinreißend, beeindruckend, unvergleichlich, ohnegleichen, sondergleichen, einzigartig, bedeutungsvoll, bedeutsam, erheblich, grandios, imponierend, imposant, phänomenal, beachtlich, enorm, sensationell, epochal, epochemachend, spektakulär, aufsehenerregend, auffallend, auffällig, frappant, verblüffend, fabelhaft, sagenhaft, märchenhaft, pyramidal *(ugs.)*.

einengend, hemmend, repressiv, Zwang ausübend, unfreiheitlich, autoritär.

[1]**einerlei,** egal, gleich, Jacke wie Hose *(salopp)*, gehüpft wie gesprungen.

[2]**einerlei,** gleichviel, wie dem auch sei, wie auch immer, gleichwie, egal, gleichgültig.

einfach, leicht, mühelos, bequem, spielend, ohne Mühe, unschwer, mit Leichtigkeit / Bequemlichkeit, unproblematisch.

Einfachheit, Schlichtheit, Einfalt, Herzenseinfalt, Geradheit, Biederkeit, Biedersinn *(veraltend)*, Redlichkeit.

einfallslos, ideenlos, phantasielos, geistlos, unschöpferisch, unoriginell.

[1]**einfältig,** geistlos, beschränkt, borniert, engstirnig, vernagelt *(ugs.)*, stupid[e], [geistig] zurückgeblieben / *(iron.)* minderbemittelt.

[2]**einfältig,** arglos, ohne Arg / Argwohn / Falsch, harmlos, leichtgläubig, treuherzig, naiv, blauäugig.

Einfaltspinsel, Narr, Tor, Tölpel, Trampel, Bauer, Kindskopf, Tropf, Gimpel, Olvel *(landsch.)*, Simpel, Tolpatsch.

einflußreich, mächtig, machtvoll, übermächtig, allmächtig, stark, einflußreich, hochmögend *(veraltet)*.

einflüstern, beeinflussen, Einfluß nehmen auf, Einfluß haben / gewinnen, einwirken / *(ugs.)* abfärben auf, einflößen, eingeben, infizieren, anstecken, insinuieren, suggerieren, hinlenken auf.

einfrieren, tiefgefrieren, tiefkühlen, gefrieren, eingefrieren, frosten, einfrosten.

Eingabe, Gesuch, Antrag, Anfrage, Botschaft *(schweiz.)*, Anzug *(schweiz.)*, Ansuchen *(österr.)*, Petition, Bittschrift, Bittgesuch, Bittschreiben, Bittadresse, Supplik, Bettelbrief *(abwertend)*.

eingebildet, dünkelhaft, stolz, selbstbewußt, selbstsicher, selbstüberzeugt, selbstüberzogen *(ugs. abwertend)*, wichtigtuerisch *(abwertend)*, aufgeblasen *(abwertend)*, selbstgefällig *(abwertend)*, überheblich, hybrid, anmaßend, präpotent *(österr.)*, arrogant, süffisant, hochmütig, hoffärtig, hochfahrend, blasiert *(abwertend)*, herablassend, gnädig, snobistisch, spleenig, hochnäsig *(ugs.)*.

eingeengt, eingezwängt, beengt, bedrängt, eingekeilt, eingeklemmt.

eingefleischt, überzeugt, unbekehrbar, unverbesserlich, unbelehrbar, hoffnungslos, vollkommen, ausgemacht.

eingehen, verenden, krepieren, verrecken, sterben.

eingehend, ausführlich, in extenso, breit, langatmig *(abwertend)*, weitschweifig, prolix, umständlich, weitläufig, wortreich, lang und breit *(ugs. abwertend)*, des langen und breiten *(ugs. abwertend)*, langstielig *(ugs. abwertend)*.

eingeklemmt, eingekeilt, eingezwängt, eingeengt, beengt, bedrängt.

eingesessen, einheimisch, ansässig, ortsansässig, heimisch, beheimatet, zu Hause, alteingesessen, eingeboren, wohnhaft, niedergelassen, heimatberechtigt, heimatgenössisch *(schweiz.)*, eingebürgert, verbürgert *(schweiz.)*, zuständig nach *(österr.)*.

eingestehen, gestehen, bekennen, Farbe bekennen *(ugs.)*, sein Gewissen erleichtern, einbekennen *(österr.)*, mit der Sprache herausrücken *(ugs.)*, auspacken *(ugs.)*, singen *(salopp)*, einräumen, zugeben, beichten, eine Beichte ablegen, offenbaren, aussagen, eine Aussage machen, ein Geständnis ablegen / machen, jmdm. etwas entdecken / eröffnen, geständig sein, die Karten aufdecken / offen auf den Tisch legen, die Hosen runterlassen *(salopp)*.

eingreifen, durchgreifen, einschreiten, dazwischentreten, ein Machtwort sprechen, mit der Faust auf den Tisch schlagen / *(ugs.)* hauen, dazwischenfunken *(ugs.)*, sich einmischen / *(ugs.)* einmengen, sich mischen / *(ugs.)* mengen in, dreinreden, andere Maßnahmen ergreifen, andere Register ziehen, andere Saiten aufziehen, strenger werden / vorgehen, einen anderen Ton anschlagen, aufräumen *(ugs.)*, reinen Tisch / tabula rasa machen, Ordnung schaffen, [gewaltsam] aufräumen / Schluß machen mit etwas, zuschlagen, kurzen Prozeß machen, nicht lange fackeln *(ugs.)*, mit eisernem Besen [aus]kehren, einhaken *(ugs.)*.

einhalten, befolgen, beherzigen, beachten, sich [den Anordnungen] fügen / unterwerfen / beugen / unterordnen / *(schweiz.)* unterziehen, [den Anordnungen] Folge leisten.

einheimisch, ansässig, ortsansässig, heimisch, beheimatet, zu Hause, alteingesessen, eingesessen, eingeboren, wohnhaft, niedergelassen, heimatberechtigt, heimatgenössisch *(schweiz.)*, eingebürgert, verbürgert *(schweiz.)*, zuständig nach *(österr.)*.

einig, einträchtig, harmonisch, friedlich.

einige, etliche, ein paar, mehrere, diverse, eine Anzahl / Reihe.

einigen (sich), übereinkommen, sich abstimmen / besprechen / arrangieren / einig werden / *(ugs.)* zusammenraufen, verabreden, vereinbaren, aushandeln, stipulieren, ausmachen, absprechen, abmachen, zurechtkommen (mit), klarkommen *(salopp)*, sich verständigen / vergleichen, handelseinig werden, eine Vereinbarung / Übereinkunft / ein Übereinkommen treffen, verkommen *(schweiz.)*, einen Kompromiß schließen, eine Einigung erzielen.

einkaufen, einholen *(ugs.)*, posten *(schweiz.)*, einen Kauf tätigen, Besorgungen / Einkäufe machen, Shopping machen.

Einkaufszentrum, Geschäftsviertel, Shopping-Center, Shopping-Mall, Ladenzentrum, Geschäftszentrum, Hauptgeschäftsstraße, Geschäftsstraße, Ladenstraße, Einkaufspassage.

Einkommen, Einkünfte, Bezüge, Einnahmen, Honorar, Erträge, Rente, Pension, Revenuen, Rendite, Apanage, Jahrgeld.

einladen, laden, beladen, volladen, befrachten, bepacken, aufpacken, vollpacken, aufladen, aufsacken, aufbürden, auflasten, verladen, verschiffen, einschiffen, aufhalsen *(ugs.)*.

einleiten, anbahnen, vorbereiten, in die Wege leiten, Beziehungen / Verbindungen anknüpfen, Fühlung nehmen, Kontakt aufnehmen.

einlenken, nachgeben, Zugeständnisse machen, jmdm. [auf halbem Wege] entgegenkommen, auf jmds. Forderungen / Wünsche eingehen, zurückstecken, willfahren, erhören, einen Rückzieher machen, den Rückzug antreten, sich erweichen lassen, weich / schwach werden.

einleuchtend, einsichtig, begreiflich, verständlich, nachvollziehbar, erklärlich, plausibel, einsehbar.

Einmarsch, Invasion, Eindringen, Einfall.

Einmütigkeit, Übereinstimmung, Eintracht, Brüderlichkeit, Harmonie, Gleichklang, Gleichtakt, Einigkeit, Einstimmigkeit, Frieden.

[1]**einnehmen,** erobern, stürmen, nehmen, erstürmen, kapern.

[2]**einnehmen,** kassieren, abkassieren, einkassieren, vereinnahmen, einstecken, einheimsen, einsammeln, eintreiben, einstreichen *(ugs.)*, einziehen, heben *(landsch.)*, einheben *(südd., österr.)*, erheben.

[3]**einnehmen,** verdienen, bekommen, erhalten, kriegen *(ugs.)*, beziehen, bezahlt bekommen, einstreichen *(ugs.)*, kassieren *(ugs.)*.

einnicken, einschlafen, in Schlaf sinken / fallen, einschlummern *(geh.)*, entschlummern *(geh.)*, vom Schlaf übermannt werden, eindösen, einpennen *(ugs.)*, einduseln *(ugs.)*.

einprägsam, anschaulich, eidetisch, bildhaft, ikonisch, sinnfällig, deutlich, verständlich, sprechend, lebendig, wirklichkeitsnah, bilderreich, farbig, drastisch, plastisch, demonstrativ, veranschaulichend, illustrativ, praxisnah, nicht theorielastig, nicht praxisfern.

einrichten, gründen, begründen, konstituieren, etablieren, errichten, instituieren, stiften, ins Leben rufen, aus der Taufe heben, [neu] schaffen.

Einrichtung, Institution, Organisation, Anstalt.

einsam, verlassen, mutterseelenallein, vereinsamt, allein [auf weiter Flur], ohne Gesellschaft, ohne Freunde, solo.

Einsatz, Verwendung, Anwendung, Gebrauch.

[1]**einschalten,** anstellen, einstellen, anschalten, andrehen *(ugs.)*, anmachen, anknipsen *(ugs.)*.

[2]**einschalten** (sich), intervenieren, dazwischentreten, vermitteln, verhandeln, taktieren, sich ins Mittel legen, ein Wort einlegen für, sich verwenden für.

einschätzen, beurteilen, ein Urteil fällen / abgeben, urteilen / denken über, werten, bewerten, begutachten, abschätzen, würdigen, etwas von jmdm. / etwas halten, halten / ansehen / erachten für, stehen zu, eine bestimmte Einstellung haben zu, charakterisieren, beleuchten, durchleuchten, betrachten / empfinden / auffassen / nehmen / verstehen als, etwas in jmdm. *bzw.* in etwas sehen / erblicken, aufs falsche / richtige Pferd setzen *(ugs.)*, jurieren, mit zweierlei Maß messen, parteiisch / nicht unparteiisch sein.

einschlafen, in Schlaf sinken / fallen, einschlummern *(geh.)*, entschlummern *(geh.)*, vom Schlaf übermannt werden, einnicken, eindösen, einpennen *(ugs.)*, einduseln *(ugs.)*.

einschließlich, inklusive, einbegriffen, inbegriffen, mit *(bayr.),* bis und mit *(schweiz.).*

einschlummern *(geh.),* einschlafen, in Schlaf sinken / fallen, entschlummern *(geh.),* im Schlaf übermannt werden, einnicken, eindösen, einpennen *(ugs.),* einduseln *(ugs.).*

einschneidend, fühlbar, merklich, empfindlich, spürbar, nachhaltig, durchgreifend, scharf, streng.

einschränken, eingrenzen, begrenzen, abgrenzen, beschränken.

einschreiten, eingreifen, durchgreifen, dazwischentreten, ein Machtwort sprechen, mit der Faust auf den Tisch schlagen / *(ugs.)* hauen, dazwischenfunken *(ugs.),* sich einmischen / *(ugs.)* einmengen, sich mischen / *(ugs.)* mengen in, dreinreden, andere Maßnahmen ergreifen, andere Register ziehen, andere Saiten aufziehen, strenger werden / vorgehen, einen anderen Ton anschlagen, aufräumen *(ugs.),* reinen Tisch / tabula rasa machen, Ordnung schaffen, [gewaltsam] aufräumen / Schluß machen mit etwas, zuschlagen, kurzen Prozeß machen, nicht lange fackeln *(ugs.),* mit eisernem Besen [aus]kehren.

einseitig, parteiisch, parteilich, parteigebunden, voreingenommen, vorbelastet, befangen, subjektiv, einäugig, blind gegenüber einer Sache, unsachlich, ungerecht, nicht unparteiisch.

einsichtig, tolerant, duldsam, verständnisvoll, aufgeschlossen, weitherzig, nachsichtig, großzügig, freizügig, großmütig, offen, liberal, vorurteilslos, vorurteilsfrei, human.

Einsiedler, Eremit, Klausner, Anachoret.

einsilbig, wortkarg, schweigsam, lakonisch, mundfaul *(ugs.),* maulfaul *(ugs.),* nicht mitteilsam.

einsitzen, eine Strafe verbüßen, gefangensitzen, im Gefängnis / in Haft / im Zuchthaus / hinter schwedischen Gardinen / hinter Schloß und Riegel / hinter Gittern / auf Nummer Sicher sitzen, im Kerker liegen, brummen *(ugs.),* [bei Wasser und Brot] sitzen *(ugs.),* seine Zeit / Strafe absitzen *(ugs.),* abbrummen *(ugs.),* abreißen *(salopp),* Arrest / Knast schieben *(salopp),* Tüten drehen / kleben *(ugs.),* gesiebte Luft atmen *(ugs. scherzh.).*

einsperren *(ugs.),* festsetzen, gefangennehmen, gefangensetzen *(veraltend),* einkerkern *(geh.),* in Gewahrsam nehmen, ins Gefängnis / in den Kerker werfen *(geh.),* hinter Schloß und Riegel bringen *(ugs.),* einlochen *(ugs.),* einbuchten *(ugs.),* einbunkern *(ugs.),* ins Loch stecken *(ugs.).*

einspringen (für), vertreten, eintreten / in die Bresche springen für, aushelfen, Vertretung machen, die Vertretung übernehmen.

Einspruch, Einsprache, Widerspruch, Beschwerde, Protest, Veto, Demarche, Klage, Reklamation, Rekurs, Berufung.

einst, damals, früher, seinerzeit, in / zu der *bzw.* jener Zeit, in jenen Tagen, da, dazumal, einstens, einmal, ehemals, einstmals, derzeit, vormals, vordem, ehedem, weiland *(veraltet),* zu Olims Zeiten, Anno dazumal / *(ugs.)* dunnemals / *(ugs.)* Tobak, im Jahre / anno Schnee *(österr.),* vor Zeiten, vor alters.

einstecken, einwerfen, zur Post bringen, zum Briefkasten tragen, in den Briefkasten werfen.

einstehen (für), verantworten, die

Verantwortung tragen / übernehmen / haben, auf seine Kappe nehmen, stehen zu, geradestehen für, den Buckel hinhalten für *(ugs.),* die Suppe auslöffeln, verantwortlich zeichnen für, sich verantwortlich fühlen für.

[1]**einstellen,** anstellen, beschäftigen, in Lohn und Brot nehmen, engagieren, verpflichten, heuern, anheuern, berufen.

[2]**einstellen,** beenden, beendigen, abbrechen, aufgeben, aufstecken, aussteigen *(ugs.),* begraben *(ugs.),* es dabei bewenden lassen, Feierabend / Schluß / ein Ende machen, aufhören, ein Ende setzen, ad acta legen, einen Strich *bzw.* Schlußstrich unter etwas ziehen / machen, einen Punkt machen, abschließen, zum Abschluß / unter Dach und Fach / *(ugs.)* über die Bühne bringen, schließen, beschließen, mit etwas zu Ende sein / gehen, das Handtuch werfen.

Einstellung, Denkweise, Denkart, Denkungsart, Denkungsweise, Mentalität, Gesinnung, Weltanschauung, Lebensanschauung, Ideologie, Sinnesart.

einstmals, damals, früher, seinerzeit, in / zu der *bzw.* jener Zeit, in jenen Tagen, da, dazumal, einst, einstens, einmal, ehemals, derzeit, vormals, vordem, ehedem, weiland *(veraltet),* zu Olims Zeiten, Anno dazumal / *(ugs.)* dunnemals / *(ugs.)* Tobak, im Jahre / anno Schnee *(österr.),* vor Zeiten, vor alters.

einstürzen, zusammenstürzen, zusammenfallen, einfallen.

eintauschen, tauschen, einen Tausch / ein Tauschgeschäft machen.

einteilen, rationieren, dosieren.

Eintracht, Brüderlichkeit, Harmonie, Gleichklang, Gleichtakt, Einigkeit, Einmütigkeit, Einstimmigkeit, Frieden.

einträchtig, harmonisch, einig, friedlich.

einträglich, gewinnbringend, rentabel, lukrativ, lohnend.

[1]**eintreffen,** kommen, anrücken, aufrücken *(schweiz.),* im Anzug sein, anmarschieren, [auf der Bildfläche] erscheinen, sich einfinden / einstellen, antanzen, ankommen, anlangen, aufkreuzen *(salopp),* hereinschneien *(ugs.),* hereingeschneit kommen *(ugs.),* eintrudeln *(salopp),* einlaufen *(salopp),* einrücken, einziehen.

[2]**eintreffen,** wahr werden, in Erfüllung gehen, sich verwirklichen, sich erfüllen, sich realisieren, kommen, eintreten.

eintreiben, einkassieren, jmdn. zur Kasse bitten *(ugs.),* einziehen, heben *(landsch.),* einheben *(südd., österr.),* erheben, beitreiben, betreiben *(schweiz.).*

[1]**eintreten,** geschehen, erfolgen, stattfinden, vonstatten gehen, verlaufen, über die Bühne gehen *(ugs.),* vor sich gehen, sich ereignen / zutragen / begeben / abspielen, zustande kommen, vorfallen, vorgehen, passieren, zugange sein *(landsch.),* gehen *(schweiz.),* geben.

[2]**eintreten,** beitreten, Mitglied werden, die Mitgliedschaft erwerben, sich anschließen.

eintrocknen, antrocknen, verkleben, verkrusten, verschorfen.

einverstanden, ja, jawohl, gewiß, sicher, freilich, richtig, doch, natürlich, selbstverständlich, selbstredend, sehr wohl, in der Tat, allemal, bestimmt, auf jeden Fall, gut, schön, versteht sich, [na] klar *(ugs.),* genehmigt *(ugs.),* gebongt *(ugs.),* in Ordnung, okay *(ugs.),* abgemacht, geritzt *(salopp),* roger *(ugs.).*

Einverständnis, Erlaubnis, Genehmigung, Einwilligung, Zustimmung, Ermächtigung, Lizenz, Plazet, Zusage.

Einwand, Bedenken, Vorbehalt, Zweifel, Skepsis.

einwenden, einwerfen, Einwände erheben / machen, replizieren, kontern, Kontra geben, entgegenhalten, dagegenhalten, zurückgeben, zurückschießen *(ugs.),* widersprechen, Widerspruch erheben, jmdm. in die Parade fahren, jmdm. über den Mund fahren *(ugs.),* aufbegehren, antworten.

einwerfen, einstecken, zur Post bringen, zum Briefkasten tragen, in den Briefkasten werfen.

einwirken (auf), beeinflussen, Einfluß nehmen auf, Einfluß haben / gewinnen, abfärben auf *(ugs.),* einflüstern, einflößen, eingeben, infizieren, anstecken, insinuieren, suggerieren, hinlenken auf, jmdm. etwas in den Mund legen.

Einwohner, Bewohner, Bürger.

Einzelstück, Unikat, Einzelexemplar.

einzigartig, außergewöhnlich, ungewöhnlich, ausgefallen, ungeläufig, außerordentlich, exzeptionell, extraordinär, groß, erstaunlich, überraschend, entwaffnend, umwerfend, bewundernswert, bewunderungswürdig, großartig, feudal, formidabel, ersten Ranges, brillant, kapital, stupend, hervorragend, überragend, himmelsstürmerisch, prometheisch, eminent, überwältigend, hinreißend, eindrucksvoll, unschätzbar, beeindruckend, beträchtlich, erklecklich, stattlich, ansehnlich, nennenswert, bedeutend, unvergleichlich, ohnegleichen, sondergleichen, ungleich + Komparativ (ungleich [besser]), bedeutungsvoll, bedeutsam, erheblich, grandios, imponierend, imposant, phänomenal, beachtlich, enorm, sensationell, epochal, epochemachend, spektakulär, aufsehenerregend, auffallend, auffällig, flippig, abenteuerlich, frappant, verblüffend, fabelhaft, sagenhaft, märchenhaft, pyramidal *(ugs.).*

eisig, kalt, frisch, winterlich, frostklar, frostklirrend, froststarr, frostig, eiskalt.

Eitelkeit, Gefallsucht, Putzsucht, Koketterie.

Ekel, Abscheu, Widerwillen, Aversion, Degout.

ekelerregend, ekelhaft, widerlich, eklig, unappetitlich, degoutant.

eklatant, offensichtlich, augenfällig, deutlich, sichtlich, sichtbar, offenkundig.

Elan, Schwung, Lebhaftigkeit, Temperament, Feuer, Verve *(geh.),* Pep *(ugs.),* Biß *(ugs.),* Pfiff *(ugs.).*

Eldorado, Dorado, Tummelplatz, Spielwiese, Paradies, Traumland, Wunschland.

elend, erbärmlich, jämmerlich, bedauernswert, bedauernswürdig, bedauerlich, kläglich, deplorabel, jammervoll, beklagenswürdig, bemitleidenswürdig, herzzerreißend, beklagenswert, bejammernswert, mitleiderregend, bemitleidenswert.

elitär, auserwählt, erwählt, berufen, ausersehen, auserlesen, auserkoren.

Eloquenz *(geh.),* Redegabe, Redegewandtheit, Wortgewandtheit, Redegewalt, Sprachgewalt, Beredsamkeit.

Eltern, Vater und Mutter, die Alten *(ugs.),* die alten Herrschaften.

Emanzipation, Feminismus, Frauenbewegung, Frauenrecht.

emanzipieren (sich), sich loslösen / lösen / losmachen von, sich freischwimmen, sich befreien von, loskommen von, sich abnabeln, die Nabelschnur durchschneiden / durchtrennen, selbständig / unabhängig werden.

emanzipiert, selbständig, frei, unabhängig, ungebunden, eigenständig, eigenlebig *(schweiz.).*

emigrieren, auswandern, ins Ausland / in die Fremde gehen.

emotional, gefühlsbetont, emotionell, affektiv, expressiv, irrational.

Empfängnis, Konzeption, Befruchtung, Besamung, Insemination, Fekundation, Fertilisation, Imprägnation, Zeugung, Begattung, Schwängerung.

Empfangshalle, Foyer, Wandelhalle, Lobby, Wandelgang, Halle, Vestibül, Lounge, Vorhalle, Vorraum, Empfangsraum.

empfehlen, anempfehlen, vorschlagen, einen Vorschlag machen, anregen, eine Anregung geben, anraten, raten, einen Rat geben / erteilen, jmdm. nahelegen / ans Herz legen.

Empfehlung, Vorschlag, Rat, Ratschlag, Tip *(ugs.),* Hinweis.

empfinden, spüren, verspüren, fühlen, merken, wahrnehmen, gewahr werden, ergriffen werden.

[1]**empfindlich,** empfindsam, dünnhäutig, überempfindlich, zartbesaitet, feinbesaitet, verletzbar, verletzlich, sensibel, allergisch, sensitiv, mimosenhaft.

[2]**empfindlich,** einschneidend, fühlbar, merklich, hart, spürbar, nachhaltig.

Empfindung, Gefühl, Empfinden, Feeling, Spürsinn, Flair, Instinkt, Organ, Gespür, Witterung, Riecher *(salopp).*

Empfindungslosigkeit, Gefühlskälte, Kälte, Gefühllosigkeit, Fühllosigkeit, Herzlosigkeit, Mitleidlosigkeit, Herzensverhärtung, Kaltherzigkeit, Lieblosigkeit, Härte, Frigidität.

empor *(geh.),* aufwärts, auf, hoch, herauf, hinauf, nach oben, bergan, stromauf, talauf, bergauf, bergwärts, stromaufwärts, flußaufwärts.

Emporkömmling, Parvenü, Aufsteiger, Seiteneinsteiger, Senkrechtstarter, Neureicher, Selfmademan, Erfolgsmensch, Karrieremensch, Karrieremacher, Karrierist.

empören (sich), aufbegehren, sich auflehnen / aufbäumen / erheben / widersetzen / sträuben / wehren / zur Wehr setzen, auftrumpfen, Sperenzchen / Mätzchen machen *(ugs.),* einen Tanz aufführen *(ugs.),* sich mit Händen und Füßen wehren / sträuben *(ugs.),* jmdm. die Stirn bieten / die Zähne zeigen, protestieren, opponieren, Protest erheben / einlegen, revoltieren, rebellieren, meutern, Krach schlagen *(ugs.),* eine [dicke] Lippe riskieren *(ugs.),* auf die Barrikaden steigen / gehen, Sturm laufen gegen, wider / gegen den Stachel löcken, Widerpart bieten, in Aufruhr geraten, trotzen, mukken, murren aufmucken, aufmucksen, sich auf die Hinterbeine stellen, sich etwas nicht gefallen lassen.

empört, ärgerlich, böse, aufgebracht, verärgert, entrüstet, peinlich / unangenehm berührt, unwillig, ungehalten, unwirsch, fünsch *(niederd.),* indigniert, erbost, erzürnt, erbittert, zornig, fuchtig, wütend, rabiat, wutentbrannt, wutschäumend, wutschnaubend, fuchsteufelswild, grimmig, zähneknirschend, ingrimmig, tücksch *(ugs. landsch.).*

emsig, fleißig, eifrig, strebsam, unermüdlich, rastlos, nimmermüde, arbeitsam, arbeitswillig, tüchtig, tätig.

Emsigkeit, Fleiß, Eifer, Strebsamkeit, Unermüdlichkeit, Rastlosigkeit, Arbeitsamkeit *(veraltend).*

Ende, Ausgang, Schlußpunkt, Schluß, Abschluß, Beschluß *(veraltend),* Rüste *(dichter.),* Neige *(dichter.),* Ausklang, Beendigung, Finale.

enden, endigen, ausgehen, auf etwas hinauslaufen, herauskommen *(schweiz.),* ein Ende / Ergebnis haben, zu einem Ende / Ergebnis kommen, zu Ende sein / gehen, aufhören, zum Erliegen kommen.

endgültig, unabänderlich, definitiv, ein für allemal, unwiderruflich, unumstößlich.

endlich, vergänglich, sterblich, zeitlich, Schall und Rauch.

endlos, unendlich, ohne Ende, unbegrenzt, grenzenlos, unbeschränkt, unermeßlich, unzählbar.

Endstation, Ziel, Zielort, Endziel, Bestimmungsort.

Energie, Tatkraft, Willenskraft, Spannkraft, Leistungsfähigkeit, Dynamik, Schwung.

Energielosigkeit, Antriebsschwäche, Anergie, Willensschwäche, Willenslähmung, Willenlosigkeit.

[1]**energisch,** entschieden, bestimmt, scharf, rigoros, strikt, streng, drastisch, massiv, nachdrücklich, mit Nachdruck.

[2]**energisch,** resolut, zupackend, tatkräftig, willensstark, forsch.

Engel, Seraph, Cherub, Himmelsbote, Bote Gottes, himmlische Heerscharen.

engstirnig, beschränkt, einfältig, borniert, vernagelt *(ugs.),* stupid[e], kurzsichtig, verblendet, mit Scheuklappen.

enkodieren, chiffrieren, verschlüsseln, kodieren, in Geheimschrift / Geheimsprache abfassen.

enorm, gewaltig, mächtig, ungeheuer, kolossalisch, kolossal, titanisch, monströs, voluminös, exorbitant, schwerwiegend, schwergründig *(schweiz.),* gigantisch, monumental, groß, massiv, schwer, stark.

entbehrlich, überflüssig, unnötig, unnütz, nutzlos.

Entbindung, Geburt, Niederkunft, Partus *(Med.),* Parturitio *(Med.),* Accouchement *(Med.).*

[1]**entdecken,** finden, stoßen auf, antreffen, auffinden, vorfinden, treffen auf, aufspüren, ausfindig machen, auf die Spur kommen, ausmachen, herausfinden, aufstöbern, auftreiben.

[2]**entdecken,** erfinden, austüfteln, eine Erfindung machen, entwickeln.

entfachen, entzünden, zünden, anzünden, anstecken, anbrennen, anfachen, zum Brennen bringen.

entfalten (sich), entstehen, werden, sich entwickeln / bilden / entspinnen, aufkommen, erscheinen, sich zeigen, zum Vorschein kommen, hervorgerufen werden, auftauchen *(ugs.),* herauskommen, wie Pilze aus dem Boden / der Erde schießen, üblich werden, in Gebrauch kommen.

[1]**entfernen,** beseitigen, fortschaffen, wegschaffen, wegbringen, entsorgen, aus der Welt schaffen.

[2]**entfernen,** herausholen, holen aus, rausholen *(ugs.),* herausnehmen, nehmen aus, rausnehmen *(ugs.),* herausmachen, machen aus, rausmachen *(ugs.).*

entfernt, fern, weit weg *(ugs.),* fernab, in der Ferne.

Entfernung, Abstand, Distanz, Luftlinie, Zwischenraum.

entfremden (sich), sich auseinanderleben, sich fremd werden, sich nichts mehr zu sagen haben, sich auseinanderschweigen, nebeneinanderher leben.

entführen, verschleppen, kidnappen, deportieren.

Entführung, Kidnapping, Menschenraub, Kindesraub, Kindesentführung, Flugzeugentführung, Luftpiraterie.

entgegenkommend, verbindlich, freundlich, nett, zuvorkommend, liebenswürdig.

entgegentreten, ankämpfen gegen, bekämpfen, befehden, angehen / vorgehen gegen, Front machen, zu Felde ziehen gegen, begegnen, entgegenwirken, entgegenarbeiten, offene Türen einrennen, [gegen Windmühlen / Windmühlenflügel] kämpfen.

entgegnen, antworten, zur Antwort geben / bekommen, beantworten, Bescheid geben, erwidern, versetzen, zurückgeben, zurückschießen *(ugs.)*, eingehen auf, reagieren, dagegenhalten, widersprechen, Widerspruch erheben, aufbegehren, jmdm. in die Parade fahren, einwenden, einwerfen, entgegenhalten, Einwände erheben / machen, replizieren, nichts / keine Antwort schuldig bleiben, Rede und Antwort stehen, kontern, Kontra geben, jmdm. über den Mund fahren *(ugs.)*.

Entgegnung, Antwort, Erwiderung, Beantwortung, Gegenrede, Replik, Retourkutsche.

entgehen, entrinnen, entkommen, sich retten können, noch einmal Glück haben, [mit einem blauen Auge / mit heiler Haut] davonkommen.

entgleisen, sich danebenbenehmen / vorbeibenehmen, einen Fauxpas begehen, aus der Rolle fallen, sich im Ton vergreifen, sich benehmen wie die Axt im Walde *(ugs.)*.

enthaupten, köpfen, guillotinieren, jmdm. den Kopf abschlagen, jmdn. einen Kopf kürzer machen *(salopp)*, jmdm. die Rübe abhakken *(salopp)*.

entheiligen, entweihen, schänden.

enthüllen, aufdecken, bloßlegen, durchschauen, nachweisen, aufrollen, hinter etwas kommen, Licht in etwas bringen, etwas ans Licht bringen, entschleiern, den Schleier lüften, entlarven, dekuvrieren, demaskieren.

[1]**entkommen,** entrinnen, entgehen, sich retten können, noch einmal Glück haben, [mit einem blauen Auge / mit heiler Haut] davonkommen.

[2]**entkommen,** entwischen, auskommen *(südd., österr.)*, entschlüpfen, entgehen, entrinnen, das Weite gewinnen, jmdm. durch die Lappen gehen *(salopp)*, jmdm. durch die Finger schlüpfen *(ugs.)*.

entladen, abladen, ausladen, leeren, entleeren, leer machen, ausleeren, löschen.

entlarven (jmdn.), bloßstellen, demaskieren, jmdm. die Maske abreißen / vom Gesicht reißen, durchschauen, jmdm. auf die Schliche kommen *(ugs.)*.

entlassen, jmdm. kündigen, jmdn. fristlos entlassen, freisetzen, fortschicken, abservieren *(ugs.)*, jmdm. den Laufpaß geben, abhängen *(ugs.)*, abschieben *(ugs.)*, kaltstellen *(ugs.)*, jmdm. den Stuhl vor die Tür setzen, jmdn. auf die Straße setzen / werfen, davonjagen, schassen *(ugs.)*, ablösen, hinauswerfen *(ugs.)*, rauswerfen *(ugs.)*, hinausschmeißen *(ugs.)*, rausschmeißen *(salopp)*, hinauskatapultieren *(salopp)*, rauspfeffern *(salopp)*, feuern *(salopp)*, rausfeuern *(salopp)*, absetzen, entsetzen *(schweiz.)*, abhalftern *(salopp)*, absägen *(salopp)*, des Amtes entheben / entkleiden, suspendieren, einstellen *(schweiz.)*, stürzen, entthronen, entmachten, entfernen, abbauen, ausbooten *(ugs.)*, abschießen *(salopp)*, über die Klinge springen lassen *(ugs.)*, in die Wüste schicken, aufs Abstellgleis schieben *(ugs.)*, zum alten Eisen werfen *(ugs.)*.

entledigen (sich jmds. / einer Sache), sich befreien von, die Fesseln abstreifen, loskommen / freikommen von, loswerden, von sich tun / abtun, sich jmdn. / etwas vom Halse schaffen *(salopp)*, abschütteln.

[1]**entleeren,** leeren, ausleeren, leer machen, ausgießen, ausschütten, auskippen.

[2]**entleeren** (sich), defäkieren, Stuhlgang / Stuhl haben, koten, abführen, sich entleeren, groß machen *(ugs.)*, Aa machen *(Kinderspr.)*, abprotzen *(derb)*, kacken *(derb)*, einen Haufen machen *(derb)*, ein Ei legen *(vulgär)*, scheißen *vulgär)*.

entlegen, abgelegen, abgeschieden, einsam, jwd *(salopp)*, am Ende der Welt, wo sich Fuchs und Hase gute Nacht sagen *(scherzh.)*, am Arsch der Welt *(derb)*, in der Pampa *(ugs.)*.

entleiben (sich), Selbstmord *bzw.* Suizid begehen / verüben, sich das Leben nehmen, [freiwillig] aus dem Leben scheiden, seinem Leben ein Ende setzen, Schluß machen *(ugs.)*, sich umbringen, sich töten, sich ums Leben bringen, sich etwas / ein Leid antun, Hand an sich legen, den Freitod wählen, sich selbst richten, sich dem irdischen Richter entziehen.

entleihen, leihen, borgen, ausleihen, ausborgen, auf Borg nehmen *(ugs.)*, pumpen *(ugs.)*, erborgen, jmdn. anpumpen *(salopp)*, Schulden machen, sich in Schulden stürzen, Geld / einen Kredit / ein Darlehen aufnehmen, Verbindlichkeiten eingehen.

Entmannung, Kastration, Kastrierung, Verschneidung, Emaskulation, Sterilisation, Sterilisierung.

entmutigt, deprimiert, niedergeschlagen, gedrückt, niedergedrückt, down *(ugs.)*, resigniert, decouragiert, geknickt *(ugs.)*, mutlos, flügellahm *(ugs.)*, verzagt, kleinmütig, verzweifelt, gebrochen, niedergeschmettert *(ugs.)*.

entpuppen (sich), offenkundig / offenbar werden, ans Licht kommen, sich herausstellen / enthüllen / zeigen, zu werden versprechen, sich erweisen.

[1]**entrinnen** (einer Sache), entkommen, entgehen, sich retten können, noch einmal Glück haben, [mit einem blauen Auge / mit heiler Haut] davonkommen.

[2]**entrinnen,** entschlüpfen, entwischen, auskommen *(südd., österr.)*, entgehen, das Weite gewinnen, jmdm. durch die Lappen gehen *(salopp)*, jmdm. durch die Finger schlüpfen *(ugs.)*.

entrüstet, ärgerlich, böse, aufgebracht, verärgert, empört, peinlich / unangenehm berührt, unwillig, ungehalten, indigniert, erbost, erzürnt, erbittert, zornig, fuchtig, wütend, wutentbrannt, wutschäumend, wutschnaubend, fuchsteufelswild, grimmig, ingrimmig, tücksch *(ugs. landsch.)*.

entscheiden (sich), sich schlüssig werden, einen Entschluß / Beschluß fassen, zu einem Entschluß kommen, eine Entscheidung treffen / fällen, beschließen, sich etwas vornehmen, den Sprung wagen.

entscheidend, maßgebend, maßgeblich, bestimmend, beherrschend, autoritativ, tonangebend, richtungweisend, wegweisend, normativ, ausschlaggebend, federführend.

Entscheidung, Urteil, Votum, Entscheid, Wahl, Entschluß.

entschieden, bestimmt, energisch, scharf, drastisch, rigoros, strikt, massiv, kategorisch, unumstößlich, ausdrücklich, dezidiert, mit Nachdruck, nachdrücklich.

entschließen (sich), sich schlüssig werden / entscheiden, einen Entschluß / Beschluß fassen, zu einem Entschluß kommen, eine Entscheidung treffen / fällen, beschließen, sich etwas vornehmen, den Sprung wagen.

Entschließung, Entschluß, Beschluß, Resolution.

entschlüpfen, entkommen, entwischen, auskommen *(südd., österr.),* entgehen, entrinnen, das Weite gewinnen, jmdm. durch die Lappen gehen *(salopp),* jmdm. durch die Finger schlüpfen *(ugs.).*

entschlüsseln, dechiffrieren, aufschlüsseln, auflösen, entziffern, dekodieren.

[1]**entschuldigen,** verzeihen, vergeben *(geh.),* nachsehen, Nachsicht zeigen, Verzeihung gewähren *(geh.),* nicht nachtragen / übelnehmen, ein Auge zudrücken *(ugs.).*

[2]**entschuldigen,** lossprechen, rechtfertigen, exkulpieren, von einer Schuld befreien, freisprechen, Absolution erteilen *(kath.).*

entsenden, abordnen, delegieren, deputieren, schicken, beordern, abkommandieren, abstellen, senden.

entsetzlich, schrecklich, erschrekkend, bestürzend, beängstigend, katastrophal, furchterregend, horribel, furchteinflößend, schauderhaft, grauenerregend, furchtbar, fürchterlich, gräßlich.

entsinnen (sich), sich erinnern / besinnen / zurückerinnern, sich etwas ins Gedächtnis zurückrufen / rufen, jmds. / einer Sache gedenken, denken an, jmdm. einfallen, in den Sinn kommen, durch den Sinn gehen / fahren, noch klar vor Augen stehen, zehren von, zurückdenken, zurückblicken, zurückschauen, Rückschau halten.

entsprechen (sich / einander), übereinstimmen, sich decken, kongruieren, korrespondieren, sich / einander gleich sein, ähneln, ähnlich sein / sehen, sich / einander gleichen wie ein Ei dem anderen, [aufs Haar] gleichen.

[1]**entsprechend,** gleichwertig, wertentsprechend, angemessen, äquivalent, von gleichem / entsprechendem Wert, von gleicher Geltung.

[2]**entsprechend,** gemäß, laut, nach, zufolge.

[1]**Entsprechung,** Gleichartigkeit, Parallele, Ähnlichkeit, Vergleichbarkeit, Verwandtschaft, Verwandtsein, Analogie, Übereinstimmung.

[2]**Entsprechung,** Gegenstück, Pendant.

entstehen, werden, sich entfalten / entwickeln / bilden / entspinnen, aufkommen, erscheinen, sich zeigen, zum Vorschein kommen, hervorgerufen werden, auftauchen *(ugs.),* herauskommen, wie Pilze aus dem Boden / der Erde schießen, üblich werden, in Gebrauch kommen.

[1]**entstellen,** verunstalten, verschandeln *(ugs.),* verunzieren, verstümmeln, verhunzen *(ugs. abwertend).*

[2]**entstellen,** verfälschen, verzerren, verdrehen, auf den Kopf stellen,

umkehren, das Wort im Mund herumdrehen.

enttäuschen, frustrieren, verprellen, verärgern, verdrießen, vor den Kopf stoßen, unbefriedigt lassen.

entweihen, entheiligen, schänden.

entwerfen, konzipieren, projektieren, sich ausdenken, planen.

[1]**entwickeln** (sich), entstehen, werden, sich entfalten / bilden / entspinnen, aufkommen, erscheinen, sich zeigen, zum Vorschein kommen, hervorgerufen werden, auftauchen *(ugs.),* herauskommen, wie Pilze aus dem Boden / der Erde schießen, üblich werden, in Gebrauch kommen.

[2]**entwickeln,** entdecken, erfinden, eine Erfindung machen, austüfteln.

entwischen, entkommen, auskommen *(südd., österr.),* entschlüpfen, entgehen, entrinnen, das Weite gewinnen, jmdm. durch die Lappen gehen *(salopp),* jmdm. durch die Finger schlüpfen *(ugs.).*

Entwurf, Konzept, Plan, Exposé, Skizze.

Entzücken, Lust, Vergnügen, Ergötzen, Frohlocken *(geh.),* Freude, Fröhlichkeit, Frohsinn, Lebenslust, Lebensfreude, Daseinsfreude, Vergnügtheit, Lustigkeit, Spaß, Glück, Seligkeit, Glückseligkeit, Wonne, Wollust, Sinnestaumel, Verzückung, Orgasmus, Rausch, Ekstase.

entzückend, lieblich, reizend, herzig, goldig, süß, bezaubernd, allerliebst.

entzückt, begeistert, hingerissen, enthusiasmiert, trunken *(geh.),* hin *(ugs.),* weg *(ugs.).*

entzünden, entfachen, anzünden, anstecken, zünden, anbrennen, anfachen, zum Brennen bringen.

entzweibrechen, zerbrechen, brechen, bersten, platzen, zerplatzen, springen, zerspringen, splittern, zersplittern.

entzweien (sich), sich veruneinigen / verfeinden / überwerfen / verzanken / zerstreiten, uneins werden, sich verkrachen *(ugs.),* Streit kriegen / haben / bekommen.

entzweigehen, zerbrechen, kaputtgehen, in Stücke gehen, in die Brüche gehen, das Zeitliche segnen *(scherzh.).*

Epoche, Zeitraum, Zeitalter, Ära, Zeit, Zeitabschnitt, Periode, Zeitspanne.

erachten (für), beurteilen, ein Urteil fällen / abgeben, urteilen / denken über, werten, bewerten, begutachten, abschätzen, einschätzen, würdigen, etwas von jmdm. / etwas halten, halten / ansehen für, stehen zu, eine bestimmte Einstellung haben zu, charakterisieren, beleuchten, durchleuchten, betrachten / empfinden / auffassen / nehmen / verstehen als, etwas in jmdm. *bzw.* in etwas sehen / erblicken, aufs falsche / richtige Pferd setzen *(ugs.),* jurieren, mit zweierlei Maß messen, parteiisch / nicht unparteiisch sein.

erbärmlich, kläglich, jämmerlich, elend, bedauernswert, bedauernswürdig, bedauerlich, deplorabel, jammervoll, beklagenswürdig, bemitleidenswürdig, herzzerreißend, beklagenswert, bejammernswert, mitleiderregend, bemitleidenswert.

erbarmungslos, unbarmherzig, mitleid[s]los, schonungslos, gnadenlos, brutal, kaltblütig.

erbauen, bauen, errichten, aufbauen, erstellen, bebauen, hochziehen, aufführen, aufrichten.

Erbe, Erbteil, Erbschaft, Hinterlassenschaft, Nachlaß, Vermächtnis, Legat, ererbter Besitz, Verlassenschaft *(österr.),* Vergabung *(schweiz.).*

erbetteln, sich etwas geben lassen, etwas schnorren *(salopp),* jmdm. etwas abbetteln.

erbitten, bitten, sich ausbitten, ersuchen, ansuchen, nachsuchen, einkommen um, vorstellig werden, jmdm. anliegen [mit etwas], ansprechen um, flehen, erflehen, anflehen, winseln um *(abwertend),* anrufen, jmdn. bemühen, bestürmen, beschwören, betteln, angehen um *(ugs.),* sich wenden an, jmdm. mit etwas kommen, über jmdn. herfallen, anhauen *(salopp),* ankeilen *(salopp),* löchern *(salopp),* bohren *(ugs.),* drängen, bedrängen, jmdm. zusetzen, jmdm. auf der Seele knien *(ugs.).*

erborgen, leihen, borgen, ausleihen, ausborgen, auf Borg nehmen *(ugs.),* pumpen *(ugs.),* entleihen, erborgen, jmdn. anpumpen *(salopp),* Schulden machen, sich in Schulden stürzen, Geld / einen Kredit / ein Darlehen aufnehmen, Verbindlichkeiten eingehen.

erbosen, jmdn. ärgern, verärgern, aufbringen, hochbringen *(salopp),* reizen, wütend / rasend machen, in Harnisch / Wut bringen, ertäuben *(schweiz.),* jmdm. das Blut in Wallung bringen, Unfrieden stiften, böses Blut machen, jmdn. bis aufs Blut peinigen / quälen / reizen, auf die Palme bringen *(salopp),* zur Weißglut bringen, jmdm. die Freude verderben / die Lust nehmen, jmdn. erzürnen, empören, erbittern, verdrießen, kränken, verstimmen, verwunden, bekümmern, deprimieren, betrüben, fuchsen *(ugs.),* wurmen *(ugs.),* bedrücken, bedrängen, belästigen, jmdm. auf die Nerven / *(salopp)* auf den Wecker fallen *bzw.* gehen, jmdm. den letzten Nerv rauben / töten *(ugs.),* auf jmds. Nerven herumtrampeln, jmdm. zuviel werden.

erbost, ärgerlich, böse, aufgebracht, verärgert, entrüstet, empört, peinlich / unangenehm berührt, unwillig, ungehalten, unwirsch, fünsch *(niederd.),* indigniert, erzürnt, erbittert, zornig, fuchtig, wütend, rabiat, wutentbrannt, wutschäumend, wutschnaubend, fuchsteufelswild, zähneknirschend, grimmig, ingrimmig, tücksch *(ugs. landsch.).*

erbrechen, aufbrechen, knacken, aufsprengen, aufreißen, auffetzen, aufschlagen.

erbringen, ergeben, machen, ausmachen, eintragen.

Erbschaft, Erbteil, Erbe, Hinterlassenschaft, Nachlaß, Vermächtnis, Legat, ererbter Besitz, Verlassenschaft *(österr.),* Vergabung *(schweiz.).*

Erdball, Erdkugel, Globus, Erde, Weltkugel, Mutter Erde *(dichter.),* blauer Planet, Welt, Erdkreis *(dichter.).*

Erdbeben, Beben, Erdstoß.

[1]**Erde,** Krume, Boden, Erdreich, Grund.

[2]**Erde,** Erdball, Erdkugel, Globus, Weltkugel, Mutter Erde *(dichter.),* blauer Planet, Welt, Erdkreis *(dichter.).*

erdenken, sich etwas ausdenken, erfinden, konstruieren, ersinnen, erdichten, aussinnen, ausgrübeln, ergrübeln, ausklügeln, austüfteln, ertüfteln, ausknobeln *(ugs.),* ausixen *(ugs. landsch.),* ausbrüten *(ugs. abwertend),* aushecken *(salopp abwertend).*

Erdgeschoß, Parterre, Rez-de-chaussée *(veraltet).*

Erdreich, Erde, Krume, Grund, Boden.

erdreisten (sich), sich vermessen / erkühnen / erfrechen, die Dreistigkeit / Vermessenheit / Kühnheit / Stirn / Frechheit haben *bzw.* besitzen, so dreist / vermessen / kühn sein, sich etwas erlauben / anmaßen, sich nicht scheuen / *(abwertend)* entblöden, nicht zurückschrecken / haltmachen / zurückscheuen vor.

Erdteil, Kontinent, Subkontinent, Festland.

erdulden, ertragen, dulden, leiden, erleiden, auf sich nehmen, sich in etwas schicken / ergeben / finden / fügen, sein Kreuz tragen / auf sich nehmen, durchstehen, bestehen, aushalten, überstehen, tragen, hinnehmen.

ereignen (sich), geschehen, erfolgen, stattfinden, vonstatten gehen, verlaufen, über die Bühne gehen *(ugs.),* vor sich gehen, eintreten, sich zutragen / begeben / abspielen, zustande kommen, vorfallen, vorgehen, passieren, zugange sein *(landsch.),* gehen *(schweiz.),* geben.

Ereignis, Begebenheit, Begebnis, Geschehen, Geschehnis, Vorkommnis, Vorfall.

Eremit, Einsiedler, Klausner, Anachoret.

[1]**erfahren,** am eigenen Leib erfahren, erleiden, erdulden, durchmachen.

[2]**erfahren,** hören, jmdm. zu Ohren kommen, zugetragen bekommen / kriegen, Kenntnis von etwas bekommen / kriegen, Wind von etwas bekommen *(salopp),* aufschnappen *(ugs.),* vernehmen *(geh.).*

[3]**erfahren,** bewandert, versiert, beschlagen, sicher, firm, fest, sattelfest.

Erfahrung, Praxis, Know-how, Routine, Übung, Kenntnisse.

[1]**erfassen,** greifen, ergreifen, fassen, anfassen, zufassen, in die Hand nehmen.

[2]**erfassen** (jmdn.), jmdn. packen, befallen, überkommen, überfallen, überwältigen, erfüllen, übermannen.

[1]**erfinden,** sich etwas ausdenken, konstruieren, erdenken, ersinnen, erdichten, aussinnen, ausgrübeln, ergrübeln, ausklügeln, austüfteln, ertüfteln, ausknobeln *(ugs.),* ausixen *(ugs. landsch.),* ausbrüten *(ugs. abwertend),* aushecken *(salopp abwertend).*

[2]**erfinden,** eine Erfindung machen, entwickeln, austüfteln, entdecken.

Erfolg, Gelingen, Gedeihen, Bombenerfolg, Glück.

erfolgen, geschehen, stattfinden, vonstatten gehen, verlaufen, über die Bühne gehen *(ugs.),* vor sich gehen, eintreten, sich ereignen / zutragen / begeben / abspielen, zustande kommen, vorfallen, vorgehen, passieren, zugange sein *(landsch.),* gehen *(schweiz.),* geben.

erforderlich, nötig, geboten, unerläßlich, notwendig, lebensnotwendig, unentbehrlich, unmißbar *(schweiz.),* obligat, unumgänglich, unvermeidlich, unausbleiblich, unausweichlich, unabwendbar, zwingend.

erfordern, verlangen, voraussetzen, bedürfen, brauchen, kosten.

Erfordernis, zwingende Notwendigkeit, Zwang, Gebot, ein Muß, Unerläßlichkeit.

erfrechen (sich), sich erdreisten / vermessen / erkühnen, die Dreistigkeit / Vermessenheit / Kühnheit / Stirn / Frechheit haben *bzw.* besitzen, so dreist / vermessen / kühn sein, sich etwas erlauben / anmaßen, sich nicht scheuen / *(abwertend)* entblöden, nicht zurückschrecken / haltmachen / zurückscheuen vor.

[1]**erfreuen,** jmdm. Freude machen / bereiten, beglücken, glücklich machen, entzücken.

[2]**erfreuen** (sich), sich freuen / *(geh.)* ergötzen, Freude / Wohlgefallen haben, Freude empfinden, sich vergnügen, froh / fröhlich / glücklich / begeistert sein, jubeln, frohlocken *(geh.),* jmdm. hüpft das Herz vor Freude / lacht das Herz im Leibe *(geh.),* vor Freude [fast] an die Decke springen.

erfrieren, Frost abbekommen / *(ugs.)* abkriegen, auswintern, verfrieren.

erfrischen, erquicken, laben, beleben, belebend wirken, anregen.

erfunden, erdichtet, erdacht, ausgedacht, fingiert, erstunken und erlogen *(salopp),* erlogen, reine Fiktion / Phantasie.

ergänzen, vervollständigen, komplettieren, eine Lücke schließen, vervollkommnen, vollenden, auffüllen, hinzufügen, perfektionieren.

[1]**ergeben,** bilden, ausmachen, vorstellen, repräsentieren, darstellen, besagen, sagen, aussagen, ausdrücken, bedeuten, heißen, die Bedeutung haben.

[2]**ergeben,** erbringen, machen, ausmachen, eintragen.

[3]**ergeben** (sich), sich beugen / fügen / unterwerfen, unterliegen, sich unterordnen, kapitulieren, die weiße Fahne hissen, resignieren, aufgeben, die Waffen strekken.

[4]**ergeben,** treu, getreu *(geh.),* getreulich *(geh.),* treu und brav, treugesinnt, anhänglich, beständig, fest, loyal.

ergraut, grauhaarig, grau, greis, gries *(landsch. veraltend),* graumeliert, meliert, grauköpfig, mit grauen Schläfen.

[1]**ergreifen,** greifen, erfassen, fassen, anfassen, zufassen, in die Hand nehmen.

[2]**ergreifen,** erschüttern, packen, nahegehen, schocken, schockieren, jmdm. unter die Haut / an die Nieren gehen, jmdm. einen Schock versetzen.

[3]**ergreifen** (jmdn.), aufgreifen, jmds. habhaft werden, erwischen, [auf frischer Tat] ertappen, anpakken, packen, fassen, [beim Wikkel / am Schlafittchen / zu fassen] kriegen *(ugs.),* schnappen *(salopp),* ausheben, hochnehmen, hochgehen / auffliegen lassen *(ugs.),* hoppnehmen *(salopp).*

ergriffen, beeindruckt, bewegt, gerührt, erschüttert, aufgewühlt, überwältigt, betroffen, angerührt.

ergründen, erforschen, forschen, eruieren, hinterfragen, sondieren, explorieren *(bildungsspr.),* studieren.

[1]**erhalten,** bekommen, kriegen, empfangen, einer Sache teilhaftig werden.

[2]**erhalten,** konservieren, haltbar machen.

Erhaltung, Instandhaltung, Unterhaltung, Pflege, Wartung.

[1]**erhängen,** hängen, aufhängen, aufbaumeln *(salopp),* aufknüpfen *(ugs.).*

[2]**erhängen** (sich), sich aufhängen, sich aufknüpfen *(ugs.),* aufbaumeln *(salopp).*

erheben (sich), aufstehen, sich aufrichten, in die Höhe schnellen, aufspringen.

erheitern, aufheitern, aufmuntern, zerstreuen, ablenken, auf andere Gedanken bringen, Stimmung machen, Leben in die Bude bringen *(salopp).*

erhoffen, hoffen, erwarten, harren, die Hoffnung haben, sich in der Hoffnung wiegen, sich Hoffnungen machen.

erhöhen, steigern, heben, aufwerten, eskalieren.

erholen (sich), sich regenerieren, wieder zu Kräften kommen, auftanken *(ugs.)*, wieder auf die Beine kommen, sich kräftigen, wieder zu sich kommen.

Erholung, Atempause, Ruhepause, Verschnaufpause, Pause, Rast, Ruhe, Urlaub, Ferien.

[1]**erinnern** (sich), sich entsinnen / besinnen / zurückerinnern, sich etwas ins Gedächtnis zurückrufen / rufen, jmds. / einer Sache gedenken, denken an, jmdm. einfallen, in den Sinn kommen, durch den Sinn gehen / fahren, noch klar vor Augen stehen, zehren von, zurückdenken, zurückblicken, zurückschauen, Rückschau halten.

[2]**erinnern,** mahnen, ins Gedächtnis rufen, in Erinnerung bringen, jmds. Gedächtnis auffrischen.

[1]**Erinnerung,** Rückschau, Rückblende, Rückblick, Retrospektive.

[2]**Erinnerung,** Mahnung, Ermahnung, Anmahnung.

Erinnerungen, Lebenserinnerungen, Denkwürdigkeiten, Memoiren, Biographie, Autobiographie, Lebensgeschichte, Lebensbild, Lebensbeschreibung.

erkennen, identifizieren, diagnostizieren, durchschauen, sehen, erfassen, registrieren.

Erkennungszeichen, Merkmal, Schibboleth, Zeichen, Mal.

erklären, sich äußern, sprechen / reden über, von sich geben, sich verbreiten / ausbreiten / auslassen über, sich ergehen in / über, Stellung nehmen, seine Meinung kundtun, den Mund auftun, meinen, behaupten.

erklärlich, verständlich, einsehbar, nachvollziehbar, einsichtig, einleuchtend, begreiflich, plausibel.

erklingen, schallen, erschallen, hallen, tönen, ertönen, dröhnen, erdröhnen, klingen, gellen.

erkranken, krank werden, eine Krankheit bekommen, sich anstecken / infizieren / etwas zuziehen / *(ugs.)* etwas holen, etwas schnappen / aufschnappen / aufgabeln / fangen / ausbrüten *(ugs.)*.

erkühnen (sich), sich erdreisten / vermessen / erfrechen, die Dreistigkeit / Vermessenheit / Kühnheit / Stirn / Frechheit haben *bzw.* besitzen, so dreist / vermessen / kühn sein, sich etwas erlauben / anmaßen, sich nicht scheuen / *(abwertend)* entblöden, nicht zurückschrecken / haltmachen / zurückscheuen vor.

[1]**erkunden,** nachforschen, nachspüren, recherchieren, ermitteln, Ermittlungen / Nachforschungen anstellen, untersuchen, einer Sache auf den Grund gehen / nachgehen, feststellen, erheben *(südd., österr.)*, ausforschen *(österr.)*.

[2]**erkunden,** auskundschaften, erfragen, jmdn. ansprechen auf, ausspüren, aufspüren, ausspionieren, rekognoszieren, aufklären, ausschnüffeln *(ugs. abwertend)*, ausbaldowern *(salopp)*.

erkundigen (sich), anfragen, befragen, nachfragen, sich informieren / orientieren / unterrichten.

Erkundigung, Frage, Anfrage, Nachfrage, Rückfrage.

erlauben (sich etwas), sich erdreisten / vermessen / erkühnen / erfrechen, die Dreistigkeit / Vermessenheit / Kühnheit / Stirn / Frechheit haben *bzw.* besitzen, so dreist / vermessen / kühn sein, sich etwas anmaßen, sich nicht scheuen / *(abwertend)* entblöden, nicht zurückschrecken / haltmachen / zurückscheuen vor.

Erlaubnis, Genehmigung, Einwilligung, Einverständnis, Zustimmung, Ermächtigung, Lizenz, Plazet, Zusage.

erlaubt, statthaft, zulässig, gestattet.

Erläuterung, Auslegung, Ausdeutung, Lesart, Deutung, Erklärung, Worterklärung, Kommentar, Bestimmung, Definition, Begriffsbestimmung, Denotation, Sinndeutung, Stellungnahme, Urteil, Grundsatzurteil, Interpretation, Explikation, Exegese, Hermeneutik.

erleben, [am eigenen Leib] erfahren, erleiden, erdulden, durchmachen.

erlebnishungrig, lebenshungrig, daseinshungrig, lebensgierig, lebensdurstig, erlebnisgierig, unersättlich.

erledigen (sich), sich regeln, in Ordnung kommen.

erledigt, fertig, beendet, beendigt, abgeschlossen, ausgeführt, zu Ende, unter Dach und Fach.

erleichtern, lindern, mildern, bessern, erträglicher machen, den Schmerz dämpfen / stillen.

erlernen, lernen, auswendig lernen, memorieren, aufnehmen, sich etwas anlernen / zu eigen machen / annehmen / aneignen, studieren, Kenntnisse erwerben, sich präparieren, üben, exerzieren, durchexerzieren, trainieren, sich (die Vokabeln o. ä.) angucken / anschauen, stucken *(österr. ugs.),* pauken *(ugs.),* büffeln *(ugs.),* ochsen *(ugs.).*

erlesen, kostbar, auserlesen, exquisit, ausgesucht, hochwertig, qualitätsvoll, de Luxe, in Sonderausführung, ausgewählt, fein, edel, wertvoll, teuer.

erlogen, erstunken und erlogen *(salopp),* reine Fiktion / Phantasie, [frei] erfunden, erdichtet.

ermächtigen, bevollmächtigen, autorisieren, Vollmacht erteilen / verleihen, die Berechtigung geben, berechtigen, befugen.

ermächtigt, befugt, bevollmächtigt, autorisiert, berechtigt, mit Fug und Recht, mit gutem Recht / guten Gründen, in guten Treuen *(schweiz.).*

Ermächtigung, Berechtigung, Befugnis, Vollmacht, Auftrag, Generalvollmacht, Pleinpouvoir, Blankovollmacht, Machtvollkommenheit, Verfügungsgewalt, Bevollmächtigung.

ermahnen, mahnen, anhalten, beschwören, zu bedenken geben, predigen.

ermäßigen, verbilligen, herabsetzen, heruntersetzen, Rabatt / Prozente geben, einen Nachlaß geben, [im Preis] reduzieren.

ermitteln, nachforschen, nachspüren, recherchieren, Ermittlungen / Nachforschungen anstellen, untersuchen, erkunden, feststellen, erheben *(südd., österr.),* ausforschen *(österr.).*

ermorden, morden, einen Mord begehen / verüben, hinmorden, hinschlachten, umbringen, töten, ums Leben bringen, vom Leben zum Tode befördern *(geh.),* beseitigen, liquidieren, ins Jenseits befördern *(salopp),* stumm machen *(salopp),* um die Ecke bringen *(salopp),* aus dem Weg räumen *(salopp),* beiseite schaffen *(ugs.),* über die Klinge springen lassen *(ugs.),* jmdm. das Lebenslicht ausblasen / auspusten *(ugs.),* erledigen *(ugs.),* hinmachen *(ugs.),* kaltmachen *(salopp),* umlegen *(salopp),* killen *(salopp),* abmurksen *(salopp),* jmdm. den Garaus machen *(ugs.),* meucheln *(seltener),* massakrieren, niedermachen *(ugs.),* niedermetzeln *(ugs.),* hinmetzeln *(ugs.).*

ermutigen, ermuntern, Mut machen, aufmuntern, bestärken.

ernähren, nähren, mit Nahrung versorgen.

ernennen, berufen, einsetzen, bestallen, mit einem Amt betrauen.

Erneuerung, Wiederherstellung, Wiederherrichtung, Instandsetzung, Instandstellung *(schweiz.),* Sanierung, Rekonstruktion, Reorganisation, Renovierung, Restauration, Instauration, Restitution, Reparatur.

ernst, bedrohlich, kritisch, beängstigend, bedenklich.

ernten, die Ernte einbringen / einfahren / in die Scheunen fahren.

ernüchtern, desillusionieren, entzaubern, wie eine kalte Dusche wirken, jmdn. auf den Boden der Wirklichkeit zurückbringen, jmdm. einen Dämpfer geben *(ugs.),* Wasser in den Wein gießen.

erobern, einnehmen, stürmen, nehmen, erstürmen, kapern.

erörtern, behandeln, besprechen, bekakeln *(ugs.),* durchkauen *(ugs.),* durchsprechen, bereden, durchhecheln *(ugs.),* diskutieren, verhandeln.

Erotik, Liebe, Amor *(dichter.),* Cupido *(dichter.),* Eros, Sex *(ugs.),* Sexus, Sexualität, Minne *(dichter.).*

erprobt, bewährt, altbewährt, probat, gängig, gebräuchlich, zuverlässig.

erquicken, erfrischen, laben, beleben, belebend wirken, anregen.

Erquickung, Labsal, Genuß, Hochgenuß, Augenweide, Ohrenschmaus.

errechnen, berechnen, vorausberechnen, kalkulieren, ermitteln, ausrechnen.

erregen, aufregen, in Wallung bringen, in Aufregung versetzen, aufbringen, aus der Fassung bringen, empören, in Wut versetzen, in Rage bringen.

erregt, aufgeregt, hektisch, nervös, gereizt, ruhelos, unruhig, unstet, fahrig, aufgelöst, fiebrig, zappelig *(ugs.),* kribbelig *(ugs.),* huschelig *(ugs.),* schusselig *(ugs.),* fickerig *(ugs.).*

erretten, retten, erlösen, in Sicherheit bringen, bergen, [aus einer Gefahr] befreien, heraushauen *(ugs.),* herausholen *(ugs.),* aus der Patsche helfen *(ugs.).*

[1]errichten, gründen, begründen, konstituieren, einrichten, etablieren, instituieren, stiften, ins Leben rufen, aus der Taufe heben, [neu] schaffen.

[2]errichten, bauen, erbauen, aufbauen, erstellen, bebauen, hochziehen, aufführen, aufrichten.

Errungenschaft *(scherzh.),* Kauf, Erwerb, Erwerbung, Einkauf, Anschaffung, Ankauf.

erscheinen, auftreten, vorkommen, auftauchen, sich finden, zu finden sein, auf den Plan treten.

Erscheinung, Gespenst, Geist, Phantom, Geistererscheinung, Astralwesen, Spuk, Nachtgespenst, Nachtmahr.

erschießen, totschießen, abschießen, niederschießen, niederstrekken, zusammenschießen *(ugs.),* abknallen *(salopp),* umlegen *(salopp),* füsilieren, an die Wand stellen, über den Haufen schießen / knallen *(ugs.),* jmdm. den Genickschuß geben.

erschöpft, müde, abgespannt, ausgelaugt, ausgepumpt, ab *(ugs.),* schachmatt, abgeschlafft *(ugs.),* erledigt *(ugs.),* groggy *(ugs.),* kaputt *(ugs.),* erschossen *(ugs.),* [fix und] fertig *(ugs.),* fix und foxi *(ugs.),* erschlagen *(ugs.),* geschafft *(ugs.),* k. o. *(ugs.),* am Boden zerstört *(ugs.).*

erschrecken, einen Schrecken bekommen / kriegen, zusammenschrecken, zusammenfahren.

[1]**erschüttern,** untergraben, unterminieren, ins Wanken bringen, aufweichen, zersetzen.

[2]**erschüttern,** packen, schocken, ergreifen, jmdm. unter die Haut / an die Nieren gehen, jmdm. einen Schock versetzen, schockieren, nahegehen.

erschüttert, ergriffen, bewegt, gerührt, beeindruckt, aufgewühlt, überwältigt, betroffen, angerührt.

erschweren, behindern, hindern, hinderlich sein, aufhalten, obstruieren, hemmen, lähmen, stören, querschießen, verzögern, beeinträchtigen, trüben, im Wege stehen, ein Handikap sein, gehandikapt sein.

erschwerend, gravierend, belastend.

Erschwernis, Behinderung, Hindernis, Erschwerung, Fessel, Hemmschuh, Hemmung, Barriere, Handikap, Stolperstein, Engpaß, Flaschenhals.

ersinnen, sich ausdenken, erfinden, konstruieren, erdenken, erdichten, aussinnen, ausgrübeln, ergrübeln, ausklügeln, austüfteln, ertüfteln, ausknobeln *(ugs.),* ausixen *(ugs. landsch.),* ausbrüten *(ugs. abwertend),* aushecken *(salopp abwertend).*

Ersparnisse, Sparguthaben, Spargroschen, Spargeld, Notgroschen.

erstarren, starr / steif werden, versteifen.

erstatten, zurückerstatten, zurückzahlen, vergüten.

erstaunt, überrascht, verwundert, staunend, mit offenem Mund, verblüfft, sprachlos, baff *(salopp),* platt *(salopp),* geplättet *(salopp),* verdutzt.

erstehen, kaufen, anschaffen, [käuflich] erwerben, sich etwas beschaffen, sich zulegen / *(schweiz.)* zutun, mitnehmen *(ugs.),* ankaufen, aufkaufen, ramschen *(ugs.),* übernehmen.

erstellen, bauen, erbauen, errichten, aufbauen, bebauen, hochziehen, aufführen, aufrichten.

erstreben, streben nach, anstreben, zustreben, verlangen / trachten / gieren / lechzen / dürsten / schmachten / *(ugs.)* sich zerreißen nach, zu erreichen suchen, sich sehnen nach, jmdn. gelüsten nach.

erstrecken (sich), sich ausdehnen, sich hinziehen, reichen / gehen bis.

ersuchen, bitten, erbitten, sich ausbitten, ansuchen, nachsuchen, einkommen um, vorstellig werden, jmdm. anliegen [mit etwas], ansprechen um, flehen, erflehen, anflehen, winseln um *(abwertend),* anrufen, jmdn. bemühen, bestürmen, beschwören, betteln, angehen um *(ugs.),* sich wenden an, jmdm. mit etwas kommen, über jmdn. herfallen, anhauen *(salopp),* ankeilen *(salopp),* löchern *(salopp),* bohren *(ugs.),* drängen, bedrängen, jmdm. zusetzen, jmdm. auf der Seele knien *(ugs.),* jmdm. die Hölle heiß machen *(ugs.),* drängeln, dremmeln *(ugs.),* quengeln *(ugs.),* quesen *(nordd.),* keine Ruhe geben, jmdm. keine Ruhe lassen, jmdn. nicht in Ruhe lassen, jmdm. in den Ohren liegen *(salopp),* jmdm. auf die Pelle / auf die Bude rücken *(salopp),* jmdm. auf der Pelle sitzen *(salopp),* benzen *(österr.),* penzen *(österr.),* jmdn. beknien *(salopp).*

Ersuchen, Bitte, Wunsch, Anliegen, Ansuchen.

ertönen, schallen, erschallen, hallen, tönen, dröhnen, erdröhnen, klingen, erklingen, gellen.

Ertrag, Gewinn, Profit, Ausbeute.

Erträge, Einkünfte, Einkommen, Bezüge, Einnahmen, Honorar, Rente, Pension, Revenuen, Rendite, Apanage, Jahrgeld.

ertragen, erdulden, dulden, leiden, erleiden, auf sich nehmen, sich in etwas schicken / ergeben / finden / fügen, sein Kreuz tragen / auf sich nehmen, durchstehen, bestehen, aushalten, überstehen, tragen, hinnehmen.

ertrinken, ersaufen *(derb)*, versaufen *(derb)*, absaufen *(derb)*, auf See bleiben, mit Mann und Maus umkommen / untergehen, sein Grab in den Wellen finden, ein feuchtes / nasses Grab finden.

ertrotzen, durchsetzen, erwirken, durchdrücken, durchkriegen *(ugs.)*, erreichen, erzwingen, durchpauken *(ugs.)*, durchboxen *(ugs.)*.

erübrigen, abzweigen, abzwacken *(ugs.)*, abknappen *(ugs.)*, abknapsen *(ugs.)*, einsparen, sich [am *bzw.* vom Munde] absparen / abdarben.

eruieren, erforschen, ergründen, hinterfragen, sondieren, explorieren *(bildungsspr.)*, studieren.

erwachsen, herangewachsen, groß *(ugs.)*, flügge, mündig, volljährig.

erwägen, in Erwägung ziehen, in Betracht ziehen, mit dem Gedanken spielen / umgehen, ins Auge fassen, bedenken, nachdenken über.

erwählt, auserwählt, elitär, berufen, ausersehen, auserlesen, auserkoren, vorgesehen, designiert.

erwähnen, andeuten, anschneiden, antippen *(ugs.)*, ansprechen, berühren, zur Sprache bringen, streifen, fallenlassen, zu sprechen kommen auf.

erweisen (sich), sich herausstellen, sich erweisen, sich zeigen, sein, sich entpuppen.

Erwerb, Kauf, Erwerbung, Einkauf, Anschaffung, Errungenschaft *(scherzh.)*, Ankauf.

erwerben [käuflich], kaufen, erstehen, anschaffen, an sich bringen, sich beschaffen / zulegen / *(schweiz.)* zutun, mitnehmen *(ugs.)*, ankaufen, einkaufen, einholen *(ugs.)*, posten *(schweiz.)*, aufkaufen, ramschen *(ugs.)*, sich eindecken / versorgen mit, abkaufen, abnehmen, übernehmen.

erwerbslos, arbeitslos, ohne Arbeit, beschäftigungslos, unbeschäftigt, ohne Beschäftigung / Arbeitsplatz / Erwerb / Gelderwerb, stellenlos, stellungslos, ohne Anstellung, brotlos.

erwidern, entgegnen, dagegenhalten, zurückgeben, zurückschießen *(ugs.)*, antworten, beantworten, zur Antwort geben / bekommen, Bescheid geben, versetzen, eingehen auf, reagieren, widersprechen, Widerspruch erheben, aufbegehren, jmdm. in die Parade fahren, einwenden, einwerfen, entgegenhalten, Einwände erheben / machen, replizieren, nichts / keine Antwort schuldig bleiben, kontern, Kontra geben.

Erwiderung, Antwort, Entgegnung, Beantwortung, Gegenrede, Replik, Retourkutsche.

erwiesenermaßen, nachweislich, erweislich *(veraltet)*, nachweisbar, beweisbar, bewiesenermaßen.

erwirken, erzwingen, erreichen, durchsetzen, durchpauken.

erwischen (jmdn.), ergreifen, aufgreifen, jmds. habhaft werden, [auf frischer Tat] ertappen, anpakken, packen, fassen, [beim Wikkel / am Schlafittchen / zu fassen] kriegen *(ugs.)*, schnappen *(salopp)*, ausheben, hochnehmen, hochgehen / auffliegen lassen *(ugs.)*, hoppnehmen *(salopp)*.

erwürgen, erdrosseln, strangulieren, ersticken, jmdm. das Gas abdrehen *(salopp)*.

erzählen, mitteilen, berichten, schildern, artikulieren, darstellen, beschreiben, Bericht erstatten, einen Bericht geben, Mitteilung machen, ein Bild geben von, vermitteln, zum Ausdruck bringen, äußern, dartun, referieren, wiedergeben, ausführen, vortragen, vorbringen.

erzeugen, produzieren, herstellen, hervorbringen.

Erzeugnis, Produkt, Artikel.

erziehen, großziehen, aufziehen.

erzieherisch, pädagogisch, erziehlich, didaktisch.

erzürnen, jmdn. ärgern, verärgern, aufbringen, hochbringen *(salopp)*, reizen, wütend / rasend machen, in Harnisch / Wut bringen, ertäuben *(schweiz.)*, jmdm. das Blut in Wallung bringen, Unfrieden stiften, böses Blut machen, jmdn. bis aufs Blut peinigen / quälen / reizen, auf die Palme bringen *(salopp)*, zur Weißglut bringen, jmdm. die Freude verderben / die Lust nehmen, jmdn. erbosen, erzürnen, empören, erbittern, verdrießen, kränken, verstimmen, verwunden, bekümmern, deprimieren, betrüben, fuchsen *(ugs.)*, wurmen *(ugs.)*, bedrücken, bedrängen, belästigen, jmdm. zuviel werden, auf die Nerven / *(salopp)* auf den Wecker fallen *bzw.* gehen, jmdm. den letzten Nerv rauben / töten *(ugs.)*, auf jmds. Nerven herumtrampeln, eine Landplage sein, lästig sein, ein rotes Tuch für jmdn. sein, wie ein rotes Tuch auf jmdn. wirken.

erzürnt, ärgerlich, böse, aufgebracht, verärgert, entrüstet, empört, ungehalten, erbost, erbittert, zornig, fuchtig, wütend, wutentbrannt, wutschäumend, wutschnaubend, fuchsteufelswild, grimmig, ingrimmig, tücksch *(ugs. landsch.)*.

eskalieren, zunehmen, anwachsen, ansteigen, anschwellen, sich vermehren / vervielfältigen / vergrößern / ausweiten / steigern / verschärfen / verstärken.

eßbar, genießbar, bekömmlich, einwandfrei.

[1]**essen,** speisen, tafeln, dinieren, Tafel halten *(geh.)*.

[2]**essen,** Nahrung / etwas zu sich nehmen, sich stärken, sich etwas einverleiben, sich laben *(geh.)*, sich etwas zu Gemüte führen, den Hunger stillen, etwas verzehren.

[3]**essen,** fressen *(derb)*, schmausen, futtern *(ugs.)*, schnabulieren *(ugs.)*, löffeln, essen wie ein Scheunendrescher / wie ein Spatz, reinhauen *(salopp)*, spachteln *(ugs.)*, stopfen *(ugs.)*, mampfen, schlingen, naschen, schwelgen, verdrücken, verputzen *(ugs.)*, knabbern, zulangen, herfallen über.

Essen, Nahrung, Kost, Speise, Fraß *(derb)*, Fressen *(derb)*, Schlangenfraß *(derb)*.

Eßlust, Hunger, Appetit, Freßlust *(ugs.)*, Gusto *(veraltend)*, Kohldampf *(ugs.)*.

Establishment, Oberschicht, Elite, Hautevolee, die oberen Zehntausend, Upper ten, Creme, Crème de la crème, High-Society, die Spitzen / *(iron.)* Stützen der Gesellschaft, die führenden Kreise, Honoratioren; alles, was Rang und Namen hat.

Etagere, Gestell, Regal, Ablage, Bord, Stellage.

Ethik, Moral, Sitte, Sittlichkeit.

ethisch, moralisch, sittlich, tugendhaft, tugendsam, integer.

etliche, einige, ein paar, mehrere, diverse, eine Anzahl / Reihe.

Etui, Futteral, Hülle.

etwa, ungefähr, in etwa, schätzungsweise, annähernd, beiläufig *(österr.),* überschlägig, überschläglich, überschlagsmäßig *(landsch.),* rund, pauschal, über den Daumen gepeilt *(ugs.),* vielleicht, zirka, sagen wir, gegen, an die.

Eunuch, Kastrat, Entmannter, Verschnittener.

Euphorie, Rausch, Ekstase.

eventuell, vielleicht, möglicherweise, unter Umständen, womöglich, wenn es geht, gegebenenfalls, notfalls, allenfalls, wohl, es ist möglich / denkbar, es kann sein / ist nicht auszuschließen.

exakt, klar, genau, bestimmt, fest umrissen, präzis[e], prägnant, unmißverständlich, eindeutig, unzweideutig, deutlich, glasklar, sonnenklar, im Klartext, klipp und klar *(ugs.).*

Exekution, Hinrichtung, Urteilsvollstreckung.

Exempel, Beispiel, Muster, Paradigma.

Exemplar, Einzelstück, Stück, Musterstück.

exemplarisch, beispielhaft, beispielgebend, vorbildlich, mustergültig, musterhaft, nachahmenswert.

Exil, Verbannung, Ausweisung, Vertreibung, Ausstoßung.

[1]**Existenz,** Bestehen, Vorhandensein, Vorkommen, Dasein.

[2]**Existenz,** Leben, Dasein, Sein.

existieren, bestehen, vorkommen, vorhanden sein.

exklusive, ausschließlich, außer, ohne, sonder, ausschließlich, mit Ausnahme, bis auf, abgesehen von, nicht inbegriffen / einbegriffen.

Exkrement, Fäkalien, Fäzes, Ausscheidung, Stuhlgang, Stuhl, Kot, Aa *(Kinderspr.),* Schiet *(salopp),* Kacke *(derb),* Scheiße *(vulgär).*

exotisch, fremd, fremdartig, unbekannt, ungewohnt.

expandieren, sich ausdehnen / ausweiten, seinen Einflußbereich vergrößern / erweitern.

Experte, Fachmann, Routinier, Sachverständiger, Sachkundiger, Spezialist, Kenner, Könner, Koryphäe, Profi, As *(ugs.),* Kanone *(ugs.).*

explizieren, auslegen, deuten, deuteln, erklären, erläutern, klarmachen, exemplifizieren, ausdeuten, ausdeutschen *(südd., österr. ugs.),* hineingeheimnissen *(abwertend),* interpretieren *(bildungsspr.),* kommentieren, jmdm. das Wort im Mund herumdrehen.

explizit, ausdrücklich, expressis verbis, unmißverständlich, klar und deutlich.

explodieren, platzen, zerplatzen, bersten, zerbersten, zerspringen, implodieren, losgehen, detonieren, sich entladen, zerknallen, in die Luft fliegen / gehen.

explosiv, gespannt, spannungsgeladen, nicht frei von Spannung.

exponieren (sich), sich aussetzen / stellen / hervorwagen / in den Vordergrund schieben / in die Schußlinie begeben, hervortreten, ins Licht der Öffentlichkeit / ins Rampenlicht / ins Scheinwerferlicht treten, die Aufmerksamkeit auf sich ziehen, alle Blicke auf sich lenken.

expressiv, ausdrucksstark, mit Ausdruck / Gefühl, ausdrucksvoll.

exquisit, erlesen, auserlesen, kostbar, ausgesucht, hochwertig, qualitätsvoll, de Luxe, in Sonderausführung, ausgewählt, fein, edel, wertvoll, teuer.

extravagant, ausgefallen, ungewöhnlich, aus dem Rahmen fallend, unkonventionell, spektakulär, übertrieben, überdreht, überspannt, verstiegen, skurril.

extrovertiert, extravertiert, gesellig, soziabel, kontaktfähig, kontaktfreudig, kommunikationsfreudig, kommunikationsfähig, umgänglich, nicht selbstbezogen, nicht unzugänglich.

exzellent, vortrefflich, trefflich, gut, sehr gut, bestens, fein, herrlich, vorzüglich, ausgezeichnet, hervorragend, überdurchschnittlich, tadellos, einwandfrei, erstklassig, prima *(ugs.)*, eins a *(ugs.)*, picobello *(ugs.)*.

Exzeß, Ausschweifung, Orgie.

F

Fabel, Handlung, Inhalt, Idee, Stoff, Story, Plot.
Fabrik, Werk, Betrieb, Fabrikationsstätte, Werkstätte, Unternehmen, Firma.
Fabrikation, Fertigung, Anfertigung, Herstellung, Erarbeitung, Erschaffung, Erzeugung, Schaffung, Erstellung, Errichtung.
fabrizieren, anfertigen, fertigen, verfertigen, herstellen, bereiten, zubereiten, machen *(ugs.),* in der Mache haben *(salopp).*
Fach, Fachrichtung, Disziplin, Zweig, Fachbereich, Fakultät.
fachgerecht, fachmännisch, sachgerecht, sachgemäß, kunstgerecht, gekonnt, routiniert, sachverständig, sachkundig, kundig, eingefuchst *(ugs.),* kennerisch *(schweiz.),* gut, qualifiziert, zünftig.
Fachmann, Experte, Routinier, Sachverständiger, Sachkundiger, Spezialist, Kenner, Könner, Koryphäe, Profi, As *(ugs.),* Kanone *(ugs.).*
fachmännisch, fachgerecht, sachgerecht, sachgemäß, kunstgerecht, gekonnt, routiniert, sachverständig, sachkundig, kundig, eingefuchst *(ugs.),* kennerisch *(schweiz.),* gut, qualifiziert, zünftig.
Fachrichtung, Fach, Disziplin, Zweig, Fachbereich, Fakultät.
Faden, Garn, Zwirn, Nähseide.
fähig, befähigt, begabt, tüchtig, gut, qualifiziert, geschickt, patent *(ugs.).*
Fähigkeit, Tauglichkeit, Qualifikation, Können, Befähigung, Vermögen.
¹fahl, farblos, matt, blaß.
²fahl, blaß, bläßlich, blaßgesichtig, bleichgesichtig, blaßwangig, blutleer, blutarm, bleichsüchtig, grau, bleich, käseweiß *(ugs.),* käsig *(ugs.),* weiß, kreidebleich, kreideweiß, kalkweiß, kalkig, wachsbleich, totenblaß, leichenblaß, geisterbleich, totenbleich, aschgrau, aschfahl.
Fahndung, Nachforschung, Prüfung, Nachprüfung, Ermittlung, Recherche, Sondierung, Untersuchung.
Fahrkarte, Fahrausweis, Fahrschein, Billett, Ticket.
Fahrstuhl, Aufzug, Lift, Ascenseur, Paternoster, Proletenbagger *(scherzh.),* Beamtenbagger *(scherzh.),* Bonzenheber *(scherzh.).*
Fährte, Spur, Fußspur, Tritt, Fußabdruck, Abdruck.
Fahrzeug, Wagen, Gefährt, Vehikel *(abwertend).*
Faible, Neigung, Gewogenheit, Wohlgefallen, Gefallen, Gout, Wohlwollen, Schwäche, Sympathie.
Faktor, Umstand, Aspekt, Punkt, Moment, Begleitumstand, Begleiterscheinung.
¹fallen, zu Fall kommen, hinfallen, stürzen, hinstürzen, hinschlagen, purzeln, hinpurzeln, plumpsen *(ugs.),* hinplumpsen *(ugs.),* hinfliegen *(ugs.),* hinknallen *(ugs.),* hinsausen *(ugs.),* hinsegeln *(ugs.).*
²fallen, den Heldentod sterben, auf

dem Feld der Ehre fallen, den Tod auf dem Feld der Ehre finden, im Krieg bleiben, nicht [aus dem Krieg] heimkehren, draußen geblieben sein, nicht wiedergekommen sein, einen kalten Arsch kriegen *(derb)*.

fallenlassen, abrücken von, sich distanzieren, sich abgrenzen, sich jmdn. vom Leib halten, nicht mehr zu jmdm. halten.

falsch, unrichtig, fehlerhaft, unzutreffend, verfehlt, verkehrt, irrig.

Falte, Runzel, Furche.

faltig, runz[e]lig, zerknittert, zerfurcht, knitt[e]rig.

Fama *(bildungsspr.)*, Gerücht, On-dit *(bildungsspr.)*, Sage, Flüsterpropaganda, Latrinenparole *(derb)*, Scheißhausparole *(vulgär)*.

Familie, Angehörige, Anhang, Sippe, Sippschaft, Clan.

Familienmitglied, Angehöriger, Verwandter, Anverwandter, Blutsverwandter, Familienangehöriger.

Familienname, Zuname, Nachname, Eigenname, Vatersname, Name.

Familienplanung, Geburtenregelung, Geburtenkontrolle, Geburtenbeschränkung.

Fan, Anhänger, Bewunderer, Verehrer, Freak, Groupie.

fanatisch, leidenschaftlich, heftig, glühend, inbrünstig, kämpferisch, streitbar, kampflustig, angriffslustig, aggressiv.

fanatisieren, aufwiegeln, hetzen, aufhetzen, agitieren, hussen *(österr. ugs.)*, aufhussen *(österr. ugs.)*, verhetzen, aufreizen, aufputschen, anheizen, Öl ins Feuer gießen, Zwietracht säen, scharfmachen *(ugs.)*, stänkern *(salopp)*, pesten *(ugs.)*.

Farbe, Farbigkeit, Färbung, Kolorit, Farbton, Tönung.

farbig, bunt, in Farbe, mehrfarbig, buntscheckig, scheckig, farbenfroh, farbenfreudig, farbenprächtig, leuchtend, lebhaft, poppig, kräftig, satt, grell, knallig *(abwertend)*, schreiend *(abwertend)*.

[1]**farblos,** blaß, fahl, matt.

[2]**farblos,** unscheinbar, unauffällig, schlicht, schmucklos, einfach.

Fasching, Fastnacht, Karneval, die närrische Zeit, die drei tollen Tage.

faschistisch, neofaschistisch, faschistoid, nationalistisch, nationalsozialistisch, nazistisch, rechtsradikal, rechtsextrem.

Fassade, Maske, Larve.

[1]**fassen,** greifen, ergreifen, erfassen, anfassen, zufassen, in die Hand nehmen.

[2]**fassen,** ergreifen, aufgreifen, jmds. habhaft werden, erwischen, [auf frischer Tat] ertappen, anpakken, packen, [beim Wickel / am Schlafittchen / zu fassen] kriegen *(ugs.)*, schnappen *(salopp)*, ausheben, hochnehmen, hochgehen / auffliegen lassen *(ugs.)*, hoppnehmen *(salopp)*.

Fassung, Gelassenheit, Gefaßtheit, Haltung, Selbstbeherrschung, Beherrschung, Beherrschtheit, Gleichmut, Kaltblütigkeit, Unempfindlichkeit, Ausgeglichenheit, [stoische] Ruhe, Seelenfrieden, Seelenruhe, Gemütsruhe, Bierruhe *(ugs.)*, Contenance *(bildungsspr.)*.

fast, beinahe, nahezu, bald, um ein Haar, praktisch, so gut wie.

Fastnacht, Karneval, Fasching, die närrische Zeit, die drei tollen Tage.

Faszination, Bezauberung, Verzauberung, Berückung.

faszinieren, bezaubern, bestricken, berücken, behexen, verhexen, verzaubern, blenden, umgarnen, becircen, betören.

faul, träge, arbeitsscheu, müßig, untätig, bequem.

faulen, verfaulen, verwesen, sich zersetzen, in Fäulnis übergehen, den Weg alles Irdischen gehen *(scherzh.).*

faulenzen, nichts tun, auf der faulen Haut / auf der Bärenhaut liegen *(ugs.),* Daumen / Däumchen drehen *(ugs.),* die Hände in den Schoß legen, keinen Strich tun *(ugs.),* die Zeit totschlagen *(ugs.),* dem lieben Gott die Zeit / den Tag stehlen, eine schlechte Arbeitsmoral haben.

Faulenzer *(abwertend),* Faulpelz *(abwertend),* Faultier *(abwertend),* Faulsack *(abwertend),* Nichtstuer *(abwertend),* Müßiggänger, Tagedieb *(abwertend).*

Faulheit, Faulenzerei *(abwertend),* Trägheit, Müßiggang, Arbeitsscheu, mangelnde Arbeitsmoral.

Fauna, Tierreich, Tierwelt.

Faustschlag, Fausthieb, Boxhieb, Boxer *(ugs.).*

Favorit, Günstling, Protegé, Schützling.

Federbett, Deckbett, Oberbett, Überbett, Bettdecke, Plumeau.

Federn, Gefieder, Federkleid.

federnd, gefedert, abgefedert, federkräftig *(selten),* mit einer Federung versehen / ausgestattet.

Federvieh *(ugs.),* Geflügel, Nutzvögel.

Fegefeuer, Vorhölle, Purgatorium.

fehlen, mangeln, gebrechen *(geh.),* abgehen *(ugs.),* Mangelware sein, knapp sein, vermißt / benötigt / gebraucht werden.

Fehler, Versehen, Fehlgriff, Mißgriff, Mißverständnis, Irrtum, Lapsus, Schnitzer *(ugs.),* Patzer *(ugs.).*

fehlerhaft, falsch, unrichtig, unzutreffend, verfehlt, verkehrt, irrig.

fehlgehen, sich irren / täuschen / versehen / verrechnen / *(ugs.)* vergaloppieren / *(ugs.)* vertun / *(ugs.)* verhauen, im Irrtum / *(ugs.)* auf dem Holzweg sein, danebenhauen *(ugs.),* schiefgewickelt sein *(ugs.),* schiefliegen *(ugs.),* auf dem falschen Dampfer sitzen / sein *(ugs.),* einen Fehler machen.

fehlschlagen, mißglücken, mißlingen, floppen, mißraten, schiefgehen *(ugs.),* danebengehen *(ugs.),* verunglücken, platzen, auffliegen, ins Wasser fallen, sich zerschlagen, wie ein Kartenhaus zusammenfallen, in die Hose gehen *(ugs.),* im Sande verlaufen, ausgehen wie das Hornberger Schießen, keine Wirkung haben, seine Wirkung verfehlen, ein Rohrkrepierer / ein Schuß in den Ofen / ein Schlag ins Wasser sein.

Fehlurteil, Fehlentscheidung, Justizirrtum.

Feier, Fest, Festlichkeit, Festivität *(ugs., oft scherzh.),* Festveranstaltung, Party, Sause *(ugs.),* Fete *(ugs.),* Remmidemmi *(ugs.),* Ringelpiez *(ugs.).*

feiern, ein Fest / eine Party geben, eine Fete / eine Sause machen *(ugs.),* auf die Pauke hauen *(ugs.),* ein Faß aufmachen *(ugs.),* die Puppen tanzen lassen *(ugs.),* einen draufmachen *(ugs.),* auf den Putz hauen *(ugs.).*

feige, ängstlich, memmenhaft *(veraltend abwertend),* feigherzig, hasenherzig, hasenfüßig.

Feigling, Duckmäuser *(abwertend),* Angsthase *(ugs.),* Hasenfuß, Hasenherz, Memme *(veraltend abwertend),* Waschlappen *(ugs. abwertend),* Schlappschwanz *(ugs. abwertend),* Hosenscheißer *(derb),* Trauminet *(österr. ugs.).*

feilhalten, feilbieten, ausbieten, ausschreien, [zum Kauf] anbieten, anpreisen.

fein, appetitlich, lecker, delikat, köstlich, deliziös, schnuddelig *(berlin.),* gustiös *(österr.).*

Feind, Gegner, Kontrahent, Oppositionsführer, Intimfeind, Widersacher, Widerpart, Antagonist, Antipode, Gegenspieler, Opponent, Regimekritiker, Dissident, Frondeur, Neinsager, die andere Seite.

feindlich, gegnerisch, feindselig, feindschaftlich, animos, haßerfüllt.

Feinschmecker , Gourmet, Genießer, Leckermaul *(ugs.).*

Feld, Acker, Ackerland, Land, [Grund und] Boden, Flur.

Feldstecher, Fernglas, Fernrohr.

Fell, Pelz, Balg, Haarkleid *(geh.).*

Fels, Gestein, Felsen, Stein, Geröll, Felsblock, Felsbrocken.

Feminismus, Emanzipation, Frauenbewegung, Frauenrecht.

Feministin, Frauenrechtlerin, Emanzipierte, Emanze *(abwertend),* Suffragette *(veraltend),* Blaustrumpf *(veraltend).*

Ferien, Urlaub, Erholung, Atempause, Ruhepause, Verschnaufpause, [schöpferische] Pause.

Ferienhaus, Wochenendhaus, Gartenhaus, Gartenlaube, Laube, Pavillon, Chalet, Cottage, Datscha, Salettel *(bayr., österr.).*

fern, entfernt, weit weg *(ugs.),* fernab, in der Ferne.

Fernglas, Fernrohr, Feldstecher.

Fernsehen, Television, TV.

Fernsehgerät, Fernsehapparat, Fernsehempfänger, Fernseher, Bildschirm, Mattscheibe *(ugs.),* Flimmerkiste *(ugs.),* Heimkino *(ugs.),* Pantoffelkino*(ugs.),* Glotze *(ugs.).*

Fernsprecher, Telefon, Apparat, Telefonapparat.

Fernsprechnummer, Telefonnummer, Rufnummer, Nummer, Ruf.

fertig, beendet, beendigt, erledigt, abgeschlossen, ausgeführt, zu Ende, unter Dach und Fach.

fertigen, anfertigen, verfertigen, herstellen, bereiten, zubereiten, machen *(ugs.),* in der Mache haben *(salopp),* fabrizieren.

[1]**fertigmachen,** vollenden, fertigstellen, zu Ende führen, letzte Hand anlegen.

[2]**fertigmachen** *(ugs.),* zusammenstauchen *(salopp),* jmdm. eine Gardinenpredigt / Strafpredigt / Standpauke halten, jmdm. die Leviten lesen, mit jmdm. ein Hühnchen zu rupfen / noch ein Wörtchen zu reden haben, jmdm. etwas flüstern, jmdm. aufs Dach steigen / Bescheid stoßen / die Meinung geigen / den Marsch blasen *(salopp),* zurechtweisen, jmdm. den Kopf waschen, jmdm. die Flötentöne beibringen, jmdm. eins auf den Deckel geben *(ugs.),* jmdm. eins reinwürgen *(salopp),* jmdn. heruntermachen / runtermachen / runterputzen *(salopp),* jmdn. abkanzeln, jmdn. zur Minna / Schnecke machen *(salopp),* jmdn. zur Sau machen *(derb),* jmdn. Mores lehren, es jmdm. geben.

Fertigung, Anfertigung, Fertigstellung, Herstellung, Fabrikation, Erarbeitung, Erschaffung, Erzeugung, Schaffung, Erstellung, Errichtung.

Fest, Feier, Festlichkeit, Festivität *(ugs., oft scherzh.),* Festveranstaltung, Party, Sause *(ugs.),* Fete *(ugs.),* Remmidemmi *(ugs.),* Ringelpiez *(ugs.).*

festigen, stärken, bestärken, kräftigen, bekräftigen, konsolidieren, erhärten, stabilisieren, stützen, unterstützen, bestätigen.

festlegen, normen, normieren, standardisieren, eichen, regeln, regulieren, festsetzen, vereinheitlichen, typisieren, kanonisieren, uniformieren, als Norm festsetzen / festlegen, auf einen Nenner bringen.

festmachen, befestigen, anmachen, anbringen, verstäten *(schweiz.),* annageln, anbinden, anheften, anstecken, annadeln *(österr.),* aufspendeln *(österr.),* anschnallen, anschrauben, ankleben, anpicken *(österr.),* aufkleben, aufpicken *(österr.),* festnageln, festschrauben, aufschrauben, schrauben an / auf, anmontieren, montieren, aufmontieren, legen, verlegen.

Festmahl, Festessen, Bankett, Festbankett, Galadiner.

festnehmen, verhaften, inhaftieren, gefangennehmen, arretieren *(veraltend),* in Haft / Gewahrsam / *(veraltet)* Verhaft nehmen, dingfest machen *(geh.).*

festsetzen, gefangennehmen, gefangensetzen *(veraltend),* einkerkern *(geh.),* in Gewahrsam nehmen, ins Gefängnis / in den Kerker werfen *(geh.),* hinter Schloß und Riegel bringen *(ugs.),* einsperren *(ugs.),* einlochen *(ugs.),* einbuchten *(ugs.),* einbunkern *(ugs.),* ins Loch stecken *(ugs.).*

feststehend, unveränderlich, stereotyp, erstarrt.

feststellen, entdecken, konstatieren, registrieren, jmdm. etwas anmerken / ansehen, jmdm. etwas an der Nase / Nasenspitze ansehen.

Festung, Burg, Fort, Kastell, Zitadelle, Feste *(veraltet).*

Fetisch, Amulett, Talisman, Maskottchen, Glücksbringer, Totem, Götzenbild.

Fettleibigkeit, Beleibtheit, Korpulenz, Dickleibigkeit, Feistheit, Dickwanstigkeit *(ugs.).*

Fetzen [Papier], Papierfetzen, Papierschnipsel, Schnipsel, Papierschnitzel, Schnitzel.

feucht, klamm, naß.

Feuchtigkeit, Nässe, Naß, Feuchte *(geh.).*

Feuer, Feuersbrunst, Brand, Schadenfeuer, Feuersturm, Flammenmeer.

Feuerbestattung, Einäscherung, Verbrennung, Kremierung, Kremation.

[1]feuern, heizen, anheizen, Feuer machen / anmachen, die Heizung aufdrehen / andrehen / anstellen, einheizen, warm machen.

[2]feuern *(ugs.),* jmdn. [fristlos] entlassen, jmdm. kündigen, jmdn. freisetzen, fortschicken, abservieren *(ugs.),* jmdm. den Laufpaß geben, abhängen *(ugs.),* abschieben *(ugs.),* kaltstellen *(ugs.),* jmdm. den Stuhl vor die Tür setzen, jmdn. auf die Straße setzen / werfen, davonjagen, schassen *(ugs.),* ablösen, hinauswerfen *(ugs.),* rauswerfen *(ugs.),* hinausschmeißen *(ugs.),* rausschmeißen *(salopp),* hinauskatapultieren *(salopp),* rauspfeffern *(salopp),* rausfeuern *(salopp),* absetzen, entsetzen *(schweiz.),* abhalftern *(salopp),* absägen *(salopp),* des Amtes entheben / entkleiden, suspendieren, einstellen *(schweiz.),* stürzen, entthronen, entmachten, entfernen, abbauen, ausbooten *(ugs.),* abschießen *(salopp),* über die Klinge springen lassen *(ugs.),* in die Wüste schicken, aufs Abstellgleis schieben *(ugs.),* zum alten Eisen werfen *(ugs.).*

[3]feuern, schießen, abschießen, Feuer geben, abfeuern, knallen, ballern.

Feuilleton, Kulturteil, Unterhaltungsteil.

fiebern, Fieber haben, [erhöhte] Temperatur haben, fiebrig sein.

fighten, kämpfen, sich messen, einen Wettkampf austragen, ringen, fechten.

Figur, Gestalt, Wuchs, Statur, Körper, Korpus *(scherzh.),* Leib, Konstitution, Habitus.

Filiale, Zweigstelle, Niederlassung, Nebenstelle.

Film, Kinofilm, Streifen, Filmstreifen, Spielfilm, Farbfilm, Hauptfilm, Kassenmagnet *(ugs.),* Kinohit *(ugs.).*

Filmschauspielerin, Darstellerin, Filmstar, Star, Starlet, Filmsternchen, Leinwandgröße, Diva, Heroine, Aktrice.

Filmschönheit *(ugs.),* Glamourgirl, Beauty, Reklameschönheit *(abwertend).*

filtern, filtrieren, seihen, durchseihen, sieben, durchsieben.

Fimmel *(salopp),* Spleen, fixe Idee, Marotte, Schrulle, Tick, Macke *(salopp),* Flitz *(ugs.),* Wunderlichkeit, Verrücktheit, Pecker *(österr.).*

Finale, Ende, Ausgang, Schlußpunkt, Schluß, Abschluß, Beschluß *(veraltend),* Rüste *(dichter.),* Neige *(dichter.),* Ausklang, Beendigung.

Finanzen, Geld, Geldmittel, Nervus rerum, klingende Münze, Rubel *(scherzh.),* Money *(scherzh.),* Knete *(Jargon),* Bargeld, Mittel, Kleingeld *(scherzh.),* Pimperlinge *(ugs.),* Marie *(ugs.),* Asche *(ugs.),* Heu *(ugs.),* Flocken *(ugs.),* Pinkepinke *(ugs.),* Pinke *(ugs.),* Steine *(schweiz.),* Linsen *(ugs.),* Kies *(salopp),* Zaster *(salopp),* Moneten *(salopp),* Moos *(salopp),* Penunzen *(salopp),* Mücken *(salopp),* Kröten *(salopp),* Mäuse *(salopp),* Flöhe *(salopp),* Möpse *(salopp),* Lappen *(salopp),* Pulver *(salopp),* Eier *(salopp),* Piepen *(salopp),* Kohle *(salopp),* Emmchen *(ugs.),* Blech *(salopp),* Draht *(salopp),* Zwirn *(salopp),* Zunder *(salopp),* Koks *(salopp),* Knöpfe *(salopp),* Mammon *(abwertend),* schnöder Mammon *(scherzh.),* Maxen *(salopp österr.).*

finanziell, geldlich, geldmäßig, monetär, pekuniär, wirtschaftlich, geschäftlich.

finanzieren, subventionieren, bezuschussen, [für die Kosten] aufkommen, die Kosten tragen, bestreiten, Geld in etwas hineinstekken, investieren.

finden, auffinden, stoßen auf, entdecken, sehen, antreffen, vorfinden, treffen [auf], begegnen, wiedersehen, aufspüren, orten, den Standort bestimmen, ausfindig machen, ausfinden, ausmachen, ermitteln, in Erfahrung bringen, feststellen, auf die Spur kommen, herausfinden, herausbekommen, herausbringen *(ugs.),* herauskriegen *(salopp),* rausbringen *(salopp),* ausklamüsern *(ugs.),* aufstöbern, auftreiben *(ugs.),* auflesen *(ugs.),* aufgabeln *(salopp),* auffischen *(salopp).*

Fingerzeig, Hinweis, Tip, Wink.

fingiert, [frei] erfunden, erdichtet, erstunken und erlogen *(salopp),* erlogen, reine Fiktion / Phantasie.

finster, dunkel, halbdunkel, dämm[e]rig, zwielichtig, düster, trüb[e], schumm[e]rig, duster *(landsch. salopp),* zappenduster *(landsch. salopp),* stockdunkel, stockfinster.

firm, sicher, fest, sattelfest, erfahren, bewandert, versiert, beschlagen.

Firma, Fabrik, Werk, Betrieb, Unternehmen, Konzern.

Firmament, Himmel, Sternhimmel, Sternenhimmel *(geh.),* Himmelsgewölbe *(dichter.),* Sternenzelt *(dichter.).*

Fischgründe, Fanggründe, Fischwasser, Fischplatz, Fangplatz, Fanggebiet.

fit, topfit, in Form, leistungsfähig, trainiert.

fixieren, ansehen, anschauen, anblicken, betrachten, besichtigen, beschauen, beobachten, studieren, in Augenschein nehmen, beaugenscheinigen *(scherzh.),* beaugapfeln *(scherzh.),* beäugeln, beäugen *(ugs. scherzh.),* mustern, kein Auge von jmdm. / etwas wenden, jmdn. [mit Blicken] messen, anstarren, anglotzen *(abwertend),* anstieren, angaffen *(abwertend),* besehen, beglotzen *(abwertend),* begaffen *(abwertend),* angucken, begucken, blicken auf, den Blick heften auf, den Blick nicht abwenden können, kein Auge von jmdm. / etwas lassen, jmdm. einen Blick zuwerfen / schenken / gönnen, einen Blick werfen auf, anglupschen *(abwertend),* jmdn. / etwas mit den Augen verschlingen, Stielaugen machen *(ugs.),* jmdm. gehen die Augen über, jmdn. mit Blicken durchbohren, jmdn. scharf ins Auge fassen.

[1]**flach,** niedrig, nieder *(landsch.),* von geringer Höhe, ebenerdig, fußhoch.

[2]**flach,** seicht, niedrig, nieder *(landsch.),* untief, knöcheltief, knietief.

flachsen *(ugs.),* aufziehen, necken, mit jmdm. seinen Schabernack / seinen Scherz treiben, hänseln, veralbern *(ugs.),* anöden *(salopp),* ärgern, frotzeln, verulken *(ugs.),* hochnehmen *(ugs.),* uzen *(ugs. landsch.),* auf den Arm nehmen *(ugs.),* auf die Schippe nehmen *(salopp),* durch den Kakao ziehen *(salopp),* witzeln, spötteln, spotten, jmdn. dem Gelächter preisgeben, verspotten, ausspotten *(südd., österr. schweiz.),* pflanzen *(österr.),* höhnen, verhöhnen, foppen, ulken *(ugs.),* anpflaumen *(salopp).*

Flair, Fluidum, Atmosphäre.

flanieren, promenieren, bummeln, spazieren, spazierengehen, schlendern, lustwandeln.

Flasche, Bouteille *(veraltend),* Buddel *(ugs.),* Pulle *(ugs.).*

Flausen, Laune, Grillen, Mucken, Einfall, Allüren, Albernheiten, Kapriole, Kaprice.

Flechte, Zopf, Haarflechte, Haarzopf.

Flegel, Rüpel, Lümmel, Schnösel *(ugs.),* Strolch, Stiesel *(ugs.),* Tölpel, Lackel *(südd., österr. ugs.).*

flehentlich, flehend, beschwörend, mahnend, inständig.

Fleischer, Metzger *(südd., schweiz., westmd.),* Schlachter *(nordd.),* Schlächter *(nordd.),* Fleischhauer *(österr.),* Fleischhacker *(österr. ugs.),* Wurster *(südd.).*

Fleischerei, Metzgerei *(südd., schweiz., westmd.),* Schlachterei *(nordd.),* Schlächterei *(nordd.),* Fleischhauerei *(österr.),* Fleischerladen, Metzgerladen *(südd.),* Wursterei *(südd.).*

fleischlos, vegetarisch, pflanzlich.

Fleiß, Eifer, Emsigkeit, Strebsamkeit, Unermüdlichkeit, Rastlosigkeit, Arbeitsamkeit *(veraltend).*

fleißig, eifrig, emsig, strebsam, unermüdlich, rastlos, nimmermüde, arbeitsam, arbeitswillig, tüchtig, tätig.

flexibel, anpassungsfähig, kompromißbereit.

Fliege, Schleife, Krawattenschleife, Mascherl *(österr.).*

fliegen, schweben, segeln, flattern, schwirren, flirren, gaukeln *(dichter.).*

Fliegerei, Luftfahrt, Luftverkehr, Aeronautik.

fliehen, flüchten, die Flucht ergreifen, sein Heil in der Flucht suchen, entfliehen, entweichen, davonlaufen, Reißaus nehmen *(ugs.),* ausreißen *(ugs.),* das Hasenpanier ergreifen *(scherzh.),* abhauen *(salopp),* türmen *(salopp).*

Fliese, Kachel, Platte, Plättchen *(südd.).*

fließen, strömen, rinnen, rieseln, wogen, fluten, wallen, sich ergießen.

fließend, flüssig, geläufig, ohne Unterbrechung, ohne steckenzubleiben, ohne zu stocken.

Flitter, Flitterkram *(ugs. abwertend),* Flitterwerk *(abwertend),* Tand *(abwertend),* Talmi, Firlefanz *(abwertend),* Kinkerlitzchen *(abwertend).*

Flora, Vegetation, Pflanzenwuchs, Pflanzenwelt, Pflanzenreich.

florieren, blühen, gedeihen, [wachsen] blühen und gedeihen, in Schwung sein, gut gehen *(ugs.),* boomen *(ugs.).*

Fluch, Verwünschung, Drohung, Drohwort.

fluchen, zetern, vom Leder ziehen, wie ein Rohrspatz schimpfen, Gift und Galle speien / spucken, keifen, wettern, poltern, donnern, belfern, bellen, keppeln *(österr.).*

flüchten, fliehen, die Flucht ergreifen, sein Heil in der Flucht suchen, entfliehen, entweichen, davonlaufen, Reißaus nehmen *(ugs.),* ausreißen *(ugs.),* das Hasenpanier ergreifen *(scherzh.),* abhauen *(salopp),* türmen *(salopp).*

flüchtig, nachlässig, schlampig, schlampert *(landsch.),* schludrig, oberflächlich, unordentlich, huschelig, larifari, ungenau, so nebenher.

Flügel, Seitenflügel, Seitenbau, Seitentrakt, Trakt.

Flugplatz, Flughafen, Airport, Landeplatz.

Flugzeug, Aeroplan *(veraltet),* Maschine, Flieger *(ugs.),* Kiste *(ugs.),* Jet.

Flugzeugführer, Pilot, Flugkapitän, Flieger.

Fluidum, Flair, Atmosphäre.

[1]Flur, (der), Hausflur, Ern *(landsch.),* Laube *(schweiz.),* Hausgang *(südd., westd.),* Gang *(südd., westd.).*

[2]Flur, (die), Feld, Acker, Ackerland, Land, [Grund und] Boden.

Fluse, Fussel, Faser, Fäserchen, Fädchen.

Fluß, Wasserlauf, Flußlauf, Strom.

flüstern, wispern, pispern, pispeln, zischeln, zischen, tuscheln, hauchen, raunen, murmeln, brummeln.

Flut, Hochwasser, auflaufendes Wasser.

[1]Folge, Reihenfolge, Abfolge, Ablauf, Aufeinanderfolge, Sequenz, Turnus.

[2]Folge, Wirkung, Auswirkung, Ergebnis, Konsequenz, Folgerung.

Folge leisten, befolgen, beherzigen, beachten, einhalten, sich [den Anordnungen] fügen / unterwerfen / beugen / unterordnen / *(schweiz.)* unterziehen.

[1]folgen, gehorchen, gehorsam sein, nachkommen, Folge leisten, auf jmdn. hören, parieren *(ugs.),* kuschen *(ugs.),* sich ducken *(ugs.),* nach jmds. Pfeife tanzen *(ugs.),* spuren *(salopp).*

[2]folgen, nachgehen, hinterhergehen, hinterherlaufen, nachlaufen, nachrennen, nacheilen, nachsteigen, nachkommen, hinterherkommen, später kommen.

[3]folgen, nachfolgen, die Nachfolge antreten, jmds. Amt übernehmen, in jmds. Fußstapfen treten.

folgerichtig, logisch, durchdacht, überlegt, schlüssig, konsequent.

folgern, schließen, urteilen, schlußfolgern, den Schluß ziehen, zu dem Schluß kommen, die Schlußfolgerung ziehen, ableiten, herleiten, deduzieren.

Folgerung, Schluß, Schlußfolgerung, Konklusion, Ableitung, Herleitung, Deduktion.

folglich, also, mithin, jedenfalls, infolgedessen, danach, demnach, ergo, demzufolge, demgemäß, dementsprechend, somit, sonach.

folgsam, artig, brav, fügsam, gehorsam, lieb, manierlich, gesittet, wohlerzogen.

foltern, quälen, mißhandeln, peinigen, martern *(geh.),* schikanieren, schinden.

Fond, Hintergrund, Background, Tiefe, Folie, Kulisse.

foppen, aufziehen, necken, mit jmdm. seinen Schabernack / seinen Scherz treiben, hänseln, veralbern *(ugs.),* anöden *(salopp),* ärgern, frotzeln, verulken *(ugs.),* hochnehmen *(ugs.),* uzen *(ugs., landsch.),* auf den Arm nehmen *(ugs.),* auf die Schippe nehmen *(salopp),* durch den Kakao ziehen *(salopp),* witzeln, spötteln, spotten, jmdn. dem Gelächter preisgeben, verspotten, ausspotten *(südd., österr., schweiz.),* pflanzen *(österr.),* höhnen, verhöhnen, ulken *(ugs.),* flachsen *(ugs.),* anpflaumen *(salopp).*

forcieren, verstärken, intensivieren, vorantreiben, nachhelfen, Druck / Dampf hinter etwas machen *(ugs.).*

Förderer, Gönner, Schützer, Beschützer, Sponsor, Geldgeber, edler Spender *(scherzh.),* Mäzen, Musaget *(veraltet),* Schutzherr, Schirmherr, Protektor.

fordern, verlangen, beanspruchen, wollen, wünschen, begehren *(geh.),* heischen *(geh.),* geltend machen, bestehen / dringen / beharren / pochen / insistieren auf, die Forderung / den Anspruch erheben, Forderungen stellen, postulieren, ein Postulat aufstellen.

[1]fördern, begünstigen, protegieren, lancieren, aufbauen, sich verwenden für, ein gutes Wort einlegen für, befürworten, jmdm. die Bahn / die Wege ebnen, jmdn. ins Geschäft bringen, jmdm. in den Sattel helfen.

[2]fördern, unterstützen, einer Sache Tür und Tor öffnen / Vorschub leisten / zum Durchbruch verhelfen / Bahn brechen, eine Bresche schlagen für.

Form, Stil, [Art und] Weise, Manier, Modus *(geh.),* Zuschnitt, Tour *(ugs.),* Masche *(ugs.).*

formelhaft, stereotyp, [immer] wiederkehrend, ständig, gleichbleibend.

formell, förmlich, steif, konventionell, zeremoniell.

formen, gestalten, bilden.

förmlich, regelrecht, geradezu, buchstäblich, nachgerade, praktisch, direkt.

Formular, Vordruck, Formblatt, Fragebogen.

formulieren, artikulieren, ausdrükken, aussprechen, in Worte fassen / *(geh.)* kleiden.

Formung, Gestaltung, Ausformung, Darstellung.

forschen, ergründen, erforschen, eruieren, hinterfragen, sondieren, explorieren *(bildungsspr.),* studieren.

Forscher, Gelehrter, Wissenschaftler, Wissenschafter *(schweiz., österr.),* Stubengelehrter, Studierter, Akademiker, Mann der Wissenschaft, Privatgelehrter.

Forst, Wald, Waldung, Wäldchen, Hain *(dichter. veraltet),* Tann *(dichter. veraltet),* Holz *(dichter.),* Gehölz.

[1]fort, weg, nicht mehr da, verschwunden, unauffindbar, nicht zu finden, verschollen, abhanden gekommen.

[2]**fort,** abwesend, aushäusig, nicht zu Hause, nicht greifbar, nicht anwesend, nicht da, weg, ausgeflogen, nicht zu sprechen, über alle Berge.

Fortbildung, Weiterbildung, Erwachsenenbildung.

fortgehen, weggehen, gehen, davongehen, ausziehen, von dannen gehen, von hinnen gehen, seiner Wege gehen, den Rücken kehren, aufbrechen, abmarschieren, sich entfernen / zurückziehen / absetzen / absentieren / verfügen / fortbegeben / wegbegeben / trollen / aufmachen / *(ugs.)* fortmachen / auf den Weg / *(ugs.)* auf die Strümpfe *bzw.* auf die Socken machen / *(derb)* verpissen, den Staub von den Füßen schütteln, abhauen *(salopp),* die Flatter machen *(ugs.),* abzittern *(salopp),* absocken *(salopp),* abzwitschern *(salopp),* abschieben *(salopp),* abschwirren *(salopp),* abschwimmen *(salopp),* absegeln *(salopp),* losziehen *(ugs.),* abdampfen *(ugs.),* lostigern *(salopp),* abrücken *(ugs.),* Leine ziehen *(salopp),* weglaufen, laufen, davonlaufen, rennen, wegrennen, abzischen *(salopp),* das Weite suchen, Fersengeld geben, ausrükken *(ugs.),* ausreißen *(ugs.),* Reißaus nehmen *(ugs.),* ausbüxen *(salopp),* auskneifen *(salopp),* auswichsen *(salopp),* durchbrennen *(salopp),* durchgehen *(salopp),* auskratzen *(salopp),* die Kurve kratzen *(salopp),* sich fortstehlen / fortschleichen / wegstehlen / davonstehlen / auf französisch empfehlen / *(ugs.)* davonmachen / *(ugs.)* aus dem Staube machen / *(ugs.)* verkrümeln / *(salopp)* verdrücken / *(salopp)* verdünnisieren / *(salopp)* dünnmachen / *(salopp)* flüssigmachen / *(salopp)* verziehen / fortscheren / wegscheren, [von der Bildfläche] verschwinden *(ugs.),* abtauchen, untertauchen, stiftengehen *(salopp),* verduften *(salopp).*

Fortpflanzung, Vermehrung, Arterhaltung.

fortpflanzungsfähig, fruchtbar, vermehrungsfähig, fertil.

Fortpflanzungstrieb, Geschlechtstrieb, Libido *(fachspr.).*

fortschrittlich, progressiv, avantgardistisch, vorkämpferisch, zeitgemäß, modern, links.

fortschrittsfeindlich, konservativ, rückschrittlich, reaktionär, restaurativ, rückständig, zurückgeblieben, unzeitgemäß.

fortsetzen, fortfahren, weitermachen, fortführen, weiterführen, weiterverfolgen, am Ball bleiben *(ugs.).*

Fotografie, Lichtbild, Aufnahme, Foto, Bild.

fotografieren, aufnehmen, ein Foto / eine Aufnahme / ein Bild machen, knipsen *(ugs.),* ablichten *(ugs.),* ein Foto / ein Bild schießen *(ugs.).*

Foyer, Wandelhalle, Lobby, Wandelgang, Halle, Vestibül, Lounge, Vorhalle, Vorraum, Empfangshalle, Empfangsraum.

Fracht, Ladung, Wagenladung, Fuhre, Fuder, Frachtgut.

[1]**Frage,** Erkundigung, Anfrage, Nachfrage, Rückfrage.

[2]**Frage,** Problem, Streitfrage, kritischer / strittiger Punkt, Knackpunkt, Dollpunkt *(ugs.),* Hauptfrage, Kernfrage, Kardinalfrage, Hauptproblem, Kernproblem, Grundproblem, Zentralproblem, Kardinalproblem.

[1]**fragen,** eine Frage richten an / stellen / vorbringen, sich erkundi-

gen, um Auskunft bitten, sich wenden an, wissen wollen.

[2]**fragen** (sich), denken, überlegen, nachdenken, Reflexionen anstellen, reflektieren, durchdenken, sich Gedanken machen, einem Gedanken / seinen Gedanken nachhängen, sich besinnen / bedenken, mit sich zu Rate gehen, seine Gedanken zusammennehmen, nachsinnen, nachgrübeln, sinnen, grübeln, tüfteln, sinnieren, brüten, rätseln, herumrätseln, sich den Kopf zerbrechen, sich einen Kopf machen *(Jargon)*, sich das Hirn zermartern, knobeln *(ugs.)*, den Verstand gebrauchen, seinen Geist anstrengen.

[1]**fraglich**, ungewiß, unsicher, unbestimmt, unentschieden, zweifelhaft.

[2]**fraglich**, besagt, bewußt, betreffend, betroffen, in Rede stehend, genannt.

fraglos, zweifellos, zweifelsohne, zweifelsfrei, ohne Zweifel, gewiß, sicher, sicherlich, unbestritten, unbestreitbar, unstreitig.

fraternisieren, sich verbrüdern, sich solidarisieren, sympathisieren, Freundschaft schließen.

[1]**Frau**, Dame, Lady, Sie *(ugs.)*, Weib *(veraltend)*, Eva *(scherzh.)*, Evastochter *(scherzh.)*, Frauenzimmer *(veraltet)*, weibliches Wesen.

[2]**Frau**, Ehefrau, Gattin, Gemahlin, Ehepartner, Angetraute, Lebensgefährtin, Weggefährtin, Lebenskamerad, Lebenskameradin, Weib, Eheliebste, Ehegespons *(ugs.)*, Ehegenossin, bessere / schönere Hälfte *(ugs.)*, Hauszierde *(scherzh.)*, Alte *(salopp)*, Olle *(derb)*, Drachen *(abwertend)*, Xanthippe *(abwertend)*.

Frauenbewegung, Feminismus, Emanzipation, Frauenrecht.

Frauenheld, Frauenliebling, Frauenmann, Belami *(veraltend)*, Playboy, Charmeur, Schürzenjäger, Schwerenöter, Casanova, Don Juan, Herzensbrecher *(veraltend)*, Suitier *(veraltet)*.

Frauenrechtlerin, Feministin, Emanzipierte, Emanze *(abwertend)*, Suffragette *(veraltend)*, Blaustrumpf *(veraltend)*.

frech, ungezogen, unartig, ungesittet, unmanierlich, unverfroren, unverschämt, insolent *(bildungsspr.)*, dreist, keck, keß, vorlaut, vorwitzig, naseweis, naßforsch *(ugs.)*, impertinent, ausverschämt *(landsch.)*, patzig *(ugs.)*, pampig *(ugs.)*, flapsig *(ugs.)*.

Frechheit, Dreistigkeit, Unverschämtheit, Impertinenz, Ungezogenheit, Unverfrorenheit, Insolenz *(bildungsspr.)*, Chuzpe.

frei, ungebunden, ungehindert, unbehindert, unabhängig, für sich allein, eigenständig, selbständig.

freigebig, großzügig, generös, hochherzig, nobel, honorig, splendid *(veraltend)*, gebefreudig, weitherzig, spendabel *(ugs.)*.

Freigebigkeit, Großzügigkeit, Generosität, Hochherzigkeit, Gebefreudigkeit, Spendenfreudigkeit.

Freiheit, Unabhängigkeit, Ungebundenheit, Selbstbestimmung, Eigenständigkeit, Selbständigkeit, Autarkie, Autonomie.

freiheraus, freiweg, geradeheraus, rundheraus, rundweg, geradewegs, ohne Umschweife, geradezu, einfach, direkt, unumwunden, glattweg, glatt, schlankweg, ohne Zögern / Zaudern.

Freikörperkultur, FKK, Nacktkultur, Nudismus, Naturismus.

freilassen, freigeben, loslassen, entlassen, freisetzen, auf freien Fuß setzen, jmdm. die Freiheit geben / schenken, gehen / laufen /

springen lassen, auslassen *(südd., österr.)*.

[1]**freilich**, ja, jawohl, gewiß, sicher, richtig, doch, natürlich, selbstverständlich, selbstredend, sehr wohl, in der Tat, allemal, bestimmt, auf jeden Fall, einverstanden, gut, schön, versteht sich, [na] klar *(ugs.)*, genehmigt *(ugs.)*, gebongt *(ugs.)*, in Ordnung, okay *(ugs.)*.

[2]**freilich**, aber, jedoch, doch, jedennoch *(veraltend)*, indes, indessen, dabei, immerhin, mindestens, zum mindesten, wenigstens, dagegen, dahingegen, hingegen, hinwieder, hinwiederum, wiederum, allerdings, and[e]rerseits, anderseits, nur, höchstens, sondern, allein, im Gegensatz dazu, demgegenüber.

Freischärler, Guerilla, Franktireur, Widerstandskämpfer, Untergrundkämpfer, Guerillero, Partisan.

freischwimmen (sich), sich loslösen / lösen / losmachen von, loskommen von, abnabeln, die Nabelschnur durchschneiden / durchtrennen, selbständig werden, sich emanzipieren.

freisinnig, aufgeklärt, vorurteilsfrei, vorurteilslos, liberal, lax *(abwertend)*, wissend, erfahren, unterrichtet, eingeweiht.

freisprechen, lossprechen, entschuldigen, rechtfertigen, exkulpieren, von einer Schuld befreien, Absolution erteilen *(kath.)*.

freistellen (jmdm. etwas), jmdm. etwas überlassen / anheimstellen / anheimgeben, jmdm. vorbehalten sein, jmdn. selbst entscheiden lassen.

freiwillig, spontan, von selbst, von sich aus, aus sich heraus, von allein *(ugs.)*, unaufgefordert, ungeheißen, ohne Aufforderung, aus eigenem Antrieb, aus freiem Willen, aus freien Stücken.

Freizeitbeschäftigung, Liebhaberei, Privatvergnügen, Privatinteresse, Lieblingsbeschäftigung, Steckenpferd, Hobby, Passion, Leidenschaft.

fremd, fremdartig, unbekannt, ungewohnt, exotisch.

Fremdbestimmung, Abhängigkeit, Unfreiheit, Unselbständigkeit.

Fremder, Fremdling *(veraltend)*, Ortsunkundiger, Zugereister *(ugs.)*, Unbekannter.

Freude, Lust, Vergnügen, Entzükken, Ergötzen, Frohlocken *(geh.)*, Fröhlichkeit, Frohsinn, Lebenslust, Lebensfreude, Daseinsfreude, Vergnügtheit, Lustigkeit, Spaß, Glück, Seligkeit, Glückseligkeit, Wonne, Wollust, Sinnestaumel, Verzückung, Rausch, Ekstase.

Freudengeschrei, Freudentaumel, Freudengeheul, Jubel, Begeisterung, Enthusiasmus.

Freudenhaus, Bordell, Eros-Center, Etablissement, öffentliches Haus, Liebessilo *(scherzh.)*, Massageinstitut *(verhüll.)*, Hurenhaus *(salopp)*, Knallhütte *(salopp)*, Puff *(derb)*, Kontakthof, Studio.

freuen (sich), sich erfreuen / *(geh.)* ergötzen, Freude / Wohlgefallen haben, Freude empfinden, sich vergnügen, froh / fröhlich / glücklich / begeistert sein, jubeln, frohlocken *(geh.)*, jmdm. hüpft das Herz vor Freude / lacht das Herz im Leibe *(geh.)*, vor Freude [fast] an die Decke springen.

[1]**Freund**, Kamerad, Gefährte *(geh.)*, Intimus *(geh.)*, Vertrauter *(geh.)*, Gespiele *(geh. veraltend)*, Genosse, Kumpel *(ugs.)*, Kumpan *(ugs.)*, Spezi *(südd., österr. ugs.)*, Haberer *(österr. ugs.)*.

[2]**Freund**, Geliebter, Liebhaber, Lo-

ver *(Jargon),* Liebster *(veraltet),* Haberer *(salopp, österr.),* Partner, Bekannter *(ugs. verhüll.),* Amant *(veraltet),* Romeo *(scherzh.),* Verehrer *(scherzh.),* Anbeter *(scherzh.),* Seladon *(bildungsspr. veraltet),* Kavalier *(scherzh.),* Galan *(ugs. abwertend),* Hausfreund *(scherz. verhüll.),* Cicisbeo *(bildungsspr. verhüll.),* ständiger Begleiter, Gspusi *(südd., österr. ugs.),* Gschwuf *(wiener.),* Scheich *(salopp),* Macker *(salopp),* Verhältnis *(ugs.).*

Freundeskreis, Bekanntenkreis, Bekanntschaft.

[1]**Freundin,** Kameradin, Gefährtin *(geh.),* Vertraute *(geh.),* Gespielin *(geh. veraltend),* Kumpanin *(ugs.),* Kumpel *(ugs.).*

[2]**Freundin,** Geliebte, Liebchen *(veraltet),* Liebste *(veraltet),* Angebetete *(scherzh.),* Dulzinea *(scherzh.),* Flamme *(ugs.),* Ärmelkusine *(landsch. veraltend, scherzh.),* Verhältnis *(ugs.),* Bettgenossin, Betthase *(ugs. scherzh.),* Konkubine (früher, *sonst abwertend*), Mätresse (früher, *sonst abwertend*), Kurtisane (früher), Favoritin *(veraltet),* Donja *(ugs.),* Zahn *(Jargon),* Stammzahn *(Jargon),* Braut *(ugs.).*

freundlich, verbindlich, entgegenkommend, nett, zuvorkommend, liebenswürdig.

Freundschaft, Kameradschaft, Bindung, freundschaftliche Beziehung.

freundschaftlich, kameradschaftlich, partnerschaftlich, brüderlich, als Freund, in alter Freundschaft, einträchtig, harmonisch.

frevelhaft, lästerlich, gotteslästerlich, lasterhaft, gottlos, sittenlos, vitiös *(bildungsspr. veraltet).*

freveln, sündigen, sich versündigen / vergehen, fehlen, einen Frevel / Fehltritt / eine Sünde begehen.

friedfertig, verträglich, friedliebend, friedlich, umgänglich, friedsam *(geh. veraltend).*

Friedhof, Kirchhof, Gottesacker, Totenacker, Begräbnisstätte, Gräberfeld.

[1]**friedlich,** einträchtig, harmonisch, einig.

[2]**friedlich,** harmlos, ungefährlich, unschädlich, gutartig.

frieren, unter Kälte leiden, frösteln, jmdm. kalt sein, schaudern, schauern, bibbern *(ugs.),* schlottern, zittern [vor Kälte], mit den Zähnen klappern, eine Gänsehaut haben.

Frikadelle, deutsches Beefsteak, Bulette *(ugs.),* Bratklops *(nordd.),* Klops *(nordd.),* Fleischküchlein *(südd.),* Fleischlaibchen *(österr.),* faschiertes Laibchen *(österr.).*

[1]**frisch,** ofenfrisch, noch warm, vom Tage.

[2]**frisch,** kühl, ausgekühlt, unterkühlt, abgekühlt, herbstlich, winterlich, kalt, frostklar, frostklirrend, froststarr, frostig, eiskalt, eisig.

Frische, Kälte, Kühle, Frost, Bodenfrost, Nachtfrost, Maifrost, Frostwetter, Eiseskälte, Zapfen *(salopp österr.).*

Friseur, Coiffeur, Hair-Stylist, Haarkünstler, Figaro *(scherzh.),* Haarschneider *(ugs.),* Barbier *(veraltet),* Bader *(veraltet).*

frisieren, kämmen, bürsten, strählen *(veraltet),* das Haar machen / ordnen.

Frisur, Haarschnitt, Haartracht, Haarfrisur *(ugs.).*

frivol, schamlos, leichtfertig, schlüpfrig, zweideutig, pikant, verrucht, lasziv, anstößig.

fröhlich, lustig, froh, frohgemut, frohsinnig, heiter, stillvergnügt, sonnig, lebenslustig, lebensfroh, unkompliziert, amüsant, lebensmunter *(schweiz.)*, vergnügt, vergnügungssüchtig, leichtlebig, leichtblütig, lose, locker, freudig, munter, putzmunter, aufgeräumt, fidel, quietschvergnügt, puppenlustig *(landsch.)*, kregel *(nordd.)*, aufgekratzt *(ugs.)*, nicht schwermütig, guter Dinge, belustigt, gut gelaunt, aufgedreht *(ugs.)*, kein Kind von Traurigkeit.

Fröhlichkeit, Heiterkeit, Beschwingtheit, Unbeschwertheit, gute Laune, Harmonie, Zufriedenheit, Behagen, Wohlbehagen.

fromm, religiös, gottesfürchtig, gläubig, kirchlich, glaubensstark, gottgefällig *(geh.)*, gottselig *(veraltet)*.

Frömmigkeit, Religiosität, Gottesfürchtigkeit, Gläubigkeit, Glaubensstärke.

frömmlerisch, frömmelnd, bigott, scheinheilig.

frönen (einer Sache), sich befassen / beschäftigen / tragen / abgeben mit, sich jmdm. / einer Sache widmen, sich in etwas hineinknien *(ugs.)*, einer Sache huldigen, umgehen mit, schwanger gehen mit *(ugs. scherzh.)*.

Front, Frontlinie, Kampfzone, Frontabschnitt, Kampflinie, vorderste Linie.

frontal, von vorne, en face, frontseitig.

Frost, Kälte, Kühle, Frische, Bodenfrost, Nachtfrost, Maifrost, Frostwetter, Eiseskälte, Zapfen *(salopp österr.)*.

frösteln, frieren, unter Kälte leiden, jmdm. kalt sein, schaudern, schauern, bibbern *(ugs.)*, schlottern, zittern [vor Kälte], mit den Zähnen klappern, eine Gänsehaut haben.

frosten, einfrosten, tiefgefrieren, tiefkühlen, einfrieren, gefrieren, eingefrieren.

frotzeln, aufziehen, necken, mit jmdm. seinen Schabernack / seinen Scherz treiben, hänseln, veralbern *(ugs.)*, anöden *(salopp)*, ärgern, verulken *(ugs.)*, hochnehmen *(ugs.)*, uzen *(ugs. landsch.)*, auf den Arm nehmen *(ugs.)*, auf die Schippe nehmen *(salopp)*, durch den Kakao ziehen *(salopp)*, witzeln, spötteln, spotten, jmdn. dem Gelächter preisgeben, verspotten, ausspotten *(südd., österr., schweiz.)*, pflanzen *(österr.)*, höhnen, verhöhnen, foppen, ulken *(ugs.)*, flachsen *(ugs.)*, anpflaumen *(salopp)*.

fruchtbar, fortpflanzungsfähig, vermehrungsfähig, fertil.

Fruchtsaft, Obstsaft, Juice, Saft, Most.

früh, zeitig, frühzeitig, beizeiten, rechtzeitig, zur rechten Zeit.

früher, gewesen, vergangen, vormalig, ehemalig, letzt..., verflossen *(ugs.)*, Alt... (z. B. Altbundeskanzler), Ex... (z. B. Exfreund).

frühestens, ehestens, ehest, nicht vor, nicht eher.

frühmorgens, morgens, am [frühen] Morgen, des Morgens, bei Tagesanbruch, früh, in der Früh *(südd., österr.)*, in aller Frühe / Herrgottsfrühe, beim ersten Hahnenschrei, bei Tau und Tag, beim Morgengrauen, vor Tage *(geh.)*.

frühzeitig, früh, zeitig, beizeiten, rechtzeitig, zur rechten Zeit.

frustrieren, enttäuschen, verprellen, verärgern, verdrießen, vor den Kopf stoßen, unbefriedigt lassen.

Fuge, Spalte, Spalt, Sprung, Riß, Ritze, Ritz, Schlitz, Lücke.

fügen (sich), sich beugen / unterwerfen / ergeben, sich einem Joch beugen, unterliegen, in die Knie gehen, sich unterordnen.

fugenlos, nahtlos [wie] aus einem Guß.

füglich, mit Recht, zu Recht, mit Fug und Recht.

fügsam, folgsam, ergeben, treu.

Fügsamkeit, Gehorsam, Folgsamkeit, Bravheit, Angepaßtheit, Unterordnung, Gefügigkeit, Willfährigkeit, Unterwürfigkeit, Subordination, Kadavergehorsam *(abwertend).*

fühlbar, einschneidend, merklich, empfindlich, spürbar, nachhaltig, durchgreifend, scharf, streng.

fühlen, empfinden, spüren, verspüren, merken, wahrnehmen, gewahr werden, ergriffen werden.

Fuhre, Ladung, Wagenladung, Fuder, Fracht, Frachtgut.

führen, lenken, leiten, verwalten, administrieren, kommandieren, befehligen, regieren, gebieten / herrschen über, vorstehen, an der Spitze stehen, das Heft / das Steuer / die Zügel fest in der Hand haben, die Fäden in der Hand haben / halten.

[1]**Führer,** Oberhaupt, Anführer, Herrscher, Alleinherrscher, Befehlshaber, Gebieter, Regent, Machthaber, Gewalthaber, Potentat, Diktator, Tyrann *(veraltet).*

[2]**Führer,** Leiter, Anführer, Meister, Guru, Lenker, Spiritus rector, Leader, Haupt, Kopf, Oberhaupt.

Führungsgremium, Vorstand, Führung, Direktion, Direktorium, Führungsstab, Führungsinstanz, Management, Präsidium.

Führungskraft, Manager, Kader, Entscheidungsträger, Macher *(ugs.).*

Führungsrolle, Machtposition, Machtstellung.

[1]**Fundament,** Grundlage, Quelle, Vorlage, Original, Bedingung, Voraussetzung, Ursprung, Vorstufe, Ausgangspunkt, Plattform, Unterlage, Unterbau, Substrat, Bestand, Mittel, Grundstock, Fundus, Basis.

[2]**Fundament,** Grundmauer, Grundfeste *(selten),* Unterbau, Basis.

fundamental, grundlegend, von Grund auf / aus, vollkommen, völlig, absolut.

fundiert, begründet, gesichert, hieb- und stichfest, unangreifbar.

funkeln, glänzen, leuchten, schimmern, gleißen, blinken, blitzen, glitzern, schillern, opalisieren.

Funktionär, Politruk *(abwertend),* Apparatschik *(abwertend),* Bonze *(abwertend),* Parteibonze.

funktionieren, richtig / reibungslos / ordnungsgemäß ablaufen, arbeiten, laufen, gehen, in Betrieb sein, in Gang sein.

Furcht, Angst, Bangigkeit, Ängstlichkeit, Beklommenheit, Furchtsamkeit, Bange *(ugs.),* Panik, Bammel *(ugs.),* Herzklopfen, Beklemmung.

furchtbar, schrecklich, erschreckend, bestürzend, beängstigend, katastrophal, furchterregend, furchteinflößend, schauderhaft, grauenerregend, horribel, fürchterlich, entsetzlich, gräßlich.

fürchten (sich), sich ängstigen, Angst haben, Furcht haben, sich grauen, jmdm. ist angst / himmelangst / bange / angst und bange, Bange / Bammel / Manschetten / eine Heidenangst haben *(ugs.),* Fracksausen haben *(salopp),* sich graulen *(ugs.),* die Hose [gestrichen] voll haben / Schiß haben *(derb).*

furchtlos, mutig, tapfer, heldenhaft, heldenmütig, heroisch, mannhaft, beherzt, herzhaft, unverzagt, unerschrocken, couragiert, kühn, wagemutig, waghalsig, draufgängerisch, tollkühn, risikofreudig.

furchtsam, ängstlich, schreckhaft, phobisch, bang, besorgt, angsterfüllt, angstvoll, angsthaft *(veraltend),* angstbebend, angstschlotternd, angstverzerrt (vom Gesicht), zähneklappernd *(ugs.),* bänglich, beklommen, scheu, schüchtern, verschüchtert, eingeschüchtert, verschreckt, dasig *(südd., österr.),* verängstigt, zaghaft, zag.

Fürsprecher, Fürsprech *(veraltet),* Anwalt, Advokat, Verteidiger.

Fuß, Quadratlatschen (Plural, *ugs. scherzh.*), Quanten (Plural, *salopp abwertend).*

Fußball, Ball, Leder *(ugs.),* Kugel *(ugs.),* Pille *(ugs.),* Ei *(ugs.).*

Fußballplatz, Sportplatz, Platz, Spielfeld, [grüner] Rasen, Sportfeld, Stadion, Sportstadion, Wettkampfstätte.

Fußballspieler, Fußballer, Kicker *(ugs.),* Balltreter *(ugs.).*

Fußballtor, Tor, Kasten *(ugs.),* Gehäuse *(ugs.),* Netz *(ugs.).*

Fussel, Fluse, Faser, Fäserchen, Fädchen.

fußen (auf), beruhen / zurückgehen / zurückzuführen sein auf, stammen / herrühren / sich herleiten von, sich ergeben / resultieren aus.

Fußgänger, Passant, Vorübergehender.

Fußgängerweg, Gehsteig, Bürgersteig, Gehweg, Fußweg, Fußgängersteig, Fußsteig, Gangsteig *(südd., österr.),* Gehbahn, Trottoir.

Fußspur, Spur, Fährte, Tritt, Fußabdruck, Abdruck, Fußstapfe[n], Stapfe[n], Fußtapfe[n], Tapfe[n].

Futteral, Etui, Hülle, Behälter.

G

Gabe, Geschenk, Präsent, Angebinde, Aufmerksamkeit, Mitbringsel.

gabeln (sich), sich verzweigen / teilen / *(landsch.)* zwieseln, abzweigen, abgehen.

Gab[e]lung, Weggab[e]lung, Verzweigung, Abzweigung, Scheideweg, Wegscheid.

Galadiner, Festmahl, Festessen, Bankett, Festbankett.

Galerie, Kunstgalerie, Gemäldegalerie, Museum, Kunstsammlung, Sammlung, Kunsthalle, Pinakothek.

Gammler, Beatle, Beatnik, Provo, Hippie, Blumenkind, Jeanstyp, Langhaariger *(abwertend),* Langmähniger *(abwertend).*

gängig, bewährt, erprobt, probat, altbewährt, gebräuchlich, zuverlässig.

[1]**ganz,** ganz und gar, gänzlich, zur Gänze, völlig, voll, voll und ganz, vollkommen, hundertprozentig *(ugs.),* lückenlos, vollständig, in extenso *(bildungsspr.),* in Grund und Boden, vollauf, komplett *(ugs.),* restlos, total *(ugs.),* in toto *(bildungsspr.),* pauschal, in jeder Hinsicht / Beziehung, an Haupt und Gliedern, über und über, von oben bis unten, mit Stumpf und Stiel, mit Haut und Haar / Haaren, von Kopf bis Fuß, vom Scheitel bis zur Sohle, vom Wirbel bis zur Zehe, bis zum äußersten / letzten / *(ugs.)* Tezett, bis aufs Messer *(ugs.),* bis an die Grenze des Erlaubten, durch alle Böden *(schweiz.),* von Grund auf / aus.

[2]**ganz,** heil, unbeschädigt, unverletzt, unversehrt.

ganztägig, den ganzen Tag, Tag und Nacht, rund um die Uhr, von morgens bis abends, von früh bis spät.

Garantie, Gewähr, Gewißheit, Sicherheit, Haftung, Bürgschaft.

garantiert, verbürgt, authentisch, echt, zuverlässig, aus erster Hand / Quelle, gewährleistet, sicher.

Garderobe, Kleidung, Bekleidung, Kleidungsstück, Kleider, Plünnen *(salopp),* Gewandung, Aufzug *(abwertend),* Kluft, Sachen, Klamotten *(ugs.),* Zeug *(salopp),* Kledasche *(salopp abwertend),* Habit, Kostüm, Toilette, Montur *(ugs. scherzh.).*

Gardine, Vorhang, Store.

garen, sieden, kochen, gar / weich kochen, gar machen.

gären, säuern, in Gärung übergehen / geraten, übergehen *(ugs.),* sauer werden.

Garn, Faden, Zwirn, Nähseide.

garnieren, verzieren, dressieren *(Kochk.).*

garstig, böse, bitterböse, boshaft, maliziös, übelgesinnt, übelwollend, bösartig, gemeingefährlich, schlimm, übel, unausstehlich, unleidlich, wüst *(schweiz.),* widrig, haarig *(ugs.).*

Gast, Besuch, Besucher.

Gastarbeiter, ausländischer Arbeitnehmer, Mitbürger, Fremdarbeiter, Kanake *(abwertend).*

gastfrei, gastfreundlich, gastlich.

Gastfreundschaft, Gastlichkeit, Gastfreundlichkeit.

Gasthof, Pension, Hotel, Gasthaus, Herberge *(veraltet).*

Gaststätte, Restaurationsbetrieb, Lokal, Restaurant, Speiserestaurant, Restauration *(veraltend),* Gasthaus, Gastwirtschaft, Beisel *(abwertend),* Wirtschaft, Wirtshaus, Krug *(nordd.),* Kneipe *(salopp),* Beize *(landsch.),* Beiz *(schweiz.),* Kretscham *(ostmd.),* Speisehaus, Speisewirtschaft.

Gattung, Klasse, Kategorie, Rubrik, Ordnung, Gruppe, Abteilung.

Gaumenfreude, Leckerbissen, Delikatesse, Köstlichkeit, Schleck *(schweiz.),* Gustostückerl *(österr.),* Gaumenkitzel, Gaumenreiz, Schmankerl *(bayr., österr. ugs.).*

Gauner, Schuft, Lump, Bube, Halunke, Spitzbube, Kanaille, Tunichtgut.

geachtet, angesehen, bewundert, geehrt, verehrt, hochgeschätzt, geschätzt, beliebt, geliebt, angebetet, vergöttert, gefeiert.

Gebäck, Backware, Backwerk, Kuchen, Mehlspeise *(österr.).*

geballt, konzentriert, intensiv, [besonders] stark, gehäuft, häufig, vermehrt, verstärkt.

Gebärde, Geste, Zeichen, Wink, Handzeichen, Deuter *(österr.).*

gebären, ein Kind bekommen / *(ugs.)* kriegen / in die Welt setzen / zur Welt bringen, einem Kind das Leben schenken, niederkommen, ein Kind ist angekommen, der Klapperstorch ist gekommen, kreißen, entbinden, eines Kindes genesen, Mutter werden.

Gebäude, Bau, Bauwerk, Baulichkeit, Haus, Villa, Bungalow, Hütte, Schuppen *(ugs. abwertend),* Bude *(ugs. abwertend),* Kasten *(ugs. abwertend).*

Gebefreudigkeit, Großzügigkeit, Generosität, Hochherzigkeit, Spendenfreudigkeit, Freigebigkeit.

geben, darreichen, reichen, darbieten, jmdm. etwas hinreichen / *(ugs.)* langen, versehen / versorgen / ausrüsten / ausstatten mit, an / in die Hand geben, übergeben, zustecken, in die Hand drükken.

¹Gebiet, Bereich, Bezirk, Biet *(schweiz.),* Feld, Fläche, Areal, Raum, Komplex, Rayon *(bes. österr.),* Gemarkung, Region, Revier, Terrain, Territorium, Zone.

²Gebiet, Fachbereich, Sparte, Sphäre, Sektor, Sektion, Ressort, Fachgebiet, Abteilung, Distrikt, Branche, Geschäftszweig, Wirtschaftszweig.

gebieterisch, herrisch, streng, gestreng *(geh.),* unerbittlich, unnachsichtig, unnachgiebig.

gebietsweise, lokal, regional, strichweise, landschaftlich.

gebildet, studiert, gelehrt, kenntnisreich, belesen.

Gebimmel, das Bimmeln, Geläute, das Läuten, Geklingel, das Klingeln.

gebogen, krumm, geschwungen, geschweift, halbrund, gekrümmt, gewölbt, bauchig, gebaucht.

geboren werden, zur Welt / auf die Welt kommen, das Licht der Welt erblicken, ankommen.

¹Geborgenheit, Schutz, Hut *(geh.),* Obhut, Sicherheit, Deckung, Schutz und Schirm.

²Geborgenheit, Gesichertheit, Gesichertsein, Behütetheit, Behütetsein, Beschütztsein, Beschirmtsein.

Gebrauch, Verwendung, Anwendung, Einsatz.

gebrauchen, Gebrauch machen von, in Gebrauch nehmen, benutzen, nutzen, sich zunutze machen, sich einer Sache bedienen, sich etwas dienstbar machen, einsetzen, zum Einsatz bringen, anwenden, verwenden, Verwendung haben für, verwerten, ausschlachten *(ugs.)*.

Gebrauchsanweisung, Gebrauchsanleitung, Benutzungsvorschrift, Anweisung, Anleitung, Bedienungsvorschrift, Beipackzettel.

Gebrauchsgegenstand, Bedarfsartikel, Bedarfsgegenstand, Bedarfsgut, Gebrauchsgut, Konsumgut.

gebraucht, alt, antiquarisch, second hand, nicht neu, aus zweiter Hand, übertragen *(österr.)*.

gebräunt, braun, bräunlich, braunverbrannt, sonn[en]verbrannt, abgebrannt *(österr.)*, bronzen.

gebrechlich, hinfällig, altersschwach, verfallen, elend, schwach, schwächlich, schlapp, matt, zittrig, wack[e]lig *(ugs.)*, tatt[e]rig *(ugs.)*, tap[e]rig *(ugs.)*, klapp[e]rig *(ugs.)*.

gebühren (jmdm.), jmdm. zustehen / zukommen, jmds. gutes Recht sein, verdienen, wert sein.

[1]**gebührend,** angemessen, gebührlich, ordentlich, gehörig, geziemend, nicht unbillig, geziemlich, -gerecht (z. B. altersgerecht, leistungsgerecht), schuldig, schicklich.

[2]**gebührend,** gehörig, gründlich *(ugs.)*, ordentlich *(ugs.)*, tüchtig *(ugs.)*, nach Strich und Faden *(ugs.)*, ausreichend, nicht zu knapp.

Geburt, Niederkunft, Entbindung, Partus *(Med.)*, Parturitio *(Med.)*, Accouchement *(Med.)*.

Geburtenregelung, Geburtenkontrolle, Familienplanung, Geburtenbeschränkung.

Geburtstag, Wiegenfest, Ehrentag.

Geck, Laffe *(abwertend)*, Fant, Stutzer, Gent *(abwertend veraltend)*, Zierbengel *(veraltet)*, Fatzke *(abwertend)*, eitler Affe *(abwertend)*, feiner Pinkel *(abwertend)*, Dandy, Snob, Camp, Elegant, Stenz, Lackaffe *(abwertend)*, Geschwuf *(wiener.)*, Zieraffe, Grasaffe *(abwertend)*, Gigerl *(österr. abwertend)*.

gedacht, vorgestellt, gedanklich, fiktiv, ideell, immateriell.

Gedächtnis, Gedenken, Andenken, Angedenken, Jubiläum, Gedenktag.

Gedächtnisschwäche, Vergeßlichkeit, Vergessen, Gedächtnisschwund, Gedächtnisstörung, Gedächtnislücke.

Gedächtnisstütze, Gedächtnishilfe, Gedächtnisbrücke, Lernhilfe, Merkhilfe, Anhaltspunkt, Eselsbrücke *(ugs.)*, Merkspruch, Merkvers, Versus memoriales.

gedämpft, halblaut, mit verhaltener Stimme, in Zimmerlautstärke.

Gedanke, Einfall, Idee, Eingebung, Erleuchtung, Intuition, Inspiration, Geistesblitz *(ugs.)*.

Gedankengang, Gedankenreihe, Gedankenfolge, Ideenfolge, Gedankenkette, Ideenkette, Gedankenverbindung, Gedankenverknüpfung, Assoziation, Vorstellungsablauf, Ideenassoziation.

Gedankenlosigkeit, Schusseligkeit *(ugs.)*, Vergeßlichkeit.

gedankenreich, gedankenvoll, tiefsinnig, tiefgründig, tiefgehend, tiefschürfend, tief, durchdacht, überlegt, bedeutsam.

gedankenvoll, nachdenklich, versonnen, vertieft, [in Gedanken] versunken, gedankenverloren, selbstvergessen, entrückt, verträumt, träumerisch.

gedanklich, abstrakt, ungegenständlich, begrifflich, nur gedacht, nur vorgestellt, theoretisch, vom Dinglichen gelöst, unanschaulich.

gedeckt, gedämpft, blaß, matt, nicht leuchtend, nicht hell.

gedehnt, zerdehnt, breit ausgewalzt, in die Länge gezogen.

gedeihen, wachsen, blühen und gedeihen, dankbar sein (von Pflanzen).

Gedicht, Poem *(bildungsspr.),* Vers, Verschen, Lied, Reim.

[1]**gediegen,** seriös, gepflegt, soigniert.

[2]**gediegen,** solid[e], echt, wertbeständig, ordentlich, währschaft *(schweiz.),* reell.

gedrückt, deprimiert, niedergeschlagen, niedergedrückt, down *(ugs.),* resigniert, decouragiert, geknickt *(ugs.),* mutlos, flügellahm *(ugs.),* entmutigt, verzagt, kleinmütig, verzweifelt, gebrochen, lebensmüde, niedergeschmettert *(ugs.).*

Geduld, Beharrlichkeit, Beharrung, Beharrungsvermögen, Entschiedenheit, Entschlossenheit, Festigkeit, Standhaftigkeit, Unbeugsamkeit, Unerschütterlichkeit, Zielstrebigkeit, Zielbewußtsein, Ausdauer, Unermüdlichkeit, Unverdrossenheit, Stetigkeit, Zähigkeit, Durchhaltevermögen, Stehvermögen, Kondition, Konstanz, Konsequenz, Perseveranz.

gedulden, (sich), abwarten, sich abwartend verhalten, etwas an sich herankommen lassen, warten, warten können, sich mit Geduld wappnen, Geduld haben, nicht ungeduldig sein.

geduldig, gottergeben, ergeben, quietistisch.

geeignet, passend, gegeben, berufen, ideal, wie geschaffen für, richtig, recht, goldrichtig *(ugs.).*

Gefahr, Gefährlichkeit, Gefährdung, Bedrohung, Unsicherheit, Sicherheitsrisiko.

gefährlich, gewagt, kritisch, brenzlig, riskant, gefahrvoll, abenteuerlich, halsbrecherisch, lebensgefährlich, selbstmörderisch, tödlich, nicht ungefährlich.

gefallen, zusagen, behagen, imponieren, Gefallen / Geschmack finden an, auf den Geschmack kommen, Blut geleckt haben *(ugs.),* schön finden, jmdm. sympathisch / angenehm / genehm sein, jmds. Typ / *(ugs.)* Fall sein, nach jmds. Herzen sein, auf jmdn. / etwas stehen *(salopp),* Anklang finden, konvenieren *(veraltet),* bei jmdm. [gut] ankommen *(ugs.),* es jmdm. angetan haben, jmdm. liegen, nicht unbeliebt sein.

gefällig, hilfsbereit, hilfreich, diensteifrig, eilfertig, dienstfertig, dienstbeflissen, dienstwillig.

Gefallsucht, Eitelkeit, Putzsucht, Koketterie.

Gefangener, Strafgefangener, Häftling, Inhaftierter, Gefängnisinsasse, Knastologe *(scherzh.),* Knasti *(Jargon),* Knacki *(Jargon),* Machulke *(Gaunerspr.),* Häfenbruder *(österr. salopp),* Enthaltener *(schweiz.),* Arrestant, Zuchthäusler *(veraltet).*

gefangennehmen, gefangensetzen *(veraltend),* festsetzen, einkerkern *(geh.),* in Gewahrsam nehmen, ins Gefängnis / in den Kerker werfen *(geh.),* hinter Schloß und Riegel bringen *(ugs.),* einsperren *(ugs.),* einlochen *(ugs.),* einbuchten *(ugs.),* einbunkern *(ugs.),* ins Loch stecken *(ugs.).*

gefangensitzen, eine Strafe verbüßen, einsitzen, im Gefängnis / in Haft / im Zuchthaus / hinter schwedischen Gardinen / hinter Schloß und Riegel / hinter Gittern / auf Nummer Sicher sitzen, im Kerker liegen, brummen *(ugs.)*, [bei Wasser und Brot] sitzen *(ugs.)*, seine Zeit / Strafe absitzen *(ugs.)*, abbrummen *(ugs.)*, abreißen *(salopp)*, Arrest / Knast schieben *(salopp)*, Tüten drehen / kleben *(ugs.)*, gesiebte Luft atmen *(ugs. scherzh.)*.

Gefängnis, Strafanstalt, Strafvollzugsanstalt, Justizvollzugsanstalt, Haftanstalt, Vollzugsanstalt, Loch *(salopp)*, Kittchen *(salopp)*, Knast *(salopp)*, Bau *(salopp)*, Bunker *(salopp)*, Kahn *(salopp)*, Kiste *(salopp)*, Kerker *(veraltet)*, Zuchthaus *(veraltet)*.

Gefasel *(ugs. abwertend)*, Gewäsch *(ugs. abwertend)*, Blabla *(ugs. abwertend)*, Geschwätz *(ugs. abwertend)*, Bafel *(landsch.)*, Geschwafel *(ugs. abwertend)*, Geseire *(ugs. abwertend)*, leeres Gerede / Stroh *(ugs. abwertend)*, Wischiwaschi *(ugs.)*, Wischwasch *(ugs.)*, Schmus *(ugs.)*, Schmonzes *(ugs.)*.

Gefäß, Behälter, Behältnis, Container.

Gefaßtheit, Gelassenheit, Fassung, Haltung, Selbstbeherrschung, Beherrschung, Beherrschtheit, Gleichmut, Kaltblütigkeit, Unempfindlichkeit, Ausgeglichenheit, [stoische] Ruhe, Seelenfrieden, Seelenruhe, Gemütsruhe, Bierruhe *(ugs.)*, Contenance *(bildungsspr.)*.

Gefecht, Kampf, Nahkampf, Treffen *(veraltend)*, Ringen, Clinch, Fehde *(veraltet)*, Waffengang, Scharmützel, Geplänkel, Plänkelei, Feindseligkeiten, kriegerische Handlungen, Konfrontation, Schlachtgetümmel, Feuerüberfall, Feuergefecht, Rückzugsgefecht.

Gefieder, Federkleid, Federn.

geflissentlich, angelegentlich, mit Eifer, eingehend, wortreich, weitläufig.

Geflügel, Federvieh *(ugs.)*, Nutzvögel.

Gefolge, Geleit, Begleitung, Begleit *(schweiz.)*, Eskorte, Bedekkung *(milit.)*, Geleitzug, Konvoi.

Gefolgsmann, Satellit, Statthalter, Satrap, Paladin, Lehnsmann, Vasall, Trabant, Lakai *(abwertend)*, Marionette *(abwertend)*.

gefragt, gesucht, begehrt, viel verlangt.

Gefräßigkeit, Freßgier *(ugs.)*, Verfressenheit *(salopp)*.

Gefrierpunkt, Nullpunkt, 0 °C, null Grad.

gefroren, gekühlt, abgekühlt, tiefgekühlt, eingefroren, geeist.

gefügig, bereit, gewillt, geneigt, gesonnen, willig, gutwillig, gefüge, willfährig.

Gefühl, Empfindung, Empfinden, Feeling, Spürsinn, Flair, Instinkt, Organ, Gespür, Witterung, Riecher *(salopp)*.

gefühllos, ungerührt, unbeeindruckt, kalt, gleichgültig, kaltschnäuzig, ohne Mitgefühl, ohne Gemüt, abgebrüht, herzlos.

gefühlsbetont, emotional, emotionell, affektiv, expressiv, irrational.

Gefühlskälte, Kälte, Gefühllosigkeit, Fühllosigkeit, Empfindungslosigkeit, Herzlosigkeit, Mitleidlosigkeit, Herzensverhärtung, Kaltherzigkeit, Lieblosigkeit, Härte, Frigidität.

Gefühlsleben, Innenleben, Seelenleben.

gefühlsmäßig, triebmäßig, eingegeben, intuitiv, instinktiv, vom Gefühl her.

gegeben, geeignet, passend, berufen, ideal, wie geschaffen für, richtig, recht, goldrichtig *(ugs.)*.

gegebenenfalls, notfalls, allenfalls, unter Umständen, wenn es geht.

Gegebenheit, Tatsache, Tatbestand, Faktum, Fakt, Faktizität, Realität, Fait accompli *(bildungsspr.).*

Gegend, Landstrich, Landschaft, Gau, Gebiet, Region.

Gegenmittel, Gegengift, Giftgegenmittel, Antidot, Antidoton, Antipharmakon *(selten),* Kontravenenum *(selten).*

Gegenrede, Antwort, Erwiderung, Entgegnung, Beantwortung, Replik, Retourkutsche.

[1]**Gegensatz,** Kontrast, Komplenymie, Antagonismus, Gegengewicht, Gegenpol, Unterschied, Divergenz.

[2]**Gegensatz,** Gegenteil, das Entgegengesetzte, Antithese.

gegensätzlich, widerspruchsvoll, widersprüchlich, widersprechend, schizophren, einander ausschließend, paradox, widersinnig, unlogisch, disjunktiv, [diametral] entgegengesetzt, gegenteilig, umgekehrt, konvers, oppositionell, dichotomisch, unvereinbar, ungleichartig, disparat, konträr, polar, kontradiktorisch, komplementär, korrelativ, antithetisch, antinomisch, adversativ.

[1]**Gegenstand,** Sache, Ding, Objekt, ein Etwas, Dings *(ugs.),* Dingsda *(ugs.),* Dingsbums *(ugs.).*

[2]**Gegenstand,** Objekt, Sujet, Thema, Reizthema, Thematik, Themenstellung, Aufgabenstellung, Stoff.

gegenständlich, konkret, anschaulich, bildlich, darstellend, figürlich, figurativ.

gegenstandslos, grundlos, unbegründet, haltlos, ungerechtfertigt, wesenlos, hinfällig, unmotiviert, aus der Luft gegriffen.

Gegenstück, Pendant, Entsprechung, Korrelat, Parallele, Analogie, vergleichbarer Fall.

Gegenteil, Gegensatz, das Entgegengesetzte, Antithese.

gegenüber, vis-à-vis, auf der ander[e]n / gegenüberliegenden Seite.

gegenüberstellen, nebeneinanderstellen, nebeneinanderhalten, konfrontieren, vergleichen, messen, zum Vergleich heranziehen, einen Vergleich anstellen, vergleichsweise beurteilen, Vergleiche / Parallelen ziehen.

Gegenvorschlag, Alternative, Zweitmöglichkeit, andere / zweite Möglichkeit.

[1]**Gegenwart,** gegenwärtige / unsere Zeit, Augenblick, Jetztzeit, das Hier und Heute / Hier und Jetzt / *(bildungsspr.)* Hic et nunc, Moderne.

[2]**Gegenwart,** Anwesenheit, Präsenz.

gegenwärtig, augenblicklich, jetzt, zur Zeit, derzeit, momentan, im Augenblick / Moment, zur Stunde, soeben, eben, gerade, just *(veraltend),* justament *(veraltet).*

gegliedert, aufgegliedert, untergliedert, unterteilt, aufgeteilt, klassifiziert, gestaffelt, aufgefächert, segmentiert, strukturiert, systematisiert, geordnet, angeordnet.

Gegner, Kontrahent, Oppositionsführer, Intimfeind, Widersacher, Widerpart, Antagonist, Antipode, Gegenspieler, Feind, Opponent, Regimekritiker, Dissident, Frondeur, Neinsager, die andere Seite.

gegnerisch, feindlich, feindselig, feindschaftlich, animos, haßerfüllt.

Gegnerschaft, Konkurrenz, Wettbewerb, Wettstreit, Wettkampf, Rivalität, Nebenbuhlerschaft.

[1]**Gehalt** (das), Besoldung, Dotie-

rung, Bezahlung, Entlohnung, Lohn, Verdienst, Salär *(schweiz.)*, Fixum, Adjutum *(schweiz.)*, Gage.

[2]**Gehalt** (der), Inhalt, Inhaltsstoff, Ingredienz.

gehaltvoll, inhaltsreich, inhaltsvoll, reichhaltig, substanzreich, substantiell.

geharnischt, polemisch, scharf, gepfeffert *(salopp)*, gesalzen *(salopp)*.

gehässig, schadenfroh, hämisch, maliziös, mißgünstig.

Gehässigkeit, Bosheit, Bösartigkeit, Niedertracht, Boshaftigkeit, Häme, Gemeinheit, Schurkerei, Hundsfötterei *(veraltet)*, Infamie, Unverschämtheit, Schadenfreude, Übelwollen, Rachsucht, Rankünе.

Geheimdienst, Geheimpolizei, Spionageabwehr, Abwehr, politische Polizei.

geheimhalten, nichts sagen, verschweigen, verheimlichen, unerwähnt lassen, kein Wort über etwas verlieren, verbergen, übergehen, totschweigen, für sich behalten, unterschlagen, dichthalten *(salopp)*, nicht mitteilen.

geheimnisvoll, rätselhaft, hintergründig, dunkel, schwer durchschaubar, doppelbödig, abgründig, orakelhaft, doppelsinnig, doppeldeutig, geheimnisumwittert, mysteriös, mystisch.

Geheimpolizei, Geheimdienst, Spionageabwehr, Abwehr, politische Polizei.

geheißen, genannt, benannt, benamst *(ugs. scherzh.)*, des Namens, sogenannt, beibenannt, zubenannt.

gehen, sich fortbewegen, laufen, zu Fuß gehen, marschieren, schreiten, wandeln, stiefeln, schlendern, spazieren.

gehenlassen (sich), unbeherrscht sein, die Kontrolle über sich / die Selbstbeherrschung verlieren, sich nicht beherrschen / zusammennehmen, jmdm. gehen die Pferde durch.

Gehilfe, Helfer, Beistand, Assistent, Adlatus *(scherzh.)*.

gehoben, gewählt, gepflegt, vornehm.

Gehöft, Bauernhof, Hof, Landwirtschaft, landwirtschaftlicher Betrieb, Gut, Hofgut, Gutshof, Bauerngut, Agrarfabrik.

gehorchen, gehorsam sein, folgen, nachkommen, Folge leisten, auf jmdn. hören, parieren *(ugs.)*, kuschen *(ugs.)*, sich ducken *(ugs.)*, nach jmds. Pfeife tanzen *(ugs.)*, spuren *(salopp)*.

gehören, in jmds. Besitz sein / sich befinden, jmds. eigen / Eigentum sein, jmdm. sein *(ugs. landsch.)*, jmdm. zur Verfügung stehen.

[1]**gehörig,** angemessen, gebührend, gebührlich, ordentlich, geziemend, nicht unbillig, geziemlich, -gerecht (z. B. altersgerecht, kindgerecht), schuldig, schicklich.

[2]**gehörig,** gründlich *(ugs.)*, gebührend, ordentlich *(ugs.)*, tüchtig *(ugs.)*, nach Strich und Faden *(ugs.)*, ausreichend, nicht zu knapp.

gehörlos, taub, taubstumm.

gehorsam, artig, brav, folgsam, fügsam, lieb, manierlich, gesittet, wohlerzogen.

Gehorsam, Folgsamkeit, Bravheit, Fügsamkeit, Angepaßtheit, Unterordnung, Gefügigkeit, Willfährigkeit, Unterwürfigkeit, Subordination, Kadavergehorsam *(abwertend)*.

Gehsteig, Bürgersteig, Gehweg, Fußgängerweg, Fußweg, Fußgängersteig, Fußsteig, Gangsteig *(südd., österr.)*, Gehbahn, Trottoir.

Geilheit, Fleischeslust *(geh.)*,

Sinnlichkeit, Lüsternheit *(geh.)*, Brunst, Triebhaftigkeit.

geißeln, brandmarken, ächten, verfemen, verpönen, in Acht und Bann tun, verfluchen, verwünschen, verdammen, verurteilen, etwas / das Kind beim [rechten *bzw.* richtigen] Namen nennen, den Stab brechen über, anprangern, an den Pranger stellen.

[1]**Geist,** Esprit, Intelligenz, Klugheit, Witz, Scharfsinn, Köpfchen *(ugs.)*, Hirn *(ugs.)*, Cleverneß.

[2]**Geist,** Gespenst, Phantom, Geistererscheinung, Astralwesen, Erscheinung, Spuk, Nachtgespenst, Nachtmahr.

Geistesarbeiter, Intellektueller, Kopfarbeiter, Intelligenzler *(abwertend)*, Eierkopf *(oft abwertend)*, High-brow *(oft abwertend)*.

Geistesgegenwart, Reaktionsvermögen, Reaktionsschnelligkeit, Entschlußkraft.

geistesgestört, geisteskrank, geistesschwach, schwachsinnig, debil, idiotisch, dement, verblödet, blöde, irrsinnig, irr[e].

Geistesgestörter, geistig Behinderter, Geisteskranker, Schwachsinniger, Idiot, Debiler, Kretin.

geistesverwandt, ebenbürtig, wesensgleich, kongenial.

geistig, seelisch, psychisch, mental.

Geistlicher, Pfarrer, Pastor, Prediger, Priester, Kleriker, Pfaffe *(abwertend)*, Seelsorger, Seelenhirt[e], Pfarrherr, geistlicher Herr, Vikar, Pfarrvikar, Kaplan, Kooperator *(bayr., österr.)*, Pfarrgeistlicher, Kirchenmann, Gottesmann, Schwarzrock *(abwertend)*, Pater, Gemeindepfarrer.

Geistlichkeit, Klerus, geistlicher Stand, Priesterschaft, Priesterstand, Klerisei *(abwertend)*.

geistlos, oberflächlich, flach, seicht, ohne Tiefgang, inhaltslos, gehaltlos, trivial, banal.

geistreich, geistvoll, sprühend, spritzig, launig, witzig, schlagfertig.

geisttötend, stumpfsinnig, enervierend, mechanisch, automatisch, stupid[e].

Geiz, Sparsamkeit, Knaus[e]rigkeit *(ugs. abwertend)*, Knauserei *(ugs. abwertend)*, Knick[e]rigkeit *(ugs. abwertend)*, Pfennigfuchserei *(ugs.)*.

geizen, knausern, kargen, knapsen, knickern, haushalten, maßhalten.

Geizhals *(abwertend)*, Geizkragen *(ugs. abwertend)*, Knauser *(ugs. abwertend)*, Knicker *(ugs. abwertend)*, Knickstiebel *(bes. berlin.)*, Pfennigfuchser *(ugs.)*, Rappenspalter *(schweiz. abwertend)*.

geizig, filzig *(ugs. abwertend)*, knaus[e]rig *(ugs. abwertend)*, knick[e]rig *(ugs. abwertend)*, knikkig *(ugs. abwertend, landsch.)*, knickstiebelig *(salopp abwertend)*, kniepig *(ugs. abwertend, landsch.)*, schäbig *(abwertend)*, pop[e]lig *(ugs. abwertend)*, schofel *(ugs. abwertend)*, netig *(ugs. abwertend, landsch.)*, gnietschig *(ugs. abwertend, landsch.)*, hartleibig *(veraltend)*, schmafu *(österr. ugs.)*, sparsam, nicht freigebig.

gekränkt, beleidigt, verletzt, verstimmt, pikiert, verschnupft *(ugs.)*, eingeschnappt *(ugs.)*, mucksch *(nordd.)*.

Gekreische, Geschrei, das Schreien, Gejohle *(abwertend)*, Gegröle *(ugs. abwertend)*, Gezeter *(abwertend)*.

gekrümmt, gebogen, krumm, geschwungen, geschweift, halbrund, gewölbt, bauchig, gebaucht.

gekühlt, abgekühlt, tiefgekühlt, gefroren, eingefroren, geeist.

gekünstelt, geziert, gequält, gezwungen, gesucht, affektiert, gemacht, unecht, unnatürlich, gespreizt, gestelzt, geschraubt, geschwollen, phrasenhaft, theatralisch, manieriert, erkünstelt, geblümt, blumenreich, blumig.

Gelächter, Lachsalve, Lacher, Lachkrampf, Freudengeheul *(ugs.),* das Lachen, die Lache, Gewieher *(salopp),* Heiterkeitsausbruch, Gekichere, das Kichern, homerisches Gelächter.

Gelände, Land, Terrain.

Geländer, Brüstung, Balustrade.

gelassen, beherrscht, entspannt, ruhig, sicher, gefaßt, gezügelt, gesammelt, diszipliniert, stoisch, bedacht, gleichmütig, cool *(Jargon).*

Gelassenheit, Fassung, Gefaßtheit, Haltung, Selbstbeherrschung, Beherrschung, Beherrschtheit, Gleichmut, Kaltblütigkeit, Unempfindlichkeit, Ausgeglichenheit, [stoische] Ruhe, Seelenfrieden, Seelenruhe, Gemütsruhe, Bierruhe *(ugs.),* Contenance *(bildungsspr.).*

Geld, Geldmittel, Finanzen, klingende Münze, Rubel *(scherzh.),* Money *(scherzh.),* Knete *(Jargon),* Bargeld, Mittel, Kleingeld *(scherzh.),* Pimperlinge *(ugs.),* Marie *(ugs.),* Asche *(ugs.),* Heu *(ugs.),* Flocken *(ugs.),* Pinkepinke *(ugs.),* Pinke *(ugs.),* Steine *(schweiz.),* Linsen *(ugs.),* Kies *(salopp),* Zaster *(salopp),* Moneten *(salopp),* Moos *(salopp),* Penunzen *(salopp),* Mükken *(salopp),* Kröten *(salopp),* Mäuse *(salopp),* Flöhe *(salopp),* Möpse *(salopp),* Lappen *(salopp),* Pulver *(salopp),* Eier *(salopp),* Piepen *(salopp),* Kohle *(salopp),* Emmchen *(ugs.),* Blech *(salopp),* Draht *(salopp),* Zwirn *(salopp),* Zunder *(salopp),* Koks *(salopp),* Knöpfe *(salopp),* Mammon *(abwertend),* schnöder Mammon *(scherzh.),* Maxen *(österr. salopp).*

Geldbeutel, Geldbörse, Börse, Portemonnaie, Portjuchhe *(ugs. scherzh.),* Geldtasche, Brustbeutel.

Geldgeber, Gönner, Förderer, Sponsor, edler Spender *(scherzh.),* Mäzen.

geldgierig, habgierig, habsüchtig, raffgierig, gewinnsüchtig, besitzgierig, profitsüchtig, materialistisch, auf Gewinn bedacht.

geldlich, geldmäßig, finanziell, monetär, pekuniär, wirtschaftlich, geschäftlich.

Geldschein, Schein, Banknote, Note, Papiergeld.

Gelegenheitskauf, Okkasion, Schnäppchen, [günstige] Gelegenheit, Billigangebot.

gelegentlich, manchmal, vereinzelt, mitunter, zuweilen, zuzeiten, bisweilen, von Zeit zu Zeit, ab und zu, ab und an, hin und wieder, dann und wann, hie[r] und da, ein oder das andere Mal, fallweise *(österr.).*

gelehrt, gebildet, studiert, kenntnisreich, belesen.

Gelehrter, Wissenschaftler, Wissenschafter *(schweiz., österr.),* Forscher, Stubengelehrter, Studierter, Akademiker, Mann der Wissenschaft, Privatgelehrter.

Geleise (veraltend), Gleis, Schiene, Bahngleis.

Geleit, Begleitung, Begleit *(schweiz.),* Gefolge, Eskorte, Bedeckung *(milit.),* Geleitzug, Konvoi.

geleiten, begleiten, das Geleit geben *(geh.),* eskortieren, [nach Hause] bringen.

Gelenkigkeit, Biegsamkeit, Beweglichkeit, Wendigkeit, Geschicklichkeit, Akrobatik, Körperbeherrschung.

Geliebte, Liebchen *(veraltet),*

Liebste *(veraltet),* Angebetete *(scherzh.),* Dulzinea *(scherzh.),* Flamme *(ugs.),* Freundin, Ärmelkusine *(landsch. veraltend, scherzh.),* Verhältnis *(ugs.),* Bettgenossin, Betthase *(ugs. scherzh.),* Konkubine *(früher, sonst abwertend),* Mätresse *(früher, sonst abwertend),* Kurtisane *(früher),* Favoritin *(veraltet),* Donja *(ugs.),* Zahn *(Jargon),* Stammzahn *(Jargon).*

Geliebter, Liebhaber, Lover *(Jargon),* Liebster *(veraltet),* Freund, Haberer *(österr. salopp),* Partner, Bekannter *(ugs. verhüll.),* Amant *(veraltet),* Romeo *(scherzh.),* Verehrer *(scherzh.),* Anbeter *(scherzh.),* Seladon *(bildungsspr. veraltet),* Kavalier *(scherzh.),* Galan *(ugs. abwertend),* Hausfreund *(scherzh. verhüll.),* Cicisbeo *(bildungsspr. verhüll.),* ständiger Begleiter, Gspusi *(südd., österr. ugs.),* Gschwuf *(wiener.),* Scheich *(salopp),* Macker *(salopp),* Verhältnis *(ugs.).*

gelingen, glücken, gutgehen, wunschgemäß verlaufen, nach Wunsch gehen, glattgehen *(ugs.),* hinhauen *(salopp),* klappen *(ugs.).*

Gelingen, Erfolg, Gedeihen, Glück.

gellend, laut, vernehmlich, hörbar, vernehmbar, lauthals, lautstark, geräuschvoll, überlaut, durchdringend, markerschütternd, durch Mark und Bein gehend, ohrenbetäubend, ohrenzerreißend, schrill, grell, aus vollem Hals, aus voller Kehle, aus Leibeskräften, mit dröhnender Stimme, nicht leise, nicht ruhig, nicht still.

Gelöbnis, Gelübde, Schwur, Eid.

gelockert, aufgelockert, locker, entspannt, gelöst.

gelöst, entspannt, gelockert, aufgelockert, locker.

gelten (als jmd. / etwas), angesehen werden als, in einem ... Ruf stehen, verrufen / verschrien / berüchtigt sein als.

Geltungsdauer, Geltung, Gültigkeit, Laufzeit.

Geltungsdrang, Geltungsbedürfnis, Geltungsstreben, Ruhmsucht.

geltungssüchtig, ruhmsüchtig, ehrsüchtig.

Gelübde, Eid, Schwur, Gelöbnis.

gemächlich, saumselig, säumig, tranig, pomadig, nölig, im Schneckentempo, gemach, hastlos *(schweiz.),* gemessenen Schrittes, pomali *(österr. ugs.),* nicht schnell.

Gemächlichkeit, Langsamkeit, Saumseligkeit, Schneckentempo, Pomadigkeit, Trödelei, Trölerei *(schweiz.),* Bummelei.

Gemahl, Ehemann, Mann, Gatte, Ehepartner, Angetrauter, Lebensgefährte, Weggefährte, Lebenskamerad, Herr und Gebieter *(scherzh.),* Ehewirt *(veraltet),* Eheliebster, Ehegenosse, Ehegespons *(ugs.),* bessere Hälfte *(ugs.),* Göttergatte *(ugs.),* Gatterich *(ugs. scherzh.),* Alter *(salopp),* Oller *(derb),* Ehekrüppel *(abwertend),* Pantoffelheld *(abwertend),* Simandl *(österr. abwertend),* Tyrann *(abwertend),* Haustyrann *(abwertend).*

Gemahlin, Ehefrau, Frau, Gattin, Ehepartner, Angetraute, Lebensgefährtin, Weggefährtin, Lebenskamerad, Lebenskameradin, Weib, Eheliebste, Ehegespons *(ugs.),* Ehegenossin, bessere / schönere Hälfte *(ugs.),* Hauszierde *(scherzh.),* Alte *(salopp),* Olle *(derb),* Drachen *(abwertend),* Xanthippe *(abwertend).*

Gemälde, Malerei, Bild, Bildwerk.

gemäß, laut, nach, zufolge, entsprechend.

gemäßigt, maßvoll, moderat, mäßig, zurückhaltend, gezügelt, enthaltsam.

gemein, niederträchtig, perfid[e], schurkisch *(abwertend),* hundsföttisch *(derb abwertend),* hundsgemein *(ugs. abwertend),* infam, niedrig, schäbig, schmutzig, feige, schimpflich, schnöde *(geh. abwertend),* schändlich, schmählich, schmachvoll *(geh.).*

Gemeinde, Gemeindewesen, Kommune, Gemeindebezirk, Katastralgemeinde *(österr.).*

Gemeingeist, Gemeinsinn, Solidarität, Wir-Gefühl, Verbundenheit, Zusammengehörigkeit, Zusammengehörigkeitsgefühl.

Gemeinheit, Niedertracht, Perfidie, Bosheit, Boshaftigkeit, Häme, Schurkerei, Hundsfötterei *(veraltet),* Infamie, Unverschämtheit, Schadenfreude, Gehässigkeit, Übelwollen, Rachsucht, Ranküne.

Gemeinnutz, Gemeinwohl, Gemeinnützigkeit.

Gemeinplatz, Allgemeinplatz, Binsenwahrheit, Binsenweisheit, Selbstverständlichkeit, Platitude, Plattheit.

gemeinsam, gemeinschaftlich, kooperativ, zusammen, Hand in Hand, Seite an Seite, im Verein mit, in Zusammenarbeit mit, vereint, genossenschaftlich, gesamthaft *(schweiz.).*

Gemeinsamkeit, Ähnlichkeit, Verwandtschaft, Geistesverwandtschaft, Affinität, Berührungspunkt, Bindeglied, Verbindung.

Gemeinsinn, Solidarität, Wir-Gefühl, Gemeingeist, Verbundenheit, Zusammengehörigkeit, Zusammengehörigkeitsgefühl.

Gemeinwohl, Gemeinnutz, Gemeinnützigkeit.

gemessen, würdevoll, gravitätisch, majestätisch, hoheitsvoll, königlich, feierlich.

Gemisch, Mischung, Gemenge, Mixtur, Melange, Kunterbunt, Allerlei, Vielerlei, Durcheinander, Konglomerat *(bildungsspr.),* Mischmasch *(ugs.),* Sammelsurium *(ugs.),* Pelemele *(bildungsspr.),* Mixtum compositum *(bildungsspr.).*

gemustert, gefleckt, gescheckt, getigert, kariert, gestreift, streifig, gepunktet, getupft, gesprenkelt, meliert, geblümt.

gemütlich, behaglich, wohnlich, heimelig, wohlig, angenehm, anheimelnd, traulich, traut, lauschig, idyllisch.

gemütskrank, nervenkrank, psychopathisch, manisch, depressiv, manisch-depressiv, schwermütig, neurotisch, psychotisch, hysterisch.

genannt, benannt, geheißen, benamst *(ugs. scherzh.),* des Namens, sogenannt, beibenannt, zubenannt.

[1]**genau,** klar, bestimmt, fest umrissen, [genau] richtig, treffend, schlagend, träf *(schweiz.),* exakt, präzis[e], prägnant, unmißverständlich, eindeutig, unzweideutig, deutlich, glasklar, sonnenklar, im Klartext, ungeschminkt, klipp und klar *(ugs.).*

[2]**genau,** gewissenhaft, peinlich [genau], pedantisch *(abwertend),* penibel, sorgfältig, akkurat, gründlich, akribisch, minuziös, haargenau, haarklein, eingehend, reiflich, eigen.

Genauigkeit, Sorgfalt, Akribie, Akkuratesse.

Genealogie, Ahnenforschung, Stammbaumkunde, Familienforschung.

genehmigen (sich etwas), sich etwas leisten / gönnen, auch einmal an sich selbst / selber denken, zu sich selbst gut sein.

Genehmigung, Erlaubnis, Einwilligung, Zustimmung, Lizenz, Plazet, Zusage.

Geneigtheit, Gunst, Jovialität, Leutseligkeit, Gewogenheit, Wohlwollen, Zugetansein.

Generation, Altersklasse, Altersstufe, Jahrgang, Altersgruppe.

generell, im allgemeinen, allgemein, im großen [und] ganzen, mehr oder weniger, mehr oder minder, mehr-weniger *(österr.),* durchweg, durchwegs *(österr.),* gemeinhin, weithin, weitgehend, durchgängig, fast immer, durch die Bank *(ugs.),* durchs Band [weg] *(schweiz.),* [für] gewöhnlich, gemeiniglich *(veraltet).*

Generosität, Großzügigkeit, Hochherzigkeit, Gebefreudigkeit, Spendenfreudigkeit, Freigebigkeit.

genesen, gesund werden, heilen, ausheilen, gesunden, sich bessern, auf dem Wege der Besserung sein, sich auf dem Wege der Besserung befinden, Besserung tritt ein, aufkommen, wieder auf die Beine / auf den Damm kommen *(ugs.),* sich [wieder] bekrabbeln *(ugs.),* sich aufrappeln *(ugs.).*

genial, begabt, talentiert, genialisch, begnadet, gottbegnadet.

Genie, Talent, Begabung, kluger / fähiger / heller Kopf, großer Geist, Leuchte *(ugs.).*

genieren (sich), genant / genierlich sein, sich zieren / anstellen / haben.

genießen, zu schätzen wissen, ein Genießer / ein Genußmensch / ein Lebenskünstler / *(österr.)* ein Genußspecht / *(scherzh.)* kein Kostverächter sein, durchkosten, [bis zur Neige] auskosten, nichts auslassen.

Genießer, Genußmensch, Epikureer *(bildungsspr.),* Hedonist *(bildungsspr.),* Sybarit *(bildungsspr. veraltend),* Phäake *(bildungsspr.).*

genießerisch, genüßlich, genußvoll, geschmäcklerisch *(abwertend),* genußfreudig, sinnenfreudig, hedonistisch *(bildungsspr.),* genußfroh, genußreich, genußsüchtig *(abwertend),* schwelgerisch.

Genitalien, Geschlechtsorgane, Schamteile, Geschlechtsteile.

Genosse, Gesinnungsgenosse, Gesinnungsfreund, Parteifreund, Sympathisant.

Gentleman, Grandseigneur, Gentilhomme, Kavalier, Mann von Welt, Weltmann.

genügen, langen *(ugs.),* reichen, ausreichen, hinreichen, in ausreichendem Maße vorhanden sein.

genügsam, bescheiden, anspruchslos, bedürfnislos.

Genugtuung, Befriedigung, Zufriedenheit, Erfüllung.

[1]Genuß, Genußfreude, Schwelgerei, Völlerei *(abwertend),* Genußsucht *(abwertend),* Genußgier *(abwertend).*

[2]Genuß, Labsal, Erquickung, Hochgenuß, Augenweide, Ohrenschmaus.

Genußmensch, Genießer, Epikureer *(bildungsspr.),* Hedonist *(bildungsspr.),* Sybarit *(bildungsspr. veraltend),* Phäake *(bildungsspr.).*

genußvoll, genießerisch, genüßlich, geschmäcklerisch *(abwertend),* genußfreudig, sinnenfreudig, hedonistisch *(bildungsspr.),* genußfroh, genußreich, genußsüchtig *(abwertend),* schwelgerisch.

Gepäck, Reisegepäck, Gepäckstücke, [die] Koffer.

gepfeffert *(ugs.),* überteuert, unbezahlbar, unerschwinglich, nicht zu bezahlen, gesalzen *(ugs.),* teuer, kostspielig, kostenintensiv, kostenträchtig.

gepflegt, gewählt, gehoben, vornehm.

Gepolter, Lärm, Getöse, das Dröhnen, Gedröhn, Krach, Radau *(salopp),* Heidenlärm *(emotional),* Mordslärm *(emotional),* Höllenspektakel *(ugs.),* Tumult, Pumperer *(österr. ugs.),* Trubel, Spektakel *(ugs.),* Rabatz *(ugs.),* Klamauk *(ugs.),* Tamtam *(ugs.),* Trara *(ugs.),* Krakeel *(ugs.),* Bahöl *(österr. ugs.),* Ramasuri *(österr. ugs.).*

gerade, aufrecht, kerzengerade, stocksteif *(ugs.).*

geradeaus, in gerader Richtung, immer geradeaus, immer in einer Richtung, immer der Nase nach *(ugs.).*

geradeheraus, rundheraus, rundweg, geradewegs, ohne Umschweife, geradezu, freiweg, freiheraus, einfach, direkt, unumwunden, glattweg, glatt, schlankweg, ohne Zögern / Zaudern.

gerade[n]wegs, geradeswegs *(bes. schweiz.),* schnurstracks *(ugs.),* direkt.

geradestehen (für), einstehen für, verantworten, die Verantwortung tragen / übernehmen / haben, auf seine Kappe nehmen, stehen zu, den Buckel hinhalten für *(ugs.),* die Suppe auslöffeln, verantwortlich zeichnen für, sich verantwortlich fühlen für.

Gerangel, Tauziehen, Hin und Her, Ringen, Kampf, Positionskampf, Streit, Auseinandersetzung.

Gerät, Apparat, Maschine, Apparatur, Vorrichtung, Maschinerie, Automat.

geraten, werden *(ugs.),* gelingen.

Gerätschaft, Gerät, Werkzeug, Instrument.

geräumig, groß, weit, großräumig, großflächig, ausgedehnt, nicht eng, nicht klein.

Geräusch, Geraschel, das Rascheln, das Knistern.

geräuschlos, leise, lautlos, verhalten, heimlich, still, flüsternd, im Flüsterton, kaum hörbar / vernehmlich / vernehmbar, nicht laut.

[1]**gerecht,** recht, richtig, gerechtfertigt, berechtigt, rechtmäßig, billig *(veraltend).*

[2]**gerecht,** rechtdenkend, unparteiisch.

Gerechtigkeitssinn, Sinn für Gerechtigkeit, Rechtsempfinden, Rechtsgefühl, Rechtssinn.

[1]**Gerede** *(abwertend),* Gedöns *(ugs. abwertend),* Geschwätz *(abwertend),* Larifari *(ugs.),* Wortschwall, Erguß *(abwertend),* Sermon *(abwertend),* Salm *(ugs. abwertend).*

[2]**Gerede,** Klatsch, Tratsch, Geklatsche, Geschwätz, Geraune, Geflüster, Stadtgespräch, Gerüchtemacherei, Gemunkel.

gereinigt, unvermischt, rein, unverfälscht.

[1]**gereizt,** mürrisch, verdrossen, bärbeißig, grämlich, verdrießlich, griesgrämig, hässig *(schweiz.),* mauserig *(schweiz.),* sauertöpfisch, brummig, mißmutig, mißvergnügt, mißgestimmt, mißlaunig, mißgelaunt, vergnatzt *(ugs.),* gnatzig *(ugs.),* vergrätzt *(ugs.),* übellaunig, muffig, grantig, leid *(schweiz.),* maßleidig *(südd.).*

[2]**gereizt,** nervös, aufgeregt, erregt, hektisch, ruhelos, unruhig, unstet, fahrig, aufgelöst, fiebrig, zapp[e]lig *(ugs.),* kribb[e]lig *(ugs.),* husch[e]lig *(ugs.),* schusselig *(ugs.),* fickerig *(ugs.).*

Gericht, Gerichtshof, Tribunal *(geh.),* Gerichtsbehörde.

Gerichtsbarkeit, Gerichtswesen, Rechtswesen, Justiz, Rechtsprechung, Rechtspflege, Jurisdiktion *(bildungsspr.)*.

Gerichtsverfahren, Prozeß, Verfahren, Rechtsverfahren, Klage, Anklage.

Gerichtsverhandlung, Gerichtstermin, Verhandlung, Tagsatzung *(österr.)*.

gering, [herzlich] wenig, minimal, geringfügig, unerheblich, nicht nennenswert, unbedeutend, unbeträchtlich, lächerlich, eine Spur [von] ..., eine Idee ..., ein Hauch von, ein Quentchen ..., ein Körnchen ..., kaum etwas, nicht genug / genügend, nicht viel.

geringschätzen, mißachten, geringachten, verachten, herabsehen / herabschauen / herabblikken auf, von oben herab ansehen, verkennen, übergehen, überfahren, nicht ernst / nicht für voll nehmen, zu wenig Wert legen auf, jmdm. / einer Sache nicht gerecht werden, sich hinwegsetzen über, etwas mit Füßen treten, außer acht lassen, in den Wind schlagen, nicht hören auf, etwas auf die leichte Schulter *bzw.* Achsel / etwas von der leichten Seite nehmen, pfeifen auf, scheißen auf *(derb)*, sich nichts daraus machen, sich einen Dreck daraus machen *(emotional)*.

geringschätzig, abschätzig, pejorativ, abfällig, verächtlich, wegwerfend, despektierlich.

Geringschätzung, Nichtachtung, Respektlosigkeit, Despektierlichkeit, Geringschätzigkeit, Abschätzigkeit, Abfälligkeit, Pejoration, Verächtlichmachung, Herabwürdigung, Herabsetzung, Demütigung, Entwürdigung, Mißachtung, Verachtung.

gerinnen (von Milch), flockig / *(ugs.)* krisselig werden, zusammenlaufen *(landsch.)*, zusammenfahren *(landsch.)*, zusammengehen *(landsch.)*.

Geruch, Duft, Odeur, Aroma, Arom *(dichter.)*, Ruch *(dichter.)*, Gestank *(abwertend)*.

Gerücht, Ondit *(bildungsspr.)*, Fama *(bildungsspr.)*, Sage, Flüsterpropaganda, Latrinenparole *(derb)*, Scheißhausparole *(vulgär)*.

gerührt, erschüttert, ergriffen, bewegt, beeindruckt, betroffen, aufgewühlt, überwältigt, angerührt.

[1]**gerüstet,** kampfbereit, kampfentschlossen, gewappnet, abwehrbereit, verteidigungsbereit, angriffsbereit.

[2]**gerüstet,** [bis an die Zähne] bewaffnet, waffenstarrend, gepanzert, aufgerüstet.

gesamt, insgesamt, im ganzen [gesehen], summa summarum, en bloc, in toto.

Gesang, Lied, Volkslied, Kunstlied, Weise, Melodie.

Gesangverein, Chor, Singgemeinschaft, Chorgemeinschaft, Singverein, Singkreis, Kurrende.

Gesäß, Hintern *(salopp)*, Hinterteil *(ugs.)*, Allerwertester *(ugs. scherzh.)*, Popo *(ugs.)*, Po *(ugs.)*, jmds. vier Buchstaben *(ugs.)*, Podex *(ugs.)*, Pöker *(ugs.)*, Tokus *(ugs.)*, verlängerter Rücken *(ugs. scherzh.)*, Sterz *(ugs.)*, Stert *(ugs. landsch.)*, Posteriora *(bildungsspr. veraltet scherzh.)*, Kiste *(salopp)*, Stinker *(salopp)*, Arsch *(derb)*, Bierarsch *(derb)*, Fiedle *(schwäbisch)*.

Geschäft, Handel, Deal *(Jargon)*.

Geschäftigkeit, Betriebsamkeit, Hast, Eile, Hektik, Wirbel, Trubel.

[1]**geschäftlich,** kaufmännisch, kommerziell, ökonomisch.

[2]**geschäftlich,** wirtschaftlich, finanziell, geldlich, geldmäßig, monetär, pekuniär.

Geschäftsmann, Kaufmann,

Koofmich *(berlin. salopp),* Businessman *(Jargon),* Krämer *(früher),* Großkaufmann, Handelsherr *(veraltet),* Pfeffersack *(veraltend abwertend),* Geschäftemacher *(abwertend).*

Geschäftstüchtigkeit, Geschäftssinn, kaufmännisches Denken.

Geschäftsviertel, Einkaufszentrum, Shopping-Center, Shopping-Mall, Ladenzentrum, Geschäftszentrum, City, Hauptgeschäftsstraße, Geschäftsstraße, Ladenstraße, Einkaufspassage, Einkaufsmeile.

geschärft, scharf, geschliffen, angespitzt, spitz.

geschätzt, angesehen, geachtet, bewundert, geehrt, verehrt, verdient, hochgeschätzt, beliebt, geliebt, angebetet, vergöttert, gefeiert, populär, volkstümlich, volksverbunden, renommiert.

geschehen, erfolgen, stattfinden, vonstatten gehen, verlaufen, über die Bühne gehen *(ugs.),* vor sich gehen, eintreten, sich ereignen / zutragen / begeben / abspielen, zustande kommen, vorfallen, vorgehen, passieren, zugange sein *(landsch.),* gehen *(schweiz.),* geben.

Geschehen, Ereignis, Begebenheit, Begebnis, Geschehnis, Vorkommnis, Vorfall.

gescheit, klug, clever, verständig, vernünftig, umsichtig, intelligent, scharfsinnig, aufgeweckt.

gescheitert, verkracht *(ugs.),* zusammengebrochen.

Geschenk, Gabe, Präsent, Angebinde, Aufmerksamkeit, Mitbringsel.

geschichtlich, historisch, diachronisch, entwicklungsgeschichtlich, nicht synchronisch.

Geschick, Schicksal, Los, Vorsehung, Fügung, Bestimmung, Schickung, Vorherbestimmung, Fatum, Prädestination.

Geschicklichkeit, Kunstfertigkeit, Fertigkeit, Fingerfertigkeit, Geschick, Übung, Geübtheit.

[1]**geschickt,** trickreich, fintenreich, listig, pfiffig, gewieft, gewiegt.

[2]**geschickt,** gewandt, wendig, clever, agil, beweglich, habil *(veraltet).*

geschieden, aufgelöst, getrennt.

Geschirr, Porzellangeschirr, Porzellan, Service.

Geschlechtsverkehr, Koitus, Sexualverkehr, Beischlaf, Beilager, Liebesakt, Geschlechtsakt, Verkehr, Intimverkehr, Intimität, intime Beziehungen, Hingabe, Vereinigung, Kohabitation, Kopulation, Beiwohnung, Liebesvollzug, Schäferstündchen, Fick *(derb).*

Geschliffenheit, Gewähltheit, Ausgesuchtheit, Gepflegtheit, Ausgefeiltheit, Ausgewogenheit.

geschlossen, verschlossen, versperrt, zugeschlossen, zugesperrt *(bes. südd., österr.),* abgeschlossen, abgesperrt *(bes. südd., österr.),* verriegelt, zu *(ugs.),* verrammelt *(ugs.).*

Geschmack, Aroma, Arom *(dichter.),* Würze.

[1]**geschmacklos,** geschmackswidrig, stillos, stilwidrig, kitschig, nicht geschmackvoll, keinen guten Geschmack verratend, von Geschmacklosigkeit zeugend.

[2]**geschmacklos,** unpassend, abgeschmackt, taktlos, deplaciert, unangebracht, ohne Taktgefühl / Feingefühl, verletzend, unhöflich, indiskret.

Geschmacklosigkeit, Geschmackswidrigkeit, Stillosigkeit, Stilwidrigkeit, Geschmacksverirrung *(abwertend).*

geschmackvoll, vornehm, nobel, kultiviert, elegant, schick, apart, schmuck, gefällig, geschmackig *(österr. ugs.)*, nicht geschmacklos.

Geschöpf, Kreatur, Lebewesen, Wesen, Individuum.

Geschoß, Kugel, Projektil, Schuß, Patrone.

Geschrei, das Schreien, Gejohle *(abwertend)*, Gegröle *(ugs. abwertend)*, Gekreische, Gezeter *(abwertend)*.

geschützt, sicher, geborgen, behütet, beschirmt, wie in Abrahams Schoß.

Geschwätz *(ugs. abwertend)*, Gewäsch *(ugs. abwertend)*, Blabla *(ugs. abwertend)*, Gefasel *(ugs. abwertend)*, Bafel *(landsch.)*, Geschwafel *(ugs. abwertend)*, Geseire *(ugs. abwertend)*, Gesülze *(ugs. abwertend)*, leeres Gerede / Stroh *(ugs. abwertend)*, Wischiwaschi *(ugs.)*, Wischwasch *(ugs.)*, Schmus *(ugs.)*, Schmonzes *(ugs.)*.

Geschwindigkeit, Schnelligkeit, Fixigkeit *(ugs.)*, Eile, Tempo, Rasanz *(ugs.)*.

Geschwindigkeitsbeschränkung, Geschwindigkeitsbegrenzung, Tempolimit, Höchstgeschwindigkeit.

Geschwister, Brüder, Schwestern, Bruder und Schwester, Gebrüder.

gesellig, soziabel, kontaktfähig, kontaktfreudig, kommunikationsfreudig, kommunikationsfähig, umgänglich, extravertiert, nicht selbstbezogen, nicht unzugänglich.

Gesellschafter, Teilhaber, Mitinhaber, Partner, Sozius, Kompagnon, Kommanditist.

Gesellschaftsschicht, Bevölkerungsschicht, Schicht.

[1]**gesetzlich,** legal, legitim, rechtmäßig, rechtlich, begründet.

[2]**gesetzlich,** juristisch, rechtlich, de jure, juridisch *(österr.)*.

Gesetzmäßigkeit, Gesetz, Regelmäßigkeit, Regularität.

Gesetztheit, Abgeklärtheit, Altersweisheit, Alterswürde.

gesetzwidrig, ungesetzlich, illegitim, illegal, kriminell, unzulässig, unstatthaft, unerlaubt, verboten, untersagt, unrechtmäßig, auf ungesetzlichem Wege, auf Schleichwegen, strafbar, außerhalb der Legalität, deliktisch *(schweiz.)*, nicht rechtmäßig, nicht statthaft.

gesichert, fundiert, begründet, hieb- und stichfest, unangreifbar.

Gesicht, Angesicht, Antlitz *(dichter.)*, Physiognomie, Visage *(salopp abwertend)*, Fratze *(salopp, oft abwertend)*, G[e]frieß *(südd., österr., salopp abwertend)*, Ponem *(jidd. abwertend)*, Fresse *(derb abwertend)*.

Gesichtsausdruck, Miene, Mienenspiel, Mimik, Ausdruck, Gesicht.

Gesichtskreis, Blickfeld, Gesichtsfeld, Horizont, Gedankenwelt.

Gesichtspunkt, Blickpunkt, Blickwinkel, Blickrichtung, Perspektive, Aspekt, Betrachtungsweise.

Gesinnung, Denkweise, Denkart, Denkungsart, Denkungsweise, Mentalität, Einstellung, Weltanschauung, Lebensanschauung, Ideologie, Sinnesart.

Gesinnungsgenosse, Gesinnungsfreund, Genosse, Parteifreund, Sympathisant.

Gesinnungswandel, Gesinnungswechsel, Frontwechsel, Gesinnungslosigkeit, Gesinnungslumperei *(abwertend)*.

gespannt, spannungsgeladen, nicht frei von Spannung, explosiv.

Gespenst, Geist, Phantom, Geistererscheinung, Astralwesen, Erscheinung, Spuk, Nachtgespenst, Nachtmahr.

gespenstisch, unheimlich, grus[e]-

lig, schauerlich, schaurig, nicht geheuer, beklemmend, entrisch *(bayr., österr.),* dämonisch.

Gespräch, Unterhaltung, Meinungsaustausch, Gedankenaustausch, Unterredung, Konversation, Dialog, Diskurs, Causerie *(veraltet),* Small talk, Plausch.

gesprächig, mitteilsam, redefreudig, redelustig, redselig, geschwätzig *(abwertend),* quatschig *(salopp abwertend),* klatschsüchtig *(abwertend),* tratschsüchtig *(abwertend),* schwatzhaft *(abwertend).*

Gesprächsteilnehmer, Diskussionsteilnehmer, Diskussionspartner, Gesprächspartner, Diskutant.

gespreizt, geziert, gequält, gezwungen, gesucht, affektiert, gemacht, unecht, unnatürlich, gestelzt, geschraubt, geschwollen, phrasenhaft, theatralisch, manieriert, gekünstelt, erkünstelt, geblümt, blumenreich, blumig.

Gestalt, Figur, Wuchs, Statur, Körper, Korpus *(scherzh.),* Leib, Konstitution, Habitus.

gestalten, formen, bilden.

Gestaltung, Formung, Ausformung, Darstellung.

gestattet, statthaft, zulässig, erlaubt.

gestehen, bekennen, Farbe bekennen *(ugs.),* sein Gewissen erleichtern, einbekennen *(österr.),* eingestehen, mit der Sprache herausrücken *(ugs.),* auspacken *(ugs.),* singen *(salopp),* einräumen, zugeben, beichten, eine Beichte ablegen, offenbaren, aussagen, eine Aussage machen, ein Geständnis ablegen / machen, jmdm. etwas entdecken / eröffnen, geständig sein, die Karten aufdecken / offen auf den Tisch legen, die Hosen runterlassen *(salopp).*

Gestein, Fels, Felsen, Stein, Geröll, Felsblock, Felsbrocken.

Gestell, Regal, Etagere, Ablage, Bord, Stellage.

Gestelztheit, Geziertheit, Ziererei, Gespreiztheit, Geschraubtheit, Affektiertheit, Gekünsteltheit, Künstelei, Manieriertheit, Gezwungenheit, Steifheit, Unnatürlichkeit, Geschwollenheit.

gestikulieren, Gesten machen, mit den Armen / Händen fuchteln *(ugs.),* herumfuchteln *(ugs.),* die Arme / Hände verwerfen *(schweiz.).*

gestirnt, bestirnt, mit Sternen bedeckt / übersät, sternenbedeckt, im Sternenglanz erstrahlend *(dichter.),* stern[en]hell, stern[en]klar, von Sternen erhellt *(geh.).*

gestorben, tot, verstorben, abgeschieden, hingeschieden, verschieden, verblichen, erloschen, heimgegangen, entseelt, leblos, unbelebt, ohne Leben, mausetot *(ugs.),* hinüber *(ugs.),* hin *(ugs.),* hops *(ugs.),* krepiert *(salopp),* ex *(salopp).*

Gesuch, Antrag, Anfrage, Eingabe, Botschaft *(schweiz.),* Anzug *(schweiz.),* Ansuchen *(österr.),* Petition, Bittschrift, Bittgesuch, Bittschreiben, Bittadresse, Supplik, Bettelbrief *(abwertend).*

gesucht, gefragt, begehrt, viel verlangt.

gesund, [gesund und] munter, kraftstrotzend, gesundheitsstrotzend, frisch, kerngesund, kregel *(landsch.),* pumperlgesund *(österr. ugs.),* nicht krank, wohlauf, wohl, fit, mobil *(ugs.),* in Form, auf dem Posten *(ugs.),* wieder auf dem Damm *(ugs.).*

gesunden, gesund werden, heilen, ausheilen, genesen, sich bessern, auf dem Wege der Besserung sein, sich auf dem Wege der Besserung befinden, Besserung tritt ein, aufkommen, wieder auf die Beine /

auf den Damm kommen *(ugs.)*, sich [wieder] bekrabbeln *(ugs.)*, sich aufrappeln *(ugs.)*.

Gesundheit, Wohlbefinden, Wohlsein, Rüstigkeit, Wohlergehen, Befinden, Fitneß, Gesundheitszustand.

geteilt, zweigeteilt, auseinander, getrennt.

Getränk, Trank, Trunk, Drink, Trinkbares *(ugs.)*, Tranksame *(schweiz.)*, Gebräu, Gesöff *(derb abwertend)*, Plörre *(salopp abwertend)*, Plempe *(salopp abwertend)*, Brühe *(salopp abwertend)*.

Getreide, Körnerfrucht, Feldfrucht, Korn, Frucht, Zerealie.

getrennt, geschieden, aufgelöst.

Getue *(abwertend)*, Gedöns *(ugs. abwertend)*, Gewese *(ugs. abwertend)*, Theater *(abwertend)*, Affentheater *(ugs. abwertend)*, Affenzeck *(salopp)*, Pflanz *(österr. ugs.)*, Wirbel *(abwertend)*, Tamtam *(ugs. abwertend)*, Zirkus *(abwertend)*, Sturm im Wasserglas, viel Lärm um nichts.

gewachsen, organisch, einheitlich, zusammenhängend.

gewagt, gefährlich, kritisch, brenzlig, riskant, gefahrvoll, abenteuerlich, halsbrecherisch, lebensgefährlich, selbstmörderisch, tödlich, nicht ungefährlich.

gewählt, gepflegt, gehoben, vornehm.

gewähren, [einem Wunsch] entsprechen, [einer Bitte] stattgeben, zugestehen, bewilligen, zuteil werden lassen.

Gewährenlassen, Duldung, Geduld, Nachsicht, Milde, Einsehen, Langmut, Engelsgeduld, Indulgenz, Konnivenz; Laisser-faire, Laisser-aller, Treibenlassen, Hinnahme.

gewährleisten, verbürgen, bürgen für, verbriefen.

Gewährsmann, Informant, Quelle, Verbindungsmann, V-Mann, Kontaktmann, Hintermann.

Gewalt, Zwang, Willkür, Brachialgewalt, Terror, Terrorismus, Staatsterrorismus, Militärgewalt, Waffengewalt.

Gewaltherrscher, Tyrann, Despot, Unterdrücker, Diktator, Alleinherrscher.

gewaltig, mächtig, enorm, ungeheuer, kolossalisch, kolossal, titanisch, monströs, voluminös, exorbitant, schwerwiegend, schwergründig *(schweiz.)*, gigantisch, monumental, groß, massiv, schwer, stark.

gewandt, weltgewandt, weltläufig, weltmännisch, urban, sicher, geschliffen.

gewappnet, kampfbereit, kampfentschlossen, abwehrbereit, verteidigungsbereit, angriffsbereit, gerüstet.

gewärtigen, einer Sache gewärtig sein, gefaßt sein / sich gefaßt machen auf.

Gewehr, Waffe, Flinte, Büchse, Donnerbüchse *(scherzh.)*, Knarre *(ugs.)*, Schießgewehr *(Kinderspr.)*, Schießeisen *(ugs.)*, Schießprügel *(ugs.)*.

gewieft, gewitzt, schlau, clever, raffiniert, bauernschlau, durchtrieben, gerissen, verschlagen, ausgefuchst, gerieben, ausgekocht *(salopp abwertend)*, abgefeimt, ausgepicht *(ugs.)*, ausgebufft *(salopp)*, gewiegt, gefinkelt *(österr.)*, gehaut *(österr. ugs.)*, vigilant *(landsch.)*, helle *(landsch.)*.

gewillt, bereit, geneigt, gesonnen, willig, gutwillig, gefügig, gefüge, willfährig.

[1]Gewinn, Reingewinn, Gewinnspanne, Profit, Ausbeute, Überschuß, Nettoeinnahme, Nettoertrag, [Rein]ertrag.

[2]Gewinn, Hauptgewinn, Treffer, Haupttreffer, das Große Los, Volltreffer, erster Preis.

[3]Gewinn, Sieg, Triumph, Erfolg.

Gewinnanteil, Dividende, Reingewinn, Tantieme.

gewinnbringend, einträglich, rentabel, lukrativ, lohnend.

[1]gewinnen, siegen, Gewinner / Sieger sein, als Sieger hervorgehen, den Sieg erringen / davontragen, obsiegen, triumphieren, das Rennen machen, den Vogel abschießen.

[2]gewinnen (jmdn. für etwas), jmdn. für etwas werben / interessieren, sich jmds. Mitarbeit / Unterstützung sichern.

Gewinner, Sieger, Triumphator, Matador, Meister, Champion.

Gewinnspanne, Handelsspanne, Reinertrag, Reinerlös, Reinverdienst.

Gewinnsucht, Habgier, Habsucht, Raffgier, Profitsucht, Besitzgier, Geldgier, Unersättlichkeit.

gewiß, bestimmt, mit Sicherheit, wirklich, in der Tat, tatsächlich, ungelogen, ohne daß ich lüge, ohne Übertreibung, nicht übertrieben, weiß Gott, bei Gott, unweigerlich, fürwahr, traun [fürwahr] *(scherzh. veraltend),* beim Barte des Propheten *(scherzh.),* wenn ich dir [doch] sage *(ugs.),* ehrlich [wahr] *(ugs.),* auf Ehre und Gewissen, sage und schreibe *(ugs.),* Hand aufs Herz!, in Tat und Wahrheit *(schweiz.),* wahrhaftig.

gewissenhaft, [peinlich] genau, peinlich, pedantisch *(abwertend),* penibel, sorgfältig, akkurat, gründlich, akribisch, eingehend, reiflich, eigen.

gewissenlos, bedenkenlos, skrupellos, rücksichtslos, abgedreht *(bayr., österr.),* ohne Rücksicht / Bedenken / Skrupel.

Gewissensbisse, Gewissensqual, Gewissensnot, Gewissenspein, Schuldgefühl, Schuldkomplexe, Schuldbewußtsein, Zerknirschung, Zerknirschtheit.

gewissermaßen, an und für sich, sozusagen, eigentlich, so gut wie, quasi, gleichsam.

Gewißheit, Sicherheit, Garantie.

Gewitter, Wetterleuchten, Gewittertätigkeit.

gewittern, gewittrig sein, blitzen und donnern, ein Gewitter zieht herauf, wetterleuchten, grummeln *(landsch.).*

Gewitztheit, Klugheit, Findigkeit, Schlauheit, Verschmitztheit, Mutterwitz, gesunder Menschenverstand, Bauernschläue, Cleverneß, Gerissenheit.

Gewogenheit, Geneigtheit, Wohlwollen, Zugetansein, Gunst, Jovialität, Leutseligkeit.

[1]gewöhnlich, generell, allgemein, im allgemeinen, im großen [und] ganzen, mehr oder weniger, mehr oder minder, mehr–weniger *(österr.),* durchweg, durchwegs *(österr.),* gemeinhin, weithin, weitgehend, durchgängig, fast immer, durch die Bank *(ugs.),* durchs Band [weg] *(schweiz.),* für gewöhnlich, gemeiniglich *(veraltet).*

[2]gewöhnlich, gemein, unflätig, ausfallend, primitiv *(abwertend),* ordinär *(abwertend),* vulgär *(abwertend),* skatologisch *(fachspr.),* pöbelhaft *(abwertend),* proletenhaft *(abwertend).*

Gewürz, Würze, Aroma.

gezackt, gezähnt, gezahnt, gezähnelt.

Gezeiten, Gezeitenwechsel, Gezeit, Tide, Ebbe und Flut.

geziert, gequält, gezwungen, gesucht, affektiert, gemacht, unecht, unnatürlich, gespreizt, gestelzt, geschraubt, geschwollen, phrasenhaft, theatralisch, manieriert, gekünstelt, erkünstelt, geblümt, blumenreich, blumig.

gezwungenermaßen, notgedrungen, der Not gehorchend, gezwungen, zwangsweise, zwangsläufig, in Ermangelung eines Besseren, unfreiwillig, ungern, schweren Herzens, nolens volens, ob man will oder nicht, wohl oder übel.

[1]gießen, sprengen, begießen, besprengen, einsprengen, spritzen, einspritzen, bespritzen, besprühen, berieseln, wässern.

[2]gießen, schütten, ausschütten, einschütten, leeren, ausleeren, ausgießen, eingießen, einschenken, kippen, auskippen.

Gipfel, Spitze, Spitz *(schweiz.),* Kuppe, Berggipfel, Bergkuppe, Bergspitze, Gupf *(südd., österr., schweiz.),* Nock *(bayr., österr.),* Kogel *(südd., österr.),* Kofel *(bayr.).*

gipfeln (in), kulminieren in, den Höhepunkt / Kulminationspunkt / Gipfel / Zenit erreichen.

Gipfelpunkt, Gipfel, Höhepunkt, Nonplusultra, Maximum, Optimum, das Höchste, Höchstmaß.

Gitter, Vergitterung, Traljen *(nordd.),* Gitterstäbe.

Glanz, Schein, Lichtschein, Glast *(dichter. oder landsch.),* Schimmer, Lichtschimmer, Geflimmer, Gefunkel, Geglitzer.

[1]glänzen, leuchten, scheinen, strahlen, prangen *(geh.),* blenden, schimmern, flirren, flimmern, gleißen, blinken, blitzen, funkeln, glitzern, schillern, szintillieren *(fachspr.),* opalisieren, opaleszieren.

[2]glänzen, prunken, prangen, strahlen, Pracht entfalten.

[1]glänzend, leuchtend, funkelnd, schimmernd, gleißend, blinkend, blitzend, glitzernd, schillernd, opalisierend.

[2]glänzend, meisterhaft, meisterlich, gekonnt, prächtig, virtuos, bravourös, fulminant, vollendet, vollkommen, perfekt, famos *(ugs.).*

glanzlos, matt, stumpf, blind, beschlagen.

Glanzpunkt, Glanznummer, Glanzlicht, Glanzstück, Stern, Star, Prachtstück, Paradenummer, Top act, Zugstück, Zugnummer, Zugpferd, Attraktion, Clou, Schlager, Hit, Aushängeschild, -lokomotive (z. B. Wahllokomotive), -magnet (z. B. Wahlmagnet), Anziehung.

glasig, stier, starr, verglast, gläsern.

Glasur, Lasur, Schmelz.

glatt, spiegelglatt, rutschig, schlüpfrig, glitschig *(ugs.).*

Glatteis, Schneeglätte, Eisglätte, Glätte, Straßenglätte, überfrierende Nässe, Glatteisbildung, Glättebildung, Reifglätte, Vereisung, Rutschgefahr.

Glatze, Glatzkopf, Kahlkopf, Tonsur, Platte *(ugs.),* Spielwiese *(scherzh.),* Kahlschlag *(scherzh.),* Landeplatz *(scherzh.).*

glatzköpfig, kahl, kahlköpfig, glatzert *(österr. ugs.).*

Glaube, Glaubensbekenntnis, Bekenntnis, Konfession, Religion.

[1]glauben (jmdm.), sich verlassen auf, bauen / zählen auf, rechnen auf / mit, Glauben / Vertrauen schenken, Vertrauen haben, vertrauen, trauen.

[2]glauben, meinen, vermeinen, denken, finden, der Meinung / Ansicht / Überzeugung sein, dafürhalten *(geh.).*

Glaubenssatz, Lehre, Doktrin, Lehrsatz, Theorie, These, Behauptung, Dogma, Lehrmeinung, Lehrgebäude, Schulmeinung.

gläubig, religiös, fromm, gottesfürchtig, kirchlich, glaubensstark, gottgefällig *(geh.),* gottselig *(veraltend).*

glaubwürdig, überzeugend, zuverlässig, vertrauenerweckend.

gleich, sogleich, sofort, brühwarm (*ugs.;* z. B. weitererzählen), unverzüglich, ohne Aufschub, spornstreichs, stracks, stante pede *(ugs.),* stehenden Fußes, vom Fleck weg, alsbald, unmittelbar, auf der Stelle, hier und jetzt, hic et nunc *(bildungsspr.),* umgehend, prompt, auf Anhieb, postwendend, wie aus der Pistole geschossen (z. B. antworten).

gleichaltrig, gleichen Alters, im Alter übereinstimmend, gleich alt, im gleichen / in jmds. Alter.

gleichartig, ähnlich, vergleichbar, von gleicher / ähnlicher Art, [annähernd] gleich, verwandt, sich *bzw.* einander gleichend / ähnelnd / entsprechend, analog, übereinstimmend, identisch, dekkungsgleich, kongruent.

gleichberechtigt, gleichrangig, gleichgestellt, gleichstehend, gleich.

Gleichberechtigung, Gleichheit [vor dem Gesetz], Gleichrangigkeit, Gleichstellung.

gleichbleibend, formelhaft, stereotyp, [immer] wiederkehrend, ständig.

gleichen, übereinstimmen, sich decken, kongruieren, korrespondieren, sich / einander entsprechen, gleich sein, ähneln, ähnlich sein / sehen, sich / einander gleichen wie ein Ei dem andern, aufs Haar gleichen.

gleichermaßen, ebenfalls, desgleichen, auch, in gleichem Maße, in gleicher Weise, gleichfalls, genauso, ebenso, dito, selbst, sogar.

gleichfalls, gleichermaßen, auch, desgleichen, ebenfalls, in gleichem Maße, in gleicher Weise, genauso, ebenso, dito, selbst, sogar.

gleichgeschlechtlich, eigengeschlechtlich, homosexuell, gay, rosa, homo, invertiert, homophil, homoerotisch, schwul, warm *(ugs.),* tuntig *(salopp),* andersherum *(salopp),* verkehrtherum *(salopp),* am 17. 5. *bzw.* 17. Mai geboren *(ugs.),* von der anderen Fakultät *(ugs.),* vom anderen Ufer *(ugs.).*

gleichgestellt, gleichrangig, gleichstehend, gleichberechtigt, gleich.

gleichgültig, gleichviel, wie dem auch sei, wie auch immer, gleichwie, einerlei, egal.

Gleichgültigkeit, Teilnahmslosigkeit, Desinteresse, Uninteressiertheit, Unempfindlichkeit, Indolenz *(bildungsspr.),* Geistesabwesenheit, Apathie, Lethargie, Ungerührtheit, Unbeeindrucktheit, Gefühllosigkeit.

Gleichheit [vor dem Gesetz], Gleichberechtigung, Gleichrangigkeit, Gleichstellung.

gleichkommen, herankommen, heranreichen, ebenbürtig sein, es mit jmdm. aufnehmen können, jmdm. in etwas nicht nachstehen.

gleichmachen, nivellieren, egalisieren, einebnen, planieren, ausgleichen, glätten.

Gleichmacherei *(abwertend),* Nivellierung, Vermassung, Gleichschaltung, Gleichstellung.

gleichmäßig, harmonisch, ausgeglichen, maßvoll, abgewogen, ausgewogen, im richtigen Verhältnis, zusammenstimmend, zusammenpassend.

Gleichmut, Gelassenheit, Fassung, Gefaßtheit, Haltung, Selbstbeherrschung, Beherrschung, Beherrschtheit, Kaltblütigkeit, Unempfindlichkeit, Ausgeglichenheit, [stoische] Ruhe, Seelenfrieden, Seelenruhe, Gemütsruhe, Bierruhe *(ugs.),* Contenance *(bildungsspr.).*

Gleichnis, Parabel, Vergleich.

gleichrangig, gleichgestellt, gleichstehend, gleichberechtigt, gleich.

Gleichschaltung, Gleichmacherei *(abwertend),* Nivellierung, Vermassung, Gleichstellung.

gleichsetzen, gleichstellen, angleichen, nicht unterscheiden.

Gleichstellung, Gleichberechtigung, Gleichheit [vor dem Gesetz], Gleichrangigkeit.

gleichviel, wie dem auch sei, wie auch immer, gleichwie, einerlei, egal, gleichgültig.

gleichwertig, wertentsprechend, entsprechend, angemessen, äquivalent, von gleichem / entsprechendem Wert, von gleicher Geltung.

gleichzeitig, simultan, zeitgleich, synchron, synchronisch.

gleichziehen, aufholen, [Boden] gutmachen, einholen, nachholen, wettmachen, nachziehen, ausgleichen, das Gleichgewicht herstellen.

Gleis, Geleise *(veraltend),* Schiene, Bahngleis.

gleiten, rutschen, schurren, ausgleiten, ausrutschen, ausglitschen *(ugs.),* abrutschen, abgleiten, den Halt verlieren, schlittern, schlipfen *(schweiz.),* ausschlipfen *(schweiz.).*

Gletscher, Ferner *(südd., österr.),* Firner *(südd., österr.),* Kees *(bayr., österr.).*

Glied, Penis, Phallus, Männlichkeit, Geschlechtsteil, der kleine Mann / Herr, Rute, Gemächt, Membrum virile, Nippel, Zipferl *(österr.),* Piller, Schniepel, Pillhahn, Pillermann, Piephahn, Pippi, Piepel, Kolben, Apparat, Schwanz *(salopp),* Schweif, Stachel, Riemen *(salopp),* Pimmel *(salopp),* Pint *(salopp),* Penis erectus, Ständer *(derb),* Stange *(derb),* Latte *(derb),* Morgenlatte *(derb).*

gliedern, aufgliedern, untergliedern, klassifizieren, indexieren, katalogisieren, unterteilen, segmentieren, staffeln, auffächern, differenzieren, anordnen, ordnen, systematisieren.

Gliederung, Aufgliederung, Untergliederung, Kategorie, Kategorisierung, Klassifizierung, Klassifikation, Unterteilung, Aufteilung, Segmentierung, Staffelung, Stufung, Auffächerung, Aufschlüsselung, Differenzierung, Systematisierung, Anordnung, Disposition.

Gliedmaße (meist Plural), Glieder (Plural), Extremität (meist Plural).

glitzern, glänzen, leuchten, funkeln, schimmern, gleißen, blinken, blitzen, schillern, opalisieren.

global, allgemein, universal, universell, umfassend, weltweit, weltumspannend.

Globus, Erdball, Erdkugel, Erde, Weltkugel, Mutter Erde *(dichter.),* blauer Planet, Welt, Erdkreis *(dichter.).*

Glocke, Klingel, Schelle, Bimmel *(ugs.),* Gong.

Gloriole, Heiligenschein, Glorienschein, Aureole, Mandorla.

Glosse, Anmerkung, Marginalie, Randbemerkung.

Glück, Segen, Heil, Wohl, Glückssträhne, Sternstunde, Glücksfall, Fortuna *(geh.),* Fortune.

glücken, gelingen, gutgehen, wunschgemäß verlaufen, nach Wunsch gehen, glattgehen *(ugs.),* hinhauen *(salopp),* klappen *(ugs.).*

glückhaft, glückbringend, beglükkend.

glücklich, selig, beglückt, hochbeglückt, glückselig, glückstrahlend, freudestrahlend, zufrieden, im sieb[en]ten Himmel *(ugs.)*.

glücklicherweise, zum Glück, Gott sei Dank!, gottlob, dem Himmel sei Dank!, Gott / dem Himmel / dem Schöpfer sei's gedankt!, Gott sei gelobt!, Gott sei's getrommelt und gepfiffen! *(salopp)*.

Glücksbringer, Amulett, Fetisch, Talisman, Maskottchen, Totem, Götzenbild.

Glückspilz, Glückskind, Sonntagskind, Liebling / Schoßkind des Glücks / der Götter, Hans im Glück.

Glücksspiel, Spiel, Hasardspiel.

Glückwunsch, Gratulation, Beglückwünschung, Segenswünsche.

Glühbirne, Birne *(ugs.)*, Glühlampe, Lampe *(ugs.)*.

Gnade, Gunst, Huld, Auszeichnung, Ehre.

goldig, niedlich, lieblich, herzig, süß, reizend, bezaubernd, allerliebst.

Golf, Meerbusen, Meeresbucht, Bucht, Bai, Förde.

gönnen (sich etwas), sich etwas leisten / genehmigen, auch einmal an sich selbst / selber denken, zu sich selbst gut sein.

Gönner, Schützer, Beschützer, Förderer, Sponsor, Geldgeber, edler Spender *(scherzh.)*, Mäzen, Musaget *(veraltet)*, Schutzherr, Schirmherr, Protektor.

Gott, Herr, Herrgott, himmlischer Vater, Allvater, Gottvater, Herr Zebaoth, der Allmächtige / Allwissende / Allgütige / Allerbarmer / Ewige, Weltenlenker, Herr der Heerscharen, Jehova, Jahwe, Adonai, Vater im Himmel, der liebe Gott, Schöpfer [Himmels und der Erden], Erhalter.

gottergeben, geduldig, ergeben, quietistisch.

Gotteshaus, Kirche, Dom, Domkirche, Münster, Kathedrale, Basilika, Synagoge, Tempel, Moschee, Pagode, Dschami, Bethaus, Kapelle, Andachtsort, Heiligtum.

Gottheit, Numen, das Numinose, Mysterium tremendum, höchstes Wesen.

göttlich, numinos, heilig, himmlisch.

gottlob, glücklicherweise, zum Glück, Gott sei Dank!, dem Himmel sei Dank!, Gott / dem Himmel / dem Schöpfer sei's gedankt!, Gott sei gelobt!, Gott sei's getrommelt und gepfiffen! *(salopp)*.

gottlos, lästerlich, gotteslästerlich, lasterhaft, frevelhaft, sittenlos, vitiös *(bildungsspr. veraltet)*.

Gourmand, Schlemmer, Schwelger, Genußspecht *(österr. ugs.)*.

Gourmet, Feinschmecker, Genießer, Leckermaul *(ugs.)*.

Grab, Grube, Totengruft, Krypta, Grabgewölbe, Gruft, Grabhügel, Hügel, Ruhestatt, Ruhestätte, Grabstätte, Begräbnisplatz, Begräbnisstätte, Urnengrab, Grabstelle, Mausoleum, Grabkammer.

Graben, Grube, Loch, Kute *(bes. berlin. ugs.)*, Kuhle *(ugs.)*, Vertiefung.

Grabstein, Grabmal, Epitaph, Zenotaph, Zenotaphion, Zenotaphium.

Grad, Ausmaß, Größe, Größenordnung, Maß, Abmessung, Ausbreitung, Dimension, Ausdehnung, Umkreis, Reichweite, Spielraum, Höhe, Breite, Länge, Tiefe, Weite, Dichte, Fülle, Umfang, Stärke.

Grandseigneur, Gentleman, Gentilhomme, Kavalier, Mann von Welt, Weltmann.

Gras, Rasen, Grasdecken, Rasendecke, Grasnarbe, Wasen *(südd. veraltend),* Rasenfläche, Grünfläche.

grasen, weiden, äsen.

gräßlich, schrecklich, erschreckend, bestürzend, beängstigend, katastrophal, furchterregend, furchteinflößend, schauderhaft, grauenerregend, horribel, furchtbar, fürchterlich, entsetzlich.

Grat, Kamm, Bergrücken.

Gratifikation, Zuwendung, Zulage, Sonderzulage, Remuneration *(bes. österr.).*

gratis, kostenlos, gratis und franko *(ugs.),* umsonst, unentgeltlich, um Gotteslohn *(veraltend),* ohne Geld, geschenkt, für nichts, als Zugabe, kostenfrei, gebührenfrei, frei, portofrei, freigemacht, franko, ohne einen Pfennig zu zahlen.

Gratulation, Glückwunsch, Beglückwünschung, Segenswünsche.

gratulieren, beglückwünschen, Glück wünschen, Glückwünsche übermitteln / überbringen / darbringen, einem Wunsch Ausdruck verleihen, jmdm. die Hand drükken.

grauenerregend, grauenvoll, schauerlich, schaudererregend, gespenstisch, unheimlich, düster, makaber, todesdüster *(geh.).*

grauhaarig, grau, ergraut, greis, gries *(landsch. veraltend),* graumeliert, meliert, grauköpfig, mit grauen Schläfen.

grausam, barbarisch, bestialisch, brutal, roh, unmenschlich, tierisch.

Grausamkeit, Roheit, Gewalttätigkeit, Bestialität, Mordlust, Mordgier, Blutdurst, Blutrausch, Ruchlosigkeit *(geh.),* Inhumanität, Unmenschlichkeit.

gravierend, belastend, erschwerend.

gravitätisch, majestätisch, würdevoll, gemessen, hoheitsvoll, königlich, feierlich.

Grazie, Anmut, Liebreiz, Reiz, Lieblichkeit, Schmelz, Zartheit, Zauber, Charme, Liebenswürdigkeit.

grazil, zart, zierlich, zartgliedrig, feingliedrig, zerbrechlich, fragil, schmächtig.

greifen, ergreifen, erfassen, fassen, anfassen, zufassen, in die Hand nehmen.

greis, alt, älter, angejahrt, in die Jahre gekommen, angegraut, betagt, hochbetagt, uralt, steinalt, vergreist, jenseits von Gut und Böse, abgelebt, senil.

Greis, alter Mann, Zittergreis *(ugs.),* Tattergreis *(salopp abwertend),* Tapergreis *(salopp abwertend),* Tatl *(österr. salopp abwertend),* alter Knacker *(salopp abwertend),* Zausel *(salopp abwertend),* Krauter[er] *(salopp abwertend),* Stubben *(salopp abwertend),* Mummelgreis *(salopp abwertend),* Mümmelgreis *(salopp abwertend).*

Gremium, Ausschuß, Komitee, [wissenschaftlicher] Rat, Kommission, Kreis, Zirkel.

Grenze, Grenzlinie, March *(schweiz.).*

grenzenlos, unendlich, ohne Ende, unbegrenzt, unbeschränkt, unermeßlich, endlos.

Grenzwert, Limit, obere Grenze.

Griesgram, Muffel *(ugs.),* Miesepeter *(ugs.),* Trauerkloß *(ugs.),* Fadian *(österr.),* Nieselpriem *(ugs.),* Brummbär *(ugs.).*

Griff, Handgriff, Henkel, Stiel, Schaft, Handhabe *(selten),* Knauf, Halter *(selten),* Heft *(geh.),* Helm, Holm.

Grill, Bratrost, Rost, Barbecue.

Grimm, Ärger, Zorn, Wut, Stinkwut *(emotional),* Rage *(ugs.),* Täubi *(schweiz.),* Ingrimm, Jähzorn, Raserei, Furor.

Grinsen (das), das Lächeln, das Schmunzeln, Gegrinse *(abwertend),* das Grienen, Augurenlächeln *(geh. abwertend).*

grob, rabiat, rüde, roh, verroht, krud[e], brutal.

grollen, Groll hegen, zürnen, einen Zorn haben.

[1]**groß,** hochgewachsen, hochwüchsig, von hohem Wuchs, stattlich, hoch aufgeschossen, lang *(ugs.),* baumlang *(ugs.),* riesenhaft, riesig, zyklopisch, mannshoch, hünenhaft.

[2]**groß,** geräumig, weit, großräumig, großflächig, ausgedehnt, nicht eng, nicht klein.

großartig, außergewöhnlich, ungewöhnlich, ausgefallen, ungeläufig, außerordentlich, exzeptionell, extraordinär, groß, erstaunlich, überraschend, entwaffnend, umwerfend, bewundernswert, bewunderungswürdig, feudal, formidabel, ersten Ranges, brillant, kapital, stupend, hervorragend, überragend, himmelsstürmerisch, prometheisch, eminent, überwältigend, hinreißend, eindrucksvoll, unschätzbar, beeindruckend, beträchtlich, erklecklich, stattlich, ansehnlich, nennenswert, bedeutend, unvergleichlich, ohnegleichen, sondergleichen, einzigartig, ungleich + Komparativ (z. B. ungleich besser), bedeutungsvoll, bedeutsam, erheblich, grandios, imponierend, imposant, phänomenal, beachtlich, enorm, sensationell, epochal, epochemachend, spektakulär, aufsehenerregend, auffallend, auffällig, flippig, abenteuerlich, frappant, verblüffend, fabelhaft, sagenhaft, märchenhaft, pyramidal *(ugs.).*

[1]**Größe,** Geräumigkeit, Großräumigkeit, Großflächigkeit, Weite.

[2]**Größe,** Ausmaß, Größenordnung, Maß, Abmessung, Ausbreitung, Dimension, Ausdehnung, Umkreis, Reichweite, Spielraum, Höhe, Breite, Länge, Tiefe, Weite, Dichte, Fülle, Umfang, Grad, Stärke.

Großmutter, Großmama *(fam.),* Oma *(fam.),* Omama *(Kinderspr.),* Omi *(fam.),* Ahne *(veraltet, noch landsch.).*

Großsprecher, Angeber, Gernegroß, Möchtegern, Maulheld *(derb),* Aufschneider, Prahlhans, Renommist, Schaumschläger, Großtuer, Zampano, Großkotz *(derb),* Prahler, Großschnauze *(derb),* Märchenerzähler, Märchenonkel, Lügenbaron, Großmaul *(derb).*

großspurig, protzig, angeberisch, großtuerisch, großsprecherisch, prahlerisch, bamstig *(österr.),* großkotzig *(salopp).*

großstädtisch, städtisch, weltstädtisch, urban.

Großvater, Großpapa *(fam.),* Opa *(fam.),* Opapa *(Kinderspr.),* Opi *(fam.),* Ahn *(veraltet, noch landsch.).*

großziehen, aufziehen, hochpäppeln *(ugs.),* aufpäppeln *(fam.).*

großzügig, freigebig, generös, hochherzig, nobel, honorig, splendid *(veraltend),* gebefreudig, weitherzig, spendabel *(ugs.).*

Großzügigkeit, Generosität, Hochherzigkeit, Gebefreudigkeit, Spendenfreudigkeit, Freigebigkeit.

Grube, Loch, Kute *(bes. berlin. ugs.),* Kuhle *(ugs.),* Vertiefung, Graben.

Gruft, Grab, Grube, Totengruft, Krypta, Grabgewölbe, Grabhügel, Hügel, Ruhestatt, Ruhestätte,

Grabstätte, Begräbnisplatz, Begräbnisstätte, Urnengrab, Grabstelle, Mausoleum, Grabkammer.

Grünanlage, Anlage, Park, Parkanlage, Garten, Grünfläche, grüne Lunge, Anpflanzung, Rasen, Schmuckplatz *(landsch.),* Beserlpark *(österr.).*

Grund, Anlaß, Beweggrund, Triebfeder, Motiv.

Grundbesitz, Grundeigentum, Grundvermögen, Landbesitz, Land, Liegenschaften, Grund und Boden, Immobilien, Realitäten *(österr.).*

gründen, begründen, konstituieren, einrichten, etablieren, errichten, instituieren, stiften, ins Leben rufen, aus der Taufe heben, [neu] schaffen.

Gründer, Gründungsvater, Begründer, Mitbegründer, Initiator, [geistiger] Vater, Schöpfer, Urheber, Anreger, Anstifter *(abwertend).*

Grundgedanke, Leitgedanke, Grundmotiv, Leitmotiv, der rote Faden.

Grundlage, Quelle, Vorlage, Original, Bedingung, Voraussetzung, Ursprung, Vorstufe, Ausgangspunkt, Plattform, Unterlage, Unterbau, Fundament, Substrat, Bestand, Mittel, Grundstock, Fundus, Basis.

grundlegend, fundamental, von Grund auf / aus, vollkommen, völlig, absolut.

gründlich, gewissenhaft, [peinlich] genau, peinlich, pedantisch *(abwertend),* penibel, sorgfältig, akkurat, akribisch, eingehend, reiflich, eigen.

grundlos, unbegründet, haltlos, gegenstandslos, ungerechtfertigt, wesenlos, hinfällig, unmotiviert, aus der Luft gegriffen.

Grundmauer, Fundament, Unterbau, Basis, Grundfeste *(selten).*

Grundriß, Aufriß, Plan, Entwurf.

grundsätzlich, prinzipiell, im allgemeinen, im Prinzip.

Grundstück, Baugrundstück, Baugrund, Grund *(österr.),* Bauland, Bauplatz, Baustelle, Baustätte *(geh.),* Baufläche, Baugelände, Parzelle.

Grünstreifen, Mittelstreifen, Rasenstreifen.

[1]**Gruppe,** Clique, Clan, Klüngel *(abwertend),* Gang, Bande.

[2]**Gruppe,** Kreis, Runde, Korona *(ugs.),* Schar, Horde *(ugs.),* Haufen, Sauhaufen *(abwertend).*

Gruß, Kartengruß, Urlaubsgruß, Feriengruß, Weihnachtsgruß, Neujahrsgruß, Geburtstagsgruß.

grüßen, begrüßen, guten Tag sagen, die Zeit bieten / *(geh.)* entbieten, willkommen heißen, bewillkommnen, die Honneurs machen, empfangen, salutieren, eine Ehrenbezeigung machen, jmdm. die Hand geben / reichen / schütteln / drücken, Pfötchen geben *(ugs. scherzh.),* mit Handschlag / Handkuß begrüßen, jmdm. Reverenz erweisen, seine / die Ehrerbietung erweisen, das Haupt entblößen *(geh.),* den Hut abnehmen / lüften / ziehen.

gucken, blicken, sehen, schauen, kucken *(nordd.),* kieken *(salopp),* starren, spähen, peilen *(ugs.),* ein Auge riskieren *(ugs.),* äugen, glotzen *(salopp abwertend),* stieren *(abwertend),* glupschen *(abwertend),* linsen *(ugs.),* lugen, luchsen, sperbern *(schweiz.).*

Gültigkeit, Geltungsdauer, Geltung, Laufzeit.

[1]**Gunst,** Gewogenheit, Wohlwollen, Zugetansein, Geneigtheit, Jovialität, Leutseligkeit.

[2]Gunst, Gnade, Huld, Auszeichnung, Ehre.
günstig, billig, preiswert, preisgünstig, kostengünstig, herabgesetzt, im Preis gesenkt, fast umsonst, [halb] geschenkt, preiswürdig, zu zivilen Preisen, wohlfeil, spottbillig.
Günstling, Favorit, Protegé, Schützling.
gurgeln, spülen, ausspülen, den Mund ausspülen.
Guru, Meister, Lenker, Leiter, Anführer, Führer, Spiritus rector, Leader, Haupt, Kopf, Oberhaupt.
Gut, Hofgut, Gutshof, Bauerngut, Gehöft, Hof, Bauernhof, Landwirtschaft, landwirtschaftlicher Betrieb, Agrarfabrik.
Güte, Gutheit, Gutherzigkeit, Gutmütigkeit, Weichherzigkeit, Herzensgüte, Seelengüte, Engelsgüte.
gutgehen, gelingen, glücken, wunschgemäß verlaufen, nach Wunsch gehen, glattgehen *(ugs.),* hinhauen *(salopp),* klappen *(ugs.).*
gutgläubig, vertrauensselig, leichtgläubig, gläubig, unkritisch, auf Treu und Glauben, vertrauensvoll, guten Glaubens, bona fide.
gutheißen, billigen, akzeptieren, absegnen, [einen Vorschlag] annehmen, bejahen, ja sagen zu, sanktionieren, legitimieren, goutieren, Geschmack finden an, anerkennen, zulassen, genehmigen, beistimmen, etwas richtig / nicht falsch finden, etwas für richtig / nicht für falsch halten, beipflichten, bewilligen *(schweiz.),* zustimmen, belieben *(schweiz.),* seine Zustimmung geben, sein Amen / seinen Segen zu etwas geben, die Genehmigung erteilen / geben, jmdm. einen Freibrief ausstellen / geben, begrüßen, übereinstimmen / sympathisieren mit, einiggehen, konform gehen, unterschreiben, einverstanden sein, zu etwas ja und amen sagen, dafür sein, nichts dagegen / dawider haben, dulden, tolerieren, respektieren, geschehen lassen, erlauben, zubilligen, einräumen, konzedieren, einwilligen, jmdm. etwas freistellen, auf einen Vorschlag eingehen, anbeißen *(ugs.),* die Erlaubnis geben, gestatten, zugeben, verstatten, jmdm. freie Hand lassen, grünes Licht geben für etwas, jmdn. gewähren / schalten und walten lassen, etwas in jmds. Hände legen.
gütig, gutherzig, grundgütig, herzlich, kordial *(veraltet),* warmherzig, gut, seelengut, herzensgut, gutmütig, sanftmütig, weichherzig, barmherzig, gnädig, mild, lindernd, eine Seele von Mensch / von einem Menschen / *(salopp scherzh.)* von [einem] Kamel.
Gymnastik, gymnastische Übungen, Lockerungsübungen, Freiübungen.

H

Haar, Haare, Schopf, Haarschopf, Mähne *(ugs.),* Fell *(ugs.),* Pelz *(ugs.),* Wolle *(ugs.),* Zotteln *(ugs.),* Strähnen *(ugs.).*

Haarschnitt, Frisur, Haartracht, Haarfrisur *(ugs.).*

Haarspalterei, Wortverdreherei, Wortklauberei, Silbenstecherei, Spitzfindigkeit, Rabulistik, Kasuistik, Sophisterei.

haarsträubend, himmelschreiend, unerhört, unfaßbar, empörend, unglaublich, skandalös, bodenlos, beispiellos, ungeheuerlich, hanebüchen.

Haarzopf, Zopf, Haarflechte, Flechte.

Habe, Besitz, Besitztum, Vermögen, Gesamtvermögen, Vermögenswerte, Sachwerte, Eigentum, Habseligkeiten, [Hab und] Gut, Geld und Gut, Haus und Hof, irdische Güter.

haben, besitzen, in Besitz haben, im Besitz sein von, sein eigen / Eigentum nennen, verfügen über, versehen / bestückt sein mit.

habgierig, habsüchtig, raffgierig, profitsüchtig, geldgierig, gewinnsüchtig, besitzgierig, materialistisch, auf Gewinn bedacht.

Hackfleisch, Tatar, Gehacktes *(ugs.),* gemahlenes Fleisch *(landsch.),* Faschiertes *(österr.),* Hackepeter *(ugs.).*

Haft, Freiheitsentzug, Arrest, Freiheitsstrafe, Gefangenschaft, Einschließung, Gewahrsam, Gefängnisstrafe, Gefängnis, Knast *(ugs.),* Zuchthausstrafe *(früher),* Zuchthaus *(früher).*

haftbar, schadenersatzpflichtig, ersatzpflichtig, haftpflichtig, verantwortlich.

Häftling, Gefangener, Strafgefangener, Inhaftierter, Gefängnisinsasse, Knastologe *(scherzh.),* Knasti *(Jargon),* Knacki *(Jargon),* Machulke *(Gaunerspr.),* Häfenbruder *(österr. salopp),* Enthaltener *(schweiz.),* Arrestant, Zuchthäusler *(veraltet).*

haftpflichtig, haftbar, schadenersatzpflichtig, ersatzpflichtig, verantwortlich.

Haftung, Bürgschaft, Gewähr, Garantie.

hageln, graupeln, schloßen *(landsch.),* kieseln *(landsch.),* schauern *(bayr., österr.).*

hager, dünn, mager, magersüchtig, zaundürr *(bayr., österr.),* dürr, spindeldürr, knochig, spillerig.

halblaut, gedämpft, mit verhaltener Stimme, in Zimmerlautstärke.

halbwüchsig, jung, blutjung, jugendlich, juvenil *(bildungsspr.),* kindlich, unfertig, unreif, grün.

Hall, Nachhall, Nachklang, das Nachhallen, das Nachklingen, das Weiterklingen, Widerhall, das Widerhallen.

Halskette, Kette, Kollier, Halsschmuck.

Halsstarrigkeit, Eigensinn, Eigensinnigkeit, Starrsinn, Starrsinnigkeit, Rechthaberei, Unnachgiebigkeit, Intransigenz, Starrköpfigkeit, Dickschäd[e]ligkeit, Steifnackigkeit, Unbelehrbarkeit, Störrischkeit, Sturheit, Bockbeinigkeit *(ugs.),* Bockigkeit *(ugs.),* Kratzbürstigkeit, Aufsässigkeit, Aufmüpfigkeit, Unbotmäßigkeit, Trotz, Widersetzlichkeit, Widerspenstigkeit, Renitenz, Protesthaltung, Widerborstigkeit, Ungehorsam, Unlenksamkeit, Eigenwilligkeit, Verbohrtheit, Hartgesottenheit, Hartnäckigkeit, Verstocktheit, Uneinsichtigkeit, Dickköpfigkeit, Obstination.

Halstuch, Tuch, Schal, Fichu, Cachenez, Echarpe *(bes. schweiz.).*

Halt, Stütze, Säule *(scherzh.),* Beistand, Hilfe, Rückhalt, Hilfestellung.

haltbar, strapazierfähig, strapazfähig *(österr.),* unverwüstlich, währschaft *(schweiz.).*

halten, haltmachen, anhalten, stoppen, stehenbleiben, zum Stehen / Stillstand kommen, bremsen.

Haltestelle, Haltepunkt, Halt, Station.

haltlos, grundlos, unbegründet, gegenstandslos, ungerechtfertigt, wesenlos, hinfällig, unmotiviert, aus der Luft gegriffen.

Haltung, Gelassenheit, Fassung, Gefaßtheit, Selbstbeherrschung, Beherrschung, Beherrschtheit, Gleichmut, Kaltblütigkeit, Unempfindlichkeit, Ausgeglichenheit, [stoische] Ruhe, Seelenfrieden, Seelenruhe, Gemütsruhe, Bierruhe *(ugs.),* Contenance *(bildungsspr.).*

Halunke, Schuft, Lump, Bube, Schurke, Spitzbube, Gauner, Kanaille, Schweinehund *(derb),* Bösewicht, Tunichtgut, Taugenichts.

hämisch, schadenfroh, maliziös, gehässig, mißgünstig.

Hand, Flosse *(ugs. scherzh. od. abwertend),* Pfote *(salopp, oft abwertend),* Klaue *(salopp, oft abwertend),* Pranke *(salopp, oft abwertend),* Pratze *(salopp, oft abwertend),* Tatze *(salopp, oft abwertend).*

Handel, Geschäft, Deal *(Jargon).*

[1]**handeln,** agieren, wirken, tätig sein, sich tummeln, werkeln, arbeiten.

[2]**handeln,** etwas tun / machen / unternehmen / in die Hand nehmen, zur Tat schreiten, aktiv / initiativ werden, die Initiative ergreifen, etwas nicht auf sich beruhen lassen.

[3]**handeln,** herunterhandeln, den Preis herunterdrücken / drücken, markten *(geh.),* feilschen *(abwertend),* schachern *(abwertend).*

[4]**handeln** (mit), hausieren mit, Handel treiben, Geschäfte machen, in Handelsbeziehung stehen, Handelsbeziehungen unterhalten, machen in *(ugs.).*

handelsüblich, marktgerecht, marktfähig, absetzbar, umsetzbar.

Handelsvertreter, Vertreter, Reisender, Handlungsreisender, Akquisiteur, Werbevertreter, Kundenwerber, Werber, Agent *(veraltend),* Schlepper *(ugs. abwertend),* Klinkenputzer *(ugs. abwertend).*

handhaben, praktizieren, ausüben.

[1]**Handlung,** Tat, Aktion, Akt, Unternehmung, Unternehmen, Operation, Maßnahme, Vorgehen.

[2]**Handlung,** Fabel, Inhalt, Idee, Stoff, Story, Plot.

Handlungsweise, Handlung, Maßnahme, Vorgehen, Schritt, Aktion.

[1]**Hang,** Piste, Abfahrt, Skiwiese, Idiotenhügel *(scherzh.).*

[2]**Hang,** Neigung, Tendenz, Trend, Strömung, Zug, Vorliebe, Drang, Geneigtheit, Drift, Einschlag, Färbung.

[1]**hängen,** erhängen, aufhängen,

aufbaumeln *(salopp),* aufknüpfen *(ugs.).*

[2]**hängen** (an jmdm.), lieben, gern haben, liebhaben, jmdm. gut / geneigt / hold / gewogen sein, sich zu jmdm. hingezogen fühlen, jmdm. zugetan / *(veraltet)* attachiert sein, [gern] mögen, leiden können / mögen, eine Schwäche haben für, für jmdn. zärtliche Gefühle hegen, etwas / viel übrig haben für, zum Fressen gern haben *(ugs.),* an jmdm. einen Affen / einen Narren gefressen haben *(salopp),* wie eine Klette an jmdm. hängen *(ugs.),* schätzen, begehren, Gefallen finden an jmdm., ins Herz geschlossen haben, jmdm. sein Herz geschenkt haben, an jmdn. sein Herz verschenkt / gehängt haben, jmds. Herz hängt an jmdm., Interesse zeigen für, mit jmdm. gehen, eine Liebschaft / *(ugs.)* ein Verhältnis / *(ugs.)* ein Techtelmechtel haben, etwas / es mit jmdm. haben, ein Auge haben auf jmdn.

hänseln, aufziehen, necken, mit jmdm. seinen Schabernack / seinen Scherz treiben, veralbern *(ugs.),* anöden *(salopp),* ärgern, frotzeln, verulken *(ugs.),* hochnehmen *(ugs.),* uzen *(ugs. landsch.),* auf den Arm nehmen *(ugs.),* auf die Schippe nehmen *(salopp),* durch den Kakao ziehen *(salopp),* witzeln, spötteln, spotten, jmdn. dem Gelächter preisgeben, verspotten, ausspotten *(südd., österr., schweiz.),* pflanzen *(österr.),* höhnen, verhöhnen, foppen, ulken *(ugs.),* flachsen *(ugs.),* anpflaumen *(salopp).*

hantieren, wirtschaften, herumhantieren *(ugs.),* herumwirtschaften *(ugs.),* fuhrwerken *(ugs. abwertend),* herumfuhrwerken *(ugs. abwertend),* geschäftig sein.

hapern, mangeln, fehlen, schlecht stehen.

[1]**harmlos,** friedlich, ungefährlich, gefahrlos, unschädlich, gutartig.

[2]**harmlos,** arglos, ohne Arg / Argwohn / Falsch, leichtgläubig, einfältig, treuherzig, naiv, blauäugig.

Harmonie, Eintracht, Brüderlichkeit, Gleichklang, Gleichtakt, Einigkeit, Einmütigkeit, Einstimmigkeit, Frieden.

harmonieren, zusammenpassen, passen, zusammenstimmen, stimmen.

harmonisch, maßvoll, ausgeglichen, abgewogen, ausgewogen, gleichmäßig, im richtigen Verhältnis, zusammenstimmend, zusammenpassend.

hart, drastisch, drakonisch, scharf, rücksichtslos, energisch, rigoros, streng, massiv.

Hasardspiel, Glücksspiel, Spiel.

Hasenfuß, Feigling, Duckmäuser *(abwertend),* Angsthase *(ugs.),* Hasenherz, Memme *(veraltend abwertend),* Waschlappen *(ugs. abwertend),* Schlappschwanz *(ugs. abwertend),* Hosenscheißer *(derb),* Trauminet *(österr. usg.).*

hassen, anfeinden, unsympathisch finden, nichts übrig haben für, nichts zu tun haben wollen mit, nicht leiden können / mögen, nicht mögen, nicht ausstehen / *(ugs.)* nicht verknusen / *(ugs.)* nicht verputzen / *(ugs.)* nicht riechen können, jmdn. gefressen haben *(ugs.),* jmdn. am liebsten von hinten sehen *(ugs.),* jmdm. nicht grün sein *(ugs.),* einen Pik auf jmdn. haben *(ugs.).*

häßlich, abscheulich, scheußlich, unschön, greulich, widerlich, ekelhaft, eklig, zum Kotzen *(derb),* abscheuerregend, widerwärtig, ätzend *(ugs.),* schlimm, schlecht.

Hast, Eile, Hektik, Geschäftigkeit, Betriebsamkeit, Wirbel, Trubel.

hasten, eilen, rennen, springen, laufen, spurten, sprinten, huschen, jagen, stieben, stürzen, rasen, sausen, fegen, pesen *(ugs.),* wetzen *(ugs.),* düsen *(ugs.),* flitzen *(ugs.),* spritzen *(ugs.),* die Beine in die Hand / unter die Arme nehmen *(ugs.).*

hätscheln, liebkosen, abdrücken, streicheln; ei, ei machen *(Kinderspr.);* herzen, tätscheln, zärtlich sein, schmusen *(ugs.),* kraulen, karessieren *(veraltet).*

Hauch, Anflug, Spur, Touch, Schimmer, Stich.

Haudegen, Kämpfer, Kämpe *(meist scherzh.),* Draufgänger, Kampfhahn, Heißsporn, Desperado, Kombattant.

häufen (sich), überhandnehmen, sich ausweiten, üppig / zuviel werden, ausarten, überborden, ausufern, ins Kraut schießen, zu einer Landplage werden, eine Seuche sein, wimmeln von, um sich greifen.

häufig, oft, öfters, öfter, des öfteren, oftmals, manchmal *(schweiz.),* x-mal, wiederholt, immer wieder, zigmal, vielfach.

Haupt, Kopf, Schädel.

Hauptbuch, Geschäftsbücher, Bücher, Kontobuch, Kassenbuch.

Hauptdarsteller, Hauptfigur, Hauptperson, Held, Protagonist.

Hauptgewinn, Gewinn, Treffer, Haupttreffer, Großes Los, Volltreffer, erster Preis.

Hauptsache, Kernpunkt, Kernstück, Quintessenz, das A und O, das Wesentliche, das Wichtigste, der Knackpunkt *(ugs.),* der Dollpunkt *(ugs.),* der springende Punkt.

Haus, Gebäude, Bau, Bauwerk, Baulichkeit, Villa, Bungalow, Hütte, Schuppen *(ugs. abwertend),* Bude *(ugs. abwertend),* Kasten *(ugs. abwertend).*

Hausangestellte, Dienstmädchen *(veraltend),* Mädchen, Hilfe, Haushilfe, Haushaltshilfe, Hausgehilfin, Stütze *(veraltend),* Perle *(scherzh.),* dienstbarer Geist *(scherzh.).*

Hausarzt, Allgemeinarzt, Allgemeinmediziner, praktischer Arzt, Praktiker, Doktor, Arzt.

Hausaufgabe, Hausübung, Schularbeit, Schulaufgabe, Aufgaben, Hausarbeit.

Hausflur, Flur, Ern *(landsch.),* Laube *(schweiz.),* Hausgang *(südd., westd.),* Gang *(südd., westd.).*

Haushalt, Wirtschaft, Hauswesen, Haushaltung, Hausstand.

Hausrat, Inventar, bewegliche Habe, Mobiliar, Möbel, Einrichtung, Wohnungseinrichtung.

Haut, Schale, Hülle, Hülse, Pelle *(ugs. landsch.).*

Hefe, Germ *(bayr., österr.),* Gest *(landsch.),* Bärme *(nordd.).*

hegen, pflegen, warten, gut / sorgsam / schonend / pfleglich behandeln.

heikel, prekär, gefährlich, diffizil, schwer, schwierig, kompliziert, problematisch, kitzlig *(ugs.).*

heil, ganz, unbeschädigt, unverletzt, unversehrt.

[1]**heilen,** abheilen, verheilen, heil werden, vernarben, zuheilen.

[2]**heilen** (jmdn.), gesund machen, behandeln, therapieren, pflegen, wiederherstellen, [aus]kurieren, gesundbeten, Hand auflegen, in Ordnung / in die Reihe / über den Berg / wieder auf die Beine bringen *(ugs.),* wieder hinkriegen *(salopp),* aufhelfen, retten.

[3]**heilen,** gesund werden, ausheilen, genesen, gesunden, sich bessern, auf dem Wege der Besserung sein,

sich auf dem Wege der Besserung befinden, Besserung tritt ein, aufkommen, wieder auf die Beine / auf den Damm kommen *(ugs.)*, sich [wieder] bekrabbeln *(ugs.)*, sich aufrappeln *(ugs.)*.

[1]**heilig,** göttlich, numinos, himmlisch.

[2]**heilig,** sakral, kirchlich, geistlich, geweiht, geheiligt.

Heiligenbild, Andachtsbild, Gnadenbild, Kultbild, Ikone.

Heiligenschein, Glorienschein, Gloriole, Aureole, Mandorla.

Heilkunst, Heilkunde, Medizin, Humanmedizin, Jatrik, Gesundheitslehre.

Heilmittel, Medikament, Arzneimittel, Arznei, Präparat, Pharmakon, Droge, Medizin, Therapeutikum, Mittel, Mittelchen *(ugs.)*.

Heilquelle, Quelle, Brunnen, Mineralquelle.

Heim, Domizil, Daheim *(bes. südd.)*, Zuhause, Wohnung; Stelle, wo man hingehört.

Heimat, Heimatland, Geburtsland, Herkunftsland, Ursprungsland, Vaterland.

heimelig, gemütlich, behaglich, wohnlich, wohlig, angenehm, anheimelnd, traulich, traut, lauschig, idyllisch.

heimisch, einheimisch, ansässig, ortsansässig, beheimatet, zu Hause, alteingesessen, eingesessen, eingeboren, wohnhaft, niedergelassen, heimatberechtigt, heimatgenössisch *(schweiz.)*, eingebürgert, verbürgert *(schweiz.)*, zuständig nach *(österr.)*.

heimlich, im geheimen, geheim, insgeheim, im stillen; heimlich, still und leise; hinter verschlossenen Türen, hinter den Kulissen, unbemerkt, unterderhand, hinter jmds. Rücken, klammheimlich *(ugs.)*, stiekum *(landsch.)*, verstohlen, in aller Stille, unbeachtet, ungesehen, unbeobachtet.

heimsuchen, befallen, verfolgen, beschleichen, ankommen, anwandeln, überfallen, sich jmds. bemächtigen.

heimtückisch, hinterlistig, hinterhältig, arglistig, tückisch, hinterfotzig *(salopp)*, hinterrücks.

[1]**Heirat,** Hochzeit, Vermählung *(geh.)*, Eheschließung, Verehelichung, Trauung.

[2]**Heirat,** Ehe, Ehebund, Verbindung, Bund fürs Leben.

heiraten, sich verheiraten / verehelichen / *(geh.)*, vermählen, in den Ehestand treten *(geh.)*, eine Ehe schließen / eingehen, im Hafen der Ehe landen *(scherzh.)*, in den Hafen der Ehe einlaufen *(scherzh.)*, den Bund fürs Leben schließen *(geh.)*, jmdm. das Jawort geben *(geh.)*, jmdm. die Hand fürs Leben reichen *(geh.)*, Hochzeit halten / feiern / machen, in den heiligen Stand der Ehe treten *(geh.)*, sich trauen lassen, getraut werden, die Ringe tauschen / wechseln, sich kriegen *(ugs. scherzh.)*, unter die Haube kommen *(scherzh.)*.

heiratsfähig, geschlechtsreif, bindungsfähig, mannbar.

heiser, tonlos, rauh, krächzend, rauchig, klanglos.

heißen, bedeuten, die Bedeutung haben, besagen, sagen, kennzeichnen, charakterisieren, aussagen, ausdrücken, sein, darstellen, vorstellen, repräsentieren, bilden, ausmachen, ergeben.

[1]**heiter,** humorvoll, humorig, humoristisch, lustig, launig, amüsant, kurzweilig, unterhaltsam.

[2]**heiter,** sonnig, wolkenlos, strahlend, klar, aufgeheitert, aufgelokkert, nicht bewölkt.

Heiterkeitsausbruch, Gelächter,

Lacher, Lachkrampf, Freudengeheul *(ugs.)*, Lachsalve, das Lachen, die Lache, Gewieher *(salopp)*, Gekichere, das Kichern, homerisches Gelächter.

heizen, anheizen, Feuer machen / anmachen, die Heizung aufdrehen / andrehen / anstellen, einheizen, feuern, warm machen.

Hektik, Hast, Eile, Geschäftigkeit, Betriebsamkeit, Wirbel, Trubel.

hektisch, aufgeregt, erregt, nervös, neurasthenisch, nervenschwach, hysterisch, gereizt, ruhelos, unruhig, ungeduldig, unstet, bewegt, fahrig, tumultuarisch, turbulent, fiebrig, schusselig *(ugs.)*, husch[e]lig *(ugs.)*, zapp[e]lig *(ugs.)*, kribb[e]lig *(ugs.)*, fickerig *(ugs. landsch.)*.

[1]**helfen,** beistehen, Hilfe / Beistand leisten, zur Seite stehen, unterstützen, an die / zur Hand gehen, mithelfen, assistieren, beispringen, behilflich sein, zu Hilfe kommen / eilen, Schützenhilfe leisten, unter die Arme greifen, die Stange halten *(ugs.)*, Hilfestellung leisten.

[2]**helfen,** nützen, von Nutzen sein, nützlich sein, zustatten kommen, zum Vorteil gereichen, in jmds. Interesse sein, gute Dienste leisten, frommen, dienlich / bequem / passend / *(schweiz.)* kommlich sein.

Helfer, Gehilfe, Beistand, Assistent, Adlatus *(scherzh.)*.

Helikopter, Hubschrauber, Drehflügelflugzeug, fliegende Banane *(scherzh.)*.

hell, klar, licht, lichtdurchflutet, leuchtend, hellicht, sonnig, strahlend.

hellseherisch, prophetisch, seherisch, divinatorisch, vorahnend, vorausahnend.

hemmen, behindern, hindern, hinderlich sein, aufhalten, obstruieren, lähmen, stören, querschießen, verzögern, beeinträchtigen, trüben, erschweren, im Wege stehen, ein Handikap sein, gehandikapt sein.

hemmend, einengend, repressiv, Zwang ausübend, unfreiheitlich, autoritär.

Hemmschuh, Behinderung, Hindernis, Erschwernis, Erschwerung, Fessel, Hemmung, Barriere, Handikap, Stolperstein.

hemmungslos, zügellos, ungezügelt, wild, unkontrolliert, orgiastisch *(geh.)*, ungestüm, stürmisch.

her, heran, herzu, herbei, hierher, hierhin, ran *(ugs.)*, anher *(veraltet)*.

herab, herunter, hernieder, nieder, runter *(ugs.)*.

herablassend, dünkelhaft, eingebildet *(abwertend)*, stolz, selbstbewußt, selbstsicher, selbstüberzeugt, selbstüberzogen *(ugs. abwertend)*, wichtigtuerisch *(abwertend)*, aufgeblasen *(abwertend)*, selbstgefällig *(abwertend)*, überheblich, hybrid, anmaßend, präpotent *(österr.)*, arrogant, süffisant, hochmütig, hoffärtig, hochfahrend, blasiert *(abwertend)*, gnädig, snobistisch, spleenig, hochnäsig *(ugs.)*.

herabsehen (auf), herabschauen / herabblicken auf, mißachten, geringachten, geringschätzen, von oben herab ansehen.

herabsetzen, diskreditieren, abqualifizieren, herabwürdigen, entwürdigen, schlechtmachen.

Herabsetzung, Herabwürdigung, Demütigung, Entwürdigung.

heranreichen (an), herankommen, gleichkommen, ebenbürtig sein, es mit jmdm. aufnehmen können, jmdm. in etwas nicht nachstehen.

herantreten (an), sich wenden an, vorsprechen bei, ansprechen, anschneiden, anrufen, jmdm. mit etwas kommen *(ugs.).*

heranwachsen, aufwachsen, groß werden, seine Kindheit verbringen.

Heranwachsender, Bursche, Jugendlicher, Halbwüchsiger, Jüngling *(geh.),* junger Mann / Mensch / Herr, junger Kerl / Dachs / Spund *(ugs.),* Teen *(ugs.),* Boy *(ugs.),* Milchbart *(scherzh.).*

heranziehen, beiziehen, benutzen, benützen, auswerten, zitieren, hinzuziehen, sich zunutze machen.

herauf, aufwärts, empor *(geh.),* auf, hoch, hinauf, nach oben, bergan, stromauf, talauf, bergauf, bergwärts, stromaufwärts, flußaufwärts.

heraufsetzen, anheben, erhöhen.

heraufziehen, aufziehen, heranziehen, im Anzug sein, herankommen, aufkommen, nahen, herannahen, sich nähern, kommen, sich zusammenbrauen, drohen, dräuen *(veraltet).*

heraus, hervor, herfür *(veraltet),* raus *(ugs.).*

herausfinden, finden, stoßen auf, entdecken, sehen, antreffen, auffinden, vorfinden, treffen auf, aufspüren, begegnen, ausfindig machen, ausfinden, ausmachen, ermitteln, in Erfahrung bringen, feststellen, auf die Spur kommen, herausbekommen, herausbringen *(ugs.),* herauskriegen *(ugs.),* rausbringen *(ugs.),* ausklamüsern *(ugs.).*

herausfordern, provozieren, einen Streit vom Zaun brechen, jmdm. den Fehdehandschuh hinwerfen.

herausfordernd, aufreizend, provozierend, provokativ, provokatorisch, provokant.

Herausforderung, Provokation, Brüskierung, Affront, Kampfansage.

herausgehen (aus sich), auftauen, die Scheu / Befangenheit verlieren, munter / *(ugs.)* warm werden.

herausgeputzt, aufgeputzt, aufgedonnert *(abwertend),* overdressed, overstyled, aufgemacherlt *(österr.),* gstatzt *(österr.),* zurechtgemacht, aufgemacht *(ugs.),* in großer Toilette, gestriegelt *(ugs.),* geschniegelt und gebügelt *(scherzh.),* wie geleckt *(scherzh.),* geputzt / geschmückt wie ein Pfingstochse *(ugs. scherzh.).*

heraushalten (sich), nichts zu tun haben wollen mit, die Finger lassen von, sich nicht die Finger schmutzig machen.

herausholen, entfernen, holen aus, rausholen *(ugs.),* herausnehmen, nehmen aus, rausnehmen *(ugs.),* herausmachen, machen aus, rausmachen *(ugs.).*

herauskommen, durchsickern, durchdringen, aufkommen, ans Licht kommen, an die Öffentlichkeit dringen.

herausstellen (sich), sich erweisen, sich entpuppen, sein, sich zeigen.

herb, trocken, brut, dry, sauer.

Herde, Rudel, Meute, Schar, Schwarm.

hereinfallen, jmdm. aufsitzen, reinfallen *(ugs.),* jmdm. auf den Leim gehen / kriechen *(ugs.),* jmdm. in die Falle / ins Garn / ins Netz gehen, hereinfliegen *(ugs.),* reinfliegen *(ugs.),* den kürzeren ziehen, der Dumme / *(ugs.)* Lackierte sein, betrogen / getäuscht / *(ugs.)* übers Ohr gehauen / hereingelegt / *(ugs.)* reingelegt / *(ugs.)* angeschmiert / hintergangen / *(ugs.)* gelinkt / überlistet werden.

hereinlegen, betrügen, Betrug begehen, prellen, hintergehen, corriger la fortune, jmdn. um etwas bringen, Schmu machen *(ugs.),* tricksen *(ugs.),* anschmieren *(sa-*

lopp), andrehen *(salopp),* ausschmieren *(salopp),* bescheißen *(derb),* anscheißen *(derb),* beschummeln, schummeln, betakeln *(österr.),* mogeln, täuschen, mit jmdm. ein falsches Spiel treiben, mit falschen / gezinkten Karten spielen, hintergehen, reinlegen *(ugs.),* überlisten, jmdm. eine Falle stellen, abkochen *(salopp),* einkochen *(österr. salopp),* anmeiern *(salopp),* überfahren, übervorteilen, austricksen *(ugs.),* über den Tisch ziehen *(ugs.),* übernützen *(schweiz.),* übernehmen *(österr.),* übertölpeln *(abwertend),* neppen *(abwertend),* übes Ohr hauen *(salopp),* ums Haxel hauen *(österr. ugs.),* papierln *(österr. ugs.),* einseifen *(ugs.),* einwickeln *(ugs.),* behumsen *(salopp),* beschupsen *(salopp),* bluffen, düpieren, jmdn. hinters Licht / aufs Glatteis führen, jmdm. Sand in die Augen streuen, jmdn. aufs Kreuz legen / über den Löffel balbieren *(salopp),* jmdm. ein X für ein U vormachen, verschaukeln *(salopp),* linken *(ugs.).*

Herkommen, Abstammung, Abkunft, Herkunft, Geburt, Provenienz, Ursprung.

herkömmlich, althergebracht, hergebracht, überliefert, überkommen, traditionell, ererbt, klassisch, konventionell, üblich, gewohnt, eingeführt, gängig, nach [alter] Väter Sitte *(veraltend).*

Herr, Mann, Er, männliches Wesen.

Herrgott, Gott, Herr, himmlischer Vater, Allvater, Gottvater, Herr Zebaoth, der Allmächtige / Allwissende / Allgütige / Allerbarmer / Ewige, Weltenlenker, Herr der Heerscharen, Jehova, Jahwe, Adonai, Vater im Himmel, der liebe Gott, Schöpfer [Himmels und der Erden], Erhalter.

herrisch, gebieterisch, gestreng *(geh.),* streng, unerbittlich, unnachsichtig, unnachgiebig.

herrlich, schön, wunderschön, wie gemalt, prächtig, phantastisch, prachtvoll, majestätisch, wohlgestaltet, wohlgestalt, ebenmäßig, formschön, formrein *(schweiz.).*

Herrlichkeit, Schönheit, Pracht, Glanz, Erhabenheit.

Herrschaft, Regierung, Administration, Regentschaft, Regime *(abwertend).*

Herrschaftsanspruch, Machtanspruch, Machtstreben, Machtgier, Machtbesessenheit, Machtwahn, Machthunger, Geltungsdrang, Ruhmsucht, Ehrgeiz.

herrschen, vorhanden sein, bestehen, walten.

Herrscher, Alleinherrscher, Befehlshaber, Gebieter, Regent, Herr, Oberhaupt, Machthaber, Gewalthaber, Potentat, Diktator, Tyrann *(veraltet),* Führer, Anführer.

herrschsüchtig, herrisch, gebieterisch, selbstherrlich, despotisch, tyrannisch, diktatorisch, autoritär, selbstherrlich.

herrühren (von), stammen von, entstammen, resultieren aus, sich herleiten von, sich ergeben aus, herkommen / kommen von, zurückzuführen sein / zurückgehen / beruhen / fußen auf, seinen Ursprung / seine Wurzel / seine Anfänge haben in.

herstellen, produzieren, erzeugen, hervorbringen, fertigen, anfertigen, verfertigen, fabrizieren, machen *(ugs.),* bereiten, zubereiten, in der Mache haben *(salopp).*

Herstellung, Anfertigung, Fabrikation, Erarbeitung, Erschaffung, Erzeugung, Schaffung, Erstellung, Errichtung, Fertigung, Fertigstellung.

herumerzählen, herumtragen, ausstreuen, verbreiten, ausposaunen *(ugs.),* aussprengen *(geh.),* breittreten *(ugs.),* unter die Leute bringen, in Umlauf bringen / setzen, in die Welt setzen, an die große Glocke hängen.

herumfuchteln *(ugs.),* gestikulieren, Gesten machen, mit den Armen / Händen fuchteln *(ugs.),* herumfuchteln *(ugs.),* die Arme / Hände verwerfen *(schweiz.).*

herumgeistern, spuken, herumspuken, geistern, irrlichtern.

herumkommen, etwas von der Welt sehen, sich den Wind um die Nase wehen lassen.

herumsprechen (sich), kursieren, bekannt / publik werden, sich [wie ein Lauffeuer] verbreiten, aufkommen.

herumtoben, toben, herumtollen, tollen, herumlaufen, sich tummeln, sich austoben.

herumtreiben (sich), herumziehen, umherziehen, herumlaufen, herumstreifen, umherstreifen, herumirren, umherirren, umherschweifen, herumstreichen, umherstreichen, strolchen, herumstrolchen, umherstrolchen, stromern, herumstromern, umherstromern, streunen, herumstreunen, umherstreunen, vagabundieren, herumvagabundieren, umhervagabundieren, zigeunern, herumzigeunern, lungern, herumlungern, sich herumdrücken *(ugs.).*

herunterkommen, verwahrlosen, verderben, verkommen, verlottern, verludern, verwildern, versacken, verschlampen, verrohen, abrutschen, abgleiten, abwirtschaften, auf die schiefe Bahn / Ebene kommen, auf Abwege geraten / kommen, unter die Räder / *(ugs.)* auf den Hund kommen, vom rechten Weg abkommen.

heruntersetzen, verbilligen, herabsetzen, ermäßigen, Rabatt / Prozente geben, einen Nachlaß geben, [im Preis] reduzieren.

herunterspielen, bagatellisieren, als Bagatelle behandeln / hinstellen, als geringfügig / unbedeutend hinstellen, verharmlosen, verniedlichen, vernütigen *(schweiz.).*

hervorbringen, erschaffen, schaffen, schöpfen, kreieren, entstehen lassen.

hervorragend, außergewöhnlich, ungewöhnlich, ausgefallen, ungeläufig, außerordentlich, exzeptionell, extraordinär, groß, erstaunlich, überraschend, entwaffnend, umwerfend, bewundernswert, bewunderungswürdig, großartig, feudal, formidabel, ersten Ranges, brillant, kapital, stupend, überragend, himmelsstürmerisch, prometheisch, eminent, überwältigend, hinreißend, eindrucksvoll, unschätzbar, beeindruckend, beträchtlich, erklecklich, stattlich, ansehnlich, nennenswert, bedeutend, unvergleichlich, ohnegleichen, sondergleichen, einzigartig, bedeutungsvoll, bedeutsam, erheblich, grandios, imponierend, imposant, phänomenal, beachtlich, enorm, sensationell, epochal, epochemachend, spektakulär, aufsehenerregend, auffallend, auffällig, flippig, abenteuerlich, frappant, verblüffend, fabelhaft, sagenhaft, märchenhaft.

[1]**hervortreten,** sich exponieren, sich aussetzen / stellen / hervorwagen / in den Vordergrund schieben / in die Schußlinie begeben, ins Licht der Öffentlichkeit / ins Rampenlicht / ins Scheinwerferlicht treten, die Aufmerksam-

keit auf sich ziehen, alle Blicke auf sich lenken.

[2]**hervortreten,** hervorkommen, zutage treten, zum Vorschein kommen.

Herz, Inneres, Gemüt, Seele, Psyche.

Herzensgüte, Güte, Gutheit, Gutherzigkeit, Gutmütigkeit, Weichherzigkeit, Seelengüte, Engelsgüte.

herziehen (über; *ugs.*), lästern / *(ugs.)* losziehen über, tratschen / ratschen / klatschen über *(ugs.),* sich entrüsten / aufhalten / aufregen über, sich das Maul verreißen / zerreißen über *(salopp),* durchhecheln *(ugs.).*

Herzklopfen, Lampenfieber, Prüfungsangst, Nervosität.

Herzlosigkeit, Gefühlskälte, Kälte, Gefühllosigkeit, Fühllosigkeit, Empfindungslosigkeit, Mitleidlosigkeit, Herzensverhärtung, Kaltherzigkeit, Lieblosigkeit, Härte, Frigidität.

Herzstück, Herz, Zentrum, Mittelpunkt, Mitte, Kern, Achse, Pol, Brennpunkt, Knotenpunkt, Schnittpunkt, Zentralpunkt.

herzzerreißend, kläglich, erbärmlich, jämmerlich, elend, bedauernswert, bedauernswürdig, bedauerlich, deplorabel, jammervoll, beklagenswürdig, bemitleidenswürdig, beklagenswert, bejammernswert, mitleiderregend, bemitleidenswert.

heterogen, uneinheitlich, nicht homogen, gemischt, kunterbunt, wie Kraut und Rüben.

Hetzer, Aufhetzer, Aufwiegler, Agitator, Unruhestifter, Wühler, Demagoge, Volksverführer, Brunnenvergifter.

heucheln, mimen, simulieren, vorspielen, vorgaukeln, vorspiegeln, vortäuschen, vorgeben, vorschützen, vormachen, fingieren; sich stellen / so tun, als ob; fälschlich behaupten, einen falschen Eindruck erwecken, ein falsches Bild geben.

Heuchler, Pharisäer, Mucker *(ugs.),* Duckmäuser, Scheinheiliger.

heuchlerisch, lügnerisch, verlogen, falsch, doppelzüngig, unaufrichtig, unehrlich, scheinheilig.

heutig, gegenwärtig, zeitgenössisch.

heutzutage, heute, am heutigen Tag, heutigentags.

Hexerei, Zauberei, Zauberkunst, Zauberwesen, Hexenwerk, Teufelswerk, Teufelskunst, Magie, Schwarze Kunst.

hier, an dieser Stelle, an diesem Ort, bei uns, hierzulande.

Hierarchie, Rangfolge, Rangordnung, Stufenfolge, Stufenordnung, Hackordnung.

hierher, heran, her, herzu, herbei, hierhin, ran *(ugs.),* anher *(veraltet).*

Hilfe, Hilfeleistung, Hilfestellung, Beistand, Förderung, Unterstützung.

hilflos, ratlos, machtlos, aufgeschmissen *(ugs.),* mit seiner Weisheit / seinem Latein am Ende, ohnmächtig.

hilfreich, nützlich, nutzbringend, nutzig *(schweiz.),* förderlich, konstruktiv, aufbauend, heilsam, fruchtbar, ersprießlich, gedeihlich.

hilfsbereit, gefällig, hilfreich, diensteifrig, eilfertig, dienstfertig, dienstbeflissen, dienstwillig.

Hilfskraft, Hiwi *(ugs.),* Mitarbeiter, Gehilfe, Assistent, Famulus, Adlatus *(scherzh.),* Handlanger *(abwertend).*

Himmel, Firmament, Sternhimmel, Sternenhimmel *(geh.),* Himmelsgewölbe *(dichter.),* Sternenzelt *(dichter.).*

himmlisch, göttlich, numinos, heilig.

hinab, abwärts, ab, herab, nach unten, hernieder, nieder, herunter, hinunter, bergab, stromab, talab, talabwärts, talwärts, flußabwärts.

hinauf, aufwärts, empor *(geh.),* auf, hoch, herauf, nach oben, bergan, stromauf, talauf, bergauf, bergwärts, stromaufwärts, flußaufwärts.

hinauslaufen (auf etwas), enden, endigen, ausgehen, herauskommen *(schweiz.),* ein Ende / Ergebnis haben, zu einem Ende / Ergebnis kommen, zu Ende sein / gehen, aufhören, zum Erliegen kommen.

hinausschieben, verschieben, aufschieben, zurückstellen, vertagen, verlegen, umlegen, verzögern, hinauszögern, hinausziehen, verschleppen, auf die lange Bank schieben *(ugs.),* auf Eis legen *(ugs.).*

[1]**hinauswerfen,** rauswerfen *(ugs.),* raussetzen *(ugs.),* rausschmeißen *(ugs.),* an die frische Luft setzen *(ugs.),* zum Tempel hinausjagen *(ugs.);* jmdm. zeigen, wo der Zimmermann das Loch gelassen hat *(ugs.).*

[2]**hinauswerfen** (jmdn.; *ugs.*), jmdm. kündigen, jmdn. fristlos entlassen, fortschicken, abservieren *(ugs.),* jmdm. den Laufpaß geben, abhängen *(ugs.),* abschieben *(ugs.),* kaltstellen *(ugs.),* jmdm. den Stuhl vor die Tür setzen, jmdn. auf die Straße setzen / werfen, davonjagen, schassen *(ugs.),* ablösen, rauswerfen *(ugs.),* hinausschmeißen *(ugs.),* rausschmeißen *(salopp),* hinauskatapultieren *(salopp),* rauspfeffern *(salopp),* feuern *(salopp),* rausfeuern *(salopp),* absetzen, entsetzen *(schweiz.),* freisetzen, abhalftern *(salopp),* absägen *(salopp),* des Amtes entheben / entkleiden, suspendieren, einstellen *(schweiz.),* stürzen, entthronen, entmachten, entfernen, abbauen, ausbooten *(ugs.),* abschießen *(salopp),* über die Klinge springen lassen *(ugs.),* in die Wüste schicken, aufs Abstellgleis schieben *(ugs.),* zum alten Eisen werfen *(ugs.).*

hinderlich, lästig, hemmend, nachteilig.

hindern, behindern, hinderlich sein, aufhalten, obstruieren, hemmen, lähmen, stören, querschießen, verzögern, beeinträchtigen, trüben, erschweren, im Wege stehen, ein Handikap sein, gehandikapt sein.

Hindernis, Behinderung, Erschwernis, Erschwerung, Fessel, Hemmschuh, Hemmung, Barriere, Handikap, Stolperstein, Engpaß, Flaschenhals.

hindeuten (auf etwas), ankünden, anzeigen, Anzeichen für etwas sein, signalisieren.

hineingeheimnissen, auslegen, deuten, deuteln, erklären, erläutern, klarmachen, explizieren, exemplifizieren, ausdeuten, ausdeutschen *(südd., österr. ugs.),* interpretieren *(bildungsspr.),* kommentieren, auffassen, jmdm. das Wort im Mund herumdrehen.

hineingeraten, hineinkommen, dazwischengeraten, hineinschlittern *(ugs.),* hineingezogen / verwickelt werden, kommen / geraten in.

hineinversetzen (sich in), sich hineinfühlen in, voll übereinstimmen mit, sich gleichsetzen mit, sich auf eine Stufe stellen / sich identifizieren mit, sich stellen hinter, zu seiner eigenen Sache machen.

hineinziehen, hineinmanövrieren, verwickeln, verstricken, hineinreiten, reinreißen *(ugs.),* in eine unangenehme Lage / Situation bringen, eine [schöne] Suppe einbrocken *(ugs.).*

hinfallen, fallen, zu Fall kommen, stürzen, hinstürzen, hinschlagen, purzeln, hinpurzeln, plumpsen *(ugs.),* hinplumpsen *(ugs.),* hinfliegen *(ugs.),* hinknallen *(ugs.),* hinsausen *(ugs.),* hinsegeln *(ugs.).*

hinfällig, gebrechlich, altersschwach, verfallen, elend, schwach, schwächlich, schlapp, matt, zittrig, wack[e]lig *(ugs.),* tatt[e]rig *(ugs.),* tap[e]rig *(ugs.),* klapp[e]rig *(ugs.).*

hingegen, aber, jedoch, doch, jedennoch *(veraltend),* indes, indessen, dabei, immerhin, mindestens, zum mindesten, wenigstens, dagegen, dahingegen, hinwieder, hinwiederum, wiederum, allerdings, freilich, and[e]rerseits, anderseits, nur, höchstens, sondern, allein, im Gegensatz dazu, demgegenüber.

hingerissen, begeistert, enthusiasmiert, entzückt, trunken *(geh.),* hin *(ugs.),* weg *(ugs.).*

hinhalten, vertrösten, warten / *(ugs.)* zappeln lassen, [mit leeren Worten] abspeisen.

hinken, lahmen, humpeln, schnappen *(landsch.),* hatschen *(bayr., österr.).*

hinlegen (sich), ins / zu Bett gehen, sich zurückziehen / zur Ruhe begeben, sich niederlegen / *(salopp)* hinhauen / aufs Ohr legen, sich aufs Ohr hauen *(salopp),* sich schlafen legen, ins Nest *bzw.* in die Klappe / Falle / Heia / Federn gehen *(salopp),* sich in die Falle hauen *(salopp),* schlafen gehen.

hinreichen, ausreichen, reichen, genügen, langen *(ugs.),* in ausreichendem Maße vorhanden sein.

hinreißen, begeistern, in Begeisterung versetzen, mit Begeisterung erfüllen, entzücken, berauschen, trunken machen, entflammen, mitreißen, anmachen *(salopp),* anturnen *(Jargon),* mit sich reißen, fesseln, enthusiasmieren *(bildungsspr.).*

hinreißend, betörend, berückend, bestrickend, gewinnend, charmant, bezaubernd.

Hinrichtung, Exekution, Urteilsvollstreckung.

hinsetzen (sich), sich setzen, Platz nehmen, sich niederlassen / niedersetzen, sich auf seine vier Buchstaben setzen *(ugs.),* nicht stehen bleiben.

hinsichtlich, bezüglich, betreffs, betreffend, was das betrifft / anbelangt, in bezug auf, in Hinsicht auf, im / in Hinblick auf, in puncto, puncto *(veraltend).*

hinstellen, niederstellen, niedersetzen, abstellen, absetzen, deponieren.

Hinterbliebener, Leidtragender, Betroffener, Trauernder, Hinterlassener *(schweiz.),* Trauergemeinde.

hintereinander, nacheinander, folgend, aufeinanderfolgend, nachfolgend, in Aufeinanderfolge, zusammenhängend, darauffolgend, der Reihe nach, der Ordnung nach, im Kehrum *(landsch.),* im Gänsemarsch, in Reih und Glied.

Hintergedanke, Nebengedanke, Nebenabsicht.

hintergehen, betrügen, Betrug begehen, prellen, corriger la fortune, jmdn. um etwas bringen, Schmu machen *(ugs.),* tricksen *(ugs.),* anschmieren *(salopp),* andrehen *(salopp),* ausschmieren *(salopp),* bescheißen *(derb),* anscheißen *(derb),* beschummeln, schummeln, betakeln *(österr.),* mogeln, täuschen, mit jmdm. ein falsches Spiel treiben, mit falschen / gezinkten Karten spielen, hintergehen, hereinlegen, reinlegen *(ugs.)*, überlisten, jmdm. eine Falle stellen, abkochen *(salopp)*, einkochen *(österr. salopp)*, anmeiern *(salopp)*, überfahren, übervorteilen, austricksen *(ugs.)*, über den Tisch ziehen *(ugs.)*, übernützen *(schweiz.)*, übernehmen *(österr.)*, übertölpeln *(abwertend)*, neppen *(abwertend)*, übers Ohr hauen *(salopp)*, ums Haxel hauen *(österr. ugs.)*, papierln *(österr. ugs.)*, einseifen *(ugs.)*, einwickeln *(ugs.)*, behumsen *(salopp)*, beschupsen *(salopp)*, bluffen, düpieren, jmdn. hinters Licht / aufs Glatteis führen, jmdm. Sand in die Augen streuen, jmdn. aufs Kreuz legen / über den Löffel balbieren *(salopp)*, jmdm. ein X für ein U vormachen, verschaukeln *(salopp)*, linken *(ugs.)*.

Hintergrund, Fond, Tiefe, Background, Folie, Kulisse.

hintergründig, geheimnisvoll, schwer durchschaubar, doppelbödig, abgründig.

Hinterhalt, Versteck, Falle.

hinterher, nachher, danach, später, nachträglich, hintennach *(landsch.)*, im nachhinein, hernach, sodann, dann, im Anschluß, anschließend.

hinterlassen, vererben, vermachen *(ugs.)*, zurücklassen.

Hinterlassenschaft, Erbe, Erbteil, Erbschaft, Vermächtnis, Nachlaß, Legat, ererbter Besitz, Verlassenschaft *(österr.)*, Vergabung *(schweiz.)*.

hinterlistig, hinterhältig, arglistig, tückisch, heimtückisch, hinterfotzig *(salopp)*, hinterrücks, verschlagen.

Hintern *(salopp)*, Gesäß, Hinterteil *(ugs.)*, Allerwertester *(ugs. scherzh.)*, Popo *(ugs.)*, Po *(ugs.)*, jmds. vier Buchstaben *(ugs.)*, Podex *(ugs.)*, Pöker *(ugs.)*, Tokus *(ugs.)*, verlängerter Rücken *(ugs. scherzh.)*, Sterz *(ugs.)*, Stert *(ugs. landsch.)*, Posteriora *(bildungsspr. veraltet, scherzh.)*, Kiste *(salopp)*, Stinker *(salopp)*, Arsch *(derb)*, Bierarsch *(derb)*, Fiedle *(schwäbisch)*.

Hinterseite, Rückseite, Hinterfront, Rückfront, Hinteransicht.

Hinterwäldler *(abwertend)*, Landbewohner, Dörfler, Dorfbewohner, Kleinstädter *(oft abwertend)*, Landpomeranze *(ugs. abwertend)*, Landei *(ugs. abwertend)*, Provinzler *(abwertend)*, Hillbilly *(abwertend)*, G[e]scherter *(österr. abwertend)*.

hinunter, abwärts, ab, herab, hinab, nach unten, hernieder, nieder, herunter, bergab, stromab, talab, talabwärts, talwärts, flußabwärts.

hinunterfallen, herunterfallen, runterfallen *(ugs.)*, hinabfallen, herabfallen, niederfallen, abstürzen, hinunterstürzen, herunterstürzen, runterstürzen *(ugs.)*, hinabstürzen, herabstürzen, niederstürzen, hinuntersausen, heruntersausen, runtersausen *(ugs.)*, hinabsausen, herabsausen, niedersausen, hinunterfliegen, herunterfliegen, runterfliegen *(ugs.)*, hinuntersegeln, heruntersegeln, runtersegeln *(ugs.)*, hinunterpurzeln, herunterpurzeln, runterpurzeln *(ugs.)*, hinunterplumpsen *(ugs.)*, herunterplumpsen *(ugs.)*, runterplumpsen *(ugs.)*, in die Tiefe fallen / stürzen / sausen / fliegen / segeln / purzeln.

hinwegsetzen (sich über), übertreten, überschreiten, nicht beachten, nicht einhalten, sich nicht an etwas halten / kehren.

Hinweis, Wink, Tip, Fingerzeig.

hinweisen, andeuten, durchblikken / anklingen / verlauten lassen, zu erkennen geben, [kund und] zu wissen tun, durch die Blume sagen.

hinwenden (sich), sich zuwenden, sich wenden zu, sich zukehren, sich zudrehen, sich öffnen, jmdn. an sich heranlassen, auf jmdn. eingehen, sich mit jmdm. befassen.

hinziehen (sich), andauern, dauern, währen, anhalten, fortbestehen, fortdauern, nicht enden wollen, nicht aufhören.

hinzuziehen, heranziehen, beiziehen, benutzen, benützen, auswerten, zitieren, sich zunutze machen.

Hirt, Hirte *(veraltend),* Schafhirt, Schäfer, Kuhhirt, Senn, Almhirt.

historisch, geschichtlich, diachronisch, entwicklungsgeschichtlich, nicht synchronisch.

Hit, Erfolg, Schlager, Bestseller, Renner, Magnet.

Hitze, Gluthitze, Glut, Bullenhitze *(ugs.),* Knallhitze *(ugs.),* Affenhitze *(ugs.),* Bruthitze *(ugs.).*

hitzig, unbeherrscht, aufbrausend, auffahrend, heftig, jähzornig, cholerisch, hitzköpfig, güggelhaft *(schweiz.),* meisterlos *(schweiz.).*

Hobby, Liebhaberei, Freizeitbeschäftigung, Privatvergnügen, Privatinteresse, Lieblingsbeschäftigung, Steckenpferd, Passion, Leidenschaft.

hoch, haushoch, turmhoch, aufragend, emporragend.

hochachten, achten, ehren, in Ehren halten, adorieren *(geh.),* jmdm. Ehre erzeigen / erweisen, schätzen, verehren, bewundern, würdigen, anbeten, vergöttern, jmdm. zu Füßen liegen, ästimieren, respektieren, anerkennen, honorieren, große Stücke auf jmdn. halten *(salopp),* viel für jmdn. übrig haben *(ugs.).*

Hochachtung, Achtung, Respekt, Verehrung, Wertschätzung, Ehrerbietung, Bewunderung, hohe Meinung.

Hochgenuß, Labsal, Erquickung, Genuß, Augenweide, Ohrenschmaus.

hochgewachsen, groß, hochwüchsig, von hohem Wuchs, stattlich, hoch aufgeschossen, lang *(ugs.),* baumlang *(ugs.),* riesenhaft, riesig, zyklopisch, mannshoch, hünenhaft.

Hochherzigkeit, Großzügigkeit, Generosität, Gebefreudigkeit, Spendenfreudigkeit, Freigebigkeit.

Hochmut, Überheblichkeit, Dünkel, Einbildung, Eingebildetheit, Aufgeblasenheit *(abwertend),* Blasiertheit *(abwertend),* Arroganz, Anmaßung, Vermessenheit, Präpotenz *(österr.),* Hybris, Hoffart.

hochpäppeln *(ugs.),* großziehen, aufziehen, aufpäppeln *(fam.).*

Hochschule, Universität, Uni *(ugs.),* Alma mater.

hochspielen, aufbauschen, dick auftragen *(salopp),* viel Wesens *bzw.* Wesen machen von / aus, viel Aufhebens / Aufheben machen von, viel Sums machen *(ugs.),* um etwas viel Trara machen *(ugs.),* aus einer Mücke einen Elefanten machen *(ugs. abwertend),* eine Staatsaktion aus etwas machen.

Höchstleistung, Bestleistung, Meisterleistung, Spitzenleistung, Glanzleistung, Rekord.

Hochtouristik, Trekking, Alpinistik, Bergsteigen.

hochtrabend, gewichtig, pathetisch, hochgestochen *(abwertend),* anspruchsvoll, bombastisch *(abwertend),* pompös *(abwertend),* schwülstig *(abwertend)*, salbungsvoll *(abwertend)*.

hochwertig, kostbar, qualitätsvoll, edel, wertvoll, de Luxe, ausgewählt, ausgesucht, auserlesen, erlesen.

hochziehen, bauen, erbauen, errichten, aufbauen, erstellen, aufführen, aufrichten.

Hof, Bauernhof, Landwirtschaft, landwirtschaftlicher Betrieb, Gut, Hofgut, Gehöft, Bauerngut, Gutshof, Agrarfabrik.

hoffen, erhoffen, erwarten, harren, die Hoffnung haben, sich in der Hoffnung wiegen, sich Hoffnungen machen.

Hoffnung, Zuversicht, Vertrauen, Zutrauen.

hoffnungsvoll, zuversichtlich, hoffnungsfroh, unverzagt, getrost, optimistisch.

höflich, aufmerksam, rücksichtsvoll, hilfsbereit, zuvorkommend, taktvoll, wie es sich gehört, gentlemanlike, ritterlich *(veraltend)*, galant *(veraltend)*, kavalier[s]mäßig.

Höflichkeit, Zuvorkommenheit, Aufmerksamkeit, Hilfsbereitschaft, Takt, Feingefühl, Zartgefühl, Anstand, Ritterlichkeit *(veraltend)*, Galanterie *(veraltend)*, Courtoisie *(veraltend)*.

Höhepunkt, Gipfel, Gipfelpunkt, Nonplusultra, Maximum, Optimum, das Höchste, Höchstmaß.

hohl, phrasenhaft, leer, nichtssagend, banal, trivial, inhaltslos, stereotyp, abgedroschen, abgeleiert, abgeklappert.

Hohn, Spott, Ironie, Sarkasmus, Zynismus.

Hokuspokus, Gaukelei, Blendwerk, Scharlatanerie *(abwertend)*, fauler Zauber *(ugs. abwertend)*.

Hölle, Inferno, Ort der Finsternis / Verdammnis, Unterwelt, Schattenreich, Totenreich, Hades, Orkus.

Homosexualität, Homoerotik, Homotropie, Homophilie, Gleichgeschlechtlichkeit, Inversion, Päderastie, Pädophilie, Knabenliebe, Schwulsein.

homosexuell, gleichgeschlechtlich, eigengeschlechtlich, gay, rosa, homo, invertiert, homophil, homoerotisch, schwul, warm *(ugs.)*, tuntig *(salopp)*, andersherum *(salopp)*, verkehrtherum *(salopp)*, am 17. 5. *bzw.* 17. Mai geboren *(ugs.)*, von der anderen Fakultät *(ugs.)*, vom anderen Ufer *(ugs.)*.

honorieren, anerkennen, würdigen, belohnen, Tribut / Anerkennung zollen, jmdm. etwas danken.

Honorigkeit, Rechtschaffenheit, Ehrbarkeit, Redlichkeit, Ehrsamkeit, Achtbarkeit *(veraltend)*, Integrität.

horchen, anhören, zuhören, abhören, hören, hinhören, lauschen, losen *(landsch.)*, mithören, die Ohren aufsperren *(ugs.)*, die Ohren / Löffel spitzen *(ugs.)*, lange Ohren machen *(ugs.)*.

[1]**hören,** vernehmen *(geh.)*, verstehen, akustisch aufnehmen, mitkriegen *(ugs.)*, aufschnappen *(ugs.)*.

[2]**hören,** erfahren, jmdm. zu Ohren kommen, zugetragen kriegen, Kenntnis von etwas bekommen / kriegen, Wind von etwas bekommen *(salopp)*, aufschnappen *(ugs.)*, vernehmen *(geh.)*.

Hörfunk, Rundfunk, Funk, Radio, Rundspruch *(schweiz.)*.

Horizont, Gesichtskreis, Blickfeld, Gesichtsfeld.

horten, aufbewahren, aufheben, verwahren, bewahren, behalten, versorgen *(schweiz.)*, zurückbehalten, zurückhalten, jmdm. etwas vorenthalten, unter Verschluß halten, in Verwahrung / an sich nehmen, sammeln, ansammeln, häufen, anhäufen, akkumulieren, speichern, aufspeichern, beiseite legen / bringen, hamstern *(ugs.)*, kuten *(berlin.)*.

Hospital, Krankenhaus, Krankenanstalt, Klinik, Klinikum, Spital *(österr.)*.

Hotel, Pension, Gasthof, Gasthaus, Herberge *(veraltet)*.

hübsch, gut aussehend, anmutig, lieblich, angenehm, lieb, allerliebst, niedlich, reizend, entzükkend, bezaubernd, süß, herzig, goldig, schön, bildschön, bildhübsch, sauber *(südd., österr., schweiz)*, hold *(veraltet)*.

Hubschrauber, Helikopter, Drehflügelflugzeug, fliegende Banane *(scherzh.)*.

Huldigung, Beifall, Standing ovations, Applaus, Beifallsäußerung, Beifallsbezeugung, Beifallsgeschrei *(abwertend)*, das Klatschen, Ovation, Beifallskundgebung, Beifallsdonner, Beifallssturm, Beifallsorkan, Jubel, Akklamation.

Hülle, Umhüllung, Mantel, Schale, Hülse, Pelle *(ugs. landsch.)*, Haut, Rinde, Borke, Kruste.

human, menschlich, humanitär, menschenfreundlich, philanthropisch *(geh.)*, mitmenschlich, sozial, mitfühlend, wohltätig.

humanisieren, menschlicher gestalten, vermenschlichen.

Humanität, Philanthropie, Menschlichkeit, Menschenliebe, Menschenfreundlichkeit.

Humor, Witz, Ironie, Spott.

humorlos, trocken, todernst, bierernst *(ugs.)*, langweilig.

humorvoll, humorig, humoristisch, lustig, heiter, launig, amüsant, kurzweilig, unterhaltsam.

humpeln, hinken, lahmen, schnappen *(landsch.)*, hatschen *(bayr., österr.)*.

Hund, Köter *(ugs. abwertend)*, Töle *(ugs. abwertend)*, Kläffer *(ugs. abwertend)*, Vierbeiner, Bello, Fiffi, Wauwau *(Kinderspr.)*.

Hüne, Riese, Koloß, Gigant.

hünenhaft, groß, hochgewachsen, hochwüchsig, von hohem Wuchs, stattlich, hoch aufgeschossen, lang *(ugs.)*, baumlang *(ugs.)*, riesenhaft, riesig, zyklopisch, mannshoch.

Hunger, Kohldampf *(ugs.)*, Appetit, Eßlust.

Hürde, Barriere, Barrikade, Schlagbaum, Schranke, Absperrung, Wall, Wand, Mauer.

hüten, beaufsichtigen, aufpassen auf, sehen nach, sich kümmern um, bewachen, babysitten, gaumen *(bes. schweiz.)*.

hygienisch, sauber, rein, reinlich, fleckenlos, blitzsauber, pieksauber, blitzblank, proper, wie geleckt, makellos, steril, aseptisch, keimfrei.

hypostasieren, verdinglichen, vergegenständlichen, personifizieren.

I

ich, meine Wenigkeit *(scherzh.),* ich für mein[en] Teil, was mich angeht / betrifft / anlangt.

ideal, vollkommen, perfekt, einwandfrei, vollendet, wie im Bilderbuch.

Idee, Einfall, Eingebung, Erleuchtung, Geistesblitz *(ugs.),* Gedanke, Intuition, Inspiration.

[1]**identifizieren** (sich mit), sich stellen hinter, zu seiner eigenen Sache machen, sich gleichsetzen mit, sich auf eine Stufe stellen, sich hineinversetzen / hineinfühlen in, voll übereinstimmen mit.

[2]**identifizieren,** registrieren, wahrnehmen, sehen, erkennen, erfassen.

identisch, gleich, gleichartig, übereinstimmend, deckungsgleich, zusammenfallend.

Identität, Gleichheit, Übereinstimmung.

idiotisch *(ugs.),* absurd, blödsinnig *(ugs.),* schwachsinnig *(ugs.),* stussig *(ugs.),* ohne Sinn und Verstand, hirnverbrannt *(ugs.),* hirnrissig *(ugs.),* unsinnig.

Idol, Abgott, Angebeteter, Schwarm.

Ignoranz, Unkenntnis, Unwissenheit, Bildungslücke, Nichtwissen, Uninformiertheit, Wissensmangel.

ignorieren, übersehen, hinwegsehen über, nicht beachten / ansehen, keine Beachtung schenken, keine Notiz nehmen von, schneiden, links liegenlassen *(ugs.),* wie Luft behandeln *(ugs.).*

Ikone, Andachtsbild, Heiligenbild, Gnadenbild, Kultbild.

illegal, gesetzwidrig, ungesetzlich, illegitim, kriminell, unzulässig, unstatthaft, unerlaubt, verboten, untersagt, unrechtmäßig, auf ungesetzlichem Wege, auf Schleichwegen, strafbar, außerhalb der Legalität, deliktisch *(schweiz.),* nicht rechtmäßig, nicht statthaft.

Illustration, Abbildung, Bild, Ansicht, Darstellung.

[1]**illustrieren,** bebildern, mit Bildern versehen / ausschmücken.

[2]**illustrieren,** veranschaulichen, verlebendigen, vergegenständlichen, konkretisieren, demonstrieren, anschaulich / lebendig / gegenständlich machen.

Illustrierte, Zeitschrift, illustrierte Zeitung, illustriertes Blatt, Journal, Magazin.

Imbiß, Snack, Kleinigkeit, Gabelbissen.

Imitation, Nachahmung, Nachbildung, Replik, Replikation, Abklatsch, Klischee, Kopie, Schablone, Attrappe.

imitieren, nachahmen, nachmachen, nachäffen *(emotional),* parodieren, kopieren, nacheifern, nachstreben, nachfolgen, sich an jmdm. ein Beispiel nehmen, sich jmdn. zum Vorbild nehmen, in jmds. Spuren wandeln.

immer, unaufhörlich, immerzu, seit je / jeher, von je / jeher, seit eh und je, seit alters, von alters [her], solange ich denken kann, nach wie vor, wie eh und je, in einem fort, immerfort; tagaus, tagein;

jahraus, jahrein; zeitlebens, beständig, stets, unausgesetzt, permanent, pausenlos, in einer Tour *(ugs.)*, stetsfort *(schweiz.)*, fortwährend, immerwährend, ständig, allerwege, alle[r]weil, allweil, all[e]zeit, unablässig, ewig *(emotional)*, Tag und Nacht, rund um die Uhr.

Immobilien, Grundeigentum, Grundvermögen, Landbesitz, Land, Liegenschaften, Grundbesitz, Grund und Boden, Realitäten *(österr.)*.

immun, unempfänglich, gefeit, unempfindlich, widerstandsfähig, resistent.

Imperialismus, Weltmachtstreben, Expansionsstreben.

impertinent, unverschämt, frech, ungezogen, unartig, ungesittet, unmanierlich, unverfroren, insolent *(bildungsspr.)*, dreist, keck, keß, vorlaut, vorwitzig, naseweis, naßforsch *(ugs.)*, ausverschämt *(landsch.)*, patzig *(ugs.)*, pampig *(ugs.)*, flapsig *(ugs.)*.

Impertinenz, Unverschämtheit, Ungezogenheit, Unverfrorenheit, Frechheit, Dreistigkeit, Insolenz *(bildungsspr.)*, Chuzpe.

implizit, inhärent, innewohnend, anhaftend.

imposant, außergewöhnlich, ungewöhnlich, ausgefallen, ungeläufig, außerordentlich, exzeptionell, extraordinär, groß, erstaunlich, überraschend, entwaffnend, umwerfend, bewundernswert, bewunderungswürdig, großartig, feudal, formidabel, ersten Ranges, brillant, kapital, stupend, hervorragend, überragend, himmelsstürmerisch, prometheisch, eminent, überwältigend, hinreißend, eindrucksvoll, unschätzbar, beeindruckend, beträchtlich, erklecklich, stattlich, ansehnlich, nennenswert, bedeutend, unvergleichlich, ohnegleichen, sondergleichen, einzigartig, bedeutungsvoll, bedeutsam, erheblich, grandios, imponierend, phänomenal, beachtlich, enorm, sensationell, epochal, epochemachend, spektakulär, aufsehenerregend, auffallend, auffällig, flippig, abenteuerlich, frappant, verblüffend, fabelhaft, sagenhaft, märchenhaft, pyramidal *(ugs.)*.

impotent, zeugungsunfähig, unfruchtbar, steril, infertil.

Imprägnierung, Appretur, Ausrüstung, Zurüstung.

Impression, Eindruck, Sinneseindruck, Empfindung, Wahrnehmung.

improvisiert, aus dem Stegreif / Handgelenk, unvorbereitet, ohne Vorbereitung, ex tempore *(bildungsspr.)*.

Impuls, Antrieb, Anstoß, Impetus, Anregung, Ermunterung, Aufmunterung.

in, bekannt, wohlbekannt, namhaft, ausgewiesen, berühmt, prominent, anerkannt, weltbekannt, weltberühmt, von Weltruf / Weltgeltung / Weltrang.

Inbegriff, Inkarnation, Verkörperung, Inbild, Prototyp, Muster.

inbegriffen, einschließlich, inklusive, einbegriffen, mit *(bayr.)*, bis und mit *(schweiz.)*.

indessen, aber, jedoch, doch, jedennoch *(veraltend)*, indes, dabei, immerhin, mindestens, zum mindesten, wenigstens, dagegen, dahingegen, hingegen, hinwieder, hinwiederum, wiederum, allerdings, freilich, and[e]rerseits, anderseits, nur, höchstens, sondern, allein, im Gegensatz dazu, demgegenüber.

Individualismus, Einzelgängertum, Nonkonformismus.

Individualist, Außenseiter, Einzelgänger, Eigenbrötler, Kauz, Original, Sonderling, Subjektivist, Nonkonformist, Aussteiger, Freak, Ausgeflippter, Marginalexistenz, Paria, Ausgestoßener, Geächteter, Verfemter, Asozialer, Unterprivilegierter, Entrechteter.

individuell, persönlich, subjektiv, einzelgängerisch, individualistisch.

Individuum, Mensch, Person, Persönlichkeit, Charakter, Homo sapiens *(bildungsspr.),* der einzelne, [menschliches] Wesen / Geschöpf, Erdenbürger *(geh.),* Kind / Ebenbild Gottes *(geh.),* Krone der Schöpfung *(geh.),* Type *(ugs.),* Subjekt *(abwertend),* Figur *(abwertend),* Element *(abwertend).*

indoktrinieren, lenken, führen, gefügig / *(landsch.)* kirre machen, manipulieren, erziehen, umerziehen, gängeln, bevormunden, jmdn. am Gängelband führen / haben, bevogten *(schweiz.),* jmdn. ducken, autoritär erziehen, auf Vordermann bringen, jmdn. anspitzen *(ugs.),* jmdn. kommandieren, jmdn. einer Gehirnwäsche unterziehen.

infantil, kindisch, albern, läppisch.

Inferno, Hölle, Ort der Finsternis / Verdammnis, Unterwelt, Schattenreich, Totenreich, Hades, Orkus.

infizieren (sich), krank werden, erkranken, eine Krankheit bekommen, sich anstecken / etwas zuziehen / *(ugs.)* etwas holen, etwas schnappen / aufschnappen / aufgabeln / fangen / ausbrüten *(ugs.).*

Informant, Gewährsmann, Quelle, Verbindungsmann, V-Mann, Kontaktmann, Hintermann.

informativ, informierend, belehrend, instruktiv, informatorisch, informell *(selten).*

[1]informieren, unterrichten, verständigen, instruieren, aufklären, vertraut machen mit, benachrichtigen, Nachricht / Bescheid geben, wissen lassen, Auskunft geben / erteilen, in Kenntnis / ins Bild setzen.

[2]informieren (sich), anfragen, befragen, nachfragen, sich erkundigen / orientieren / unterrichten.

Ingredienzen, Zutaten, Beimengungen, Beimischungen, Bestandteile.

inhaftieren, verhaften, festnehmen, gefangennehmen, arretieren *(veraltend),* in Haft / Gewahrsam / *(veraltet)* Verhaft nehmen, dingfest machen *(geh.).*

Inhaftierter, Gefangener, Strafgefangener, Häftling, Gefängnisinsasse, Knastologe *(scherzh.),* Knasti *(Jargon),* Knacki *(Jargon),* Machulke *(Gaunerspr.),* Häfenbruder *(österr. salopp),* Enthaltener *(schweiz.),* Arrestant, Zuchthäusler *(veraltet).*

Inhalt, Bedeutung, Sinn, Intension, Gehalt (der), Inhalt, Substanz, Essenz, Tenor.

inhaltsreich, inhaltsvoll, reichhaltig, gehaltvoll, substanzreich, substantiell.

inhärent, innewohnend, implizit, anhaftend.

Initiator, Gründer, Gründungsvater, Begründer, Mitbegründer, [geistiger] Vater, Schöpfer, Urheber, Anreger, Anstifter *(abwertend).*

injizieren, einspritzen, eine Spritze geben / verabreichen / *(ugs.)* verpassen, eine Injektion geben / verabreichen.

Inkarnation, Verkörperung, Inbegriff, Inbild, Prototyp, Muster.

inklusive, einschließlich, einbegriffen, inbegriffen, mit *(bayr.),* bis und mit *(schweiz.).*

inkonsequent, folgewidrig, widersprüchlich, unlogisch.

Inkonsequenz, Widersprüchlichkeit, Unbeständigkeit.

innehaben, einnehmen, bekleiden, versehen, ausüben, amtieren / tätig sein / Dienst tun als.

Innenstadt, Stadtzentrum, Zentrum, City, Stadtkern, Stadtmitte.

inserieren, annoncieren, anzeigen, eine Anzeige / ein Inserat / eine Annonce aufgeben, in die Zeitung setzen *(ugs.),* etwas in der Zeitung anbieten.

insgeheim, heimlich, im geheimen, geheim, im stillen; heimlich, still und leise; hinter verschlossenen Türen, hinter den Kulissen, unbemerkt, unterderhand, hinter jmds. Rücken, klammheimlich *(ugs.),* stiekum *(landsch.).*

insgesamt, im ganzen [gesehen], gesamt, summa summarum, en bloc, in toto.

Inspekteur, Kontrolleur, Kontrollor *(österr.),* Prüfer, Aufsichtsbeamter.

Inspektion, Prüfung, Nachprüfung, Überprüfung, Audit, Inspizierung, Revision, das Checken, Check-up, Untersuchung, Durchsicht, Kontrolle.

Installateur, Klempner *(bes. nordd., md.),* Spengler *(bes. südd., österr., schweiz.),* Flaschner *(südd., schweiz.),* Blechner *(südd.).*

Instandhaltung, Unterhaltung, Erhaltung, Pflege, Wartung.

inständig, nachdrücklich, eindringlich, mit sanfter Gewalt, mit ganzem Herzen, betont, ausdrücklich, emphatisch, mit Nachdruck / Emphase / Gewicht, mit ergreifenden Worten, mahnend, beschwörend, flehentlich, flehend.

Instandsetzung, Wiederherstellung, Wiederherrichtung, Instandstellung *(schweiz.),* Sanierung, Erneuerung, Reorganisation, Renovierung, Restauration, Reparatur.

instinktiv, gefühlsmäßig, triebmäßig, eingegeben, intuitiv, vom Gefühl her.

Institution, Einrichtung, Organisation, Anstalt.

instruieren, lehren, unterrichten, dozieren, Vorlesung halten, unterweisen, Unterricht erteilen / geben, belehren, erläutern, erklären, schulen, beibringen, vormachen, zeigen, vertraut machen mit, einpauken *(salopp),* eintrichtern *(salopp).*

Instrument, Gerätschaft, Gerät, Werkzeug.

Intellekt, Verstand, Vernunft, Ratio, Denkvermögen, Auffassungsgabe, Geist, Geistesgaben, Grütze *(ugs.),* Grips *(ugs.),* Köpfchen *(ugs.).*

Intellektueller, Geistesarbeiter, Kopfarbeiter, Intelligenzler *(abwertend),* Eierkopf *(oft abwertend),* Egghead *(oft abwertend),* Highbrow *(oft abwertend).*

intelligent, klug, gescheit, verständig, vernünftig, umsichtig, scharfsinnig, aufgeweckt, clever.

Intelligenz, Klugheit, Gescheitheit, Geist, Esprit, Witz, Scharfsinn, Köpfchen *(ugs.),* Hirn *(ugs.).*

Intension, Bedeutung, Sinn, Gehalt (der), Inhalt, Substanz, Essenz, Tenor.

intensiv, konzentriert, auf Teufel komm raus *(ugs.),* [besonders] stark, gehäuft, häufig, vermehrt, verstärkt, geballt.

intensivieren, verstärken, steigern, verschärfen, erhöhen, potenzieren, in die Höhe treiben.

interessant, anregend, ansprechend, spannend, fesselnd, reizvoll, packend, mitreißend, lehrreich, instruktiv, lesenswert, sehenswert, hörenswert.

interessieren, (jmdn. für etwas), jmdn. für etwas werben / gewinnen, sich jmds. Mitarbeit / Unterstützung sichern.

interessiert, aufgeschlossen, empfänglich, vielseitig, lernbegierig.

intern, innere, vertraulich, geheim, Außenstehende nicht betreffend / nichts angehend.

Interpretation, Auslegung, Ausdeutung, Lesart, Deutung, Erklärung, Worterklärung, Erläuterung, Kommentar, Bestimmung, Definition, Begriffsbestimmung, Denotation, Sinndeutung, Stellungnahme, Urteil, Grundsatzurteil.

interpretieren, auslegen, deuten, deuteln, erklären, erläutern, klarmachen, explizieren, exemplifizieren, ausdeuten, ausdeutschen *(südd., österr. ugs.),* hineingeheimnissen *(abwertend),* kommentieren, auffassen, jmdm. das Wort im Mund herumdrehen.

Intervall, Zwischenraum, Abstand, Zwischenzeit.

intervenieren, sich einschalten, dazwischentreten, vermitteln, verhandeln, taktieren, sich ins Mittel legen, ein Wort einlegen für, sich verwenden für.

Intimsphäre, Privatsphäre, intimer / privater Bereich, Tabubereich, Privatleben.

intrigieren, Ränke schmieden, jmdn. gegen jmdn. ausspielen, kungeln *(landsch.).*

intuitiv, gefühlsmäßig, triebmäßig, eingegeben, instinktiv, vom Gefühl her.

Invalide, Behinderter, Körperbehinderter, Krüppel, Kriegsversehrter, Kriegsinvalide, Kriegskrüppel, Kriegsbeschädigter, Kriegsverletzter.

Invasion, Okkupation, Besetzung, Einmarsch, Eroberung, Eindringen, Einnahme, Einfall, Aggression.

Inventar, Hausrat, Mobiliar, Möbel, Einrichtung, Wohnungseinrichtung, bewegliche Habe.

Inventur, Bestandsaufnahme, Jahresabschluß.

inzwischen, in der Zwischenzeit, zwischenzeitlich, zwischendurch, indessen, währenddessen, währenddem, unterdessen, dieweil, derweil, mittlerweile.

irdisch, weltlich, profan, diesseitig.

Ironie, Spott, Witz, Humor.

irren (sich), sich täuschen / versehen / verrechnen / *(ugs.)* vergaloppieren / *(ugs.)* vertun / *(ugs.)* verhauen, fehlgehen, im Irrtum / *(ugs.)* auf dem Holzweg sein, danebenhauen *(ugs.)* schiefgewickelt sein *(ugs.),* schiefliegen *(ugs.),* auf dem falschen Dampfer sitzen / sein *(ugs.),* einen Fehler machen.

Irrenanstalt, psychiatrische Klinik, Nervenheilanstalt, Heilanstalt, Heil- und Pflegeanstalt, Nervenanstalt *(ugs.),* Irrenhaus, Klapsmühle *(salopp).*

Irrer, Wahnsinniger, Besessener, Monomane, Paranoiker, Psychopath, Verrückter *(ugs.).*

irrig, falsch, unrichtig, fehlerhaft, unzutreffend, verfehlt, verkehrt.

irritieren, irremachen, verwirren, beirren, durcheinanderbringen, drausbringen *(österr.),* aus dem Konzept / aus der Fassung / aus dem Text bringen, in Verwirrung / Unruhe versetzen, verunsichern, unsicher / konfus / verwirrt machen, derangieren, konsternieren, in Zweifel stürzen.

Irrtum, Fehler, Fehlgriff, Mißgriff, Mißverständnis, Lapsus, Schnitzer *(ugs.),* Patzer *(ugs.).*

J

ja, jawohl, gewiß, sicher, freilich, richtig, doch, natürlich, selbstverständlich, selbstredend, sehr wohl, in der Tat, allemal, bestimmt, auf jeden Fall, einverstanden, gut, schön, versteht sich, [na] klar *(ugs.),* genehmigt *(ugs.),* gebongt *(ugs.),* in Ordnung, okay *(ugs.).*

Jackett, Jacke, Sakko, Blazer, Joppe, Wams *(landsch.),* Rock *(landsch.),* Kittel *(landsch.).*

jagen, hetzen, treiben, verfolgen, hinter jmdm. hersein, sich an jmds. Sohlen heften, nachstellen, nachsetzen, nachlaufen, nachrennen, nachjagen, nachsteigen.

Jahrestag, Jubiläum, Gedenktag, Jubeltag, Freudentag.

Jahrgang, Generation, Altersgruppe, Altersklasse, Altersstufe.

Jahrmarkt, Markt, Volksfest, Kirchweih *(landsch.),* Kirmes *(landsch.),* Kerwe *(landsch.),* Messe *(landsch.),* Rummel *(ugs.).*

Jähzorn, Ärger, Zorn, Wut, Stinkwut *(emotional),* Rage *(ugs.),* Täubi *(schweiz.),* Grimm, Ingrimm, Raserei, Furor.

jähzornig, unbeherrscht, aufbrausend, auffahrend, heftig, cholerisch, hitzig, hitzköpfig, güggelhaft *(schweiz.),* meisterlos *(schweiz.).*

Jalousie, Jalousette, Rolladen, Rollo, Rouleau.

jämmerlich, kläglich, erbärmlich, elend, bedauernswert, bedauernswürdig, bedauerlich, deplorabel, jammervoll, beklagenswürdig, bemitleidenswürdig, herzzerreißend, beklagenswert, bejammernswert, mitleiderregend, bemitleidenswert.

jammern, klagen, wehklagen, in Klagen ausbrechen, die Hände ringen, jmdm. die Ohren volljammern *(ugs. abwertend),* lamentieren *(abwertend),* maunzen *(landsch.),* raunzen *(bayr., österr.),* sempern *(österr.),* barmen *(ugs.).*

Jasager, Angepaßter, Opportunist, Mitläufer, Erfüllungsgehilfe.

jedenfalls, also, mithin, infolgedessen, danach, folglich, demnach, ergo, demzufolge, demgemäß, dementsprechend, somit, sonach.

jeder, alle, sämtliche, allesamt, vollzählig, jedermann, jedweder, jeglicher *(geh. veraltend),* wer auch immer, ausnahmslos, ohne Ausnahme, durch die Bank *(ugs.),* samt und sonders, mit Kind und Kegel, mit Mann und Maus, groß und klein, jung und alt, arm und reich, hoch und nieder, jeden Alters, aller Altersstufen, Freund und Feind, Hinz und Kunz *(abwertend),* Krethi und Plethi *(abwertend),* alle Welt, alle möglichen, die verschiedensten (Menschen) aller / jeder Couleur *bzw.* jeder Sorte *bzw.* jeden Standes und Ranges; alles, was Beine hat; geschlossen wie ein Mann, bis zum letzten Mann.

jedoch, aber, doch, jedennoch *(veraltend),* indes, indessen, dabei, immerhin, mindestens, zum mindesten, wenigstens, dagegen, dahingegen, hingegen, hinwieder, hinwiederum, wiederum, allerdings, freilich, and[e]rerseits, anderseits, nur, höchstens, sondern, allein, im Gegensatz dazu, demgegenüber.

jenseits, drüben, auf der anderen Seite, gegenüber.

Jesus, Jesus Christus, Christus, Jesus von Nazareth, Nazarener, Heiland, Gottessohn, Sohn Gottes, Friedefürst, Menschensohn, Sohn Davids, Messias, Erlöser, der Gekreuzigte, Schmerzensmann, Lamm Gottes, der Gute Hirte, König der Juden, Seelenbräutigam.

Jet-set, Schickeria *(iron.),* Schickimicki *(iron.),* Hautevolee, die oberen Zehntausend, Geldadel, Upper ten, Crème de la crème, High-Society, High-Snobiety *(iron.).*

jetzt, gegenwärtig, augenblicklich, zur Zeit, derzeit, momentan, im Augenblick / Moment, zur Stunde, soeben, eben, gerade, just *(veraltend),* justament *(veraltet).*

Jetztzeit, Gegenwart, gegenwärtige / unsere Zeit, Augenblick, das Hier und Heute / Hier und Jetzt / *(bildungsspr.)* Hic et nunc, Moderne, Postmoderne.

Job, Arbeit, Arbeitsplatz, Posten, Position, Beschäftigung, Engagement, Stellung, Anstellung, Amt.

Joch *(geh.),* Last, Arbeitslast, Bürde *(geh.),* Kreuz, Zentnerlast.

jonglieren, lavieren, taktieren, balancieren, ventilieren, diplomatisch / vorsichtig vorgehen.

Jubel, Begeisterung, Enthusiasmus, Freudentaumel, Freudengeschrei, Freudengeheul.

jubeln, jauchzen, jubilieren, juchzen, einen Freudenschrei / Freudenruf ausstoßen.

Jubiläum, Jahrestag, Gedenktag, Jubeltag, Freudentag.

jucken (sich; *ugs.*), sich kratzen / scheuern / reiben.

jugendlich, jung, juvenil *(bildungsspr.),* halbwüchsig, blutjung, unfertig, kindlich, unreif, grün.

Jugendlicher, Bursche, Jüngling *(geh.),* Heranwachsender, Halbwüchsiger, junger Mann / Mensch / Herr, junger Kerl / Dachs / Spund *(ugs.),* Teen *(ugs.),* Boy *(ugs.),* Milchbart *(scherzh.).*

jung, jünger, jung an Jahren, halbwüchsig, blutjung, unfertig, unreif, unerfahren, grün.

Junge, Knabe, Bub *(südd., österr., schweiz.),* kleiner Kerl, Kerlchen, Bürschchen.

Junggeselle, Alleinstehender, Single, Unverheirateter, Einspänner, Hagestolz.

Jüngling *(geh.),* Bursche, Jugendlicher, Heranwachsender, Halbwüchsiger, junger Mann / Mensch / Herr, junger Kerl / Dachs / Spund *(ugs.),* Teen *(ugs.),* Boy *(ugs.),* Milchbart *(scherzh.).*

Jüngste[r], jüngste Tochter / jüngster Sohn, Kleine[r], Kleinste[r], Küken, Nesthäkchen, Nestküken, Benjamin.

Jura, Jurisprudenz, Rechtswissenschaft, Jus *(österr.).*

Jurist, Rechtswissenschaftler, Rechtsgelehrter, Rechtsverdreher *(ugs. scherzh.).*

juristisch, rechtlich, juridisch *(österr.),* de jure, gesetzlich.

Justitiar, Syndikus, Rechtsberater, Rechtsbeistand.

Justiz, Rechtsprechung, Rechtswesen, Rechtspflege, Gerichtswesen, Gerichtsbarkeit, Jurisdiktion *(bildungsspr.).*

Justizirrtum, Fehlurteil, Fehlentscheidung.

Juwelen, Schmuck, Modeschmuck, Geschmeide, Klunker,

Juwelierwaren, Schmucksachen, Goldwaren, Pretiosen, Bijouterie, Zierat, Kostbarkeit, Kleinod.

Jux, Scherz, Spaß, Gspaß *(bayr., österr.),* Ulk, Schabernack, Possen, Streich, Schelmenstreich, Eulenspiegelei, Eulenspiegelstreich, Jux, Jokus, Klamauk *(ugs.),* Spaßetteln *(österr.),* Spompanadeln *(österr.).*

K

Kabarett, Kleinkunst, Brettl, die zehnte Muse.

Kachel, Fliese, Platte, Plättchen *(südd.).*

[1]**kahl,** kahlköpfig, glatzköpfig, glatzert *(österr. ugs.).*

[2]**kahl,** unbewachsen, versteppt, baumlos.

Kahn, Nachen, Barke *(dichter.),* Boot, Gondel, Nußschale, Zille *(landsch.).*

Kalkül, Berechnung, Überlegung.

Kalkulation, Berechnung, Vorausberechnung, Kostenanschlag, Kostenvoranschlag, Voranschlag, Überschlag, Veranschlagung, Schätzung, Abschätzung.

kalkulieren, errechnen, ausrechnen, vorausberechnen, berechnen, ermitteln.

kalt, kühl, ausgekühlt, unterkühlt, abgekühlt, frisch, herbstlich, winterlich, frostklar, frostklirrend, froststarr, frostig, eiskalt, eisig.

kaltblütig, unbarmherzig, mitleid[s]los, erbarmungslos, ungerührt, unbeeindruckt, schonungslos, gnadenlos, brutal, roh, krud[e], verroht, entmenscht, gefühllos, barbarisch, grausam, kaltschnäuzig.

Kälte, Gefühlskälte, Gefühllosigkeit, Fühllosigkeit, Empfindungslosigkeit, Herzlosigkeit, Mitleidlosigkeit, Herzensverhärtung, Kaltherzigkeit, Lieblosigkeit, Härte, Frigidität.

kaltherzig, gefühlskalt, gefühllos, hartherzig, kaltsinnig, verhärtet, fischblütig, frigid[e].

kaltschnäuzig, gefühllos, ungerührt, unbeeindruckt, kalt, kaltblütig, gleichgültig, ohne Mitgefühl, ohne Gemüt, abgebrüht, herzlos.

kaltstellen (jmdn.; *ugs.*), jmdm. kündigen, jmdn. fristlos entlassen, fortschicken, abservieren *(ugs.),* jmdm. den Laufpaß geben, abhängen *(ugs.),* abschieben *(ugs.),* freisetzen, jmdm. den Stuhl vor die Tür setzen, jmdn. auf die Straße setzen / werfen, davonjagen, schassen *(ugs.),* ablösen, hinauswerfen *(ugs.),* rauswerfen *(ugs.),* hinausschmeißen *(ugs.),* rausschmeißen *(salopp),* hinauskatapultieren *(salopp),* rauspfeffern *(salopp),* feuern *(salopp),* rausfeuern *(salopp),* absetzen, entsetzen *(schweiz.),* abhalftern *(salopp),* absägen *(salopp),* des Amtes entheben / entkleiden, suspendieren, einstellen *(schweiz.),* stürzen, entthronen, entmachten, entfernen, abbauen, ausbooten *(ugs.),* abschießen *(salopp),* über die Klinge springen lassen *(ugs.),* in die Wüste schicken, aufs Abstellgleis schieben *(ugs.),* zum alten Eisen werfen *(ugs.),* verabschieden.

Kamerad, Freund, Gefährte *(geh.),* Intimus *(geh.),* Vertrauter *(geh.),* Gespiele *(geh. veraltend),* Genosse, Kumpel *(ugs.),* Kumpan *(ugs.),* Spezi *(südd., österr. ugs.),* Haberer *(österr. ugs.).*

Kameradin, Freundin, Gefährtin *(geh.),* Vertraute *(geh.),* Gespielin *(geh. veraltend),* Kumpanin *(ugs.),* Kumpel *(ugs.).*

Kameradschaft, Freundschaft, Bindung, freundschaftliche Beziehung.

kameradschaftlich, freundschaftlich, partnerschaftlich, brüderlich, als Freund, in aller Freundschaft, einträchtig, harmonisch.

Kamm, Grat, Bergrücken.

kämmen, frisieren, bürsten, strählen *(veraltet),* das Haar machen / ordnen.

Kampf, Gefecht, Nahkampf, Treffen *(veraltend),* Ringen, Clinch, Fehde *(veraltet),* Waffengang, Scharmützel, Geplänkel, Plänkelei, Feindseligkeiten, kriegerische Handlungen, Konfrontation, Schlachtgetümmel, Feuerüberfall, Feuergefecht, Entscheidungsschlacht, Materialschlacht, Abwehrschlacht, Angriff.

Kampfansage, Herausforderung, Provokation, Affront, Brüskierung.

kampfbereit, kampfentschlossen, gewappnet, abwehrbereit, verteidigungsbereit, angriffsbereit, gerüstet.

kämpfen, sich messen, einen Wettkampf austragen, fighten, ringen, fechten.

Kämpfer, Haudegen, Draufgänger, Kampfhahn, Heißsporn, Desperado, Kombattant, Kämpe *(meist scherzh.).*

kämpferisch, streitbar, angriffslustig, engagiert, kampfesfreudig, kampflustig, kampfbereit, kombattant, militant, aggressiv, angriffig *(schweiz.),* grimmig, furios, hitzig, leidenschaftlich, fanatisch, wild.

Kanal, [künstliche] Wasserstraße, [künstlicher] Wasserweg, [künstlicher] Wasserlauf.

Kandidat, Anwärter, Aspirant, Bewerber, Spitzenkandidat.

Kante, Rand, Ecke, Eck *(südd., österr.).*

kantig, scharfkantig, schartig, ekkig, spitz.

Kantine, Speisesaal, Speiseraum, Kasino, Mensa.

Kanzlei, Büro, Kontor, Office *(schweiz.),* Amtsstube, Amtszimmer, Schreibstube, Großraumbüro.

Kapazität, Autorität, Berühmtheit, Koryphäe.

Kapitalanlage, Geldanlage, Anlage, Investition, Investierung.

Kapitel, Abschnitt, Absatz, Passus, Passage, Teil, Teilstück, Teilbereich, Sektor.

kapitulieren, klein beigeben, den Schwanz einziehen / einkneifen *(salopp),* sich besiegen lassen, in die Knie gehen, die weiße Fahne hissen, resignieren, passen, aufgeben, die Flinte ins Korn werfen, die Waffen strecken, die Segel streichen, kleinlaut werden, klein [und häßlich] werden.

Kaprice, Laune, Grillen, Mucken, Einfall, Allüren, Flausen, Albernheiten, Kapriole.

kapriziös, launisch, launenhaft, wetterwendisch, unberechenbar, exzentrisch, grillenhaft, bizarr.

kaputtgehen, entzweigehen, zerbrechen, in Stücke gehen, in die Brüche gehen, das Zeitliche segnen *(scherzh.).*

Karambolage, Zusammenstoß, Zusammenprall, Kollision.

karg, kärglich, unergiebig, wenig, dürftig, ärmlich, armselig, pop[e]lig *(ugs.),* plöt[e]rig *(ugs. landsch.),* spärlich, knapp, schmal, kümmerlich, beschränkt, bescheiden, frugal.

Karneval, Fastnacht, Fasching, die närrische Zeit, die drei tollen Tage.

Karosserie, Wagenaufbau, Aufbau, Wagenoberbau.

Karriere, Laufbahn, Werdegang, Lebensweg, Lebenslauf, Curriculum vitae, Entwicklungsgang.

Karriere machen, avancieren, aufrücken, steigen, befördert werden, klettern *(ugs.),* arrivieren, hochkommen, emporsteigen, aufsteigen, emporkommen, etwas werden, es zu etwas bringen, sein Fortkommen finden, vorwärtskommen, die Treppe rauffallen *(ugs.),* auf die Beine fallen *(ugs.).*

Karrierist, Karrieremacher, Karrieremensch, Erfolgsmensch, Senkrechtstarter, Seiteneinsteiger, Shooting-Star, Yuppie, Emporkömmling, Aufsteiger, Parvenü, Neureicher, Selfmademan.

Kartei, Zettelkasten, Katalog.

Karton, Pappkarton, Pappe, Pappendeckel *(landsch.).*

kaschieren, vertuschen, verschleiern, verwischen, vernebeln, verschweigen, verheimlichen, Gras wachsen lassen über, nicht mehr sprechen über, den Schleier des Vergessens / der Vergessenheit über etwas breiten.

Kasper, Clown, Spaßmacher, Possenreißer, Narr.

Kassenzettel, Kassenbon, Bon, Kassenbeleg, Quittung, Rechnung.

kassieren, abkassieren, einkassieren, jmdn. zur Kasse bitten *(ugs.),* einnehmen, vereinnahmen, einstecken, einheimsen, einsammeln, eintreiben, einstreichen *(ugs.),* einziehen, heben *(landsch.),* einheben *(südd., österr.),* erheben, beitreiben, betreiben *(schweiz.).*

Kassierer, Kassier *(südd., österr., schweiz.),* Kassenwart, Kassenverwalter, Rechnungsführer, Inkassant *(österr.),* Schatzmeister.

Kaste, Klasse, Stand, Schicht, Gesellschaftsschicht, Bevölkerungsschicht, Bevölkerungsgruppe, Gruppe.

kasteien (sich), sich geißeln, sich quälen, sich martern.

Kastell, Burg, Festung, Fort, Zitadelle, Feste *(veraltet).*

Kastrat, Eunuch, Entmannter, Verschnittener.

Kastration, Kastrierung, Verschneidung, Entmannung, Emaskulation, Sterilisation, Sterilisierung.

kastrieren, verschneiden, entmannen, der Manneskraft berauben *(geh.),* die Keimdrüsen entfernen, sterilisieren, unfruchtbar / zeugungsunfähig machen.

Katalog, Kartei, Zettelkasten.

katastrophal, furchtbar, fürchterlich, schrecklich, bestürzend, schauderhaft, entsetzlich.

Katastrophe, Unglück, Tragödie, Schlag, Schicksalsschlag, Desaster.

Kategorie, Klasse, Gattung, Rubrik, Ordnung, Gruppe, Abteilung.

kategorisch, bestimmt, unmißverständlich, unumstößlich, apodiktisch, unzweideutig, entschieden, rigoros, definitiv.

Kater *(ugs.),* Katerstimmung, Katzenjammer *(ugs.),* Moralischer *(ugs.),* Hang-over.

Katheder, Pult, Rednerpult.

kauen, beißen, mümmeln, mahlen, nagen, kiefeln *(bayr., österr.),* knabbern.

Kauf, Erwerb, Erwerbung, Einkauf, Anschaffung, Errungenschaft *(scherzh.),* Ankauf.

kaufen, erstehen, anschaffen, an sich bringen, [käuflich] erwerben, sich etwas beschaffen, einen Kauf tätigen, sich zulegen / *(schweiz.)* zutun, mitnehmen *(ugs.),* ankaufen, einkaufen, einholen *(ugs.),* posten *(schweiz.),* aufkaufen, ramschen *(ugs.),* sich eindecken / versorgen mit, abkaufen, abnehmen, übernehmen.

Kaufmann, Geschäftsmann, Koofmich *(berlin. salopp),* Businessman *(Jargon),* Krämer *(früher),* Großkaufmann, Handelsherr *(veraltet),* Pfeffersack *(veraltend abwertend),* Geschäftemacher *(abwertend).*

[1]**kaum,** gerade [eben / noch], eben [noch], mit Mühe / Müh und Not, schlecht und recht, mehr schlecht als recht, mit Ach und Krach, mit Ach und Weh, mit Hängen und Würgen, mit knapper / genauer Not, mit letzter Anstrengung / Kraft.

[2]**kaum,** schwerlich, wahrscheinlich nicht, wohl nicht.

Kaution, Sicherheit, Pfand, Unterpfand, Faustpfand.

kauzig, schrullig, verschroben, wunderlich, eigenbrötlerisch, absonderlich, sonderbar, seltsam.

Kavalier, Gentleman, Grandseigneur, Gentilhomme, Mann von Welt, Weltmann, Ritter *(veraltend).*

keifen, zetern, vom Leder ziehen, wie ein Rohrspatz schimpfen, Gift und Galle speien / spucken, fluchen, wettern, poltern, donnern, belfern, bellen, keppeln *(österr.).*

Keilerei *(ugs.),* Rauferei, Balgerei, Handgemenge, Schlägerei, Prügelei, Schleglete *(schweiz.).*

[1]**Keim,** Keimling, Pflanzenkeim, Sämling.

[2]**Keim,** Krankheitserreger, Krankheitskeim, Bakterie, Bazille, Bazillus, Virus.

keimen, sprießen, knospen, Knospen treiben, austreiben, ausschlagen, grünen, grün werden, sich begrünen *(selten).*

keimfrei, steril, aseptisch.

keiner, niemand, gar niemand, überhaupt niemand, kein Mensch / *(ugs.)* Teufel / *(salopp)* Schwanz / *(derb)* Schwein / *(derb)* Aas / *(schweiz.)* Bein / *(schweiz.)* Knochen, keine Seele / Menschenseele / *(derb)* Sau.

keinesfalls, nein, keineswegs, mitnichten, nicht, durchaus / absolut / ganz und gar nicht, ausgeschlossen, unmöglich, undenkbar, auf keinen Fall, das darf / kann nicht sein, beileibe nicht, kommt nicht in Frage / *(scherzh.)* in die Tüte, das wäre ja noch schöner!, unter keinen Umständen, unter keiner Bedingung, nicht um alles in der Welt, nicht im geringsten / im mindesten, in keiner Weise, keine Spur, Fehlanzeige, kein Gedanke [daran], daran ist nicht zu denken, das hast du dir so gedacht *(ugs.),* denkste!, [ja] Pustekuchen!, weit entfernt, nicht für Geld und gute Worte, nicht geschenkt, um keinen Preis, nicht um einen Wald voll / von Affen, längst nicht,

nicht die Bohne, nicht ums Verrecken *(salopp).*

Kellergeschoß, Souterrain, Keller, Basement.

Kellner[in], Bedienung, Garçon *(veraltet),* Ober, Serviererin, Saaltochter *(schweiz.),* Serviertochter *(schweiz.),* Servierfräulein.

kellnern, als Kellner arbeiten, servieren, bedienen.

[1]kennen, jmdm. bekannt sein, jmdm. / für jmdn. kein Unbekannter sein.

[2]kennen, sich auskennen, zu Hause sein in etwas, in- und auswendig kennen *(ugs.),* vom Bau sein, etwas wie seine Westentasche kennen *(ugs.),* in allen Sätteln gerecht sein.

kennenlernen, vorgestellt werden, bekannt gemacht werden, jmds. Bekanntschaft machen, jmdn. aufreißen / *(österr.)* aufzwicken *(salopp),* miteinander bekannt werden, warm werden mit jmdm., sich beriechen / beschnuppern *(salopp).*

Kennwort, Losung, Parole, Losungswort, Stichwort, Schibboleth.

Kennzeichen, Merkmal, Kriterium *(bildungsspr.),* Besonderheit, Charakteristikum, Attribut, Symptom, Eigentümlichkeit, Eigenschaft, Beschaffenheit.

[1]kennzeichnen, markieren, bezeichnen, kenntlich machen, ankreuzen, anstreichen, anhaken, anzeichnen, märken *(österr.),* mit einem Zeichen versehen.

[2]kennzeichnen, charakterisieren, kennzeichnend / charakteristisch / typisch sein, ein Kennzeichen für etwas sein.

kennzeichnend, bezeichnend, wesensgemäß, unverkennbar, spezifisch, typisch, charakteristisch, auszeichnend, charakterisierend.

kentern, umschlagen, umkippen *(ugs.).*

Kernpunkt, Hauptsache, Kernstück, Quintessenz, das A und O, das Wesentliche, das Wichtigste, der Knackpunkt *(ugs.),* der Dollpunkt *(ugs.),* der springende Punkt.

kerzengerade, gerade, aufrecht, stocksteif *(ugs.).*

Kette, Halskette, Kollier, Halsschmuck.

Ketzer, Häretiker, Sektierer, Irrgläubiger.

Ketzerei, Häresie, Irrglaube, Irrlehre.

Keule, Schenkel, Schlegel *(südd., österr.).*

Kidnapping, [gewaltsame] Entführung, Menschenraub, Kindesraub, Kindesentführung, Flugzeugentführung, Luftpiraterie.

Kind, Sohn / Tochter, Nachwuchs, Nachkomme, Sproß, Bambino, Blag *(abwertend),* Balg *(abwertend),* Fratz, Kid *(ugs.).*

kindisch, infantil, albern, läppisch.

kindlich, unreif, unfertig, grün, blutjung, jung, jugendlich, juvenil *(bildungsspr.),* halbwüchsig.

Kino, Filmtheater, Lichtspieltheater, Lichtspielhaus, Lichtspiele.

Kinofilm, Film, Streifen, Filmstreifen, Spielfilm, Farbfilm, Hauptfilm, Kassenmagnet *(ugs.),* Kinohit *(ugs.).*

kippen *(Jargon),* absetzen, abblasen *(ugs.),* ausfallen lassen.

Kirche, Gotteshaus, Dom, Domkirche, Münster, Kathedrale, Basilika, Synagoge, Tempel, Moschee, Pagode, Dschami, Bethaus, Kapelle, Andachtsort, Heiligtum.

Kirchendiener, Mesner, Mesmer *(schweiz.),* Sigrist *(schweiz.),* Küster *(nordd.),* Sakristan.

Kirchhof, Friedhof, Gottesacker,

Totenacker, Begräbnisstätte, Gräberfeld.

kirchlich, sakral, heilig, geistlich, gottesdienstlich, liturgisch, geheiligt.

Kirchturmpolitik, Kantönligeist *(schweiz.),* Kleinstaaterei, Provinzialismus.

Kitsch, Schund, Schmarren, Geschmacklosigkeit, Geschmacksverirrung.

kitten, kleben, zusammenkleben, aneinanderkleben, zusammenkitten, kleistern *(ugs.),* zusammenkleistern.

Klage, Wehklage, Jammerrede, Jeremiade, Gejammer *(ugs. abwertend),* Lamentation *(abwertend),* Lamento *(ugs.).*

Klagelaut, Klageruf, Wehlaut, Jammerlaut, Seufzer, Stoßseufzer, Geseufze *(abwertend),* Gestöhn *(abwertend),* Schluchzer, das Wimmern, Gewimmer *(abwertend),* Gewinsel *(abwertend),* Schmerzensschrei.

[1]**klagen,** wehklagen, in Klagen ausbrechen, die Hände ringen, jammern, jmdm. die Ohren volljammern *(ugs. abwertend),* lamentieren *(abwertend),* maunzen *(landsch.),* raunzen *(bayr., österr.),* sempern *(österr.),* barmen *(ugs.).*

[2]**klagen,** einen Prozeß anstrengen, vor Gericht gehen, vor den Kadi bringen, sein Recht suchen, etwas einklagen, anklagen, vor Gericht stellen / bringen, jmdm. den Prozeß machen, Klage / Anklage erheben, eine Klage anstrengen / anhängig machen, den Rechtsweg beschreiten, das Gericht / die Gerichte anrufen, sich an das Gericht wenden, sein Recht bei Gericht / vor Gericht suchen, jmdm. einen Prozeß anhängen / *(ugs.)* an den Hals hängen, jmdn. in Anklagezustand versetzen / zur Verantwortung / zur Rechenschaft ziehen.

kläglich, erbärmlich, jämmerlich, elend, bedauernswert, bedauernswürdig, bedauerlich, deplorabel, jammervoll, beklagenswürdig, bemitleidenswürdig, herzzerreißend, beklagenswert, bejammernswert, mitleiderregend, bemitleidenswert.

Klamotten *(ugs.),* Zeug *(salopp),* Sachen, Kluft, Aufzug *(abwertend),* Kledasche *(salopp abwertend),* Montur *(ugs. scherzh.),* Plünnen *(salopp),* Kleider, Gewandung, Kleidung, Bekleidung, Kleidungsstück, Habit, Kostüm, Toilette.

Klang, Sound, Klangart, Schall, Hall, Ton, Laut.

klappern, klappen, klirren, scheppern.

[1]**klar,** genau, bestimmt, fest umrissen, greifbar, handfest, exakt, präzis[e], prägnant, unmißverständlich, eindeutig, kategorisch, apodiktisch, unzweideutig, definitiv, deutlich, glasklar, sonnenklar, anschaulich, bildhaft, unverblümt, im Klartext, mit anderen Worten, ungeschminkt, klipp und klar *(ugs.).*

[2]**klar,** hell, licht, lichtdurchflutet, leuchtend, hellicht, sonnig, strahlend.

klarwerden (sich über etwas), sich Rechenschaft ablegen über, sich etwas bewußtmachen.

[1]**Klasse,** Kategorie, Gattung, Rubrik, Ordnung, Gruppe, Abteilung.

[2]**Klasse,** Stand, Kaste, Schicht, Gesellschaftsschicht, Bevölkerungsschicht, Bevölkerungsgruppe, Gruppe.

Klatsch, Tratsch, Geklatsche, Geschwätz, Gerede, Geraune, Geflüster, Stadtgespräch, Gerüchtemacherei, Gemunkel.

Klatschbase *(ugs. abwertend),* Lästerer, Lästermaul, Lästerzunge, böse Zungen, Klatschweib *(salopp abwertend),* Klatschtante *(ugs. abwertend),* Klatschmaul *(salopp abwertend),* Dreckschleuder *(derb abwertend).*

[1]**klatschen,** applaudieren, Beifall spenden / zollen, beklatschen, mit Beifall überschütten, bravo rufen.

[2]**klatschen,** prasseln, trommeln.

[3]**klatschen** (über; *ugs.*), tratschen / ratschen über *(ugs.),* lästern / *(ugs.)* herziehen / *(ugs.)* losziehen über, sich entrüsten / aufhalten / aufregen über, sich das Maul verreißen / zerreißen über *(salopp),* durchhecheln *(ugs.).*

kleben, zusammenkleben, aneinanderkleben, kitten, zusammenkitten, kleistern *(ugs.),* zusammenkleistern.

klebrig, kleist[e]rig, pappig, harzig, backig *(landsch.),* haftend, anhaftend.

Kleid, Fähnchen *(ugs. abwertend),* Fummel *(ugs. abwertend),* Gewand *(geh.).*

kleiden, bekleiden, ankleiden, anziehen, anlegen *(geh.),* antun, bedecken, überwerfen, überziehen, überstreifen, ausstaffieren, hineinschlüpfen, steigen in *(ugs.),* in die Kleider fahren.

Kleidung, Bekleidung, Kleidungsstück, Garderobe, Kleider, Plünnen *(salopp),* Gewandung, Aufzug *(abwertend),* Kluft, Sachen, Klamotten *(ugs.),* Zeug *(salopp),* Kledasche *(salopp abwertend),* Habit, Kostüm, Toilette, Montur *(ugs. scherzh.).*

klein, winzig, fipsig *(ugs.),* zu kurz geraten *(scherzh.),* [herzlich] wenig, klitzeklein, mickrig, kleinwinzig, kleinwuzig *(österr.),* lütt *(nordd.),* gering, murklig *(abwertend),* geringfügig, unerheblich, minimal, nicht nennenswert, unbedeutend, unbeträchtlich, lächerlich.

kleinbürgerlich, spießbürgerlich, spießig, provinziell, spießerhaft, hinterwäldlerisch, kleinkariert, philiströs.

Kleinigkeit, Bagatelle, Lappalie, Läpperei *(ugs.),* Quisquilien (Plural), Minuzien (Plural), Kleinkram.

kleinkariert, banausisch, ungeistig, unkünstlerisch, ungebildet, philiströs, spießig, spießbürgerlich, kleinlich, eng, muckerhaft.

Kleinkunst, Kabarett, Brettl, die zehnte Muse.

Kleinmut *(geh.),* Kleinmütigkeit *(geh.),* Verzagtheit, Mutlosigkeit, Niedergeschlagenheit, Resigniertheit, Deprimiertheit.

Klerus, Geistlichkeit, geistlicher Stand, Priesterschaft, Priesterstand, Klerisei *(abwertend).*

klettern, steigen auf, bergsteigen, ersteigen, erklimmen, erklettern, bezwingen, besteigen, hochklettern, hinaufklettern, hinaufsteigen, hochsteigen, klimmen / kraxeln auf, hinaufkraxeln, hochkraxeln, emporsteigen, emporklimmen, emporklettern.

Klettern, Freiklettern, Free climbing.

Klingel, Glocke, Schelle *(landsch.),* Bimmel *(ugs.),* Gong.

klingeln, schrillen, schellen *(landsch.),* bimmeln *(ugs.),* rasseln, rappeln *(ugs.),* gongen, beiern *(veraltet),* läuten *(landsch.).*

Klinik, Krankenhaus, Krankenanstalt, Klinikum, Hospital, Spital *(österr.).*

klirren, scheppern, klappern, klappen.

Klo *(ugs.),* Toilette, WC, Null-

Null, Klosett, Abort *(veraltend)*, Abtritt *(veraltend)*, Abe *(ugs.)*, [stilles / verschwiegenes] Örtchen *(scherzh.)*, gewisser Ort *(verhüll.)*, Häuschen *(ugs.)*, Lokus *(ugs.)*, Nummer Null *(ugs.)*, Tante Meyer *(scherzh.)*, sanitäre Anlagen, Bedürfnisanstalt *(Amtsspr.)*, Scheißhaus *(derb)*.

klobig, plump, vierschrötig, grobschlächtig, ungeschlacht, ungefüge, breit, patschig.

klopfen, schlagen, pochen, hämmern.

klug, gescheit, verständig, vernünftig, umsichtig, intelligent, scharfsinnig, aufgeweckt, clever.

[1]**Klugheit,** Findigkeit, Schlauheit, Verschmitztheit, Mutterwitz, gesunder Menschenverstand, Gewitztheit, Bauernschläue, Cleverneß, Gerissenheit.

[2]**Klugheit,** Intelligenz, Gescheitheit, Scharfsinn.

Klumpen, Stück, Brocken, Batzen *(ugs.)*, Trumm *(südd., österr. ugs.)*.

knabbern, kauen, beißen, mümmeln, mahlen, nagen, kiefeln *(bayr., österr.)*.

Knabe, Junge, Bub *(südd., österr., schweiz.)*, kleiner Kerl, Kerlchen, Bübchen, Bürschchen.

[1]**knapp,** spärlich, kümmerlich, wenig, dürftig, armselig, ärmlich, karg, kärglich, pop[e]lig *(ugs.)*, beschränkt, bescheiden, frugal.

[2]**knapp,** kurz, verkürzt, abgekürzt, gedrängt, kernig, markig, kurz und bündig, kurz und schmerzlos *(ugs.)*, konzis, komprimiert, summarisch, in kurzen / knappen Zügen.

Knappheit, Begrenztheit, Beschränktheit, Geringfügigkeit.

Knauser *(ugs. abwertend)*, Geizhals *(abwertend)*, Geizkragen *(ugs. abwertend)*, Knicker *(ugs. abwertend)*, Knickstiebel *(ugs. abwertend, bes. berlin.)*, Pfennigfuchser *(ugs.)*, Rappenspalter *(schweiz. abwertend)*.

knaus[e]rig *(ugs. abwertend)*, geizig, filzig *(ugs. abwertend)*, knick[e]rig *(ugs. abwertend)*, knikkig *(ugs. abwertend, landsch.)*, knickstiebelig *(salopp abwertend)*, kniepig *(ugs. abwertend, landsch.)*, schäbig *(abwertend)*, pop[e]lig *(ugs. abwertend)*, schofel *(ugs. abwertend)*, netig *(ugs. abwertend, landsch.)*, gnietschig *(ugs. abwertend, landsch.)*, hartleibig *(veraltend)*, schmafu *(österr. ugs.)*, sparsam, nicht freigebig.

knausern, geizen, kargen, knapsen, knickern, sparen, haushalten, maßhalten.

kneifen, zwicken, zwacken, petzen *(landsch.)*.

knien, niederknien, hinknien, sich auf die Knie werfen, auf die Knie fallen, auf den Knien liegen, sich niederwerfen, niederfallen, sich auf den Boden / auf die Erde / jmdm. zu Füßen werfen.

Kniff, Trick, List, Schlich, Kunstgriff, Finesse, Raffinesse, Masche *(ugs.)*, Dreh *(ugs.)*.

[1]**Knirps,** Dreikäsehoch, Steppke, Wicht, Wurm, Hemdenmatz, Hosenmatz, Fratz, Krümel.

[2]**Knirps,** Stöpsel, Zwerg, abgebrochener Riese *(scherzh.)*, Kleinwüchsiger, Liliputaner, Gnom, Zwerg.

Knotenpunkt, Mittelpunkt, Brennpunkt, Schnittpunkt, Zentralpunkt, Zentrum, Herz, Herzstück, Kern, Mitte, Achse, Pol.

Know-how, Praxis, Erfahrung, Routine, Übung, Kenntnisse.

Knüppel, Stock, Prügel, Knüttel, Bengel, Rohrstock, Gerte, Rute, Stecken.

knusprig, kroß, rösch *(landsch.)*, resch *(landsch.)*.

koalieren, eine Koalition eingehen, zusammengehen, sich verbünden / zusammenschließen / zusammentun / vereinigen / verbinden / assoziieren.

[1]**kochen,** sieden, garen, gar / weich kochen, gar machen, abkochen, absieden, abbrühen, aufkochen, aufsieden, aufwallen lassen, brühen, ziehen lassen.

[2]**kochen,** das Essen machen, etwas zubereiten, richten, bereiten, rüsten *(schweiz.),* anrichten, anmachen.

Köder, Lockvogel, Lockmittel, Magnet.

Kodifizierung, Erfassung, Registrierung, Dokumentation.

Kohäsion, Zusammenhalt, Haltekraft, Bindekraft.

koitieren, Geschlechtsverkehr ausüben, verkehren, beiliegen, begatten, kopulieren, mit jmdm. schlafen [gehen], mit jmdm. ins Bett gehen / *(ugs.)* steigen, mit jmdm. zusammensein, Verkehr / Geschlechtsverkehr / intime Beziehungen haben, den Akt vollziehen, Liebe machen *(ugs.),* es jmdm. besorgen, mit jmdm. intim werden, die ehelichen Pflichten erfüllen, beiwohnen, mit jmdm. auf die Stube / *(salopp)* Bude gehen, jmdn. auf sein Zimmer nehmen, jmdn. abschleppen, sich lieben, sich hingeben / schenken, einander gehören, verschmelzen, eins werden, der Stimme der Natur folgen, dem Trieb nachgeben, ein Abenteuer mit jmdm. haben, es mit jmdm. treiben / haben / *(ugs.)* machen, sich mit jmdm. abgeben / einlassen, reiten, rübersteigen, steigen über, jmdm. zu Willen sein, jmdn. ranlassen *(derb),* sich jmdn. nehmen / *(salopp)* hernehmen / *(salopp)* vornehmen, jmdn. vernaschen *(salopp),* verführen, stoßen *(derb),* aufs Kreuz legen *(salopp),* umlegen *(derb),* Nummer schieben / machen *(derb),* bumsen *(salopp),* orgeln *(derb),* ficken *(derb),* vögeln *(derb),* huren *(abwertend).*

Koitus, Sexualverkehr, Beischlaf, Beilager, Liebesakt, Geschlechtsakt, Geschlechtsverkehr, Verkehr, Intimverkehr, Intimität, intime Beziehungen, Hingabe, Vereinigung, Kohabitation, Kopulation, Beiwohnung, Liebesvollzug, Schäferstündchen, Fick *(derb).*

Koketterie, Gefallsucht, Eitelkeit, Putzsucht.

kokettieren (mit etwas), prunken mit etwas, sich gefallen in, sich in seiner Rolle gefallen, sich interessant machen mit etwas.

kollabieren, ohnmächtig werden, schlappmachen *(ugs.),* abbauen, zusammenbrechen, zusammenklappen, zusammensacken, in Ohnmacht fallen / sinken, umfallen, umsinken, zu Boden sinken, Sterne sehen, umkippen *(ugs.),* jmdm. wird schwarz / wird Nacht vor den Augen, jmdm. schwinden die Sinne, aus den Latschen / Pantinen kippen *(salopp).*

Kollaps, Attacke, Anfall, Zusammenbruch, Ohnmacht.

Kollege, Mitarbeiter, Arbeitskollege, Arbeitskamerad, Kumpel.

Kollegium, Mannschaft, Team, Crew, Equipe, Gruppe, Ensemble, Gemeinschaft, Kollektiv.

Kollekte, Sammlung, Spendensammlung, Spendenaktion.

Kollektion, Sortiment, Auswahl, Palette, Musterkollektion, Zusammenstellung.

Kollier, Halskette, Kette, Halsschmuck.

Kollision, Zusammenstoß, Zusammenprall, Aufprall, Aufschlag, Anprall, Karambolage.

Kolorit, Farbe, Farbigkeit, Färbung, Farbton, Tönung.

kolossal, gewaltig, mächtig, enorm, ungeheuer, kolossalisch, titanisch, monströs, voluminös, exorbitant, schwerwiegend, schwergründig *(schweiz.),* gigantisch, monumental, groß, massiv, schwer, stark.

Kolumne, Rubrik, Spalte, Abschnitt.

Komik, Lächerlichkeit, Lachhaftigkeit, Drolligkeit, Drolerie.

komisch, urkomisch, spaßig, spaßhaft, burlesk, possenhaft, ulkig, witzig, lustig.

Komitee, Ausschuß, [wissenschaftlicher] Rat, Kommission, Gremium, Kreis, Zirkel.

[1]**kommen,** sich nähern, herankommen, herkommen, hinkommen, näher kommen, nahen, daherkommen, des Weges / gegangen / geschritten / anspaziert kommen, zu Fuß / per pedes / auf Schusters Rappen kommen *bzw.* gehen, anrücken, aufrücken *(schweiz.),* im Anzug sein, anmarschieren, [auf der Bildfläche] erscheinen, sich einfinden / einstellen, antanzen, ankommen, angewackelt kommen *(salopp),* anlangen, eintreffen, einlangen *(österr.),* aufkreuzen *(salopp),* hereinschneien *(ugs.),* hereingeschneit kommen *(ugs.),* eintrudeln *(salopp),* einlaufen *(salopp).*

[2]**kommen,** wahr werden, eintreffen, eintreten, sich verwirklichen, in Erfüllung gehen, sich erfüllen, sich realisieren.

Kommentar, Auslegung, Ausdeutung, Lesart, Deutung, Erklärung, Worterklärung, Erläuterung, Bestimmung, Definition, Begriffsbestimmung, Denotation, Sinndeutung, Stellungnahme, Urteil, Grundsatzurteil, Interpretation, Explikation, Hermeneutik.

kommerzialisieren, Geld aus etwas machen / schlagen *(ugs.),* Kapital aus etwas schlagen *(ugs.),* Geld / ein Geschäft mit etwas machen, Gewinn / seinen Vorteil aus etwas ziehen.

kommerziell, kaufmännisch, geschäftlich, ökonomisch.

Kommission, Ausschuß, Komitee, [wissenschaftlicher] Rat, Gremium, Kreis, Zirkel.

[1]**Kommune,** Gemeinde, Gemeinwesen, Gemeindebezirk, Katastralgemeinde *(österr.).*

[2]**Kommune,** Wohngemeinschaft, WG, Wohngruppe, Großfamilie.

Komödie, Lustspiel, Tragikomödie, Commedia dell'arte, Posse, Farce, Burleske, Schwank, Klamotte *(ugs.).*

Kompagnon, Teilhaber, Mitinhaber, Gesellschafter, Partner, Sozius, Kommanditist.

komplett, komplettiert, vervollständigt, geschlossen, abgeschlossen, fertig, vollzählig.

komplettieren, vervollständigen, ergänzen, vervollkommnen, vollenden, auffüllen, hinzufügen, eine Lücke schließen, perfektionieren.

komplex, verwickelt, verflochten, verzweigt, vielschichtig, umfassend, zusammengesetzt, beziehungsreich.

Kompliment, Artigkeit, Höflichkeit, Schmeichelei.

Komplize, Helfershelfer, Mitschuldiger, Kumpan, Spießgeselle, Mitwisser.

kompliziert, schwierig, schwer, diffizil, problematisch, verwickelt, knifflig *(ugs.),* verzwickt *(ugs.),* vertrackt *(ugs.).*

komprimiert, kurz, verkürzt, abgekürzt, knapp, gedrängt, kurz und bündig, kurz und schmerzlos *(ugs.),* konzis.

Kompromiß, Vergleich, Mittelweg,

Ausgleich, Modus vivendi, Abmachung, Übereinkunft.

kompromißlos, unerbittlich, unnachgiebig, unversöhnlich, radikal.

Kompromißlosigkeit, Unnachgiebigkeit, Unnachsichtigkeit, Strenge, Härte, Festigkeit.

[1]**kompromittieren** (jmdn.), bloßstellen, brüskieren, blamieren, jmdn. zum Gespött / lächerlich machen, aufschmeißen *(österr.)*, desavouieren.

[2]**kompromittieren** (sich), sich bloßstellen, sich eine Blöße geben, eine Blöße bieten, zum Gespött werden, keine gute Figur machen, sich dekolletieren, seinen Namen / seinen Ruf / sein Ansehen aufs Spiel setzen, sich lächerlich machen, sich blamieren, seinem Namen keine Ehre machen, sich ein Armutszeugnis ausstellen.

Kondition, Bedingung, Vorbedingung, Voraussetzung, Conditio sine qua non.

kondolieren, seine Anteilnahme / Teilnahme / sein Beileid ausdrükken *bzw.* aussprechen *bzw.* bezeigen.

Kondom, Präservativ, Gummi, Verhüterli *(scherzh.)*, Gummischutz[mittel], Präser *(ugs.)*, Überzieher *(salopp)*, Pariser *(salopp)*.

Konferenz, Tagung, Treffen, Kongreß, Symposion, Versammlung, Beratung, Sitzung, Meeting.

konferieren, tagen, zusammentreten, sich zusammensetzen / beraten.

Konfession, Glaube, Glaubensbekenntnis, Bekenntnis, Religion.

Konfiszierung, Beschlagnahme, Beschlagnahmung, Sicherstellung, Einziehung.

Konflikt, Streit, Reiberei, Streiterei, Zwietracht, Zwist, Tätlichkeit, Handgreiflichkeit, Handgemenge, Auseinandersetzung, Disput, Wortwechsel, Wortgefecht, Kontroverse, Zwistigkeit, Streitigkeiten, Differenzen, Spannungen, Zusammenstoß, Krawall, Krach *(abwertend)*, Knies *(salopp landsch.)*.

konform, übereinstimmend, zusammenfallend, kongruent, konvergierend, konvergent, gleich, gleichartig, identisch.

[1]**Konfrontation,** Konfrontierung, Gegenüberstellung, Vergleich, Parallele, Nebeneinanderstellung.

[2]**Konfrontation,** Kampf, Gefecht, Ringen, Clinch, Geplänkel, Plänkelei, Feindseligkeiten, kriegerische Handlungen.

konfrontieren, gegenüberstellen, vorführen.

konfus, wirr, verworren, verfahren, unklar, chaotisch, diffus.

Konfusion, Verwirrung, Durcheinander, Gewirr, Wirrsal, Wirrnis, Chaos, Wirrwarr, Kuddelmuddel *(ugs.)*, Tohuwabohu.

kongenial, geistesverwandt, ebenbürtig, wesensgleich.

kongruent, deckungsgleich, gleich, sich deckend, sich / einander genau entsprechend.

kongruieren, übereinstimmen, sich decken, korrespondieren, sich / einander entsprechen, gleich sein, ähneln, ähnlich sein / sehen, sich / einander gleichen wie ein Ei dem andern, [aufs Haar] gleichen.

[1]**konkret,** gegenständlich, anschaulich, bildlich, darstellend, figürlich, figurativ.

[2]**konkret,** tatsächlich, in der Tat, eigentlich, wirklich, faktisch, real, realiter, de facto.

Konkurrent, Rivale, Mitbewerber, Nebenbuhler.

Konkurrenz, Wirtschaftskampf, Existenzkampf, Erwerbskampf, Wettbewerb, Ausschreibung,

Wettstreit, Wettkampf, Wetteifer, Rivalität, Nebenbuhlerschaft, Gegnerschaft.

Konkurs machen, [in] Konkurs gehen, Bankrott machen, den Offenbarungseid leisten, bankrott gehen / werden, fallieren *(veraltet),* pleite machen / gehen / werden *(ugs.),* bei jmdm. sitzt der Pleitegeier auf dem Dach *(ugs.),* jmdm. geht die Luft aus *(ugs.),* die Pforten schließen, zumachen *(ugs.),* abwirtschaften, herunterwirtschaften, baden gehen *(salopp).*

können, vermögen, imstande / in der Lage / fähig sein zu, draufhaben *(ugs.).*

konsequent, folgerichtig, zielstrebig, zielsicher, unbeirrt, energisch, entschlossen, nachdrücklich.

Konsequenz, Folge, Auswirkung, Folgerung, Wirkung, Ergebnis.

[1]**konservativ,** bürgerlich, bourgeois, rechts.

[2]**konservativ,** rückschrittlich, reaktionär, fortschrittsfeindlich, restaurativ, rückständig, zurückgeblieben, unzeitgemäß.

Konservativer, Ewiggestriger, Bourgeois, Rechter.

konservieren, erhalten, haltbar machen.

konsolidieren, festigen, stärken, bestärken, kräftigen, bekräftigen, erhärten, stabilisieren, stützen, unterstützen, bestätigen.

konspirieren, sich verschwören, komplottieren, paktieren, packeln *(österr.),* ein Komplott schmieden, in ein Komplott verwickelt sein, mit jmdm. unter einer Decke stekken, gemeinsame Sache mit jmdm. machen, mit jmdm. zusammenspannen *(schweiz.).*

konstatieren, bemerken, feststellen, entdecken, registrieren, jmdm. etwas anmerken / ansehen, jmdm. etwas an der Nase / Nasenspitze ansehen.

Konstellation, Lage, Situation, Status, Stand, Stellung, Zustand, Assiette *(veraltet),* Stadium.

konstituieren, gründen, begründen, einrichten, etablieren, errichten, instituieren, stiften, ins Leben rufen, aus der Taufe heben, [neu] schaffen.

Konstruktion, Konstrukt, Gefüge, Gebilde, Zusammensetzung, Bau, System.

konsultieren, um Rat fragen, einen Rat einholen, zu Rate ziehen, befragen, fragen.

Konsument, Verbraucher, Endverbraucher, Kunde, Käufer, Abnehmer.

konsumieren, verkonsumieren *(ugs.),* verbrauchen, aufbrauchen, aufzehren.

Kontakt, Verbindung, Kommunikation, Berührung, Anschluß, Fühlungnahme, Annäherung, Brückenschlag, Ansprache *(österr.),* mitmenschliche / zwischenmenschliche Beziehungen, Tuchfühlung, Blickkontakt, Augenkontakt.

kontaktarm, kontaktschwach, scheu, menschenscheu, introvertiert, zugeknöpft, verschlossen, ungesellig.

kontaktfreudig, gesellig, soziabel, kontaktfähig, kommunikationsfreudig, kommunikationsfähig, umgänglich, extravertiert, nicht selbstbezogen, nicht unzugänglich.

Kontaktlosigkeit, G[h]etto, Ausgeschlossenheit, Ausgestoßensein, Quarantäne.

kontern, Kontra geben, dagegenhalten, entgegenhalten, widersprechen, Widerspruch erheben, jmdm. in die Parade fahren, jmdm. über den Mund fahren *(ugs.),* aufbegehren, einwenden, einwerfen, Einwände erheben / machen, replizieren, zurückgeben, zurückschießen *(ugs.),* antworten.

Kontext, Kotext, Textzusammenhang, Zusammenhang, Text.

Kontinent, Erdteil, Subkontinent, Festland.

Kontor, Büro, Kanzlei, Office *(schweiz.),* Amtsstube, Amtszimmer, Schreibstube, Großraumbüro.

Kontrahent, Gegenspieler, Gegner, Widerpart.

konträr, gegensätzlich, widerspruchsvoll, widersprüchlich, widersprechend, schizophren, einander ausschließend, paradox, widersinnig, unlogisch, disjunktiv, [diametral] entgegengesetzt, gegenteilig, umgekehrt, kontrovers, oppositionell, dichotomisch, unvereinbar, ungleichartig, disparat, polar, kontradiktorisch, komplementär, korrelativ, antithetisch, antinomisch, adversativ.

Kontrast, Gegensatz, Antagonismus, Gegengewicht, Gegenpol, Unterschied, Divergenz.

kontrastieren, sich abheben von, in Gegensatz / Kontrast / Opposition stehen zu, einen Kontrast bilden zu, abstechen gegen, abweichen von, divergieren, sich unterscheiden.

Kontrolle, Durchsicht, Prüfung, Nachprüfung, das Checken, Check-up, Untersuchung, Untersuch *(schweiz.),* Überprüfung, Audit, Inspizierung, Inspektion, Revision.

Kontrolleur, Kontrollor *(österr.),* Inspekteur, Prüfer, Aufsichtsbeamter.

kontrollieren, prüfen, überprüfen, nachprüfen, fecken *(schweiz.),* inspizieren, durchgehen, durchsehen, einsehen, nachsehen, checken, abchecken, durchchecken, nachschauen, revidieren, einer Revision unterziehen, erdauern *(schweiz.),* sich überzeugen / vergewissern.

Kontroverse, Streit, Reiberei, Streiterei, Zwist, Auseinandersetzung, Schlammschlacht, Disput, Wortwechsel, Wortgefecht, Zwistigkeit, Konflikt, Zusammenstoß, Gezänk, Gezanke.

Kontur, Umriß, Silhouette, Profil, Skyline.

Konvention, Brauch, Sitte, Regel, Gebräuche, Althergebrachtes, Herkommen, Mode, Tradition, Zeremonie, Zeremoniell, Protokoll, Vorschrift, Etikette, Förmlichkeit, Form, Angewohnheit, Gewohnheit, Gepflogenheit, Usance, Usus.

konvertieren, übertreten, den Glauben / die Konfession wechseln.

Konzentration, Sammlung, Andacht, Aufmerksamkeit.

konzentrieren (sich), achtgeben, achten [auf], aufpassen, Obacht geben, zuhören, sich sammeln, seine Gedanken sammeln / zusammennehmen, seine fünf Sinne zusammennehmen, aufpassen wie ein Heftelmacher / Haftelmacher *(landsch.),* bei der Sache sein *(ugs.),* aufmerksam sein, ganz Ohr sein *(ugs.),* die Ohren spitzen *(ugs.),* ganz Auge und Ohr sein *(ugs.),* an jmds. Mund hängen, die Augen aufmachen / offenhalten, aufmerken, achthaben, sein Augenmerk richten auf.

konzentriert, aufmerksam, gespannt, gesammelt, andächtig.

Konzept, Plan, Entwurf, Exposé, Skizze.

Konzession, Zugeständnis, Entgegenkommen, Kompromiß.

konzipieren, projektieren, planen, sich ausdenken.

Kooperation, Teamwork, Teamarbeit, Zusammenarbeit, Mitarbeit, Gruppenarbeit, Gemeinschaftsarbeit, Koproduktion, Kollektivarbeit, Zusammenwirken.

kooperativ, gemeinsam, gemeinschaftlich, zusammen, Hand in Hand, Seite an Seite, im Verein mit, in Zusammenarbeit mit, vereint, genossenschaftlich, gesamthaft *(schweiz.)*.

Kopf, Haupt, Schädel, Dez *(salopp)*, Rübe *(salopp)*, Birne *(salopp)*, Ballon *(salopp)*, Kürbis *(salopp)*, Nischel *(landsch. salopp)*.

köpfen, enthaupten, guillotinieren, jmdm. den Kopf abschlagen, jmdn. einen Kopf kürzer machen *(salopp)*, jmdm. die Rübe abhakken *(salopp)*.

Kopfschmerz, Kopfweh, Brummschädel *(ugs.)*, Migräne.

[1]**Kopie,** Abschrift, Zweitschrift, Duplikat, Doppel, Durchschlag, Durchschrift, Ablichtung.

[2]**Kopie,** Nachahmung, Nachbildung, Replik, Replikation, Abklatsch, Klischee, Imitation, Schablone, Attrappe.

kopieren, nachahmen, nachmachen, nachäffen *(emotional)*, imitieren, parodieren, nacheifern, nachstreben, nachfolgen, sich an jmdm. ein Beispiel nehmen, sich jmdn. zum Vorbild nehmen, in jmds. Spuren wandeln.

Korn, Getreide, Körnerfrucht, Feldfrucht, Frucht.

Körper, Gestalt, Figur, Wuchs, Statur, Korpus *(scherzh.)*, Leib, Konstitution, Habitus.

Körperbehinderter, Behinderter, Invalide, Krüppel.

korpulent, dick, wohlbeleibt, beleibt, stark, vollschlank, fest *(schweiz.)*, breit, behäbig, füllig, dicklich, mollig, mollert *(österr. ugs.)*, rundlich, rund, kugelrund, üppig, drall, knubbelig, wohlgenährt, voluminös, umfangreich, pumm[e]lig, fett, feist, feiß *(südwestd., schweiz)*, fleischig, dickwanstig, dickleibig, fettleibig.

Korpulenz, Beleibtheit, Fettleibigkeit, Dickleibigkeit, Feistheit, Dickwanstigkeit *(ugs.)*.

korrekt, richtig, einwandfrei, fehlerfrei, fehlerlos, recht, tadellos, vollkommen.

Korrektur, Verbesserung, Berichtigung, Richtigstellung, Revision.

Korrespondenz, Schriftwechsel, Schriftverkehr, Briefwechsel, Briefverkehr.

korrespondieren, jmdm. / sich [mit jmdm.] schreiben, einen Brief / eine Karte / ein paar Zeilen schreiben, in Briefverkehr / Briefwechsel stehen, kommunizieren, einen Briefwechsel führen, Briefe wechseln, brieflich verkehren mit jmdm., mit jmdm. in Verbindung stehen.

korrigieren, berichtigen, verbessern, korrektionieren *(schweiz.)*, richtigstellen, revidieren, emendieren, abklären, klären, klarstellen, jmdn. [eines anderen / eines Besseren] belehren, klarlegen, einer Klärung zuführen, dementieren.

Koryphäe, Kapazität, Autorität, Berühmtheit, Fachmann, Spezialist, Könner, Experte, As *(ugs.)*, Kanone *(ugs.)*.

Kosmetik, Körperpflege, Schönheitspflege, Hautpflege, Teintpflege.

Kosmos, Weltall, All, Weltraum, Raum, Weltenraum, Universum.

Kost, Nahrung, Lebensmittel, Essen [und Trinken], das leibliche Wohl, Fressalien *(ugs.)*, Speise und Trank, Futter, Futterage *(ugs.),* Fressen.

kostbar, erlesen, auserlesen, exquisit, ausgesucht, hochwertig, qualitätsvoll, de Luxe, in Sonderausführung, ausgewählt, fein, edel, nobel, wertvoll, teuer.

kosten, versuchen, probieren, verkosten, degustieren, gustieren *(österr.),* schmecken, abschmekken, eine Kostprobe / Probe nehmen.

Kosten, Kostenaufwand, Aufwendung, Ausgaben, Unkosten.

Kostenanschlag, Kalkulation, Berechnung, Vorausberechnung, Kostenvoranschlag, Voranschlag, Überschlag, Veranschlagung, Schätzung, Abschätzung.

kostenlos, gratis, gratis und franko *(ugs.),* umsonst, unentgeltlich, um Gotteslohn *(veraltend),* ohne Geld, geschenkt, für nichts, als Zugabe, kostenfrei, gebührenfrei, frei, portofrei, freigemacht, franko, ohne einen Pfennig zu zahlen.

köstlich, appetitlich, lecker, fein, delikat, deliziös, schnuddelig *(berlin.),* gustiös *(österr.),* schmackhaft, wohlschmeckend, vorzüglich.

Köstlichkeit, Leckerbissen, Delikatesse, Schleck *(schweiz.),* Gustostückerl *(österr.),* Gaumenkitzel, Gaumenfreude, Gaumenreiz, Schmankerl *(bayr., österr. ugs.).*

Kostprobe, Probe, Muster, Beispiel.

kostspielig, teuer, hochpreisig, kostenintensiv, kostenträchtig, unerschwinglich, unbezahlbar, überteuert, nicht zu bezahlen, gepfeffert *(ugs.),* gesalzen *(ugs.).*

Kostümball, Kostümfest, Maskenball, Maskenfest, Maskerade, Faschingsball, Fastnachtsball.

kostümieren (sich), sich verkleiden / maskieren / vermummen.

Kostümierung, Kostüm, Maske, Maskierung, Maskerade, Verkleidung, Vermummung.

Kot, Exkrement, Fäkalien, Fäzes, Ausscheidung, Stuhlgang, Stuhl, Aa *(Kinderspr.),* Schiet *(salopp),* Kacke *(derb),* Scheiße *(vulgär).*

koten, Stuhlgang / Stuhl haben, abführen, sich entleeren, groß machen *(ugs.),* Aa machen *(Kinderspr.),* abprotzen *(derb),* kacken *(derb),* einen Haufen machen *(derb),* ein Ei legen *(vulgär),* scheißen *(vulgär).*

krabbeln, kriechen, krauchen *(landsch.),* robben.

[1]Krach, Lärm, Getöse, das Dröhnen, Gedröhn, Radau *(salopp),* Heidenlärm *(emotional),* Mordslärm *(emotional),* Höllenspektakel *(ugs.),* Tumult, Gepolter, Pumperer *(österr. ugs.),* Trubel, Spektakel *(ugs.),* Rabatz *(ugs.),* Klamauk *(ugs.),* Tamtam *(ugs.),* Trara *(ugs.),* Krakeel *(ugs.),* Bahöl *(österr. ugs.),* Ramasuri *(österr. ugs.).*

[2]Krach, Streit, Knatsch *(salopp),* Zwist, Zwistigkeit, Zusammenstoß, Zank, Gezänk, Gezanke, Zankerei, Knies *(salopp landsch.),* Stunk *(salopp),* Zoff *(salopp landsch.),* Händel, Ärger.

krachen, knallen, es gibt einen Knall, knattern, böllern, grollen, rollen, poltern, donnern.

krächzend, heiser, rauh, rauchig, tonlos, klanglos, mit belegter Stimme.

Kraft, Stärke, Energie, Kräfte.

Kraftfahrer, Autofahrer, Fahrzeuglenker, Pkw-Fahrer.

kräftig, stark, kraftvoll, markig, kernig, stramm, bärenstark, baumstark, bäumig *(schweiz.),* robust, hart, zäh, taff *(ugs.).*

kräftigen, festigen, stärken, bestärken, bekräftigen, konsolidieren, erhärten, stabilisieren, stützen, unterstützen, bestätigen.

kräftigend, nahrhaft, nährstoffreich, kalorienreich, kräftig, deftig, nährend, sättigend, gesund, gehaltvoll.

kraftlos, entkräftet, schwach, schwächlich, geschwächt, lahm, matt, ermattet, schlapp, letschert *(bayr., österr.).*

Kraftmensch, Herkules, Athlet, Athletiker, Kraftmeier, Kraftprotz, Supermann, Muskelmann, Tarzan, Muskelprotz, Kraftlackel *(österr.).*

krakeelen, johlen, grölen, blöken, kreischen, lärmen, Lärm machen, brüllen, schreien.

Kram, Krimskrams, Trödelkram, Trödel *(ugs. abwertend),* Krempel *(ugs. abwertend),* Zeug, Plunder *(ugs. abwertend),* Dreck *(derb abwertend),* Mist *(derb abwertend),* Zimt *(salopp abwertend),* Zinnober *(abwertend).*

kramen, wühlen, stöbern, suchen, etwas nach etwas durchsuchen.

krank, unpäßlich, indisponiert, fiebrig, todkrank, sterbenskrank, moribund, malad[e], marod *(bayr., österr.),* kränklich, kränkelnd, angekränkelt, morbid, leidend, siech, bettlägerig, arbeitsunfähig, nicht gesund.

kränkeln, krank sein, leiden, darniederliegen, dahinsiechen, bettlägerig sein, das Bett / Zimmer hüten [müssen], im / zu Bett liegen [müssen], ans Bett / Zimmer gefesselt sein, nicht mehr können, es zu tun haben mit, es haben mit / auf, auf der Nase liegen *(ugs.),* sich nicht mehr auf den Beinen halten können, im Krankenstand sein *(österr.),* krankfeiern *(landsch.),* jmdm. fehlt etwas, nicht auf der Höhe / auf dem Posten / auf Deck / auf dem Damm / in Ordnung sein, angeknackst sein *(ugs.),* serbeln *(schweiz.),* herumkrebsen *(ugs.),* rumkrebsen *(ugs.),* rumquiemen *(nordd.).*

kränken, beleidigen, verletzen, jmdn. ins Herz / bis ins Mark treffen, insultieren, schmähen, treffen, jmdm. einen Stich ins Herz geben, jmdm. eine Beleidigung zufügen, jmdn. vor den Kopf stoßen, verprellen, bei jmdm. ins Fettnäpfchen treten, jmdm. auf den Schlips treten, jmdm. auf die Hühneraugen treten *(ugs.),* jmdm. Nadelstiche versetzen.

Krankenhaus, Krankenanstalt, Klinik, Klinikum, Hospital, Spital *(österr.).*

Krankenschwester, Schwester, Krankenpflegerin, Karbolmaus *(scherzh.).*

Kranker, Patient, Leidender, Schwerkranker, Todkranker, Siecher, Bettlägeriger.

Krankheit, Leiden, Übel, Erkrankung, Siechtum, Bresthaftigkeit *(veraltet),* Gebrechen, Gebrest *(veraltet),* Unpäßlichkeit, Unwohlsein, schlechtes Befinden, Bettlägerigkeit, Beschwerden, Wehwehchen *(ugs.).*

Krankheitserreger, Krankheitskeim, Keim, Bakterie, Bazille, Bazillus, Virus.

Kränkung, Beleidigung, Beschimpfung, Verunglimpfung, Schmähung, Insult.

[1]**kratzen,** schaben, scharren, schurren, schürfen, ritzen, schrammen, zerkratzen, schrappen *(landsch.).*

[2]**kratzen** (sich), sich scheuern / reiben / *(ugs.)* jucken.

Kratzer, Schramme, Ritz, Riß, Kratzwunde, Schürfwunde.

kraus, lockig, wellig, gewellt, gelockt, geringelt, onduliert, gekräuselt, nicht glatt.

kräuseln (sich), sich locken / ringeln / wellen.

Krawall, Auseinandersetzung, Zusammenstoß, Handgemenge, Handgreiflichkeit, Tätlichkeit, Saalschlacht, Straßenschlacht, Ausschreitung.

Krawatte, Schlips, Binder, Senkel *(salopp).*

kreativ, schöpferisch, gestalterisch, künstlerisch, gestaltend, erfinderisch, ingeniös, ideenreich, einfallsreich, phantasievoll, originell, produktiv.

Kreatur, Geschöpf, Lebewesen, Wesen.

Kredit, Anleihe, Darlehen, Hypothek, Pump *(ugs.),* Borg *(ugs.).*

kreidebleich, blaß, bläßlich, blaßgesichtig, bleichgesichtig, blaßwangig, blutleer, blutarm, bleichsüchtig, fahl, grau, bleich, käseweiß *(ugs.),* käsig *(ugs.),* weiß, kreideweiß, kalkweiß, kalkig, wachsbleich, totenblaß, leichenblaß, geisterbleich, totenbleich, aschgrau, aschfahl.

kreieren, schaffen, schöpfen, erschaffen, hervorbringen, entstehen lassen.

Kreis, Gruppe, Runde, Korona *(ugs.),* Schar, Horde *(ugs.),* Haufen, Sauhaufen *(abwertend).*

kreischen, brüllen, schreien, johlen, grölen, blöken, krakeelen.

kreisen, rotieren, sich drehen, sich im Kreis drehen / bewegen, umlaufen.

kreisförmig, ringförmig, rund, gerundet.

kribbeln, prickeln, jucken, kratzen, brennen, beißen, stechen, pieken *(ugs.).*

[1]**kriechen,** krabbeln, krauchen *(landsch.),* robben.

[2]**kriechen,** unterwürfig sein, katzbuckeln, liebedienern, dienern, antichambrieren, herumschwänzeln um, herumscharwenzeln um, radfahren *(ugs.),* in den Hintern / Arsch kriechen *(derb),* vor jmdm. auf dem Bauch rutschen / liegen *(ugs.),* einen krummen Buckel vor jmdm. machen.

Krieg, bewaffnete Auseinandersetzung, bewaffneter Konflikt, Konfrontation.

kriegen, bekommen, erhalten, empfangen, einer Sache teilhaftig werden.

Kriterium *(bildungsspr.),* Merkmal, Kennzeichen, Besonderheit, Charakteristikum, Attribut, Symptom.

Kritiker, Rezensent, Besprecher, Kommentator, Zensor, Kunstrichter, Kritikaster *(abwertend).*

kritiklos, ohne Bedenken, bedenkenlos, blindlings.

[1]**kritisch,** bedrohlich, ernst, beängstigend, bedenklich.

[2]**kritisch,** gefährlich, gewagt, brenzlig, riskant, gefahrvoll, abenteuerlich, halsbrecherisch, lebensgefährlich, selbstmörderisch, tödlich, nicht ungefährlich.

[1]**kritisieren** (jmdn.), an jmdm. Kritik üben, attackieren, angreifen, verreißen *(ugs.).*

[2]**kritisieren,** bewerten, besprechen, beurteilen, rezensieren, verreißen *(ugs.),* werten, eine Besprechung / Rezension schreiben.

Krönung, letzte Vollendung, letzter Schliff / Pfiff, I-Punkt, Tüpfelchen auf dem i.

kroß, knusprig, rösch *(landsch.),* resch *(landsch.).*

Krume, Erde, Erdreich, Boden, Grund, Scholle.

Krümel, Krume, Brotkrume, Brosame, Brösel, Bröckchen, Brokken.

Krüppel, Körperbehinderter, Behinderter, Invalide, Kriegsversehrter, Kriegsinvalide, Kriegskrüppel, Kriegsbeschädigter, Kriegsverletzter.

Kuchen, Gebäck, Backware, Backwerk, Mehlspeise *(österr.).*

kugeln, rollen, kullern, kollern, kreiseln, sich wälzen, laufen, trudeln.

kühl, ausgekühlt, unterkühlt, abgekühlt, frisch, herbstlich, kalt.

Kuhle *(ugs.),* Grube, Loch, Kute *(bes. berlin. ugs.),* Vertiefung, Graben.

Kühle, Frische, Kälte.

kühn, mutig, tapfer, heldenhaft, heldenmütig, heroisch, mannhaft, beherzt, herzhaft, unverzagt, unerschrocken, furchtlos, couragiert, wagemutig, waghalsig, draufgängerisch, tollkühn, risikofreudig, verwegen.

Kühnheit, Mut, Tapferkeit, Beherztheit, Furchtlosigkeit, Unerschrockenheit, Schneid *(ugs.),* Courage *(ugs.),* Risikobereitschaft, Mumm *(ugs.),* Tollkühnheit, Wagemut, Draufgängertum, Verwegenheit.

kullern, kollern, kugeln, rollen, kreiseln, sich wälzen, laufen, trudeln.

kulminieren (in), gipfeln in, den Höhepunkt / Kulminationspunkt / Gipfel / Zenit erreichen.

kultivieren, bebauen, bewirtschaften, bepflanzen, bestellen.

kultiviert, geschmackvoll, vornehm, nobel, elegant, schick, apart, schmuck, gefällig, geschmackig *(österr. ugs.),* nicht geschmacklos.

Kultur, Zivilisation, Fortschritt, Entwicklung.

Kummer, Leid, Pein, Qual, Marter, Martyrium, Drangsal *(geh.),* Schmerz, Gram, Leidensdruck, Sorge, Herzeleid *(dichter.),* Weh *(dichter.),* Harm *(dichter.),* Kümmernis, Jammer, Chagrin, Pfahl im Fleische.

kümmerlich, karg, kärglich, armselig, ärmlich, dürftig, spärlich, pop[e]lig *(ugs.),* knapp, wenig, beschränkt, bescheiden, frugal.

kümmern (sich), sorgen für, umsorgen, versorgen, befürsorgen *(österr.),* bemuttern, betreuen, umhegen, jmdn. unter seine Fittiche nehmen, nach dem Rechten sehen, nach jmdm. sehen / schauen.

Kumpan, Komplize, Spießgeselle, Helfershelfer, Mitschuldiger.

Kumpel *(ugs.),* Freund, Kamerad, Gefährte *(geh.),* Intimus *(geh.),* Vertrauter *(geh.),* Gespiele *(geh. veraltend),* Genosse, Kumpan *(ugs.),* Spezi *(südd., österr. ugs.),* Haberer *(österr. ugs.).*

Kunde, Kundschaft, Käufer, Abnehmer, Verbraucher, Endverbraucher, Konsument.

Kundendienst, Kundenservice, Service, Bedienung, Dienst [am Kunden].

kundgeben, bekunden, erkennen lassen, an den Tag legen, zeigen, zum Ausdruck bringen, dartun, dokumentieren, offenbaren.

[1]**kündigen,** ausscheiden, verlassen, weggehen, gehen, ausstehen *(südd., österr.),* abtreten, sich [ins Privatleben] zurückziehen, aufhören, die Arbeit an den Nagel hängen / niederlegen / *(salopp)* schmeißen, hinschmeißen, den ganzen Kram / Krempel / Bettel / die Sachen hinwerfen *bzw.* hinschmeißen *(salopp),* jmdm. den ganzen Kram / Krempel vor die Füße werfen *(salopp).*

[2]**kündigen** (jmdm.), jmdn. [fristlos] entlassen, fortschicken, abservieren *(ugs.),* jmdm. den Laufpaß geben, abhängen *(ugs.),* abschieben *(ugs.),* kaltstellen *(ugs.),* jmdm. den Stuhl vor die Tür setzen,

jmdn. auf die Straße setzen / werfen, davonjagen, schassen *(ugs.)*, ablösen, hinauswerfen *(ugs.)*, rauswerfen *(ugs.)*, hinausschmeißen *(ugs.)*, rausschmeißen *(salopp)*, hinauskatapultieren *(salopp)*, rauspfeffern *(salopp)*, feuern *(salopp)*, rausfeuern *(salopp)*, absetzen, entsetzen *(schweiz.)*, abhalftern *(salopp)*, absägen *(salopp)*, des Amtes entheben / entkleiden, suspendieren, einstellen *(schweiz.)*, stürzen, entthronen, entmachten, entfernen, abbauen, ausbooten *(ugs.)*, abschießen *(salopp)*, über die Klinge springen lassen *(ugs.)*, in die Wüste schikken, aufs Abstellgleis schieben *(ugs.)*, zum alten Eisen werfen *(ugs.)*, freisetzen.

künftig, zukünftig, kommend, in Zukunft / *(österr.)* Hinkunft, hinkünftig *(österr.)*, von heute / jetzt / nun an, ab heute / jetzt.

Künstelei, Geziertheit, Ziererei, Gespreiztheit, Gestelztheit, Geschraubtheit, Affektiertheit, Gekünsteltheit, Manieriertheit, Gezwungenheit, Steifheit, Unnatürlichkeit, Geschwollenheit.

Kunstfertigkeit, Fertigkeit, Fingerfertigkeit, Geschicklichkeit, Geschick, Übung, Geübtheit.

kunstgerecht, fachmännisch, fachgerecht, sachgerecht, sachgemäß, gekonnt, routiniert, sachverständig, sachkundig, kundig, eingefuchst *(ugs.)*, kennerisch *(schweiz.)*, gut, qualifiziert, nicht dilettantisch.

Kunstgriff, Trick, Kniff, List, Schlich, Finesse, Raffinesse, Masche *(ugs.)*, Dreh *(ugs.)*.

Künstler, Bohemien, Meister, Maestro, Star, Virtuose.

künstlich, unecht, falsch, gefälscht, nachgemacht, untergeschoben, imitiert.

Kunstsammlung, Sammlung, Kunstgalerie, Galerie, Gemäldegalerie, Kunsthalle, Museum, Pinakothek.

Kunststoff, Plastik, Synthetik, Kunstfaser, Chemiefaser, Ersatzstoff.

kunstverständig, kunstsinnig, musisch, künstlerisch [begabt].

kunstvoll, kunstreich, wirkungsvoll, effektvoll.

Kunterbunt, Allerlei, Vielerlei, Mixtur, Mischung, Gemisch, Gemenge, Melange, Durcheinander, Konglomerat *(bildungsspr.)*, Mischmasch *(ugs.)*, Sammelsurium *(ugs.)*, Pelemele *(bildungsspr.)*, Mixtum compositum *(bildungsspr.)*.

kurieren, behandeln, therapieren, pflegen, heilen, wiederherstellen, auskurieren, nicht verschleppen, gesundbeten, Hand auflegen, in Ordnung / in die Reihe / über den Berg / wieder auf die Beine bringen *(ugs.)*, wieder hinkriegen *(salopp)*, aufhelfen, retten.

Kurs, Kursus, Lehrgang, Übung, Seminar.

[1]**kursieren,** umlaufen, die Runde machen, in Umlauf sein, zirkulieren.

[2]**kursieren,** sich herumsprechen, bekannt / publik werden, sich [wie ein Lauffeuer] verbreiten, aufkommen.

Kurve, Biegung, Wegbiegung, Abbiegung, Abknickung, Wegkrümmung, Kehre, Rank *(schweiz.)*, Bogen.

kurz, verkürzt, abgekürzt, knapp, gedrängt, kernig, markig, kurz und bündig, kurz und schmerzlos *(ugs.)*, konzis, komprimiert, summarisch, in kurzen / knappen Zügen.

Kürze, Knappheit, Begrenztheit, Beschränktheit.

kurzerhand, schlankerhand *(selten),* schlankweg, kurz entschlossen, ohne weiteres; mir nichts, dir nichts *(ugs.);* ohne [große] Umstände / viel Umstände / viel Federlesen[s] zu machen, einfach, glatt *(ugs.),* glattweg *(ugs.),* ohne [lange] zu überlegen / [lange] zu zögern / *(ugs.)* mit der Wimper zu zucken / *(ugs.)* [lange] zu fackeln.

kürzlich, neulich, letztens, letzhin, jüngst, unlängst, vor kurzem, vor kurzer Zeit, in letzter Zeit, dieser Tage.

kurzsichtig, verblendet, borniert, engstirnig, eng, beschränkt, mit Scheuklappen.

kurzum, kurz [gesagt / und gut / und schlicht], mit einem Wort, der langen Rede kurzer Sinn.

kurzweilig, unterhaltend, unterhaltsam, abwechslungsreich, abwechslungsvoll.

Kuß, Busse[r]l *(südd., österr.),* Küßchen *(fam.),* Bussi *(österr. fam.),* Schmatz, Bützchen *(rhein.).*

küssen, jmdm. einen Kuß geben / *(ugs.)* einen aufdrücken, abküssen, abschmatzen *(ugs.),* busseln *(landsch.),* schnäbeln *(scherzh.),* knutschen *(salopp),* abknutschen *(salopp),* bützen *(rhein.).*

Küste, Ufer, Meeresufer, Gestade.

L

[1]labil, beeinflußbar, schwankend, wandelbar, unausgeglichen, unstet, von einem Extrem ins andere fallend.

[2]labil, anfällig, schwächlich, empfindlich, nicht widerstandsfähig.

Labsal, Erquickung, Genuß, Hochgenuß, Augenweide, Ohrenschmaus.

Lächeln (das), das Schmunzeln, das Grinsen, Gegrinse *(abwertend),* das Grienen, Augurenlächeln *(geh. abwertend).*

lachen, lächeln, schmunzeln, [wie ein Honigkuchenpferd] strahlen / grinsen, grienen, sich högen *(niederd. ugs.),* griemeln *(ugs.),* hohnlachen, sich freuen [über], belächeln, belachen, feixen, auflachen, eine Lache anschlagen, kichern, kickern, gickeln, gackern, in Gelächter ausbrechen, Tränen lachen, herausplatzen *(ugs.),* losplatzen, losprusten *(ugs.),* prusten *(ugs.),* losbrüllen *(ugs.),* wiehern, sich ausschütten / kugeln / krümmen / biegen vor Lachen, sich [vor Lachen] den Bauch halten, sich totlachen / kranklachen *(ugs.),* sich krumm und schief / scheckig / kringelig lachen, sich kringeln, sich einen Ast / Bruch lachen, einen Lachanfall / Lachkrampf bekommen.

Lachen (das), Gelächter, Lacher, Lachkrampf, Freudengeheul *(ugs.),* Lachsalve, Lache, Gewieher *(salopp),* Heiterkeitsausbruch, Gekichere, das Kichern, homerisches Gelächter.

lächerlich, lachhaft, lächerbar *(scherzh.),* grotesk, absurd, sinnwidrig, töricht, albern, blödsinnig, komisch, ridikül, ein Bild für [die] Götter.

lächerlich machen (sich), sich bloßstellen, sich eine Blöße geben, eine Blöße bieten, zum Gespött werden, keine gute Figur machen, sich dekolletieren, sich kompromittieren, seinen Namen / seinen Ruf / sein Ansehen aufs Spiel setzen, sich blamieren, seinem Namen keine Ehre machen, sich ein Armutszeugnis ausstellen.

laden, beladen, volladen, befrachten, bepacken, aufpacken, vollpacken, aufladen, aufsacken, aufbürden, auflasten, einladen, verladen, verschiffen, einschiffen, aufhalsen *(ugs.).*

Laden, Geschäft, Shop, Boutique, Basar, Verkaufsstätte.

Ladentisch, Verkaufstisch, Theke *(landsch.),* Tresen *(landsch.),* Budel *(bayr., österr.),* Pudel *(bayr., österr.).*

Lage, Situation, Konstellation, Status, Stand, Stellung, Zustand, Assiette *(veraltet),* Stadium.

lagern, ablagern, ablegen, deponieren, einlagern, einbunkern, magazinieren, ein Lager anlegen, auf Lager legen.

[1]lahm, gelähmt, gehbehindert, hüftlahm, kontrakt *(veraltet).*

[2]lahm, temperamentlos, langweilig, müde, lustlos, unlustig, ohne Schwung.

lahmen, hinken, humpeln, schnappen *(landsch.),* hatschen *(bayr., österr.).*

lahmlegen, zum Erliegen / zum Stillstand bringen, abwürgen *(salopp).*

Laie, Nichtfachmann, Außenstehender, Dilettant, Amateur, selbsternannter ...

Laken *(nordd.),* Bettlaken *(nordd.),* Bettuch *(bes. md.),* Leintuch *(landsch.),* Leilach *(landsch. veraltet),* Leilachen *(landsch. veraltet),* Leilak *(landsch. veraltet),* Leilaken *(landsch. veraltet).*

lamentieren *(abwertend),* klagen, wehklagen, in Klagen ausbrechen, die Hände ringen, jammern, jmdm. die Ohren volljammern *(ugs. abwertend),* maunzen *(landsch.),* raunzen *(bayr., österr.),* sempern *(österr.),* barmen *(ugs.).*

Lamento *(ugs.),* Klage, Wehklage, Jammerrede, Jeremiade *(geh. veraltend),* Gejammer *(ugs. abwertend),* Lamentation *(selten).*

Lampe, Leuchte, Beleuchtungskörper, Lichtquelle.

Lampenfieber, Prüfungsangst, Nervosität, Herzklopfen.

Lampion, Laterne, Papierlaterne.

[1]Land, Feld, Acker, Ackerland, [Grund und] Boden, Flur.

[2]Land, Gelände, Terrain.

landen, niedergehen, aufsetzen, zur Landung ansetzen.

länden, an Land bringen / ziehen, aus dem Wasser ziehen.

Landessprache, Amtssprache, Verkehrssprache, Lingua franca, Nationalsprache, Volkssprache, Stammessprache.

ländlich, dörflich, bäuerlich.

Landregen, Dauerregen, Schnürlregen *(österr.).*

Landstreicher, Vagabund, Nichtseßhafter, Wohnungsloser, Person ohne festen Wohnsitz, Tramper, Tramp, Landfahrer, Stadtstreicher, Berber, Tippelbruder *(ugs.),* Penner *(ugs. abwertend),* Pennbruder *(ugs. abwertend),* Pendler, Stromer *(ugs.),* Herumtreiber, Umgänger *(landsch.),* Trebegänger *(ugs.),* Clochard, Strabanzer *(österr.),* Lumpazius *(veraltet).*

Landstrich, Gegend, Landschaft, Gau.

Landung, Ankunft, Arrival.

Landwirt, Bauer, Landmann, Bauersmann, Agrarier *(veraltend),* Agronom, Pflanzer, Farmer.

[1]Landwirtschaft, Agrikultur, Bodenkultur, Ackerbau, Feldbau, Landbau.

[2]Landwirtschaft, Gut, Gutshof, Hof, Landgut, Landsitz, Bauerngut, Bauernhof, bäuerliches Anwesen, Heimwesen *(schweiz.),* Heimen *(schweiz.),* Heimet *(schweiz.),* Hofstatt *(schweiz.),* Gewerbe *(schweiz.),* Umschwung *(schweiz.),* Liegenschaft *(schweiz.),* Hofreite *(südd., schweiz.),* Gehöft, landwirtschaftlicher Betrieb, Ökonomie *(österr.),* Aussiedlerhof, Pachthof, Rittergut, Einschichthof *(südd., österr.),* Einödhof *(südd., österr.),* Domäne, Staatsgut.

langatmig, ausführlich, eingehend, in extenso, breit, weitschweifig, prolix, umständlich, weitläufig, wortreich, lang und breit *(ugs. abwertend),* des langen und breiten *(ugs. abwertend),* langstielig *(ugs. abwertend).*

langliegen *(ugs.),* liegen, daliegen, alle viere von sich strecken *(ugs.),* sich aalen *(ugs.).*

Langmut, Duldung, Geduld, Nachsicht, Milde, Einsehen, Engelsgeduld, Indulgenz, Konnivenz, Laisser-faire, Laisser-aller, Gewährenlassen, Treibenlassen, Hinnahme.

langsam, saumselig, säumig, tranig, pomadig, nölig, im Schneckentempo, gemach, gemächlich, hastlos *(schweiz.)*, gemessenen Schrittes, pomali *(österr. ugs.)*, nicht schnell.

Langsamkeit, Gemächlichkeit, Saumseligkeit, Schneckentempo, Pomadigkeit, Trödelei, Trölerei *(schweiz.)*, Bummelei.

längst, von langer Hand, seit langem / längerem, seit längerer Zeit, lange [vorher].

langweilen (sich), Langeweile haben, sich ennuyieren *(veraltet)*, von etwas angeödet sein *(ugs.)*, sich mopsen *(ugs.)*, die Zeit totschlagen, sich die Zeit lang werden lassen, Daumen / Däumchen drehen, sich fadisieren *(österr.)*, sich desinteressieren *(schweiz.)*, fast einschlafen bei etwas.

langweilig, sterbenslangweilig, stinklangweilig *(ugs.)*, öde, trostlos, trist, fad[e], reizlos, ohne [jeden] Reiz, witzlos, altbekannt, uninteressant, unlebendig, gleichförmig, eintönig, einförmig, einschläfernd, langfädig *(schweiz.)*, ermüdend, monoton, stumpfsinnig, steril, grau in grau, fatigant *(veraltet)*, fastidiös *(veraltet)*, ennuyant, trokken, akademisch, nicht kurzweilig.

langwierig, zeitraubend, viel Zeit kostend / in Anspruch nehmend.

Lappalie, Bagatelle, Kleinigkeit, Läpperei *(ugs.)*, Quisquilien (Plural), Minuzien (Plural), Kleinkram.

Lärm, Getöse, das Dröhnen, Gedröhn, Krach, Radau *(salopp)*, Heidenlärm *(ugs.)*, Mordslärm *(ugs.)*, Höllenspektakel *(ugs.)*, Tumult, Gepolter, Pumperer *(österr. ugs.)*, Trubel, Spektakel *(ugs.)*, Rabatz *(ugs.)*, Klamauk *(ugs.)*, Tamtam *(ugs.)*, Trara *(ugs.)*, Krakeel *(ugs.)*, Bahöl *(österr. ugs.)*, Ramasuri *(österr. ugs.)*.

lärmen, Lärm / *(ugs.)* Radau / *(ugs.)* Krach machen, randalieren / poltern, rumpeln *(ugs.)*, rumoren *(ugs.)*, bumsen *(ugs.)*, laut / *(schweiz.)* lärmig sein, pumpern *(südd., österr. ugs.)*, toben.

Larmoyanz, Weinerlichkeit, Wehleidigkeit, Gefühlsduseligkeit *(ugs.)*, Rührseligkeit.

Larve, Maske, Fassade.

lasch, lose, schlaff, locker, schlapp.

Last, Arbeitslast, Bürde *(geh.)*, Kreuz, Zentnerlast, Joch *(geh.)*.

Lästerer, Lästermaul *(salopp)*, Lästerzunge, böse Zungen, Klatschweib *(salopp abwertend)*, Klatschbase *(ugs. abwertend)*, Klatschtante *(ugs. abwertend)*, Klatschmaul *(salopp abwertend)*, Dreckschleuder *(derb abwertend)*.

Lasterhaftigkeit, Sittenlosigkeit, Unkeuschheit, Liederlichkeit, Zuchtlosigkeit, Unsittlichkeit, Unmoral, Unzüchtigkeit, Verdorbenheit, Verderbtheit, Verruchtheit, Verworfenheit.

lästerlich, gotteslästerlich, lasterhaft, frevelhaft, gottlos, sittenlos, vitiös *(bildungsspr. veraltet)*.

lästern (über), herziehen / losziehen über *(ugs.)*, sich entrüsten / aufhalten / aufregen über, klatschen / tratschen / ratschen über *(ugs.)*, sich das Maul verreißen / zerreißen über *(salopp)*, durchhecheln *(ugs.)*.

lästig, unerfreulich, ärgerlich, unliebsam, unerquicklich, verdrießlich, bemühend *(schweiz.)*, leidig, unbequem, störend, unpassend, unwillkommen, unerwünscht, unangenehm.

lasziv, sinnlich, erotisch, sexy, aufreizend.

latent, verborgen, versteckt, verdeckt, unmerklich, unterschwellig, schlummernd, unter der Oberfläche.

Laterne, Lampion, Papierlaterne.

Laube, Gartenlaube, Gartenhaus, Pavillon, Wochenendhaus, Ferienhaus, Chalet, Cottage, Datscha, Datsche, Salettel *(bayr., österr.).*

Laufbahn, Karriere, Werdegang, Lebensweg, Lebenslauf, Curriculum vitae, Entwicklungsgang.

laufen, gehen, sich fortbewegen, zu Fuß gehen, marschieren, schreiten, stiefeln, wandeln, schlendern, spazieren.

Laufzeit, Geltungsdauer, Geltung, Gültigkeit.

Laune, Grillen, Mucken, Einfall, Allüren, Flausen, Albernheiten, Kapriole, Kaprice, Kaprize *(österr.).*

Launenhaftigkeit, Übellaunigkeit, Brummigkeit *(ugs.),* Reizbarkeit.

launisch, launenhaft, wetterwendisch, unberechenbar, exzentrisch, grillenhaft, kapriziös, bizarr.

Lausbub, Bengel, Schlingel, Schelm, Lümmel, Strolch, Frechdachs, Lausejunge *(ugs.),* Lausebengel *(ugs.),* Lauser *(landsch.),* Früchtchen *(ugs.),* Rotznase *(derb),* Rotzlöffel *(derb),* Tunichtgut *(veraltend).*

lauschen, horchen, anhören, zuhören, abhören, hören, hinhören, mithören, die Ohren aufsperren *(ugs.),* die Ohren / Löffel spitzen *(ugs.),* lange Ohren machen *(ugs.),* losen *(landsch.).*

lauschig, gemütlich, behaglich, wohnlich, heimelig, wohlig, angenehm, anheimelnd, traulich, traut, idyllisch.

[1]**laut,** vernehmlich, hörbar, vernehmbar, lauthals, lautstark, geräuschvoll, überlaut, durchdringend, markerschütternd, durch Mark und Bein gehend, ohrenbetäubend, ohrenzerreißend, schrill, grell, gellend, aus vollem Hals, aus voller Kehle, aus Leibeskräften, mit dröhnender Stimme, nicht leise, nicht ruhig, nicht still.

[2]**laut,** gemäß, nach, zufolge, entsprechend.

läuten, klingeln, schellen *(südwestd., westd.),* bimmeln *(ugs.),* schrillen, rappeln *(ugs.),* rasseln, gongen, beiern *(veraltet).*

lauter, rein, sauber, makellos, unverdorben.

läutern, verfeinern, sublimieren, erhöhen, veredeln, kultivieren, zivilisieren, vergeistigen, hochstilisieren.

Läuterung, Reinigung, Besserung, Katharsis *(bildungsspr.).*

lautlos, leise, verhalten, heimlich, still, flüsternd, im Flüsterton, kaum hörbar / vernehmlich / vernehmbar, geräuschlos, nicht laut.

Lautlosigkeit, Stille, Ruhe, Schweigen.

Lautsprecher, Megaphon, Sprachrohr, Flüstertüte *(scherzh.),* Schalltrichter.

lauwarm, lau, lind, mild, überschlagen, warm.

lavieren, taktieren, balancieren, jonglieren, etwas ventilieren, diplomatisch / vorsichtig vorgehen.

leben, ein Leben führen / haben, ein Dasein führen, existieren.

Leben, Dasein, Sein, Existenz.

Lebensabend, Lebensausklang, Alter, Ruhestand, Vorruhestand, Lebensherbst.

Lebensbeschreibung, Biographie, Autobiographie, Lebensgeschichte, Lebensbild, Lebenserinnerungen, Erinnerungen, Denkwürdigkeiten, Lebenslauf, Vita *(bildungsspr.),* Werdegang.

lebensfremd, lebensfern, akademisch, trocken, dröge *(niederd.),* theoretisch, nicht anschaulich.

Lebensgefährte, Partner, Ehemann, Mann, Gatte, Gemahl,

Ehepartner, Angetrauter, Weggefährte, Lebenskamerad, Herr und Gebieter *(scherzh.),* Ehewirt *(veraltet),* Eheliebster, Ehegenosse, Ehegespons *(ugs.),* bessere Hälfte *(ugs.),* Göttergatte *(ugs.),* Gatterich *(ugs. scherzh.),* Alter *(salopp),* Oller *(ugs.),* Ehekrüppel *(abwertend),* Pantoffelheld *(abwertend),* Simandl *(österr. abwertend),* Tyrann *(abwertend),* Haustyrann *(abwertend).*

Lebensgefährtin, Ehefrau, Frau, Gattin, Gemahlin, Ehepartner, Angetraute, Partnerin, Weggefährtin, Lebenskamerad, Lebenskameradin, Weib, Eheliebste, Ehegespons *(ugs.),* Ehegenossin, bessere / schönere Hälfte *(ugs.),* Hauszierde *(scherzh.),* Alte *(salopp),* Olle *(ugs.),* Drachen *(abwertend),* Xanthippe *(abwertend).*

Lebensgemeinschaft, Beziehung, Zweierbeziehung, Beziehungskiste *(Jargon),* Verbindung, Partnerschaft, eheähnliche Gemeinschaft, wilde Ehe, Ehe ohne Trauschein, Ehe auf Probe, Konkubinat, Onkelehe.

Lebenshilfe, seelische Betreuung, Seelsorge, Rat, seelischer Beistand, Hilfe, Hilfestellung.

lebenshungrig, daseinshungrig, lebensgierig, lebensdurstig, erlebnisgierig, erlebnishungrig, unersättlich.

Lebenslauf, Laufbahn, Karriere, Werdegang, Lebensweg, Curriculum vitae, Entwicklungsgang, Vita *(bildungsspr.).*

Lebensmittel, Nahrungsmittel, Naturalien, Viktualien *(veraltet),* Komestibilien *(bildungsspr. veraltet),* Eßwaren, Fressalien *(ugs.).*

Lebensmittelgeschäft, Kramladen *(abwertend),* Krämerladen *(ugs. veraltend),* Tante-Emma-Laden, Quetsche *(abwertend),* Selbstbedienungsladen, Supermarkt, Gemischtwarenhandlung *(veraltend),* Feinkostgeschäft, Feinkosthandlung, Gewölbe *(landsch. veraltet),* Kolonialwarengeschäft *(veraltend),* Kolonialwarenhandlung *(veraltend),* Greißlerei *(österr.).*

lebenstüchtig, lebensgewandt, geschäftstüchtig, clever.

Lebensunterhalt, Unterhalt, Lebenshaltung, Lebenshaltungskosten, Haushaltungskosten, Erhaltung, Versorgung, Ernährung, Alimentation.

Lebensweise, Lebensart, Lebensgewohnheit, Lebensstil, Stil, Lebensführung, Lebensgestaltung, Savoir-vivre.

Lebenswille, der Wille zu leben, Lebensenergie, Lebenskraft, Vitalität, Selbsterhaltungstrieb.

Lebenszeichen, Gruß, Nachricht.

Lebewesen, Geschöpf, Kreatur, Wesen.

lebhaft, lebendig, vital, dynamisch, temperamentvoll, feurig, heißblütig, blutvoll, vollblütig, sanguinisch, vif, unruhig, getrieben, quecksilbrig, wild, vehement, alert, mobil, beweglich, [geistig] rege, heftig.

Lebhaftigkeit, Temperament, Schwung, Feuer, Elan, Verve *(geh.),* Pep *(ugs.),* Biß *(ugs.),* Pfiff *(ugs.).*

lecken, ablecken, schlecken *(landsch.),* abschlecken *(landsch.),* abzuzeln *(österr. ugs.).*

lecker, appetitlich, fein, delikat, köstlich, deliziös, schnuddelig *(berlin.),* gustiös *(österr.).*

Leckerbissen, Delikatesse, Köstlichkeit, Schleck *(schweiz.),* Gustostückerl *(österr.),* Gaumenkitzel, Gaumenfreude, Gaumenreiz, Schmankerl *(bayr., österr. ugs.).*

ledig, unverheiratet, alleinstehend, alleinig *(österr.).*

Leere, Öde, gähnende Leere, Verlassenheit.

leeren, ausleeren, entleeren, leer machen, ausgießen, ausschütten, auskippen.

legen, setzen, stecken, säen, ansäen, aussäen, pflanzen, anpflanzen.

Legende, Heiligenleben, Heiligenlegende, Vita *(bildungsspr.)*.

leger, lässig, locker, gelöst, ungezwungen, zwanglos, nonchalant, hemdsärmelig *(ugs.)*, formlos.

legitim, rechtmäßig, begründet, rechtlich, gesetzlich, legal.

legitimieren (sich), sich ausweisen, seinen Ausweis zeigen, seine Identität nachweisen.

Lehre, Doktrin, Lehrsatz, Theorie, These, Behauptung, Glaubenssatz, Dogma, Lehrmeinung, Lehrgebäude, Schulmeinung.

lehren, unterrichten, dozieren, Vorlesungen halten, unterweisen, instruieren, Unterricht erteilen / geben, belehren, erläutern, erklären, schulen, beibringen, vormachen, zeigen, vertraut machen mit, einpauken *(salopp)*, eintrichtern *(salopp)*.

Lehrer, Schullehrer, Schulmann, Pädagoge, Erzieher, Lehrkraft, Schulmeister *(scherzh.)*, Magister *(veraltet)*, Pauker *(salopp abwertend)*, Steißtrommler *(salopp abwertend)*, Lehrmeister, Zuchtmeister *(scherzh.)*.

lehrhaft, belehrend, lehrerhaft, schulmeisterlich *(abwertend)*, paukerhaft *(abwertend)*.

Lehrling, Anlernling, Auszubildende[r], Azubi *(ugs.)*, Lehrjunge, Lehrbub *(landsch.)*, Lehrmädchen, Stift *(ugs.)*.

Lehrplan, Curriculum, Lehrprogramm.

lehrreich, anregend, ansprechend, instruktiv, lesenswert, sehenswert, hörenswert, interessant, reizvoll, fesselnd, packend, spannend, mitreißend.

Lehrzeit, Lehre, Ausbildung, Studium.

Leib, Bauch, Unterleib, Abdomen.

leibhaftig, in natura, realiter, in persona, direkt, hautnah, live, persönlich, aus unmittelbarer Nähe.

Leibwache, Leibgarde, Bodyguard, Garde, Gardedukorps.

Leiche, Leichnam, sterbliche Hülle / Überreste *(geh.)*, Gebeine *(geh.)*.

Leichenhalle, Leichenhaus, Leichenkapelle, Totenhaus, Totenhalle, Parentationshalle.

Leichenschmaus *(scherzh.)*, Totenmahl *(geh.)*, Leichenmahl *(geh.)*, Traueressen *(schweiz.)*.

leicht, einfach, mühelos, bequem, spielend, ohne Mühe, unschwer, mit Leichtigkeit / Bequemlichkeit, unproblematisch.

Leichtfuß *(ugs. scherzh.)*, Luftikus *(ugs. abwertend)*, Libertin *(geh. veraltet)*, Liederjan *(ugs.)*, Windhund *(ugs. abwertend)*, Haderlump *(österr. abwertend)*.

leichtgläubig, gutgläubig, vertrauensselig, gläubig, unkritisch, auf Treu und Glauben, vertrauensvoll, guten Glaubens, bona fide.

leichtsinnig, unbesonnen, unüberlegt, unbedacht, unvorsichtig, impulsiv, gedankenlos, leichtfertig, fahrlässig.

Leid, Pein, Qual, Marter, Martyrium, Drangsal *(geh.)*, Schmerz, Gram, Kummer, Leidensdruck, Sorge, Herzeleid *(dichter.)*, Weh *(dichter.)*, Harm *(dichter.)*, Kümmernis, Jammer, Chagrin *(veraltet)*, Pfahl im Fleische *(bibl.)*.

leiden, krank sein, darniederliegen, dahinsiechen, bettlägerig sein, das Bett / Zimmer hüten [müssen], im / zu Bett liegen [müssen], ans Bett / Zimmer gefesselt sein, kränkeln, nicht mehr können, es zu tun haben mit, es haben mit / auf, auf der Nase liegen *(ugs.)*, sich nicht mehr auf den Beinen halten können, im Krankenstand sein *(österr.)*, krankfeiern *(landsch.)*, jmdm. fehlt etwas, nicht auf der Höhe / auf dem Posten / auf Deck / auf dem Damm / in Ordnung sein, angeknackst sein *(ugs.)*, serbeln *(schweiz.)*, herumkrebsen *(ugs.)*, rumkrebsen *(ugs.)*, rumquiemen *(nordd.)*.

Leiden, Krankheit, Übel, Erkrankung, Siechtum, Bresthaftigkeit *(veraltet)*, Gebrechen, Gebrest *(veraltet)*, Unpäßlichkeit, Unwohlsein, schlechtes Befinden, Bettlägerigkeit, Beschwerden, Wehwehchen *(ugs.)*.

Leidenschaft, Begier, Begierde, Sinnlichkeit, Gier, Begehrlichkeit, Begehren, Konkupiszenz, Kupidität, Gelüst[e], Gieper *(landsch.)*, Jieper *(bes. berlin.)*, Verlangen, Passion, Trieb, Appetenz.

leidenschaftlich, kämpferisch, engagiert, kampfesfreudig, kampflustig, militant, aggressiv, kombattant, grimmig, furios, heftig, glühend, begeistert, inbrünstig, fanatisch, wild.

leider, leider Gottes, zu meinem Bedauern / Leidwesen, so leid es mir tut, schade, jammerschade, ein Jammer, bedauerlicherweise, unglücklicherweise, unglückseligerweise, dummerweise.

Leidtragender, Betroffener, Trauernder, Hinterbliebener, Hinterlassener *(schweiz.)*, Trauergemeinde.

leid tun (jmdm.), bedauern, bereuen, untröstlich / traurig / betrübt sein, daß...

[1]**leihen** (jmdm.), borgen, ausleihen, ausborgen, zur Verfügung stellen, verleihen, darleihen, verborgen, herleihen *(bes. südd.)*, auf Borg geben *(ugs.)*, pumpen *(ugs.)*.

[2]**leihen** (von jmdm.), borgen, ausleihen, ausborgen, auf Borg nehmen *(ugs.)*, pumpen *(ugs.)*, entleihen, erborgen, jmdn. anpumpen *(salopp)*, Schulden machen, sich in Schulden stürzen, Geld / einen Kredit / ein Darlehen aufnehmen, Verbindlichkeiten eingehen.

Leihhaus, Leihanstalt, Pfandleihhaus, Pfandleihe, Pfandhaus, Versatzamt, Pfandleihanstalt, Pfandl *(österr. salopp)*.

leihweise, als Leihgabe, geliehen, auf Kredit / *(salopp)* Pump / Borg.

Leine, Seil, Tau, Strick, Strang, Strange *(schweiz.)*, Reep *(Seemannsspr.)*, Trosse *(Seemannsspr.)*.

Leinen, Leinwand, Leinengewebe, Leinenzeug *(veraltend)*, Linnen *(veraltet)*, Drillich, Drilch *(schweiz.)*, Webe *(österr.)*.

Leintuch *(landsch.)*, Laken *(nordd.)*, Bettlaken *(nordd.)*, Bettuch *(bes. mitteld.)*, Leilach *(landsch. veraltet)*, Leilachen *(landsch. veraltet)*, Leilak *(landsch. veraltet)*, Leilaken *(landsch. veraltet)*.

leise, lautlos, verhalten, heimlich, still, flüsternd, im Flüsterton, kaum hörbar / vernehmlich / vernehmbar, geräuschlos, nicht laut.

leisten (sich etwas), sich etwas gönnen / genehmigen, auch einmal an sich selbst / selber denken, zu sich selbst gut sein.

Leistungskraft, Lebenskraft, Vitalität, Spannkraft, Fitneß.

leiten, lenken, führen, verwalten, administrieren, kommandieren, befehligen, regieren, gebieten / herrschen über, vorstehen, an der Spitze stehen, das Heft / das Steuer / die Zügel fest in der Hand haben, die Fäden in der Hand haben / halten.

Leiter, Führer, Anführer, Meister, Guru, Lenker, Spiritus rector, Leader, Haupt, Kopf, Oberhaupt.

Leitfaden, Ratgeber, Vademekum, Handbuch.

Leitgedanke, Grundgedanke, Grundmotiv, Leitmotiv, der rote Faden.

Leitsatz, Regel, Grundsatz, Richtschnur, Leitschnur, Leitlinie, Richtlinie, Faustregel.

Leitspruch, Leitwort, Leitgedanke, Motto, Losung, Parole, Devise.

[1]**Leitung,** Vorsitz, Führung, Direktion, Management, Präsidium.

[2]**Leitung,** Vorstand, Führung, Direktion, Direktorium, Führungsgremium, Führungsstab, Führungsinstanz, Management, Präsidium.

Leitwort, Leitspruch, Parole, Slogan, Fahnenwort, Schlagwort.

Lektion, Pensum, Aufgabe, Lehrstoff, Lernstoff.

[1]**lenken,** leiten, führen, verwalten, administrieren, kommandieren, befehligen, regieren, gebieten / herrschen über, vorstehen, an der Spitze stehen, das Heft / das Steuer / die Zügel fest in der Hand haben, die Fäden in der Hand haben / halten.

[2]**lenken,** führen, gefügig / *(landsch.)* kirre machen, manipulieren, indoktrinieren, erziehen, umerziehen, gängeln, bevormunden, jmdn. am Gängelband führen / haben, bevogten *(schweiz.)*, jmdn. ducken, autoritär erziehen, auf Vordermann bringen, jmdn. anspitzen *(ugs.)*, jmdn. kommandieren, jmdn. einer Gehirnwäsche unterziehen.

[3]**lenken,** steuern, chauffieren, fahren, kutschieren, manövrieren.

lernen, erlernen, auswendig lernen, memorieren, aufnehmen, sich etwas anlernen / zu eigen machen / annehmen / aneignen, studieren, Kenntnisse erwerben, sich präparieren, üben, exerzieren, durchexerzieren, trainieren, sich [die Vokabeln o. ä.] angucken / anschauen, stucken *(österr. ugs.)*, pauken *(ugs.)*, büffeln *(ugs.)*, ochsen *(ugs.)*.

Lesbierin, Lesbe *(Jargon)*, Tribade, Urninde, Urlinde.

lesbisch, gleichgeschlechtlich, homosexuell, sapphisch.

Leser, Leserin, Leseratte *(ugs. scherzh.)*, Bücherwurm *(scherzh.)*, Vielleser, Schnelleser.

Leserschaft, Leserkreis, Lese[r]publikum, Lesergemeinde.

Leserzuschrift, Leserbrief, Lesereinsendung, Eingesandt, Leserstimme.

Letter, Buchstabe, Schriftzeichen.

letzte, allerletzte, hinterletzte *(ugs.)*.

letztlich, schließlich, schließlich und endlich, schlußendlich *(schweiz.)*, letztendlich, im Grunde, im Endeffekt, letzten Endes.

leuchten, scheinen, strahlen, prangen *(geh.)*, blenden, schimmern, flirren, flimmern, glänzen, gleißen, blinken, blitzen, funkeln, glitzern, schillern, szintillieren *(fachspr.)*, opalisieren, opaleszieren.

leuchtend, glänzend, funkelnd, schimmernd, gleißend, blinkend, blitzend, glitzernd, schillernd, opalisierend.

Leuchtfeuer, Leitfeuer, Richtfeuer.

leugnen, abstreiten, bestreiten, in Abrede stellen, ableugnen, zurückweisen, verneinen, negieren, sich verwahren gegen, von sich weisen, dementieren, als unrichtig / unwahr / unzutreffend / falsch bezeichnen, absprechen.

Leutseligkeit, Geneigtheit, Gunst,

Jovialität, Gewogenheit, Wohlwollen, Zugetansein.

Lexikon, Enzyklopädie, Nachschlagewerk.

Liaison, Verbindung, Vereinigung, Koalition, Allianz, Entente [cordiale], Achse, Föderation, Konföderation, Zusammenschluß, Fusion, Kartell.

liberal, aufgeklärt, vorurteilsfrei, vorurteilslos, freisinnig, lax *(abwertend),* wissend, erfahren, unterrichtet, eingeweiht.

licht, leuchtend, hell, klar, lichtdurchflutet, hellicht, sonnig, strahlend.

Licht, Helligkeit, Helle, Lichtermeer.

Lichtbild, Fotografie, Aufnahme, Foto, Bild.

Lichtung, Schneise, Waldschneise, Schlag, Kahlschlag, Rodung.

lieb, artig, brav, folgsam, fügsam, gehorsam, manierlich, gesittet, wohlerzogen.

Liebe, Amor *(dichter.),* Cupido *(dichter.),* Eros, Sex *(ugs.),* Sexus, Sexualität, Erotik, Minne *(dichter.).*

Liebelei, Liebschaft, Flirt, Liebesabenteuer, Abenteuer, Liebeserlebnis, Erlebnis, Amouren *(veraltend, noch scherzh.),* Affäre, Liebesaffäre, Liebesverhältnis, Verhältnis, Bratkartoffelverhältnis *(ugs.),* Liaison, Romanze, Episode, Techtelmechtel *(ugs.),* Gspusi *(bes. südd., österr.),* Pantscherl *(österr. ugs.),* Bandelei *(österr. veraltet).*

[1]**lieben,** gern haben, liebhaben, jmdm. gut / geneigt / hold / gewogen sein, sich zu jmdm. hingezogen fühlen, an jmdm. hängen, jmdm. zugetan / *(veraltet)* attachiert sein, [gern] mögen, leiden können / mögen, eine Schwäche haben für, für jmdn. zärtliche Gefühle hegen, etwas / viel übrig haben für, zum Fressen gern haben *(ugs.),* an jmdm. einen Affen / einen Narren gefressen haben *(salopp),* wie eine Klette an jmdm. hängen *(ugs.),* schätzen, begehren, Gefallen finden an, ins Herz geschlossen haben, jmdm. sein Herz geschenkt haben, an jmdn. sein Herz verschenkt / gehängt haben, jmds. Herz hängt an, Interesse zeigen für, mit jmdm. gehen, eine Liebschaft / *(ugs.)* ein Verhältnis / *(ugs.)* ein Techtelmechtel haben, etwas / es mit jmdm. haben, ein Auge haben auf.

[2]**lieben** (sich), koitieren, Geschlechtsverkehr ausüben, verkehren, beiliegen, begatten, kopulieren, mit jmdm. schlafen [gehen], mit jmdm. ins Bett gehen / *(ugs.)* steigen, mit jmdm. zusammensein, Verkehr / Geschlechtsverkehr / intime Beziehungen haben, den Akt vollziehen, Liebe machen *(ugs.),* es jmdm. besorgen, mit jmdm. intim werden, die ehelichen Pflichten erfüllen, beiwohnen, mit jmdm. auf die Stube / *(salopp)* Bude gehen, jmdn. auf sein Zimmer nehmen, jmdn. abschleppen, sich hingeben / schenken, einander gehören, verschmelzen, eins werden, der Stimme der Natur folgen, dem Trieb nachgeben, ein Abenteuer mit jmdm. haben, es mit jmdm. treiben / haben / *(ugs.)* machen, sich mit jmdm. abgeben / einlassen, reiten, rübersteigen, steigen über, jmdm. zu Willen sein, jmdn. ranlassen *(derb),* sich jmdn. nehmen / *(salopp)* hernehmen / *(salopp)* vornehmen, jmdn. vernaschen *(salopp),* stoßen *(derb),* aufs Kreuz legen *(salopp),* umlegen *(derb),* Nummer schieben / machen *(derb), bumsen (salopp),* orgeln

(derb), ficken *(derb)*, vögeln *(derb)*, huren *(abwertend)*.

liebenswürdig, charmant, zauberhaft, bezaubernd, bestrickend, berückend, reizend, entzückend, anmutig, gewinnend.

Liebesspiel, Vorspiel, Petting, Nekking, Dating, Nachspiel, Cunnilingus.

Liebhaberei, Freizeitbeschäftigung, Privatvergnügen, Privatinteresse, Lieblingsbeschäftigung, Steckenpferd, Hobby, Passion, Leidenschaft.

liebkosen, abdrücken, streicheln; ei, ei machen *(Kinderspr.)*; hätscheln, herzen, tätscheln, zärtlich sein, schmusen *(ugs.)*, kraulen, karessieren *(veraltet)*.

lieblich, anmutig, hübsch, gut aussehend, angenehm, lieb, allerliebst, niedlich, reizend, entzükkend, bezaubernd, süß, herzig, goldig, schön, bildschön, bildhübsch, sauber *(südd., österr., schweiz.)*, hold *(veraltet.)*.

Liebling, Darling, Augenstern, Herzblatt, Herzchen, Herzbinkerl *(bayr., österr.)*, Goldkind, Schoßkind, Hätschelkind, Nesthäkchen, Schätzchen, Schatz, Mignon.

Liebreiz, Anmut, Reiz, Lieblichkeit, Schmelz, Zartheit, Zauber, Grazie, Charme, Liebenswürdigkeit.

Lied, Volkslied, Kunstlied, Gesang, Weise, Melodie.

liefern, anliefern, beliefern, ausliefern, zustellen, bringen, zubringen, zustreifen *(österr. veraltend)*.

Lieferung, Ablieferung, Anlieferung, Abgabe, Belieferung, Auslieferung, Zustellung, Zuführung, Zuleitung, Zufuhr, Zusendung, Übermittlung, Überweisung, Weiterleitung, Weitergabe, Überstellung, Übergabe, Einhändigung, Überbringung.

Liege, Couch, Chaiselongue, Ruhebett *(veraltet)*, Ruhbett *(schweiz.)*, Diwan, Ottomane, Liegesofa, Recamiere.

[1]**liegen,** daliegen, langliegen *(ugs.)*, alle viere von sich strecken *(ugs.)*, sich aalen *(ugs.)*.

[2]**liegen** (jmdm.), begabt sein, etwas können / verstehen / *(ugs.)* loshaben / *(salopp)* auf dem Kasten haben; der geborene ... sein (z. B. Architekt); jmdm. im Blut liegen, jmds. Neigungen entgegenkommen, jmds. Fähigkeiten entsprechen, jmds. starke Seite sein *(ugs.)*, jmdm. auf den Leib geschrieben sein, eine Ader für etwas haben, das Zeug zu etwas haben *(ugs.)*.

Lift, Aufzug, Fahrstuhl, Ascenseur, Paternoster, Proletenbagger *(scherzh.)*, Beamtenbagger *(scherzh.)*, Bonzenheber *(scherzh.)*.

Limit, Grenzwert, obere Grenze.

limitieren, begrenzen, beschränken, einschränken, kontingentieren.

Limonade, Brause, Sprudelwasser, Brauselimonade, Kracherl *(bayr., österr. ugs.)*.

lindern, mildern, bessern, erträglicher machen, erleichtern, den Schmerz dämpfen / stillen.

linkisch, ungelenk, ungelenkig, ekkig, hölzern, ungewandt, unsportlich, steif, lahm, eingerostet *(scherzh.)*.

links, linker Hand, zur Linken, auf der linken Seite; dort, wo der Daumen rechts ist *(scherzh.)*.

List, Pfiffigkeit, Durchtriebenheit, Verschlagenheit, Gerissenheit.

Liste, Verzeichnis, Zusammenstellung, Aufstellung, Tabelle, Register.

listig, schlau, findig, pfiffig, clever, trickreich, fintenreich, bauernschlau, gewitzt.

Literatur, Schrifttum, Schriftgut.

live, leibhaftig, in natura, realiter, direkt, hautnah, persönlich, in persona, aus unmittelbarer Nähe.

Lizenz, Erlaubnis, Genehmigung, Einwilligung, Zustimmung, Ermächtigung, Plazet, Zusage.

Lob, Preis, Ruhm, Ehre, Ehrung, Belobigung, Belobung, Auszeichnung, Lobpreis, Lobpreisung.

loben, beloben, belobigen, anerkennen, würdigen, preisen, verherrlichen, verklären, idealisieren, glorifizieren, laudieren *(veraltet),* beweihräuchern, rühmen, lobpreisen, feiern, ehren, auszeichnen, Lob erteilen / spenden / zollen, jmdn. mit Lob überhäufen, jmds. Loblied singen, ein Loblied anstimmen, jmds. Ruhm verbreiten, sich in Lobreden / Lobesworten ergehen, schwärmen von, in den höchsten Tönen von jmdm. / von etwas reden, auf den Schild erheben, jmdm. etwas nachrühmen, des Lobes voll sein über, jmdn. über den Schellenkönig / grünen Klee loben, jmdn. in den Himmel heben.

Lobrede, Preis, Eloge *(bildungsspr.),* Loblied, Lobgesang, Lobpreisung, Lobspruch, Lobeserhebung, Lobhudelei *(abwertend),* Lobeshymne, Dithyrambe *(fachspr.),* Panegyrikus *(fachspr.),* Laudatio.

Loch, Grube, Kute *(bes. berlin. ugs.),* Kuhle *(ugs.),* Vertiefung.

locken (sich), sich kräuseln / ringeln / wellen.

Locken, Gelock, Lockenkopf, Krauskopf, Lockenpracht, Korkenzieherlocken, Korkzieherlokken, Ringellöckchen.

[1]**locker,** lose, wackelig, nicht fest.

[2]**locker,** ungezwungen, zwanglos, natürlich, leger, lässig, ungehemmt, unbefangen, gelöst, large *(schweiz.),* ungeniert, unzeremoniell, hemdsärmelig *(ugs.),* frei, nachlässig, salopp, formlos.

[3]**locker,** gelockert, aufgelockert, entspannt, gelöst.

lockern (sich), sich lösen, sich ablösen, locker werden, abgehen, losgehen, abfallen, abblättern, abbröckeln, abspringen, abplatzen, absplittern.

lockig, wellig, gewellt, gelockt, geringelt, kraus, onduliert, gekräuselt, nicht glatt.

Lockvogel, Köder, Lockmittel, Magnet.

lodern, brennen, aufflammen, aufbrennen, in Flammen aufgehen / stehen, auflodern, lohen, wabern, flackern, aufflackern.

logisch, folgerichtig, durchdacht, überlegt, schlüssig, konsequent.

Lohnabhängiger, Arbeitnehmer, Arbeiter, Betriebsangehöriger, Werktätiger, Lohn- / Gehaltsempfänger, Beschäftigter, Bediensteter, Lohnsklave *(emotional),* Arbeitskraft.

lohnen (sich), lohnend sein, sich bezahlt machen, sich auszahlen, sich rechnen, Kleinvieh macht auch Mist *(ugs.),* viele Wenig machen ein Viel.

lohnend, einträglich, rentabel, gewinnbringend, lukrativ.

lokal, regional, gebietsweise, strichweise, landschaftlich.

löschen, zum Erlöschen bringen, die Flammen / das Feuer erstikken, den Brand / das Feuer unter Kontrolle bringen.

lose, locker, wackelig, nicht fest.

losen, auslosen, verlosen, das Los ziehen, das Los entscheiden lassen.

lösen (sich), sich ablösen, sich lokkern, locker werden, abgehen, losgehen, abfallen, abblättern, abbröckeln, abspringen, abplatzen, absplittern.

losgehen, anfangen, beginnen, seinen Anfang nehmen, anheben, einsetzen, anbrechen, anlaufen, sich anlassen, angehen *(ugs.),* in Schwung kommen.

loshaben (etw.; *ugs.*), begabt sein, etwas können / verstehen / *(salopp)* auf dem Kasten haben; der geborene ... sein (z. B. Architekt); jmdm. liegen, jmds. Neigungen entgegenkommen, jmds. Fähigkeiten entsprechen, jmds. starke Seite sein *(ugs.),* jmdm. auf den Leib geschrieben sein, eine Ader für etwas haben, das Zeug zu etwas haben *(ugs.).*

loskommen (von), sich loslösen / lösen / losmachen von, sich freischwimmen, abnabeln, die Nabelschnur durchschneiden / durchtrennen, selbständig werden, sich emanzipieren.

loslassen, freilassen, freigeben, entlassen, freisetzen, auf freien Fuß setzen, jmdm. die Freiheit geben / schenken, gehen / laufen / springen lassen, auslassen *(südd., österr.).*

losschlagen, angreifen, überfallen, herfallen über, überrumpeln *(ugs.),* zum Angriff übergehen, überraschen, zu Leibe rücken.

lossprechen, entschuldigen, rechtfertigen, exkulpieren, von einer Schuld befreien, freisprechen, Absolution erteilen *(kath.).*

lostrennen, abmachen, ablösen, entfernen, abtrennen, lösen von, loslösen, abreißen, reißen von, trennen von, abkneifen, abschneiden, abschrauben, abmontieren.

Losung, Parole, Kennwort, Losungswort, Stichwort, Schibboleth.

Lösung, Auflösung, Antwort, das Ei des Kolumbus, Deus ex machina.

löten, verlöten, zusammenlöten, anlöten, schweißen, verschweißen, zusammenschweißen, anschweißen.

loyal, treu, getreu *(geh.),* getreulich *(geh.),* treu und brav, treugesinnt, ergeben, anhänglich, beständig, fest.

lückenhaft, fragmentarisch, bruchstückhaft, unvollständig, unfertig.

Luft, Atem, Puste *(ugs.),* Odem *(dichter.).*

Luftangriff, Fliegerangriff, Bombenangriff, Bombardement, Bombardierung.

luftdurchlässig, porös, atmungsaktiv, atmungsfreundlich.

lüften, frische Luft hereinlassen, auslüften, belüften, durchlüften, die Fenster öffnen / aufreißen.

Luftfahrt, Fliegerei, Luftverkehr, Aeronautik.

luftig, zugig, windig, böig, auffrischend, stürmisch.

Luftikus *(ugs. abwertend),* Leichtfuß *(ugs. scherzh.),* Libertin *(geh. veraltet),* Liederjan *(ugs.),* Windhund *(ugs. abwertend),* Haderlump *(österr. abwertend).*

Lüge, Notlüge, Unwahrheit, Desinformation, Unwahres, Erfindung, Legende, Märchen, Lügenmärchen, Räuberpistole, Ammenmärchen, Dichtung und Wahrheit, Lug und Trug *(abwertend),* Bluff, Schwindel *(ugs.),* Pflanz *(österr.),* Geflunker, Flunkerei, Jägerlatein, Seemannsgarn.

lügen, unaufrichtig sein, anlügen, belügen, das Blaue vom Himmel herunterlügen, bekohlen *(ugs.),* die Unwahrheit / nicht die Wahrheit sagen, färben, nicht bei der Wahrheit bleiben, es mit der Wahrheit nicht so genau nehmen, erfinden, erdichten, flunkern, phantasieren, konfabulieren *(Psych.),* zusammenphantasieren, fabeln, fabulieren, spintisieren, schwindeln, beschwindeln, jmdm. etwas vorschwindeln, anschwindeln, anschmettern *(österr.),* plauschen *(österr.),* Garn spinnen *(landsch.),* Lügen auftischen, jmdm. blauen Dunst vormachen, Romane erzählen, sich etwas aus den Fingern saugen, etwas aus der Luft greifen, lügen wie gedruckt; lügen, daß sich die Balken biegen; kohlen *(ugs.),* krücken *(landsch. ugs.),* sohlen *(landsch. ugs.),* nicht aufrichtig sein.

Lügenmärchen, Lügengeschichte, Münchhauseniade.

Lügner, Schwindler, Heuchler, Scheinheiliger, Tartüff.

[1]**Lümmel,** Flegel, Rüpel, Schnösel *(ugs.),* Strolch, Stiesel *(ugs.),* Tölpel, Lackel *(südd., österr. ugs.).*

[2]**Lümmel,** Bengel, Schlingel, Schelm, Strolch, Lausbub, Frechdachs, Lausejunge *(ugs.),* Lausebengel *(ugs.),* Lauser *(landsch.),* Früchtchen *(ugs.),* Rotznase *(derb),* Rotzlöffel *(derb),* Tunichtgut *(veraltend).*

Lust, Vergnügen, Entzücken, Ergötzen, Frohlocken *(geh.),* Freude, Fröhlichkeit, Frohsinn, Lebenslust, Lebensfreude, Daseinsfreude, Vergnügtheit, Lustigkeit, Spaß, Glück, Seligkeit, Glückseligkeit, Wonne, Wollust, Sinnestaumel, Verzückung, Rausch, Ekstase.

lustig, fröhlich, froh, frohgemut, frohsinnig, heiter, stillvergnügt, sonnig, lebenslustig, lebensfroh, unkompliziert, amüsant, lebensmunter *(schweiz.),* vergnügt, leichtlebig, leichtblütig, lose, lokker, freudig, munter, putzmunter, aufgeräumt, fidel, quietschvergnügt, puppenlustig *(landsch.),* kregel *(nordd.),* dulliäh *(österr.),* aufgekratzt *(ugs.),* nicht schwermütig, guter Dinge, belustigt, gut gelaunt, aufgedreht *(ugs.),* kein Kind von Traurigkeit.

lustig machen (sich), sich amüsieren / mokieren über, frohlocken, triumphieren, sich ins Fäustchen lachen, sich die Hände reiben, verspotten, verhöhnen, lachen / spotten über.

Lustspiel, Komödie, Posse, Farce, Burleske, Schwank, Klamotte *(ugs.),* Commedia dell'arte.

luxuriös, prunkend, prächtig, aufwendig, protzig.

Luxus, Prunk, Pracht, Prachtentfaltung, Gepränge, Pomp, Aufwand.

Luzifer, Teufel, Satan, Diabolus, Mephisto, Beelzebub, Versucher, Widersacher, Höllenfürst, Antichrist, Gottseibeiuns, der Böse, der Leibhaftige, der Gehörnte.

machen, anfertigen, fertigen, verfertigen, herstellen, bereiten, zubereiten, in der Mache haben *(salopp),* fabrizieren, arbeiten, schaffen.

Macher *(ugs.),* Manager, Führungskraft, Kader, Entscheidungsträger.

Macho, He-man, Supermann, Rambo *(ugs.).*

Machthaber, Herrscher, Alleinherrscher, Befehlshaber, Gebieter, Herr, Gewalthaber, Potentat, Diktator, Tyrann *(veraltet).*

mächtig, machtvoll, übermächtig, allmächtig, stark, einflußreich, potent, hochmögend *(veraltet).*

machtlos, schwach, hilflos, ohnmächtig, hilfsbedürftig, arm.

Machtposition, Machtstellung, Führungsrolle.

Machtstreben, Machtanspruch, Machtgier, Machtbesessenheit, Machtwahn, Machthunger, Herrschaftsanspruch, Geltungsdrang, Ruhmsucht, Ehrgeiz.

Macke *(salopp),* Spleen, fixe Idee, Marotte, Schrulle, Tick, Fimmel *(salopp),* Flitz *(ugs.),* Wunderlichkeit, Verrücktheit, Pecker *(österr.).*

Mädchen, Mädel *(ugs.),* Mägdlein *(veraltet),* Maid *(veraltet),* Dirn *(nordd.),* Dirndl *(bayr.),* Kleine *(ugs.),* Teenager, Teen *(ugs.),* Teenie *(ugs.),* Kid *(ugs.),* Girl *(ugs.),* Tussi *(ugs.),* Backfisch *(veraltend).*

Madonna, Mutter Gottes, Gottesmutter, Gnadenmutter, [Jungfrau] Maria, die Heilige Jungfrau, Unsere Liebe Frau, Himmelskönigin.

mager, schmal, dünn, magersüchtig, hager, zaundürr *(bayr., österr.),* dürr, spindeldürr, knochig, spillerig.

Magie, Zauberei, Zauber, Zauberkunst, Zauberwesen, Hexenwerk, Hexerei, Teufelswerk, Teufelskunst, Schwarze Kunst.

Magnetismus, Sog, Anziehungskraft, Attraktivität, Affinität, Zugkraft.

[1]mahnen, ermahnen, anhalten, beschwören, zu bedenken geben, predigen.

[2]mahnen, erinnern, ins Gedächtnis rufen, in Erinnerung bringen, jmds. Gedächtnis auffrischen.

Mahnung, Ermahnung, Anmahnung, Erinnerung.

Mais, Welschkorn, indianisches Korn, türkischer Weizen, Kukuruz *(österr.).*

majestätisch, würdevoll, gravitätisch, gemessen, hoheitsvoll, königlich, feierlich.

Majorität, Mehrheit, Mehrzahl, Überzahl, der überwiegende Teil, die meisten, über / mehr als die Hälfte.

makaber, düster, unheimlich, schaudererregend, schauerlich, grauenerregend, grauenvoll, gespenstisch, todesdüster *(geh.).*

[1]Makel, Mangel, Schwäche, Fehler, Defekt, Nachteil, Manko, Lücke, Macke *(ugs.),* Unzulänglichkeit, Desiderat *(geh.),* schwache Stelle, wunder Punkt.

[2]Makel, Schandfleck, Fleck, Verunzierung, Kainsmal, Kainszeichen, dunkler Punkt, Odium *(geh.).*

makellos, lauter, rein, sauber, unverdorben.

mäkeln, herumnörgeln, nörgeln, herumkritteln, bekritteln, bemäkeln, kritteln, herummäkeln, rummäkeln *(ugs.),* mit nichts zufrieden sein, ein Haar in der Suppe / in etwas finden, raunzen *(landsch.),* meckern *(ugs.).*

Mal, Narbe, Wundnarbe, Wundmal.

malen, zeichnen, skizzieren, stricheln, abbilden.

Maler, Tüncher *(bes. südd.),* Anstreicher, Weißbinder *(landsch.),* Tapezierer.

Malerei, Gemälde, Bild, Bildwerk.

Malheur, Mißgeschick, Unglück, Unfall.

maliziös, böse, bitterböse, boshaft, übelgesinnt, übelwollend, bösartig, schlimm, übel, garstig, unausstehlich, unleidlich, wüst *(schweiz.),* widrig.

Manager, Leiter, Chef, Boß *(ugs.),* Vorsteher, Direktor, Führungskraft, Lenker, Kopf, Macher *(ugs.).*

mancherlei, allerlei, allerhand, alles mögliche, viel, vielerlei, verschiedenes.

manchmal, gelegentlich, vereinzelt, mitunter, zuweilen, zuzeiten, bisweilen, von Zeit zu Zeit, ab und zu, ab und an, hin und wieder, dann und wann, hie[r] und da, ein oder das andere Mal, fallweise *(österr.).*

Mangel, Schwäche, Fehler, Defekt, Nachteil, Makel, Macke *(ugs.),* Manko, Lücke, Unzulänglichkeit, Desiderat *(geh.),* schwache Stelle, wunder Punkt.

mangelhaft, unzulänglich, unzureichend, unbefriedigend, mangelbar *(schweiz.),* unzukömmlich *(österr.),* ungenügend, halbbatzig *(schweiz.),* halbbacken *(schweiz.),* halbwertig, nicht ausreichend.

mangeln, fehlen, gebrechen *(geh.),* abgehen *(ugs.),* Mangelware sein, knapp sein, vermißt / benötigt / gebraucht werden.

Manie, Sucht, Besessenheit, Trieb.

Manier, Stil, [Art und] Weise, Form, Modus *(geh.),* Zuschnitt, Tour *(ugs.),* Masche *(ugs.).*

Manieren, Benehmen, Betragen, Konduite *(veraltet),* Allüren, Auftreten, Haltung, Gebaren, Anstand, Lebensart, Erziehung, Kinderstube, Umgangsformen, Verhalten, Benimm *(ugs.),* Schliff, Getue *(abwertend),* Gehabe *(abwertend).*

manieriert, geziert, gequält, gezwungen, gesucht, affektiert, gemacht, unecht, unnatürlich, gespreizt, gestelzt, geschraubt, geschwollen, phrasenhaft, theatralisch, gekünstelt, erkünstelt, geblümt, blumenreich, blumig.

manierlich, artig, brav, folgsam, fügsam, gehorsam, lieb, gesittet, wohlerzogen.

Manifest, Programm, Grundsatzerklärung.

manipulieren, lenken, führen, gefügig / *(landsch.)* kirre machen, indoktrinieren, erziehen, umerziehen, gängeln, bevormunden, jmdn. am Gängelband führen / haben, bevogten *(schweiz.),* jmdn. ducken, autoritär erziehen, auf Vordermann bringen, jmdn. anspitzen *(ugs.),* jmdn. kommandieren, jmdn. einer Gehirnwäsche unterziehen.

[1]**Mann,** Herr, Er, Mannsbild *(ugs.),* Mannsperson *(ugs. veraltend),* Kerl *(ugs.),* Bursche *(ugs.),* männliches Wesen.

[2]**Mann,** Ehemann, Gatte, Gemahl, Ehepartner, Angetrauter, Lebensgefährte, Weggefährte, Lebens-

kamerad, Herr und Gebieter *(scherzh.),* Ehewirt *(veraltet),* Eheliebster, Ehegenosse, Ehegespons *(ugs.),* bessere Hälfte *(ugs.),* Göttergatte *(ugs.),* Gatterich *(ugs. scherzh.),* Alter *(salopp),* Oller *(ugs.),* Ehekrüppel *(abwertend),* Pantoffelheld *(abwertend),* Simandl *(österr. abwertend),* Tyrann *(abwertend),* Haustyrann *(abwertend).*

Mannequin, Modell, Model, Vorführdame *(veraltend).*

Mannigfaltigkeit, Vielfalt, Vielgestaltigkeit, Verschiedenartigkeit, Buntheit, Reichtum, Fülle, Palette, Spektrum, Skala.

Mannschaft, Team, Crew, Equipe, Stab, Gruppe, Ensemble, Gemeinschaft, Kollektiv, Kollegium, Arbeitsgruppe.

Mantel, Überzieher, Paletot *(veraltend),* Stutzer *(veraltet),* Ulster *(veraltet).*

Manuskript, Niederschrift, Satzvorlage, Druckvorlage, Skript, Skriptum *(veraltend).*

Mappe, Aktentasche, Aktenmappe, Aktenkoffer, Diplomatenkoffer, Aktenköfferchen, Diplomatenköfferchen, Tasche.

markant, profiliert, ausgeprägt, scharf umrissen.

markieren, kennzeichnen, bezeichnen, kenntlich machen, ankreuzen, anstreichen, anhaken, anzeichnen, märken *(österr.),* mit einem Zeichen versehen.

markig, kurz, knapp, gedrängt, kernig, kurz und bündig, kurz und schmerzlos *(ugs.),* konzis, komprimiert.

marktgerecht, marktfähig, handelsüblich, absetzbar, umsetzbar.

Marotte, Spleen, fixe Idee, Schrulle, Tick, Fimmel *(salopp),* Macke *(salopp),* Flitz *(ugs.),* Wunderlichkeit, Verrücktheit, Pecker *(österr.).*

Maschine, Gerät, Apparatur, Vorrichtung, Maschinerie, Apparat, Automat.

Maske, Larve, Fassade.

Maskenball, Maskenfest, Maskerade, Kostümball, Faschingsball, Fastnachtsball.

Maskerade, Kostümierung, Kostüm, Maske, Maskierung, Verkleidung, Vermummung.

Masse, breite Masse, Menge, Volk, schweigende Mehrheit, Volksmasse, Menschenmasse, Menschenmenge, Volksmenge, Volksscharen, Scharen.

massenhaft *(ugs.),* viel, reichlich, unzählig, ungezählt, wie Sand am Meer, in Hülle und Fülle, in großer Zahl, jede Menge *(ugs.),* in rauhen Mengen *(ugs.),* [mehr als] genug, massenweise *(ugs.),* massig *(ugs.),* in Massen *(ugs.),* en masse *(ugs.),* haufenweise *(ugs.),* nicht wenig.

maßgebend, maßgeblich, bestimmend, entscheidend, beherrschend, autoritativ, tonangebend, richtungweisend, wegweisend, normativ, ausschlaggebend, federführend, zuständig, kompetent, befugt, verantwortlich.

mäßig, mittelmäßig, durchschnittlich, einigermaßen, dürftig, mittel *(ugs.),* mittelprächtig *(ugs. scherzh.),* so lala *(ugs. scherzh.),* soso *(ugs.),* mau *(ugs.),* durchwachsen *(ugs.),* halbwegs *(ugs.),* nicht besonders / *(ugs.)* berühmt / *(ugs.)* aufregend / *(ugs.)* berauschend / *(ugs.)* doll / *(ugs.)* rosig.

mäßigen, bändigen, zügeln, zurückhalten, im Zaum / in Schranken halten, Zügel anlegen, zähmen, bezähmen.

massiv, gewaltig, mächtig, enorm, ungeheuer, kolossalisch, kolossal, titanisch, monströs, voluminös, exorbitant, schwerwiegend, schwergründig *(schweiz.)*, gigantisch, monumental, groß, schwer, stark, grob.

maßlos, unersättlich, unstillbar, unmäßig, ungenügsam.

Maßnahme, Vorgehen, Handlung, Handlungsweise, Schritt, Aktion.

Maßregelung, Zurechtweisung, Tadel, Rüge, Vorwurf.

maßvoll, mäßig, gemäßigt, zurückhaltend, gezügelt, moderat.

Match, Spiel, Begegnung, Partie, Wettkampf, Kampf.

materialistisch, profitsüchtig, auf Gewinn bedacht, habgierig, habsüchtig, raffgierig, geldgierig, gewinnsüchtig, besitzsüchtig.

Materie, Material, Stoff, Substanz, Masse.

Matsch, Schlamm, Morast, Mansch *(salopp landsch.)*, Brei, Pampe *(ugs. abwertend)*, Modder *(nordd.)*, Schlick.

[1]**matt,** kraftlos, entkräftet, schwach, schwächlich, geschwächt, lahm, ermattet, schlapp, letschert *(bayr., österr.)*.

[2]**matt,** gedeckt, gedämpft, blaß, nicht leuchtend, nicht hell.

[3]**matt,** stumpf, glanzlos, blind, beschlagen.

Mauer, Mauerwerk, Gemäuer, Wall, Wand.

Maximum, Optimum, Höchstmaß, das Höchste, Nonplusultra, Höhepunkt, Gipfelpunkt, Gipfel, Höchstwert, Obergrenze.

Mäzen, Gönner, Schützer, Beschützer, Förderer, Sponsor, Geldgeber, edler Spender *(scherzh.)*, Musaget *(veraltet)*, Schutzherr, Schirmherr, Protektor.

Medikament, Arzneimittel, Arznei, Heilmittel, Präparat, Pharmakon, Droge, Medizin, Therapeutikum, Mittel, Mittelchen *(ugs.)*.

meditieren, sich versenken / sammeln / vertiefen, nachdenken, sich konzentrieren, sich nach innen wenden.

Medizin, Humanmedizin, Heilkunst, Heilkunde, Gesundheitslehre, Jatrik.

Meerbusen, Meeresbucht, Bucht, Bai, Golf, Förde.

Meeting, Treffen, Zusammenkunft, Versammlung, Beisammensein, Begegnung, Veranstaltung.

Megaphon, Lautsprecher, Sprachrohr, Flüstertüte *(scherzh.)*, Schalltrichter.

mehrdeutig, vieldeutig, zweideutig, doppeldeutig, doppelsinnig, schillernd, äquivok *(bildungsspr.)*, mißverständlich, unklar, vage, amphibolisch *(bildungsspr.)*.

Mehrheit, Majorität, Mehrzahl, Überzahl, der überwiegende Teil, die meisten, über / mehr als die Hälfte.

mehrmals, mehrfach, verschiedentlich, mehrmalig, des öfteren, wiederholt, ein paarmal.

meinen, vermeinen, der Meinung / Ansicht / Überzeugung sein, finden, glauben, denken, dafürhalten *(geh.)*.

meinetwegen, von mir aus *(ugs.)*, in Gottes / in drei Teufels Namen *(ugs.)*, wenn's denn sein muß.

Meinung, Ansicht, Standpunkt, Überzeugung, Auffassung.

Meinungsaustausch, Gespräch, Unterhaltung, Gedankenaustausch, Unterredung, Vieraugengespräch, Gespräch unter vier Augen, Aussprache, Beratschlagung, Interview, Konversation, Dialog, Debatte, Diskussion, Podiumsdiskussion, Teach-in, Podiumsgespräch, Streitgespräch, Redeschlacht, Hickhack *(ugs.)*, Holzerei *(ugs. abwertend)*, Diskurs, Erörterung, Verhandlung, Kolloquium, Gespräch am runden

Tisch, Round-table-Gespräch, Besprechung, Geplauder, Plauderei, Causerie *(veraltet),* Small talk, Plausch *(landsch., bes. südd., österr.),* Plauscherl *(österr. fam.).*

Meinungsverschiedenheit, Unstimmigkeit, Differenz, Dissens *(bildungsspr.),* Nichtübereinstimmung.

meistens, meist, meistenteils, mehrenteils *(österr.),* zumeist, in der Regel, größtenteils, zum größten Teil, in der Mehrzahl, überwiegend, vorwiegend.

meisterhaft, meisterlich, gekonnt, bravourös, glänzend, prächtig, virtuos, fulminant, vollendet, vollkommen, perfekt, famos *(ugs.).*

Meisterleistung, Rekord, Höchstleistung, Bestleistung, Spitzenleistung, Glanzleistung.

meistern, bewältigen, lösen, schaffen, erringen, vollbringen, es bringen *(ugs.),* jmdm. / einer Sache gewachsen sein, fertig werden / zu Rande kommen / *(salopp)* klarkommen mit, eine Schwierigkeit überwinden, eine Hürde nehmen, mit etwas einig werden, die Vergangenheit bewältigen, das Beste aus etwas machen, sich zu helfen wissen, über die Runden kommen, aus der Not eine Tugend machen, [das Ziel] erreichen; erreichen, daß...; gelangen zu / an, bestehen, [mit Rückenwind] durchkommen, jmdm. zufliegen.

Melancholie, Schwermut, Schwermütigkeit, Trübsinn, Niedergeschlagenheit, Bedrücktheit, Gedrücktheit, Depression, seelisches Tief.

melancholisch, schwermütig, trübsinnig, trübselig, wehmütig, trist, traurig, freudlos, betrübt, bedrückt, gedrückt, unfroh.

[1]melden, vermelden, bekanntgeben, verlautbaren, verlauten, bekanntmachen, kundmachen *(veraltend),* kundgeben *(geh.),* kundtun *(geh.),* vernehmlassen *(schweiz.).*

[2]melden, Meldung machen, anzeigen, Anzeige / Strafanzeige erstatten, zur Polizei gehen.

Melodie, Lied, Volkslied, Kunstlied, Gesang, Weise.

Memoiren, Lebenserinnerungen, Erinnerungen, Lebensgeschichte, Lebensbild, Biographie, Autobiographie, Vita, Lebenslauf.

Menge, [breite] Masse, Volk, schweigende Mehrheit, Volksmasse, Menschenmasse, Menschenmenge, Volksmenge, Volksscharen, Scharen.

Mensch, Person, Persönlichkeit, Charakter, Homo sapiens *(bildungsspr.),* Individuum, der einzelne, menschliches Wesen / Geschöpf, Erdenbürger *(geh.),* Kind / Ebenbild Gottes *(geh.),* Krone der Schöpfung *(geh.),* Type *(ugs.),* Subjekt *(abwertend),* Figur *(abwertend),* Element *(abwertend).*

Menschenmenge, Menge, Menschenmasse, [breite] Masse, Volk, schweigende Mehrheit, Volksmasse, Volksmenge, Volksscharen, Scharen.

Menschenraub, Kidnapping, [gewaltsame] Entführung, Kindesentführung, Kindesraub.

Menschheit, Menschengeschlecht, menschliche Gesellschaft, die Menschen, Erdbevölkerung, die Völker der Erde.

menschlich, human, humanitär, menschenfreundlich, philanthropisch *(geh.).* mitmenschlich, sozial, mitfühlend, wohltätig.

Menschlichkeit, Philanthropie, Menschenliebe, Nächstenliebe, Menschenfreundlichkeit, Humanität.

mental, geistig, psychisch, seelisch.

merken, spüren, wittern, riechen *(ugs.),* spannen *(ugs.),* einer Sache gewahr werden, jmdm. bewußt werden / zum Bewußtsein kommen, mitbekommen, mitkriegen *(ugs.),* draufkommen *(ugs.),* spitz bekommen / kriegen *(ugs.),* chekken *(salopp),* schnallen *(salopp).*

merklich, einschneidend, fühlbar, empfindlich, spürbar, nachhaltig, durchgreifend, scharf, streng.

Merkmal, Kennzeichen, Kriterium *(bildungsspr.),* Besonderheit, Charakteristikum, Attribut, Symptom, Eigentümlichkeit.

merkwürdig, seltsam, sonderbar, verwunderlich, komisch, bizarr, befremdend, befremdlich, eigenartig.

Meßdiener, Ministrant, Meßknabe *(veraltend).*

Messe, Ausstellung, Schau, Salon, Exposition *(veraltet).*

[1]**messen,** abmessen, bemessen, ausmessen, vermessen, berechnen, abzirkeln.

[2]**messen** (sich), kämpfen, einen Wettkampf austragen, fighten, ringen, fechten.

metaphorisch, bildhaft, bilderreich, plastisch, anschaulich.

Meteorologe, Wetterkundler, Wetterforscher *(scherzh.),* Wetterprophet *(scherzh.).*

Methode, Verfahren, Weg, Schiene *(ugs.),* System, Arbeitsweise, Technik, Verfahrenstechnik, Verfahrensweise, Vorgehensweise, Handhabung, Strategie, Taktik.

methodisch, planmäßig, gezielt, konsequent, planvoll, überlegt, durchdacht, folgerichtig, systematisch.

Metropole, Großstadt, Weltstadt, Hauptstadt, Kapitale, Zentrum.

Miene, Mienenspiel, Mimik, Gesichtsausdruck, Ausdruck, Gesicht.

Mietshaus, Wohnhaus, Mietskaserne *(abwertend),* Wohnmaschine *(abwertend),* Wohnsilo *(abwertend).*

Migräne, Kopfschmerz, Kopfweh, Brummschädel *(ugs.).*

[1]**mildern,** lindern, bessern, erträglicher machen, erleichtern, den Schmerz dämpfen / stillen.

[2]**mildern,** abschwächen, dämpfen, abmildern, abwiegeln, eindämmen, herunterspielen, drosseln, reduzieren.

Milieu, Umwelt, Umgebung, Wirkungskreis, Lebensumstände, Lebensbedingungen, Lebensbereich, Elternhaus, Atmosphäre, Klima.

Militär, Streitkräfte, Armee, Heer, Truppen, Streitmacht, Soldateska *(abwertend).*

Militärdienst, Heeresdienst, Kriegsdienst, Wehrdienst, Kommiß *(ugs.),* Barras *(ugs.).*

mimosenhaft, empfindlich, empfindsam, dünnhäutig, überempfindlich, zartbesaitet, feinbesaitet, verletzbar, verletzlich, feinfühlig, sensibel, hypersensibel, allergisch, sensitiv, suszeptibel, reizbar, schwierig, übelnehmerisch, nachtragend.

Minderheit, Minorität, Minderzahl, der geringere Teil, weniger als die Hälfte.

minderwertig, schlecht, wertlos, billig, miserabel, gering, inferior *(bildungsspr.),* schäbig, lausig *(ugs.),* saumäßig *(salopp),* unter aller Würde / Kritik / *(ugs.)* Kanone / *(salopp)* Sau.

mindestens, wenigstens, zum wenigsten / mindesten, zumindest, gut, gut und gern.

Mindestmaß, Mindestwert, Minimum, Untergrenze, das Kleinste, das mindeste.

Mineralquelle, Heilquelle, Quelle, Brunnen.

Mineralwasser, Selterswasser, Selters, Tafelwasser, Wasser, Sprudelwasser, Sprudel, Sodawasser, Soda, Tonic [water], Sauerbrunnen.

minimal, [herzlich] wenig, gering, geringfügig, unerheblich, nicht nennenswert, unbedeutend, unbeträchtlich, lächerlich.

Minimum, Mindestmaß, Mindestwert, Untergrenze, das Kleinste, das mindeste.

minuziös, genau, gründlich, haargenau *(ugs.),* haarklein *(ugs.).*

mischen, vermischen, mengen, vermengen, kneten, verkneten, mixen, zusammenbrauen, verrühren, verquirlen.

Mischung, Gemisch, Mix, Gemenge, Mixtur, Melange, Kunterbunt, Allerlei, Vielerlei, Durcheinander, Konglomerat *(bildungsspr.),* Mischmasch *(ugs.),* Sammelsurium *(ugs.),* Pelemele *(bildungsspr.),* Mixtum compositum *(bildungsspr.).*

miserabel, schlecht, desolat, mies, unter aller Kanone / Kritik / *(salopp)* Sau, traurig, elend.

Misere, Not, Notlage, Übel, Crux, Zwangslage, Bedrängnis, Verlegenheit, Dilemma, Kalamität, Malaise, Krise, Schwierigkeit, Bredouille, Zwickmühle, Schlamassel *(salopp).*

mißachten, geringachten, geringschätzen, verachten, herabsehen / herabschauen / herabblicken auf, von oben herab ansehen, verkennen, übergehen, überfahren, nicht ernst / nicht für voll nehmen, zu wenig Wert legen auf, jmdm. / einer Sache nicht gerecht werden, sich hinwegsetzen über, etwas mit Füßen treten, außer acht lassen, in den Wind schlagen, nicht hören auf, etwas auf die leichte Schulter *bzw.* Achsel / etwas von der leichten Seite nehmen; pfeifen auf, scheißen auf *(derb),* sich nichts daraus machen.

Mißbildung, Anomalie, Abnormität, Deformation, Abweichung vom Normalen / von der Norm.

mißbilligen, ablehnen, zurückweisen, von sich weisen, verabscheuen, Abscheu / Widerwillen / Ekel empfinden, verabscheuenswert / verabscheuungswürdig / abscheulich / widerwärtig finden, jmdm. unerträglich / zuwider sein.

mißbrauchen, Mißbrauch treiben, Schindluder treiben *(ugs. veraltend),* schändlich / übel behandeln.

mißfallen, nicht gefallen, jmdn. kaltlassen, jmdm. nicht behagen / *(ugs.)* schmecken, einer Sache keinen Geschmack / kein Gefallen / nichts abgewinnen können, nichts finden können an, sich nichts aus etwas machen *(ugs.),* vor jmds. Auge / vor jmdm. keine Gnade finden, nicht jmds. Kragenweite sein *(salopp).*

mißgestaltet, mißgebildet, bucklig, krumm, schief, verwachsen, verkrüppelt, krüpp[e]lig, deformiert.

mißgönnen, neiden, beneiden, nicht gönnen, scheel sehen, vor Neid bersten / platzen, vergönnen *(schweiz.),* jmdm. nicht das Schwarze unter dem Nagel gönnen, jmdm. nicht das Salz in der Suppe gönnen, mißgünstig / neidisch sein, grün und gelb sein vor Neid, jmdn. / etwas mit scheelen Augen ansehen.

mißhandeln, quälen, foltern, peinigen, martern *(geh.),* schikanieren, schinden.

mißlingen, mißglücken, mißraten, fehlschlagen, schiefgehen *(ugs.),* danebengehen *(ugs.),* verunglücken, platzen, auffliegen, floppen *(ugs.),* ins Wasser fallen, sich zerschlagen, Schiffbruch erleiden, wie ein Kartenhaus zusammenfallen, in die Hose gehen *(ugs.),* im Sande verlaufen, ausgehen wie das Hornberger Schießen, keine Wirkung / keinen Erfolg haben, Mißerfolg haben, seine Wirkung verfehlen, ein Rohrkrepierer / ein Schuß in den Ofen / ein Schlag ins Wasser / ein Flop sein.

mißlungen, mißraten, verfehlt, fehlgeschlagen, vorbeigelungen *(scherzh.).*

mißmutig, mürrisch, verdrossen, bärbeißig, grämlich, verdrießlich, griesgrämig, hässig *(schweiz.),* mauserig *(schweiz.),* sauertöpfisch, brummig, mißvergnügt, mißgestimmt, mißlaunig, mißgelaunt, vergnatzt *(ugs.),* gnatzig *(ugs.),* vergrätzt *(ugs.),* gereizt, übellaunig, muffig, grantig, leid *(schweiz.),* maßleidig *(südd.).*

mißtrauisch, argwöhnisch, skeptisch, kritisch.

Mißverständnis, Fehler, Versehen, Fehlgriff, Mißgriff, Irrtum, Lapsus, Schnitzer *(ugs.),* Patzer *(ugs.).*

mißverstehen, sich irren / täuschen, falsch verstehen / auffassen / deuten / auslegen, in den falschen / unrechten / verkehrten Hals bekommen *(ugs.),* in die falsche Kehle bekommen *(ugs.).*

mit, samt, nebst, mitsamt.

Mitarbeit, Zusammenwirken, Zusammenarbeit, Kooperation, Teamarbeit, Teamwork.

Mitarbeiter, Kollege, Betriebskollege, Arbeitskollege.

mitfühlen, mitempfinden, mitleiden, teilnehmen, Anteil nehmen, Mitgefühl / Teilnahme zeigen, jmdm. leid tun, jmdn. erbarmen.

Mitgefühl, Mitleid, Mitempfinden, Erbarmen, Teilnahme, Anteilnahme, Barmherzigkeit.

Mitgift, Aussteuer, Heiratsgut, Morgengabe *(veraltet).*

mithin, also, jedenfalls, infolgedessen, danach, folglich, demnach, ergo, demzufolge, demgemäß, dementsprechend, somit, sonach.

Mitinhaber, Teilhaber, Partner, Gesellschafter, Sozius, Kompagnon, Kommanditist.

Mitläufer, Jasager, Angepaßter, Opportunist, Erfüllungsgehilfe.

Mitleid, Mitgefühl, Mitempfinden, Erbarmen, Teilnahme, Anteilnahme, Barmherzigkeit.

mitleiden, mitfühlen, mitempfinden, teilnehmen, Anteil nehmen, Mitgefühl / Teilnahme zeigen, jmdm. leid tun, jmdn. erbarmen.

mitleiderregend, bemitleidenswert, bemitleidenswürdig, bedauernswert, bedauernswürdig, beklagenswert, bejammernswert.

mitnichten, nicht, nein, keinesfalls, keineswegs, durchaus / absolut / ganz und gar nicht, ausgeschlossen, unmöglich, undenkbar, auf keinen Fall, das darf / kann nicht sein, beileibe nicht, kommt nicht in Frage / *(scherzh.)* in die Tüte, das wäre ja noch schöner!, unter keinen Umständen, unter keiner Bedingung, nicht um alles in der Welt, nicht im geringsten / im mindesten, in keiner Weise, keine Spur, Fehlanzeige, kein Gedanke [daran], daran ist nicht zu denken, das hast du dir so gedacht *(ugs.),* denkste!, [ja] Pustekuchen!, weit entfernt, nicht für Geld und gute Worte, nicht geschenkt, um keinen Preis, nicht um einen Wald voll / von Affen, längst nicht, nicht die Bohne, nicht ums Verrecken *(salopp).*

mitreißen, begeistern, in Begeisterung versetzen, mit Begeisterung erfüllen, entzücken, berauschen, trunken machen, hinreißen, entflammen, anmachen *(salopp)*, anturnen *(Jargon)*, mit sich reißen, fesseln, enthusiasmieren *(bildungsspr.)*.

Mittag, zwölf [Uhr], zwölf Uhr mittags, Mittagsstunde.

mittäglich, allmittäglich, jeden Mittag, alle Mittage, Mittag für Mittag, immer mittags / am Mittag / zu Mittag / über Mittag / in der Mittagszeit / um die Mittagszeit.

Mittagsruhe, Mittagspause, Siesta, Mittagsschläfchen *(fam.)*.

mitteilen, erzählen, berichten, schildern, artikulieren, darstellen, beschreiben, Bericht erstatten, einen Bericht geben, Mitteilung machen, ein Bild geben von, vermitteln, zum Ausdruck bringen, äußern, dartun, referieren, wiedergeben, ausführen, vortragen, vorbringen.

mitteilsam, gesprächig, redefreudig, redelustig, redselig, geschwätzig *(abwertend)*, quatschig *(salopp abwertend)*, klatschsüchtig *(abwertend)*, tratschsüchtig *(abwertend)*, schwatzhaft *(abwertend)*.

[1]**Mitteilung,** Bekanntmachung, Bekanntgabe, Kundgabe *(geh.)*, Kundmachung *(österr.)*, Vernehmlassung *(schweiz.)*, Information, Verkündigung, Bulletin, Verlautbarung, Kommuniqué.

[2]**Mitteilung,** Botschaft, Ankündigung, Äußerung, Meldung, Kunde.

mittellos, arm, unbemittelt, unvermögend, notleidend, notig *(südd., österr.)*, verarmt, bedürftig, bettelarm, einkommensschwach, arm wie eine Kirchenmaus, schwach auf der Brust, in Geldverlegenheit, knapp bei Kasse, pleite, bankrott.

mittelmäßig, mäßig, durchschnittlich, einigermaßen, dürftig, mittel *(ugs.)*, mittelprächtig *(ugs. scherzh.)*, so lala *(ugs. scherzh.)*, soso *(ugs.)*, mau *(ugs.)*, durchwachsen *(ugs.)*, halbwegs *(ugs.)*, nicht besonders / *(ugs.)* berühmt / *(ugs.)* aufregend / *(ugs.)* berauschend / *(ugs.)* doll / *(ugs.)* rosig.

Mittelpunkt, Mitte, Kern, Herz, Herzstück, Zentrum, Achse, Pol, Brennpunkt, Knotenpunkt, Schnittpunkt, Zentralpunkt.

mittels, vermittels, kraft, mit, vermöge, mit Hilfe von, an Hand von, durch.

Mitternacht, zwölf [Uhr], null Uhr, vierundzwanzig Uhr, Tageswechsel, Geisterstunde.

mittlerweile, inzwischen, in der Zwischenzeit, zwischenzeitlich, zwischendurch, indessen, währenddessen, währenddem, unterdessen, dieweil, derweil.

mitunter, manchmal, gelegentlich, vereinzelt, zuweilen, zuzeiten, bisweilen, von Zeit zu Zeit, ab und zu, ab und an, hin und wieder, dann und wann, hie[r] und da, ein oder das andere Mal, fallweise *(österr.)*.

mitwirken, mitmachen, mitarbeiten, teilnehmen, teilhaben, sich beteiligen, dabeisein, beteiligt sein, mittun, mitspielen, mithalten, mit von der Partie sein *(ugs.)*, mitziehen *(ugs.)*.

mixen, mischen, vermischen, mengen, vermengen, kneten, verkneten, zusammenbrauen, verrühren, verquirlen.

Möbel, Mobiliar, Inventar, Einrichtung, Wohnungseinrichtung, Hausrat, bewegliche Habe.

[1]**mobil,** transportabel, transportfähig, tragbar, fahrbar, beweglich, beförderbar.

[2]**mobil,** lebhaft, lebendig, vital, dynamisch, temperamentvoll, feurig, heißblütig, blutvoll, vollblütig,

sanguinisch, vif, unruhig, getrieben, quecksilbrig, wild, vehement, alert, beweglich, [geistig] rege, heftig.

mobilisieren, mobil machen, rüsten, aufrüsten.

Modalität, Art und Weise, Bedingung, Umstand, die näheren Umstände.

[1]**Mode,** Zeitstil, Zeitgeschmack.

[2]**Mode,** Brauch, Sitte, Regel, Brauchtum, Gebräuche, Althergebrachtes, Herkommen, Übung, Tradition, Konvention, Zeremonie, Zeremoniell, Protokoll, Vorschrift, Etikette, Förmlichkeit, Form, Angewohnheit, Gewohnheit, Gepflogenheit, Usance, Usus.

Modell, Typ, Typus, Type *(bes. österr.),* Bauart.

[1]**modern,** modisch, neumodisch, neuzeitlich, neuartig, modegerecht, modebewußt, à la mode, in Mode, en vogue, up to date, auf dem neu[e]sten Stand, aktuell, in *(ugs.),* angesagt *(ugs.),* topaktuell *(ugs.),* hip *(ugs.).*

[2]**modern,** vermodern, verrotten, sich zersetzen.

Moderne, neue Zeit, Neuzeit, Postmoderne.

modifizieren, ändern, abändern, umändern, umkrempeln *(ugs.),* auf den Kopf stellen, revidieren, umarbeiten, überarbeiten, umwandeln, umformen, umsetzen, transformieren, ummodeln, modeln, verändern, abwandeln, wandeln, variieren, umfunktionieren, ummünzen, verwandeln, anders machen.

mögen, lieben, gern haben, liebhaben, jmdm. gut / geneigt / hold / gewogen sein, sich zu jmdm. hingezogen fühlen, an jmdm. hängen, jmdm. zugetan / *(veraltet)* attachiert sein, gern mögen, leiden können / mögen, eine Schwäche haben für, für jmdn. zärtliche Gefühle hegen, etwas / viel übrig haben für, zum Fressen gern haben *(ugs.),* an jmdm. einen Affen / einen Narren gefressen haben *(salopp),* wie eine Klette an jmdm. hängen *(ugs.),* schätzen, begehren, Gefallen finden an, ins Herz geschlossen haben, jmdm. sein Herz geschenkt haben, an jmdn. sein Herz verschenkt / gehängt haben, jmds. Herz hängt an, Interesse zeigen für, mit jmdm. gehen, eine Liebschaft / *(ugs.)* ein Verhältnis / *(ugs.)* ein Techtelmechtel haben, etwas / es mit jmdm. haben, ein Auge haben auf.

möglich, denkbar, potentiell, durchführbar, ausführbar, gangbar, in Frage kommend.

möglicherweise, vielleicht, eventuell, unter Umständen, womöglich, wenn es geht, gegebenenfalls, notfalls, allenfalls, wohl, es ist möglich / denkbar, es kann sein, es ist nicht auszuschließen.

Möglichkeit, Chance, Gelegenheit, Okkasion *(veraltet),* Glück, Glücksfall.

möglichst, nach Möglichkeit, wenn möglich, wenn es [irgend] geht / möglich ist, tunlichst, lieber, besser, unbedingt, auf jeden Fall.

mokieren (sich), sich lustig machen / amüsieren über, frohlokken, triumphieren, sich ins Fäustchen lachen, sich die Hände reiben.

mollig, dick, wohlbeleibt, beleibt, stark, korpulent, vollschlank, fest *(schweiz.),* breit, behäbig, füllig, dicklich, mollert *(österr. ugs.),* rundlich, rund, kugelrund, üppig, drall, knubbelig, wohlgenährt, voluminös, umfangreich, pumm[e]lig, fett, feist, feiß *(südwestd.,* *schweiz.),* fleischig, dickwanstig, dickleibig, fettleibig.

[1]**Moment** (der), Augenblick, Weile, Weilchen, Nu, Atemzug, Sekunde, Minute.

[2]**Moment** (das), Umstand, Aspekt, Punkt, Faktor, Begleitumstand, Begleiterscheinung.

momentan, jetzt, augenblicklich, gegenwärtig, derzeit, zur Zeit, im Augenblick / Moment, zur Stunde, soeben, eben, gerade, just *(veraltend),* justament *(veraltet).*

Mönch, Ordensgeistlicher, Ordensmann, Ordensbruder, Klosterbruder, Bruder, Frater, Fra, Pater.

monieren, beanstanden, bemängeln, kritisieren, jmdn. anschießen / beschießen, beanständen *(österr.),* unmöglich finden, verhackstücken *(ugs.),* kein gutes Haar lassen an, jmdm. etwas am Zeug flicken, herumhacken auf, etwas auszusetzen haben, reklamieren, ausstellen, mißbilligen, sich stoßen / stören an, Anstoß nehmen, Kritik üben, [scharf] ins Gericht gehen mit, sich beschweren / beklagen, klagen über, Klage führen, Beschwerde einlegen / einreichen / führen, Beschwerden haben / vorbringen, Einspruch erheben, anfechten, angehen gegen, rekurrieren, herumnörgeln, nörgeln, herumkritteln, bekritteln, bemäkeln, kritteln, herummäkeln, rummäkeln *(ugs.),* mäkeln, mit nichts zufrieden sein, ein Haar in der Suppe / in etwas finden, raunzen *(landsch.),* meckern *(ugs.),* brabbeln *(ugs.).*

monoton, langweilig, sterbenslangweilig, stinklangweilig *(emotional),* öd[e], trostlos, trist, fad[e], reizlos, ohne [jeden] Reiz, witzlos, altbekannt, uninteressant, unlebendig, gleichförmig, eintönig, einförmig, einschläfernd, langfädig *(schweiz.),* ermüdend, hausbacken, stumpfsinnig, steril, grau in grau, fatigant *(veraltet),* fastidiös *(veraltet),* ennuyant, trocken, akademisch, nicht kurzweilig.

Monstrum, Ungeheuer, Monster, Ungetüm, Moloch, Untier, Bestie.

mopsen (sich; *ugs.*), sich langweilen, Langeweile haben, sich ennuyieren *(veraltet),* von etwas angeödet sein, die Zeit totschlagen, sich die Zeit lang werden lassen, Daumen / Däumchen drehen, sich fadisieren *(österr.),* sich desinteressieren *(schweiz.),* fast einschlafen bei etwas.

Moral, Ethik, Sitte, Sittlichkeit.

moralisch, ethisch, sittlich, tugendhaft, tugendsam, integer.

Moralprediger, Tugendwächter, Sittenwächter, Sittenprediger, Sittenrichter, Moralist.

Morast, Schlamm, Matsch, Mansch *(salopp landsch.),* Brei, Pampe *(ugs. abwertend),* Modder *(nordd.),* Schlick.

morbid, angekränkelt, kränklich, brüchig, morsch.

Mord, Ermordung, Mordtat, Tötung, Totschlag, Vernichtung, Bluttat, Blutvergießen.

morden, ermorden, einen Mord begehen / verüben, hinmorden, hinschlachten, umbringen, töten, ums Leben bringen, vom Leben zum Tode befördern *(geh.),* beseitigen, liquidieren, ins Jenseits befördern *(salopp),* stumm machen *(salopp),* um die Ecke bringen *(salopp),* aus dem Weg räumen *(salopp),* beiseite schaffen *(ugs.),* über die Klinge springen lassen *(ugs.),* jmdm. das Lebenslicht ausblasen / auspusten *(ugs.),* erledigen *(ugs.),* hinmachen *(ugs.),* kaltmachen *(salopp),* umlegen *(salopp),* killen *(salopp),* abmurksen *(salopp),* den Garaus machen *(ugs.),* meucheln *(seltener)*, massakrieren, niedermachen *(ugs.)*, niedermetzeln *(ugs.)*, hinmetzeln *(ugs.)*.

morgendlich, allmorgendlich, jeden Morgen, alle Morgen, Morgen für Morgen, immer morgens / am Morgen, immer vormittags / am Vormittag.

Morgengrauen, Morgendämmerung, Tagesanbruch, Tagesgrauen, Morgenrot, Morgenröte, Sonnenaufgang, Frührot, Frühlicht, Tagesschimmer.

morgenländisch, orientalisch, östlich, fernöstlich.

morgens, am [frühen] Morgen, des Morgens, bei Tagesanbruch, früh, in der Früh *(südd., österr.)*, in aller Frühe / Herrgottsfrühe, beim ersten Hahnenschrei, frühmorgens, bei Tau und Tag, beim Morgengrauen, vor Tage *(geh.)*.

morsch, brüchig, verfallen, zerfallen, baufällig, alt, altersschwach, schrottreif.

Motiv, Beweggrund, Triebfeder, Grund.

motivieren, anregen, animieren, anreizen, bewegen zu, interessieren für, stimulieren, anspornen, einen Ansporn geben, anstoßen, den Anstoß geben, beflügeln, begeistern für.

Motto, Leitspruch, Leitwort, Leitgedanke, Losung, Parole, Devise.

[1]**müde,** abgespannt, ausgelaugt, ausgepumpt, erschöpft, ab *(ugs.)*, schachmatt, abgeschlafft *(ugs.)*, erledigt *(ugs.)*, groggy *(ugs.)*, kaputt *(ugs.)*, erschossen *(ugs.)*, [fix und] fertig *(ugs.)*, erschlagen *(ugs.)*, geschafft *(ugs.)*, k. o. *(ugs.)*, am Boden zerstört *(ugs.)*, down *(ugs.)*.

[2]**müde,** schlafbedürftig, schläfrig, ermüdet, übermüde, ruhebedürftig, bettreif *(ugs.)*, dösig *(ugs.)*, unausgeschlafen, verschlafen, schlaftrunken, übernächtigt.

Muffel *(ugs.)*, Griesgram, Miesepeter *(ugs.)*, Trauerkloß *(ugs.)*, Fadian *(österr.)*, Nieselpriem *(ugs.)*, Brummbär *(ugs.)*.

mühelos, ohne Mühe, unproblematisch, einfach, leicht, bequem, unschwer, mit Leichtigkeit / Bequemlichkeit, spielend.

mühselig, beschwerlich, aufreibend, nervenaufreibend, ermüdend, anstrengend, strapaziös, stressig, mühevoll, mühsam.

Müll, Abfall, Unrat, Kehricht.

Müllabladeplatz, Müllkippe, Schuttplatz, Schuttabladeplatz, Müllhalde, Schutthalde, Abraumhalde, Abfallgrube, Müllgrube, Schrottplatz, Mülldeponie, Deponie.

Mund, Lippen, Maul *(derb)*, Schnute *(ugs.)*, Schnabel *(ugs.)*, Rand *(ugs.)*, Schnauze *(derb)*, Fresse *(derb)*, Gosche *(landsch.)*.

Mundwerk *(ugs.)*, Klappe *(ugs.)*, Rand *(ugs.)*, Schnauze *(derb)*, Schandmaul *(derb)*, Schandschnauze *(derb)*, Kodderschnauze *(derb)*, Dreckschleuder *(derb)*.

munter, lustig, fröhlich, froh, frohgemut, frohsinnig, heiter, stillvergnügt, sonnig, lebenslustig, lebensfroh, unkompliziert, amüsant, lebensmunter *(schweiz.)*, vergnügt, vergnügungssüchtig, leichtlebig, leichtblütig, lose, locker, freudig, putzmunter, aufgeräumt, fidel, quietschvergnügt, puppenlustig *(landsch.)*, kregel *(nordd.)*, dulliäh *(österr.)*, aufgekratzt *(ugs.)*, nicht schwermütig, guter Dinge, belustigt, gut gelaunt, aufgedreht *(ugs.)*, kein Kind von Traurigkeit.

Münze, Hartgeld, Geldstück.

murmeln, brummeln, hauchen, raunen, tuscheln, zischeln, zischen, flüstern, wispern, pispern, pispeln.

murren, schmollen, trotzen, brummen, knurren, maulen *(ugs.),* mukken *(ugs.),* muffeln *(ugs.),* bocken *(ugs.),* granteln *(landsch.).*

mürrisch, verdrossen, bärbeißig, grämlich, verdrießlich, griesgrämig, hässig *(schweiz.),* mauserig *(schweiz.),* sauertöpfisch, brummig, mißmutig, mißvergnügt, mißgestimmt, mißlaunig, mißgelaunt, vergnatzt *(ugs.),* gnatzig *(ugs.),* vergrätzt *(ugs.),* gereizt, übellaunig, muffig, grantig, leid *(schweiz.),* maßleidig *(südd.).*

Museum, Galerie, Kunstgalerie, Gemäldegalerie, Kunstsammlung, Sammlung, Pinakothek, Kunsthalle.

musisch, kunstsinnig, kunstverständig, künstlerisch [begabt].

musizieren, spielen, Musik machen.

Muskelprotz, Kraftmensch, Herkules, Athlet, Athletiker, Kraftmeier, Kraftprotz, Supermann, Mister Universum, Muskelmann, Tarzan, Kraftlackel *(österr.).*

muskulös, athletisch, kraftstrotzend, herkulisch *(geh.).*

müssen, sollen, genötigt / gezwungen / *(geh.)* gehalten sein, sich genötigt sehen, nicht umhinkönnen, nötig sein.

Müßiggang, Faulheit, Faulenzerei *(abwertend),* Trägheit, Arbeitsscheu, mangelnde Arbeitsmoral.

Müßiggänger, Faulenzer *(abwertend),* Faulpelz *(abwertend),* Faultier *(abwertend),* Faulsack *(abwertend),* Nichtstuer *(abwertend),* Tagedieb *(abwertend).*

[1]**Muster,** Beispiel, Exempel, Paradigma.

[2]**Muster,** Stoffmuster, Dessin, Musterung.

[3]**Muster,** Probe, Kostprobe.

mustergültig, musterhaft, vollkommen, vorbildlich, beispielhaft, beispielgebend, exemplarisch, nachahmenswert.

mustern, ansehen, anschauen, anblicken, betrachten, besichtigen, beschauen, beobachten, studieren, in Augenschein nehmen, beaugenscheinigen *(scherzh.),* beaugapfeln *(scherzh.),* beäugeln, beäugen *(ugs. scherzh.),* kein Auge von jmdm. / etwas wenden, jmdn. [mit Blicken] messen, fixieren, anstarren, anglotzen *(abwertend),* anstieren, angaffen *(abwertend),* besehen, beglotzen *(abwertend),* begaffen *(abwertend),* angucken, begucken, blicken auf, den Blick heften auf, den Blick nicht abwenden können, kein Auge von jmdm. / etwas lassen, jmdm. einen Blick zuwerfen / schenken / gönnen, einen Blick werfen auf, anglupschen *(abwertend),* jmdn. / etwas mit den Augen verschlingen, Stielaugen machen *(ugs.),* jmdm. gehen die Augen über, jmdn. mit Blicken durchbohren, jmdn. scharf ins Auge fassen.

Mut, Tapferkeit, Kühnheit, Beherztheit, Furchtlosigkeit, Unerschrockenheit, Verwegenheit, Schneid *(ugs.),* Courage *(ugs.),* Risikobereitschaft, Mumm *(ugs.),* Tollkühnheit, Wagemut, Draufgängertum.

mutig, tapfer, heldenhaft, heldenmütig, heroisch, mannhaft, beherzt, herzhaft, unverzagt, unerschrocken, furchtlos, verwegen, couragiert, kühn, wagemutig, waghalsig, draufgängerisch, tollkühn, risikofreudig.

mutlos, deprimiert, niedergeschlagen, gedrückt, niedergedrückt, down *(ugs.),* resigniert, decouragiert, geknickt *(ugs.),* flügellahm *(ugs.),* entmutigt, verzagt, kleinmütig, verzweifelt, gebrochen, lebensmüde, niedergeschmettert *(ugs.).*

Mutlosigkeit, Verzagtheit, Niedergeschlagenheit, Kleinmut *(geh.),* Kleinmütigkeit *(geh.),* Resigniertheit, Deprimiertheit.

mutmaßen, vermuten, wähnen, meinen, annehmen, glauben, denken, schätzen, spekulieren, ahnen, erahnen, wittern, tippen auf *(ugs.),* die Vermutung haben.

mutmaßlich, anscheinend, dem Anschein nach, wie es scheint, vermutlich, vermeintlich, es sieht so aus, es ist denkbar / möglich, es kann sein; es ist nicht ausgeschlossen, daß ...; wahrscheinlich, höchstwahrscheinlich, aller Wahrscheinlichkeit nach, voraussichtlich, aller Voraussicht nach, wenn nicht alle Zeichen trügen, wohl.

Mutter, Mama, Mami, Mutti, Alte *(ugs.),* alte Dame.

mutwillig, böswillig, absichtlich, in böser Absicht, mit Absicht, willentlich, vorsätzlich.

mysteriös, rätselhaft, geheimnisvoll, geheimnisumwittert, mystisch, dunkel, schwer durchschaubar.

N

nachahmen, nachmachen, nachäffen *(emotional),* imitieren, kopieren, parodieren, nacheifern, nachstreben, nachfolgen, sich an jmdm. ein Beispiel nehmen, sich jmdn. zum Vorbild nehmen, in jmds. Spuren wandeln.

Nachahmung, Nachbildung, Replik, Replikation, Abklatsch, Klischee, Kopie, Imitation, Schablone, Attrappe.

Nachbar, Anwohner, Anlieger, Anrainer, Anstößer *(schweiz.).*

Nachbarschaft, Umgebung, Umgegend, Umkreis, Umschwung *(schweiz.),* Umgelände *(schweiz.).*

nachbilden, nachformen, nachempfinden, nachgestalten, ablauschen.

nachdenken, denken, überlegen, Reflexionen anstellen über, reflektieren, durchdenken, sich fragen / Gedanken machen, einem Gedanken / seinen Gedanken nachhängen, sich besinnen / bedenken, mit sich zu Rate gehen, seine Gedanken zusammennehmen, nachsinnen, nachgrübeln, sinnen, grübeln, tüfteln, sinnieren, brüten, rätseln, herumrätseln, sich den Kopf zerbrechen, sich einen Kopf machen *(Jargon),* sich das Hirn zermartern, knobeln *(ugs.),* den Verstand gebrauchen, seinen Geist anstrengen.

nachdenklich, gedankenvoll, versonnen, vertieft, [in Gedanken] versunken, gedankenverloren, selbstvergessen, entrückt, verträumt, träumerisch.

nachdrücklich, eindringlich, mit sanfter Gewalt, inständig, mit ganzem Herzen, drastisch, ultimativ, demonstrativ, ostentativ, betont, ausdrücklich, deutlich, unmißverständlich, gewichtig, emphatisch, mit Nachdruck / Emphase / Gewicht, mahnend, beschwörend, flehentlich, flehend.

¹nacheinander, hintereinander, folgend, aufeinanderfolgend, nachfolgend, in Aufeinanderfolge, zusammenhängend, darauffolgend, der Reihe nach, der Ordnung nach, im Kehrum *(landsch.),* im Gänsemarsch, in Reih und Glied.

²nacheinander, sukzessive, nach und nach, schrittweise, Schritt um Schritt, Schritt für Schritt.

Nachen, Kahn, Boot, Barke *(dichter.),* Gondel, Nußschale, Zille *(landsch.).*

nachfolgen, folgen, die Nachfolge antreten, jmds. Amt übernehmen, in jmds. Fußstapfen treten.

nachforschen, nachspüren, recherchieren, ermitteln, Ermittlungen / Nachforschungen anstellen, untersuchen, abklopfen auf, ausleuchten, einer Sache auf den Grund gehen / nachgehen, herumstochern, herumbohren, erkunden, feststellen, erheben *(südd., österr.),* ausforschen *(österr.).*

Nachforschung, Prüfung, Fahndung, Nachprüfung, Ermittlung, Recherche, Sondierung, Untersuchung.

nachgeben, einlenken, Zugeständnisse machen, jmdm. [auf halbem Wege] entgegenkommen, auf jmds. Forderungen / Wünsche eingehen, sich beugen / fügen / unterwerfen / ergeben, sich einem Joch beugen, unterliegen, zurückstecken, willfahren, erhören, einen Rückzieher machen, den Rückzug antreten, sich erweichen lassen, weich / schwach werden.

Nachhall, Hall, Nachklang, das Nachhallen, das Nachklingen, das Weiterklingen, Widerhall, das Widerhallen.

[1]**nachhaltig,** einschneidend, fühlbar, merklich, empfindlich, spürbar, durchgreifend, scharf, streng.

[2]**nachhaltig,** wirksam, effizient, entscheidend, effektiv, eindrucksvoll.

nachher, danach, hinterher, später, nachträglich, hintennach *(landsch.),* im nachhinein, hernach, sodann, dann, im Anschluß, anschließend.

Nachkomme, Abkömmling, Nachfahr[e], Sproß.

Nachlaß, Erbe, Erbteil, Erbschaft, Hinterlassenschaft, Vermächtnis, Legat, ererbter Besitz, Verlassenschaft *(österr.),* Vergabung *(schweiz.).*

[1]**nachlassen,** abnehmen, schwinden, dahinschwinden, im Schwinden begriffen sein, abklingen, zurückgehen, sinken, absinken, fallen, nachgeben (Kurse, Preise), sich verringern / vermindern / verkleinern, zusammenschrumpfen, abflauen, abebben, verebben, einschlafen, schwächer / weniger / geringer werden, sich beruhigen.

[2]**nachlassen,** schlechter / schwächer werden, mit jmdm. abwärtsgehen, jmds. Ruhm verblaßt, jmds. Stern sinkt / ist im Sinken, auf dem absteigenden Ast sein.

nachlassend, rückläufig, stagnierend, rezessiv, regressiv, zurückgehend, schwindend, abflauend, sinkend, degressiv.

nachlässig, schlampig, schlampert *(landsch.),* schludrig, oberflächlich, flüchtig, unordentlich, husch[e]lig, larifari, liederlich, ungenau, so nebenher.

nachmittags, am Nachmittag, in der zweiten Tageshälfte, mittags *(landsch.).*

Nachname, Familienname, Zuname, Eigenname, Vatersname, Name.

Nachricht, Neuigkeit, Mitteilung, Botschaft, Kunde, Meldung, Bescheid.

nachrücken, aufrücken, aufschließen, anschließen, Anschluß haben an.

[1]**nachsehen,** kontrollieren, prüfen, überprüfen, nachprüfen, fecken *(schweiz.),* inspizieren, durchgehen, durchsehen, einsehen, checken, abchecken, durchchecken, nachschauen, revidieren, einer Revision unterziehen, erdauern *(schweiz.),* sich überzeugen / vergewissern.

[2]**nachsehen** (jmdm.), jmdm. nachschauen / nachblicken, hinterherschauen, jmdn. mit Blicken verfolgen, jmdm. mit den Blicken folgen, hinter jmdm. hersehen.

Nachsicht, Duldung, Langmut, Engelsgeduld, Indulgenz, Laisserfaire, Laisser-aller, Gewährenlassen, Treibenlassen, Hinnahme.

nachsichtig, tolerant, duldsam, geduldig, verständnisvoll, einsichtig, aufgeschlossen, milde, weitherzig, großzügig, freizügig, großmütig, offen, liberal, vorurteilslos, vorurteilsfrei, human.

nachsprechen, nachsagen, wiederholen, nachreden, nachplappern, echoen, nachbeten.

nachstellen, nachsetzen, nachlaufen, nachrennen, nachjagen, nachsteigen, hinter jmdm. hersein, sich an jmds. Sohlen heften, verfolgen, jagen, hetzen, treiben.

Nächstenliebe, Karitas, Barmherzigkeit, Mildtätigkeit, Wohltätigkeit.

Nachtklub, Nightclub, Bar, Amüsierbetrieb, Amüsierlokal.

nächtlich, allnächtlich, jede Nacht, alle Nächte, Nacht für Nacht, immer nachts / in der Nacht / während der Nacht.

nachtrauern, nachweinen, betrauern, bejammern, beweinen, beklagen.

nachts, bei Nacht, im Dunkel[n], bei Dunkelheit, nächtens, nächtlich, während der Nacht, [mitten] in der Nacht, des Nachts, nächtlicherweile, nächtlicherweise, nachtüber *(schweiz.),* zu nächtlicher Stunde, zu / bei nachtschlafender Stunde *bzw.* Zeit.

nach und nach, allmählich, sukzessive, langsam, allgemach *(veraltet),* bei kleinem *(selten),* schrittweise, kleinweis *(bayr., österr.),* zizerlweis *(bayr., österr.),* auf die Dauer / *(österr.)* Länge, auf die Länge hin gesehen, à la longue, Schritt um Schritt, Schritt für Schritt, mit der Zeit, anfangs *(südwestd., schweiz.),* im Laufe der Zeit, der Reihe nach, nacheinander, peu à peu.

Nachweis, Beweis, Bestätigung, Erweis *(veraltend).*

nachweisen, beweisen, untermauern, erbringen, bringen, aufzeigen, belegen, den Nachweis führen.

nachweislich, erweislich *(veraltet),* nachweisbar, beweisbar, bewiesenermaßen, erwiesenermaßen.

Nachwuchs, Nachkomme, Sproß, Kind.

Nacken, Genick, Hals.

nackt, bloß, entblößt, frei, ausgezogen, unbekleidet, entkleidet, enthüllt, kleidungslos, unangezogen, unbedeckt, hüllenlos, nackend, blutt *(schweiz.),* textilfrei, textilarm, pudelnackt *(emotional),* splitterfasernackt *(emotional),* splitternackt *(emotional),* wie Gott ihn / sie schuf, barfuß bis an den Hals *(scherzh.).*

nah[e], benachbart, zunächst, in der Nähe, in nächster Nähe, nur eine Sekunde weit / entfernt von, nur einen Katzensprung weit / entfernt von, dicht an / bei, nicht fern.

nahegehen, erschüttern, ergreifen, packen, schocken, schockieren, jmdm. unter die Haut / an die Nieren gehen, jmdm. einen Schock versetzen.

nähen, sticheln, anfertigen, schneidern.

[1]**nähern** (sich), kommen, herankommen, herkommen, hinkommen, näher kommen, nahen, daherkommen, des Weges / gegangen / geschritten / anspaziert kommen, anrücken, aufrücken *(schweiz.),* im Anzug sein, anmarschieren, [auf der Bildfläche] erscheinen.

[2]**nähern** (sich jmdm.), sich an jmdn. heranmachen, sich einschmeicheln / anbiedern, sich bei jmdm. lieb Kind machen.

nahezu, beinahe, fast, bald, um ein Haar, praktisch, so gut wie.

Nahost, Orient, Vorderer Orient, Naher Osten, Morgenland.

nahrhaft, nährstoffreich, kalorienreich, kräftig, kräftigend, deftig, nährend, sättigend, gesund, gehaltvoll.

Nahrung, Essen [und Trinken], das leibliche Wohl, Fressalien *(ugs.),* Speise und Trank, Futter, Futterage *(ugs.),* Fressen, Kost, Lebensmittel, Nahrungsmittel.

Nahrungsmittel, Lebensmittel,

Naturalien, Viktualien *(veraltet),* Komestibilien *(bildungsspr. veraltet),* Eßwaren, Fressalien *(ugs.).*

nahtlos, fugenlos, [wie] aus einem Guß.

naiv, arglos, ohne Arg / Argwohn / Falsch, harmlos, leichtgläubig, einfältig, treuherzig, blauäugig.

namhaft, bekannt, wohlbekannt, ausgewiesen, berühmt, prominent, anerkannt, weltbekannt, weltberühmt, von Weltruf / Weltgeltung / Weltrang, in.

nämlich, und zwar, als da sind, wie.

Narbe, Mal, Wundnarbe, Wundmal.

Narr, Tor, Tölpel, Trampel, Bauer, Einfaltspinsel, Kindskopf, Tropf, Gimpel, Olvel *(landsch.),* Simpel, Tolpatsch, Trottel, Depp *(bes. südd., österr., schweiz.).*

narren, anführen, äffen, nasführen, an der Nase herumführen, anschmieren *(ugs.),* foppen, jmdn. zum besten *bzw.* zum Narren haben / halten, jmdn. in den April schicken, ankohlen *(ugs.),* verkohlen *(ugs.),* jmdm. einen Bären aufbinden *(ugs.),* jmdn. am Seil herunterlassen *(schweiz.),* jmdn. am Schmäh halten *(österr.),* veräppeln *(salopp),* vergackeiern *(salopp),* verhohnepipeln *(salopp),* verarschen *(derb).*

Narrheit, Torheit, Unverstand, Unvernunft, Unbesonnenheit, Unklugheit.

Nase, Geruchsorgan, Riechorgan, Gesichtserker *(scherzh.),* Riechkolben *(salopp scherzh.),* Zinken *(salopp),* Gurke *(salopp),* Nese *(berlin. ugs.),* Rüssel *(salopp),* Kartoffel *(salopp).*

naseweis, vorlaut, vorwitzig, keck, neugierig.

nasführen, anführen, äffen, narren, an der Nase herumführen, anschmieren *(ugs.),* foppen, jmdn. zum besten *bzw.* zum Narren haben / halten, jmdn. in den April schicken, ankohlen *(ugs.),* verkohlen *(ugs.),* jmdm. einen Bären aufbinden *(ugs.),* jmdn. am Seil herunterlassen *(schweiz.),* jmdn. am Schmäh halten *(österr.),* veräppeln *(salopp),* vergackeiern *(salopp),* verhohnepipeln *(salopp),* verarschen *(derb).*

naß, feucht, klamm, beschlagen, [bis auf die Haut] durchnäßt / durchweicht, klatschnaß, patschnaß, tropfnaß, [vor Nässe] triefend, regennaß, pudelnaß.

Nässe, Feuchtigkeit, Naß, Feuchte *(geh.).*

[1]**Natur,** Feld und Wald, das Grüne, das Freie, unberührte Landschaft, Gottes freie Natur, Mutter Erde *(dichter.).*

[2]**Natur,** Wesen, Wesensart, Art, Gepräge, Gemütsart, Naturell, Typ, Charakter, Temperament, Eigenart, Anlage, Veranlagung.

natürlich, echt, unverbraucht, ungekünstelt, rein, ursprünglich, genuin, originell, urwüchsig, urchig *(schweiz.),* unverfälscht, [wie] aus dem Leben gegriffen, typisch, waschecht, in Reinkultur *(ugs.).*

naturrein, rein, naturbelassen, natürlich.

Nebel, Dunst, Fog, Waschküche, Brühe *(emotional),* Suppe *(emotional).*

nebenbei, nebenher, beiläufig, obenhin, am Rande, nebstbei *(österr.),* en passant.

Nebenbuhler, Rivale, Konkurrent, Mitbewerber.

nebulös, nebelhaft, schattenhaft, unscharf, unklar, ungeklärt, unbestimmt, ungenau, vage, verschwommen.

necken, jmdn. aufziehen, mit jmdm. seinen Schabernack / seinen Scherz treiben, hänseln, veralbern *(ugs.)*, ärgern, frotzeln, verulken *(ugs.)*, hochnehmen *(ugs.)*, uzen *(ugs. landsch.)*, auf den Arm nehmen *(ugs.)*, auf die Schippe nehmen *(salopp)*, durch den Kakao ziehen *(salopp)*, witzeln, spötteln, spotten, jmdn. dem Gelächter preisgeben, verspotten, ausspotten *(südd., österr., schweiz.)*, pflanzen *(österr.)*, höhnen, verhöhnen, foppen, ulken *(ugs.)*, flachsen *(ugs.)*, anpflaumen *(salopp)*.

Neger, Schwarzer, Dunkelhäutiger, Farbiger, Mohr *(veraltet)*, Afrikaner, Nigger *(abwertend)*.

nehmen, sich aneignen, sich zu eigen machen, sich bemächtigen, Besitz nehmen / ergreifen von, greifen, behändigen *(schweiz.)*, grapschen, angeln, sich unter den Nagel reißen *(salopp)*, an sich reißen, entgegennehmen, wegschnappen, schnappen, erhaschen, zusammenraffen.

neiden, beneiden, mißgönnen, nicht gönnen, scheel sehen, vor Neid bersten / platzen, vergönnen *(schweiz.)*, jmdm. nicht das Schwarze unter dem Nagel gönnen, jmdm. nicht das Salz in der Suppe gönnen, mißgünstig / neidisch sein, grün und gelb sein vor Neid, jmdn. / etwas mit scheelen Augen ansehen.

neidisch, mißgünstig, neidhaft *(schweiz.)*, scheel, scheelsüchtig, scheelblickend.

[1]Neigung, Tendenz, Trend, Strömung, Entwicklung, Zug, Vorliebe, Hang, Drang, Geneigtheit, Richtung, Drift, Einschlag, Färbung.

[2]Neigung, Schräge, Schräglage, Schiefe, Schiefheit, Seitenlage, Schlagseite.

nein, nicht, keinesfalls, keineswegs, ausgeschlossen, unmöglich, undenkbar, auf keinen Fall, kommt nicht in Frage / *(scherzh.)* in die Tüte, das wäre ja noch schöner!, unter keinen Umständen, unter keiner Bedingung, in keiner Weise, keine Spur, Fehlanzeige, kein Gedanke [daran], das hast du dir so gedacht *(ugs.)*, denkste!, [ja] Pustekuchen!, weit entfernt.

nennen, heißen, schelten, bezeichnen.

Nervenheilanstalt, psychiatrische Klinik, Heilanstalt, Heil- und Pflegeanstalt, Nervenanstalt *(ugs.)*, Irrenanstalt *(veraltet)*, Irrenhaus *(veraltet)*, Klapsmühle *(salopp)*.

Nervensäge, Quälgeist, Plagegeist, Landplage, Nervtöter, Singuhr *(landsch.)*.

nervös, aufgeregt, erregt, hektisch, gereizt, ruhelos, unruhig, unstet, fahrig, aufgelöst, fiebrig, zapp[e]lig *(ugs.)*, kribb[e]lig *(ugs.)*, husch[e]lig *(ugs.)*, schusselig *(ugs.)*, fickerig *(ugs.)*.

[1]Nervosität, Lampenfieber, Prüfungsangst, Herzklopfen.

[2]Nervosität, Unruhe, Ruhelosigkeit, Getriebensein, Umhergetriebensein, Unrast, Hektik, Spannung.

Nesthäkchen, Küken, Nestküken, Jüngste[r], jüngste Tochter / jüngster Sohn, Kleine[r], Kleinste[r], Benjamin.

netzen, anfeuchten, befeuchten, benetzen, feucht / naß machen.

neu, unbenutzt, ungebraucht, unberührt, frisch, funkelnagelneu, brandneu, fabrikneu.

Neubelebung, Wiederbelebung, Renaissance, Comeback, Wiederaufleben, Wiedergeburt.

neuerdings, seit kurzem / neuem, in letzter Zeit.

Neuerer, Revolutionär, Reformator, Umstürzler, Aufrührer, Revoluzzer *(abwertend),* Verschwörer, Aufständischer, Rebell, Insurgent *(veraltet).*

Neugestaltung, Umgestaltung, Reform, Reformierung, Reformation, Neuerung, Erneuerung, Perestroika.

Neugier[de], Wißbegier[de], Wissensdurst, Interesse.

neugierig, wißbegierig, wissensdurstig, schaulustig, sensationslüstern.

Neuheit, Novität, Neuerscheinung, Novum.

Neuigkeit, Nachricht, Mitteilung, Botschaft, Kunde, Meldung.

neulich, kürzlich, letztens, letzthin, jüngst, unlängst, vor kurzem, vor kurzer Zeit, in letzter Zeit, dieser Tage.

Neunmalkluger, Besserwisser, Neunmalschlauer, Neunmalgescheiter, Oberlehrer, Alleswisser, Rechthaber, Sprüchemacher, Sprücheklopfer, Klugscheißer *(derb),* Klugschnacker *(nordd.),* Wichtigtuer, Wichtigmacher, Gschaftlhuber *(südd., österr.).*

[1]**Neutralität,** Objektivität, Sachlichkeit, Vorurteilslosigkeit, Unvoreingenommenheit, Unparteilichkeit, Überparteilichkeit.

[2]**Neutralität,** Blockfreiheit, Nichtbeteiligung, Nichteinmischung.

neuzeitlich, modern, postmodern, modisch, neumodisch, neuartig, modegerecht, modebewußt, à la mode, in Mode, en vogue, up to date, auf dem neusten Stand, aktuell, in *(ugs.),* angesagt *(ugs.).*

nicht, mitnichten, nein, keinesfalls, keineswegs, auf keinen Fall, das darf / kann nicht sein, beileibe nicht, kommt nicht in Frage / *(scherzh.)* in die Tüte, das wäre ja noch schöner!, unter keinen Umständen, unter keiner Bedingung, in keiner Weise, keine Spur, Fehlanzeige, kein Gedanke [daran], daran ist nicht zu denken, das hast du dir so gedacht *(ugs.),* denkste!, [ja] Pustekuchen!, weit entfernt.

Nichtachtung, Respektlosigkeit, Despektierlichkeit, Geringschätzung, Geringschätzigkeit, Abschätzigkeit, Abfälligkeit, Pejoration, Verächtlichmachung, Herabwürdigung, Herabsetzung, Demütigung, Entwürdigung, Mißachtung, Verachtung.

Nichtigkeit, Bedeutungslosigkeit, Unwichtigkeit, Wertlosigkeit, Belanglosigkeit, Nebensächlichkeit, Trivialität, Unerheblichkeit, Unwesentlichkeit, Unbedeutendheit, Irrelevanz.

nichtsahnend, nichts Böses ahnend, ahnungslos, unvorbereitet.

Nichtseßhafter, Vagabund, Wohnungsloser, Person ohne festen Wohnsitz, Tramper, Tramp, Landfahrer, Landstreicher, Stadtstreicher, Berber, Tippelbruder *(ugs.),* Penner *(ugs. abwertend),* Pennbruder *(ugs. abwertend),* Pendler, Stromer *(ugs.),* Herumtreiber, Umgänger *(landsch.),* Trebegänger *(ugs.),* Clochard, Hobo, Strabanzer *(österr.),* Lumpazius *(veraltet).*

Nichtstuer *(abwertend),* Faulenzer *(abwertend),* Faulpelz *(abwertend),* Faultier *(abwertend),* Faulsack *(abwertend),* Müßiggänger, Tagedieb *(abwertend).*

niedergehen, landen, aufsetzen, zur Landung ansetzen.

niedergeschlagen, deprimiert, gedrückt, niedergedrückt, down *(ugs.),* resigniert, decouragiert, geknickt *(ugs.),* mutlos, flügellahm *(ugs.),* entmutigt, verzagt, kleinmütig, verzweifelt, gebrochen, niedergeschmettert *(ugs.).*

niederlassen (sich), sich ansiedeln / etablieren / *(landsch.)* anbauen / ankaufen, siedeln, seßhaft werden, Fuß fassen, Wurzeln schlagen, vor Anker gehen, seine Wohnung / sein Quartier / seine Zelte aufschlagen, Aufenthalt / Wohnung / Quartier nehmen.

niederreißen, abreißen, einreißen, demolieren *(österr.),* abbrechen, wegreißen, abtragen, schleifen.

niederringen, besiegen, überwinden, unterwerfen, unterjochen, unter das Joch zwingen, sich jmdn. untertan machen, vernichten, schlagen, bezwingen, überwältigen, bodigen *(schweiz.),* baschgen *(schweiz.),* jmdm. ein Morgarten bereiten *(schweiz.),* jmdn. außer Gefecht setzen, jmdn. zur Strecke bringen *(ugs.),* jmdn. kampfunfähig machen, aufreiben, ruinieren, fertigmachen *(salopp),* jmdn. in die Knie zwingen / *(salopp)* in die Pfanne hauen.

niederschießen, erschießen, totschießen, abschießen, niederstrekken, zusammenschießen *(ugs.),* abknallen *(salopp),* umlegen *(salopp),* füsilieren, an die Wand stellen, über den Haufen schießen / knallen *(ugs.),* jmdm. den Genickschuß geben.

niederschreiben, aufschreiben, aufnotieren, notieren, hinschreiben, zur Feder greifen, aufnehmen, festhalten, über etwas Buch führen, vermerken, aufzeichnen, verzeichnen, zusammenstellen, eintragen, mitschreiben, protokollieren, zu Papier bringen, aufs Papier werfen, verfassen, abfassen, texten, ins unreine schreiben.

niederstechen, erstechen, erdolchen.

Niedertracht, Bosheit, Bösartigkeit, Boshaftigkeit, Häme, Gemeinheit, Schurkerei, Hundsfötterei *(veraltet),* Infamie, Unverschämtheit, Schadenfreude, Gehässigkeit, Übelwollen, Rachsucht, Ranküne, Perfidie.

niederträchtig, gemein, schurkisch *(abwertend),* hundsföttisch *(derb abwertend),* hundsgemein *(ugs. abwertend),* infam, niedrig, schäbig, schmutzig, feige, schimpflich, perfid[e], schnöde *(geh. abwertend),* schändlich, schmählich, schmachvoll *(geh.).*

niedlich, reizend, süß, herzig, goldig, entzückend, bezaubernd, allerliebst, possierlich, drollig, putzig.

niedrig, flach, nieder *(landsch.),* von geringer Höhe, ebenerdig, fußhoch, kniehoch.

niemals, nie [und nimmer], nimmer, nimmermehr, keinen Augenblick, keine Sekunde, nie im Leben, mein Lebtag nicht, zu keinem Zeitpunkt, zu keiner Zeit, am Sankt-Nimmerleins-Tag.

niemand, nicht einer, keiner, kein Mensch / *(ugs.)* Teufel / *(salopp)* Schwanz / *(derb)* Schwein / *(derb)* Aas / *(schweiz.)* Bein / *(schweiz.)* Knochen, keine Seele / Menschenseele / *(derb)* Sau.

nirgends, nirgendwo, an keinem Ort / Platz, überall und nirgends *(scherzh.),* an keiner Stelle.

Niveau, Leistungsstufe, Rangstufe, Bildungsgrad, Bildungsstand, Qualität, Standard.

nivellieren, gleichmachen, egalisieren, einebnen, planieren, ausgleichen, glätten.

Nivellierung, Gleichmacherei *(abwertend),* Vermassung, Gleichschaltung, Gleichstellung.

Noblesse, Vornehmheit, Adel, Würde, Hoheit, Erhabenheit, Majestät.

Nonkonformismus, Individualismus, Einzelgängertum.

Nonkonformist, Außenseiter, Einzelgänger, Eigenbrötler, Kauz, Original, Sonderling, Individualist, Subjektivist, Außenstehender, Mauerblümchen, Outsider, Outcast, Drop-out, Aussteiger, Freak, Ausgeflippter, Marginalexistenz, Paria, Ausgestoßener, Geächteter, Verfemter, Asozialer, Unterprivilegierter, Entrechteter.

Nonne, Ordensfrau, Ordensschwester, Klosterschwester, Klosterfrau, Schwester, Himmelsbraut *(geh. selten),* Gottesbraut *(geh. selten),* Braut Christi *(geh. selten).*

Nörgler, Meckerer *(ugs.),* Querulant, Beckmesser, Widerspruchsgeist, Streithahn *(ugs.),* Streithammel *(ugs.),* Prozeßhansel *(ugs.),* Streithansel *(ugs.),* Michael Kohlhaas, Kritikaster.

Norm, Standard, Regel, Prinzip, Normalmaß.

normal, alltäglich, üblich, gewöhnlich, gängig, verbreitet.

Normalverbraucher, Otto Normalverbraucher, Durchschnittsmensch, Alltagsmensch, Dutzendmensch, Durchschnittsbürger, Normalbürger, der gemeine / kleine / einfache Mann, der Mann auf der Straße, der gewöhnliche Sterbliche, ein Mensch wie du und ich, Lieschen Müller.

normativ, präskriptiv, vorschreibend, festgelegt, festgesetzt.

normen, normieren, standardisieren, eichen, regeln, regulieren, festlegen, festsetzen, vereinheitlichen, typisieren, kanonisieren, uniformieren, als Norm festsetzen / festlegen, auf einen Nenner bringen.

Not, Notlage, Übel, Crux, Zwangslage, Bedrängnis, Verlegenheit, Misere, Dilemma, Kalamität, Malaise, Krise, Schwierigkeit, Bredouille, Zwickmühle, Schlamassel *(salopp).*

notdürftig, schlecht und recht, behelfsmäßig, provisorisch, vorläufig, vorübergehend, zur Not.

Note, Zensur, Benotung, Bewertung, Beurteilung, Prädikat.

notgedrungen, gezwungenermaßen, der Not gehorchend, gezwungen, zwangsweise, zwangsläufig, in Ermangelung eines Besseren, unfreiwillig, ungern, schweren Herzens, nolens volens, ob man will oder nicht, wohl oder übel.

notieren, aufschreiben, aufnotieren, hinschreiben, zur Feder greifen, aufnehmen, festhalten, über etwas Buch führen, vermerken, anmerken, niederschreiben, aufzeichnen, mitschreiben, protokollieren, zu Papier bringen, aufs Papier werfen, aufsetzen.

nötig, erforderlich, geboten, unerläßlich, notwendig, lebensnotwendig, unentbehrlich, unmißbar *(schweiz.),* obligat, unumgänglich, unvermeidlich, unausbleiblich, unausweichlich, unabwendbar.

nötigen, zwingen, erpressen, bedrohen, Druck / Zwang ausüben, jmdn. unter Druck setzen, jmdm. das Messer an die Kehle setzen, jmdm. die Pistole auf die Brust setzen, Daumenschrauben ansetzen.

nötig haben, brauchen, bedürfen, benötigen, gebrauchen können, nicht entbehren / nicht missen können, etwas nötig haben wie das tägliche Brot, angewiesen sein auf, nicht auskommen ohne.

Novität, Neuheit, Neuerscheinung, Novum.

Nuance, Abschattung, Schattierung, Tönung, Abtönung, Abstufung, Differenzierung, Spur, Hauch, Touch, Schatten, Anflug, Schimmer, Stich.

[1]**nüchtern,** sachlich, objektiv, sine ira et studio, frei von Emotionen.

[2]**nüchtern,** prosaisch, trocken, phantasielos.

Nudismus, Freikörperkultur, FKK, Nacktkultur, Naturismus.

Nullpunkt, Gefrierpunkt, 0 °C, null Grad.

Numen, Gottheit, das Numinose, Mysterium tremendum, höchstes Wesen.

numerieren, beziffern, benummern, mit einer Zahl versehen, durchnumerieren, paginieren.

numinos, göttlich, heilig, himmlisch.

Nutzen, Vorteil, Profit, Plus, Ertrag, Ausbeute.

nützen, nützlich sein, von Nutzen sein, helfen, zustatten kommen, zum Vorteil gereichen, in jmds. Interesse sein, gute Dienste leisten, frommen, dienlich / bequem / passend / *(schweiz.)* kommlich sein.

nützlich, nutzbringend, nutzig *(schweiz.)*, förderlich, hilfreich, ersprießlich, gedeihlich.

nutzlos, unnütz, unnötig, überflüssig, entbehrlich.

Nutznießer, Gewinner, der lachende Dritte.

O

obendrein, außerdem, überdies, zudem, weiter, weiters *(österr.),* weiterhin, des weiteren, ferner, fernerhin, im übrigen, ansonsten, sonst, dazu, daneben, nebstdem *(schweiz.),* erst noch *(schweiz.).*

Ober, Bedienung, Kellner, Garçon *(veraltet),* Oberkellner.

Oberbett, Federbett, Deckbett, Überbett, Bettdecke, Plumeau.

[1]**oberflächlich,** nachlässig, schlampig, schlampert *(landsch.),* schludrig, flüchtig, unordentlich, huschelig, larifari, liederlich, ungenau, so nebenher.

[2]**oberflächlich,** flach, seicht, ohne Tiefgang, geistlos, inhaltslos, gehaltlos, trivial, banal, vordergründig.

Obergeschoß, Stockwerk, Etage.

oberhalb, oben, über, ober *(österr.),* droben, heroben *(südd., österr,),* in der Höhe.

Oberschicht, Establishment, Elite, Hautevolee, die oberen Zehntausend, Geldadel, Upper ten, Creme, Crème de la crème, High-Society, die Spitzen / *(iron.)* Stützen der Gesellschaft, die führenden Kreise; alles, was Rang und Namen hat; Jet-set, Schickeria *(iron.),* Schickimicki *(iron.).*

obgleich, obwohl, obschon, wennschon, wenngleich, ob / wenn auch, und / selbst / auch wenn, ungeachtet, wiewohl, obzwar, einenweg *(schweiz.).*

Obhut, Schutz, Hut *(geh.),* Geborgenheit, Sicherheit, Schutz und Schirm.

obig, vorerwähnt, vorstehend, vorgenannt, genannt, obengenannt.

[1]**Objekt,** Sache, Ding, Gegenstand.

[2]**Objekt,** Gegenstand, Sujet, Thema, Thematik, Themenstellung, Aufgabenstellung, Stoff.

Objektivität, Sachlichkeit, Vorurteilslosigkeit, Unvoreingenommenheit, Unparteilichkeit, Überparteilichkeit, Neutralität.

obligatorisch, verbindlich, bindend, unwiderruflich, feststehend, definitiv, endgültig.

Obrigkeit, Regierung, Regime, die Herrschenden.

observieren, überwachen, bespitzeln, beschatten, beobachten, beaufsichtigen, kontrollieren.

obszön, anstößig, unschicklich, ungehörig, unziemlich, shocking, unanständig, zweideutig, nicht salonfähig / *(scherzh.)* stubenrein, pikant, schlüpfrig, schmutzig, unsittlich, unmoralisch, schlecht, wüst, zuchtlos, verdorben, verderbt, verworfen, unzüchtig, pornographisch, tierisch, zotig, schweinisch *(abwertend),* unkeusch.

Öde, Leere, gähnende Leere, Verlassenheit.

oder, beziehungsweise, andernfalls, im anderen Fall, sonst.

Odium *(geh.),* Makel, Schandfleck, Fleck, Verunzierung, Kainsmal, Kainszeichen, dunkler Punkt.

offen, geöffnet, unverschlossen, aufgeschlossen, aufgesperrt, offenstehend.

offenbar, offensichtlich, augenscheinlich, augenfällig, sichtlich, sichtbar, deutlich, aufgelegt *(österr.),* manifest, flagrant, offenkundig, erwiesen, eklatant, evident, mit Händen zu greifen.

offenbaren, gestehen, bekennen, Farbe bekennen *(ugs.),* sein Gewissen erleichtern, einbekennen *(österr.),* eingestehen, mit der Sprache herausrücken *(ugs.),* auspacken *(ugs.),* singen *(salopp),* einräumen, zugeben, beichten, eine Beichte ablegen, aussagen, eine Aussage machen, ein Geständnis ablegen / machen, jmdm. etwas entdecken / eröffnen, geständig sein, die Karten aufdecken / offen auf den Tisch legen, die Hosen runterlassen *(salopp).*

offenbleiben, noch ungeklärt / noch nicht ausdiskutiert sein, es gibt noch viele Fragen.

offenlassen, noch nicht entscheiden, in der Schwebe lassen, dahingestellt sein lassen, sich nicht festlegen.

offensichtlich, offenbar, augenscheinlich, augenfällig, sichtlich, sichtbar, deutlich, aufgelegt *(österr.),* manifest, flagrant, offenkundig, eklatant.

öffentlich, in / vor aller Öffentlichkeit, vor aller Welt, coram publico, auf offener Straße.

Öffentlichkeit, Allgemeinheit, Bevölkerung, Gesellschaft.

offerieren, anbieten, antragen, sich erbieten, sich anheischig machen, andienen.

öffnen, aufschließen, aufmachen, aufsperren *(landsch.),* auftun, entriegeln.

oft, öfters, öfter, des öfteren, oftmals, häufig, x-mal, wiederholt, immer wieder, zigmal, vielfach.

ohne, ausgenommen, außer, sonder *(veraltend),* ausschließlich, mit Ausnahme, bis auf, abgesehen von, exklusive, nicht inbegriffen / einbegriffen.

ohnehin, ohnedies, sowieso, eh *(landsch. ugs.),* auf jeden Fall.

ohnmächtig, bewußtlos, ohne Bewußtsein, besinnungslos, ohne Besinnung.

Ohr, Ohrmuschel, Löffel *(ugs.).*

ohrenbetäubend, laut, vernehmlich, hörbar, vernehmbar, lautstark, geräuschvoll, überlaut, durchdringend, markerschütternd, durch Mark und Bein gehend, ohrenzerreißend, schrill, grell, gellend.

Ohrfeige, Maulschelle, Backpfeife *(landsch.),* Watsche *(bes. bayr.),* Backenstreich *(geh. veraltend).*

ohrfeigen, schlagen, hauen, jmdm. eine Ohrfeige / Maulschelle / Schelle geben, jmdm. eine herunterhauen / *(landsch.)* dachteln, es jmdm. [ordentlich / tüchtig / feste] geben, jmdm. eins / eine *bzw.* ein paar hinter die Ohren / die Löffel geben *(ugs.),* jmdm. eine in die Schnauze / in die Fresse geben *(derb),* jmdm. eine in die Fresse knallen *(derb),* jmdm. eine geben / kleben / langen / schmieren / *(österr.)* reißen / *(österr.)* reiben / scheuern / knallen / schallern / wischen / verpassen *(salopp),* jmdm. die Fresse polieren *(derb).*

okay, in Ordnung, einverstanden, abgemacht, gemacht, ist geritzt *(salopp),* richtig, gut.

Okkupation, Besetzung, Eroberung, Einnahme, Invasion, Einmarsch, Eindringen, Einfall, Intervention, Aggression, Anschluß, Überrumpelung.

ökonomisch, kommerziell, kaufmännisch, geschäftlich.

Olympiade, Olympische Spiele, die Spiele, Olympia.

Oma *(fam.),* Großmutter, Großmama *(fam.),* Omama *(Kinderspr.),*

Omi *(fam.)*, Ahne *(veraltet, noch landsch.)*.

Omen, Vorzeichen, Vorbote, Auspizien, Menetekel.

Ondit *(bildungsspr.)*, Gerücht, Fama *(bildungsspr.)*, Sage, Flüsterpropaganda, Latrinenparole *(derb)*, Scheißhausparole *(vulgär)*.

Opa *(fam.)*, Großvater, Großpapa *(fam.)*, Opapa *(Kinderspr.)*, Opi *(fam.)*, Ahn *(veraltet, noch landsch.)*.

Operation, Tat, Handlung, Aktion, Akt, Unternehmung.

operieren, einen Eingriff machen / vornehmen, schneiden, eine Operation durchführen, jmdn. unter dem Messer haben / unters Messer nehmen *(ugs.)*.

Opfer, Verzicht, Aufopferung, Hingabe, Entsagung, Tribut.

[1]**opfern,** spenden, stiften, geben.

[2]**opfern,** preisgeben, hingeben, hinopfern, hergeben, aufopfern, drangeben *(ugs.)*, verheizen *(salopp)*.

opportun, zweckmäßig, vernünftig, sinnvoll, angemessen, gegeben, tauglich, geeignet, zweckentsprechend, zweckdienlich, sachdienlich, praktikabel, brauchbar.

Opportunist, Gesinnungslump *(ugs. abwertend)*, Chamäleon *(iron.)*, Radfahrer, Streber, Wendehals *(iron.)*.

Opposition, Gegenpartei, Gegenseite.

Optimismus, Zuversichtlichkeit, Hoffnungsfreude, Lebensbejahung, Lebensmut, Zukunftsglaube, Fortschrittsgläubigkeit.

optimistisch, zuversichtlich, hoffnungsvoll, hoffnungsfroh, unverzagt, getrost.

Optimum, Maximum, Höchstmaß, Höchstwert, das Höchste, Obergrenze.

opulent, üppig, fürstlich, überreichlich, reichlich, verschwenderisch, lukullisch.

Orden, Ehrenzeichen, Auszeichnung, Dekoration, Verdienstorden, Verdienstkreuz, Ehrenkreuz, Ehrennadel, Lametta *(iron.)*.

ordentlich, gediegen, seriös, solide, solid, echt, währschaft *(schweiz.)*, reell.

ordinär *(abwertend)*, gewöhnlich, gemein, unflätig, ausfallend, primitiv *(abwertend)*, vulgär *(abwertend)*, pöbelhaft *(abwertend)*, proletenhaft *(abwertend)*.

ordnen, anordnen, gliedern, strukturieren, aufgliedern, auffächern, aufteilen, unterteilen, untergliedern.

Ordner, Aktenordner, Aktendekkel, Hefter, Schnellhefter.

ordnungsgemäß, vorschriftsmäßig, wie vorgeschrieben, nach / laut Vorschrift.

ordnungsliebend, auf Ordnung haltend, ordentlich, eigen, penibel.

organisch, gewachsen, einheitlich, zusammenhängend.

Orgie, Exzeß, Ausschweifung.

Orient, Osten, Naher Osten, Nahost, Mittlerer Osten, Ferner Osten, Morgenland *(veraltet)*.

orientalisch, östlich, fernöstlich, morgenländisch *(veraltet)*.

Original, Urschrift, Urtext, Erstschrift, Urfassung.

originell, phantasievoll, einfallsreich, schöpferisch, kreativ, eigenständig, einmalig, geistreich.

[1]**Ort,** Ortschaft, Dorf, Flecken, Marktflecken, Siedlung, Ansiedlung, Kiez *(landsch.)*, Nest, Kaff *(abwertend)*, Kuhdorf *(abwertend)*.

[2]**Ort,** Stelle, Stätte, Platz, Örtlichkeit, Punkt, Winkel, Kante *(ugs.)*, Ecke *(ugs.)*.

Ortschaft, Ort, Dorf, Bauerndorf,

Flecken, Weiler, Nest *(ugs.),* Kaff *(abwertend).*

Ostblock, Osten, östliche Seite, sozialistisches Lager, sozialistische Länder, Oststaaten, Länder hinter dem Eisernen Vorhang.

Outfit, Ausrüstung, Ausstattung, Äußeres, Aufmachung, Look, Kleidung.

oval, ellipsenförmig, länglichrund, eiförmig, eirund.

Ovation, Beifall, Standing ovations, Applaus, Beifallsäußerung, Beifallsbezeugung, Beifallsgeschrei *(abwertend),* das Klatschen, Beifallskundgebung, Beifallsdonner, Beifallssturm, Beifallsorkan, Jubel, Huldigung, Akklamation, Achtungsapplaus.

overdressed, aufgeputzt, herausgeputzt, aufgedonnert *(abwertend),* aufgemascherlt *(österr.),* zurechtgemacht, aufgemacht *(ugs.),* in großer Toilette, gestriegelt *(ugs.),* geschniegelt und gebügelt *(scherzh.),* wie geleckt *(scherzh.),* geputzt / geschmückt wie ein Pfingstochse *(ugs. scherzh.).*

P

Paar, Ehepaar, Eheleute, Mann und Frau, Vermählte, Verheiratete, Ehegespann.

Packen, Paket, Pack, Päckchen, Packung, Ballen, Bund, Bündel.

Pädagoge, Lehrer, Schullehrer, Schulmann, Erzieher, Lehrkraft, Schulmeister *(scherzh.),* Magister *(veraltet),* Pauker *(salopp abwertend),* Steißtrommler *(salopp abwertend),* Lehrmeister, Zuchtmeister *(scherzh.).*

pädagogisch, erzieherisch, erziehlich, didaktisch, methodisch.

Paladin, Gefolgsmann, Satellit, Statthalter, Satrap, Lehnsmann, Vasall, Trabant, Lakai *(abwertend),* Marionette *(abwertend).*

Palast, Schloß, Palais.

Panzerschrank, Safe, Tresor, Geldschrank.

Papa, Vater, Vati, Paps, Papi, Daddy, Alter *(ugs.),* alter Herr.

Papiergeld, Geldschein, Schein, Banknote, Note.

Pappe, Pappkarton, Karton, Pappendeckel *(landsch.).*

pappig, klebrig, kleist[e]rig, harzig, backig *(landsch.),* haftend, anhaftend.

Papst, Oberhirte, Pontifex maximus, Stellvertreter Christi [auf Erden], Heiliger Vater.

Parade, Truppenvorbeimarsch, Vorbeimarsch, Heerschau, Aufmarsch, Defilee *(schweiz., österr.).*

Paradies, [Garten] Eden, Elysium, Gefilde der Seligen.

paradox, gegensätzlich, widerspruchsvoll, widersprüchlich, widersprechend, schizophren, einander ausschließend, widersinnig, unlogisch, disjunktiv, [diametral] entgegengesetzt, gegenteilig, umgekehrt, konvers, oppositionell, dichotomisch, unvereinbar, ungleichartig, disparat, konträr, polar, kontradiktorisch, komplementär, korrelativ, antithetisch, antinomisch, adversativ.

Parallele, Entsprechung, Gegenstück, Analogie, vergleichbarer Fall, Übereinstimmung.

parat, verfügbar, greifbar, bereit, fertig, gerüstet, vorbereitet.

par excellence, schlechthin, in höchster Vollendung, im eigentlichen Sinne, in Reinkultur, im wahrsten Sinne des Wortes, ganz einfach, ganz allgemein.

Parfüm, Parfum, Duftwasser, Eau de Cologne, Eau de toilette.

parieren *(ugs.),* gehorchen, gehorsam sein, folgen, nachkommen, Folge leisten, auf jmdn. hören, kuschen *(ugs.),* sich ducken *(ugs.),* nach jmds. Pfeife tanzen *(ugs.),* spuren *(salopp).*

Park, Anlage, Grünanlage, Parkanlage, Garten, Grünfläche, grüne Lunge, Anpflanzung, Schmuckplatz *(landsch.),* Beserlpark *(österr.).*

parken, abstellen, hinstellen, parkieren *(schweiz.).*

Parlamentarier[in], Abgeordnete[r], Delegierte[r], Volksvertreter[in], Deputierte[r].

parodieren, nachahmen, nachmachen, nachäffen *(abwertend),* imitieren.

[1]**Parole,** Losung, Kennwort, Lo-

sungswort, Stichwort, Schibboleth.

[2]**Parole,** Leitwort, Leitspruch, Fahnenwort, Schlagwort, Slogan.

Partei, politische Organisation / Vereinigung, Gruppe, Sekte, Fraktion.

Parteigänger, Sympathisant, Mitstreiter, Fan, Anhänger.

parteiisch, parteilich, parteigebunden, voreingenommen, vorbelastet, befangen, subjektiv, einseitig, einäugig, blind gegenüber einer Sache, unsachlich, ungerecht, nicht unparteiisch, nicht neutral.

parterre, zu ebener Erde, ebenerdig, im Erdgeschoß, im Parterre.

Partie, Spiel, Runde, Begegnung, Match, Wettkampf.

Partisan, Guerilla, Freischärler, Franktireur, Widerstandskämpfer, Untergrundkämpfer, Guerillero.

Partner, Freund, Lebensgefährte, ständiger Begleiter, Lebenspartner.

Partnerin, Freundin, Lebensgefährtin.

Partnerschaft, Lebensgemeinschaft, Verbindung, Beziehung, Zweierbeziehung, Beziehungskiste *(Jargon),* eheähnliche Gemeinschaft, wilde Ehe, Ehe ohne Trauschein, Ehe auf Probe, Konkubinat, Onkelehe.

Party, Fest, Feier, Festlichkeit, Festivität *(ugs., oft scherzh.),* Festveranstaltung, Sause *(ugs.),* Fete *(ugs.),* Remmidemmi *(ugs.),* Ringelpiez *(ugs.).*

Parvenü, Emporkömmling, Aufsteiger, Karrierist, Karrieremacher, Shooting-Star, Senkrechtstarter.

Parzelle, Grundstück, Baugrundstück, Baugrund, Grund *(österr.),* Bauland, Bauplatz, Baustelle, Baustätte *(geh.),* Baufläche, Baugelände.

Passagier, Fahrgast, Fluggast, Reisender.

Passant, Vorübergehender, Vorbeigehender, Fußgänger.

passé, überlebt, überholt, überaltert, vorbei, vergangen, verstaubt, abgetan, anachronistisch.

[1]**passend,** stimmig, in sich stimmend, entsprechend, adäquat.

[2]**passend,** geeignet, gegeben, berufen, ideal, wie geschaffen für, richtig, recht, goldrichtig *(ugs.).*

passieren, vorübergehen, vorbeifahren, vorbeigehen, durchreisen, durchqueren, überqueren, überfliegen.

Passion, Leidenschaft, Begier, Begierde, Sinnlichkeit, Gier, Begehrlichkeit, Begehren, Konkupiszenz *(Theol., Philos.),* Kupidität *(selten),* Gelüst[e], Gieper *(landsch.),* Jieper *(bes. berlin.),* Verlangen, Trieb, Appetenz *(Fachspr.).*

passiv, inaktiv, untätig, lahm *(ugs.),* träge, tatenlos, zurückhaltend, reserviert, teilnahmslos.

Passus, Abschnitt, Absatz, Kapitel, Passage.

Paternoster, Aufzug, Fahrstuhl, Lift, Ascenseur, Proletenbagger *(scherzh.),* Beamtenbagger *(scherzh.),* Bonzenheber *(scherzh.).*

pathetisch, hochtrabend, gewichtig, hochgestochen *(abwertend),* anspruchsvoll, bombastisch *(abwertend),* pompös *(abwertend),* schwülstig *(abwertend),* salbungsvoll *(abwertend).*

Patient, Kranker, Leidender, Schwerkranker, Todkranker, Siecher, Bettlägeriger.

Patriotismus, Nationalgefühl, Nationalstolz, Heimatliebe, Vaterlandsliebe, Nationalbewußtsein.

Pause, Atempause, Ruhepause, Verschnaufpause, Unterbrechung, Rast, Ruhe, Urlaub, Ferien.

pausenlos, ununterbrochen, unaufhörlich, permanent, unablässig, ohne Unterlaß / Pause / Unterbrechung.

Pechvogel, Pechrabe, Unglücksmensch, Unglücksvogel, Unglücksrabe, Unglückswurm, *(nur weiblich:)* Pechmarie.

Pedant, Kleinigkeitskrämer, Haarspalter, Kümmelspalter, Korinthenkacker *(derb),* I-Tüpfel-Reiter *(österr.),* Faktenhuber, Erbsenzähler.

Pedanterie, Kleinlichkeit, Erbsenzählerei, Pingeligkeit, Faktenhuberei.

Pedell, Hausmeister, Schuldiener *(veraltend).*

Pein, Leid, Qual, Marter, Martyrium, Drangsal *(geh.),* Schmerz, Gram, Kummer, Leidensdruck, Sorge, Herzeleid *(dichter.),* Weh *(dichter.),* Harm *(dichter.),* Kümmernis, Jammer, Chagrin *(veraltet),* Pfahl im Fleische *(bibl.).*

Pelz, Fell, Balg, Haarkleid *(geh.).*

Pendant, Gegenstück, Entsprechung, Korrelat.

penibel, ordnungsliebend, auf Ordnung haltend, ordentlich, eigen.

Penis, Phallus, [männliches] Glied, Männlichkeit, Geschlechtsteil, der kleine Mann / Herr, Rute, Gemächt, Membrum virile, Nippel, Zipferl *(österr.),* Piller, Schniepel, Pillhahn, Pillermann, Piephahn, Pippi, Piepel, Kolben, Apparat, Schwanz *(salopp),* Schweif, Stachel, Riemen *(salopp),* Pimmel *(salopp),* Pint *(salopp).*

Pension, Hotel, Gasthof, Gasthaus, Herberge *(veraltet).*

pensionieren, berenten, in den Ruhestand versetzen, auf Rente setzen.

pensioniert werden, sich pensionieren lassen, in Pension gehen, sich zur Ruhe setzen, sich aufs Altenteil setzen / zurückziehen, sich ins Stöckli zurückziehen *(schweiz.).*

Pensum, Lektion, Aufgabe, Lehrstoff, Lernstoff.

Perestroika, Umgestaltung, Neugestaltung, Neuerung, Erneuerung, Reform, Reformierung, Reformation.

perfekt, vollkommen, vollendet, ideal, makellos, fehlerlos, tadellos, einwandfrei, untadelig, untadelhaft, mustergültig.

Periode, Zeitraum, Epoche, Zeit, Zeitabschnitt, Phase, Zeitspanne.

periodisch, regelmäßig wiederkehrend / auftretend, in bestimmter / regelmäßiger Folge, in bestimmten / regelmäßigen Abständen *bzw.* Intervallen.

perlen, sprudeln, schäumen, spritzen, springen, moussieren.

permanent, unaufhörlich, immerzu, solange ich denken kann, immer wieder, in einem fort, immerfort; tagaus, tagein; jahraus, jahrein; stetig, andauernd, dauernd, fortdauernd, fortgesetzt, unausgesetzt, anhaltend, kontinuierlich, konstant, ununterbrochen, pausenlos, in einer Tour *(ugs.),* stetsfort *(schweiz.),* fortwährend, immerwährend, ständig, allerwege, alleweil, allweil, allezeit, allzeit, in steter Folge, unablässig, Tag und Nacht, rund um die Uhr.

Person, Mensch, Persönlichkeit, Individuum, Charakter, Homo sapiens, der einzelne, [menschliches] Wesen / Geschöpf, Erdenbürger *(geh.),* Kind / Ebenbild Gottes *(geh.),* Krone der Schöpfung *(geh.),* Type *(ugs.),* Subjekt *(abwertend),* Figur *(abwertend),* Element *(abwertend).*

Personal, Belegschaft, Betriebsangehörige, Angestelltenschaft, Arbeiterschaft, Arbeitnehmerschaft.

[1]**persönlich,** in persona, leibhaftig, selbst, höchstselbst, in eigner Person, in natura, realiter, direkt, hautnah, live, aus unmittelbarer Nähe.

[2]**persönlich,** vertraulich, privat, privatim *(bildungsspr.),* unter vier Augen, unter uns, [ganz] im Vertrauen.

Perspektive, Gesichtspunkt, Blickpunkt, Blickwinkel, Blickrichtung, Aspekt, Betrachtungsweise.

Perücke, Haarersatz, falsche Haare, Zweitfrisur, Kunsthaare, Haarteil, Toupet.

pervers, widernatürlich, abartig, verkehrt, unnatürlich, anormal.

Pessimismus, Skeptizismus, Skepsis, Schwarzseherei, Schwarzmalerei, Defätismus, Miesmacherei, Unkerei, Unkenrufe, Kassandrarufe, Panikmache, Angstmache, Angstmacherei.

Pessimist, Schwarzseher, Unke, Defätist, Unheilsprophet, Miesmacher.

pessimistisch, nihilistisch, verzagt, schwarzseherisch, defätistisch.

Petition, Gesuch, Antrag, Anfrage, Eingabe, Botschaft *(schweiz.),* Anzug *(schweiz.),* Ansuchen *(österr.),* Bittschrift, Bittgesuch, Bittschreiben, Bittadresse, Supplik, Bettelbrief *(abwertend).*

Pfahl, Pfosten, Pflock, Mast, Steher *(österr.).*

Pfand, Unterpfand, Faustpfand, Kaution, Sicherheit.

Pfandleihe, Leihhaus, Leihanstalt, Pfandleihhaus, Pfandhaus, Versatzamt, Pfandleihanstalt, Pfandl *(österr. salopp).*

Pfarrer, Geistlicher, Pastor, Prediger, Priester, Kleriker, Pfaffe *(abwertend),* Seelsorger, Seelenhirt[e], Pfarrherr, geistlicher Herr, Vikar, Pfarrvikar, Kaplan, Kooperator *(bayr., österr.),* Pfarrgeistlicher, Kirchenmann, Gottesmann, Schwarzrock *(abwertend),* Pater, Gemeindepfarrer.

Pferd, Roß, Gaul, Rosinante *(scherzh.),* Mähre *(abwertend),* Schindmähre *(abwertend),* Schinder *(abwertend),* Klepper *(abwertend),* Zosse *(niederd.).*

Pfiffikus *(ugs.),* Schlaukopf, Schlauberger, Schlaumeier, Schläuling *(schweiz.),* Schlaule *(südd.),* Schlitzohr, Cleverle, Fuchs.

Pflanze, Gewächs, Kraut, Botanik *(scherzh.).*

pflanzen, anpflanzen, ansäen, säen, aussäen, setzen, legen, stecken.

Pflanzenwelt, Pflanzenreich, Pflanzenwuchs, Vegetation, Flora.

[1]**Pflege,** Wartung, Erhaltung, Instandhaltung, Unterhaltung.

[2]**Pflege,** Betreuung, Hege, Obsorge *(bes. südd., österr.),* Zuwendung, Nestwärme.

pflegen, hegen, warten, gut / sorgsam / schonend / pfleglich behandeln.

pfleglich, behutsam, sanft, schonend, schonungsvoll, gnädig, glimpflich, sacht, mild, lind, vorsichtig, sorgsam, sorgfältig.

pflichtbewußt, verantwortungsvoll, verantwortungsbewußt, zuverlässig.

Pflichtgefühl, Pflichtbewußtsein, Verantwortungsgefühl, Verantwortung, Verantwortungsbewußtsein, Verantwortlichkeit, Zuverlässigkeit, Arbeitsethos, Ethos, Gewissenhaftigkeit.

Pflichtvergessenheit, Ehrvergessenheit, Unzuverlässigkeit, Windigkeit, Pflichtvernachlässigung, Pflichtversäumnis, Pflichtverletzung, Amtsmißbrauch, Unredlichkeit, Verantwortungslosigkeit.

pflücken, abpflücken, abrupfen, abzupfen, abreißen, abbrechen, klauben *(österr.),* brocken *(südd., österr.),* abbrocken *(südd., österr.).*

pflügen, ackern, umpflügen, umakkern, umbrechen, umgraben.

Pförtner, Portier, Türhüter, Türsteher.

Pfosten, Pfahl, Pflock, Steher *(österr.),* Pfeiler.

pfuschen, huscheln, schludern, murksen, hudeln, sudeln, fudeln, schlampen.

Pfuscher, Stümper, Dilettant, Amateur, Nichtskönner, Nichtswisser.

Pfuscherei, Stümperei, Flickwerk, Stückwerk, Ausschuß.

phantasielos, einfallslos, unschöpferisch, ideenlos, unoriginell, geistlos.

phantasieren, Wahnvorstellungen haben, im Fieber reden, Halluzinationen haben.

phantasievoll, einfallsreich, originell, ideenreich, kreativ, schöpferisch, geistreich.

Phantast, Träumer, Tagträumer, Traumtänzer, Hans Guckindieluft *(scherzh.),* Wolkenschieber *(scherzh.).*

Phase, Zeitraum, Zeit, Zeitabschnitt, Periode, Zeitspanne.

phlegmatisch, träge, schwerfällig, gleichgültig, desinteressiert, teilnahmslos, apathisch, lethargisch, leidenschaftslos, dickfellig *(ugs.),* tranig *(ugs.),* indolent *(bildungsspr.),* dumpf, stumpf, stumpfsinnig, abgestumpft.

phrasenhaft, leer, hohl, nichtssagend, banal, trivial, inhaltslos, stereotyp, abgedroschen, abgeleiert, abgeklappert.

Pianist, Klaviervirtuose, Klavierspieler, Mann am Klavier, Tastenkünstler *(scherzh.).*

pikant, würzig, aromatisch, herzhaft, feurig, scharf, stark [gewürzt], gewürzt, beißend, raß *(südd., österr., schweiz.),* räß *(südd., österr., schweiz.).*

pikiert, gekränkt, beleidigt, verletzt, verstimmt, verschnupft *(ugs.),* eingeschnappt *(ugs.),* mucksch *(nordd.).*

pilgern, wallfahrten, wallfahren.

Pilot, Flugzeugführer, Flugkapitän, Flieger.

Pilotprojekt, Test, Versuchsballon, Probe, Experiment.

Pingeligkeit, Pedanterie, Kleinlichkeit, Erbsenzählerei, Faktenhuberei.

Pionier, Schrittmacher, Wegbereiter, Vorreiter, Vordenker, Vorkämpfer, Avantgardist, Avantgarde, Protagonist, Bahnbrecher, Wegebahner *(schweiz.),* Vorbereiter.

Pirat, Seeräuber, Freibeuter, Korsar.

Piste, Hang, Abfahrt, Skiwiese, Idiotenhügel *(scherzh.).*

Pistole, Ballermann *(ugs.),* Revolver, Colt, Kanone *(salopp),* Waffe, Schießeisen *(ugs.).*

Plakat, Poster, Anschlag, Werbeplakat, Affiche *(schweiz.).*

Plakette, Abzeichen, Anstecknadel, Button.

Plan, Entwurf, Skizze, Exposé, Konzept.

[1]**planen,** entwerfen, projektieren, konzipieren, sich ausdenken.

[2]**planen,** vorbereiten, die nötigen Vorbereitungen treffen für, im voraus festlegen, Vorentscheidungen treffen für, die Weichen stellen.

planmäßig, methodisch, gezielt, konsequent, planvoll, überlegt, durchdacht, folgerichtig, systematisch.

Plantage, Ranch, Pflanzung.

plappern, sprechen, reden, schwatzen, schwätzen *(landsch.),* daherreden, drauflosreden *(ugs.),* sülzen *(salopp landsch. abwertend),* schwadronieren, babbeln *(ugs. landsch.),* quatschen *(salopp),* quasseln *(salopp),* Quasselwasser / Babbelwasser / Brabbelwasser getrunken haben *(ugs.),* wie ein Buch / wie ein Wasserfall / ohne Punkt und Komma reden, schnattern, brabbeln, brubbeln, sabbern *(salopp abwertend),* sabbeln *(salopp abwertend).*

[1]**Plastik,** Kunststoff, Ersatzstoff, Synthetik.

[2]**Plastik,** Skulptur, Standbild, Statue, Figur.

plastisch, anschaulich, eidetisch, bildhaft, ikonisch, sinnfällig, deutlich, verständlich, sprechend, lebendig, wirklichkeitsnah, bilderreich, farbig, einprägsam, drastisch, demonstrativ, veranschaulichend, illustrativ, praxisnah, nicht theorielastig, nicht praxisfern.

Platte *(ugs.),* Glatze, Glatzkopf, Kahlkopf, Tonsur, Spielwiese *(scherzh.),* Kahlschlag *(scherzh.),* Landeplatz *(scherzh.).*

Plattheit, Platitüde, Gemeinplatz, Allgemeinplatz, Allgemeinheiten, Selbstverständlichkeit, Binsenwahrheit, Binsenweisheit.

Platz, Sitzplatz, Sitz, Sitzgelegenheit.

platzen, zerplatzen, bersten, zerbersten, zerspringen, explodieren, implodieren, losgehen, detonieren, sich entladen, zerknallen, in die Luft fliegen / gehen, aufplatzen, aufbersten.

plaudern, sich unterhalten, reden / sprechen mit, über etwas Gedanken austauschen, Konversation betreiben / machen, plauschen, klönen *(ugs. nordd.),* Zwiesprache / ein Plauderstündchen / einen Plausch / einen Schwatz / ein Schwätzchen / *(ugs. nordd.)* einen Klönschnack halten, quatschen *(salopp).*

plausibel, verständlich, erklärlich, begreiflich, einsichtig, einsehbar, nachvollziehbar.

Playboy, Frauenheld, Frauenliebling, Frauenmann, Belami *(veraltend),* Charmeur, Schürzenjäger, Schwerenöter, Casanova, Don Juan, Herzensbrecher *(veraltend),* Suitier *(veraltet).*

plazieren, hinplazieren, aufstellen, [an einen bestimmten Platz] stellen / setzen / legen / bringen / tun, einen Platz zuweisen / geben / anweisen, hinstellen, hinsetzen, hinlegen, hinbringen, hintun.

pleite *(salopp),* bankrott, zahlungsunfähig, insolvent, illiquid, blank *(salopp).*

plötzlich, urplötzlich, jäh, jählings, abrupt, sprunghaft, auf einmal, mit einem Mal, unvermittelt, unversehens, unvorhergesehen, unvermutet, unerwartet, unverhofft, überraschend, Knall und / auf Fall, [wie ein Blitz] aus heiterem Himmel, schlagartig, von heute auf morgen, über Nacht.

Plumeau, Federbett, Oberbett, Überbett, Bettdecke, Deckbett.

plump, vierschrötig, klobig, grobschlächtig, ungeschlacht, ungefüge, breit, patschig.

Plunder *(abwertend),* Ausschuß, Ausschußware, Schleuderware, schlechte Ware, der letzte Dreck *(salopp abwertend),* Schrott, Altware, Ramsch, Tinnef *(abwertend),* Schofel *(abwertend),* Ladenhüter, Ladengaumer *(schweiz.).*

[1]**pochen,** klopfen, schlagen, hämmern.

[2]**pochen** (auf), bestehen auf, sein Recht geltend machen / erzwingen / behaupten, von seinem Recht Gebrauch machen, beanspruchen, Ansprüche stellen / erheben, Bedingungen stellen, beharren auf, persistieren, insistieren, bleiben bei, verharren bei, nicht lockerlassen, sich von etwas nicht abbringen lassen, nicht ablassen, sich versteifen.

Podium, Bühne, Tribüne, Podest, Erhöhung.

Poesie, Dichtung, Dichtkunst, Literatur, Schrifttum.

polemisch, geharnischt, scharf, gepfeffert *(salopp)*, gesalzen *(salopp)*.

polieren, blank reiben / polieren / machen, wienern, politieren *(österr.)*.

Polizeiwagen, Streifenwagen, Funkstreife, Peterwagen.

Polizist, Polizeibeamter, Polizei, Wachtmeister, Schutzmann, Schupo *(veraltet)*, Gesetzeshüter, Ordnungshüter, Gendarm, Polente *(salopp)*, Bulle *(ugs.)*, Polyp *(salopp)*, Wachmann *(österr.)*.

[1]**poltern,** lärmen, Lärm / *(ugs.)* Radau / *(ugs.)* Krach machen, randalieren, rumpeln *(ugs.)*, rumoren *(ugs.)*, bumsen *(ugs.)*, laut / *(schweiz.)* lärmig sein, pumpern *(südd., österr. ugs.)*, toben.

[2]**poltern,** krachen, knallen, einen Knall geben, knattern, böllern, grollen, rollen, donnern.

Pomade, Frisiercreme, Brillantine, Haaröl, Gel.

Pomp, Prunk, Gepränge, Pracht, Prachtentfaltung, Aufwand, Luxus.

populär, angesehen, geachtet, bewundert, geehrt, verehrt, verdient, hochgeschätzt, geschätzt, beliebt, geliebt, angebetet, vergöttert, gefeiert, volkstümlich, volksverbunden, renommiert.

porös, luftdurchlässig, atmungsaktiv, atmungsfreundlich.

Portemonnaie, Geldbörse, Börse, Geldbeutel, Portjuchhe *(ugs. scherzh.)*, Geldtasche, Brustbeutel.

Portier, Pförtner, Türhüter, Türsteher.

Positur, Stellung, Haltung, Pose.

possierlich, drollig, putzig, herzig, niedlich, goldig *(ugs.)*, süß *(ugs.)*.

Poster, Plakat, Anschlag, Affiche *(schweiz.)*.

postulieren, fordern, Forderungen stellen, ein Postulat aufstellen.

potent, mächtig, machtvoll, übermächtig, allmächtig, stark, einflußreich, hochmögend *(veraltet)*.

potentiell, möglich, virtuell, in Frage kommend.

[1]**Pracht,** Prunk, Gepränge, Pomp, Prachtentfaltung, Aufwand, Luxus.

[2]**Pracht,** Herrlichkeit, Schönheit, Glanz, Erhabenheit.

Prachtexemplar, Prachtkerl, Kaventskerl, Kaventsmann, Prachtstück.

[1]**prächtig,** schön, herrlich, wunderschön, wie gemalt, phantastisch, prachtvoll, majestätisch, wohlgestaltet, wohlgestalt, ebenmäßig, formschön, formrein *(schweiz.)*.

[2]**prächtig,** prunkvoll, prunkend, luxuriös, aufwendig, protzig.

Prädikat, Note, Zensur, Beurteilung, Bewertung, Benotung.

prahlen, protzen, renommieren, aufschneiden, bramarbasieren, angeben [wie zehn nackte Neger / wie eine Tüte voll Wanzen *bzw.* Mücken], Schaum schlagen, ein Schaumschläger sein, sich in die Brust werfen, den Mund voll nehmen, Sprüche machen / hermachen, Wind machen, sich aufspielen / brüsten / großtun, sich aufblähen / aufblasen / aufplustern / dicketun, sich wichtig machen / tun, dick auftragen, [bis zum Ellenbogen] reinlangen *(landsch.)*, große Reden schwingen, große Töne spucken *(salopp)*, ein großes Maul haben *(derb)*.

Prahler, Angeber, Gernegroß, Möchtegern, Großsprecher, Maulheld *(ugs. abwertend)*, Aufschneider, Prahlhans, Renommist, Schaumschläger, Großtuer, Zampano, Großkotz *(salopp)*, Großschnauze *(salopp)*, Märchenerzähler, Märchenonkel, Lügenbaron, Großmaul *(ugs. abwertend)*.

praktizieren, handhaben, ausüben.

Prämie, Gratifikation, Zuwendung, Zulage, Sonderzulage, Remuneration *(bes. österr.)*.

präm[i]iert, preisgekrönt, ausgezeichnet.

prangen, prunken, glänzen, strahlen, Pracht entfalten.

präsent, anwesend, gegenwärtig, greifbar, zugegen.

Präsent, Gabe, Geschenk, Angebinde, Aufmerksamkeit, Mitbringsel.

präsentieren, vorstellen, zeigen, vorführen.

Präsenz, Anwesenheit, Gegenwart, Zugegensein.

Präservativ, Kondom, Gummi, Verhüterli *(scherzh.)*, Gummischutzmittel, Präser *(ugs.)*, Überzieher *(salopp)*, Pariser *(salopp)*.

prasseln, klatschen, trommeln.

¹prassen, ein Wohlleben führen, sich des Lebens freuen, auf großem Fuß / in Saus und Braus leben, sich nichts abgehen lassen / versagen, es sich gutgehen lassen, in gesicherten Verhältnissen leben, weich gebettet sein, wie die Made im Speck / wie Gott in Frankreich / wie der Vogel im Hanfsamen leben.

²prassen, schlemmen, sich den Bauch / den Wanst vollschlagen *(salopp)*, sich vollfressen *(derb)*.

¹Praxis, Erfahrung, Know-how, Routine, Übung, Kenntnisse.

²Praxis, Kanzlei, Anwaltskanzlei *(südd.)*, Rechtsanwaltskanzlei, Anwaltsbüro, Rechtsanwaltsbüro.

präzis[e], exakt, genau, glasklar, klar, deutlich, unzweideutig, fest umrissen.

predigen, eine Predigt halten, das Wort Gottes verkündigen / verkünden, von der Kanzel reden.

Preisausschreiben, Preisrätsel, Quiz, Rätselspiel.

preisen, loben, beloben, belobigen, anerkennen, würdigen, verherrlichen, verklären, idealisieren, glorifizieren, laudieren *(veraltet)*, beweihräuchern, rühmen, lobpreisen, feiern, ehren, auszeichnen, Lob erteilen / spenden / zollen, jmdn. mit Lob überhäufen, jmds. Loblied singen, ein Loblied anstimmen, jmds. Ruhm verbreiten, sich in Lobreden / Lobesworten ergehen, schwärmen von, in den höchsten Tönen von jmdm. / von etwas reden, auf den Schild erheben, jmdm. etwas nachrühmen, des Lobes voll sein über, jmdn. über den Schellenkönig / über den grünen Klee loben, jmdn. in den Himmel heben.

¹preisgeben, übergeben, ausliefern, überantworten, ans Messer liefern.

²preisgeben, ausplaudern, verraten, weitererzählen, verplaudern, ausplappern *(ugs.)*, ausquatschen *(ugs.)*, ausquasseln *(ugs.)*, ausposaunen *(ugs.)*, ausplauschen *(österr.)*, ausratschen *(österr. ugs.)*, nicht für sich behalten, nicht dichthalten *(ugs.)*, den Mund nicht halten *(ugs.)*, aus der Schule / *(ugs.)* aus dem Nähkästchen plaudern.

preisgegeben, ausgeliefert, verraten und verkauft, ausgesetzt, schutzlos.

preisgekrönt, präm[i]iert, ausgezeichnet.

Preisnachlaß, Nachlaß, Ermäßigung, Prozente, Rabatt, Mengenrabatt, Abzug, Abschlag *(schweiz.),* Skonto.

Preissenkung, Preisherabsetzung, Verbilligung, Preisminderung.

Preissteigerung, Preiserhöhung, Preisanstieg, Teuerung, Verteuerung, Teuerungsrate, Kostenexplosion.

Preissturz, Sturz, Preisverfall, Baisse.

preiswert, billig, preisgünstig, kostengünstig, herabgesetzt, im Preis gesenkt, fast umsonst, [halb] geschenkt, preiswürdig, günstig, zu zivilen Preisen, wohlfeil, spottbillig, reduziert.

prekär, schwierig, schwer, diffizil, heikel, gefährlich, kitzlig *(ugs.),* problematisch, verzwickt *(ugs.),* vertrackt *(ugs.).*

Presse, Blätterwald, die Zeitungen, die Journalisten, Journaille *(abwertend).*

pressen, quetschen, zwängen, drücken, kneten, klemmen.

Priesterschaft, Klerus, Geistlichkeit, geistlicher Stand, Priesterstand, Klerisei *(abwertend).*

primitiv *(abwertend),* gewöhnlich, gemein, unflätig, ausfallend, ordinär *(abwertend),* vulgär *(abwertend),* pöbelhaft *(abwertend),* proletenhaft *(abwertend).*

prinzipiell, grundsätzlich, im allgemeinen, im Prinzip.

Priorität, Vorrang, Vorrangigkeit, Schwerpunkt, Hauptgewicht.

privatisieren, in Privatvermögen umwandeln, in Privateigentum überführen.

Privatsphäre, Intimsphäre, privater / intimer Bereich, Tabubereich, Privatleben.

probat, erprobt, bewährt, zuverlässig, verläßlich, alterprobt, altbewährt, geeignet, wirksam, nützlich.

Probe, Kostprobe, Muster.

[1]**probieren,** ausprobieren, die Probe aufs Exempel machen, durchprobieren, durchexerzieren, [sein Heil / sein Glück] versuchen, pröbeln *(schweiz.).*

[2]**probieren,** versuchen, kosten, verkosten, degustieren, gustieren *(österr.),* schmecken, abschmekken, eine Kostprobe / Probe nehmen.

Problem, Schwierigkeit, Frage, kritischer / strittiger Punkt, Knackpunkt, Hauptfrage, Kernfrage, Kardinalfrage, Hauptproblem, Kernproblem, Grundproblem, Zentralproblem, Kardinalproblem.

problematisch, schwierig, schwer, diffizil, heikel, gefährlich, kitzlig *(ugs.),* kompliziert, prekär.

Produkt, Erzeugnis, Artikel.

produzieren, herstellen, erzeugen, hervorbringen.

profan, weltlich, säkular, irdisch, diesseitig.

Professor, Hochschullehrer, Universitätsprofessor, Dozent, Ordinarius, Lehrstuhlinhaber.

profiliert, ausgeprägt, markant, scharf umrissen.

Profit, Gewinn, Vorteil, Nutzen, Ausbeute, Überschuß, Nettoeinnahme, Ertrag, Nettoertrag, Reinertrag, Reingewinn, Plus, Gewinnspanne.

profitieren, Nutzen haben / ziehen, Gewinn haben, Nutznießer sein.

Profitsucht, Habgier, Habsucht,

Raffgier, Gewinnsucht, Besitzgier, Geldgier, Unersättlichkeit.

profitsüchtig, habgierig, habsüchtig, raffgierig, geldgierig, gewinnsüchtig, besitzgierig, materialistisch, auf Gewinn bedacht.

Prognose, Voraussage, Vorhersage, Prophezeiung, Weissagung, Orakel.

Programm, Manifest, Grundsatzerklärung.

programmatisch, richtungweisend, richtunggebend, wegweisend, zielsetzend.

progressiv, fortschrittlich, avantgardistisch, vorkämpferisch, zeitgemäß, modern, links.

projektieren, konzipieren, planen, entwerfen, sich ausdenken.

proklamieren, verkünden, erklären, auf seine Fahne / sein Panier schreiben.

prompt, gleich, sogleich, sofort, brühwarm *(ugs.),* unverzüglich, ohne Aufschub, spornstreichs, stracks, stante pede *(ugs.),* stehenden Fußes, vom Fleck weg, alsbald, unmittelbar, auf der Stelle, hier und jetzt, hic et nunc *(bildungsspr.),* umgehend, auf Anhieb, postwendend, wie aus der Pistole geschossen (z. B. antworten).

Propaganda, Werbung, Reklame, Publicity, Agitation, Überzeugungsarbeit.

propagieren, werben, puschen, Stimmung machen, weibeln *(schweiz.).*

prophetisch, hellseherisch, seherisch, divinatorisch, vorahnend, vorausahnend.

Prophezeiung, Voraussage, Vorhersage, Prognose, Weissagung, Orakel.

prosaisch, nüchtern, trocken, phantasielos.

Prospekt, Werbeschrift, Katalog, Werbezettel, Reklameschrift, Handzettel, Stuffer, Flyer.

prost, prosit, na denn [prost], prösterchen *(scherzh.),* zum Wohl, auf dein / Ihr Wohl, auf dein / Ihr Spezielles.

prostituieren (sich), auf den Strich gehen, anschaffen, auf die Anschaffe gehen *(salopp),* seine Haut zu Markte tragen *(scherzh.).*

Prostituierte, Dirne, Freudenmädchen, Straßenmädchen, Kokotte *(veraltet),* Hetäre *(geh.),* Strichmädchen, Strichbiene *(ugs.),* Hure *(abwertend),* Metze *(geh.),* Liebesdienerin, Gunstgewerblerin, Nutte *(abwertend),* Edelnutte *(iron.),* Callgirl, Baby-Pro.

Prostitution, Gunstgewerbe, ambulantes / horizontales Gewerbe, das älteste Gewerbe der Welt, Strich.

Protagonist, Hauptdarsteller, Hauptfigur, Hauptperson, Held.

protegieren, fördern, begünstigen, lancieren, aufbauen, sich verwenden für, ein gutes Wort einlegen für, befürworten, jmdm. die Bahn / die Wege ebnen, jmdn. ins Geschäft bringen, jmdm. in den Sattel helfen.

Protest, Einspruch, Einsprache, Widerspruch, Veto, Beschwerde, Demarche, Klage, Reklamation, Berufung.

protokollieren, aufschreiben, aufnotieren, notieren, hinschreiben, zur Feder greifen, aufnehmen, festhalten, über etwas Buch führen, vermerken, anmerken, niederschreiben, aufzeichnen, verzeichnen, zusammenstellen, eintragen, mitschreiben, stenographieren, zu Papier bringen, aufs Papier werfen, aufsetzen, entwerfen, verfassen, abfassen, texten, ins unreine schreiben.

Prototyp, Inbegriff, Inkarnation, Verkörperung, Inbild, Muster.

protzig, angeberisch, großspurig, großsprecherisch, großtuerisch, prahlerisch, bamstig *(österr.),* großkotzig *(salopp).*

Proviant, Mundvorrat, Wegzehrung, eiserne Ration, Marschverpflegung, Lunchpaket.

Provinzialismus, Kirchturmpolitik, Kantönligeist *(schweiz.),* Kleinstaaterei.

Provinzler *(abwertend),* Landbewohner, Dörfler, Dorfbewohner, Kleinstädter *(oft abwertend),* Hinterwäldler *(abwertend),* Landpomeranze *(ugs. abwertend),* Landei *(ugs. abwertend),* Hillbilly *(abwertend),* G[e]scherter *(österr. abwertend).*

provisorisch, notdürftig, schlecht und recht, behelfsmäßig, vorläufig, vorübergehend, zur Not.

Provokation, Herausforderung, Brüskierung, Affront, Kampfansage.

provozieren, herausfordern, einen Streit vom Zaun brechen, jmdm. den Fehdehandschuh hinwerfen.

provozierend, herausfordernd, aufreizend, provokativ, provokatorisch, provokant.

Prozeß, Gerichtsverfahren, Verfahren, Rechtsverfahren.

prozessieren, einen Prozeß anstrengen, vor Gericht gehen, vor den Kadi bringen, sein Recht suchen, etwas einklagen, den Rechtsweg beschreiten, das Gericht / die Gerichte anrufen, sich an das Gericht wenden, sein Recht bei Gericht / vor Gericht suchen, jmdm. einen Prozeß anhängen / *(ugs.)* an den Hals hängen.

[1]**prüfen,** kontrollieren, überprüfen, nachprüfen, fecken *(schweiz.),* inspizieren, durchgehen, durchsehen, einsehen, nachsehen, checken, einchecken, abchecken, durchchecken, nachschauen, revidieren, etwas einer Revision unterziehen, erdauern *(schweiz.),* sich überzeugen / vergewissern.

[2]**prüfen,** examinieren, testen, checken, abchecken, durchchecken, einer Prüfung unterziehen, untersuchen, jmdm. auf den Zahn fühlen, auf die Probe stellen, auf Herz und Nieren prüfen, unter die Lupe nehmen.

Prüfer, Kontrolleur, Kontrollor *(österr.),* Inspekteur, Aufsichtsbeamter.

Prüfung, Kontrolle, Durchsicht, Nachprüfung, das Checken, Untersuchung, Untersuch *(schweiz.),* Überprüfung, Audit, Inspizierung, Inspektion, Revision.

Prüfungsangst, Lampenfieber, Nervosität, Herzklopfen, Examensangst.

Prügel, Schläge, Abreibung *(ugs.),* Dresche *(ugs.),* Keile *(ugs.),* Haue *(ugs.),* Wichse *(ugs.).*

Prügelei, Schlägerei, Keilerei *(ugs.),* Rauferei, Schleglete *(schweiz.).*

Prügelknabe, Sündenbock, Zielscheibe, Watschenmann *(österr.),* der Dumme, Blitzableiter.

prügeln (sich), sich schlagen / hauen / keilen / kloppen *(salopp),* sich katzbalgen / balgen / raufen, handgemein / handgreiflich werden.

Prunk, Gepränge, Pomp, Pracht, Prachtentfaltung, Aufwand, Luxus.

prunken, prangen, glänzen, strahlen, Pracht entfalten.

prunkvoll, prunkend, prächtig, luxuriös, aufwendig, protzig.

Pseudonym, Deckname, Künstlername, Tarnname.

psychisch, seelisch, geistig, mental, nervlich, psychologisch, seelenkundlich.

Pubertät, Entwicklungszeit, Entwicklungsjahre, Reifezeit, Flegeljahre.

Public Relations, PR, Öffentlichkeitsarbeit, Meinungspflege, Kontaktpflege.

Publikum, Besucher, Teilnehmer, Auditorium, Zuhörerschaft, Zuhörer, Hörerschaft, Zuschauer.

Pullover, Pulli, Nicki, Sweater, Jumper.

Pult, Rednerpult, Lesepult, Katheder.

Pulver, Staub, Mehl, Puder, Stupp *(österr.)*.

pulverförmig, pulverig, pulverisiert, staubförmig.

pulverisieren, zermahlen, zerreiben, zerstoßen, zerstampfen, zerklopfen.

Punkt, Stelle, Stätte, Platz, Ort, Örtlichkeit.

pünktlich, rechtzeitig, zeitgerecht *(österr., schweiz.)*, zur rechten / vereinbarten Zeit, auf die Minute, mit dem Glockenschlag, ohne Verspätung, nicht zu früh und nicht zu spät.

putzen, säubern, reinigen, saubermachen, rein[e] machen, gründlich machen, ein Zimmer machen, schummeln *(landsch.)*, fudeln *(landsch.)*.

Putzfrau, Rein[e]machefrau, Reinigungskraft, Raumpflegerin, Putzhilfe, Scheuerfrau, Stundenfrau, Aufwartung, Aufwartefrau, Zugeherin *(landsch.)*, Zugehfrau *(landsch.)*, Bedienerin *(österr.)*, Bedienung *(österr.)*.

putzig, possierlich, drollig, herzig, niedlich, goldig *(ugs.)*, süß *(ugs.)*.

Puzzle, Geduld[s]spiel, Zusammensetzspiel, Puzzlespiel.

Q

[1]**quälen,** mißhandeln, foltern, peinigen, martern *(geh.),* schikanieren, schinden.

[2]**quälen,** bekümmern, bedrücken, beunruhigen, betrüben, jmdm. Kummer machen / bereiten, jmdm. Sorge machen / bereiten, jmdm. zu schaffen machen, jmdm. [schwer] im Magen liegen, jmdn. mit Kummer / Sorge erfüllen, jmdm. Kopfzerbrechen machen / bereiten, ein Nagel zu jmds. Sarg sein, jmdm. das Herz brechen / [fast] das Herz abdrücken.

quälend, schmerzlich, qualvoll, schmerzend, peinigend, peinvoll, schmerzvoll, stechend, brennend, beißend, bohrend.

Quälgeist, Plagegeist, Landplage, Nervtöter, Singuhr *(landsch.),* Nervensäge.

Qualifikation, Fähigkeit, Tauglichkeit, Können, Befähigung, Vermögen.

qualifiziert, fähig, befähigt, begabt, gut, tüchtig, geschickt, patent *(ugs.).*

Qualität, Niveau, Leistungsstufe, Standard.

qualitätvoll, kostbar, erlesen, auserlesen, exquisit, ausgesucht, hochwertig, de Luxe, in Sonderausführung, ausgewählt, fein, edel, wertvoll, teuer.

Qualm, Rauch, Schmauch *(fachspr.),* Dunst, Hecht *(ugs.).*

[1]**Quantum,** Dosis, Menge.

[2]**Quantum,** Quantität, Zahl, Anzahl.

Quartier, Unterkunft, Logis, Obdach, Unterstand *(österr.),* Unterschlupf, Absteigequartier, Asyl, Herberge *(schweiz.),* Bleibe *(ugs.),* Schlafstelle, Penne *(salopp).*

quasi, gewissermaßen, an und für sich, sozusagen, eigentlich, so gut wie.

Quaste, Trottel, Bommel *(landsch.),* Puschel *(landsch.).*

quatschen *(salopp),* sprechen, reden, schwatzen, schwätzen *(landsch.),* daherreden, drauflosreden *(ugs.),* sülzen *(salopp landsch. abwertend),* schwadronieren, plappern, babbeln *(ugs. landsch.),* quasseln *(salopp),* schnattern, brabbeln, brubbeln, sabbern *(salopp abwertend),* sabbeln *(salopp abwertend).*

Quelle, Gewährsmann, Informant, Verbindungsmann, V-Mann, Kontaktmann, Hintermann.

quengelig, unleidlich, unruhig, ungeduldig, drängelnd, unausstehlich, verquengelt.

Querulant, Nörgler, Meckerer *(ugs.),* Widerspruchsgeist, Streithahn *(ugs.),* Streithammel *(ugs.),* Prozeßhansel *(ugs.),* Streithansel *(ugs.),* Michael Kohlhaas, Beckmesser, Kritikaster.

quetschen, drücken, kneten, klemmen, pressen, zwängen.

Quintessenz, Hauptsache, Kernpunkt, Kernstück, das A und O, das Wesentliche, das Wichtigste, Knackpunkt *(ugs.),* Dollpunkt *(ugs.),* springender Punkt.

Quittung, Rechnung, Kassenzettel, Kassenbeleg, Kassenbon, Empfangsbescheinigung.

R

Rabatt, Preisnachlaß, Nachlaß, Ermäßigung, Prozente, Mengenrabatt, Abzug, Abschlag *(schweiz.),* Skonto.

Rache, Vergeltung, Abrechnung, Heimzahlung, Revanche, Ahndung, Bestrafung, Gegenschlag, Vergeltungsschlag, Vergeltungsmaßnahme.

radebrechen, stammeln, stottern, lallen, nuscheln.

Rädelsführer, Anführer, Bandenführer, Gangleader, Haupt, Chef, Boß, King *(Jargon),* Leiter, Räuberhauptmann *(scherzh.).*

Radio, Rundfunkgerät, Empfänger, Empfangsgerät, Radioapparat, Apparat, Rundfunkempfänger, Kasten *(ugs.).*

Raffgier, Habgier, Habsucht, Profitsucht, Gewinnsucht, Besitzgier, Geldgier, Unersättlichkeit.

raffgierig, habgierig, habsüchtig, profitsüchtig, geldgierig, gewinnsüchtig, besitzsüchtig, materialistisch, auf Gewinn bedacht.

raffiniert, gewitzt, schlau, bauernschlau, durchtrieben, gerissen, verschlagen, ausgefuchst, gerieben, ausgekocht *(salopp, abwertend),* abgefeimt, ausgepicht *(ugs.),* ausgebufft *(salopp),* gewiegt, gewieft, gefinkelt *(österr.),* gehaut *(ugs., österr.),* vigilant *(landsch.),* helle *(landsch.).*

Rage *(ugs.),* Ärger, Zorn, Wut, Stinkwut *(emotional),* Jähzorn, Raserei, Furor.

Rahm *(landsch.),* Sahne, Obers *(österr.),* Schmant *(landsch.),* Schmetten *(landsch.),* Flott *(nordd.),* Creme *(schweiz.),* Nidel *(schweiz.).*

ramponieren *(ugs.),* beschädigen, ruinieren *(ugs.),* lädieren.

Ramsch, Ausschuß, Ausschußware, Schleuderware, schlechte Ware, der letzte Dreck *(salopp abwertend),* Schrott, Altware, Tinnef *(abwertend),* Schofel *(abwertend),* Plunder *(abwertend),* Ladenhüter, Ladengaumer *(schweiz.).*

Rand, Kante, Ecke, Eck *(südd., österr.).*

randalieren, lärmen, Lärm / *(ugs.)* Radau / *(ugs.)* Krach machen, poltern, rumpeln *(ugs.),* rumoren *(ugs.),* bumsen *(ugs.),* laut / *(schweiz.)* lärmig sein, pumpern *(südd., österr. ugs.),* toben.

Randalierer, Krawallmacher *(ugs.),* Krawallbruder *(ugs.),* Radaumacher *(ugs.),* Radaubruder *(ugs.),* Krachmacher *(ugs.).*

Randbemerkung, Glosse, Marginalie, Anmerkung.

Rangfolge, Rangordnung, Hierarchie, Stufenfolge, Stufenordnung, Hackordnung.

ranhalten (sich), sich beeilen, sich sputen / tummeln / abhetzen *(ugs.),* sich eilen *(landsch.),* sich überstürzen, schnell / rasch / fix machen *(ugs.),* keinen Augenblick verlieren, sich dazuhalten *(salopp);* zusehen, daß ... *(ugs.);* dazuschauen *(österr.),* es eilig haben, jmdm. brennt der Boden unter den Füßen, in Hetze sein, keine Zeit verlieren / versäumen dürfen, keine Zeit [zu verlieren] haben, unter Zeitdruck / *(ugs.)* unter Dampf stehen.

[1]**ranken,** klettern, sich emporranken.

[2]**ranken** (sich um), sich schlingen um, sich winden um, sich schlängeln um, sich ringeln um.

rannehmen *(ugs.),* rankriegen *(ugs.);* jmdm. zeigen, was eine Harke ist / wo Barthel den Most holt *(ugs.).*

Ranzen, Schultasche, Schulranzen, Mappe, Schulmappe, Tornister *(landsch.).*

Rarität, Seltenheit, Ausnahme, Ausreißer, Besonderheit, weißer Rabe.

rasant, rassig, schnittig, schneidig.

Rasen, Gras, Grasdecke, Rasendecke, Grasnarbe, Wasen *(südd. veraltend),* Rasenfläche, Grünfläche.

Rasender, Tobsüchtiger, Tobender, Berserker, Wüterich, Amokläufer.

Raserei, Tobsucht, Tobsuchtsanfall, Wutanfall, Amoklauf, Rage.

rassig, rasant, schnittig, schneidig, flott.

Rast, Ruhepause, Verschnaufpause, Atempause, Ruhe, Erholung, Urlaub, Ferien, Relaxing.

rastlos, fleißig, eifrig, emsig, strebsam, unermüdlich, nimmermüde, arbeitsam, arbeitswillig, tüchtig, tätig.

raten, anraten, einen Rat geben / erteilen, Ratschläge geben / erteilen, zuraten, zureden, einreden auf jmdn., mit Engelszungen reden, empfehlen, nahelegen.

rationieren, einteilen, dosieren.

ratlos, hilflos, machtlos, aufgeschmissen *(ugs.),* mit seiner Weisheit / seinem Latein am Ende.

rätselhaft, dunkel, orakelhaft, geheimnisvoll, doppelsinnig, doppeldeutig, undurchschaubar, mysteriös, schleierhaft, unbegreiflich, unerklärlich, unergründlich.

Raub, Fang, Beute, Diebesgut, Sore *(Jargon),* heiße Ware *(Jargon).*

Rauch, Qualm, Schmauch *(fachspr.),* Dunst, Hecht *(ugs.).*

rauchen, schmauchen, qualmen *(ugs.),* paffen *(ugs.),* plotzen *(ugs.),* schmöken *(nordd.).*

rauchig, rauh, krächzend, heiser, tonlos, klanglos, mit belegter Stimme.

Raufbold, Rowdy, Schläger, Rabauke, Schlagetot *(veraltet).*

raufen (sich), sich balgen / katzbalgen, knuffen, boxen, rangeln, handgemein / handgreiflich werden.

Rauferei, Keilerei *(ugs.),* Balgerei, Handgemenge, Schlägerei, Prügelei, Schleglete *(schweiz.).*

rauh, holprig, uneben, rissig, nicht glatt, nicht zart.

Raum, Räumlichkeit, Zimmer, Stube *(landsch.),* Gemach *(geh.),* Kammer, Bude *(ugs.).*

Rausch, Euphorie, Ekstase.

Rauschgift, Droge, Suchtmittel, Betäubungsmittel, Stoff *(Jargon).*

reagieren, ansprechen, Gegenwirkung zeigen.

reaktionär, konservativ, rückschrittlich, fortschrittsfeindlich, restaurativ, rückständig, zurückgeblieben, unzeitgemäß, altmodisch, unmodern, veraltet.

Reaktionär *(abwertend),* Rechter, Rechtsaußen, Ewiggestriger *(abwertend),* Betonkopf *(abwertend),* Hardliner.

Reaktionsvermögen, Geistesgegenwart, Reaktionsschnelligkeit, Entschlußkraft.

realisieren, verwirklichen, erledigen, bewerkstelligen, Wirklichkeit / Realität werden lassen, in die Tat umsetzen, Ernst machen, wahr machen, ins Werk / in Szene setzen, ausführen, durchführen, vollstrecken, vollziehen, durchziehen *(ugs.),* zustande / zuwege bringen, über die Bühne bringen, schmeißen *(ugs.),* schaukeln *(ugs.).*

realistisch, nüchtern, sachlich, trocken, wirklichkeitsnah, lebensnah.

Realität, Wirklichkeit, Sosein, Sachlage, Sachverhalt, Faktizität.

rebellieren, aufbegehren, sich empören / auflehnen / aufbäumen / erheben / widersetzen / sträuben / wehren / zur Wehr setzen, auftrumpfen, Sperenzchen / Mätzchen machen *(ugs.),* einen Tanz aufführen *(ugs.),* sich mit Händen und Füßen wehren / sträuben *(ugs.),* jmdm. die Stirn bieten / die Zähne zeigen / *(schweiz.)* die Stange halten, protestieren, opponieren, Protest erheben / einlegen, revoltieren, meutern, Krach schlagen *(ugs.),* eine [dicke] Lippe riskieren *(ugs.),* auf die Barrikaden steigen / gehen, Sturm laufen gegen, wider / gegen den Stachel löcken, Widerpart bieten, in Aufruhr geraten, trotzen, mucken, murren, aufmucken, aufmucksen, sich auf die Hinterbeine stellen, sich etwas nicht / sich nichts gefallen lassen.

recherchieren, nachforschen, nachspüren, ermitteln, Ermittlungen / Nachforschungen anstellen, untersuchen , abklopfen auf, ausleuchten, einer Sache auf den Grund gehen / nachgehen, herumstochern, herumbohren, erkunden, feststellen, erheben *(südd., österr.),* ausforschen *(österr.).*

rechnen (mit), erwarten, warten / hoffen auf, spekulieren auf, sich auf etwas verlassen.

Rechnung, Quittung, Kassenzettel, Kassenbon, Kassenbeleg.

recht, gerecht, richtig, gerechtfertigt, berechtigt, rechtmäßig, billig *(veraltend).*

rechtdenkend, gerecht, unparteiisch.

rechtfertigen, lossprechen, entschuldigen, exkulpieren, von einer Schuld befreien, freisprechen, Absolution erteilen *(kath.).*

Rechthaber, Besserwisser, Neunmalkluger, Neunmalschlauer, Neunmalgescheiter, Oberlehrer, Alleswisser, Klugscheißer *(derb),* Klugschnacker *(nordd.).*

rechtlich, juristisch, de jure, juridisch *(österr.),* gesetzlich.

rechtmäßig, legitim, begründet, rechtlich, gesetzlich, legal.

rechts, rechter Hand, auf der rechten Seite; dort, wo der Daumen links ist *(scherzh.).*

Rechtsanwalt, Anwalt, Advokat *(veraltend),* Rechtsbeistand, Rechtsberater, Rechtsvertreter.

Rechtsberater, Justitiar, Syndikus, Rechtsbeistand.

Rechtsbrecher, Straftäter, Verbrecher, Gesetzesbrecher, Straffälliger, Delinquent, Missetäter *(geh.),* Übeltäter, Täter, Krimineller, Frevler *(geh.),* Strolch *(abwertend),* Unhold *(abwertend),* Ganove *(abwertend),* Gangster *(abwertend).*

Rechtschaffenheit, Ehrbarkeit, Ehrsamkeit, Honorigkeit, Redlichkeit, Achtbarkeit *(veraltend).*

Rechtsempfinden, Gerechtigkeitssinn, Sinn für Gerechtigkeit, Rechtsgefühl, Rechtssinn.

Rechtsgelehrter, Jurist, Rechtswissenschaftler, Rechtsverdreher *(ugs. scherzh.).*

Rechtsprechung, Justiz, Rechtswesen, Rechtspflege, Gerichtswesen, Gerichtsbarkeit, Jurisdiktion *(bildungsspr.).*

rechtsradikal, rechtsextrem, faschistisch, neofaschistisch, faschistoid, nationalsozialistisch, nazistisch, nationalistisch.

Rechtswissenschaft, Jura, Jurisprudenz, Jus *(österr.).*

rechtzeitig, zeitgerecht *(österr., schweiz.),* auf die Minute, mit dem Glockenschlag, ohne Verspätung, zur rechten / vereinbarten Zeit, pünktlich.

recyceln, wiederverwerten, wiedergewinnen, zurückgewinnen, rezyklieren, nicht deponieren.

Recycling, Wiederverwertung, Wiederaufbereitung, Wiederverwendung.

Rede, Ansprache, Vortrag, Referat.

redefreudig, gesprächig, mitteilsam, redelustig, redselig, geschwätzig *(abwertend),* quatschig *(salopp abwertend),* klatschsüchtig *(abwertend),* tratschsüchtig *(abwertend),* schwatzhaft *(abwertend).*

Redegabe, Redegewandtheit, Wortgewandtheit, Redegewalt, Sprachgewalt, Eloquenz *(geh.),* Beredsamkeit.

redegewandt, beredt, beredsam, zungenfertig, wortgewandt, sprachgewaltig, redegewaltig, eloquent, deklamatorisch.

[1]**reden** (über), sich äußern, von sich geben, sich verbreiten / ausbreiten / auslassen über, sich ergehen in / über, Stellung nehmen, seine Meinung kundtun, den Mund auftun, meinen, erklären, behaupten.

[2]**reden** (über), sich entrüsten / aufhalten / aufregen über, lästern / *(ugs.)* herziehen / *(ugs.)* losziehen über, sich das Maul verreißen / zerreißen über *(salopp),* klatschen / tratschen / ratschen über *(ugs.),* durchhecheln *(ugs.).*

Redeschwall, Redefluß, Wortschwall, Tirade, Suada.

Redner, Referent, Vortragender.

redundant, überflüssig, doppelt gemoppelt *(ugs.),* pleonastisch, tautologisch, zuviel, übervoll, überladen.

Redundanz, Üppigkeit, Überfluß, Übermaß.

[1]**reduzieren,** verringern, vermindern, herabmindern, abmindern, schmälern, verkleinern, minimieren, dezimieren, drosseln, herabsetzen, herunterschrauben, herunterdrücken, abgrenzen, begrenzen, eingrenzen, beschränken, einschränken, streichen, Abstriche machen.

[2]**reduzieren,** heruntersetzen, herabsetzen, ermäßigen, Rabatt / Prozente geben, einen Nachlaß geben / gewähren, im Preis reduzieren, verschleudern, zu Schleuderpreisen verkaufen.

Reeder, Schiffsherr, Schiffseigner, Eigner.

[1]**reflektieren,** denken, überlegen, nachdenken, Reflexionen anstellen über, durchdenken, sich fragen / Gedanken machen, einem Gedanken / seinen Gedanken nachhängen, sich besinnen / bedenken, mit sich zu Rate gehen, seine Gedanken zusammennehmen, nachsinnen, nachgrübeln, sinnen, grübeln, tüfteln, sinnieren, brüten, rätseln, herumrätseln, sich den Kopf zerbrechen, sich einen Kopf machen *(Jargon),* sich das Hirn zermartern, knobeln *(ugs.),* den Verstand gebrauchen, seinen Geist anstrengen.

[2]**reflektieren,** spiegeln, widerspiegeln, zurückstrahlen, zurückwerfen.

Reflex, Lichtreflex, Widerschein, Spiegelung, Abglanz.

Reform, Reformierung, Reformation, Umgestaltung, Neuerung, Erneuerung, Neugestaltung, Perestroika.

reformieren, verbessern, erneuern, neu gestalten, umgestalten, revolutionieren, optimieren.

Refugium, Zuflucht, Zufluchtsort, Zufluchtsstätte, Freistatt, Asyl, Versteck, Schlupfloch, Schlupfwinkel, Unterschlupf.

Regal, Gestell, Etagere, Ablage, Bord, Stellage.

Regel, Grundsatz, Leitsatz, Richtschnur, Leitschnur, Leitlinie, Richtlinie, Faustregel.

regeln, normen, normieren, standardisieren, eichen, regulieren, festlegen, festsetzen, vereinheitlichen, typisieren, kanonisieren, uniformieren, als Norm festsetzen / festlegen, auf einen Nenner bringen.

regelwidrig, von der Norm abweichend, anormal, abnormal, anomal, unnormal, normwidrig, abnorm, krankhaft.

Regelwidrigkeit, Abweichung, Ausnahme, Sonderfall, Irregularität, Regelverstoß, Normwidrigkeit.

Regen, Regenfälle, Niederschlag, Schauer, Wolkenbruch, Guß, Regenguß.

regenerieren (sich), sich erholen, wieder zu Kräften / auf die Beine kommen, sich kräftigen, wieder zu sich kommen, auftanken *(ugs.)*.

Regent, Herrscher, Alleinherrscher, Gebieter, Herr, Machthaber, Gewalthaber, Potentat, Diktator, Tyrann *(veraltet)*, Führer, Anführer.

regieren, führen, lenken, leiten, verwalten, administrieren, kommandieren, befehligen, gebieten / herrschen über, vorstehen, an der Spitze stehen, das Heft / das Steuer / die Zügel fest in der Hand haben, die Fäden in der Hand haben / halten.

Regierung, Herrschaft, Administration, Regentschaft, Regime *(abwertend)*.

Regimekritiker, Dissident, Oppositioneller.

regional, lokal, gebietsweise, strichweise, landschaftlich.

registrieren, wahrnehmen, sehen, erfassen, erkennen, identifizieren, diagnostizieren.

Registrierung, Erfassung, Kodifizierung, Dokumentation.

reglos, regungslos, bewegungslos, unbewegt.

regnen, nieseln, tröpfeln, sprühen, drippeln *(landsch.)*, pladdern *(ugs.)*, [wie mit Kübeln] gießen, schütten, in Strömen regnen, Bindfäden regnen, schiffen *(derb)*.

Regularität, Gesetzmäßigkeit, Gesetz, Regelmäßigkeit.

reiben, frottieren, schrubben, rubbeln, ribbeln *(landsch.)*.

reibungslos, ohne Schwierigkeiten / Hindernisse, glatt, gut, wie am Schnürchen *(ugs.)*, wie geschmiert *(ugs.)*.

[1]**reich,** üppig, luxuriös, feudal, fürstlich, überreichlich, überreich, verschwenderisch.

[2]**reich,** begütert, vermögend, wohlhabend, bemittelt, gutsituiert, betucht, zahlungskräftig, potent, mit Glücksgütern gesegnet, behäbig *(schweiz.)*, vermöglich *(schweiz.)*, hablich *(schweiz.)*.

reichen, ausreichen, hinreichen, genügen, langen *(ugs.)*, in ausreichendem Maße vorhanden sein.

reichhaltig, inhaltsreich, inhaltsvoll, gehaltvoll, substanzreich, substantiell.

reichlich, viel, unzählig, ungezählt, zahllos, wie Sand am Meer, in Hülle und Fülle, in großer Zahl, jede Menge *(ugs.)*, in rauhen Mengen *(ugs.)*, [mehr als] genug, massenhaft *(ugs.)*, massenweise *(ugs.)*, massig *(ugs.)*, in Massen *(ugs.)*, en masse *(ugs.)*, haufenweise *(ugs.)*, nicht wenig.

Reichtum, Wohlstand, Wohlhabenheit.

Reihenfolge, Folge, Abfolge, Ablauf, Aufeinanderfolge, Sequenz, Turnus.

[1]**rein,** sauber, reinlich, fleckenlos, gesäubert, gereinigt, hygienisch, blitzsauber, pieksauber, blitzblank, proper, wie geleckt, makellos.

[2]**rein,** gereinigt, absolut, unvermischt, unverfälscht.

[3]**rein,** lauter, sauber, makellos, unverdorben.

reinigen, säubern, saubermachen, putzen, rein[e] machen, gründlich machen, ein Zimmer machen, schummeln *(landsch.)*, fudeln *(landsch.)*.

Reise, Fahrt, Ausflug, Exkursion, Expedition, Tour, Spritztour, Trip.

Reisegepäck, Gepäck, Gepäckstücke, [die] Koffer.

reißen, zerren, ziehen, zupfen, rupfen, ziepen *(ugs.)*.

Reißzwecke, Zwecke, Reißnagel, Reißbrettstift, Reißstift, Wanze *(landsch.)*.

Reiz, Zauber, Verlockung, Anreiz, Anziehungskraft, Wirkung, Pfiff *(ugs.)*, Kitzel.

Reizbarkeit, Launenhaftigkeit, Übellaunigkeit, Brummigkeit *(ugs.)*, Empfindlichkeit.

[1]**reizen,** jmdn. ärgern, verärgern, aufbringen, hochbringen *(salopp)*, wütend / rasend machen, in Harnisch / Wut bringen, ertäuben *(schweiz.)*, jmdm. das Blut in Wallung bringen, Unfrieden stiften, böses Blut machen, jmdn. bis aufs Blut peinigen / quälen, auf die Palme bringen *(salopp)*, zur Weißglut bringen, jmdn. erbosen / erzürnen / empören / erbittern / verdrießen / ärgern / kränken / verstimmen / verwundern / deprimieren / betrüben / *(ugs.)* fuchsen / wurmen / bedrücken / bedrängen / belästigen, jmdm. auf die Nerven / *(salopp)* auf den Wecker fallen *bzw.* gehen, jmdm. den letzten Nerv rauben / töten *(ugs.)*, auf jmds. Nerven herumtrampeln, jmdm. zuviel werden, eine Landplage sein, lästig sein, ein rotes Tuch für jmdn. sein, wie ein rotes Tuch auf jmdn. wirken.

[2]**reizen,** aufreizen, entflammen, locken, verlocken, jmdm. den Mund wäßrig machen *(ugs.)*, anmachen *(salopp)*, jmdn. verrückt / scharf machen *(ugs.)*, aufgeilen *(salopp)*.

[1]**reizend,** bezaubernd, liebenswürdig, charmant, entzückend, bestrickend, berückend, gewinnend, anmutig, zauberhaft.

[2]**reizend,** niedlich, entzückend, goldig, herzig, süß, bezaubernd, allerliebst.

rekeln (sich), sich recken, sich strecken, sich aalen *(ugs.)*, sich lümmeln *(ugs. abwertend)*, sich hinlümmeln *(ugs. abwertend)*, sich flegeln *(ugs. abwertend)*, sich hinflegeln *(ugs. abwertend)*, sich fläzen *(ugs. abwertend)*, sich hinfläzen *(ugs. abwertend)*.

Reklame, Werbung, Propaganda, Publicity, PR, Public Relations, Öffentlichkeitsarbeit, Promotion, Sales-promotion, Verkaufsförderung, Werbefeldzug.

Rekord, Höchstleistung, Bestleistung, Meisterleistung, Spitzenleistung, Glanzleistung.

rekrutieren (sich aus), sich zusammensetzen aus, bestehen aus, gebildet werden von.

Relation, Verhältnis, Beziehung, Bezug, Interaktion *(bildungsspr.)*,

Zusammenhang, Interdependenz *(bildungsspr.),* Abhängigkeit.

Relevanz, Bedeutsamkeit, Wichtigkeit, Signifikanz, Gewichtigkeit, Bedeutung, Aktualität, Brisanz.

Religion, Glaube, Glaubensbekenntnis, Bekenntnis, Konfession.

religiös, fromm, gottesfürchtig, gläubig, kirchlich, glaubensstark, gottgefällig *(geh.),* gottselig *(veraltend).*

Religiosität, Frömmigkeit, Gottesfürchtigkeit, Gläubigkeit, Glaubensstärke.

Renaissance, Wiederaufleben, Wiedergeburt, Comeback, Wiederbelebung, Neubelebung.

Rendezvous, Verabredung, Stelldichein, Tête-à-tête, Termin, Dating, Date, Zusammenkunft, Zusammentreffen.

renitent, widerspenstig, widersetzlich, trotzig, aufsässig, aufmüpfig, störrisch.

rennen, springen, laufen, spurten, sprinten, hasten, huschen, jagen, stieben, stürzen, rasen, sausen, fegen, eilen, pesen *(ugs.),* wetzen *(ugs.),* düsen *(ugs.),* flitzen *(ugs.),* spritzen *(ugs.),* die Beine in die Hand / unter die Arme nehmen *(ugs.).*

renommieren, prahlen, protzen, aufschneiden, bramarbasieren, angeben [wie zehn nackte Neger / eine Tüte voll Wanzen *bzw.* Mükken], Schaum schlagen, ein Schaumschläger sein, sich in die Brust werfen, den Mund voll nehmen, Sprüche machen / hermachen, Wind machen, sich aufspielen / brüsten / großtun, sich aufblähen / aufblasen / aufplustern / dicketun, sich wichtig machen / tun, dick auftragen, [bis zum Ellenbogen] reinlangen *(landsch.),* große Reden schwingen, große Töne spucken *(salopp),* ein großes Maul haben *(derb).*

Renovation, Renovierung, Erneuerung, Neugestaltung.

renovieren, restaurieren, wiederherstellen, auffrischen, erneuern, instand setzen.

rentabel, gewinnbringend, einträglich, lukrativ, lohnend.

reparieren, ausbessern, instand setzen, wieder in Schuß bringen / ganz machen *(ugs.),* in Ordnung bringen, flicken, richten *(landsch.).*

Repressalie, Zwangsmaßnahme, Sanktion, Druckmittel, Druck, Pression, Zwang, Nötigung, Gegenmaßnahme, Gegenstoß.

Repression, Unterdrückung, Unterjochung, Knebelung, Drangsalierung.

repressiv, hemmend, einengend, Zwang ausübend, unfreiheitlich, autoritär.

Requiem, Toten[gedenk]messe, Totenamt, Seelenmesse, Seelenamt, Trauerfeier, Totenfeier, Trauermesse, Exequien, Obsequien.

reservieren, vormerken, freihalten, zurücklegen, vorbestellen, vorausbestellen.

reserviert, zurückhaltend, zugeknöpft, verschlossen, still.

Reservoir, Vorrat, Rücklage, Lager, Reserve, Topf *(ugs.).*

Resigniertheit, Verzagtheit, Mutlosigkeit, Niedergeschlagenheit, Kleinmut *(geh.),* Kleinmütigkeit *(geh.),* Deprimiertheit.

resolut, energisch, zupackend, tatkräftig, willensstark, forsch.

Resolution, Entschließung, Beschluß, Entschluß.

Resonanz, Echo, Widerhall.

Respekt, Achtung, Verehrung, Hochachtung, Wertschätzung,

Ehrerbietung, Bewunderung, hohe Meinung.

Respektlosigkeit, Nichtachtung, Despektierlichkeit, Mißachtung, Achselzucken.

Rest, Überbleibsel, Übriggebliebenes, Überrest, Übriges.

Restauration, Rückschritt, Fortschrittsfeindlichkeit, Reaktion.

restaurieren, auffrischen, instand setzen, wiederherstellen.

restlich, übrig, übrigbleibend, verbleibend, übriggeblieben, übriggelassen, noch vorhanden.

resultieren (aus), sich ergeben aus, entspringen, entstehen, entstammen, stammen (von).

retrospektiv, rückblickend, rückschauend, nachträglich, im nachhinein.

Retrospektive, Rückschau, Rückblende, Rückblick, Erinnerung.

retten, erretten, erlösen, in Sicherheit bringen, bergen, [aus einer Gefahr] befreien, heraushauen *(ugs.),* herausholen *(ugs.),* aus der Patsche helfen *(ugs.).*

Retter, Erretter, Befreier, Erlöser, rettender Engel, Helfer in der Not, Nothelfer.

reumütig, schuldbewußt, reuevoll, bußfertig, reuig, Reue empfindend, zerknirscht.

revidieren, ändern, abändern, umändern, umkrempeln *(ugs.),* etwas auf den Kopf stellen, modifizieren, überarbeiten, umwandeln, umformen, umsetzen, transformieren, ummodeln, modeln, verändern, abwandeln, wandeln, variieren, umfunktionieren, ummünzen, verwandeln, anders machen.

Revision, Prüfung, Nachprüfung, Überprüfung, das Checken, Durchsicht, Untersuchung, Kontrolle, Inspektion, Inspizierung, Audit.

Revolte, Revolution, Staatsstreich, Putsch, Gewaltakt, Meuterei, Subversion, Umsturz.

revolutionär, umwälzend, bahnbrechend, epochal, innovativ, genial.

Revolutionär, Reformator, Neuerer, Umstürzler, Revoluzzer *(abwertend),* Aufrührer, Verschwörer, Aufständischer, Rebell, Insurgent *(veraltet).*

Revolver, Ballermann *(ugs.),* Pistole, Colt, Kanone *(salopp),* Waffe, Schießeisen *(ugs.).*

Rezensent, Kritiker, Besprecher, Kommentator, Zensor, Kunstrichter, Kritikaster *(abwertend).*

Rezeption, Empfangsraum, Empfang, Aufnahmeraum, Aufnahme.

rezitieren, deklamieren, vortragen, aufsagen, zu Gehör bringen.

[1]**richtig,** korrekt, einwandfrei, fehlerlos, fehlerfrei, recht, tadellos, vollkommen.

[2]**richtig,** geeignet, passend, gegeben, berufen, ideal, wie geschaffen für, recht, goldrichtig *(ugs.).*

richtigstellen, berichtigen, verbessern, korrigieren, korrektionieren *(schweiz.),* revidieren, emendieren, abklären, klären, klarstellen, jmdn. [eines anderen / eines Besseren] belehren, klarlegen, einer Klärung zuführen, dementieren.

Richtigstellung, Korrektur, Verbesserung, Berichtigung, Revision.

Richtschnur, Leitschnur, Richtlinie, Leitlinie, Leitsatz, Grundsatz, Regel, Faustregel.

richtungweisend, richtunggebend, wegweisend, zielsetzend, programmatisch.

Riese, Hüne, Koloß, Gigant.

riesenhaft, groß, hochgewachsen, hochwüchsig, von hohem Wuchs, stattlich, hoch aufgeschossen, lang *(ugs.),* baumlang *(ugs.),* riesig, zyklopisch, mannshoch, hünenhaft.

rigide, streng, strikt, drastisch, massiv, rigoros, starr, unnachgiebig, energisch, entschieden, bestimmt, hart, scharf, rücksichtslos.

rigoros, streng, strikt, drastisch, massiv, unnachgiebig, rigide, energisch, entschieden, bestimmt, hart, scharf, rücksichtslos.

Rinde, Borke, Kruste, Schorf.

ringen, kämpfen, sich messen, einen Wettkampf austragen, fighten, fechten.

rinnen, fließen, strömen, rieseln, wogen, fluten, wallen, sich ergießen.

riskant, gefährlich, gewagt, kritisch, brenzlig, gefahrvoll, abenteuerlich, halsbrecherisch, lebensgefährlich, selbstmörderisch, tödlich, nicht ungefährlich.

Riß, Sprung, Spalt, Spalte, Ritze, Ritz, Fuge, Schlitz, Lücke.

Rivale, Nebenbuhler, Konkurrent, Mitbewerber.

Rivalität, Konkurrenz, Wettbewerb, Wettstreit, Wettkampf, Nebenbuhlerschaft, Gegnerschaft.

robben, kriechen, krabbeln, krauchen *(landsch.)*.

roh, krud[e], verroht, gefühllos, barbarisch, grausam, rabiat, rüde, grob, gewalttätig, brutal.

Roheit, Grausamkeit, Gewalttätigkeit, Bestialität, Mordlust, Mordgier, Blutdurst, Blutrausch, Ruchlosigkeit *(geh.)*, Inhumanität, Unmenschlichkeit, Brutalität.

Rohling, Unmensch, Bestie, Scheusal, Wüterich, Barbar, Brutalo *(ugs.)*.

Rolladen, Jalousie, Jalousette, Rollo, Rouleau.

rollen, kugeln, kullern, kollern, kreiseln, sich wälzen, laufen, trudeln.

romantisch, sentimental, gefühlvoll, schwärmerisch, gefühlsduselig, rührselig.

Romanze, Liebelei, Liebschaft, Flirt, Liebesabenteuer, Abenteuer, Liebeserlebnis, Erlebnis, Amouren *(veraltend, noch scherzh.)*, Affäre, Liebesaffäre, Liebesverhältnis, Verhältnis, Bratkartoffelverhältnis *(ugs.)*, Liaison, Episode, Techtelmechtel *(ugs.)*, Gspusi *(bes. südd., österr.)*, Pantscherl *(österr. ugs.)*, Bandelei *(österr. veraltet)*.

rösten, braten, schmoren, schmurgeln, brägeln *(landsch.)*, bregeln *(landsch.)*, brutzeln, grillen, bakken, kücheln *(schweiz.)*, toasten.

rotieren, kreisen, sich drehen, sich im Kreis drehen / bewegen, umlaufen.

Rotkohl *(bes. nordd.)*, Rotkraut *(bes. südd.)*, Blaukraut *(südd., österr.)*, Blaukohl *(landsch.)*, Blaukabis *(schweiz.)*, Rotkabis *(schweiz.)*.

Rouleau, Rollo, Rolladen, Jalousie, Jalousette.

Routine, Praxis, Erfahrung, Übung, Kenntnisse, Know-how.

Rubrik, Spalte, Kolumne, Abschnitt.

Ruchlosigkeit *(geh.)*, Grausamkeit, Roheit, Gewalttätigkeit, Bestialität, Mordlust, Mordgier, Blutdurst, Blutrausch, Inhumanität, Unmenschlichkeit, Brutalität.

rückblickend, rückschauend, retrospektiv, nachträglich, im nachhinein.

Rücken, Kreuz, Buckel *(landsch.)*, Puckel *(landsch.)*, Hucke *(landsch.)*.

Rückgang, Rückschritt, Rückschlag, Rückfall, Abfall, Niedergang, Nachlassen.

Rückhalt, Stütze, Halt, Beistand, Hilfe.

Rückkehr, Heimkehr, Wiederkehr, Heimreise, Rückreise.

rückläufig, nachlassend, rezessiv, regressiv, zurückgehend, schwindend, abflauend, sinkend, degressiv.

Rückschau, Rückblick, Rückblende, Erinnerung, Retrospektive.

Rückschritt, Fortschrittsfeindlichkeit, Reaktion, Restauration.

rückschrittlich, reaktionär, fortschrittsfeindlich, restaurativ, rückständig, zurückgeblieben, konservativ, unzeitgemäß.

Rückseite, Hinterseite, Rückfront, Hinterfront, Hinteransicht, Gartenseite.

rücksichtslos, bedenkenlos, skrupellos, gewissenlos, abgedreht *(bayr., österr.)*, ohne Rücksicht / Bedenken / Skrupel.

Rücksichtslosigkeit, Gewissenlosigkeit, Skrupellosigkeit, Bedenkenlosigkeit.

rücksichtsvoll, taktvoll, zartfühlend, einfühlend, schonend, fürsorglich, umsichtig, aufmerksam.

Rücktritt, Austritt, Ausscheiden, Demission, Amtsverzicht, Abdankung, Abschied.

rückwärts, nach hinten, zurück, retour.

Rudel, Schar, Herde, Meute, Schwarm.

rufen, schreien, brüllen, sich die Kehle / die Lunge aus dem Hals schreien, sich die Seele aus dem Leib schreien, zetermordio / Zeter und Mordio schreien.

Rufnummer, Telefonnummer, Fernsprechnummer, Nummer, Ruf, Fernruf.

rügen, jmdm. einen Tadel / Verweis / eine Rüge / eine Lektion erteilen, tadeln, rüffeln, jmdm. einen Rüffel erteilen / verpassen, deckeln *(ugs.)*.

[1]Ruhe, Stille, Lautlosigkeit, Schweigen.

[2]Ruhe, stoische Ruhe, Gelassenheit, Fassung, Gefaßtheit, Haltung, Selbstbeherrschung, Beherrschung, Beherrschtheit, Gleichmut, Kaltblütigkeit, Unempfindlichkeit, Ausgeglichenheit, Seelenfrieden, Seelenruhe, Gemütsruhe, Bierruhe *(ugs.)*, Contenance *(bildungsspr.)*.

ruhelos, rastlos, getrieben, umhergetrieben, umherirrend, ahasverisch *(bildungsspr.)*, unstet.

ruhen, [sich] ausruhen, rasten, verschnaufen, sich entspannen, [sich] ausrasten *(südd., österr.)*.

Ruhestand, Lebensabend, Lebensausklang, Alter, Vorruhestand, Lebensherbst.

Ruhestätte, Grab, Grube, Totengruft, Krypta, Grabgewölbe, Gruft, Grabhügel, Hügel, Ruhestatt, Ruhestätte, Grabstätte, Begräbnisplatz, Begräbnisstätte, Urnengrab, Grabstelle, Mausoleum, Grabkammer.

ruhig, bedächtig, gemächlich, gemessen, würdevoll, besonnen, bedachtsam, überlegen, abgeklärt, harmonisch, vernünftig, nachdenklich, geruhsam, ruhevoll, geruhig *(veraltet)*.

ruhigstellen, dämpfen, beruhigen, sedieren, narkotisieren, betäuben.

rühmen, loben, beloben, belobigen, anerkennen, würdigen, preisen, verherrlichen, verklären, idealisieren, glorifizieren, laudieren *(veraltet)*, beweihräuchern, lobpreisen, feiern, ehren, auszeichnen, Lob erteilen / spenden / zollen, jmdn. mit Lob überhäufen, jmds. Loblied singen, ein Loblied anstimmen, jmds. Ruhm verbreiten, sich in Lobreden / Lobesworten ergehen, schwärmen von, in den höchsten Tönen von jmdm. /

von etwas reden, auf den Schild erheben, jmdm. etwas nachrühmen, des Lobes voll sein über, jmdn. über den Schellenkönig / über den grünen Klee loben, jmdn. in den Himmel heben.

Ruhmsucht, Geltungsdrang, Geltungsbedürfnis, Geltungsstreben.

rührig, aktiv, unternehmend, unternehmungslustig, tätig, regsam, rastlos, geschäftig.

Rührseligkeit, Sentimentalität, Gefühlsseligkeit, Tränenseligkeit, Gefühligkeit, Gefühlsduselei *(abwertend),* Weinerlichkeit, Larmoyanz.

Ruine, Trümmer, Schutt, Überreste, Reste, Überbleibsel, Bruchstücke.

[1]**ruinieren,** zerstören, vernichten, zugrunde richten, destruieren *(geh.),* demolieren, kaputtmachen *(ugs.),* verwüsten, verheeren.

[2]**ruinieren,** ausbeuten, [jmdn. bis aufs Blut] aussaugen, jmdm. das Mark aus den Knochen saugen, arm machen, jmdn. an den Bettelstab bringen, zugrunde richten, jmdm. das Gas abdrehen *(salopp),* jmdm. den Rest geben *(ugs.),* auspowern *(abwertend),* jmdm. die Gurgel zuschnüren / zudrücken *(ugs.),* jmdm. den Hals abschneiden *(ugs.),* jmdm. das Fell über die Ohren ziehen *(ugs.),* ausnutzen, ausnützen *(landsch.).*

Run, Ansturm, Sturm, Andrang, Zustrom, Zulauf.

rund, kreisförmig, ringförmig, gerundet.

Rundfunk, Funk, Radio, Hörfunk, Rundspruch *(schweiz.).*

Rundfunkgerät, Radio, Empfänger, Empfangsgerät, Radioapparat, Apparat, Rundfunkempfänger, Kasten *(ugs.).*

rundheraus, rundweg, geradewegs, ohne Umschweife, geradezu, freiweg, geradeheraus, freiheraus, einfach, direkt, unumwunden, glattweg, glatt, schlankweg, ohne Zögern, ohne Zaudern.

Rundung, Wölbung, Ausbuchtung, Ausstülpung, Bauch.

runtergehen *(ugs.),* sinken, hinabsinken, hinuntersinken, absinken, herabsinken, heruntersinken, runtersinken *(ugs.),* an Höhe verlieren, niedersinken, herniedersinken, nach unten / zu Boden / in die Tiefe sinken.

Runzel, Falte, Furche.

runz[e]lig, faltig, zerknittert, zerfurcht, knitt[e]rig.

Rüpel, Flegel, Lümmel, Schnösel *(ugs.),* Strolch, Stiesel *(ugs.),* Tölpel, Lackel *(südd., österr. ugs.).*

[1]**rüsten,** aufrüsten, mobilisieren, mobil machen, Truppen zusammenziehen.

[2]**rüsten** (sich), Anstalten / Miene machen, sich anschicken, dabeisein, ansetzen, in etwas begriffen sein, Vorbereitungen zu etwas treffen, im Begriff sein.

rutschen, gleiten, schurren, ausgleiten, ausrutschen, ausglitschen *(ugs.),* abrutschen, abgleiten, den Halt verlieren, schlittern, schlipfen *(schweiz.),* ausschlipfen *(schweiz.).*

rutschig, glatt, spiegelglatt, schlüpfrig, glitschig *(ugs.).*

S

[1]**Sache,** Angelegenheit, Affäre, Fall, Kasus, Geschichte *(ugs.),* Ding *(ugs. oder schweiz.),* Chose *(salopp).*

[2]**Sache,** Ding, Gegenstand, Objekt, ein Etwas.

sachkundig, fachmännisch, fachgerecht, sachgerecht, fachkundig, sachverständig, routiniert, kunstgerecht, sachgemäß.

Sachkundiger, Fachmann, Experte, Routinier, Sachverständiger, Kenner, Könner, Profi, As *(ugs.),* Kanone *(ugs.).*

[1]**sachlich,** nüchtern, objektiv, sine ira et studio, frei von Emotionen, wertfrei, neutral, unvoreingenommen, unparteiisch.

[2]**sachlich,** realistisch, nüchtern, trocken, wirklichkeitsnah, lebensnah.

Sachlichkeit, Objektivität, Vorurteilslosigkeit, Unvoreingenommenheit, Unparteilichkeit, Überparteilichkeit, Neutralität.

sachverständig, fachmännisch, fachgerecht, sachgerecht, sachkundig, fachkundig, routiniert, kunstgerecht, sachgemäß.

Sackgasse, Ausweglosigkeit, Aporie, Teufelskreis, Circulus vitiosus.

säen, ansäen, aussäen, pflanzen, anpflanzen, setzen, legen, stecken.

Safe, Tresor, Geldschrank, Panzerschrank.

Sahne, Rahm *(landsch.),* Obers *(österr.),* Schmant *(landsch.),* Schmetten *(landsch.),* Flott *(nordd.),* Creme *(schweiz.),* Nidel *(schweiz.).*

Saison, Reisezeit, Hauptreisezeit, Hauptgeschäftszeit.

sakral, heilig, kirchlich, geistlich, gottesdienstlich, liturgisch, geweiht, geheiligt, nicht weltlich.

säkularisieren, verweltlichen, in weltlichen Besitz umwandeln.

Salbe, Paste, Creme, Gel, Emulsion.

salbungsvoll *(abwertend),* schwülstig *(abwertend),* hochtrabend, hochgestochen *(abwertend),* gewichtig, pathetisch, anspruchsvoll, bombastisch *(abwertend),* pompös *(abwertend).*

salopp, ungezwungen, zwanglos, locker, leger, lässig, nonchalant, hemdsärmelig *(ugs.),* formlos.

sammeln, aufbewahren, aufheben, verwahren, bewahren, behalten, versorgen *(schweiz.),* zurückbehalten, in Verwahrung / an sich nehmen, anhäufen, akkumulieren, speichern, aufspeichern, beiseite legen / bringen, horten, hamstern *(ugs.),* kuten *(berlin.).*

Sammelsurium *(ugs.),* Mischmasch *(ugs.),* Durcheinander, Konglomerat *(bildungsspr.),* Pelemele *(bildungsspr.),* Mixtum compositum *(bildungsspr.),* Melange, Gemenge, Gemisch, Mischung, Mixtur, Vielerlei, Allerlei, Kunterbunt.

[1]**Sammlung,** Konzentration, Andacht, Aufmerksamkeit.

[2]**Sammlung,** Spendensammlung, Spendenaktion, Kollekte.

samt, nebst, [zusammen] mit.

sämtliche, alle, allesamt, vollzählig, jeder, jedermann, jedweder, jeglicher *(geh. veraltend)*, wer auch immer, ausnahmslos, ohne Ausnahme, durch die Bank *(ugs.)*, samt und sonders, mit Kind und Kegel, mit Mann und Maus, groß und klein, jung und alt, arm und reich, hoch und nieder, jeden Alters, aller Altersstufen, Freund und Feind, Hinz und Kunz *(abwertend)*, Krethi und Plethi *(abwertend)*, alle Welt, alle möglichen, die verschiedensten (Menschen) aller / jeder Couleur *bzw.* jeder Sorte *bzw.* jeden Standes und Ranges; alles, was Beine hat; geschlossen wie ein Mann, bis zum letzten Mann.

Sanatorium, Heilstätte, Genesungsheim, Kurheim, Rehabilitationsklinik, Reha-Klinik.

Sänger, Vokalist, Troubadour, Interpret, Barde.

Sanktion, Zwangsmaßnahme, Druck, Druckmittel, Repressalie, Pression, Zwang, Nötigung, Gegenmaßnahme, Gegenstoß.

sanktionieren, billigen, gutheißen, akzeptieren, absegnen, [einen Vorschlag] annehmen, bejahen, ja sagen zu, legitimieren, goutieren, Geschmack finden an, anerkennen, zulassen, genehmigen, beistimmen, etwas richtig / nicht falsch finden, etwas für richtig / nicht für falsch halten, beiwilligen *(schweiz.)*, zustimmen, belieben *(schweiz.)*, seine Zustimmung geben, sein Amen / seinen Segen zu etwas geben, die Genehmigung erteilen / geben, jmdm. einen Freibrief ausstellen / geben, begrüßen, einiggehen, unterschreiben, einverstanden sein, zu etwas ja und amen sagen, dafür sein, nichts dagegen / dawider haben, dulden, respektieren, geschehen lassen, erlauben, konzedieren, einwilligen, jmdm. etwas freistellen, auf einen Vorschlag eingehen, die Erlaubnis geben, gestatten, zugeben, verstatten, jmdm. freie Hand lassen, grünes Licht geben für etwas, jmdn. gewähren / schalten und walten lassen, etwas in jmds. Hände legen.

Sarg, Totenschrein, Schrein, Sarkophag.

Sarkasmus, Hohn, Spott, Ironie, Zynismus.

sarkastisch, beißend, bissig, scharf, höhnisch, ironisch, bitter, gallig, scharfzüngig, zynisch.

Satan, Teufel, Diabolus, Mephisto, Luzifer, Beelzebub, Versucher, Widersacher, Höllenfürst, Antichrist, Gottseibeiuns, der Böse, der Leibhaftige, der Gehörnte.

satt, gesättigt, [bis oben hin] voll *(ugs.)*.

sättigen, satt machen, den Hunger stillen.

sattsam, zur Genüge, reichlich, vollständig.

sauber, rein, reinlich, fleckenlos, gesäubert, gereinigt, hygienisch, blitzsauber, pieksauber, blitzblank, proper, wie geleckt, makellos.

säubern, reinigen, saubermachen, waschen, putzen, rein[e] machen, gründlich machen, ein Zimmer machen, schummeln *(landsch.)*, fudeln *(landsch.)*.

sauer, säuerlich, gesäuert, durchsäuert, essigsauer, milchsauer.

säuern, sauer werden, gären, in Gärung übergehen / geraten, übergehen *(ugs.)*.

saugen, lutschen, nuckeln, suckeln *(landsch.)*.

Säugling, Baby, Kleinstkind, Wikkelkind, kleiner / junger Erdenbürger, Neugeborenes, Nachwuchs, Kind, Kindlein, Kindchen, Wurm *(ugs.)*, Würmchen *(ugs.)*.

Säule, Pfeiler, Pilaster.

säumig, saumselig, nachlässig, unpünktlich, verspätet, mit Verspätung, nicht zur rechten / vereinbarten Zeit.

saumselig, langsam, säumig, tranig, pomadig, nölig, im Schneckentempo, gemach, gemächlich, hastlos *(schweiz.),* gemessenen Schrittes, pomali *(österr. ugs.),* nicht schnell.

sausen, rasen, fegen, hasten, eilen, rennen, springen, laufen, spurten, sprinten, huschen, jagen, stieben, stürzen, pesen *(ugs.),* wetzen *(ugs.),* düsen *(ugs.),* flitzen *(ugs.),* spritzen *(ugs.),* die Beine in die Hand / unter die Arme nehmen *(ugs.).*

schaben, kratzen, scharren, schurren, schürfen, ritzen, schrammen, zerkratzen, schrapen *(nordd.),* schrappen *(landsch.).*

Schachtel, Karton, Pappschachtel, Behälter, Box.

schade, jammerschade, ein Jammer, bedauerlicherweise, unglücklicherweise, dummerweise, leider, leider Gottes, zu meinem Bedauern / Leidwesen, so leid es mir tut.

schaden, Schaden zufügen, schädigen, jmdm. mit etwas einen schlechten Dienst / keinen guten Dienst / einen Bärendienst erweisen, Abtrag / Abbruch tun, ruinieren, zerrütten, zleidwerken *(schweiz.),* jmdm. etwas antun / [zuleide] tun / beibringen, jmdm. eins auswischen *(abwertend).*

Schaden, Schadhaftigkeit, Beschädigung, Defekt, Fehler, Macke *(ugs.).*

schadenersatzpflichtig, ersatzpflichtig, haftbar, haftpflichtig, verantwortlich.

schadenfroh, hämisch, maliziös, gehässig, mißgünstig.

schadhaft, beschädigt, defekt, kaputt.

[1]**schaffen,** schöpfen, kreieren, erschaffen, aus dem Boden stampfen, hervorbringen, machen, entstehen lassen.

[2]**schaffen** (etwas), bewältigen, meistern, lösen, erringen, vollbringen, es bringen *(ugs.),* jmdm. / einer Sache gewachsen sein, fertig werden / zu Rande kommen / *(salopp)* klarkommen mit, eine Schwierigkeit überwinden, eine Hürde nehmen, mit etwas einig werden, das Beste aus etwas machen, sich zu helfen wissen, über die Runden kommen, aus der Not eine Tugend machen, [das Ziel] erreichen; erreichen, daß ...; gelangen zu / an, bestehen, [eine Prüfung mit „gut"] machen *(ugs.),* [mit Rükkenwind] durchkommen, jmdm. zufliegen.

Schal, Halstuch, Tuch, Fichu, Cachenez, Echarpe *(bes. schweiz.).*

Schale, Hülle, Hülse, Pelle *(ugs. landsch.),* Haut, Rinde, Borke, Kruste.

Schall, Ton, Hall, Klang.

schallen, erschallen, hallen, tönen, ertönen, dröhnen, erdröhnen, klingen, erklingen, gellen.

Schallplatte, Platte, Scheibe *(ugs.),* CD-Platte, CD.

schämen (sich), Scham empfinden, rot / schamrot werden, [vor Scham] erröten, [vor Scham] die Augen niederschlagen / in die Erde versinken, vor Scham vergehen, sich am liebsten in ein Mäuseloch verkriechen mögen.

schamlos, frivol, leichtfertig, schlüpfrig, zweideutig, pikant, verrucht, lasziv, anstößig.

schänden, entweihen, entheiligen.

Schandfleck, Makel, Verunzierung, Fleck, Kainsmal, Kainszeichen, dunkler Punkt, Odium *(geh.)*.

schändlich, gemein, niederträchtig, schurkisch *(abwertend)*, hundsföttisch *(derb abwertend)*, hundsgemein *(ugs. abwertend)*, infam, niedrig, schäbig, schmutzig, feige, schimpflich, schnöde *(geh. abwertend)*, schmählich, schmachvoll *(geh.)*.

Schandtat, Übeltat, Schurkerei, Bubenstück.

Schar, Gruppe, Kreis, Runde, Korona *(ugs.)*, Horde *(ugs.)*, Haufen, Sauhaufen *(abwertend)*.

[1]**scharf,** geschärft, geschliffen, angespitzt, spitz.

[2]**scharf,** beißend, bissig, bitter, gallig, scharfzüngig, kalt, sarkastisch, zynisch, patzig *(abwertend)*, schnodd[e]rig *(abwertend)*, höhnisch.

[3]**scharf,** gewürzt, gepfeffert, beißend, räß *(schweiz.)*, raß *(südd., österr.)*.

[4]**scharf,** entschieden, energisch, geharnischt, gepfeffert *(salopp)*, gesalzen *(salopp)*, polemisch, drastisch, rigoros, strikt.

schärfen, scharf machen, schleifen, wetzen, anspitzen, spitzen.

scharfmachen *(ugs.)*, aufwiegeln, hetzen, aufhetzen, agitieren, hussen *(ugs. österr.)*, aufhussen *(ugs. österr.)*, verhetzen, aufreizen, aufputschen, anheizen, Öl ins Feuer gießen, fanatisieren, Zwietracht säen, stänkern *(salopp)*, pesten *(ugs.)*.

Scharfsinn, Intelligenz, Klugheit, Gescheitheit, Scharfblick, Scharfsichtigkeit, Hellsichtigkeit, Weitblick, Durchblick.

scharfsinnig, gescheit, verständig, vernünftig, umsichtig, intelligent, aufgeweckt, klug, clever.

schattig, beschattet, umschattet.

Schatz, Liebling, Schwarm, Darling, Augenstern, Herzblatt, Herzchen, Herzbinkerl *(bayr., österr.)*, Goldkind, Schoßkind, Hätschelkind, Nesthäkchen, Schätzchen.

[1]**schätzen,** abschätzen, veranschlagen, taxieren, überschlagen, über den Daumen peilen *(salopp)*, kalkulieren.

[2]**schätzen,** achten, hochachten, ehren, in Ehren halten, adorieren *(geh.)*, jmdm. Ehre erzeigen / erweisen, verehren, bewundern, würdigen, anbeten, vergöttern, jmdm. zu Füßen liegen, ästimieren, respektieren, anerkennen, honorieren, große Stücke auf jmdn. halten *(salopp)*, viel für jmdn. übrig haben *(ugs.)*.

Schatzmeister, Kassierer, Kassenwart, Kassenverwalter, Kassier *(südd., österr., schweiz.)*, Inkassant *(österr.)*, Rechnungsführer.

Schätzung, Kalkulation, Berechnung, Vorausberechnung, Kostenanschlag, Kostenvoranschlag, Voranschlag, Überschlag, Veranschlagung, Abschätzung.

Schaubild, Graph, Graphik, graphische Darstellung, Diagramm.

schauderhaft, schrecklich, bestürzend, katastrophal, furchterregend, grauenerregend, furchtbar, fürchterlich, entsetzlich, gräßlich.

schauen, blicken, sehen, gucken, kucken *(nordd.)*, kieken *(salopp)*, starren, spähen, peilen *(ugs.)*, ein Auge riskieren *(ugs.)*, äugen, glotzen *(salopp abwertend)*, stieren *(abwertend)*, glupschen *(abwertend)*, linsen *(ugs.)*, lugen, luchsen, sperbern *(schweiz.)*.

schauerlich, makaber, düster, unheimlich, schaudererregend, grauenerregend, grauenvoll, gespenstisch, todesdüster *(geh.)*.

Schaumschläger, Angeber, Möchtegern, Großsprecher, Maulheld *(ugs. abwertend)*, Aufschneider,

Prahlhans, Renommist, Großtuer, Zampano, Großkotz *(derb)*, Prahler, Großschnauze *(derb)*, Märchenerzähler, Märchenonkel, Lügenbaron, Großmaul *(ugs. abwertend)*.

Schauplatz, Szene, Handlungsort, Ort der Handlung, Tatort.

schaurig, unheimlich, gruselig, schauerlich, nicht geheuer, beklemmend, entrisch *(bayr., österr.)*, gespenstisch, dämonisch.

Schauspiel, Bühnenstück, Bühnenwerk, Theaterstück, Stück, Drama.

Schauspieler, Komödiant, Mime, Akteur, Darsteller.

Scheibe, Schnitte, Brotschnitte, Brot, Stück [Brot], Stulle *(nordd.)*, Bemme *(ostmd.)*.

Scheide, Vagina, Scham *(geh.)*, Pussi *(ugs.)*, Muschi *(ugs.)*, Feige *(derb)*, Büchse *(derb)*, Loch *(derb)*, Pflaume *(derb)*, Fotze *(derb)*, Schnecke *(derb)*, Fut *(derb)*, Möse *(derb)*.

scheiden, sich trennen, auseinandergehen, weggehen, sich empfehlen, verlassen, den Rücken wenden / kehren, Abschied nehmen, sich verabschieden, auf Wiedersehen sagen, sich lösen / losreißen, eine Biege machen *(ugs.)*, abhauen.

Schein, Lichtschein, Glanz, Glast *(dichter. oder landsch.)*, Schimmer, Lichtschimmer, Geflimmer, Gefunkel, Geglitzer.

[1]**scheinen,** brennen, glühen, vom Himmel herniederbrennen, sengen.

[2]**scheinen,** leuchten, strahlen, prangen *(geh.)*, blenden, schimmern, flirren, flimmern, glänzen, gleißen, blinken, blitzen, funkeln, glitzern, schillern, szintillieren *(fachspr.)*, opalisieren, opaleszieren.

scheinheilig, heuchlerisch, falsch, unaufrichtig, unehrlich, verlogen.

scheitern, Schiffbruch erleiden, stranden, straucheln, über etwas stolpern, zu Fall kommen, zerbrechen an, mißglücken, mißraten, mißlingen, fehlschlagen, schiefgehen *(ugs.)*, danebengehen *(ugs.)*, verunglücken, platzen, auffliegen, ins Wasser fallen, sich zerschlagen, wie ein Kartenhaus zusammenfallen, in die Hose gehen *(ugs.)*, im Sande verlaufen, ausgehen wie das Hornberger Schießen, keine Wirkung / keinen Erfolg haben, ein Rohrkrepierer / ein Schuß in den Ofen / ein Schlag ins Wasser sein.

Schelle, Glocke, Klingel, Bimmel *(ugs.)*, Gong.

schellen *(südwestd., westd.)*, läuten, klingeln, bimmeln *(ugs.)*, rasseln, rappeln *(ugs.)*, gongen, beiern *(veraltet)*.

Schelm, Schlingel, Lausejunge, Schalk, Nummer *(ugs.)*, Marke *(ugs.)*, Unikum *(ugs.)*.

[1]**schelten,** schimpfen, vom Leder ziehen, beschimpfen, beflegeln *(österr.)*, auszanken, zanken, ein Donnerwetter loslassen, jmdm. die Ohren / die Hammelbeine langziehen, ausschimpfen, ausschelten.

[2]**schelten,** nennen, heißen, bezeichnen.

schematisch, nach Schablone / Schema F, schablonenhaft, schablonenmäßig, immer auf dieselbe Art.

schenken, ein Geschenk / ein Präsent machen, jmdm. etwas verehren / *(ugs.)* vermachen, jmdm. etwas zu Füßen legen, vergaben *(schweiz.)*, hergeben, jmdn. beschenken / *(österr.)* beteilen, weggeben, geben, verschenken, herschenken, wegschenken.

Scherereien, Unannehmlichkeiten, Ärger, Verdruß, Unbill, Unbilden (Plural), Zores *(südwestd.),* Zoff *(ugs.),* Unstimmigkeiten, Mißstimmung, Krach *(ugs.),* Tanz, Theater.

Scherz, Spaß, Gspaß *(bayr., österr.),* Ulk, Schabernack, Possen, Streich, Schelmenstreich, Eulenspiegelei, Eulenspiegelstreich, Jux, Jokus, Klamauk *(ugs.),* Spaßetteln *(österr.),* Spompanadeln *(österr.).*

scherzen, spaßen, Spaß / Witze machen, einen Schmäh führen *(österr.),* Witze erzählen / *(ugs.)* reißen.

Scheu, Zurückhaltung, Schüchternheit, Genierer *(österr.).*

Scheune, Scheuer, Stadel *(südd., österr., schweiz.),* Heustadel *(südd., österr., schweiz.),* Schober *(südd., österr.),* Heuspeicher, Heuboden, Heubühne *(schweiz.).*

Scheusal, Unmensch, Rohling, Wüterich, Barbar, Bestie, Brutalo *(ugs.).*

Schibboleth, Erkennungszeichen, Zeichen, Merkmal, Mal.

Schicht, Gesellschaftsschicht, Bevölkerungsschicht, Klasse, Stand, Kaste, Bevölkerungsgruppe, Gruppe.

schick, geschmackvoll, vornehm, adrett, elegant, apart, fesch, flott, kleidsam, mondän, gut angezogen, schmuck, gefällig, geschmakkig *(österr. ugs.),* nicht geschmacklos.

schicken, abschicken, verschicken, zuschicken, senden, absenden, versenden, zusenden, zum Versand bringen, übermitteln, zugehen / hinausgehen lassen, weiterleiten, weitergeben, weiterreichen, überweisen, übertragen.

Schicksal, Geschick, Los, Zukunft, Kommendes, Vorsehung, Fügung, höhere Gewalt, Bestimmung, Schickung, Vorherbestimmung, Fatum, Prädestination.

Schiedsrichter, Unparteiischer, Schiri, Pfeifenmann, Referee.

schief, schräg, windschief, geneigt, abfallend, absteigend, aufsteigend.

Schiene, Gleis, Geleise *(veraltend),* Bahngleis.

schießen, abschießen, feuern, Feuer geben, abfeuern, knallen, ballern.

Schießerei, Schußwechsel, Knallerei *(ugs.),* Ballerei *(ugs.),* Feuer, Gewehrfeuer, Feuergefecht, Feuerwechsel.

Schiffsreise, Seereise, Schiffspassage, Passage, Kreuzfahrt.

schikanieren, schinden, plagen, piesacken, malträtieren, tyrannisieren, jmdn. auf dem Kieker / auf dem Strich haben *(ugs.),* es auf jmdn. abgesehen haben, [seine Wut] an jmdm. auslassen, jmdm. die Gräten brechen *(emotional),* schlecht behandeln, schurigeln, kujonieren, drangsalieren, sekkieren *(österr.),* mit jmdm. Schlitten fahren, triezen, zwiebeln, scheuchen, fertigmachen, jmdm. den Klabustermarsch orgeln *(salopp),* jmdm. den Arsch aufreißen *(derb),* quälen, peinigen, traktieren, jmdm. das Leben sauer / schwer / zur Hölle machen.

schildern, darstellen, beschreiben, ausmalen.

schimmeln, verschimmeln, umkommen, verderben, schlecht werden, vergammeln *(ugs.).*

Schimmer, Schein, Lichtschein, Glanz, Glast *(dichter. oder landsch.),* Lichtschimmer, Geflimmer, Gefunkel, Geglitzer.

schimmernd, glänzend, leuchtend, funkelnd, gleißend, blinkend, blitzend, glitzernd, schillernd, opalisierend.

schimpfen, schelten, vom Leder ziehen, beschimpfen, beflegeln *(österr.),* auszanken, zanken, ein Donnerwetter loslassen, jmdm. die Ohren / die Hammelbeine langziehen, ausschimpfen, ausschelten.

schimpflich, gemein, niederträchtig, schurkisch *(abwertend),* hundsföttisch *(derb abwertend),* hundsgemein *(ugs. abwertend),* infam, niedrig, schäbig, schmutzig, feige, schnöde *(geh. abwertend),* schändlich, schmählich, schmachvoll *(geh.).*

schlachten, abschlachten, abstechen, metzgen *(landsch.),* metzeln *(landsch.),* keulen *(schweiz.).*

Schlaf, Schlummer, Nachtschlaf, Nachtruhe, Halbschlaf, Dämmerschlaf, Dämmerzustand, Schläfchen, Nickerchen, Schlaferl *(bayr., österr.).*

[1]**schlafen,** schlummern, in Morpheus' Armen liegen / ruhen, vom Schlaf übermannt / überkommen werden, [ein] Nickerchen / ein Schläfchen / Augenpflege machen *(scherzh.),* druseln *(nordd.),* die Matratze belauschen *(ugs.),* sich von innen begucken *(ugs.),* dösen, koksen *(salopp),* filzen *(salopp),* pofen *(salopp),* pennen *(salopp),* ratzen *(ugs. landsch.),* dachsen *(ugs. landsch.).*

[2]**schlafen** (mit jmdm.), koitieren, Geschlechtsverkehr ausüben, verkehren, beiliegen, begatten, kopulieren, mit jmdm. schlafen gehen, mit jmdm. ins Bett gehen / *(ugs.)* steigen, mit jmdm. zuammensein, Verkehr / Geschlechtsverkehr / intime Beziehungen haben, den Akt vollziehen, Liebe machen *(ugs.),* es jmdm. besorgen, mit jmdm. intim werden, die ehelichen Pflichten erfüllen, beiwohnen, mit jmdm. auf die Stube / *(salopp)* Bude gehen, jmdn. auf sein Zimmer nehmen, jmdn. abschleppen, sich lieben, sich hingeben / schenken, einander gehören, verschmelzen, eins werden, der Stimme der Natur folgen, dem Trieb nachgeben, ein Abenteuer mit jmdm. haben, es mit jmdm. treiben / haben / *(ugs.)* machen, sich mit jmdm. abgeben / einlassen, reiten, rübersteigen, steigen über, jmdm. zu Willen sein, jmdn. ranlassen *(derb),* sich jmdn. nehmen / *(salopp)* hernehmen / *(salopp)* vornehmen, jmdn. vernaschen *(salopp),* stoßen *(derb),* aufs Kreuz legen *(salopp),* umlegen *(derb),* Nummer schieben / machen *(derb),* bumsen *(salopp),* orgeln *(derb),* ficken *(derb),* vögeln *(derb),* huren *(abwertend).*

schlafen gehen, ins / zu Bett gehen, sich zurückziehen / zur Ruhe begeben, sich hinlegen / niederlegen / *(salopp)* hinhauen / aufs Ohr legen, sich aufs Ohr hauen *(salopp),* sich schlafen legen, ins Nest *bzw.* in die Klappe / Falle / Heia / Federn gehen *(salopp),* sich in die Falle hauen *(salopp).*

schlaff, lose, lasch, locker, schlapp.

Schlafmütze *(abwertend),* Transuse *(abwertend),* Trantüte *(nordd. abwertend),* Trantute *(landsch. abwertend),* Tranfunzel *(landsch. abwertend),* Tränentier *(ugs.),* Langweiler, Schnecke.

Schlafstatt, Bett, Bettstatt, Liegestatt, Lager, Lagerstatt, Liege, Schlafgelegenheit, Koje *(ugs.),* Klappe *(ugs.),* Falle *(ugs.),* Nest *(ugs.),* die Federn *(ugs.),* Kahn *(ugs.),* Pritsche.

schlaftrunken, schläfrig, dösig *(ugs.),* müde, verschlafen, unausgeschlafen.

schlagartig, plötzlich, urplötzlich, jäh, jählings, abrupt, sprunghaft, auf einmal, mit einem Mal, unvermittelt, unversehens, unvorhergesehen, unvermutet, unerwartet, unverhofft, überraschend, Knall und Fall, [wie ein Blitz] aus heiterem Himmel, von heute auf morgen, über Nacht.

Schläge, Prügel, Abreibung *(ugs.),* Dresche *(ugs.),* Keile *(ugs.),* Haue *(ugs.),* Wichse *(ugs.).*

¹**schlagen,** prügeln, hauen, zuschlagen, jmdm. eins aufbrennen / verpassen / überbraten *(salopp),* jmdm. ein Ding verpassen *(salopp).*

²**schlagen,** besiegen, überwinden, unterwerfen, unterjochen, unter das Joch zwingen, sich jmdn. untertan machen, vernichten, bezwingen, überwältigen, niederringen, bodigen *(schweiz.),* baschgen *(schweiz.),* jmdm. ein Morgarten bereiten *(schweiz.),* jmdn. außer Gefecht setzen, jmdn. zur Strecke bringen *(ugs.),* jmdn. kampfunfähig machen, aufreiben, ruinieren, fertigmachen *(salopp),* jmdn. in die Knie zwingen / *(salopp)* in die Pfanne hauen.

schlagend, schlüssig, stringent, zwingend, bündig, triftig, stichhaltig, beweiskräftig, unwiderlegbar, unwiderleglich, unangreifbar, hieb- und stichfest.

Schlager, Lied, Gassenhauer, Schmachtfetzen *(abwertend),* Schnulze *(abwertend),* Evergreen.

Schläger, Raufbold, Rowdy, Rabauke, Schlagetot *(veraltet).*

Schlägerei, Keilerei *(ugs.),* Rauferei, Prügelei, Schleglete *(schweiz.).*

Schlagsahne, Schlagrahm *(landsch.),* Schlagobers *(österr.),* Schlag *(österr.),* Schlagschmetten *(landsch.).*

Schlagzeile, Überschrift, Headline, Balkenüberschrift, Hauptüberschrift.

Schlamm, Morast, Matsch, Mansch *(salopp landsch.),* Brei, Pampe *(ugs. abwertend),* Modder *(nordd.),* Schlick.

schlampig, nachlässig, schlampert *(landsch.),* schludrig, oberflächlich, flüchtig, unordentlich, huschelig, larifari, liederlich, ungenau.

schlängeln (sich um), sich schlingen um, sich winden um, sich ranken um, sich ringeln um.

schlank, schlankwüchsig, gertenschlank, rank, grazil, schmal, leptosom, asthenisch, schlank wie eine Tanne, knabenhaft, hager.

schlankweg, kurzerhand, schlankerhand *(selten),* kurz entschlossen, ohne weiteres; mir nichts, dir nichts *(ugs.);* ohne [große] Umstände / viel Umstände / viel Federlesen[s] zu machen, einfach, glatt *(ugs.),* glattweg *(ugs.),* ohne lange zu überlegen / zu zögern / *(ugs.)* mit der Wimper zu zucken / *(ugs.)* zu fackeln.

schlapp, kraftlos, entkräftet, schwach, schwächlich, geschwächt, lahm, matt, ermattet, letschert *(bayr., österr.),* gestreßt.

schlappmachen *(ugs.),* abbauen, zusammenbrechen, zusammenklappen, zusammensacken, kollabieren, ohnmächtig werden, in Ohnmacht fallen / sinken, umfallen, umsinken, zu Boden sinken, Sterne sehen, umkippen *(ugs.),* jmdm. schwarz / Nacht vor den Augen werden, jmdm. schwinden die Sinne, aus den Latschen / Pantinen kippen *(salopp).*

Schlappschwanz *(ugs. abwertend),* Schwächling, Waschlappen *(ugs. abwertend),* Schlaffi *(ugs.).*

schlau, findig, pfiffig, listig, clever, bauernschlau, gewitzt.

Schlauheit, Klugheit, Findigkeit, Verschmitztheit, Mutterwitz, gesunder Menschenverstand, Gewitztheit, Bauernschläue, Cleverneß, Gerissenheit.

Schlaukopf, Schlauberger, Schlaumeier, Schläuling *(schweiz.),* Schlaule *(südd.),* Pfiffikus *(ugs.),* Schlitzohr, Cleverle, Fuchs.

schlecht, desolat, miserabel, mies, unter aller Kanone / Kritik / *(salopp)* Sau, traurig, elend.

schlechterdings, schlechtweg, glatterdings, platterdings *(ugs.).*

schlechthin, par excellence, in höchster Vollendung, im eigentlichen Sinne, in Reinkultur, im wahrsten Sinne des Wortes, ganz einfach, ganz allgemein.

schlechtmachen, in Verruf / Mißkredit bringen, in ein schlechtes Licht setzen / stellen / rücken, diskreditieren, herabsetzen, abqualifizieren, herabwürdigen, entwürdigen, über jmdn. herfallen, verächtlich machen, mit dem Finger auf jmdn. zeigen, bereden, nichts Gutes über jmdn. sagen / sprechen, hinter jmdm. her reden, ausrichten *(südd., österr.),* schnöden *(schweiz.),* anschwärzen, an jmdm. kein gutes Haar / keinen guten Faden lassen, madig machen *(ugs.),* in den Schmutz / *(salopp)* Dreck ziehen, jmdn. mit Schmutz / *(salopp)* Dreck bewerfen.

schlecken *(landsch.),* lecken, ablekken, schlecken *(landsch.),* abschlecken *(landsch.),* abzuzeln *(österr. ugs.).*

schlemmen, prassen, sich den Bauch / den Wanst vollschlagen *(salopp),* sich vollfressen *(derb).*

Schlemmer, Gourmand, Schwelger, Genußspecht *(österr. ugs.).*

schlenkern, schwingen, pendeln, schwenken.

Schlepper, Traktor, Trecker, Bulldozer, Zugmaschine.

[1]schleudern, werfen, katapultieren, schmeißen *(salopp),* feuern *(salopp),* pfeffern *(salopp),* schmettern.

[2]schleudern, ins Schleudern geraten, ausbrechen, aus der Kurve getragen werden, schwimmen, ins Schwimmen kommen, schlingern.

schlicht, schmucklos, unscheinbar, unauffällig, farblos, einfach, simpel.

schlichten, bereinigen, beilegen, Frieden / einen Burgfrieden schließen, das Kriegsbeil / den Zwist begraben, die Friedenspfeife rauchen *(scherzh.),* Urfehde schwören *(geh.),* ins reine / in Ordnung / ins Lot bringen, in Ordnung kommen, [einen Streit] aus der Welt schaffen, aussöhnen, versöhnen, einrenken, zurechtrükken, geradebiegen *(salopp),* zurechtbiegen *(salopp),* hinbiegen *(salopp),* ausbügeln *(salopp).*

Schlichtheit, Einfachheit, Einfalt, Herzenseinfalt, Geradheit, Biederkeit, Biedersinn *(veraltend),* Redlichkeit.

[1]schließen, zumachen, zuschließen, einklinken, zuklinken, zuschlagen, zuballern, zuknallen, zuwerfen, zuschmettern, zuschmeißen *(salopp),* die Tür [hinter sich] ins Schloß fallen lassen / werfen / schmettern.

[2]schließen, folgern, urteilen, schlußfolgern, den Schluß ziehen, zu dem Schluß kommen, die Schlußfolgerung ziehen, ableiten, herleiten, deduzieren.

schließlich, letztlich, schließlich und endlich, schlußendlich *(schweiz.),* letztendlich, im Grunde, im Endeffekt, letzten Endes.

Schliff, Benehmen, Betragen, Konduite *(veraltet),* Allüren, Auftreten, Haltung, Gebaren, Anstand, Lebensart, Erziehung, Kinderstube, Umgangsformen, Manieren, Weltläufigkeit, Benimm *(ugs.)*, Zucht, Disziplin.

schlimm, bedenklich, beängstigend, besorgniserregend, übel, verhängnisvoll, tragisch, unselig, arg.

Schlinge, Schlaufe, Schleife, Schluppe *(landsch.)*.

Schlingel, Bengel, Schelm, Lümmel, Strolch, Lausbub, Frechdachs, Lausejunge *(ugs.)*, Lausebengel *(ugs.)*, Lauser *(landsch.)*, Früchtchen *(ugs.)*, Rotznase *(derb)*, Rotzlöffel *(derb)*, Tunichtgut *(veraltend)*.

schlingen (sich um), sich winden um, sich ranken um, sich schlängeln um, sich ringeln um.

Schlips, Krawatte, Binder, Senkel *(salopp)*.

schlittern, gleiten, rutschen, schurren, ausgleiten, ausrutschen, ausglitschen *(ugs.)*, abrutschen, abgleiten, den Halt verlieren, schlipfen *(schweiz.)*, ausschlipfen *(schweiz.)*.

Schloß, Palast, Palais.

schludern, pfuschen, huscheln, murksen, hudeln, sudeln, fudeln, schlampen.

schlummernd, latent, verborgen, versteckt, verdeckt, unmerklich, unterschwellig, unter der Oberfläche.

schlüpfen, ausschlüpfen, auskriechen.

schlüpfrig, glatt, spiegelglatt, rutschig, glitschig *(ugs.)*.

Schluß, Ende, Ausgang, Schlußpunkt, Abschluß, Beschluß *(veraltend)*, Rüste *(dichter.)*, Neige *(dichter.)*, Ausklang, Beendigung, Finale.

schlußfolgern, folgern, schließen, urteilen, den Schluß ziehen, zu dem Schluß kommen, die Schlußfolgerung ziehen, ableiten, herleiten, deduzieren.

Schlußfolgerung, Folgerung, Schluß, Konklusion, Ableitung, Herleitung, Deduktion.

schlüssig, stichhaltig, beweiskräftig, unwiderlegbar, unwiderleglich, unangreifbar, hieb- und stichfest, zwingend, bündig, stringent, schlagend, triftig.

schmächtig, zart, zierlich, zartgliedrig, feingliedrig, grazil, zerbrechlich, fragil, schwächlich, schmalbrüstig.

schmackhaft, wohlschmeckend, mundig *(schweiz.)*, schmackbar *(schweiz.)*, gut, vorzüglich, geschmackig *(österr.)*, delikat, lekker, köstlich, deliziös, süffig.

schmal, schlank, schlankwüchsig, gertenschlank, rank, grazil, leptosom, asthenisch, schlank wie eine Tanne, knabenhaft.

Schmarotzer, Trittbrettfahrer, Schnorrer *(ugs.)*.

schmecken, munden, zusagen, den Gaumen kitzeln, dem Gaumen schmeicheln, etwas für einen verwöhnten Gaumen sein.

Schmeichelei, Kompliment, Artigkeit, Höflichkeit.

schmeicheln, schöntun, flattieren, Komplimente machen, Süßholz raspeln, hofieren, höfeln *(schweiz.)*, poussieren, zu Gefallen / nach dem Munde reden, einseifen *(ugs.)*, jmdm. um den Bart gehen, jmdm. Brei / Honig um den Mund *bzw.* ums Maul schmieren, jmdm. das Goderl kratzen *(österr.)*.

Schmeichler, Charmeur, Süßholzraspler, Flatteur *(veraltet)*.

Schmelz, Anmut, Liebreiz, Reiz, Lieblichkeit, Zartheit, Zauber, Grazie, Charme, Liebenswürdigkeit.

schmelzen, zerschmelzen, zergehen, zerlaufen, zerfließen, sich auflösen.

Schmelztiegel, Sammelbecken, Auffangbecken.

schmerzen, weh tun, Schmerz bereiten / verursachen.

schmerzhaft, schmerzlich, quälend, qualvoll, schmerzend, peinigend, peinvoll, schmerzvoll, stechend, brennend, beißend, bohrend.

schminken, Schminke / Farbe / Rouge auflegen *bzw.* auftragen, sich anmalen *(abwertend),* sich anschmieren *(abwertend).*

schmissig, schwungvoll, flott, schneidig, schnittig, fetzig *(ugs.),* zackig, resch *(bayr., österr.).*

Schmöker *(ugs.),* Buch, Wälzer *(ugs.),* Schwarte *(salopp),* Schinken *(ugs.),* Scharteke *(abwertend),* Foliant, Druckerzeugnis, Werk.

schmollen, murren, trotzen, brummen, knurren, maulen *(ugs.),* mukken *(ugs.),* muffeln *(ugs.),* bocken *(ugs.),* granteln *(landsch.).*

schmoren, braten, rösten, schmurgeln, brägeln *(landsch.),* bregeln *(landsch.),* brutzeln, grillen, bakken, kücheln *(schweiz.),* toasten.

Schmuck, Geschmeide, Juwelen, Klunker, Juwelierwaren, Schmucksachen, Goldwaren, Pretiosen, Bijouterie, Zierat, Kostbarkeit, Kleinod.

schmücken, ausschmücken, zieren, verzieren, verschönern, dekorieren, garnieren.

schmuddelig, schmutzig, unsauber, unrein, verschmutzt, fleckig, schnuddelig *(landsch.),* angeschmutzt, angestaubt, grau geworden, mit Patina, nicht frisch, unansehnlich.

schmunzeln, lachen, lächeln, [wie ein Honigkuchenpferd] strahlen / grinsen, grienen, sich högen *(niederd.),* griemeln *(ugs.),* sich freuen [über], belächeln, belachen, feixen, auflachen, eine Lache anschlagen, kichern, kickern, gikkeln, gackern, in Gelächter ausbrechen, Tränen lachen, herausplatzen *(ugs.),* losplatzen, losprusten *(ugs.),* prusten *(ugs.),* losbrüllen *(ugs.),* wiehern, sich ausschütten / kugeln / krümmen / biegen vor Lachen, sich [vor Lachen] den Bauch halten, sich totlachen / kranklachen *(ugs.),* sich krumm und schief / scheckig / kringelig lachen, sich kringeln, sich einen Ast / Bruch lachen, einen Lachanfall / Lachkrampf bekommen.

Schmunzeln (das), das Lächeln, das Grinsen, Gegrinse *(abwertend),* das Grienen, Augurenlächeln *(geh. abwertend).*

Schmutz, Staub, Dreck, Kot, Unrat, Unreinigkeit, Schmiere.

Schmutzfink, Dreckspatz *(salopp),* Dreckfink *(salopp),* Schmierfink *(ugs.),* Mistfink *(derb),* Ferkel *(abwertend),* Schwein *(derb),* Dreckschwein *(derb),* Pottsau *(derb),* Sau *(derb),* Drecksau *(derb).*

schmutzig, unsauber, unrein, verschmutzt, trübe, schmierig, fettig, ölig, fleckig, verfleckt, mit Flekken übersät / bedeckt, mit Dreck und Speck *(emotional),* schmutzstarrend, speckig, schmuddelig, schnuddelig *(landsch.),* angeschmutzt, angestaubt, nicht frisch, unansehnlich, dreckig *(salopp),* verdreckt *(salopp),* versaut *(derb),* kotig, mistig *(derb).*

schnalzen, schnippen, schnipsen.

schnappen (jmdn.; *salopp*), ergreifen, aufgreifen, jmds. habhaft werden, erwischen, [auf frischer Tat] ertappen, packen, fassen, [beim Wickel / am Schlafittchen / zu fassen] kriegen *(ugs.),* ausheben, hochnehmen, hochgehen / auffliegen lassen *(ugs.),* hoppnehmen *(salopp).*

schnaufen, keuchen, hecheln, japsen *(ugs.),* röcheln, nach Luft schnappen, Luft / Atem holen, atmen.

Schnee, Schneefall, Schneeflokken, Flocken, Schneetreiben, Schneesturm, Schneegestöber.

schneidern, nähen, sticheln, anfertigen.

Schneise, Lichtung, Schlag, Kahlschlag, Waldschneise, Rodung.

schnell, eilig, hastig, flink, forsch, behende, fix, hurtig, geschwind, flugs, zügig, rasch, schleunig, beförderlich *(schweiz.),* a tempo, im Kehrum / Handkehrum *(schweiz.),* auf die schnelle [Tour] *(ugs.).*

Schnelligkeit, Geschwindigkeit, Fixigkeit *(ugs.),* Eile, Tempo, Rasanz *(ugs.).*

schnellstens, eilends, wieselflink, im Schweinsgalopp *(ugs.),* rasant, schleunigst, beförderlichst *(schweiz.),* in größter / höchster / fliegender / rasender Eile, mit fliegender Hast, auf dem schnellsten Weg, raschest *(österr.),* im Flug / im Nu; ruck, zuck; eins, zwei, drei; blitzschnell, blitzartig, blitzrasch *(schweiz.),* pfeilschnell, im Sturmschritt, pfeilgeschwind, wie ein geölter Blitz *(scherzh.),* wie der Blitz / Wind, wie's Gewitter *(landsch.),* wie die Feuerwehr, haste was kannste *(salopp berlin.),* im Handumdrehen, in Null Komma nichts, mit einem Affentempo / Affenzahn *(salopp),* mit affenartiger Geschwindigkeit *(salopp),* mit zig Sachen *(salopp).*

schneuzen (sich), sich die Nase putzen, [sich] schnauben, ausschnauben.

Schnipsel, Papierschnipsel, Papierschnitzel, Schnitzel, Papierfetzen, Fetzen [Papier].

Schnitte, Brotschnitte, Brot, Stück [Brot], Scheibe, Stulle *(nordd.),* Bemme *(ostmd.).*

schnittig, rassig, rasant, flott, schneidig.

Schnur, Bindfaden, Faden, Band, Kordel *(südwestd.),* Sackband *(nordd.),* Strippe *(ugs.),* Bendel, Bändel *(schweiz.).*

schnurstracks *(ugs.),* geradewegs, geradenwegs *(ugs.),* geradeswegs *(bes. schweiz.),* direkt.

schockieren, schocken, Entrüstung verursachen, in [sittliche] Entrüstung versetzen, Bestürzung auslösen / hervorrufen.

schön, herrlich, wunderschön, wunderbar, toll, wie gemalt, prächtig, phantastisch, prachtvoll, majestätisch, ästhetisch, wohlgestaltet, wohlgestalt, ebenmäßig, formschön, formrein *(schweiz.).*

schonen (etwas), wenig beanspruchen / benutzen, sorgsam behandeln, sorgsam umgehen mit etwas.

schönfärben, beschönigen, ausschmücken, frisieren, bemänteln, verbrämen.

schönmachen (sich), sich feinmachen / herausputzen / aufputzen / putzen / zurechtmachen, sich aufmachen / pudern / *(schweiz.)* rüsten / *(abwertend)* auftakeln / *(abwertend)* aufdonnern / *(österr., abwertend)* aufmascherln, sich in Staat / Gala / Schale / Wichs werfen *bzw.* schmeißen *(ugs.),* sich mit Schmuck behängen, Toilette machen.

Schöpfer, Gründer, Gründungsvater, Begründer, Mitbegründer, Initiator, [geistiger] Vater, Urheber, Anreger, Anstifter *(abwertend).*

schöpferisch, kreativ, gestalterisch, künstlerisch, gestaltend, erfinderisch, ingeniös, ideenreich, einfallsreich, phantasievoll, originell, produktiv.

Schornstein, Kamin *(südd., schweiz., westd.),* Esse *(mitteld.),* Schlot *(mitteld.),* Rauchfang *(österr.).*

Schößling, Schoß, Trieb, Lode.

schräg, schief, windschief, geneigt, abfallend, absteigend, aufsteigend.

Schräge, Neigung, Schräglage, Schiefe, Schiefheit, Seitenlage, Schlagseite.

Schramme, Kratzer, Ritz, Riß, Kratzwunde, Schürfwunde.

Schranke, Barriere, Hürde, Schlagbaum, Absperrung.

Schrebergärtner, Kleingärtner, Laubenpieper *(ugs.),* Laubenkolonist.

schrecklich, erschreckend, bestürzend, beängstigend, katastrophal, furchterregend, furchteinflößend, schauderhaft, grauenerregend, horribel, furchtbar, fürchterlich, entsetzlich, gräßlich.

Schreiben, Brief, Schrieb *(ugs.),* Wisch *(abwertend),* Zuschrift, Zeilen, Epistel *(iron.).*

Schreibstube, Büro, Kanzlei, Kontor, Office *(schweiz.),* Amtsstube, Amtszimmer, Schreibstube, Großraumbüro.

schreien, rufen, brüllen, kreischen.

Schreien (das), Geschrei, Gejohle *(abwertend),* Gegröle *(ugs. abwertend),* Gekreische, Gezeter *(abwertend).*

Schriftsteller, Dichter, Autor, Verfasser, Schreiber, Mann der Feder, Romancier, Erzähler, Literat, Homme de lettres *(geh.),* Schreiberling *(abwertend),* Federfuchser *(abwertend),* Schmock *(abwertend),* Skribent.

Schrifttum, Literatur, Schriftgut.

Schriftwechsel, Schriftverkehr, Briefwechsel, Briefverkehr, Briefaustausch, Briefverbindung, Brieffreundschaft, Korrespondenz.

Schriftzeichen, Letter, Buchstabe.

schrillen, läuten, klingeln, schellen *(südwestd., westd.),* bimmeln *(ugs.),* rasseln, rappeln *(ugs.),* gongen, beiern *(veraltet).*

schrittweise, Schritt für Schritt, etappenweise, stufenweise, abgestuft, nach und nach.

schroff, abweisend, unhöflich, unfreundlich, barsch, brüsk, rüde, grob.

schrullig, verschroben, kauzig, wunderlich, absonderlich, eigenbrötlerisch.

schrumpfen, kleiner / weniger werden, einschrumpfen, zusammenschrumpfen, einschrumpeln *(ugs.),* schrumpeln *(ugs.).*

schubsen, stoßen, anstoßen, puffen, einen Stoß / Puff versetzen, einen Schubs geben, stupfen *(südd., österr., schweiz.),* stumpen *(südd.).*

Schüchternheit, Scheu, Zurückhaltung, Genierer *(österr.).*

Schuft, Lump, Bube, Halunke, Schurke, Spitzbube, Gauner, Kanaille, Schweinehund *(derb),* Bösewicht, Tunichtgut.

schuften, malochen *(ugs.),* roboten *(ugs.),* sich Schwielen / Blasen an die Hände arbeiten, barabern *(österr.),* arbeiten, tätig sein, sich beschäftigen / betätigen / regen / rühren, fleißig sein, tun, schaffen *(landsch.),* einer Beschäftigung nachgehen.

Schularbeit, Hausarbeit, Hausaufgabe, Hausübung, Schulaufgabe, Aufgaben.

schuldbewußt, reuevoll, bußfertig, reumütig, reuig, Reue empfindend, zerknirscht.

schulden (jmdm. etwas), Schulden / Rückstände haben, im

Rückstand sein, bis über den Hals / die Ohren in Schulden stekken, den Buckel voll Schulden haben, das Wasser steht jmdm. bis zum Hals, jmdm. sitzt das Messer an der Kehle, in der Kreide stehen, jmdm. etwas schuldig sein.

Schulden, Verpflichtungen, Verbindlichkeiten.

Schuldgefühl, Schuldbewußtsein, Schuldkomplex, Gewissensbisse, Gewissensnot, Gewissensqual, Gewissenspein, Skrupel, Zerknirschung, Zerknirschtheit.

schuld sein, schuld haben, [die] Schuld tragen, auf dem Gewissen haben, [selbst] verschuldet haben, schuldig sein.

Schule, Lehranstalt, Bildungsanstalt, Penne *(salopp).*

schulen, ausbilden, lehren, unterweisen, anleiten, instruieren, trainieren, unterrichten, drillen *(abwertend).*

Schüler, Schulkind, Pennäler *(salopp),* Zögling *(veraltend),* Schuljunge / Schulmädchen.

Schulkamerad, Altersgenosse, Gleichaltriger.

Schullehrer, Lehrer, Schulmann, Pädagoge, Erzieher, Lehrkraft, Schulmeister *(scherzh.),* Magister *(veraltet),* Pauker *(salopp abwertend),* Steißtrommler *(salopp abwertend),* Lehrmeister, Zuchtmeister *(scherzh.).*

schulmeisterlich *(abwertend),* lehrhaft, belehrend, lehrerhaft, paukerhaft *(abwertend).*

Schultasche, Schulranzen, Ranzen, Mappe, Schulmappe, Kollegmappe, Kollegtasche, Tornister *(landsch.).*

Schund, Schmarren *(abwertend),* Geschmacklosigkeit, Geschmacksverirrung, Kitsch.

Schurke, Schuft, Lump, Bube, Halunke, Spitzbube, Gauner, Kanaille, Schweinehund *(derb),* Bösewicht, Taugenichts.

schurkisch *(abwertend),* gemein, niederträchtig, hundsföttisch *(derb abwertend),* hundsgemein *(ugs. abwertend),* infam, niedrig, schäbig, schmutzig, feige, schimpflich, schnöde *(geh. abwertend),* schändlich, schmählich, schmachvoll *(geh.).*

Schüssel, Schale, Kumme *(landsch.),* Kumm *(landsch.),* Napf, Terrine, Weitling *(bayr., österr.),* Satte *(landsch.).*

Schusseligkeit *(ugs.),* Gedankenlosigkeit, Schußligkeit *(ugs.),* Vergeßlichkeit.

schütteln, rütteln, hin und her bewegen / schaukeln.

schütten, ausschütten, einschütten, leeren, ausleeren, gießen, ausgießen, eingießen, einschenken, kippen, auskippen.

Schutz, Hut *(geh.),* Obhut, Geborgenheit, Sicherheit, Sicherung, Abschirmung, Deckung.

schützen, behüten, beschützen, Schutz gewähren, seine [schützende / helfende] Hand über jmdn. halten, verteidigen, decken, jmdm. den Rücken decken, bewahren, beschirmen.

Schützling, Günstling, Favorit, Protegé.

[1]**schwach,** kraftlos, entkräftet, schwächlich, geschwächt, lahm, matt, ermattet, schlapp, letschert *(bayr., österr.).*

[2]**schwach,** machtlos, hilflos, hilfsbedürftig, arm, ohnmächtig.

Schwächling, Schlappschwanz *(ugs. abwertend),* Waschlappen *(ugs. abwertend),* Schlaffi *(ugs.).*

Schwachsinn, Geistesgestörtheit, Geisteskrankheit, Idiotie, Idiotismus, Blödsinn, Verblödung, Geistesschwäche, Imbezillität, Debilität.

schwachsinnig, geistesgestört, geisteskrank, geistesschwach, debil, imbezil[l], idiotisch, dement, verblödet, blöde.

Schwachsinniger, Geistesgestörter, geistig Behinderter, Geisteskranker, Idiot, Debiler, Kretin.

Schwachstelle, Achillesferse, schwache / empfindliche, verwundbare Stelle / schwacher, neuralgischer / wunder Punkt.

Schwadroneur *(abwertend),* Schwätzer *(abwertend),* Schwafler *(abwertend),* Salbader *(abwertend),* Plaudertasche.

schwafeln *(abwertend),* Phrasen / leeres Stroh dreschen, faseln *(abwertend),* labern *(salopp),* sülzen *(landsch. salopp),* palavern *(ugs.),* schwadronieren.

Schwammigkeit, Gedunsenheit, Aufgedunsenheit, Aufgequollenheit, Verquollenheit, Verschwollenheit, Aufgeschwemmtheit.

Schwangerschaftsabbruch, Abtreibung, Schwangerschaftsunterbrechung, Abbruch.

schwanger sein, schwanger gehen, mit einem Kind gehen, ein Kind *bzw.* ein Baby *bzw.* Zuwachs erwarten / bekommen / kriegen, sich ein Kind anschaffen, in anderen / besonderen Umständen sein, guter Hoffnung / *(landsch.)* in [der] Hoffnung sein, gesegneten / schweren Leibes sein *(geh.),* Mutterfreuden entgegensehen, Mutter werden, ein Kind unter dem Herzen tragen *(geh.),* dick sein *(derb),* es ist etwas unterwegs, ein Kind / etwas Kleines ist unterwegs, ein süßes Geheimnis haben, der Storch hat sie ins Bein gebissen *(fam. veraltend),* das Verhältnis blieb nicht ohne Folgen.

Schwank, Komödie, Lustspiel, Posse, Farce, Burleske, Klamotte *(ugs.),* Commedia dell'arte.

[1]schwanken, wanken, taumeln, torkeln.

[2]schwanken, unentschlossen / unschlüssig sein, Bedenken tragen / haben, wankend / schwankend werden, mit sich kämpfen / ringen, sich nicht entschließen können.

schwankend, unbeständig, wandelbar, wechselvoll, wechselhaft, veränderlich.

schwärmerisch, romantisch, sentimental, gefühlvoll, gefühlsduselig, rührselig.

schwarzseherisch, verzagt, pessimistisch, defätistisch.

schwatzen, sprechen, reden, schwätzen *(landsch.),* daherreden, drauflosreden *(ugs.),* sülzen *(landsch. salopp),* schwadronieren, plappern, babbeln *(landsch.),* quatschen *(salopp),* quasseln *(salopp),* Quasselwasser / Babbelwasser / Brabbelwasser getrunken haben *(ugs.),* wie ein Buch / wie ein Wasserfall / ohne Punkt und Komma reden, schnattern, brabbeln, brubbeln, sabbern *(salopp abwertend),* sabbeln *(salopp abwertend).*

Schwätzer *(abwertend),* Schwafler *(abwertend),* Salbader *(abwertend),* Schwadroneur *(abwertend),* Plaudertasche, Waschfrau *(ugs.).*

schwatzhaft, gesprächig, mitteilsam, redefreudig, redelustig, redselig, geschwätzig *(abwertend),* quatschig *(salopp abwertend),* klatschsüchtig *(abwertend),* tratschsüchtig *(abwertend).*

schweigen, stillschweigen, still / ruhig sein, den Mund nicht auftun, den Mund halten, nichts sagen, verstummen, keinen Ton verlauten lassen, nicht piep / keinen Piep sagen, kein Sterbenswörtchen sagen *(ugs.),* seinen Mund halten, Stillschweigen bewahren, sich ausschweigen / in Schweigen hüllen, keinen Kommentar geben, verschwiegen wie ein Grab sein, dichthalten *(salopp),* eine Antwort unterdrücken, eine Antwort schuldig bleiben, nicht antworten.

Schweigen, Stillschweigen, Stille, Ruhe.

Schweißabsonderung, Schweißsekretion, Transpiration, Ausdünstung, Hautausdünstung, Schwitzen, Diaphorese.

schweißen, löten, verlöten, zusammenlöten, anlöten, verschweißen, zusammenschweißen, anschweißen.

schwelen, schmoren, sengen, glühen, glimmen, glosen *(landsch.),* glosten *(schweiz.).*

Schwelgerei, Genuß, Genußfreude, Völlerei *(abwertend),* Genußsucht *(abwertend),* Genußgier *(abwertend).*

schwelgerisch, genießerisch, genüßlich, genußvoll, geschmäcklerisch *(abwertend),* genußfreudig, sinnenfreudig, hedonistisch *(bildungsspr.),* genußfroh, genußreich, genußsüchtig *(abwertend).*

schwer, bleischwer, wuchtig, massig, drückend, lastend, bleiern.

schwerfallen (jmdm.), sich schwertun, jmdm. Mühe machen, nicht zurechtkommen, nicht zu Rande kommen.

[1]**schwerfällig,** träge, phlegmatisch, gleichgültig, desinteressiert, teilnahmslos, apathisch, lethargisch, leidenschaftslos, dickfellig *(ugs.),* tranig *(ugs.),* indolent *(bildungsspr.),* dumpf, stumpf, stumpfsinnig, abgestumpft.

[2]**schwerfällig,** ungeschickt, unbeholfen, tölpelhaft, umständlich, linkisch, ungewandt.

schwerlich, kaum, wahrscheinlich / wohl nicht.

Schwermut, Melancholie, Schwermütigkeit, Trübsinn, Niedergeschlagenheit, Bedrücktheit, Gedrücktheit, Depression, seelisches Tief.

schwermütig, trübsinnig, depressiv, melancholisch, pessimistisch, schwarzseherisch, defätistisch, miesepetrig *(ugs.),* hintersinnig *(schweiz.),* bregenklüterig *(landsch.),* trübselig, wehmütig, wehselig *(schweiz.).*

schwernehmen, als bedrückend / schlimm / belastend empfinden, sich etwas zu Herzen nehmen, jmdm. wie ein Alp auf der Brust / auf der Seele liegen, sich wegen etwas Gedanken machen.

Schwester, Krankenschwester, Krankenpflegerin, Karbolmaus *(scherzh.).*

schwierig, schwer, diffizil, heikel, gefährlich, kitzlig *(ugs.),* kompliziert, subtil, problematisch, verwickelt, langwierig, harzig *(schweiz.),* knifflig *(ugs.),* verzwickt *(ugs.),* vertrackt *(ugs.),* prekär.

Schwierigkeit, Frage, Problem, Streitfrage, kritischer / strittiger Punkt, Knackpunkt, Hauptschwierigkeit, Hauptfrage, Kernfrage, Kardinalfrage, Hauptproblem, Kernproblem, Grundproblem, Zentralproblem, Kardinalproblem.

Schwindel, Lüge, Notlüge, Unwahrheit, Desinformation, Unwahres, Erfindung, Legende, Märchen, Lügenmärchen, Räuberpistole, Ammenmärchen, Dichtung und Wahrheit, Lug und Trug *(abwertend),* Bluff, Pflanz *(österr.),* Geflunker, Flunkerei, Jägerlatein, Seemannsgarn.

schwindeln, lügen, unaufrichtig sein, anlügen, belügen, das Blaue vom Himmel herunterlügen, bekohlen *(ugs.),* die Unwahrheit /

nicht die Wahrheit sagen, färben, nicht bei der Wahrheit bleiben, es mit der Wahrheit nicht so genau nehmen, erfinden, erdichten, flunkern, phantasieren, konfabulieren *(Psych.)*, zusammenphantasieren, fabeln, fabulieren, spintisieren, beschwindeln, jmdm. etwas vorschwindeln, anschwindeln, anschmettern *(österr.)*, plauschen *(österr.)*, Garn spinnen *(landsch.)*, Lügen auftischen, jmdm. blauen Dunst vormachen, Romane erzählen, sich etwas aus den Fingern saugen, etwas aus der Luft greifen, lügen wie gedruckt; lügen, daß sich die Balken biegen; kohlen *(ugs.)*, krücken *(landsch. ugs.)*, sohlen *(landsch. ugs.)*, nicht aufrichtig sein.

schwinden, abnehmen, nachlassen, dahinschwinden, im Schwinden begriffen sein, aussterben, abklingen, zurückgehen, sinken, absinken, fallen, nachgeben (Kurse, Preise), sich verringern / vermindern / verkleinern, zusammenschrumpfen, abflauen, abebben, verebben, erkalten, einschlafen, schwächer / weniger / geringer werden, sich beruhigen, sich dem Ende zuneigen, ausgehen, zu Ende / zur Neige / *(dichter.)* zur Rüste gehen, zu Ende / *(ugs.)* alle sein *bzw.* werden.

schwindend, nachlassend, rückläufig, rezessiv, regressiv, zurückgehend, abflauend, sinkend, degressiv.

Schwindler, Lügner, Heuchler, Scheinheiliger, Tartüff.

schwingen, pendeln, schlenkern, schwenken.

schwitzen, transpirieren, ausdünsten, Schweiß vergießen, [wie] in Schweiß gebadet sein.

schwül, drückend, feuchtwarm, tropisch, föhnig.

schwülstig *(abwertend)*, hochtrabend, gewichtig, pathetisch, hochgestochen *(abwertend)*, anspruchsvoll, bombastisch *(abwertend)*, pompös *(abwertend)*, salbungsvoll *(abwertend)*.

Schwung, Temperament, Lebhaftigkeit, Feuer, Elan, Verve *(geh.)*, Pep *(ugs.)*, Biß *(ugs.)*, Pfiff *(ugs.)*.

schwungvoll, flott, schneidig, schnittig, fetzig *(ugs.)*, schmissig, zackig, resch *(bayr., österr.)*.

Schwur, Eid, Gelübde, Gelöbnis, eidesstattliche Versicherung.

See (der), Teich, Weiher, Woog *(landsch.)*, Tümpel, Tümpfel *(bayr., österr.)*, Pfuhl.

Seele, Psyche, Inneres, Herz, Gemüt.

Seelenleben, Gefühlsleben, Innenleben.

seelisch, psychisch, geistig, mental.

Seeräuber, Pirat, Freibeuter, Korsar.

Seereise, Schiffsreise, Schiffspassage, Passage, Kreuzfahrt.

Segment, Teilstück, Ausschnitt.

[1]**sehen,** beobachten, schauen, erkennen, unterscheiden, erblicken, erspähen, ausmachen, sichten, zu Gesicht bekommen.

[2]**sehen,** blicken, schauen, gucken, kucken *(nordd.)*, kieken *(salopp)*, starren, spähen, peilen *(ugs.)*, ein Auge riskieren *(ugs.)*, äugen, glotzen *(salopp abwertend)*, stieren *(abwertend)*, glupschen *(abwertend)*, linsen *(ugs.)*, lugen, luchsen, sperbern *(schweiz.)*.

Sehkraft, Sehvermögen, Sehschärfe, Augenlicht, Gesicht *(geh.)*.

sehnen (sich nach), gieren / trachten / lechzen / dürsten / schmachten / verlangen nach, jmdn. nach etwas gelüsten.

sehr, arg *(südd.)*, überaus, äußerst, höchst, beachtlich, beträchtlich, haushoch, weit, besonders, unendlich, unermeßlich, ungeheuer, unheimlich, riesig, mächtig, tüchtig, kräftig, gewaltig, unbeschreiblich, unsäglich, unsagbar, unaussprechlich, nach allen Regeln der Kunst, nach Noten, nach Strich und Faden, grenzenlos, zutiefst, maßlos, aus / in tiefster Seele, in der Seele, über die / über alle Maßen, mordsmäßig *(salopp),* aufs höchste / äußerste, in höchstem Grad, noch so *(schweiz.),* auf Teufel komm raus *(ugs.),* was das Zeug hält *(ugs.),* bannig *(nordd.),* höllisch *(ugs.),* verdammt *(ugs.),* verflucht *(ugs.),* verteufelt *(ugs.),* wahnsinnig *(ugs.),* fürchterlich, furchtbar, irre *(ugs.),* hochgradig, ausnehmend, ungemein, umwerfend.

Sehvermögen, Sehkraft, Sehschärfe, Augenlicht, Gesicht *(geh).*

[1]**seicht,** flach, niedrig, nieder *(landsch.),* untief, knöcheltief, knietief.

[2]**seicht,** oberflächlich, flach, ohne Tiefgang, geistlos, inhaltslos, gehaltlos, trivial, banal.

seihen, durchseihen, filtern, filtrieren, sieben, durchsieben.

Seil, Tau, Leine, Strick, Strang, Strange *(schweiz.),* Reep *(Seemannsspr.),* Trosse *(Seemannsspr.).*

seinerzeit, damals, früher, in / zu der *bzw.* jener Zeit, in jenen Tagen, da, dazumal, einst, einstens, einmal, ehemals, einstmals, derzeit, vormals, vordem, ehedem, weiland *(veraltet),* zu Olims Zeiten, Anno dazumal / *(ugs.)* dunnemals / *(ugs.)* Tobak, im Jahre / anno Schnee *(österr.),* vor Zeiten, vor alters.

Seite, Blatt, Bogen, Pagina.

seither, seitdem, seit damals, seit dem Zeitpunkt, von dem Zeitpunkt an.

selbst, persönlich, in persona, höchstpersönlich, eigenhändig, leibhaftig.

selbständig, eigenständig, eigenlebig *(schweiz.),* frei, unabhängig, für sich allein, eigenmächtig, autonom, autark, emanzipiert.

Selbstbesinnung, Einkehr, [innere] Sammlung.

Selbstbestimmung, Freiheit, Unabhängigkeit, Ungebundenheit, Eigenständigkeit, Selbständigkeit, Autarkie, Autonomie.

Selbstbetrug, Selbsttäuschung, Augenwischerei *(ugs.).*

selbstbewußt, siegesgewiß, siegessicher, siegesbewußt, optimistisch, stolz, erhobenen Hauptes.

Selbstbewußtsein, Selbstgefühl, Selbstachtung, Selbstvertrauen, Selbstsicherheit, Selbstwertgefühl, Stolz, Sicherheit.

selbstgefällig *(abwertend),* dünkelhaft, eingebildet *(abwertend),* stolz, selbstbewußt, selbstsicher, selbstüberzeugt, selbstüberzogen *(ugs. abwertend),* wichtigtuerisch *(abwertend),* aufgeblasen *(abwertend),* überheblich, hybrid, anmaßend, präpotent *(österr.),* arrogant, süffisant, hochmütig, hoffärtig, hochfahrend, blasiert *(abwertend),* herablassend, gnädig, snobistisch, spleenig, hochnäsig *(ugs.).*

selbstlos, uneigennützig, altruistisch, edelmütig, großherzig, aufopfernd, idealistisch.

Selbstmord, Selbsttötung, Suizid, Freitod, Selbstentleibung *(geh.).*

Selbstsucht, Eigennutz, Egozentrik, Egoismus, Ichsucht, Ichbezogenheit.

selbstsüchtig, eigennützig, selbstisch, ichsüchtig, ichbezogen, egoistisch, egozentrisch.

selbstvergessen, gedankenvoll, nachdenklich, versonnen, vertieft, [in Gedanken] versunken, gedankenverloren, entrückt, verträumt, träumerisch.

selektieren, auswählen, wählen, auslesen, lesen aus, heraussuchen, herausklauben *(landsch.)*, klauben aus *(landsch.)*, aussuchen, suchen, die Wahl treffen, Auswahl treffen / vornehmen, ausersehen, nehmen.

selig, glücklich, beglückt, hochbeglückt, glückselig, glückstrahlend, freudestrahlend, zufrieden, im sieb[en]ten Himmel *(ugs.)*.

selten, rar, sporadisch, alle Jubeljahre.

Seltenheit, Ausnahme, Rarität, Ausreißer, Besonderheit, weißer Rabe.

[1]**seltsam,** abwegig, ungereimt, verfehlt, irrig, unsinnig, merkwürdig, ohne Sinn, witzlos, hirnverbrannt, hirnrissig *(ugs.)*.

[2]**seltsam,** sonderbar, eigentümlich, merkwürdig, eigenartig, absonderlich, verschroben, schrullig, wunderlich, kauzig, eigenbrötlerisch.

Semmel *(landsch.)*, Brötchen, Schrippe *(berlin.)*, Weck, Wecken *(südd.)*, Rundstück *(nordd.)*.

senden, schicken, abschicken, verschicken, zuschicken, absenden, versenden, zusenden, zum Versand bringen, übermitteln, zugehen / hinausgehen lassen, weiterleiten, weitergeben, weiterreichen, überweisen, übertragen.

Sendung, Übertragung, Aufnahme, Ausstrahlung, Aufzeichnung, Mitschnitt, Direktübertragung, Live-Übertragung, Live-Sendung.

sengen, brennen, glühen, vom Himmel herniederbrennen.

Seniorenheim, Altersheim, Altenheim, Altenwohnheim, Pflegeheim, Feierabendheim, Stift, Seniorenresidenz.

senkrecht, vertikal, lotrecht.

Sentenz, Ausspruch, Zitat, geflügeltes Wort, Sprichwort, Diktum, Apophthegma, Philosophem, Denkspruch, Parömie, Wahlspruch, Kernspruch, Losung, Devise, Gnome, Aphorismus, Gedankensplitter, Gedankenblitz, Aperçu, Bonmot, Maxime, Lebensregel.

sentimental, gefühlvoll, schwärmerisch, gefühlsduselig, romantisch, rührselig.

Sentimentalität, Rührseligkeit, Gefühlsseligkeit, Tränenseligkeit, Gefühligkeit, Gefühlsduselei *(abwertend)*, Weinerlichkeit, Larmoyanz.

seriös, gepflegt, gediegen, soigniert.

Sermon *(abwertend)*, Gerede *(abwertend)*, Gesülze *(salopp)*, Geschwätz *(abwertend)*, Larifari *(usg.)*, Wortschwall, Erguß *(abwertend)*, Salm *(ugs. abwertend)*.

Service, Kundenservice, Kundendienst, Bedienung, Dienst [am Kunden], Dienstleistung.

servieren, auftafeln, auftischen, auftragen, auf den Tisch bringen, vorsetzen, auffahren / anfahren [lassen] *(salopp)*, reichen, bewirten.

Sessel, Fauteuil, Lehnstuhl, Schaukelstuhl.

[1]**setzen** (sich), Platz nehmen, sich hinsetzen, sich niederlassen / niedersetzen, nicht stehen bleiben.

[2]**setzen,** legen, stecken, pflanzen, anpflanzen, säen, ansäen, aussäen.

seufzen, stöhnen, aufstöhnen, ächzen, aufseufzen, einen Seufzer ausstoßen.

Seufzer, Klagelaut, Klageruf, Wehlaut, Jammerlaut, Stoßseufzer, Geseufze *(abwertend)*, Gestöhn *(abwertend)*, Schluchzer.

Sexualität, Sexus, Sex, Geschlechtlichkeit, Sinnlichkeit.
sexuell, geschlechtlich, erotisch, libidinös, triebhaft, unterhalb der Gürtellinie.
sexy, aufreizend, betörend, verführerisch, attraktiv, anziehend, lasziv.
[1]**sicher,** gewiß, überzeugt.
[2]**sicher,** geborgen, geschützt, behütet, beschirmt, wie in Abrahams Schoß.
[1]**Sicherheit,** Geborgenheit, Gesichertheit, Gesichertsein, Behütetheit, Behütetsein, Beschütztsein, Beschirmtsein.
[2]**Sicherheit,** Gewißheit, Garantie.
[3]**Sicherheit,** Kaution, Bürgschaft, Garantie, Gewähr, Haftung, Währschaft *(schweiz.),* Pfand, Unterpfand, Faustpfand.
sicherheitshalber, vorsichtshalber, vorsorglich, für / auf alle Fälle, klugerweise, schlauerweise, aus Vorsicht.
Sicherheitsrisiko, Gefahr, Gefährlichkeit, Gefährdung, Bedrohung, Unsicherheit.
sichtlich, offensichtlich, augenscheinlich, augenfällig, sichtbar, deutlich, aufgelegt *(österr.),* manifest, flagrant, offenbar, offenkundig, eklatant, evident.
sieben, durchsieben, seihen, durchseihen, filtern, filtrieren.
Siebensachen, Kram, Krimskrams, Trödelkram, Trödel *(ugs. abwertend),* Krempel *(ugs. abwertend),* Gerümpel *(abwertend),* Zeug, Plunder *(ugs. abwertend),* Dreck *(derb abwertend),* Mist *(derb abwertend),* Zimt *(salopp abwertend),* Graffelwerk *(bayr., österr.),* Klumpert *(bayr., österr.),* Kramuri *(österr.),* Gesums *(ugs.),* Zinnober *(abwertend).*
sieden, kochen, garen, gar / weich kochen, gar machen, abkochen, absieden, abbrühen, aufkochen, aufsieden, aufwallen lassen, brühen, ziehen lassen.
Siedlung, Ort, Ortschaft, Dorf, Flecken, Marktflecken, Ansiedlung, Kiez *(landsch.),* Nest, Kaff *(abwertend),* Kuhdorf *(abwertend).*
Sieg, Triumph, Gewinn, Erfolg.
siegen, gewinnen, Sieger sein, als Sieger hervorgehen, den Sieg erringen / davontragen, die Siegespalme / die Palme des Sieges erringen, obsiegen, triumphieren, das Rennen machen, den Vogel abschießen.
Sieger, Gewinner, Triumphator, Matador, Meister, Champion, Erster, Bester.
siegessicher, siegesgewiß, siegesbewußt, optimistisch, stolz, erhobenen Hauptes, selbstbewußt.
Siesta, Mittagsruhe, Mittagspause, Mittagsschläfchen *(fam.),* Nickerchen *(fam.).*
signalisieren, anzeigen, hindeuten auf, Anzeichen für etwas sein, ankünden.
Silhouette, Umriß, Kontur, Schattenriß, Profil, Skyline.
Silo, Speicher, Lagerhaus, Depot, Kornspeicher, Getreidespeicher.
Silvester, Jahreswechsel, Jahresende, Jahresausklang, Altjahrtag *(österr.),* 31. Dezember.
Simpel, Narr, Tor, Tölpel, Trampel, Bauer, Einfaltspinsel, Kindskopf, Tropf, Gimpel, Olvel *(landsch.),* Tolpatsch.
simulieren, mimen, vorspielen, vorgaukeln, vorspiegeln, vortäuschen, vorgeben, vorschützen, vormachen, heucheln, fingieren; sich stellen / so tun, als ob; fälschlich behaupten, einen falschen Eindruck erwecken, ein falsches Bild geben.
simultan, gleichzeitig, zeitgleich, synchron, synchronisch.

singen, zu Gehör bringen, summen, brummen, trällern, schmettern, grölen *(abwertend),* tremolieren.

Single, Alleinstehender, Unverheirateter, Junggeselle, Einspänner, Hagestolz, Alleinlebender, Lediger.

[1]sinken, hinabsinken, hinuntersinken, absinken, herabsinken, heruntersinken, runtersinken *(ugs.),* runtergehen *(ugs.),* an Höhe verlieren, niedersinken, herniedersinken.

[2]sinken, untergehen, absinken, [in den Wellen / Fluten] versinken, absaufen *(salopp),* wegsacken, absacken, versacken.

sinkend, nachlassend, rückläufig, rezessiv, regressiv, zurückgehend, schwindend, abflauend, degressiv.

Sinn, Bedeutung, Intention, Gehalt (der), Inhalt, Substanz, Essenz, Tenor.

Sinndeutung, Auslegung, Ausdeutung, Lesart, Deutung, Erklärung, Worterklärung, Erläuterung, Kommentar, Bestimmung, Definition, Begriffsbestimmung, Denotation, Interpretation, Explikation, Hermeneutik.

Sinnesart, Denkweise, Denkart, Denkungsart, Denkungsweise, Mentalität, Gesinnung, Einstellung, Weltanschauung, Lebensanschauung, Ideologie.

sinnieren, denken, überlegen, nachdenken, Reflexionen anstellen über, reflektieren, durchdenken, sich fragen / Gedanken machen, einem Gedanken / seinen Gedanken nachhängen, sich besinnen / bedenken, mit sich zu Rate gehen, seine Gedanken zusammennehmen, nachsinnen, nachgrübeln, sinnen, grübeln, tüfteln, brüten, rätseln, herumrätseln, sich den Kopf zerbrechen, sich einen Kopf machen *(Jargon),* sich das Hirn zermartern, knobeln *(ugs.),* den Verstand gebrauchen, seinen Geist anstrengen.

Sinnlichkeit, Fleischeslust *(geh.),* Lüsternheit *(geh.),* Brunst, Triebhaftigkeit, Geilheit *(oft abwertend),* Hyperhedonie *(fachspr.).*

sinnvoll, zweckmäßig, opportun, vernünftig, angemessen, gegeben, tauglich, geeignet, zweckentsprechend, zweckdienlich, sachdienlich, praktikabel, brauchbar.

Sippe, Familie, Angehörige, Anhang, Clan, Sippschaft.

[1]Sitte, Brauch, Brauchtum, Gebräuche, Althergebrachtes, Herkommen, Mode, Übung, Tradition, Konvention, Angewohnheit, Gewohnheit, Gepflogenheit, Usance, Usus.

[2]Sitte, Sittlichkeit, Moral, Ethik.

sittenlos, lästerlich, gotteslästerlich, lasterhaft, frevelhaft, gottlos, vitiös *(bildungsspr. veraltet).*

sittlich, moralisch, ethisch, tugendhaft, tugendsam, integer.

Situation, Lage, Konstellation, Status, Stand, Stellung, Zustand, Assiette *(veraltet),* Stadium.

Sitz, Platz, Sitzplatz, Sitzgelegenheit.

sitzen, hocken, thronen, kauern.

sitzenlassen, jmdn. sich selbst / seinem Schicksal überlassen, jmdn. verlassen / im Stich lassen.

Sitzung, Versammlung, Beratung, Treffen, Tagung, Konferenz, Kongreß, Symposion, Meeting.

skandalös, unerhört, unfaßbar, haarsträubend, empörend, unglaublich, bodenlos, beispiellos, himmelschreiend, ungeheuerlich, hanebüchen.

Skelett, Gebeine, Totengebeine, Totenskelett, Gerippe, Knochen (Plural).

Skepsis, Bedenken, Vorbehalt, Zweifel, Einwand, Pessimismus.
Ski, Schneeschuh, Bretter, Bretteln *(bes. österr.).*
Sklaverei, Knechtschaft, Unterdrückung, Unfreiheit.
Skonto, Preisnachlaß, Nachlaß, Ermäßigung, Prozente, Rabatt, Mengenrabatt, Abzug, Abschlag *(schweiz.).*
Skrupel, Schuldgefühl, Schuldbewußtsein, Gewissensbisse, Gewissensnot, Gewissensqual, Gewissenspein, Gewissensskrupel.
skrupellos, rücksichtslos, bedenkenlos, gewissenlos, abgedreht *(bayr., österr.),* ohne Rücksicht / Bedenken / Skrupel.
Skulptur, Plastik, Standbild, Statue, Figur.
skurril, überspannt, überdreht, verstiegen, phantastisch, extravagant, ausgefallen, närrisch, verdreht, verrückt.
Snack, Imbiß, Kleinigkeit, Gabelbissen.
so, auf diese Weise / Art; derart, daß ...; dergestalt, daß ...; folgendermaßen, solchermaßen, dermaßen, derweise *(schweiz.),* dieserart.
Soda, Sodawasser, Mineralwasser, Selters, Selterswasser, Tafelwasser, Wasser, Sprudel, Sprudelwasser, Tonic [water], Sauerbrunnen.
sofort, gleich, sogleich, brühwarm, unverzüglich, ohne Aufschub, spornstreichs, stracks, stante pede *(ugs.),* stehenden Fußes, vom Fleck weg, alsbald, unmittelbar, auf der Stelle, hier und jetzt, hic et nunc *(bildungsspr.),* umgehend, prompt, auf Anhieb, postwendend, wie aus der Pistole geschossen.
Sog, Anziehungskraft, Attraktivität, Affinität, Zugkraft.
Sohn, Filius, Junior, Stammhalter, Sohnemann *(fam.),* Sprößling, Ableger *(scherzh.),* das eigene / sein eigen Fleisch und Blut.
Soldat, Wehrpflichtiger, Militärpflichtiger, Wehrdienstleistender, Militärdienstleistender, Krieger, Bürger / Staatsbürger in Uniform, Uniformträger, Armeeangehöriger.
solidarisieren (sich), sich solidarisch erklären, solidarisch sein, Solidarität üben.
Solidarität, Gemeinsinn, Wir-Gefühl, Gemeingeist, Verbundenheit, Zusammengehörigkeit, Zusammengehörigkeitsgefühl.
solide, gediegen, seriös, solid, echt, wertbeständig, ordentlich, währschaft *(schweiz.),* reell.
solo, allein, ohne Begleitung.
somit, also, mithin, jedenfalls, infolgedessen, danach, folglich, demnach, ergo, demzufolge, demgemäß, dementsprechend, sonach.
[1]**sonderbar,** seltsam, eigentümlich, eigenartig, merkwürdig, absonderlich, verschroben, schrullig, wunderlich, kauzig, eigenbrötlerisch.
[2]**sonderbar,** seltsam, verwunderlich, komisch, bizarr, befremdend, befremdlich, merkwürdig, eigenartig, absonderlich.
Sonderfall, Ausnahme, Abweichung, Irregularität, Regelverstoß, Abirrung, Abnormität, Anomalität, Anomalie, Normwidrigkeit, Regelwidrigkeit, Unstimmigkeit, Aberration, Deviation, Unterschied, Unterschiedlichkeit, Divergenz, Differenz, Änderung, Variation, Variante, Varietät, Spielart, Abart, Lesart, Diskrepanz, Derivation, Verschiedenartigkeit, Verschiedenheit, Ungleichheit, Ungleichmäßigkeit, Mißverhältnis, Disproportion.

Sonderling, Kauz, Original, Eigenbrötler.

sondern (von), ausschließen, absondern, isolieren, abschließen / scheiden / trennen von, dirimieren, ausscheiden, nicht in Betracht ziehen, separieren, ausschalten.

Sonderzulage, Gratifikation, Zuwendung, Zulage, Remuneration *(bes. österr.),* Prämie.

[1]**sondieren,** vorfühlen, die Fühler ausstrecken, einen Versuchsballon steigen lassen.

[2]**sondieren,** forschen, erforschen, eruieren, hinterfragen, ergründen, explorieren *(bildungsspr.),* studieren.

Sondierung, Nachforschung, Prüfung, Fahndung, Nachprüfung, Ermittlung, Recherche, Untersuchung.

sonnen (sich), sonnenbaden, ein Sonnenbad nehmen, sich in der Sonne aalen, in der Sonne braten, sich in die Sonne legen, in der Sonne liegen, sich die Sonne auf den Bauch scheinen / brennen lassen, in der Sonne bräunen, sich in der Sonne / von der Sonne braten lassen, sich [in der Sonne / von der Sonne] bräunen / *(österr.)* abbrennen lassen.

sonnig, heiter, wolkenlos, strahlend, klar.

Sonntagskind, Glückspilz, Glückskind, Liebling / Schoßkind des Glücks / der Götter, Hans im Glück.

[1]**sorgen** (sich), sich grämen / härmen / abhärmen, sich Sorgen / Gedanken / Kopfschmerzen machen, in Sorge sein [um], sich ängstigen um, in tausend Ängsten schweben, [sich] kümmern *(schweiz.).*

[2]**sorgen,** sich kümmern, umsorgen, versorgen, befürsorgen *(österr.),* bemuttern, betreuen, umhegen, jmdn. unter seine Fittiche nehmen, nach dem Rechten sehen, nach jmdm. sehen / schauen.

sorgenvoll, bedrückt, sorgenschwer, zentnerschwer, gramvoll, gramerfüllt, gramgebeugt, kummervoll, bekümmert.

Sorgfalt, Akribie, Genauigkeit, Akkuratesse.

[1]**sorgfältig,** gewissenhaft, [peinlich] genau, peinlich, pedantisch *(abwertend),* penibel, akkurat, gründlich, eingehend, reiflich, eigen.

[2]**sorgfältig,** behutsam, sanft, schonend, schonungsvoll, gnädig, sacht, mild, lind, vorsichtig, sorgsam, pfleglich.

[1]**sorglos,** unbesorgt, beruhigt, mit gutem Gewissen, leichten / frohen Herzens, unbekümmert, unbeschwert, sorgenfrei.

[2]**sorglos,** unachtsam, achtlos, unbedacht, gleichgültig, gedankenlos.

sorgsam, behutsam, sanft, schonend, schonungsvoll, gnädig, glimpflich, sacht, mild, lind, vorsichtig, pfleglich, sorgfältig.

Sortiment, Auswahl, Palette, Kollektion, Musterkollektion, Zusammenstellung.

Sound, Klang, Klangart, Schall.

Souvenir, Andenken, Erinnerung, Erinnerungsstück, Mitbringsel.

sowieso, ohnehin, ohnedies, eh *(landsch.),* auf jeden Fall.

soziabel, gesellig, kontaktfähig, kontaktfreudig, kommunikationsfreudig, kommunikationsfähig, umgänglich, extrovertiert, extravertiert, nicht selbstbezogen, nicht unzugänglich.

Sozius, Teilhaber, Mitinhaber, Partner, Gesellschafter, Kompagnon, Kommanditist.

sozusagen, gewissermaßen, an

und für sich, eigentlich, so gut wie, quasi, gleichsam.

Spalt, Spalte, Sprung, Riß, Ritze, Ritz, Fuge, Schlitz, Lücke.

spalten, entzweihacken, zerhakken, entzweihauen, klieben *(bayr., österr.).*

Span, Schnitzel, Splitter, Spreißel *(bes. österr.),* Schiefer *(bes. österr.).*

Spanne, Abstand, Spielraum, Unterschied, Marge.

spannend, packend, fesselnd, mitreißend, anregend, ansprechend, reizvoll, interessant, lehrreich, instruktiv, lesenswert, sehenswert, hörenswert.

Spannkraft, Leistungskraft, Lebenskraft, Vitalität, Fitneß.

Spannung, Hochspannung, Gespanntheit, gespannte Erwartung, Unruhe, Beunruhigung, Dramatik.

sparen, ansparen, Ersparnisse machen, sich etwas ersparen / *(schweiz.)* erhausen, zurücklegen, beiseite legen, auf die Seite legen, auf die hohe Kante legen, sich einschränken, haushalten, maßhalten, sich zurückhalten, einsparen, hausen *(schweiz.),* das Geld zusammenhalten, Konsumverzicht leisten, bescheiden leben, geizen, kargen, knapsen, knausern, kürzertreten, den Gürtel / Riemen enger schnallen, sich krummlegen *(salopp),* krummliegen *(salopp),* knickern, knorzen *(schweiz.).*

Sparkasse, Geldinstitut, Kreditinstitut, Kreditanstalt, Bank, Bankhaus.

spärlich, karg, kärglich, unergiebig, wenig, dürftig, ärmlich, armselig, pop[e]lig *(ugs.),* plöt[e]rig *(ugs. landsch.),* knapp, schmal, kümmerlich, beschränkt, bescheiden, frugal.

sparsam, haushälterisch, wirtschaftlich, ökonomisch, häuslich *(schweiz.).*

Sparsamkeit, Geiz, Knauserigkeit *(ugs. abwertend),* Knauserei *(ugs. abwertend),* Knickrigkeit *(ugs. abwertend),* Pfennigfuchserei *(ugs.).*

Sparte, Bereich, Sphäre, Sektor, Sektion, Ressort, Gebiet, Fachgebiet, Abteilung, Distrikt, Branche, Geschäftszweig, Wirtschaftszweig.

Spaß, Scherz, Gspaß *(bayr., österr.),* Ulk, Schabernack, Possen, Streich, Schelmenstreich, Eulenspiegelei, Eulenspiegelstreich, Jux, Jokus, Klamauk *(ugs.),* Spaßetteln *(österr.),* Spompanadeln *(österr.).*

spaßen, scherzen, Spaß / Witze machen, einen Schmäh führen *(österr.),* Witze erzählen / *(ugs.)* reißen.

spaßig, witzig, spaßhaft, ulkig, komisch, possenhaft, burlesk, urkomisch, gspaßig *(bayr., österr.).*

Spaßvogel, Spaßmacher, Schalk, Schelm, Witzbold, Clown, Kasper, Nummer *(ugs.),* Marke *(ugs.),* Unikum *(ugs.),* Schmähtandler *(österr. abwertend),* Original, Ulknudel.

spät, verspätet, schließlich, zuletzt, zu guter Letzt, am / zum Schluß, auf die Letzt *(österr. mundartl.),* am Ende.

[1]**später,** einst, einmal, dereinst, dermaleinst, künftig, inskünftig *(österr.),* zukünftig, in Zukunft, kommend, fortan, fortab, weiterhin, späterhin, demnächst [in diesem Theater *(scherzh.)*], anhin *(schweiz.),* nächsthin *(schweiz.),* dannzumalig *(schweiz.),* in kurzer / absehbarer / nächster Zeit, in Bälde, bald, über kurz oder lang.

[2]**später,** danach, nachher, hinterher, nachträglich, hintennach *(landsch.),* im nachhinein, her-

nach, sodann, dann, im Anschluß, anschließend.

spazieren, gehen, laufen, sich fortbewegen, zu Fuß gehen, marschieren, schreiten, stiefeln, wandeln, schlendern.

spazierengehen, spazieren, sich ergehen, lustwandeln, schlendern, bummeln, einen Bummel machen, flanieren, promenieren, an die Luft / ein paar Schritte gehen, frische Luft schnappen gehen *(ugs.),* sich die Beine / Füße vertreten, einen Spaziergang machen.

Spaziergang, Bummel, Promenade, Gang, Marsch, Tour.

Spedition, Transportunternehmen, Fuhrbetrieb, Fuhrgeschäft.

speisen, essen, tafeln, dinieren, Tafel halten *(geh.).*

Speisesaal, Speiseraum, Kantine, Kasino, Mensa, Eßraum, Messe, Refektorium.

Spektrum, Variationsspanne, Bandbreite, Variationsbreite, Möglichkeiten.

spendabel *(ugs.),* freigebig, großzügig, generös, hochherzig, nobel, honorig, splendid *(veraltend),* gebefreudig, weitherzig.

spenden, stiften, geben, opfern.

Spendenfreudigkeit, Großzügigkeit, Generosität, Hochherzigkeit, Gebefreudigkeit, Freigebigkeit.

Spendensammlung, Sammlung, Spendenaktion, Kollekte.

spendieren, jmdn. freihalten / einladen, einen ausgeben *(ugs.),* etwas springen lassen *(ugs.),* in Geberlaune / Spendierlaune sein, seinen sozialen Tag haben *(scherzh.),* die Spendierhosen anhaben *(scherzh.).*

Spesen, Tagegeld, Diäten, Reisekostenvergütung, Aufwandsentschädigung, Entschädigung.

spezifisch, charakteristisch, charakterisierend, typisch, kennzeichnend, wesensgemäß, unverkennbar, bezeichnend, auszeichnend.

spiegelbildlich, seitenverkehrt, verkehrt, umgekehrt, verdreht, verkehrtherum, verkehrtrum *(ugs.).*

spiegeln, widerspiegeln, reflektieren, zurückstrahlen, zurückwerfen.

Spiel, Begegnung, Partie, Match, Wettkampf.

[1]spielen, aufführen, zur Aufführung bringen, herausbringen, [ein Stück] geben / zeigen, auf die Bühne bringen, auf den Spielplan setzen, uraufführen, erstaufführen, zur Uraufführung / Erstaufführung bringen.

[2]spielen, darstellen, verkörpern, mimen, agieren, auftreten als.

Spieler, Zocker, Hasardeur, Glücksritter, Abenteurer.

[1]Spielraum, Spanne, Abstand, Unterschied, Marge.

[2]Spielraum, Bewegungsfreiheit, Ellenbogenfreiheit, Unabhängigkeit.

spießbürgerlich, spießig, kleinbürgerlich, hinterwäldlerisch, philiströs, spießerhaft, kleinkariert, provinziell.

spießig, banausisch, ungeistig, unkünstlerisch, ungebildet, philiströs, spießbürgerlich, kleinlich, kleinkariert, eng, muckerhaft.

Spion, Agent, Geheimagent, Undercoveragent, Geheimpolizist, Maulwurf *(Jargon),* Sleeper *(Jargon),* Spitzel.

Spirituosen, Alkoholika, scharfe Getränke, scharfe Sachen *(ugs.),* alkoholische / geistige Getränke.

spitz, kantig, scharfkantig, schartig, eckig.

Spitzbube, Dieb, Langfinger, Betrüger, Gauner.

Spitze, Anzüglichkeit, Anspielung,

Stichelei, Stich, Bissigkeit, [spitze, anzügliche, bissige] Bemerkung.

spitzfindig, kasuistisch, sophistisch, rabulistisch, haarspalterisch, wortklauberisch.

Spitzfindigkeit, Haarspalterei, Wortverdreherei, Wortklauberei, Rabulistik, Kasuistik, Sophisterei.

Spleen, fixe Idee, Marotte, Schrulle, Tick, Fimmel *(salopp),* Macke *(salopp),* Flitz *(ugs.),* Wunderlichkeit, Verrücktheit, Pecker *(österr.).*

Splitter, Span, Schnitzel, Spreißel *(bes. südd.),* Schiefer *(bes. österr.).*

Sponsor, Gönner, Schützer, Beschützer, Förderer, Geldgeber, edler Spender *(scherzh.),* Mäzen, Musaget *(veraltet),* Schutzherr, Schirmherr, Protektor.

spontan, freiwillig, von selbst, von sich aus, aus sich heraus, von innen heraus, impulsiv.

sporadisch, verstreut, vereinzelt, rar, selten.

Sportler, Athlet, Wettkämpfer, Kämpfer, Sportsmann, Crack, Spitzensportler, Sportskanone *(ugs.),* Berufssportler, Professional, Profi.

Sportplatz, Platz, Fußballplatz, Spielfeld, Sportfeld, [grüner] Rasen, Stadion, Sportstadion, Wettkampfstätte.

Spott, Hohn, Ironie, Sarkasmus, Zynismus.

spöttisch, spitz, mokant, höhnisch, ironisch, sarkastisch, zynisch.

sprachgewaltig, beredt, beredsam, zungenfertig, wortgewandt, redegewandt, redegewaltig, eloquent, deklamatorisch.

sprechen, reden, schwadronieren, plappern, palavern *(ugs.),* parlieren, plaudern.

spreizen, abspreizen, von sich wegstrecken, zur Seite strecken, ausstrecken.

sprengen, gießen, begießen, besprengen, einsprengen, spritzen, einspritzen, bespritzen, besprühen, berieseln, wässern.

sprießen, keimen, knospen, Knospen treiben, austreiben, ausschlagen, grünen, grün werden, sich begrünen *(selten).*

Springbrunnen, Fontäne, Spritzbrunnen *(schweiz.),* Wasserspiele.

springen, schnellen, hopsen, hechten, hüpfen, hoppeln.

[1]**spritzen,** einspritzen, injizieren, eine Spritze geben / verabreichen / *(ugs.)* verpassen, eine Injektion geben / verabreichen.

[2]**spritzen,** bespritzen, besprühen, berieseln, besprengen, sprengen.

spritzig, geistreich, geistvoll, sprühend, launig, witzig, schlagfertig.

spröde, verschlossen, zugeknöpft, herb, unzugänglich, abweisend, zurückhaltend.

spruchreif, aktuell, akut.

sprudeln, spritzen, perlen, moussieren.

Sprudelwasser, Sprudel, Mineralwasser, Selterswasser, Selters, Tafelwasser, Wasser, Sodawasser, Soda, Tonic water, Sauerbrunnen.

Sprung, Hechtsprung, Hecht, Freudensprung, Satz, Hopser, Hüpfer, Hupfer *(landsch.),* Salto [mortale].

sprunghaft, unausgeglichen, unbeständig, wechselhaft, wetterwendisch.

spucken, ausspucken, speien, ausspeien, rotzen *(derb).*

spuken, herumspuken, geistern, herumgeistern, irrlichtern, umgehen.

spukhaft, gespenstisch, gespenstig, gespensterhaft, geisterhaft, koboldhaft, koboldartig, irrlichternd, dämonisch.

spülen, gurgeln, ausspülen, den Mund ausspülen.

[1]**Spur,** Fußspur, Fährte, Tritt, Fußabdruck, Abdruck.

[2]**Spur,** Nuance, Hauch, Touch, Schatten, Anflug, Schimmer, Stich, ein wenig, ein bißchen.

[1]**spüren,** merken, wittern, riechen *(ugs.),* spannen *(ugs.),* einer Sache gewahr werden, jmdm. bewußt werden / zum Bewußtsein kommen, mitbekommen, mitkriegen *(ugs.),* draufkommen *(ugs.),* spitz bekommen / kriegen *(ugs.).*

[2]**spüren,** verspüren, fühlen, empfinden, merken, wahrnehmen, gewahr werden, ergriffen werden.

Spürsinn, Gefühl, Empfindung, Empfinden, Feeling, Flair, Instinkt, Organ, Gespür, Witterung, Riecher *(salopp).*

sputen (sich), sich beeilen / tummeln / abhetzen *(ugs.),* sich eilen *(landsch.),* sich überstürzen, schnell / rasch / fix machen *(ugs.),* keinen Augenblick verlieren, sich dazuhalten / ranhalten *(salopp);* zusehen, daß ... *(ugs.);* dazuschauen *(österr.),* es eilig haben, jmdm. brennt der Boden unter den Füßen, in Hetze sein, keine Zeit verlieren / versäumen dürfen, keine Zeit [zu verlieren] haben, unter Zeitdruck / *(ugs.)* unter Dampf stehen.

Stab, Stange, Stock, Stecken, Rute, Gerte.

stabil, widerstandsfähig, abgehärtet, gestählt, unempfindlich, resistent, gefeit, unempfänglich, immun.

stabilisieren, festigen, stärken, bestärken, kräftigen, bekräftigen, konsolidieren, erhärten, stützen, unterstützen, bestätigen.

Stadion, Sportstadion, Wettkampfstätte, Sportplatz.

Stadium, Lage, Situation, Konstellation, Status, Stand, Stellung, Zustand, Assiette *(veraltet).*

städtisch, großstädtisch, weltstädtisch, urban.

Stadtrat, Gemeindevertretung, Gemeindevorstand, Gemeinderat, Stadtverordnetenversammlung, Stadtväter *(ugs. scherzh.),* Senat.

Stadtteil, Ortsteil, Stadtviertel, Viertel, Stadtbezirk, Bezirk, Gegend, Grätzel *(österr.),* Hieb *(österr. salopp),* Quartier *(österr., schweiz.).*

Stadtzentrum, Innenstadt, City, Zentrum, Stadtkern, Stadtmitte.

staffeln, gliedern, aufgliedern, aufteilen, auffächern, untergliedern, unterteilen, ordnen, anordnen, strukturieren.

Stagnation, Stillstand, Stockung, Stauung, toter Punkt.

stagnieren, stocken, erlahmen, versiegen, versanden, versickern, steckenbleiben, ins Stocken geraten, sich spießen *(österr.),* festgefahren sein.

Stamm, Baumstamm, Schaft, Strunk, Stumpf, Stumpen, Stummel, Stubben.

stammeln, stottern, sich verhaspeln / verheddern / versprechen, radebrechen, lallen, nuscheln.

stammen (von), abstammen, entstammen, herrühren von, resultieren aus, sich herleiten von, sich ergeben aus, herkommen / kommen von, zurückzuführen sein / zurückgehen / beruhen / fußen auf, entspringen, entstehen, seinen Ursprung / seine Wurzeln / seine Anfänge haben in.

stämmig, untersetzt, gedrungen, kompakt, bullig.

stampfen, stoßen, trampeln, treten.

Stand, Klasse, Kaste, Schicht, Gesellschaftsschicht, Bevölkerungsschicht, Bevölkerungsgruppe, Gruppe.

Standard, Norm, Regel, Prinzip, Normalmaß.
standhaft, unerschütterlich, unbeugsam, aufrecht, festbleibend, nicht nachgebend.
Standhaftigkeit, Beharrlichkeit, Beharrung, Beharrungsvermögen, Entschiedenheit, Entschlossenheit, Festigkeit, Unbeugsamkeit, Unerschütterlichkeit, Zielstrebigkeit, Zielbewußtsein, Ausdauer, Geduld, Unermüdlichkeit, Unverdrossenheit, Stetigkeit, Zähigkeit, Durchhaltevermögen, Stehvermögen, Konstanz, Konsequenz, Perseveranz.
standhalten, durchhalten, aushalten, ausharren, nicht aufgeben / nachgeben / schlappmachen, die Ohren steifhalten *(ugs.),* nicht wanken und nicht weichen, das Feld behaupten.
ständig, unaufhörlich, immer, immerzu, solange ich denken kann, immer wieder, in einem fort, immerfort; tagaus, tagein; jahraus, jahrein; stetig, andauernd, dauernd, fortdauernd, fortgesetzt, unausgesetzt, anhaltend, kontinuierlich, konstant, permanent, ununterbrochen, pausenlos, in einer Tour *(ugs.),* stetsfort *(schweiz.),* fortwährend, immerwährend, allerwege, alleweil, allweil, allezeit, allzeit, in steter Folge, unablässig, endlos, Tag und Nacht, rund um die Uhr.
Standpunkt, Meinung, Ansicht, Überzeugung, Auffassung.
Stange, Stab, Stock, Stecken.
Stapel, Stoß, Haufen, Turm, Beige *(schweiz.).*
[1]**stark,** kräftig, kraftvoll, markig, kernig, stramm, bärenstark, baumstark, bäumig *(schweiz.),* robust, hart, zäh, taff *(ugs.).*
[2]**stark,** konzentriert, intensiv, auf Teufel komm raus *(ugs.),* gehäuft, häufig, vermehrt, verstärkt, geballt.
Stärke, Ausmaß, Größe, Größenordnung, Maß, Abmessung, Ausbreitung, Dimension, Ausdehnung, Umkreis, Reichweite, Spielraum, Höhe, Breite, Länge, Tiefe, Weite, Dichte, Fülle, Umfang, Grad.
stärken, bestärken, festigen, kräftigen, bekräftigen, konsolidieren, erhärten, stabilisieren, stützen, unterstützen, bestätigen.
Starrsinn, Eigensinn, Eigensinnigkeit, Halsstarrigkeit, Starrsinnigkeit, Rechthaberei, Unnachgiebigkeit, Intransigenz, Starrköpfigkeit, Dickschädeligkeit, Steifnackigkeit, Unbelehrbarkeit, Störrischkeit, Sturheit, Bockbeinigkeit *(ugs.),* Bockigkeit *(ugs.),* Kratzbürstigkeit, Aufsässigkeit, Aufmüpfigkeit, Unbotmäßigkeit, Trotz, Widersetzlichkeit, Widerspenstigkeit, Renitenz, Protesthaltung, Widerborstigkeit, Ungehorsam, Unlenksamkeit, Eigenwilligkeit, Verbohrtheit, Hartgesottenheit, Hartnäckigkeit, Verstocktheit, Uneinsichtigkeit, Dickköpfigkeit, Obstination.
starrsinnig, trotzig, störrisch, renitent, fest, unnachgiebig, kompromißlos, unerbittlich, eigensinnig, starrköpfig, halsstarrig, rechthaberisch, verbohrt, dickköpfig, dickschädelig, unbelehrbar, bockbeinig *(ugs.),* bockig *(ugs.),* eisern, verstockt, stur.
Start, Ablauf, Abmarsch, Aufbruch, Abfahrt, Abflug.
starten, anfangen, beginnen, in die Wege leiten, etwas angehen, anpacken, in Angriff nehmen, einer Sache zu Leibe gehen / rücken, den Stier bei den Hörnern fassen / packen, eröffnen, loslegen *(ugs.),*

einsteigen *(ugs.)*, sich an etwas machen.

Station, Haltestelle, Haltepunkt, Halt.

stattfinden, geschehen, erfolgen, vonstatten gehen, verlaufen, über die Bühne gehen *(ugs.)*, vor sich gehen, eintreten, sich ereignen / zutragen / begeben / abspielen, zustande kommen, vorfallen, vorgehen, passieren, zugange sein *(landsch.)*, gehen *(schweiz.)*, geben.

stattgeben, gewähren, [einem Wunsch] entsprechen, zugestehen, bewilligen, zuteil werden lassen.

statthaft, zulässig, erlaubt, gestattet.

stattlich, groß, hochgewachsen, hochwüchsig, von hohem Wuchs, hoch aufgeschossen, lang *(ugs.)*, baumlang *(ugs.)*, riesenhaft, riesig, zyklopisch, mannshoch, hünenhaft.

Statue, Plastik, Skulptur, Standbild, Figur.

Statur, Gestalt, Figur, Wuchs, Körper, Korpus *(scherzh.)*, Leib, Konstitution, Habitus.

Stau, Stauung, Verkehrsstauung, Streckenüberlastung, Stockung, Autoschlange, Schlange.

Staub, Puder, Mehl, Stupp *(österr.)*.

staunen, überrascht sein, wie vom Donner gerührt / wie vom Blitz getroffen sein, wie vom Schlag gerührt sein *(ugs.)*, baff / platt / geplättet / gebügelt sein *(salopp)*, von den Socken / Klötzen sein *(salopp)*, perplex sein *(ugs.)*, dumm aus der Wäsche *bzw.* dem Anzug gucken / kucken *(salopp)*, sich wundern, seinen [eigenen] Augen / Ohren nicht trauen, [große] Augen machen, Bauklötzer staunen *(salopp)*, aufhorchen, etwas macht jmdn. sprachlos / verschlägt jmdm. der Atem *bzw.* die Sprache, keine Worte finden [können], jmdm. bleibt die Sprache / *(ugs.)* die Luft / *(salopp)* die Spukke weg, aus allen Wolken / Himmeln fallen *(ugs.)*, vom Stengel / Eimer fallen *(salopp)*, [fast] auf den Rücken / aufs Kreuz fallen *(ugs.)*, aus dem Anzug / den Latschen / Pantinen kippen *(salopp)*, etwas wirft jmdn. um, es haut jmdn. hin / um *(salopp)*, jmdn. haut es vom Stuhl / aus den Stiefeln *(salopp)*, mit den Ohren schlackern *(salopp)*, die Maulsperre kriegen *(salopp)*, Mund und Nase aufsperren *(ugs.)*, bei hundert zu Boden gehen *(salopp)*, dastehen wie Piksieben *(salopp)*.

[1]**stechen** (jmdn.), piken *(ugs.)*, piksen *(ugs.)*, gicksen *(ugs.)*.

[2]**stechen,** pieken *(ugs.)*, beißen, brennen.

stecken, setzen, legen, säen, ansäen, aussäen, pflanzen, anpflanzen.

Stecken, Stange, Stab, Stock, Prügel, Knüppel, Knüttel, Bengel, Gerte, Rute.

steckenbleiben, stocken, stagnieren, erlahmen, versiegen, versanden, versickern, ins Stocken geraten, sich spießen *(österr.)*.

Steckenpferd, Liebhaberei, Freizeitbeschäftigung, Privatvergnügen, Privatinteresse, Lieblingsbeschäftigung, Hobby, Passion, Leidenschaft.

Steg, Brücke, Viadukt, Überführung.

stehen (jmdm.), jmdm. passen, jmdm. schmeicheln, jmdn. kleiden, etwas tragen können.

stehenbleiben, halten, haltmachen, anhalten, zum Stehen / Stillstand kommen, bremsen.

steif, starr, erstarrt, fest, hölzern.

Steifheit, Geziertheit, Ziererei, Gespreiztheit, Gestelztheit, Geschraubtheit, Affektiertheit, Gekünsteltheit, Künstelei, Maniertheit, Gezwungenheit, Unnatürlichkeit, Geschwollenheit.

steigen (auf), ersteigen, erklimmen, erklettern, bezwingen, besteigen, hochklettern, hinaufklettern, hinaufsteigen, hochsteigen, klettern / klimmen / kraxeln auf, hinaufkraxeln, hochkraxeln, emporsteigen, emporklimmen, emporklettern.

steigern, verstärken, intensivieren, verschärfen, erhöhen, potenzieren, in die Höhe treiben.

Steigerung, Zunahme, Wachstum, Zuwachs, Intensivierung, Anstieg, Vergrößerung, Vermehrung, Erhöhung, Verstärkung, Ausweitung, Eskalierung, Eskalation, das Fortschreiten, Progression.

steil, abschüssig, stotzig *(schweiz.),* gebirgig, jäh, schroff.

Stellage, Gestell, Regal, Etagere, Ablage, Bord.

Stelldichein, Rendezvous, Tête-à-tête, Verabredung, Termin, Dating, Date, Zusammenkunft, Zusammentreffen, Begegnung.

Stelle, Stätte, Platz, Ort, Örtlichkeit, Punkt, Winkel, Kante *(ugs.),* Ecke *(ugs.).*

stellen (sich), sich ausliefern, sich melden.

[1]**Stellung,** Haltung, Pose, Attitüde, Positur.

[2]**Stellung,** Anstellung, Position, Posten, Amt, Beschäftigung, Arbeit, Arbeitsplatz, Job, Arbeitsverhältnis.

stellungslos, arbeitslos, ohne Arbeit, erwerbslos, beschäftigungslos, unbeschäftigt, ohne Beschäftigung / Arbeitsplatz / Erwerb / Gelderwerb, stellenlos, ohne Anstellung, brotlos, nicht erwerbstätig.

stelzen, stolzieren, stöckeln, tänzeln, staksen.

Stengel, Stiel, Halm, Rohr, Stamm, Strunk.

sterben, versterben, ableben, einschlafen, entschlafen, hinüberschlummern, entschlummern, der Tod holt jmdn. heim, vom Tode ereilt werden, sein Leben aushauchen, den Geist aufgeben / aushauchen, die Seele aushauchen, sein Leben verlieren, über den Jordan gehen, heimgehen, dahinscheiden, hinscheiden, aus dem Leben scheiden, die Augen zumachen / [für immer] schließen, das Auge bricht *(dichter.),* [vom Schauplatz / von der Bühne] abtreten, sein Leben / Dasein vollenden, die sterbliche Hülle ablegen, zu Staub werden, die Feder aus der Hand legen, enden, das Zeitliche segnen, den Weg allen / alles Fleisches gehen, abfahren *(salopp),* ins Grab sinken, in die / zur Grube fahren, zugrunde gehen, [für immer] von jmdm. gehen, aus dieser Welt gehen, jmdn. verlassen, mit Tod abgehen, [in die Ewigkeit] abgerufen werden, verscheiden, dahingerafft werden, das letzte Stündlein ist gekommen / hat geschlagen, jmds. Uhr ist abgelaufen, von hinnen scheiden, abscheiden, erlöst werden, nicht mehr aufstehen, tot hinsinken, zu seinen Vätern versammelt werden, sich zu den Vätern versammeln, zur großen Armee abberufen werden, jmdm. passiert etwas / stößt etwas zu *(verhüllend),* tödlich verunglücken, seinen Verletzungen erliegen, seine letzte Reise / seinen letzten Weg antreten, in die ewigen Jagdgründe / zum ewigen Frieden / zur ewigen Ruhe eingehen, aus unserer / ihrer Mitte gerissen werden, aus dem Leben gerissen werden, umkommen, ums Leben / zu Tode kommen, den Tod finden, mit jmdm. ist es aus *(ugs.)*, mit dem Tode ringen, im Sterben / in den letzten Zügen liegen, mit jmdm. geht es zu Ende, dran glauben müssen *(ugs.)*, abkratzen *(salopp)*, abschnappen *(salopp)*, abnibbeln *(salopp)*, hopsgehen *(salopp)*, draufgehen *(salopp)*, vor die Hunde gehen *(ugs.)*, ins Gras beißen *(salopp)*, den Löffel wegschmeißen *(salopp)*, Sterbchen machen *(salopp)*, ein Bankerl reißen *(österr.)*, die Patschen aufstellen *(österr.)*, den Arsch zukneifen *(derb)*, krepieren *(derb)*, verrecken *(derb)*.

Sterben, Ableben *(geh.)*, Hinscheiden *(geh.)*, Heimgang, Ende, Exitus, Hinschied *(schweiz.)*, Sterbet *(schweiz.)*.

stereotyp, feststehend, unveränderlich, erstarrt, formelhaft, [immer] wiederkehrend, ständig, gleichbleibend.

steril, desinfiziert, aseptisch, keimfrei.

Sterilisation, Sterilisierung, Kastration, Kastrierung, Verschneidung, Entmannung, Emaskulation.

[1]**sterilisieren,** kastrieren, verschneiden, entmannen, der Manneskraft berauben *(geh.)*, die Keimdrüsen entfernen, unfruchtbar / zeugungsunfähig machen.

[2]**sterilisieren,** keimfrei machen, desinfizieren, pasteurisieren, entkeimen.

Sternhimmel, Sternenhimmel *(geh.)*, Himmel, Firmament, Himmelsgewölbe *(dichter.)*, Himmelszelt *(dichter.)*.

sternklar, gestirnt, bestirnt, mit Sternen bedeckt / übersät, sternenbedeckt, im Sternenglanz erstrahlend *(dichter.)*, stern[en]hell, sternenklar, von Sternen erhellt *(geh.)*.

Sternstunde, glücklicher Augenblick, Glücksstunde, Schicksalsstunde, Glück, Segen, Heil, Wohl, Glückssträhne, Glücksfall, Fortuna *(geh.)*, Fortune, Fortüne.

Sternwarte, Planetarium, Obeservatorium.

Steuer (das), Lenkrad, Steuerrad, Volant.

steuern, lenken, chauffieren, fahren, kutschieren, manövrieren.

Stichelei, Stich, Bissigkeit, Spitze, Anzüglichkeit, Anspielung, Spöttelei.

sticheln, Spitzen verteilen, Giftpfeile abschießen, spötteln, spöttisch sein.

stichhaltig, beweiskräftig, unwiderlegbar, unwiderleglich, unangreifbar, hieb- und stichfest, zwingend, bündig, schlüssig, stringent, schlagend, triftig.

stickig, verräuchert, rauchig, dunstig.

Stiel, Stengel, Halm, Rohr, Stamm, Strunk.

stier, starr, glasig, verglast, gläsern.

stiften, spenden, geben, opfern.

Stil, Form, [Art und] Weise, Manier, Modus *(geh.)*, Zuschnitt, Tour *(ugs.)*, Masche *(ugs.)*.

[1]**still,** leise, lautlos, verhalten, heimlich, flüsternd, im Flüsterton, kaum hörbar / vernehmlich / vernehmbar, geräuschlos, nicht laut.

[2]**still,** ruhig, mäuschenstill, mucksmäuschenstill, totenstill, stad *(bayr., österr.)*, geräuschlos, lautlos.

Stille, Ruhe, Friede[n], Schweigen, Stillschweigen, Lautlosigkeit, Geräuschlosigkeit, Totenstille, Grabesstille.

stillegen, lahmlegen, schließen, auflassen *(österr.)*.

stillen, an die Brust nehmen, die Brust geben, nähren, säugen.

stillos, geschmacklos, geschmackswidrig, stilwidrig, kitschig, nicht geschmackvoll, keinen guten Geschmack verratend, von Geschmacklosigkeit zeugend.

Stillstand, Stagnation, Stockung, Stauung, toter Punkt.

stimmen, zutreffen, hinkommen *(ugs.),* richtig / wahr / zutreffend sein.

Stimmung, Atmosphäre, Stimmungsbarometer, Klima.

stimulierend, anregend, belebend, aufputschend, aufregend, aufpeitschend, aufpulvernd, aufmöbelnd.

stinken, schlecht / übel riechen, einen üblen / unangenehmen Geruch haben *bzw.* verbreiten, duften *(scherzh.),* müffeln *(ugs.),* muffeln *(ugs.),* möpseln *(landsch.).*

stöbern, wühlen, kramen, suchen, etwas nach etwas durchsuchen, fahnden.

Stock, Prügel, Knüppel, Knüttel, Bengel, Rohrstock, Gerte, Rute, Stecken, Stange, Stab.

stocken, stagnieren, erlahmen, versiegen, versanden, versickern, steckenbleiben, ins Stocken geraten, sich spießen *(österr.),* festgefahren sein, ausklingen, ausgehen.

stockfinster, dunkel, finster, düster, schwarze Nacht, lichtlos, duster *(landsch. salopp),* zappenduster *(landsch. salopp),* stockdunkel.

[1]**Stoff,** Gewebe, Gespinst, Gestrick, Gewirk.

[2]**Stoff,** Materie, Material, Substanz, Masse.

stöhnen, aufstöhnen, ächzen, seufzen, aufseufzen, einen Seufzer ausstoßen.

stolpern, straucheln, [mit dem Fuß] umknicken.

stolz, dünkelhaft, eingebildet *(abwertend),* selbstbewußt, selbstsicher, selbstüberzeugt, selbstüberzogen *(ugs. abwertend),* wichtigtuerisch *(abwertend),* aufgeblasen *(abwertend),* selbstgefällig *(abwertend),* überheblich, hybrid, anmaßend, präpotent *(österr.),* arrogant, hochmütig, hoffärtig, hochfahrend, blasiert *(abwertend),* herablassend, gnädig, snobistisch, spleenig, hochnäsig *(ugs.).*

Stolz, Selbstbewußtsein, Selbstgefühl, Selbstachtung, Selbstvertrauen, Selbstsicherheit, Selbstwertgefühl, Sicherheit.

stolzieren, stelzen, stöckeln, tänzeln, staksen.

stoppen, bremsen, abbremsen, ins Stocken geraten lassen, abstoppen, zum Stillstand bringen, nicht mehr fördern.

[1]**Stöpsel,** Pfropfen, Pfropf, Proppen *(niederd.),* Korken, Kork, Kronenkorken, Stopfen, Stoppel *(österr.),* Zapfen, Zapf *(selten),* Spund.

stören (jmdn.), ungelegen / zu unpassender Zeit / zur Unzeit / jmdm. in die Quere kommen, abhalten, ablenken.

Störenfried, Eindringling, Ruhestörer, Unruhestifter.

stornieren, rückgängig / ungültig machen, löschen, tilgen.

Störung, Panne, Havarie.

Story, Fabel, Geschichte, Handlung, Inhalt, Stoff, Idee, Plot.

[1]**Stoß,** Stapel, Haufen, Turm, Beige *(schweiz.).*

[2]**Stoß,** Schlag, Hieb, Ruck, Puff, Schubs, Knuff, Stups, Stupf *(südd., schweiz.),* Stupfer *(österr.),* Stumper *(landsch.),* Putsch *(schweiz.),* Pracker *(österr.),* Schupfer *(österr.).*

[1]**stoßen,** anstoßen, puffen, schubsen, einen Stoß / Puff versetzen, einen Schubs geben, stupfen

(südd., österr., schweiz.), stumpen *(südd.).*

[2]**stoßen** (auf), finden, auffinden, entdecken, sehen, antreffen, vorfinden, treffen [auf], begegnen, wiedersehen, aufspüren, orten, den Standort bestimmen, ausfindig machen, ausfinden, ausmachen, ermitteln, in Erfahrung bringen, feststellen, auf die Spur kommen, herausfinden, herausbekommen, herausbringen *(ugs.),* herauskriegen *(salopp),* rausbringen *(salopp),* ausklamüsern *(ugs.),* aufstöbern, auftreiben *(ugs.),* auflesen *(ugs.),* aufgabeln *(salopp),* auffischen *(salopp).*

stottern, stammeln, sich versprechen / verhaspeln / verheddern.

Strafe, Bestrafung, Buße, Sühne, Denkzettel.

strafen, bestrafen, zur Verantwortung / zur Rechenschaft ziehen, mit einer Strafe belegen, jmdm. eine Strafe auferlegen / zudiktieren / *(salopp)* aufbrummen, jmdm. einen Denkzettel verpassen *(salopp),* über jmdn. eine Strafe verhängen / *(schweiz.)* ausfällen, maßregeln, ahnden, züchtigen, rächen, vergelten, Rache üben / nehmen, Vergeltung üben, lynchen, teeren und federn *(hist.),* [mit gleicher Münze] heimzahlen, es jmdm. [gehörig] eintränken, abrechnen, sich revanchieren, jmdn. beim Kanthaken nehmen / an den Kanthaken kriegen *(ugs.).*

Straftat, Verbrechen, Untat, Übeltat, Gewalttat, Missetat *(veraltend),* Frevel, Freveltat, Delikt, Kapitalverbrechen.

Straftäter, Verbrecher, Rechtsbrecher, Gesetzesbrecher, Straffälliger, Delinquent, Missetäter *(geh.),* Übeltäter, Täter, Krimineller, Frevler *(geh.),* Unhold *(abwertend),* Ganove *(abwertend),* Gangster *(abwertend).*

strahlen, leuchten, scheinen, prangen *(geh.),* blenden, schimmern, flirren, flimmern, glänzen, gleißen, blinken, blitzen, funkeln, glitzern, schillern, szintillieren *(fachspr.),* opalisieren, opaleszieren.

strammstehen, stramme Haltung annehmen / einnehmen, in Habachtstellung stehen *(österr.),* die Hände an die Hosennaht legen, die Hacken zusammenschlagen.

strangulieren, erdrosseln, erwürgen, ersticken, jmdm. das Gas abdrehen *(salopp).*

strapazierfähig, haltbar, stabil, solide, unverwüstlich, strapazfähig *(österr.),* währschaft *(schweiz.).*

strapaziös, beschwerlich, aufreibend, nervenaufreibend, aufregend, ermüdend, anstrengend, arbeitsintensiv, arbeitsreich, arbeitsaufwendig, streng *(schweiz.),* stressig, mühevoll, mühsam, strub *(schweiz.),* mühselig.

Straßenbahn, Bahn, Elektrische *(veraltet),* Tram *(südd., schweiz.),* Tramway *(österr.).*

Straßenglätte, Glatteis, Schneeglätte, Eisglätte, Glätte, überfrierende Nässe, Glatteisbildung, Glättebildung, Reifglätte, Vereisung, Rutschgefahr.

Strategie, Taktik, Politik, Vorgehensweise, Kalkül.

Strauß, Gebinde, Bukett, Blumen, Blumenstrauß, Buschen *(südd., österr.).*

streben, erstreben, anstreben, zustreben, verlangen / trachten / gieren / lechzen / dürsten / schmachten / *(ugs.)* sich zerreißen nach, zu erreichen suchen, sich sehnen nach, jmdn. gelüsten.

Strecke, Entfernung, Abstand, Distanz.

[1]**strecken** (sich), sich recken, sich rekeln, sich aalen *(ugs.)*, sich lümmeln *(ugs. abwertend)*, sich hinlümmeln *(ugs. abwertend)*, sich flegeln *(ugs. abwertend)*, sich hinflegeln *(ugs. abwertend)*, sich fläzen *(ugs. abwertend)*, sich hinfläzen *(ugs. abwertend)*.

[2]**strecken,** ziehen, dehnen.

streicheln, liebkosen *(ugs.)*, abdrücken; ei, ei machen *(Kinderspr.)*; hätscheln, herzen, tätscheln, zärtlich sein, schmusen, kraulen, karessieren *(veraltet)*.

streichen, anstreichen, tünchen, ausmalen *(südd., österr.)*, weißen, weißeln *(südd., schweiz.)*.

Streifenwagen, Polizeiwagen, Funkstreife, Peterwagen.

Streik, Kampfmaßnahmen, Arbeitsniederlegung, Ausstand.

streiken, bestreiken, in den Ausstand / in [den] Streik treten, die Arbeit niederlegen, nicht mehr mitmachen.

Streit, Reiberei, Streiterei, Unfriede, Zwietracht, Hader, Zwist, Auseinandersetzung, Schlammschlacht, Knatsch *(salopp)*, Disput, Wortwechsel, Wortgefecht, Kontroverse, Zwistigkeit, Streitigkeiten, Differenzen, Spannungen, Polemik, Zusammenstoß, Zank, Händel, Gezänk, Gezanke, Zankerei, Krach, Knies *(landsch. salopp)*, Stunk *(salopp)*, Zoff *(landsch. salopp)*.

streitbar, streitsüchtig, händelsüchtig, zanksüchtig, angriffslustig, kämpferisch, engagiert, kampfesfreudig, kampflustig, kampfbereit, kombattant, militant, aggressiv, angriffig *(schweiz.)*, hitzig, leidenschaftlich, fanatisch, wild.

streiten (sich), in Streit geraten, aneinandergeraten, zusammenstoßen, sich *(landsch.)* kabbeln / *(ugs.)* beharken / *(ugs.)* strubeln / *(ugs.)* in den Haaren liegen / *(ugs.)* in die Haare geraten *bzw.* kriegen / *(ugs.)* in die Wolle kriegen, einen Auftritt haben mit.

Streitkräfte, Streitmacht, Militär, Armee, Heer, Truppen, Soldateska *(abwertend)*.

streng, strikt, drastisch, drakonisch, massiv, rigoros, rigide, energisch, mit erhobenem Zeigefinger, hart, scharf.

Strenge, Unerbittlichkeit, Unnachsichtigkeit, Unnachgiebigkeit, Kompromißlosigkeit, Härte, Festigkeit.

Strich, Kiez, Milieu, Sperrbezirk, Sperrgebiet, Hurenviertel, Rotlichtviertel.

Strick, Strang, Leine, Seil, Tau.

Strickjacke, Wolljacke, Weste *(landsch.)*, Strickweste *(landsch.)*.

Strolch, Lümmel, Bengel, Schlingel, Schelm, Lausbub, Frechdachs, Lausejunge *(ugs.)*, Lausebengel *(ugs.)*, Lauser *(landsch.)*, Früchtchen *(ugs.)*, Rotznase *(derb)*, Rotzlöffel *(derb)*, Tunichtgut *(veraltend)*.

strömen, fließen, rinnen, rieseln, wogen, fluten, wallen, sich ergießen.

Strömung, Wirbel, Strudel, Drift.

strubb[e]lig, struppig, zerzaust, verstrubbelt, ungekämmt.

Struktur, Gefüge, Aufbau, Konstruktion, Anlage, Bau, Gerüst, Gerippe.

strukturieren, gliedern, aufgliedern, untergliedern, unterteilen, aufteilen, klassifizieren, staffeln, auffächern, segmentieren, systematisieren, ordnen, anordnen.

Stück, Klumpen, Brocken, Batzen *(ugs.)*, Trumm *(südd., österr. ugs.)*.

Student, Studierender, Hochschüler, Studiosus, Studiker, Hörer, Kommilitone, Semester.

[1]**studieren,** lernen, erlernen, auswendig lernen, memorieren, aufnehmen, sich etwas anlernen / zu eigen machen / annehmen / aneignen, Kenntnisse erwerben, sich präparieren, üben, exerzieren, durchexerzieren, trainieren, sich [die Vokabeln o. ä.] angucken / anschauen, stucken *(österr. ugs.),* pauken *(ugs.),* büffeln *(ugs.),* ochsen *(ugs.).*

[2]**studieren,** Student / Studierender sein, die Universität / Hochschule besuchen, auf der Universität / *(ugs.)* Uni sein, auf die Universität / *(ugs.)* Uni gehen.

Studium, Lehrzeit, Ausbildung.

stufenweise, abgestuft, etappenweise, schrittweise.

Stuhlgang, Exkrement, Fäkalien, Fäzes, Ausscheidung, Stuhl, Kot, Aa *(Kinderspr.),* Schiet *(salopp),* Kacke *(derb),* Scheiße *(vulgär).*

Stuhlverstopfung, Verstopfung, Obstipation, Darmträgheit, Verdauungsstörung.

Stümper, Pfuscher, Nichtskönner, Nichtswisser, Dilettant, Amateur.

Stümperei, Pfuscherei, Flickwerk, Stückwerk, Ausschuß.

stümperhaft, laienhaft, dilettantisch, nicht fachmännisch.

stumpf, matt, glanzlos, blind, beschlagen.

Stumpf, Stumpen, Stummel, Stubben, Strunk, Stamm, Schaft.

Stumpfheit, Abgestumpftheit, Abstumpfung, Stumpfsinn, Stumpfsinnigkeit, Lethargie, Dumpfheit, Trägheit.

Stumpfsinn, Stupidität, Langweiligkeit, Geistlosigkeit.

[1]**stumpfsinnig,** abgestumpft, stumpf, dumpf, apathisch, lethargisch, phlegmatisch, träge, schwerfällig, indolent *(bildungsspr.),* gleichgültig, teilnahmslos, leidenschaftslos, desinteressiert, dickfellig *(ugs.),* traurig *(ugs.).*

[2]**stumpfsinnig,** langweilig, monoton, stupid, geisttötend.

stunden, verlängern, Aufschub gewähren, [eine Frist] erstrecken *(österr.),* hinauszögern, prolongieren.

stupid[e], geisttötend, stumpfsinnig, enervierend, mechanisch, automatisch.

stur, störrisch, renitent, unnachgiebig, unversöhnlich, kompromißlos, unerbittlich, eigensinnig, starrsinnig, starrköpfig, halsstarrig, verbohrt, dickköpfig, dickschädelig, unbelehrbar, bockbeinig *(ugs.),* bockig *(ugs.),* eisern, verstockt.

Sturheit, Eigensinn, Eigensinnigkeit, Halsstarrigkeit, Starrsinn, Starrsinnigkeit, Rechthaberei, Unnachgiebigkeit, Intransigenz, Starrköpfigkeit, Dickschädeligkeit, Steifnackigkeit, Unbelehrbarkeit, Störrischkeit, Bockbeinigkeit *(ugs.),* Bockigkeit *(ugs.),* Verbohrtheit, Hartnäckigkeit, Verstocktheit, Uneinsichtigkeit, Dickköpfigkeit, Obstination.

Sturm, Sturmwind, Bö, Orkan, Wirbelwind, Wirbelsturm, Zyklon, Taifun, Tornado, Hurrikan.

stürmen, brausen, blasen, toben, tosen.

stürmisch, wild, ungezügelt, außer Rand und Band, übermütig, ausgelassen, ungestüm, unbändig, ungebärdig, wüst *(schweiz.).*

stürzen, fallen, zu Fall kommen, hinfallen, hinstürzen, hinschlagen, purzeln, hinpurzeln, plumpsen *(ugs.),* hinplumpsen *(ugs.),* hinfliegen *(ugs.),* hinknallen *(ugs.),* hinsausen *(ugs.),* hinsegeln *(ugs.).*

Stütze, Halt, Säule *(scherzh.),* Beistand, Hilfe, Rückhalt, Hilfestellung.

stützen, abstützen, unterfangen, unterstellen, unterbauen, pfählen, spreizen *(bayr., österr.).*

Stutzer, Geck, Laffe *(abwertend),* Fant, Gent *(abwertend veraltet),* Zierbengel *(veraltet),* Fatzke *(abwertend),* eitler Affe *(abwertend),* feiner Pinkel *(abwertend),* Dandy, Snob, Camp, Elegant, Stenz, Lackaffe *(abwertend),* Gschwuf *(wiener.),* Zieraffe, Grasaffe *(abwertend),* Gigerl *(österr. abwertend).*

subjektiv, persönlich, individuell, einzelgängerisch, individualistisch.

Subjektivität, Subjektivismus, Unsachlichkeit, Willkür.

sublimieren, verfeinern, läutern, erhöhen, veredeln, kultivieren, zivilisieren, vergeistigen, hochstilisieren.

Substanz, Materie, Material, Stoff, Masse.

subsumieren, unterordnen, einordnen, zusammenfassen.

Subvention, Zuschuß, Unterstützung, Beitrag, Beihilfe, Finanzspritze, Zubuße, Zuschlag, Zustupf *(schweiz.).*

subversiv, umstürzlerisch, revolutionär, zersetzend, zerstörerisch, destruktiv.

suchen, fahnden, auf der Suche sein, auf die Suche gehen, ausschauen / ausblicken / ausspähen / auslugen nach, sich umschauen / umsehen / umgucken / *(landsch.)* umkucken / umtun nach, Ausschau halten, sich nach jmdm. / nach etwas den Hals verrenken *(ugs.),* sich die Hacken ablaufen nach, stöbern, stieren *(südd., österr.),* kramen, wühlen, etwas nach etwas durchsuchen.

Sucht, Besessenheit, Manie, Trieb.

suggerieren, Einfluß nehmen auf, Einfluß haben / gewinnen, einwirken / *(ugs.)* abfärben auf, einflüstern, einflößen, eingeben, infizieren, anstecken, insinuieren, hinlenken auf, jmdm. etwas in den Mund legen.

Sühne, Strafe, Buße, Genugtuung, Wiedergutmachung.

Sujet, Gegenstand, Objekt, Thema, Reizthema, Thematik, Themenstellung, Aufgabenstellung, Stoff.

sukzessive, allmählich, langsam, allgemach *(veraltet),* bei kleinem *(selten),* nach und nach, schrittweise, kleinweis *(bayr., österr.),* zizerlweis *(bayr., österr.),* auf die Dauer *(österr.)* Länge, auf die Länge hin gesehen, à la longue, Schritt um Schritt, Schritt für Schritt, mit der Zeit, anfangs *(südwestd., schweiz.),* im Laufe der Zeit, der Reihe nach, nacheinander, peu à peu.

Summe, Gesamtbetrag, Gesamtsumme, Endbetrag.

Sündenbock, Prügelknabe, Zielscheibe, Watschenmann *(österr.),* der Dumme, Blitzableiter.

sündigen, sich versündigen / vergehen, freveln, fehlen, einen Fehltritt / eine Sünde begehen *bzw.* tun, delinquieren *(schweiz.).*

super *(ugs.),* hervorragend, ausgezeichnet, optimal, prima *(ugs.),* klasse *(ugs.),* spitze *(ugs.),* toll *(ugs.),* stark *(ugs.),* bärig *(ugs.),* riesig *(ugs.),* geil *(ugs.),* ätzend *(ugs.),* astrein *(ugs.),* affengeil *(ugs.),* fetzig *(ugs.),* bärenstark *(ugs.),* irre *(ugs.),* wahnsinnig *(ugs.).*

surren, sausen, summen, brummen, burren *(österr.).*

süßen, zuckern, kandieren, mit Zucker bestreuen, überzuckern, verzuckern.

Süßigkeiten, Süßwaren, Leckereien, Schleckereien, Kanditen *(österr.)*, Näschereien, Naschwerk.

Symbol, Sinnbild, Zeichen, Emblem, Bild, Personifikation, Allegorie, Metapher.

symbolisch, sinnbildlich, zeichenhaft, bildlich.

symmetrisch, gleich, spiegelgleich, spiegelbildlich.

Sympathie, Zuneigung, Neigung, Wohlgefallen, Gefallen, Wohlwollen, Gewogenheit, Schwäche für, Faible.

Sympathisant, Gesinnungsgenosse, Gesinnungsfreund, Genosse, Parteifreund, Parteigänger, Mitstreiter, Fan, Anhänger.

sympathisch, gewinnend, liebenswert, einnehmend, anziehend, Gefallen erweckend.

Symptom, Zeichen, Anzeichen, Anhaltspunkt.

synchron, gleichzeitig, simultan, zeitgleich, synchronisch.

Syndikus, Justitiar, Rechtsberater, Rechtsbeistand.

synonym, gleichbedeutend, sinngleich, sinnverwandt, sinnähnlich, bedeutungsähnlich, bedeutungsgleich.

Synthese, Zusammenfügung, Verbindung, Vereinigung, Verschmelzung.

systematisch, nach System, planmäßig, methodisch, gezielt, konsequent, planvoll, überlegt, durchdacht, folgerichtig.

T

tabu, unberührbar, unantastbar, unaussprechlich, verboten.

tadellos, einwandfrei, fehlerlos, makellos, ideal, perfekt, vollkommen, vollendet, untadelig, untadelhaft, mustergültig.

tadeln, jmdm. einen Tadel / Verweis / eine Rüge / eine Lektion erteilen, rügen, rüffeln, jmdm. einen Rüffel erteilen / verpassen, dekkeln *(ugs.).*

tafeln, speisen, essen, dinieren, Tafel halten *(geh.).*

Tagedieb *(abwertend),* Faulenzer *(abwertend),* Faulpelz *(abwertend),* Faultier *(abwertend),* Faulsack *(abwertend),* Nichtstuer *(abwertend),* Müßiggänger, fauler Strick / Sack / Hund *(ugs.).*

tagen, konferieren, zusammentreten, sich zusammensetzen.

Tagesanbruch, Morgenfrühe, Frühe, der frühe Morgen, der junge Tag, Tagesbeginn, Morgengrauen.

täglich, alltäglich, jeden Tag, alle Tage, Tag für Tag.

Tagung, Konferenz, Treffen, Kongreß, Symposion, Symposium, Versammlung, Beratung, Sitzung.

Takt, Höflichkeit, Zuvorkommenheit, Aufmerksamkeit, Hilfsbereitschaft, Feingefühl, Zartgefühl, Anstand, Ritterlichkeit *(veraltend),* Galanterie *(veraltend),* Courtoisie *(veraltend).*

taktieren, lavieren, balancieren, jonglieren, etwas ventilieren, diplomatisch / vorsichtig vorgehen.

Taktik, Strategie, Politik, Vorgehensweise, Kalkül.

taktlos, geschmacklos, abgeschmackt, unpassend, unangebracht, deplaciert, deplaziert, indiskret, ohne Taktgefühl / Feingefühl, verletzend, unhöflich.

[1]taktvoll, rücksichtsvoll, zartfühlend, einfühlend, schonend, fürsorglich, umsichtig, aufmerksam.

[2]taktvoll, höflich, hilfsbereit, aufmerksam, zuvorkommend, wie es sich gehört, gentlemanlike, ritterlich *(veraltend),* galant *(veraltend).*

[1]Talent, Begabung, Fähigkeiten, Befähigung, Anlage, Veranlagung, Gaben, Geistesgaben, Ingenium, Genialität, Genie.

[2]Talent, Genie, Begabung, kluger / fähiger / heller Kopf, großer Geist, Leuchte *(ugs.).*

talentiert, begabt, genial, genialisch, begnadet, gottbegnadet.

Talisman, Maskottchen, Glücksbringer, Totem, Götzenbild.

Talsohle, Tief, Tiefstand, Tiefpunkt.

tändeln, anbandeln, anbändeln mit, flirten, den Hof machen, umwerben, umgarnen, jmdm. Avancen machen, jmdn. anmachen *(ugs.),* anbinden mit, ein Gespräch anknüpfen, schäkern, sich jmdn. anlachen, sich jmdn. anschaffen / zulegen / ankratzen / angeln *(salopp),* aufreißen, auf Männerfang gehen.

tanken, auftanken, auffüllen, nachfüllen, vollschütten.

tanzen, das Tanzbein schwingen *(scherzh.),* ein Tänzchen wagen *(ugs.),* schwofen *(ugs.),* scherbeln *(ugs.)*, rocken *(ugs.)*, eine kesse Sohle aufs Parkett legen *(ugs.)*.

Tapezierer, Maler, Tüncher *(bes. südd.)*, Anstreicher *(landsch.)*, Weißbinder *(landsch.)*.

tapfer, mutig, heldenhaft, heldenmütig, heroisch, mannhaft, beherzt, herzhaft, unverzagt, unerschrocken, furchtlos, couragiert, kühn, wagemutig, waghalsig, draufgängerisch, tollkühn, risikofreudig.

Tapferkeit, Kühnheit, Mut, Beherztheit, Furchtlosigkeit, Unerschrockenheit, Schneid *(ugs.)*, Courage *(ugs.)*, Risikobereitschaft, Mumm *(ugs.)*, Tollkühnheit, Wagemut, Draufgängertum.

Tarifgruppe, Gehaltsstufe, Besoldungsgruppe, Lohngruppe.

Tarnung, Maskierung, Camouflage, Vermummung, Verhüllung, Verkleidung.

Tasche, Tragetasche, Beutel, Sack, Tüte.

Tat, Handlung, Aktion, Akt, Unternehmung, Operation.

tatenlos, passiv, inaktiv, untätig, lahm *(ugs.)*, träge.

Tatenlosigkeit, Passivität, Trägheit, Lahmheit, Untätigkeit.

tätig, aktiv, unternehmend, unternehmungslustig, rührig, regsam, rastlos, geschäftig.

Tätigkeit, Arbeit, Maloche *(ugs.)*, Beschäftigung, Betätigung, Fron, Dienst.

[1]**Tatkraft,** Willenskraft, Energie, Spannkraft, Leistungsfähigkeit, Dynamik, Schwung.

[2]**Tatkraft,** Aktivität, Tätigkeitsdrang, Betätigungsdrang, Unternehmungsgeist, Betriebsamkeit, Gschaftelhuberei *(ugs. abwertend)*.

tatkräftig, willensstark, forsch, zupackend, energisch, resolut.

Tatsache, Gegebenheit, Tatbestand, Faktum, Fakt, Faktizität, Realität, Fait accompli *(bildungsspr.)*.

tatsächlich, wirklich, in der Tat, de facto, faktisch, real, konkret.

tätscheln, liebkosen, abdrücken, streicheln; ei, ei machen *(Kinderspr.)*; hätscheln, herzen, zärtlich sein, schmusen *(ugs.)*, kraulen, karessieren *(veraltet)*.

Tau, Seil, Leine, Strick, Strang, Strange *(schweiz.)*, Reep *(Seemannsspr.)*, Trosse *(Seemannsspr.)*.

taub, taubstumm, gehörlos.

Tauglichkeit, Fähigkeit, Qualifikation, Können, Befähigung, Vermögen.

taumeln, torkeln, wanken, schwanken.

tauschen, einen Tausch / ein Tauschgeschäft machen, eintauschen.

[1]**täuschen,** betrügen, Betrug begehen, prellen, hintergehen, corriger la fortune, jmdn. um etwas bringen, Schmu machen *(ugs.)*, tricksen *(ugs.)*, anschmieren *(salopp)*, andrehen *(salopp)*, ausschmieren *(salopp)*, bescheißen *(derb)*, beschummeln, schummeln, betakeln *(österr.)*, mogeln, mit jmdm. ein falsches Spiel treiben, mit falschen / gezinkten Karten spielen, hintergehen, hereinlegen, reinlegen *(ugs.)*, überlisten, jmdm. eine Falle stellen, abkochen *(salopp)*, anmeiern *(salopp)*, übertölpeln *(abwertend)*, neppen *(abwertend)*, übers Ohr hauen *(salopp)*, einseifen *(ugs.)*, einwickeln *(ugs.)*, behumsen *(salopp)*, beschupsen *(salopp)*, bluffen, düpieren, jmdn. hinters Licht / aufs Glatteis führen, jmdm. Sand in die Augen streuen, jmdn. aufs Kreuz legen / über den Löffel balbieren *(salopp)*,

jmdm. ein X für ein U vormachen, verschaukeln *(salopp)*.

[2]**täuschen** (sich), sich irren / versehen / verrechnen / *(ugs.)* vergaloppieren / *(ugs.)* vertun / *(ugs.)* verhauen, fehlgehen, im Irrtum / *(ugs.)* auf dem Holzweg sein, danebenhauen *(ugs.)*, schiefgewikkelt sein *(ugs.)*, schiefliegen *(ugs.)*, auf dem falschen Dampfer sitzen / sein *(ugs.)*, einen Fehler machen.

Tauziehen, Hin und Her, Ringen, Gerangel, Kampf, Positionskampf, Streit, Auseinandersetzung.

Team, Mannschaft, Crew, Equipe, Stab, Gruppe, Ensemble, Gemeinschaft, Kollektiv, Kollegium, Arbeitsgruppe.

Teamwork, Teamarbeit, Kooperation, Koproduktion, Zusammenarbeit, Mitarbeit, Gruppenarbeit, Gemeinschaftsarbeit, Kollektivarbeit, Zusammenwirken.

teilen, aufteilen, verteilen, zur Verteilung bringen, halbpart / halbehalbe / fifty-fifty machen *(ugs.)*.

Teilhaber, Mitinhaber, Partner, Gesellschafter, Sozius, Kompagnon, Kommanditist.

Teilnahme, Anteilnahme, Mitleid, Mitgefühl, Mitempfinden, Erbarmen, Barmherzigkeit.

Teilnahmslosigkeit, Gleichgültigkeit, Desinteresse, Uninteressiertheit, Unempfindlichkeit, Indolenz *(bildungsspr.)*, Geistesabwesenheit, Apathie, Lethargie.

[1]**teilnehmen,** teilhaben, sich beteiligen, mitwirken, mitmachen, mitarbeiten, dabeisein, beteiligt sein, mitspielen, mittun, mithalten, mit von der Partie sein *(ugs.)*, mitziehen *(ugs.)*.

[2]**teilnehmen,** mitfühlen, mitleiden, mitempfinden, Anteil nehmen, Mitgefühl / Teilnahme zeigen, jmdm. leid tun, jmdn. erbarmen.

Telefax, Fax, Fernkopie.

telefaxen, faxen, fernkopieren.

Telefon, Fernsprecher, Apparat, Telefonapparat.

Telefongespräch, Telefonat, Telefonanruf, Anruf, Gespräch.

telefonieren, ein Telefongespräch / Telefonat / Gespräch führen, jmdn. an der Strippe haben *(ugs.)*, an der Strippe hängen *(ugs.)*.

Telefonnummer, Rufnummer, Nummer, Ruf, Fernsprechnummer, Fernruf.

telegrafieren, telegrafisch übermitteln, ein Telegramm schicken, kabeln *(veraltend)*, drahten *(veraltend)*, depeschieren *(veraltend)*.

Television, Fernsehen, TV.

Temperament, Lebhaftigkeit, Schwung, Feuer, Elan, Verve *(geh.)*, Pep *(ugs.)*, Biß *(ugs.)*, Pfiff *(ugs.)*.

temperamentlos, lahm, langweilig, müde, lustlos, unlustig, ohne Schwung.

temperamentvoll, lebhaft, lebendig, vital, dynamisch, feurig, heißblütig, blutvoll, vollblütig, sanguinisch, vif, unruhig, getrieben, quecksilbrig, wild, vehement, alert, mobil, beweglich, [geistig] rege, heftig.

Temperatursturz, Kälteeinbruch, Kältesturz, Kälterückfall.

Tempo, Gechwindigkeit, Schnelligkeit, Fixigkeit *(ugs.)*, Eile, Rasanz *(ugs.)*.

Tempolimit, Geschwindigkeitsbeschränkung, Geschwindigkeitsbegrenzung, Höchstgeschwindigkeit.

Tendenz, Neigung, Trend, Strömung, Entwicklung, Zug, Hang, Drang, Geneigtheit, Drift, Einschlag.

Termin, Verabredung, Rendezvous, Stelldichein, Tête-à-tête,

Dating, Date, Zusammenkunft, Zusammentreffen.

Terrain, Land, Gelände.

Terror, Gewalt, Zwang, Willkür, Brachialgewalt, Terrorismus, Staatsterrorismus, Militärgewalt, Waffengewalt.

Test, Pilotprojekt, Versuchsballon, Probe, Experiment.

Testament, Letzter Wille, letztwillige Verfügung.

testen, prüfen, examinieren, untersuchen, checken, abchecken, durchchecken, einer Prüfung unterziehen, jmdm. auf den Zahn fühlen, auf die Probe stellen, auf Herz und Nieren prüfen, unter die Lupe nehmen.

teuer, kostspielig, kostenintensiv, kostenträchtig, unerschwinglich, unbezahlbar, überteuert, nicht zu bezahlen, gepfeffert *(ugs.),* gesalzen *(ugs.).*

Teufel, Satan, Diabolus, Mephisto, Luzifer, Beelzebub, Versucher, Widersacher, Höllenfürst, Antichrist, Gottseibeiuns, der Böse, der Leibhaftige, der Gehörnte.

Teufelskreis, Circulus vitiosus, Aporie, Ausweglosigkeit, Sackgasse.

Textvorlage, Tischvorlage, Vorlage, Handout, Handreichung, Paper.

Theaterstück, Schauspiel, Bühnenstück, Bühnenwerk, Stück, Drama.

Theke, Tresen, Bar, Buffet, Büfett, Ausschank, Schanktisch.

Thema, Gegenstand, Objekt, Sujet, Reizthema, Thematik, Themenstellung, Aufgabenstellung, Stoff.

[1]theoretisch, abstrakt, ungegenständlich, begrifflich, nur gedacht, nur vorgestellt, gedanklich, vom Dinglichen gelöst, unanschaulich.

[2]theoretisch, lebensfremd, lebensfern, akademisch, trocken, dröge *(niederd.),* nicht anschaulich.

Therapie, Behandlung, Heilmethode, Heilbehandlung.

These, Lehre, Doktrin, Lehrsatz, Theorie, Behauptung, Glaubenssatz, Dogma, Lehrmeinung, Lehrgebäude, Schulmeinung.

Tick, Spleen, fixe Idee, Marotte, Schrulle, Fimmel *(salopp),* Macke *(salopp),* Flitz *(ugs.),* Wunderlichkeit, Verrücktheit, Pecker *(österr.).*

Tide, Gezeiten, Gezeitenwechsel, Gezeit, Ebbe und Flut.

tiefgefrieren, tiefkühlen, einfrieren, gefrieren, eingefrieren, frosten, einfrosten.

tiefsinnig, tiefgründig, tiefgehend, tiefschürfend, tief, durchdacht, gedankenvoll, gedankenreich, überlegt, bedeutsam.

Tiefstand, Tiefpunkt, Tief, Talsohle.

Tiergarten, Tierpark, Zoo, Zoologischer Garten, Menagerie.

Tierreich, Tierwelt, Fauna.

tilgen, abtragen, abzahlen, amortisieren.

Tip, Hinweis, Fingerzeig, Wink.

Tirade, Suada, Redefluß, Redeschwall, Wortschwall.

[1]toben, tosen, brausen, stürmen, blasen.

[2]toben, lärmen, Lärm / *(ugs.)* Radau / *(ugs.)* Krach machen, randalieren, poltern, rumpeln *(ugs.),* rumoren *(ugs.),* bumsen *(ugs.),* laut / *(schweiz.)* lärmig sein, pumpern *(südd., österr. ugs.).*

[3]toben, herumtoben, tollen, herumtollen, herumlaufen, sich tummeln, sich austoben.

Tobsucht, Raserei, Tobsuchtsanfall, Wutanfall, Amoklauf.

Tobsüchtiger, Tobender, Rasender, Berserker, Wüterich, Amokläufer.

Tobsuchtsanfall, Wutanfall, Wutausbruch, Zornausbruch, Zornesausbruch, Koller *(ugs.)*, Rappel (salopp), Raptus.

Tod, Sterben, Ableben *(geh.)*, Hinscheiden *(geh.)*, Heimgang, Ende, Exitus, Hinschied *(schweiz.)*, Sterbet *(schweiz.)*.

Toilette, WC, Null-Null, Klo *(ugs.)*, Klosett, Abort *(veraltend)*, Abtritt *(veraltend)*, Abee *(ugs.)*, [stilles / verschwiegenes] Örtchen *(scherzh.)*, gewisser Ort *(verhüll.)*, Häuschen *(ugs.)*, Lokus *(ugs.)*, Nummer Null *(ugs.)*, Tante Meyer *(scherzh.)*, sanitäre Anlagen, Bedürfnisanstalt *(Amtsspr.)*, Scheißhaus *(derb)*, Latrine, Donnerbalken *(salopp)*, Plumpsklosett *(salopp)*.

tolerant, duldsam, verständnisvoll, einsichtig, aufgeschlossen, weitherzig, nachsichtig, großzügig, freizügig, großmütig, offen, liberal, vorurteilslos, vorurteilsfrei, human.

toll *(ugs.)*, hervorragend, prima *(ugs.)*, ausgezeichnet, klasse *(ugs.)*, spitze *(ugs.)*, super *(ugs.)*, geil *(ugs.)*, optimal, stark *(ugs.)*, bärig *(ugs.)*, riesig *(ugs.)*, bärenstark *(ugs.)*, affengeil *(ugs.)*, fetzig *(ugs.)*.

Tollkühnheit, Wagemut, Draufgängertum, Waghalsigkeit, Mumm *(ugs.)*.

tolpatschig, ungeschickt, unbeholfen, linkisch, tapsig, tappig *(landsch.)*, täppisch *(landsch.)*.

Tölpel, Narr, Tor, Trampel, Bauer, Einfaltspinsel, Kindskopf, Tropf, Gimpel, Olvel *(landsch.)*, Simpel, Tolpatsch.

tölpelhaft, ungeschickt, unbeholfen, schwerfällig, umständlich, linkisch, ungewandt.

Tonfall, Ton, Akzent, Betonung, Aussprache, Artikulation.

tonlos, heiser, rauh, krächzend, rauchig, klanglos, mit belegter Stimme.

Topf, Kochtopf, Römertopf, Suppentopf, Kasserolle, Schmortopf, Hafen *(landsch.)*, Häfen *(österr.)*, Rein *(südd., österr.)*, Reindl *(südd., österr.)*, Tiegel, Wok.

Torheit, Absurdität, Wahnwitz, Unvernunft, Unverstand, Aberwitz, Irrwitz, Wahnsinn, Irrsinn, Unsinn, Unsinnigkeit, Dummheit, Betise, Sottise, Widersinnigkeit, Sinnlosigkeit, Narrheit, Blödsinn *(ugs.)*, Blödsinnigkeit, Hirnverbranntheit *(ugs.)*, Witzlosigkeit, Hirnrissigkeit *(österr. ugs.)*, Quatsch *(salopp)*.

[1]töricht, dumm, unbedarft, unerfahren, strohdumm *(abwertend)*, dumm wie Bohnenstroh *(abwertend)*, unintelligent, unverständig, idiotisch *(abwertend)*, dümmlich, dämlich *(salopp abwertend)*, doof *(salopp abwertend)*, dußlig *(salopp abwertend)*, bescheuert *(salopp)*, behämmert *(salopp)*, damisch *(südd., österr. salopp)*, unterbelichtet *(salopp)*, blödsinnig *(salopp)*, blöde *(salopp abwertend)*, blöd *(salopp abwertend)*, saudumm *(derb abwertend)*, saublöd *(derb abwertend)*, tappert *(österr. abwertend)*, tappicht *(landsch. abwertend)*, tappich *(landsch. abwertend)*.

[2]töricht, lächerlich, lachhaft, lächerbar *(scherzh.)*, grotesk, absurd, sinnwidrig, albern, blödsinnig, komisch, ridikül, ein Bild für [die] Götter.

torkeln, taumeln, wanken, schwanken.

Torwart, Torhüter, Tormann, Torsteher, Torwächter, Keeper, Goalkeeper *(österr., schweiz.)*, Goalmann *(schweiz., österr.)*, Schlußmann, Mann zwischen den Pfosten *(ugs.)*.

tosen, toben, stürmen, brausen, blasen.

tot, gestorben, verstorben, abgeschieden, hingeschieden, verschieden, verblichen, erloschen, heimgegangen, entseelt, leblos, unbelebt, ohne Leben, mausetot *(ugs.),* hinüber *(ugs.),* hin *(ugs.),* hops *(ugs.),* krepiert *(salopp),* ex *(salopp).*

totalitär, autoritär, obrigkeitlich, autokratisch, absolutistisch, unumschränkt, patriarchalisch, repressiv, selbstherrlich, willkürlich.

[1]**töten,** umbringen, ums Leben bringen, vom Leben zum Tode befördern *(geh.),* morden, ermorden, einen Mord begehen / verüben, beseitigen, hinmorden, hinschlachten, liquidieren, ins Jenseits befördern *(salopp),* stumm machen *(salopp),* um die Ecke bringen *(salopp),* aus dem Weg räumen *(salopp),* beiseite schaffen *(ugs.),* über die Klinge springen lassen *(ugs.),* jmdm. das Lebenslicht ausblasen / auspusten *(ugs.),* erledigen *(ugs.),* hinmachen *(salopp),* kaltmachen *(salopp),* umlegen *(salopp),* killen *(salopp),* abmurksen *(salopp),* den Garaus machen *(ugs.),* meucheln *(seltener),* massakrieren, niedermachen *(ugs.),* niedermetzeln *(ugs.),* hinmetzeln *(ugs.).*

[2]**töten** (sich), sich entleiben *(geh. veraltend),* Selbstmord *bzw.* Suizid begehen / verüben, sich das Leben nehmen, [freiwillig] aus dem Leben scheiden, seinem Leben ein Ende setzen, Schluß machen *(ugs.),* sich umbringen, sich ums Leben bringen, sich etwas / ein Leid antun, Hand an sich legen, den Freitod wählen, sich selbst richten, sich dem irdischen Richter entziehen.

totenbleich, blaß, bläßlich, blaßgesichtig, bleichgesichtig, blaßwangig, blutleer, blutarm, bleichsüchtig, fahl, grau, bleich, käseweiß *(ugs.),* käsig *(ugs.),* weiß, kreidebleich, kreideweiß, kalkweiß, kalkig, wachsbleich, totenblaß, leichenblaß, geisterbleich, aschgrau, aschfahl.

Totenmesse, Totengedenkmesse, Totenamt, Requiem, Seelenmesse, Seelenamt, Trauerfeier, Totenfeier, Trauermesse, Exequien, Obsequien.

Toter, Verstorbener, Verblichener *(geh.),* Heimgegangener *(geh.),* Entschlafener *(geh.),* Abgeschiedener *(geh.),* Hingeschiedener *(geh.),* Entseelter *(geh.),* Verewigter *(geh.).*

totschießen, erschießen, niederschießen, niederstrecken, zusammenschießen *(ugs.),* abschießen, abknallen *(salopp),* umlegen *(salopp),* füsilieren, an die Wand stellen, über den Haufen schießen / knallen *(ugs.),* jmdm. den Genickschuß geben.

Tötung, Vernichtung, Totschlag, Mord, Bluttat, Ermordung, Mordtat, Blutvergießen.

Toupet, Haarteil, Teilperücke, Haarersatz, falsche Haare.

Tourist, Feriengast, Gast, Erholungsuchender, Sommerfrischler, Reisender, Urlauber, Fremder, Kurgast.

trachten, streben, erstreben, anstreben, zustreben, verlangen / gieren / lechzen / dürsten / schmachten / *(ugs.)* sich zerreißen nach, zu erreichen suchen, sich sehnen nach, jmdn. gelüsten nach.

Tradition, Überlieferung, Geschichte, Historie.

traditionell, herkömmlich, althergebracht, hergebracht, überliefert, überkommen, ererbt, klassisch, konventionell, üblich, gewohnt, eingeführt, gängig, nach [alter] Väter Sitte *(veraltend).*

[1]**träge,** faul, arbeitsscheu, müßig, untätig, bequem.

[2]**träge,** phlegmatisch, schwerfällig, gleichgültig, desinteressiert, teilnahmslos, apathisch, lethargisch, leidenschaftslos, dickfellig *(ugs.),* tranig *(ugs.),* indolent *(bildungsspr.),* dumpf, stumpf, stumpfsinnig, abgestumpft.

[1]**tragen,** anhaben, bekleidet sein mit, auf dem Leib haben / tragen, behängt / angetan sein mit *(ugs.).*

[2]**tragen** (sich mit etwas), sich befassen mit, sich beschäftigen / abgeben mit, sich jmdm. / einer Sache widmen, sich in etwas hineinknien *(ugs.),* einer Sache frönen / huldigen, umgehen mit, schwanger gehen mit *(ugs. scherzh.).*

[1]**Trägheit,** Passivität, Tatenlosigkeit, Lahmheit, Untätigkeit.

[2]**Trägheit,** Faulheit, Faulenzerei *(abwertend),* Müßiggang, Arbeitsscheu, mangelnde Arbeitsmoral.

[1]**trainieren,** Training betreiben, sich fit halten, sich trimmen, sich in Form halten.

[2]**trainieren** (jmdn.), schulen, ausbilden, unterweisen, anleiten, instruieren, unterrichten, drillen *(abwertend).*

Trakt, Seitentrakt, Seitenbau, Seitenflügel, Flügel.

Traktor, Trecker, Zugmaschine, Bulldozer, Schlepper.

Tramp, Vagabund, Nichtseßhafter, Wohnungsloser, Person ohne festen Wohnsitz, Tramper, Landfahrer, Landstreicher, Stadtstreicher, Berber, Tippelbruder *(ugs.),* Penner *(ugs. abwertend),* Pennbruder *(ugs. abwertend),* Pendler, Stromer *(ugs.),* Herumtreiber, Umgänger *(landsch.),* Trebegänger *(ugs.),* Clochard, Strabanzer *(österr.),* Lumpazius *(veraltet).*

trampeln, stampfen, stoßen, treten.

trampen (durch), bereisen, befahren, besuchen, reisen durch, durchqueren, durchreisen, durchkreuzen, durchziehen, durchwandern, durchstreifen.

Trank, Getränk, Trunk, Drink, Trinkbares *(ugs.),* Tranksame *(schweiz.),* Gebräu, Gesöff *(derb abwertend),* Plörre *(salopp abwertend),* Plempe *(salopp abwertend),* Brühe *(salopp abwertend).*

Transformation, Umwandlung, Umformung, Verwandlung, Umsetzung.

transformieren, ändern, abändern, umändern, umkrempeln *(ugs.),* etwas auf den Kopf stellen, modifizieren, revidieren, umarbeiten, überarbeiten, umwandeln, umformen, umsetzen, ummodeln, modeln, verändern, abwandeln, wandeln, variieren, umfunktionieren, ummünzen, verwandeln, anders machen.

Transpiration, Schweißabsonderung, Schweißsekretion, Ausdünstung, Hautausdünstung, Schwitzen, Diaphorese.

Transplantation, Verpflanzung, Übertragung, Überpflanzung, Anaplastik *(Med.).*

transplantieren, übertragen, verpflanzen.

transportabel, transportfähig, tragbar, fahrbar, beweglich, mobil, beförderbar.

transportieren, befördern, expedieren, spedieren, überführen.

Transuse *(abwertend),* Schlafmütze *(abwertend),* Trantüte *(nordd. abwertend),* Trantute *(landsch. abwertend),* Tranfunzel *(landsch. abwertend),* Tränentier *(ugs.),* Langweiler, Schnecke, Lahmarsch *(derb).*

Tratsch, Klatsch, Geklatsche, Geschwätz, Gerede, Geraune, Geflüster, Stadtgespräch, Gerüchtemacherei, Gemunkel.

[1]**trauen** (sich), wagen, sich getrauen, sich erdreisten, sich erkühnen, riskieren, aufs Spiel setzen, ein Risiko eingehen, den Mut haben, es ankommen lassen auf, va banque spielen.

[2]**trauen** (jmdm.), jmdm. glauben, sich auf jmdn. verlassen, bauen / zählen auf, rechnen auf / mit, Glauben / Vertrauen schenken, Vertrauen haben, vertrauen.

Trauer, Traurigkeit, Wehmut, Betrübnis *(geh.),* Melancholie, Bekümmertheit, Bekümmernis *(geh.),* Trübsal *(geh.).*

Trauerfeier, Totenfeier, Trauermesse, Totenmesse, Totengedenkmesse, Totenamt, Requiem, Seelenmesse, Seelenamt, Exequien, Obsequien.

Trauernder, Leidtragender, Betroffener, Hinterbliebener, Hinterlassener *(schweiz.),* Trauergemeinde.

traulich, gemütlich, behaglich, wohnlich, heimelig, wohlig, angenehm, anheimelnd, traut, lauschig, idyllisch.

Träumer, Phantast, Tagträumer, Traumtänzer, Hans Guckindieluft *(scherzh.),* Wolkenschieber *(scherzh.).*

traurig, trist, freudlos, elend, kaputt *(Jargon),* unglücklich, todunglücklich, kreuzunglücklich, betrübt, trübe, bedrückt, gedrückt, bekümmert, unfroh, mauserig *(schweiz.).*

treffen, begegnen, stoßen auf, antreffen, erreichen, vorfinden, zusammenkommen.

treffend, genau, [genau] richtig, präzise, schlagend, träf *(schweiz.).*

Treffer, Haupttreffer, Gewinn, Hauptgewinn, Großes Los, Volltreffer, erster Preis.

Trend, Tendenz, Neigung, Strömung, Entwicklung, Zug, Hang, Drang, Drift, Einschlag.

trennen (sich), scheiden, auseinandergehen, weggehen, davongehen, sich empfehlen, verlassen, den Rücken wenden / kehren, Abschied nehmen, sich verabschieden, auf Wiedersehen sagen, sich lösen / losreißen.

Tresor, Safe, Geldschrank, Panzerschrank.

treu, getreu *(geh.),* getreulich *(geh.),* treu und brav, treugesinnt, ergeben, anhänglich, beständig, fest, loyal.

Treue, Ergebenheit, Anhänglichkeit, Beständigkeit, Festigkeit, Loyalität.

treuherzig, arglos, ohne Arg / Argwohn / Falsch, harmlos, leichtgläubig, einfältig, naiv, blauäugig.

treulos, untreu, treubrüchig, verräterisch, wortbrüchig, abtrünnig, eidbrüchig.

Tribunal *(geh.),* Gericht, Gerichtshof, Gerichtsbehörde.

Trick, Kniff, List, Schlich, Kunstgriff, Finesse, Rafinesse, Masche *(ugs.),* Dreh *(ugs.).*

[1]**Trieb,** Sucht, Besessenheit, Manie.

[2]**Trieb,** Austrieb, Sproß, Schößling, Schoß, Lode.

Triebfeder, Anlaß, Beweggrund, Grund, Motiv.

triezen, schikanieren, schinden, plagen, piesacken, malträtieren, tyrannisieren, jmdn. auf dem Kieker / Strich haben *(ugs.),* es auf jmdn. abgesehen haben, [seine Wut] an jmdm. auslassen, jmdm. die Gräten brechen *(emotional),* schlecht behandeln, schurigeln, kujonieren, drangsalieren, sekkieren *(österr.),* mit jmdm. Schlitten fahren, zwiebeln, scheuchen, fertigmachen, jmdm. den Klabustermarsch orgeln *(salopp),* jmdm. den Arsch aufreißen *(derb),* quälen, peinigen, traktieren, jmdm. das Leben sauer / schwer / zur Hölle machen.

triftig, stichhaltig, hieb- und stichfest, unangreifbar, zwingend, schlagend, schlüssig.

trimmen (sich), sich in Form halten, sich fit halten, trainieren, Training betreiben.

Trinität, Dreifaltigkeit, Dreieinigkeit; Vater, Sohn und Heiliger Geist.

[1]**trinken,** saufen *(derb),* Flüssigkeit / eine Erfrischung zu sich nehmen, einen Schluck nehmen, sich erfrischen, schlürfen, nippen, hinunterstürzen, hinuntergießen *(ugs.),* hinunterspülen *(ugs.),* die Kehle anfeuchten.

[2]**trinken,** saufen, bechern *(ugs.),* zechen *(veraltend),* pokulieren *(veraltet),* picheln *(ugs.),* kneipen *(ugs.),* tanken *(ugs.),* pietschen *(ugs.),* sich einen genehmigen / zu Gemüte führen / hinter die Binde gießen *(ugs.),* sich die Kehle anfeuchten / ölen / schmieren *(ugs.),* einen trinken, einen saufen *(derb),* einen zischen / heben / zwitschern / kippen / stemmen / schmettern / inhalieren / abbeißen / verlöten / zur Brust nehmen / auf die Lampe gießen / unter das Jackett brausen / in die Figur schütten / durch die Gurgel jagen *(ugs.).*

[3]**trinken,** saufen *(derb),* trunksüchtig sein, dem Trunk / *(derb)* dem Suff ergeben sein, dem Alkohol / dem Trunk / *(derb)* dem Suff verfallen sein, Trinker / Alkoholiker / *(derb)* ein Saufbruder / *(derb)* ein Säufer sein, versoffen sein *(derb).*

Trinker, Säufer *(derb),* Alkoholiker, Trunksüchtiger, Gewohnheitstrinker, Trunkenbold, Saufbruder *(derb),* Saufbold *(derb),* Saufloch *(derb),* Saufaus *(derb veraltend),* Schnapsbruder *(ugs.),* Schluckbruder *(ugs.),* Schluckspecht *(ugs.),* Schnapsdrossel *(ugs.),* eine durstige Seele *(ugs.).*

Trio, Kleeblatt, Dreigespann, Troika.

Trittbrettfahrer, Schmarotzer, Schnorrer *(ugs.).*

triumphieren, frohlocken, sich ins Fäustchen lachen, sich die Hände reiben.

trivial, banal, abgedroschen, abgeleiert, leer, hohl, nichtssagend, platt, flach, seicht, ohne Tiefgang, oberflächlich.

Trivialität, Wertlosigkeit, Bedeutungslosigkeit, Unwichtigkeit, Nichtigkeit, Belanglosigkeit, Nebensächlichkeit, Unerheblichkeit, Unwesentlichkeit, Unbedeutendheit, Irrelevanz.

[1]**trocken,** vertrocknet, ausgetrocknet, dürr, verdorrt, ausgedorrt.

[2]**trocken,** dry, herb, brut, sauer.

[3]**trocken,** lebensfremd, lebensfern, akademisch, dröge *(niederd.),* theoretisch, nicht anschaulich, phantasielos, prosaisch, nüchtern.

Trockenheit, Ariditát, Dürre.

Trödel *(ugs. abwertend),* Kram, Krimskrams, Trödelkram, Krempel *(ugs. abwertend),* Siebensachen, Gerümpel *(abwertend),* Zeug, Plunder *(ugs. abwertend),* Dreck *(derb abwertend),* Mist *(derb abwertend),* Zimt *(salopp abwertend),* Graffelwerk *(bayr., österr.),* Klumpert *(bayr., österr.),* Kramuri *(österr.),* Gesums *(ugs.),* Zinnober *(abwertend).*

Trödelei, Langsamkeit, Gemächlichkeit, Saumseligkeit, Schnekkentempo, Pomadigkeit, Trölerei *(schweiz.),* Bummelei.

trödeln, sich Zeit lassen, bummeln, nölen, herumtrölen *(schweiz.),* harzen *(schweiz.),* mären, sich ausmären, brodeln *(österr.),* herumbrodeln *(österr.)*, tachinieren *(österr.)*.

trommeln, prasseln, klatschen.

Trost, Tröstung, Zuspruch, Aufrichtung, Stärkung, Ermunterung, Ermutigung, Aufheiterung, Aufmunterung, Beruhigung, Beschwichtigung.

trösten, aufrichten, aufmuntern, aufheitern, ermutigen, beruhigen, beschwichtigen, Trost spenden / zusprechen / bieten, Mut zusprechen / geben.

[1]**Trottel,** Quaste, Bommel *(landsch.)*, Puschel *(landsch.)*.

[2]**Trottel,** Idiot, Vollidiot, Kretin *(abwertend)*, armer Irrer *(salopp)*, Blödling, Blödian, Dummrian, Dummian *(landsch.)*, Dummerjan, dummer Kerl *(salopp)*, Doofkopp *(nordd.)*, Dämel *(landsch.)*, Damian *(salopp)*, Dussel *(salopp)*, Holzkopf *(ugs.)*, Kohlkopf *(ugs.)*, Quatschkopf *(salopp)*, Kaffer, Zulukaffer *(salopp)*, Gipskopf *(ugs.)*, Knallkopp *(salopp)*, Döskopp *(nordd.)*, Depp *(ugs.)*, Tepp *(ugs.)*, Löli *(schweiz.)*, Schwachkopf, trübe Tasse *(salopp)*, doofe Nuß *(salopp)*, Gescherter *(südd., österr. salopp)*, Hirnöderl *(österr. salopp)*, Tocker *(österr.)*, Kineser *(österr.)*, Dorftrottel, Bezirkstrottel *(österr.)*, Dalk *(südd. österr.)*, Karpf *(österr.)*, Fetzenschädel *(österr. derb)*, Gauch *(veraltet)*, Dümmling, Schaf *(ugs.)*, Schafsnase *(ugs.)*, Schafskopf *(derb)*, Rindvieh *(derb)*, Esel *(derb)*, Hammel *(derb)*, Armleuchter *(salopp)*, Pinscher *(ugs.)*, Weihnachtsmann *(ugs.)*, dummer Sack *(derb)*, Hornochse *(derb)*, Hornvieh *(derb)*, Heuochse *(derb)*, Ochse *(derb)*, Kamel *(derb)*, Kamuffel *(ugs.)*, Mondkalb *(derb)*, Blödmann *(salopp)*, Blödhammel *(derb)*, Dämlack *(derb)*, Rhinozeros *(derb)*, Hohlkopf *(derb)*, Strohkopf *(derb)*, dummes Luder *(derb)*, dummes Huhn *(ugs.)*, dumme Ziege / Kuh / Gans *(salopp)*.

trotten, zotteln, zuckeln, zockeln, trippeln, schlappen *(ugs.)*, stiefeln, schlurfen, schlurren *(ugs.)*, watscheln, stapfen, tappen, schleichen, latschen *(ugs.)*.

Trottoir, Gehsteig, Bürgersteig, Gehweg, Fußgängerweg, Fußweg, Fußgängersteig, Fußsteig, Gangsteig *(südd., österr.)*, Gehbahn *(selten)*.

Trotz, Eigensinn, Eigensinnigkeit, Halsstarrigkeit, Starrsinn, Starrsinnigkeit, Rechthaberei, Unnachgiebigkeit, Intransigenz, Starrköpfigkeit, Dickschädeligkeit, Steifnackigkeit, Unbelehrbarkeit, Störrischkeit, Sturheit, Bockbeinigkeit *(ugs.)*, Bockigkeit *(ugs.)*, Kratzbürstigkeit, Aufsässigkeit, Aufmüpfigkeit, Unbotmäßigkeit, Widersetzlichkeit, Widerspenstigkeit, Renitenz, Protesthaltung, Widerborstigkeit, Ungehorsam, Unlenksamkeit, Eigenwilligkeit, Verbohrtheit, Hartgesottenheit, Hartnäckigkeit, Verstocktheit, Uneinsichtigkeit, Dickköpfigkeit, Obstination.

trotzen, schmollen, murren, brummen, knurren, maulen *(ugs.)*, mukken *(ugs.)*, muffeln *(ugs.)*, bocken *(ugs.)*, granteln *(landsch.)*.

Trotzkopf, Starrkopf, Dickkopf *(ugs.)*, Dickschädel *(ugs.)*, Querkopf *(ugs.)*, Rechthaber.

trübe, verhangen, dunstig, diesig, neblig.

Trübsinn, Schwermütigkeit, Schwermut, Melancholie, Niedergeschlagenheit, Bedrücktheit, Gedrücktheit, Depression, seelisches Tief.

trübsinnig, schwermütig, depressiv, melancholisch, pessimistisch, schwarzseherisch, defätistisch, miesepetrig *(ugs.)*, hintersinnig *(schweiz.)*, bregenklüterig *(landsch.)*, trübselig, wehmütig, wehselig *(schweiz.)*.

Trümmer, Schutt, Überreste, Reste, Überbleibsel, Bruchstücke, Ruine.

Trunk, Getränk, Trank, Drink, Trinkbares *(ugs.)*, Tranksame *(schweiz.)*, Gebräu, Gesöff *(derb abwertend)*, Plörre *(salopp abwertend)*, Plempe *(salopp abwertend)*, Brühe *(salopp abwertend)*.

Tuch, Halstuch, Schal, Fichu, Cachenez, Echarpe *(bes. schweiz.)*.

tüchtig, fähig, begabt, befähigt, gut, patent *(ugs.)*, geschickt, qualifiziert, motiviert, hochmotiviert.

tückisch, hinterlistig, hinterhältig, arglistig, heimtückisch, hinterfotzig *(salopp)*, hinterrücks, verschlagen.

Tugendwächter, Moralprediger, Moralist, Sittenwächter, Sittenprediger, Sittenrichter.

tummeln (sich), sich beeilen, sich sputen / abhetzen *(ugs.)*, sich eilen *(landsch.)*, sich überstürzen, schnell / rasch / fix machen *(ugs.)*, keinen Augenblick verlieren, sich dazuhalten / ranhalten *(salopp)* zusehen, daß ... *(ugs.)*; dazuschauen *(österr.)*, es eilig haben, jmdm. brennt der Boden unter den Füßen, in Hetze sein, keine Zeit verlieren / versäumen dürfen, keine Zeit [zu verlieren] haben, unter Zeitdruck / *(ugs.)* unter Dampf stehen.

Tummelplatz, Eldorado, Dorado, Spielwiese, Sammelbecken, Auffangbecken.

[1]Tumult, Lärm, Getöse, das Dröhnen, Gedröhn, Krach, Radau *(salopp)*, Heidenlärm *(ugs.)*, Mordslärm *(ugs.)*, Höllenspektakel *(ugs.)*, Gepolter, Pumperer *(österr. ugs.)*, Trubel, Spektakel *(ugs.)*, Rabatz *(ugs.)*, Klamauk *(ugs.)*, Tamtam *(ugs.)*, Trara *(ugs.)*, Krakeel *(ugs.)*, Bahöl *(österr. ugs.)*, Ramasuri *(österr. ugs.)*.

[2]Tumult, Krawall, Unruhen.

tunlichst, möglichst, nach Möglichkeit, wenn möglich, wenn es [irgend] möglich ist / geht, lieber, besser, unbedingt, auf jeden Fall.

Tüte, Sack, Beutel, Tasche, Tragetasche.

typisch, kennzeichnend, bezeichnend, wesensgemäß, unverkennbar, spezifisch, charakteristisch, auszeichnend, charakterisierend.

Tyrann, Gewaltherrscher, Despot, Unterdrücker, Diktator, Alleinherrscher.

tyrannisch, despotisch, diktatorisch, autoritär, selbstherrlich, herrisch, gebieterisch, rechthaberisch, herrschsüchtig, willkürlich, repressiv.

tyrannisieren, schikanieren, quälen, peinigen, piesacken, malträtieren, seine Wut an jmdm. auslassen, jmdm. die Gräten brechen *(emotional)*, schlecht behandeln, kujonieren, drangsalieren, sekkieren *(österr.)*, mit jmdm. Schlitten fahren, triezen, zwiebeln, fertigmachen, jmdm. den Klabustermarsch orgeln *(salopp)*, jmdm. den Arsch aufreißen *(derb)*, jmdm. das Leben sauer / schwer / zur Hölle machen.

U

[1]**übel,** schlimm, bedenklich, beängstigend, besorgniserregend, verhängnisvoll, tragisch, unselig, arg.

[2]**übel,** unwohl, schlecht, mies *(ugs.),* speiübel *(ugs.),* blümerant.

[3]**übel,** böse, bitterböse, boshaft, maliziös, übelgesinnt, übelwollend, bösartig, gemeingefährlich, schlimm, garstig, unausstehlich, unleidlich, wüst *(schweiz.),* widrig, haarig *(ugs.).*

übelnehmen, verübeln, nachtragen, ankreiden, verargen, krummnehmen *(ugs.),* in den falschen Hals kriegen *(ugs.),* jmdm. übel vermerken, nicht vergessen können.

überall, allenthalben, allgemein, allseits, an allen Orten / Ecken und Enden, weit und breit, allerorts, allerorten, ringsum, so weit das Auge reicht.

überallhin, in alle Richtungen / Himmelsrichtungen / [vier] Winde, nach allen Richtungen / Seiten / Orten, bis in den hintersten Winkel, in alle Teile der Welt, so weit das Auge reicht.

überanstrengt, überarbeitet, überlastet, überfordert, überbeansprucht, gestreßt.

überantworten, ausliefern, übergeben, preisgeben, ans Messer liefern.

überarbeiten, bearbeiten, korrigieren, redigieren, durcharbeiten, feilen an, ausfeilen, durchackern, letzte Hand anlegen.

überaus, sehr, äußerst, höchst, ungeheuer, unheimlich, riesig, mächtig, unbeschreiblich, unsäglich, unsagbar, grenzenlos, zutiefst, maßlos, über die / über alle Maßen, mordsmäßig *(salopp),* aufs höchste / äußerste, im höchsten Grad, furchtbar, schrecklich, ausnehmend, ungemein.

Überbleibsel, Trümmer, Schutt, Ruine, Überreste, Reste, Bruchstücke.

überblicken, überschauen, übersehen, einen / den Überblick haben.

überbrücken, über etwas hinwegkommen, überwinden, ausgleichen.

überdies, außerdem, obendrein, zudem, weiter, weiters *(österr.),* weiterhin, des weiteren, ferner, fernerhin, im übrigen, ansonsten, sonst, dazu, daneben, nebstdem *(schweiz.),* erst noch *(schweiz.).*

Überdruß, Übersättigung, Übersättigtsein, Ennui, Widerwille, Abscheu, Ekel, Verleider *(schweiz.),* Unlust.

übereilen, überstürzen, übers Knie brechen, übereilt / unüberlegt handeln, etwas zu wenig / nicht genügend überlegt haben.

übereilt, überstürzt, voreilig, vorschnell, Hals über Kopf, holterdiepolter *(ugs.).*

übereinkommen, sich abstimmen / besprechen / arrangieren / einig werden / einigen / *(ugs.)* zusammenraufen, verabreden, vereinbaren, aushandeln, stipulieren, ausmachen, absprechen, abmachen, zurechtkommen (mit), klarkommen *(salopp),* sich verständigen / vergleichen, handelseinig werden, eine Vereinbarung /

Übereinkunft / ein Übereinkommen treffen, verkommen *(schweiz.),* einen Kompromiß schließen, eine Einigung erzielen.

Übereinkommen, Abmachung, Absprache, Vereinbarung, Abrede, Übereinkunft, Abkommen.

übereinstimmend, zusammenfallend, kongruent, konvergierend, konvergent, gleich, gleichartig, homogen, identisch, analog, analogisch *(schweiz.),* homolog, konform, einheitlich, einhellig.

Übereinstimmung, Identität, Gleichheit, Kongruenz.

überfahren, überrollen, zusammenfahren *(ugs.),* über den Haufen fahren *(ugs.),* niederfahren, umfahren, umscheiben *(österr. ugs.).*

Überfall, Anschlag, Terroranschlag, Mordanschlag, Raubüberfall, Handstreich, Gewaltstreich *(veraltend),* Attentat.

überflügeln, übertreffen, überbieten, übertrumpfen, ausstechen, überholen, überrunden, hinter sich lassen, in den Schatten stellen, jmdn. in die Tasche / in den Sack stecken *(ugs.),* jmdm. haushoch / turmhoch überlegen sein, jmdm. den Rang ablaufen.

Überfluß, Überschuß, Überfülle, Überangebot, Überproduktion, Reichtum, Opulenz, Redundanz, das Zuviel, Unmaß.

[1]**überflüssig,** redundant, doppelt gemoppelt *(ugs.),* pleonastisch, tautologisch, überschüssig, überzählig, zuviel.

[2]**überflüssig,** entbehrlich, unnötig, unnütz, nutzlos.

übergeben (sich), [sich] erbrechen, vomieren, etwas von sich geben, brechen, speien [wie ein Reiher], speiben *(bayr., österr.),* reihern *(derb),* spucken *(landsch.),* kotzen *(derb),* die Fische füttern *(scherzh.),* Neptun opfern *(scherzh.).*

überhandnehmen, sich ausweiten / häufen, üppig / zuviel werden, ausarten, überborden, ausufern, überwuchern, wuchern, ins Kraut schießen, zu einer Landplage werden, eine Seuche sein, wimmeln von, jmdm. zu bunt werden, um sich greifen.

Überheblichkeit, Hochmut, Dünkel, Einbildung, Eingebildetheit, Aufgeblasenheit *(abwertend),* Blasiertheit *(abwertend),* Herablassung, Arroganz, Anmaßung, Vermessenheit, Präpotenz *(österr.),* Hybris, Hoffart *(veraltet).*

überholen (jmdn.), an jmdm. vorbeifahren / vorbeilaufen, jmdm. vorfahren *(schweiz.),* jmdn. zurücklassen / hinter sich lassen *(ugs.),* überrunden, abhängen *(ugs.).*

überholt, überlebt, überaltert, passé, vorbei, vergangen, verstaubt, abgetan, anachronistisch.

überkommen (jmdn.), jmdn. überfallen / überlaufen / überwältigen / erfüllen / befallen / übermannen / packen / erfassen.

überladen, voll, zuviel, barock, übervoll, überreichlich, strotzend vor, starrend vor, wuchernd, üppig, redundant, erdrückend.

überlassen (jmdm. etwas), jmdm. etwas freistellen / anheimstellen / anheimgeben, jmdm. vorbehalten sein, jmdn. selbst entscheiden lassen.

überlastet, überanstrengt, überarbeitet, überlastet, überfordert, überbeansprucht, gestreßt.

überleben, nicht sterben, am Leben bleiben, [noch einmal] davonkommen, dem Tod von der Schippe hopsen *(salopp).*

überlegen, denken, nachdenken, Reflexionen anstellen über, reflektieren, durchdenken, sich fragen / Gedanken machen, einem Gedanken / seinen Gedanken nachhängen, sich besinnen / bedenken, mit sich zu Rate gehen, seine Gedanken zusammennehmen, nachsinnen, nachgrübeln, sinnen, grübeln, tüfteln, sinnieren, brüten, rätseln, herumrätseln, sich den Kopf zerbrechen, sich einen Kopf machen *(Jargon),* sich das Hirn zermartern, knobeln *(ugs.),* den Verstand gebrauchen, seinen Geist anstrengen.

überlegt, ausgewogen, ausgereift, wohlüberlegt, [gut] durchdacht, ausgearbeitet, ausgetüftelt *(ugs.),* ausgefeilt, ausgeknobelt *(ugs.),* durchgeknobelt *(ugs.).*

Überlegung, Berechnung, Kalkül.

überliefern, tradieren, weitergeben, weiterführen.

überliefert, althergebracht, herkömmlich, hergebracht, überkommen, traditionell, ererbt, klassisch, konventionell, üblich, gewohnt, eingeführt, gängig, nach [alter] Väter Sitte *(veraltend).*

Überlieferung, Tradition, Geschichte, Historie, Erbe.

Übermaß, Üppigkeit, Überfluß, Redundanz, Unmaß, das Zuviel.

übermäßig, zuviel, zu sehr, überreichlich, übersteigert, überzogen.

übermütig, ausgelassen, unbekümmert, außer Rand und Band, wild, ungezügelt, aufgedreht, ungestüm, stürmisch, unbändig, ungebärdig, wüst *(schweiz.).*

übernachten, nächtigen, sein Lager aufschlagen, die Nacht verbringen, absteigen, schlafen, logieren, kampieren, seine Zelte aufschlagen, [über Nacht] bleiben.

übernehmen (sich), sich überanstrengen / überschätzen / zuviel zumuten, mit seinen Kräften / seiner Gesundheit Raubbau treiben.

überprüfen, kontrollieren, prüfen, nachprüfen, fecken *(schweiz.),* inspizieren, durchgehen, durchsehen, einsehen, nachsehen, chekken, einchecken, abchecken, durchchecken, nachschauen, revidieren, etwas einer Revision unterziehen, erdauern *(schweiz.),* sich überzeugen / vergewissern.

überraschend, unverhofft, unerwartet, unvermutet, unvorhergesehen, unversehens.

überrascht, verwundert, erstaunt, staunend, mit offenem Mund, verblüfft, sprachlos, baff *(salopp),* platt *(salopp),* geplättet *(salopp),* stumm, verdutzt.

überreden, bereden, bearbeiten, persuadieren, beschwatzen, erweichen, umstimmen, überzeugen, bekehren, herumkriegen *(salopp),* rumkriegen *(salopp),* breitschlagen *(salopp),* belatschern *(salopp),* für etwas gewinnen, sich stark machen für, ermuntern, verführen.

überreichlich, überladen, zuviel, barock, übervoll, strotzend vor, starrend vor, wuchernd, üppig, redundant, erdrückend.

überschneiden (sich), überlagern, überlappen, interferieren, kreuzen.

überzeugen, überreden, persuadieren, umstimmen, bekehren, herumkriegen *(salopp),* rumkriegen *(salopp),* breitschlagen *(salopp).*

übrig, restlich, übrigbleibend, verbleibend, übriggeblieben, übriggelassen, noch vorhanden.

überschlagen, schätzen, abschätzen, veranschlagen, taxieren, über den Daumen peilen *(salopp),* kalkulieren.

Überschrift, Titel, Headline, Schlagzeile, Kopf.

übersehen, ignorieren, hinwegsehen über, nicht beachten / ansehen, keine Beachtung schenken, keine Notiz nehmen von, schneiden, links liegenlassen *(ugs.),* wie Luft behandeln.

[1]**übersetzen,** übertragen, verdeutschen, verdolmetschen, dolmetschen.

[2]**übersetzen,** ans andere Ufer bringen / fahren, hinüberbringen, hinüberfahren, überfahren.

überspannt, überdreht, verstiegen, skurril, übertrieben, extravagant, ausgefallen, närrisch, verdreht, verrückt.

überstehen, ausstehen, hinter sich bringen / haben, über den Berg sein *(ugs.).*

überstürzen, übereilen, übers Knie brechen, übereilt / überstürzt / unüberlegt handeln, etwas zu wenig / nicht genügend überlegt haben.

überstürzt, übereilt, Hals über Kopf, holterdiepolter *(ugs.),* voreilig, vorschnell, unbedacht, zu schnell, unüberlegt.

[1]**übertragen,** delegieren, weitergeben an.

[2]**übertragen,** vergeben, überantworten, zuteilen, übergeben, zuschlagen, jmdm. den Zuschlag geben.

übertreffen, übersteigen, überbieten, den Vogel abschießen, übertrumpfen, ausstechen, überflügeln, überholen, überrunden, alle Rekorde schlagen, etwas besser können, hinter sich lassen, in den Schatten stellen, jmdn. in die Tasche / in den Sack stecken *(ugs.),* jmdm. haushoch / turmhoch überlegen sein, über etwas hinausgehen, übererfüllen, jmdm. den Rang ablaufen, jmdm. die Schau stehlen *(ugs.),* jmdn. aus dem Felde schlagen.

übertreiben, aufbauschen, zu weit gehen, sich hineinsteigern, sich aufblasen / aufpusten *(ugs.),* dick auftragen *(salopp),* hochstapeln, überziehen, viel Wesens *bzw.* Wesen machen von / aus, viel Aufhebens / Aufheben machen von, viel Sums machen *(ugs.),* um etwas viel Trara machen *(ugs.),* aus einer Mücke einen Elefanten machen *(ugs. abwertend),* hochspielen, eine Staatsaktion aus etwas machen.

übertreten, überschreiten, nicht beachten, nicht einhalten, sich nicht an etwas halten / kehren, sich hinwegsetzen über, mißachten, verstoßen gegen.

überwachen, beobachten, observieren, beschatten, bespitzeln, bewachen, verfolgen, im Auge behalten, nicht aus den Augen verlieren / lassen, unter Aufsicht stellen, beluchsen *(ugs.),* jmdm. auf die Finger sehen / gucken, jmdn. aufs Korn / unter die Lupe nehmen, jmdn. auf dem Kieker haben *(salopp),* belauern, lauschen, belauschen.

[1]**überwerfen** (sich), sich entzweien / veruneinigen / verfeinden / verzanken / zerstreiten, uneins werden, sich verkrachen *(ugs.),* Streit kriegen / bekommen / haben.

[2]**überwerfen,** überziehen, überstreifen, anziehen, anlegen *(geh.),* antun.

überwiegen, vorherrschen, vorwiegen, dominieren, prädominieren, das Feld beherrschen, das Übergewicht haben, die Mehrheit bilden.

überwiegend, meist, meistens, meistenteils, mehrenteils *(österr.),* zumeist, in der Regel, größtenteils, zum größten Teil, in der Mehrzahl, vorwiegend.

[1]**überwinden** (sich), sich zwingen / aufraffen / aufschwingen / aufrappeln / ermannen zu, sich ein

Herz fassen / einen Ruck geben, es über sich bringen / gewinnen, es übers Herz bringen, seinem Herzen einen Stoß geben, über seinen eigenen Schatten springen.

[2]**überwinden,** besiegen, unterwerfen, unterjochen, unter das Joch zwingen, sich jmdn. untertan machen, vernichten, schlagen, bezwingen, überwältigen, niederringen, bodigen *(schweiz.),* baschgen *(schweiz.),* jmdm. ein Morgarten bereiten *(schweiz.),* jmdn. außer Gefecht setzen, jmdn. zur Strecke bringen *(ugs.),* jmdn. kampfunfähig machen, aufreiben, ruinieren, fertigmachen *(salopp),* jmdn. in die Knie zwingen / *(salopp)* in die Pfanne hauen.

Überzahl, Mehrzahl, Mehrheit, Majorität, der überwiegende Teil, die meisten, über / mehr als die Hälfte, das Gros, die Masse.

überzeugend, glaubwürdig, zuverlässig, vertrauenerweckend.

überzeugt, eingefleischt, unbelehrbar, unverbesserlich, hoffnungslos, vollkommen, ausgemacht.

Überzeugung, Meinung, Auffassung, Ansicht, Standpunkt.

überziehen, überwerfen, überstreifen, anziehen, anlegen *(geh.),* antun.

Überrest, Rest, Übriggebliebenes, Überbleibsel, Übriges.

üblich, gewöhnlich, gebräuchlich, alltäglich, gewohnt, landläufig, verbreitet, weitverbreitet, eingewurzelt, tief verwurzelt, normal, usuell, regulär, regelmäßig, gängig.

übrigens, im übrigen, nebenbei [bemerkt], wohlbemerkt, notabene, was ich noch sagen wollte.

Ufer, Küste, Gestade, Kliff, Strand.

Ulk, Scherz, Spaß, Gspaß *(bayr., österr.),* Schabernack, Possen, Streich, Schelmenstreich, Eulenspiegelei, Eulenspiegelstreich, Jux, Jokus, Klamauk *(ugs.),* Spaßetteln *(österr.),* Spompanadeln *(österr.).*

ulkig, komisch, urkomisch, witzig, spaßig, spaßhaft, burlesk, possenhaft.

umändern, abändern, ändern, umkrempeln *(ugs.),* etwas auf den Kopf stellen, modifizieren, umarbeiten, überarbeiten, umwandeln, umformen, umsetzen, transformieren, ummodeln, modeln, verändern, abwandeln, wandeln, variieren, umfunktionieren, ummünzen, verwandeln, anders machen.

Umänderung, Abänderung, Änderung, Veränderung, Abwandlung, Umwandlung, Verwandlung, Umarbeitung, Ummodelung, Umkrempelung *(ugs.),* Modifizierung, Variierung, Variation, Umbildung, Neugestaltung, Perestroika, Umbau.

umarmen, umfassen, umschließen, umfangen, umschlingen, umklammern, umhalsen, jmdm. um den Hals fallen / in die Arme sinken, an sich ziehen / pressen, drücken, knuddeln *(ugs. landsch.).*

Umbau, Ausbau, Neugestaltung, Umgestaltung, Umwandlung, Umformung, Revirement, Erneuerung, Renovation, Renovierung, Restaurierung, Adaptierung *(österr.),* Adaption *(österr.),* Umbildung, Perestroika.

[1]**umbringen,** töten, ums Leben bringen, vom Leben zum Tode befördern *(geh.),* morden, ermorden, einen Mord begehen / verüben, beseitigen, hinmorden, hinschlachten, liquidieren, ins Jenseits befördern *(salopp),* stumm machen *(salopp),* um die Ecke bringen *(salopp),* aus dem Weg räumen *(salopp),* beiseite schaffen *(ugs.),* über die Klinge springen

lassen *(ugs.),* jmdm. das Lebenslicht ausblasen / auspusten *(ugs.),* erledigen *(ugs.),* hinmachen *(salopp),* kaltmachen *(salopp),* umlegen *(salopp),* killen *(salopp),* abmurksen *(salopp),* den Garaus machen *(ugs.),* meucheln *(seltener),* massakrieren, niedermachen *(ugs.),* niedermetzeln *(ugs.),* hinmetzeln *(ugs.).*

[2]**umbringen** (sich), sich entleiben *(geh. veraltend),* Selbstmord *bzw.* Suizid begehen / verüben, sich das Leben nehmen, [freiwillig] aus dem Leben scheiden, seinem Leben ein Ende setzen, Schluß machen *(ugs.),* sich töten, sich ums Leben bringen, sich etwas / ein Leid antun, Hand an sich legen, den Freitod wählen, sich selbst richten, sich dem irdischen Richter entziehen.

[1]**umfallen,** umschwenken, umkippen *(ugs.),* seine Meinung ändern, anderen Sinnes werden, etwas mit [ganz] anderen Augen sehen, die Hefte revidieren *(schweiz.),* seinen Standpunkt aufgeben, mit fliegenden / wehenden Fahnen zum Gegner *bzw.* in das andere Lager übergehen.

[2]**umfallen,** umsinken, zu Boden sinken, hinsinken, umstürzen, umschlagen, umkippen *(ugs.).*

Umfang, Ausmaß, Größe, Größenordnung, Maß, Abmessung, Ausbreitung, Dimension, Ausdehnung, Umkreis, Reichweite, Spielraum, Höhe, Breite, Länge, Tiefe, Weite, Dichte, Fülle, Grad, Stärke.

umfangreich, ausgedehnt, gewaltig, voluminös, umfassend.

umfassen, umschließen, umarmen, umfangen, umschlingen, umklammern, umhalsen, jmdm. um den Hals fallen / in die Arme sinken, an sich ziehen / pressen, drücken, knuddeln *(ugs. landsch.).*

umfassend, allgemein, universal, universell, weltweit, global, weltumspannend.

Umformung, Umwandlung, Verwandlung, Transformation, Umsetzung.

Umfrage, Recherche, Befragung, Exploration, Interview, Rundfrage, demoskopische Untersuchung, Enquete, Erhebung, Repräsentativerhebung, Repräsentativbefragung.

umfragen, herumfragen, eine Umfrage halten / veranstalten, sich umhören / umtun, Erkundigungen einziehen, die Ohren offenhalten *(ugs.).*

umgänglich, friedfertig, verträglich, friedliebend, friedlich, friedsam *(geh. veraltend).*

Umgangsformen, Benehmen, Betragen, Konduite *(veraltet),* Allüren, Starallüren, Auftreten, Haltung, Gebaren, Anstand, Lebensart, Erziehung, Kinderstube, Manieren, Weltläufigkeit, Verhalten, Benimm *(ugs.),* Schliff, Zucht, Disziplin, Ordnung, Etikette, Protokoll, Zeremoniell, Gehabe *(abwertend).*

Umgebung, Nachbarschaft, Umgegend, Umkreis, Umschwung *(schweiz.),* Umgelände *(schweiz.).*

umgehen (mit jmdm.), behandeln, verfahren mit, umspringen mit.

umgehend, gleich, sogleich, sofort, brühwarm *(ugs.),* unverzüglich, ohne Aufschub, spornstreichs, stracks, stante pede *(ugs.),* stehenden Fußes, vom Fleck weg, alsbald, unmittelbar, auf der Stelle, hier und jetzt, hic et nunc *(bildungsspr.),* umgehend, prompt, auf Anhieb, postwendend, wie aus der Pistole geschossen.

Umgestaltung, Reform, Reformation, Reformierung, Neuerung, Erneuerung, Neugestaltung, Perestroika.

umherziehen, herumziehen, sich herumtreiben, herumlaufen, herumstreifen, umherstreifen, herumirren, umherirren, umherschweifen, herumstreichen, umherstreichen, strolchen, herumstrolchen, umherstrolchen, stromern, herumstromern, umherstromern, streunen, herumstreunen, umherstreunen, vagabundieren, herumvagabundieren, zigeunern, herumzigeunern, lungern, herumlungern, sich herumdrücken *(ugs.).*

umhören (sich), umfragen, herumfragen, fragen, eine Umfrage halten / veranstalten, sich umtun, Erkundigungen einziehen, die Ohren offenhalten *(ugs.).*

umkehren, kehrtmachen, kehren *(schweiz.),* sich wenden / auf dem Absatz umdrehen.

umkippen *(ugs.),* ohnmächtig werden, schlappmachen *(ugs.),* abbauen, zusammenbrechen, zusammenklappen, zusammensacken, kollabieren, in Ohnmacht fallen / sinken, umfallen, umsinken, zu Boden sinken, Sterne sehen, jmdm. wird schwarz / wird Nacht vor den Augen, jmdm. schwinden die Sinne, aus den Latschen / Pantinen kippen *(salopp).*

umkommen, verderben, schlecht werden, schimmeln, verschimmeln, vergammeln *(ugs.),* gammelig werden.

umkrempeln, umstülpen, umschlagen, umdrehen, umlegen, litzen *(schweiz.).*

umlaufen, kursieren, die Runde machen, in Umlauf sein, zirkulieren.

umranken, umschlingen, umwinden, umwickeln.

Umriß, Kontur, Silhouette, Schattenriß, Profil, Skyline.

umsatteln, sich verändern, [den Beruf] wechseln, einen anderen Beruf ergreifen, die Tapeten wechseln *(ugs.),* umsteigen auf *(ugs.).*

umschichtig, abwechselnd, alternierend, im Wechsel mit, wechselweise.

Umsicht, Umsichtigkeit, Weitblick, Weitsicht, Überblick, Besonnenheit, Bedachtsamkeit, Bedachtheit, Bedacht, Ruhe.

umsichtig, vorsichtig, weitblikkend, besonnen, bedachtsam, bedacht, bedächtig, mit Umsicht / Vorsicht / Überlegung / Ruhe / Besonnenheit / Bedacht.

Umsiedler, Übersiedler, Aussiedler.

umsonst, kostenlos, gratis, gratis und franko *(ugs.),* unentgeltlich, um Gotteslohn *(veraltend),* ohne Geld, geschenkt, für nichts, als Zugabe, kostenfrei, gebührenfrei, frei, portofrei, freigemacht, franko, ohne einen Pfennig zu zahlen.

Umstand, Faktor, Moment, Begleitumstand, Begleiterscheinung, Aspekt, Punkt.

umsteigen, übersteigen, [den Zug] wechseln, [mit einem andern Zug] weiterfahren, seine Fahrt mit etwas fortsetzen.

umstellen, verrücken, rücken, fortrücken, an einen andern Platz / Ort rücken.

umstimmen, überreden, persuadieren, erweichen, überzeugen, bekehren, herumkriegen *(salopp),* rumkriegen *(salopp),* breitschlagen *(salopp).*

umstritten, streitig, nicht geklärt, ungeklärt, strittig, viel diskutiert, zweifelhaft, fraglich, problematisch.

Umstrukturierung, Umschichtung, Verlagerung, Strukturwandel.

umstürzlerisch, subversiv, revolutionär, zersetzend, zerstörerisch, destruktiv.

umwälzend, revolutionär, bahnbrechend, epochal, innovativ, genial.

umwandeln, ändern, abändern, umändern, umkrempeln *(ugs.),* etwas auf den Kopf stellen, modifizieren, umarbeiten, überarbeiten, umformen, umsetzen, transformieren, ummodeln, modeln, verändern, abwandeln, wandeln, variieren, umfunktionieren, ummünzen, verwandeln, anders machen.

[1]**Umwelt,** Umgebung, Wirkungskreis, Umfeld, Lebensumstände, Lebensbedingungen, Umweltbedingungen, Lebensbereich, Milieu, Elternhaus, Atmosphäre, Klima.

[2]**Umwelt,** Natur, Lebenswelt.

umwerben, werben / buhlen um, sich um jmdn. bewerben, jmdm. den Hof machen, jmdm. die Cour machen / schneiden *(veraltend),* nachstellen, verfolgen.

[1]**umziehen,** seinen Wohnsitz verlegen, ziehen, ausziehen, wegziehen, fortziehen, seine Zelte abbrechen, seine Wohnung aufgeben, seinen Haushalt auflösen, die Tapeten wechseln *(ugs.),* einen Tapetenwechsel vornehmen *(ugs.),* zügeln *(schweiz.),* übersiedeln.

[2]**umziehen** (sich), umkleiden, die Kleider wechseln.

unabdingbar, unverzichtbar, unaufgebbar, unentbehrlich, unbedingt nötig / erforderlich, unveräußerlich.

unabhängig, ungebunden, frei, für sich allein, autonom, autark, eigenständig, selbständig, selbstbestimmt.

unabsichtlich, unbeabsichtigt, absichtslos, ohne Absicht, von ungefähr / *(selten)* ohngefähr, unbewußt, ungewollt, versehentlich, aus Versehen.

unachtsam, achtlos, unbedacht, gleichgültig, sorglos, gedankenlos.

unähnlich, ungleichartig, ungleich, ungleichmäßig, inkongruent, verschieden, unegal, nicht zusammenpassend, unterschiedlich, grundverschieden, abweichend, divergierend.

unangenehm, unerfreulich, ärgerlich, unliebsam, unerquicklich, verdrießlich, bemühend *(schweiz.),* leidig, lästig, unbequem, störend, verpönt, unwillkommen, unerwünscht, nicht gern gesehen, mißlich, ungut, fatal, peinlich, geniert *(österr.),* blamabel, nachteilig, ungünstig, abträglich, abträgig *(schweiz.),* ungefreut *(schweiz.),* mulmig, ungemütlich.

Unannehmlichkeiten, Ärger, Verdruß, Verdrießlichkeit, Widerwärtigkeit, Widrigkeit, Unbill, Unbilden (Plural), Zores *(südwestd.),* Unstimmigkeiten, Mißstimmung, Krach *(ugs.),* Scherereien, Tanz, Theater.

unantastbar, unberührbar, tabu, unaussprechlich, verboten.

unappetitlich, ekelhaft, ekelerregend, eklig, widerlich.

unartig, ungezogen, ungehorsam, frech, rotzfrech *(salopp),* böse, unfolgsam, aufsässig, widersetzlich, unfügsam, verzogen.

unauffällig, schmucklos, unscheinbar, farblos, schlicht, einfach.

unaufhörlich, immer, immerzu, immer noch, nach wie vor, in einem fort, immerfort; tagaus, tagein; jahraus, jahrein; zeitlebens, beständig, stets, stetig, stet, andauernd, dauernd, fortdauernd, fortgesetzt, unausgesetzt, anhaltend, kontinuierlich, konstant, permanent, gleichbleibend, beharrlich, ununterbrochen, pausenlos, in einer Tour *(ugs.)*, stetsfort *(schweiz.)*, fortwährend, immerwährend, ständig, allerwege, alleweil, allweil, allezeit, allzeit, laufend, am laufenden Band *(ugs.)*, in steter Folge, unablässig, ewig *(ugs.)*, endlos, ohne Unterlaß / Ende / Pause / Unterbrechung, ad infinitum, Tag und Nacht, rund um die Uhr.

unaufmerksam, zerstreut, zerfahren, abgelenkt, abwesend, geistesabwesend, unkonzentriert.

unaufrichtig, doppelzüngig, falsch, unehrlich, lügnerisch, verlogen, heuchlerisch.

unausgeglichen, labil, beeinflußbar, schwankend, wandelbar, unstet, von einem Extrem ins andere fallend.

unausgegoren, unreif, unausgereift, unfertig, unausgewogen.

unbarmherzig, mitleid[s]los, erbarmungslos, schonungslos, gnadenlos, brutal, kaltblütig, roh, krud[e], verroht, entmenscht, herzlos, gefühllos, barbarisch, grausam, inhuman, unsozial, unmenschlich.

unbedarft, dumm, unerfahren, strohdumm *(abwertend)*, dumm wie Bohnenstroh *(abwertend)*, unintelligent, unverständig, töricht, idiotisch *(abwertend)*, dümmlich, dämlich *(salopp abwertend)*, doof *(salopp abwertend)*, dußlig *(salopp abwertend)*, bescheuert *(salopp)*, behämmert *(salopp)*, damisch *(südd., österr. salopp)*, unterbelichtet *(salopp)*, blödsinnig *(salopp)*, blöde *(salopp abwertend)*, blöd *(salopp abwertend)*, saudumm *(derb abwertend)*, saublöd *(derb abwertend)*, tappert *(österr. abwertend)*, tappicht *(landsch. abwertend)*, tappich *(landsch. abwertend)*.

unbedeutend, unbekannt, namenlos, ohne Namen, hergelaufen *(ugs.)*.

unbedingt, auf jeden Fall, unter allen Umständen, um jeden Preis, mit [aller] Gewalt, auf Teufel komm raus *(ugs.)*, auf Biegen oder Brechen; koste es, was es wolle; durchaus, partout *(ugs.)*, absolut.

unbeeindruckt, ungerührt, gleichgültig, kalt, kaltschnäuzig.

unbegreiflich, unfaßbar, unfaßlich, unergründlich, unerklärlich, rätselhaft, unverständlich, undurchschaubar, schleierhaft.

unbegrenzt, unendlich, ohne Ende, grenzenlos, unbeschränkt, unermeßlich.

unbegründet, grundlos, haltlos, gegenstandslos, ungerechtfertigt, wesenlos, hinfällig, unmotiviert, aus der Luft gegriffen.

unbeherrscht, aufbrausend, auffahrend, heftig, jähzornig, cholerisch, hitzig, hitzköpfig, ungezügelt, zügellos, wild, unkontrolliert, güggelhaft *(schweiz.)*, meisterlos *(schweiz.)*.

unbeholfen, tölpelhaft, ungeschickt, schwerfällig, umständlich, linkisch, ungewandt.

[1]**unbekannt,** namenlos, unbedeutend, ohne Namen, hergelaufen *(ugs.)*.

[2]**unbekannt,** fremd, fremdartig, ungewohnt, exotisch.

Unbekannter, Fremder, Fremdling *(veraltend)*, Ortsunkundiger, Zugereister *(ugs.)*.

unbekleidet, nackt, bloß, entblößt, frei, ausgezogen, nackend, entkleidet, enthüllt, kleidungslos, unangezogen, unbedeckt, hüllenlos, blutt *(schweiz.)*, textilfrei, textilarm, pudelnackt *(ugs.)*, splitterfasernackt *(ugs.)*, splitternackt *(ugs.),* wie Gott ihn / sie schuf, barfuß bis an den Hals *(scherzh.).*

unbekümmert, unbesorgt, beruhigt, mit gutem Gewissen, leichten / frohen Herzens, sorglos, unbeschwert, sorgenfrei.

unbemerkt, unbeachtet, unauffällig, ungesehen, unbeobachtet, heimlich, insgeheim, im geheimen; heimlich, still und leise; in aller Stille, unter der Hand, verstohlen, klammheimlich *(ugs.),* sang- und klanglos, ohne viel Wesens / Aufhebens zu machen.

unbemittelt, arm, mittellos, unvermögend, notleidend, notig *(südd., österr.),* verarmt, bedürftig, bettelarm, einkommensschwach, arm wie eine Kirchenmaus, schwach auf der Brust, in Geldverlegenheit, knapp bei Kasse.

unberechenbar, launisch, launenhaft, wetterwendisch, exzentrisch, grillenhaft, kapriziös, bizarr.

unbescheiden, anspruchsvoll, wählerisch, prätentiös, verwöhnt, schwer zufriedenzustellen.

unbeschreiblich, unsagbar, unsäglich, unglaublich, unfaßbar, unfaßlich, unbegreiflich.

Unbeschwertheit, Heiterkeit, Fröhlichkeit, Beschwingtheit, gute Laune, Behagen, Wohlbehagen, Harmonie, Zufriedenheit.

unbesehen, anstandslos, ohne weiteres, ohne Bedenken / Anstände, ungeprüft, bedenkenlos, blanko, selbstverständlich, selbstredend, natürlich, bereitwillig, gern, mit Vergnügen, kritiklos, kurzerhand.

unbesiegbar, unbezwingbar, unbezwinglich, unüberwindbar, unüberwindlich.

unbesonnen, unüberlegt, ohne Sinn und Verstand, planlos, ziellos, wahllos, unbedacht, unvorsichtig, impulsiv, gedankenlos, leichtsinnig, leichtfertig, fahrlässig.

unbesorgt, beruhigt, mit gutem Gewissen, leichten / frohen Herzens, sorglos, unbekümmert, unbeschwert, sorgenfrei.

unbeständig, wechselhaft, wechselvoll, inkonsequent, veränderlich, schwankend, wandelbar, unausgeglichen, sprunghaft, wetterwendisch, widersprüchlich.

[1]**unbestimmt,** unklar, unscharf, ungenau, vage, nebulös, dunkel, verschwommen, schemenhaft, schattenhaft, undurchsichtig.

[2]**unbestimmt,** unsicher, ungewiß, unentschieden, fraglich, zweifelhaft.

unbestreitbar, zweifellos, zweifelsohne, zweifelsfrei, ohne Zweifel, fraglos, gewiß, sicher, sicherlich, unbestritten, unstreitig.

unbewußt, ungewollt, versehentlich, aus Versehen, unbeabsichtigt, unabsichtlich.

unbrauchbar, ungeeignet, unpassend, wertlos, untauglich, unpraktisch, unzweckmäßig.

und, sowie, wie, auch, zusätzlich, zugleich.

undenkbar, unmöglich, ausgeschlossen, auf gar keinen Fall, unvorstellbar.

undurchdringlich, dicht, unzugänglich, weglos, unwegsam, undurchlässig.

undurchführbar, unausführbar, unmöglich, aussichtslos, zu schwierig, impraktikabel.

unecht, künstlich, falsch, gefälscht, nachgemacht, untergeschoben, imitiert.

unehelich, außerehelich, vorehelich, ledig, illegitim.

uneigennützig, selbstlos, altruistisch, edelmütig, großherzig, hochherzig, gemeinnützig, unegoistisch.

uneinheitlich, heterogen, nicht homogen, gemischt, kunterbunt, wie Kraut und Rüben.

unempfindlich, abgestumpft, dumpf, abgebrüht *(salopp, abwertend).*

unendlich, ohne Ende, unbegrenzt, grenzenlos, unbeschränkt, unermeßlich, zahllos, unzählbar, endlos, ungezählt.

unentbehrlich, unersetzlich, unersetzbar, unabkömmlich, einmalig, einzig.

unentgeltlich, kostenlos, gratis, gratis und franko *(ugs.),* umsonst, um Gotteslohn *(veraltend),* ohne Geld, geschenkt, für nichts, als Zugabe, kostenfrei, gebührenfrei, frei, portofrei, freigemacht, franko, ohne einen Pfennig zu zahlen.

unentschlossen, unschlüssig, entschlußlos, schwankend, zögernd, zögerlich.

unentschuldbar, unverzeihlich, unverantwortlich, unvertretbar, nicht zu entschuldigen.

unerbittlich, unnachsichtig, unversöhnlich, streng, gestreng *(geh.),* unnachgiebig, herrisch, gebieterisch, kompromißlos, hart, fest, radikal.

unerfahren, unfertig, unreif, grün, noch nicht trocken hinter den Ohren.

unerfreulich, ärgerlich, unliebsam, unerquicklich, verdrießlich, bemühend *(schweiz.),* negativ, leidig, lästig, unbequem, störend, unpassend, mißlich, unangenehm, ungut, fatal, peinlich, geniert *(österr.),* blamabel, nachteilig, ungünstig, abträglich, abträgig *(schweiz.),* ungefreut *(schweiz.),* ungemütlich.

unerhört, haarsträubend, empörend, unglaublich, skandalös, bodenlos, beispiellos, unfaßbar, himmelschreiend, ungeheuerlich, hanebüchen.

unerläßlich, nötig, erforderlich, geboten, notwendig, lebensnotwendig, unentbehrlich, unmißbar *(schweiz.),* obligat, unumgänglich, unvermeidlich, unausbleiblich, unausweichlich, unabwendbar, zwingend.

unerledigt, unvollendet, unabgeschlossen, unfertig, nicht zu Ende geführt, unausgeführt, anstehend.

unermüdlich, fleißig, eifrig, emsig, strebsam, rastlos, nimmermüde, arbeitsam, arbeitswillig, tüchtig, tätig.

unersättlich, unstillbar, unmäßig, maßlos, ungenügsam.

unerschütterlich, standhaft, unbeugsam, aufrecht, festbleibend, nicht nachgebend.

unerschwinglich, unbezahlbar, nicht zu bezahlen, überteuert, teuer, kostspielig, kostenintensiv, kostenträchtig, gepfeffert *(ugs.),* gesalzen *(ugs.).*

unersetzlich, unersetzbar, unabkömmlich, einmalig, einzig, unentbehrlich.

unerwünscht, verpönt, unwillkommen, nicht gern gesehen, störend, fehl am Platze, lästig.

unfaßbar, unfaßlich, unergründlich, unbegreiflich, unerklärlich, rätselhaft, unverständlich, undurchschaubar, schleierhaft.

Unfreiheit, Unterdrückung, Knechtschaft, Sklaverei.

unfreundlich, unhöflich, abweisend, rüde, barsch, bärbeißig *(ugs.),* schroff, brüsk, grob, saugrob *(derb),* unliebenswürdig, mufflig, muffig.

unfruchtbar, impotent, zeugungsunfähig, steril, infertil.

ungebeten, ungeladen, lästig, unwillkommen, ungerufen.

ungeeignet, unbrauchbar, unpassend, untauglich, unpraktisch, unzweckmäßig.

ungefähr, etwa, in etwa, schätzungsweise, annähernd, beiläufig *(österr.),* überschlägig, überschläglich, überschlagsmäßig *(landsch.),* rund, pauschal, über den Daumen gepeilt *(ugs.),* vielleicht, zirka, sagen wir, gegen, an die.

ungefährlich, harmlos, unschädlich, gutartig, friedlich, gefahrlos, unverfänglich.

ungefüge, grob, ungattlich *(schweiz.).*

ungegenständlich, abstrakt, begrifflich, nur gedacht, nur vorgestellt, gedanklich, theoretisch, vom Dinglichen gelöst, unanschaulich.

ungehalten, ärgerlich, böse, aufgebracht, verärgert, entrüstet, empört, peinlich / unangenehm berührt, unwillig, unwirsch, fünsch *(niederd.),* indigniert, erbost, erzürnt, erbittert, zornig, fuchtig, wütend, rabiat, wutentbrannt, wutschäumend, wutschnaubend, fuchsteufelswild, zähneknirschend, grimmig, ingrimmig, tücksch *(ugs. landsch.).*

ungeheuer, gewaltig, mächtig, enorm, kolossalisch, kolossal, titanisch, monströs, voluminös, exorbitant, schwerwiegend, schwergründig *(schweiz.),* gigantisch, monumental, groß, massiv.

Ungeheuer, Monstrum, Monster, Ungetüm, Bestie, Moloch, Untier, Drache, Lindwurm.

ungehörig, anstößig, unschicklich, unziemlich, shocking, schocking, ungebührlich, unanständig, zweideutig, nicht salonfähig / *(scherzh.)* stubenrein, pikant, schlüpfrig, schmutzig, unsittlich, unmoralisch, schlecht, wüst, liederlich, zuchtlos, verdorben, verderbt, verrucht, ruchlos, verworfen, unzüchtig, pornographisch, tierisch, zotig, schweinisch *(abwertend),* unkeusch, ausschweifend, obszön.

ungekünstelt, echt, natürlich, rein, ursprünglich, genuin, originell, urwüchsig, urchig *(schweiz.),* unverfälscht, [wie] aus dem Leben gegriffen, typisch, waschecht, in Reinkultur *(ugs.).*

ungelenk, linkisch, ungelenkig, ekkig, hölzern, ungewandt, unsportlich, steif, lahm, eingerostet *(scherzh.).*

ungemütlich, unbequem, unbehaglich, unwirtlich.

ungenau, unklar, unscharf, unbestimmt, vage, nebulös, dunkel, verschwommen, schemenhaft.

ungenügend, unzulänglich, unzureichend, unbefriedigend, mangelhaft, mangelbar *(schweiz.),* unzukömmlich *(österr.),* halbbatzig *(schweiz.),* halbbacken *(schweiz.),* halbwertig, nicht ausreichend.

ungereimt, unzusammenhängend, zusammenhanglos, beziehungslos.

ungern, notgedrungen, gezwungenermaßen, der Not gehorchend, gezwungen, zwangsweise, zwangsläufig, in Ermangelung eines Besseren, unfreiwillig, schweren Herzens, nolens volens, ob man will oder nicht, wohl oder übel.

ungerührt, unbeeindruckt, kalt, gleichgültig, kaltschnäuzig, gefühllos, ohne Mitgefühl, ohne Gemüt, abgebrüht, herzlos.

Ungeschicklichkeit, Unbeholfenheit, Tölpelhaftigkeit, Schwerfälligkeit, Umständlichkeit.

ungeschickt, unbeholfen, linkisch, tolpatschig, tapsig, tappig *(landsch.),* täppisch *(landsch.).*

ungeschlacht, plump, vierschrötig,

klobig, grobschlächtig, ungefüge, breit, patschig.

ungesetzlich, gesetzwidrig, illegitim, illegal, kriminell, unzulässig, unstatthaft, unerlaubt, verboten, untersagt, unrechtmäßig, auf ungesetzlichem Wege, auf Schleichwegen, strafbar, außerhalb der Legalität, deliktisch *(schweiz.),* nicht rechtmäßig, nicht statthaft.

ungestüm, übermütig, ausgelassen, unbändig, ungebärdig, wüst *(schweiz.),* stürmisch, wild, ungezügelt.

ungetrübt, unbeeinträchtigt, durch nichts getrübt / beeinträchtigt / entstellt / vergiftet, unvermindert fortdauernd.

ungewiß, unsicher, unbestimmt, unentschieden, fraglich, zweifelhaft.

[1]**ungewöhnlich,** unüblich, atypisch, ausgefallen, unkonventionell, ungebräuchlich, ungewohnt.

[2]**ungewöhnlich,** außergewöhnlich, ausgefallen, ungeläufig, außerordentlich, exzeptionell, extraordinär, groß, erstaunlich, überraschend, entwaffnend, umwerfend, bewundernswert, bewunderungswürdig, großartig, feudal, formidabel, ersten Ranges, brillant, kapital, stupend, hervorragend, überragend, himmelsstürmerisch, eminent, überwältigend, hinreißend, eindrucksvoll, unschätzbar, beeindruckend, beträchtlich, erklecklich, stattlich, ansehnlich, nennenswert, bedeutend, unvergleichlich, ohnegleichen, sondergleichen, einzigartig, bedeutungsvoll, bedeutsam, erheblich, grandios, imponierend, imposant, phänomenal, beachtlich, enorm, sensationell, epochal, epochemachend, spektakulär, aufsehenerregend, auffallend, auffällig, abenteuerlich, frappant, verblüffend, fabelhaft, sagenhaft, märchenhaft.

ungewollt, unabsichtlich, unbeabsichtigt, absichtslos, ohne Absicht, von ungefähr / *(selten)* ohngefähr, unbewußt, versehentlich, aus Versehen.

ungezogen, unartig, ungesittet, unmanierlich, frech, unverfroren, insolent *(bildungsspr.),* unverschämt, dreist, keck, keß, vorlaut, vorwitzig, naseweis, naßforsch *(ugs.),* impertinent, ausverschämt *(landsch.),* patzig *(ugs.),* pampig *(ugs.),* flapsig *(ugs.).*

ungezügelt, hemmungslos, zügellos, wild, unkontrolliert, orgiastisch *(geh.).*

ungezwungen, zwanglos, natürlich, locker, leger, lässig, ungehemmt, unbefangen, gelöst, burschikos, nonchalant, large *(schweiz.),* ungeniert, unzeremoniell, hemdsärmelig *(ugs.),* frei, nachlässig, salopp, formlos.

unglaublich, unerhört, unfaßbar, haarsträubend, empörend, skandalös, bodenlos, beispiellos, himmelschreiend, ungeheuerlich, hanebüchen.

Unglück, Unfall, Unheil, Unstern, Verhängnis, Ungemach, Schrecknis, Mißgeschick, Katastrophe, Tragödie, Schicksalsschlag, Elend, [harter] Schlag, Desaster, Pech, Malheur.

unglücklich, trist, traurig, freudlos, elend, todunglücklich, kreuzunglücklich, betrübt, bedrückt, gedrückt, bekümmert, unfroh, mauserig *(schweiz.).*

unglücklicherweise, schade, jammerschade, ein Jammer, bedauerlicherweise, zu allem Unglück, unglückseligerweise, dummerweise; das Unglück wollte es, daß...; es ist Pech / ein Unglück, daß...; leider, leider Gottes, dem Himmel /

Gott sei's geklagt, zu meinem Bedauern / Leidwesen, so leid es mir tut.

unheilvoll, unheildrohend, unheilbringend, unheilschwanger, verderbenbringend, verderblich, unglückselig, unglücklich, ruinös, schädlich.

unheimlich, gruselig, schauerlich, schaurig, nicht geheuer, beklemmend, entrisch *(bayr., österr.),* gespenstisch.

unhöflich, unfreundlich, abweisend, kurz [angebunden], unliebenswürdig, ungeschliffen, ungehobelt, ohne [jedes] Benehmen, schnöselig *(abwertend),* stieselig *(salopp abwertend).*

Unikat, Einzelexemplar, Einzelstück.

uninteressant, langweilig, sterbenslangweilig, stinklangweilig *(emotional),* öde, trostlos, trist, fad[e], reizlos, ohne [jeden] Reiz, witzlos, altbekannt, unlebendig, gleichförmig, eintönig, einförmig, einschläfernd, langfädig *(schweiz.),* ermüdend, monoton, hausbacken, stumpfsinnig, steril, grau in grau, fatigant *(veraltet),* fastidiös *(veraltet),* ennuyant, trokken, akademisch, nicht kurzweilig.

universal, allgemein, universell, umfassend, weltweit, global, weltumspannend.

Universität, Hochschule, Uni *(ugs.),* Alma mater.

Universum, Weltall, All, Weltraum, Raum, Weltenraum, Kosmos.

Unkenntnis, Unwissenheit, Bildungslücke, Nichtwissen, Ignoranz, Uniformiertheit, Wissensmangel.

unkindlich, altklug, frühreif.

unklar, unscharf, unbestimmt, ungenau, vage, nebulös, dunkel, verschwommen, schemenhaft, nebelhaft, schattenhaft, ungeklärt.

unkonventionell, ungewöhnlich, unüblich, ausgefallen, extravagant, unüblich.

unkonzentriert, unaufhörlich, zerstreut, zerfahren, abgelenkt, abwesend, geistesabwesend.

Unkosten, Kosten, Ausgaben, Aufwendung, Kostenaufwand.

unkritisch, gutgläubig, vertrauensselig, leichtgläubig, gläubig, auf Treu und Glauben, vertrauensvoll, guten Glaubens, bona fide.

unkünstlerisch, amusisch, unmusisch, unschöpferisch.

unlängst, kürzlich, neulich, letztens, letzthin, jüngst, vor kurzem, vor kurzer Zeit, in letzter Zeit, dieser Tage.

unleidlich, unruhig, ungeduldig, drängelnd, unausstehlich, quengelig, verquengelt.

Unmensch, Rohling, Bestie, Scheusal, Wüterich, Barbar, Brutalo *(ugs.).*

unmenschlich, inhuman, unsozial, herzlos, gefühllos, mitleid[s]los, unbarmherzig.

unmodern, altmodisch, veraltet, gestrig, zöpfig *(ugs.),* uralt, aus der Mottenkiste *(ugs.),* aus grauer Vorzeit, Opas ..., obsolet, abgelebt, vorsintflutlich *(abwertend),* antediluvianisch, altväterisch, altfränkisch, altbacken *(ugs),* aus dem Jahre Schnee *(österr.),* antiquiert, altertümlich, archaisch.

unmöglich, keineswegs, keinesfalls, auf keinen Fall, in keiner Weise, durchaus / ganz und gar nicht, unter keinen Umständen, nicht [im geringsten / im Traum], undenkbar, unvorstellbar, undurchführbar, ausgeschlossen.

Unmoral, Sittenlosigkeit, Lasterhaftigkeit, Unkeuschheit, Zuchtlosigkeit, Unsittlichkeit, Unzüchtigkeit, Verdorbenheit, Verderbtheit, Verruchtheit, Verworfenheit.

unmotiviert, grundlos, unbegründet, haltlos, gegenstandslos, ungerechtfertigt, wesenlos, hinfällig, aus der Luft gegriffen.

Unmut, Verstimmung, Verärgerung, Groll, Unwille, Erbitterung, Mißgestimmtheit, Gereiztheit, schlechte Laune.

unnachgiebig, unversöhnlich, unerbittlich, kompromißlos, radikal.

unnahbar, unzugänglich, zurückhaltend, distanziert, zugeknöpft, abweisend, verschlossen.

unnatürlich, geziert, gequält, gezwungen, gesucht, affektiert, gemacht, unecht, gespreizt, gestelzt, geschraubt, geschwollen, phrasenhaft, theatralisch, manieriert, gekünstelt, erkünstelt, geblümt, blumenreich, blumig.

unnormal, anormal, anomal, abnorm, normwidrig, von der Norm abweichend, regelwidrig, krankhaft.

unnötig, überflüssig, entbehrlich, unnütz, nutzlos.

unordentlich, liederlich, schludrig, schlampig, schlampert *(landsch.),* nachlässig, ungenau, oberflächlich, flüchtig.

unpassend, deplaciert, unangebracht, geschmacklos, abgeschmackt, taktlos, ohne Taktgefühl / Feingefühl, verletzend, unhöflich, indiskret.

unpünktlich, säumig, saumselig, verspätet, mit Verspätung, nicht zur rechten / vereinbarten Zeit, nicht termingerecht.

unrealistisch, wirklichkeitsfremd, versponnen, weltfremd, verträumt.

unrechtmäßig, gesetzwidrig, ungesetzlich, illegitim, illegal, kriminell, unzulässig, unstatthaft, unerlaubt, verboten, untersagt, auf ungesetzlichem Wege, auf Schleichwegen, strafbar, außerhalb der Legalität, deliktisch *(schweiz.),* nicht rechtmäßig, nicht statthaft.

Unrechtmäßigkeit, Gesetzwidrigkeit, Ungesetzlichkeit, Illegalität, Unzulässigkeit, Unstatthaftigkeit, Strafbarkeit.

unreif, unausgereift, grün, noch nicht reif.

unrichtig, falsch, fehlerhaft, unzutreffend, verfehlt, verkehrt, irrig.

Unruhe, Unrast, Ruhelosigkeit, Getriebensein, Umhergetriebensein, Nervosität, Hektik, Spannung.

Unruhestifter, Störenfried, Ruhestörer, Eindringling, Randalierer, Krawallmacher *(ugs.),* Krawallbruder *(ugs.),* Radaumacher *(ugs.),* Radaubruder *(ugs.),* Krachmacher *(ugs.).*

unruhig, ruhelos, unstet, fahrig, nervös, gereizt, aufgeregt, hektisch, erregt, aufgelöst, fiebrig, zappelig *(ugs.),* kribbelig *(ugs.),* huschelig *(ugs.),* schusselig *(ugs.),* fickerig *(ugs.).*

unsagbar, unsäglich, unaussprechlich, unbeschreiblich, unnennbar, namenlos, unglaublich.

unscharf, verschwommen, verwakkelt.

unscheinbar, unauffällig, farblos, schlicht, einfach, schmucklos.

unschlagbar, unübertrefflich, unübertroffen, unbesiegbar, unbezwingbar.

unschlüssig, unentschlossen, entschlußlos, schwankend, zögernd, zögerlich.

unsicher, unbestimmt, ungewiß, unentschieden, fraglich, zweifelhaft.

Unsicherheit, Gefahr, Gefährlichkeit, Gefährdung, Bedrohung, Sicherheitsrisiko.

Unsinn, Unfug, Blödsinn *(ugs.),*

dummes Zeug *(ugs.),* Dummheiten, Allotria, Firlefanz, Faxen, Fez *(landsch.),* Quark *(ugs.),* Krampf, Käse *(nordd.),* kalter Kaffee *(salopp),* Pallawatsch *(österr.),* Ballawatsch *(österr.),* Quatsch [mit Soße] *(salopp),* Mumpitz *(ugs.),* Humbug *(ugs.),* Kokolores *(ugs.),* Blech *(salopp),* Stuß *(salopp),* Kohl *(salopp),* Kappes *(salopp),* Nonsens, Bockmist *(derb),* Mist *(derb),* Scheiße *(derb),* Schwachsinn *(salopp).*

unsinnig, abwegig, ungereimt, irrig, merkwürdig, seltsam, sinnlos, absurd, blödsinnig *(ugs.),* schwachsinnig *(ugs.),* idiotisch *(ugs.),* stussig *(ugs.),* ohne Sinn [und Verstand], hirnverbrannt *(ugs.),* hirnrissig *(ugs.).*

unstet, unbeständig, flatterhaft, wankelmütig.

Unstimmigkeit, Meinungsverschiedenheit, Differenz, Dissens *(bildungsspr.),* Nichtübereinstimmung.

untadelig, tadellos, fehlerlos, makellos, mustergültig, vollendet, vollkommen.

untätig, passiv, inaktiv, lahm *(ugs.),* träge, tatenlos, teilnahmslos, zurückhaltend, reserviert.

Unterbau, Fundament, Basis, Grundmauer, Grundfeste *(selten).*

unterbinden, verhindern, hindern an, verhüten, vereiteln, durchkreuzen, hintertreiben, verwehren, blockieren, abblocken, boykottieren, abwehren, abwenden, abbiegen *(ugs.),* konterkarieren *(bildungsspr.),* zu Fall bringen, zunichte machen, unmöglich machen, jmdm. in den Arm fallen / das Handwerk legen / einen Strich durch die Rechnung machen / *(ugs.)* die Tour vermasseln.

unterbringen, beherbergen, aufnehmen, Unterkunft gewähren / geben, Asyl / Obdach geben, Unterschlupf gewähren, Quartier geben, kasernieren.

unterdessen, inzwischen, in der Zwischenzeit, zwischenzeitlich, zwischendurch, indessen, währenddessen, währenddem, dieweil, derweil, mittlerweile.

[1]**unterdrücken,** knechten, knebeln, bedrängen, bedrücken, jmdm. das Rückgrat brechen, drangsalieren, nicht hochkommen lassen, niederhalten.

[2]**unterdrücken,** nicht hochkommen lassen, verdrängen, ersticken, niederhalten, abtöten, nicht zeigen [was in einem vorgeht], das Gesicht wahren, sich nichts anmerken lassen, sich etwas verbeißen / *(ugs.)* verkneifen.

Unterdrückung, Repression, Unterjochung, Knechtung, Knebelung, Drangsalierung, Versklavung.

untergehen, sinken, absinken, [in den Wellen / Fluten] versinken, absaufen *(salopp),* wegsacken, absacken, versacken.

untergliedern, gliedern, aufgliedern, klassifizieren, indexieren, katalogisieren, unterteilen, segmentieren, staffeln, auffächern, differenzieren, anordnen, ordnen, systematisieren.

untergraben, unterminieren, erschüttern, ins Wanken bringen, aufweichen, zersetzen.

Untergrundkämpfer, Partisan, Guerilla, Freischärler, Franktireur, Widerstandskämpfer, Guerillero.

Untergrundorganisation, Geheimbund, Geheimorganisation, Terrororganisation.

unterhaken *(landsch.),* unterfassen *(landsch.),* unterärmeln *(landsch.),* sich bei jmdm. einhaken / einhängen *(landsch.),* untergefaßt gehen *(landsch.),* per Arm gehen *(ugs.),* Arm in Arm gehen, sich einhenken / einhenkeln *(landsch.).*

unterhalten (sich), reden / sprechen mit, über etwas Gedanken austauschen, Konversation betreiben / machen, plaudern, plauschen, klönen *(ugs. nordd.),* Zwiesprache / ein Plauderstündchen / einen Plausch / einen Schwatz / ein Schwätzchen / *(ugs. nordd.)* einen Klönschnack halten, quatschen *(salopp).*

unterhaltsam, kurzweilig, unterhaltend, abwechslungsreich, abwechslungsvoll.

[1]**Unterhaltung,** Zerstreuung, Ablenkung, Vergnügen, Belustigung, Amüsement, Kurzweil, Zeitvertreib, Gaudi *(ugs. südd. österr.).*

[2]**Unterhaltung,** Gespräch, Meinungsaustausch, Gedankenaustausch, Unterredung, Vieraugengespräch, Gespräch unter vier Augen, Aussprache, Beratschlagung, Interview, Konversation, Dialog, Debatte, Diskussion, Podiumsdiskussion, Teach-in, Podiumsgespräch, Streitgespräch, Redeschlacht, Hickhack *(ugs.),* Holzerei *(ugs. abwertend),* Diskurs, Erörterung, Verhandlung, Kolloquium, Gespräch am runden Tisch, Round-table-Gespräch, Besprechung, Geplauder, Plauderei, Causerie *(veraltet),* Smalltalk, Plausch *(landsch., bes. südd., österr.),* Plauscherl *(österr. fam.).*

unterkommen, Unterkunft / Obdach / Aufnahme finden, unterkriechen, aufgenommen / beherbergt / untergebracht werden.

Unterkunft, Logis, Quartier, Obdach, Unterstand *(österr.),* Unterschlupf, Absteigequartier, Asyl, Herberge *(schweiz.),* Bleibe *(ugs.),* Schlafstelle, Penne *(salopp).*

unterlassen, verabsäumen, [sein]lassen, nicht tun / machen, bleibenlassen, unterwegen lassen *(schweiz.).*

untermauern, beweisen, erbringen, bringen, aufzeigen, belegen, den Nachweis führen.

unterminieren, untergraben, erschüttern, ins Wanken bringen, aufweichen, zersetzen.

unternehmen (etwas), etwas tun / machen / in die Hand nehmen, handeln, zur Tat schreiten, aktiv / initiativ werden, die Initiative ergreifen, etwas nicht auf sich beruhen lassen.

Unternehmen, Firma, Betrieb, Werk, Fabrik, Konzern, Multi.

unternehmend, aktiv, unternehmungslustig, tätig, rührig, regsam, rastlos, geschäftig.

Unternehmer, Industrieller, Produzent, Anbieter, Hersteller, Erzeuger, Fabrikant, Geschäftsmann, Wirtschaftsführer, Arbeitgeber, Kapitalist.

Unternehmung, Aktion, Unternehmen, Vorgehen, Maßnahme, Operation, Tat, Handlung, Akt.

Unternehmungsgeist, Aktivität, Tätigkeitsdrang, Betätigungsdrang, Tatkraft, Betriebsamkeit, Gschaftelhuberei *(ugs. abwertend).*

Unterordnung, Gehorsam, Folgsamkeit, Bravheit, Fügsamkeit, Angepaßtheit, Gefügigkeit, Willfährigkeit, Unterwürfigkeit, Subordination, Kadavergehorsam *(abwertend).*

Unterredung, Gespräch, Unterhaltung, Meinungsaustausch, Gedankenaustausch, Vieraugengespräch, Gespräch unter vier Augen, Aussprache, Beratschlagung, Interview, Konversation, Dialog, Debatte, Diskussion, Podiumsdiskussion, Teach-in, Podiumsgespräch, Streitgespräch, Redeschlacht, Hickhack *(ugs.)*, Holzerei *(ugs. abwertend)*, Diskurs, Erörterung, Verhandlung, Kolloquium, Gespräch am runden Tisch, Round-table-Gespräch, Besprechung, Geplauder, Plauderei, Causerie *(veraltet)*, Small talk, Plausch *(landsch., bes. südd., österr.)*, Plauscherl *(österr. fam.)*.

[1]**unterrichten,** lehren, dozieren, Vorlesung halten, unterweisen, instruieren, Unterricht erteilen / geben, belehren, erläutern, erklären, schulen, beibringen, vormachen, zeigen, vertraut machen mit, einpauken *(salopp)*, eintrichtern *(salopp)*.

[2]**unterrichten** (sich), anfragen, befragen, nachfragen, sich erkundigen / orientieren / informieren.

untersagen, verbieten, verwehren, versagen, nicht erlauben / gestatten / zulassen / genehmigen, nein sagen.

unterschätzen, zu gering einschätzen, unterbewerten, sich über etwas täuschen.

unterscheiden, auseinanderhalten, einen Unterschied machen, sondern, trennen, ausscheiden *(schweiz.)*, gegeneinander abgrenzen.

unterschiedlich, verschieden, ungleich, verschiedenartig, abweichend, andersartig, anders, divergent *(bildungsspr.)*, divergierend *(bildungsspr.)*, ungleichartig, unähnlich.

unterschlagen, veruntreuen, hinterziehen.

Unterschlupf, Zuflucht, Zufluchtsort, Zufluchtsstätte, Refugium, Freistatt, Asyl, Versteck, Schlupfloch, Schlupfwinkel.

unterschreiben, unterzeichnen, seinen [Friedrich] Wilhelm / seinen Servus d[a]runtersetzen *(ugs. scherzh.)*, unterfertigen, gegenzeichnen, abzeichnen, seine Unterschrift geben, paraphieren, quittieren, saldieren *(österr.)*, signieren.

Unterschrift, Namenszug, Autogramm, Namenszeichen, Signum, Paraphe, Signatur.

unterschwellig, latent, verborgen, versteckt, verdeckt, unmerklich, schlummernd, unter der Oberfläche.

untersetzt, gedrungen, stämmig, kompakt, bullig.

[1]**unterstützen,** beistehen, helfen, Hilfe / Beistand leisten, zur Seite stehen, an die / zur Hand gehen, mithelfen, assistieren, beispringen, behilflich sein, zu Hilfe kommen / eilen, Schützenhilfe leisten, unter die Arme greifen, die Stange halten *(ugs.)*, Hilfestellung leisten.

[2]**unterstützen** (etwas), fördern, einer Sache Tür und Tor öffnen / Vorschub leisten / zum Durchbruch verhelfen / Bahn brechen, eine Bresche schlagen.

Untersuchung, Durchsicht, Prüfung, Nachprüfung, das Checken, Untersuch *(schweiz.)*, Überprüfung, Audit, Inspizierung, Inspektion, Revision.

unterteilen, gliedern, aufgliedern, untergliedern, klassfizieren, indexieren, katalogisieren, segmentieren, staffeln, auffächern, differenzieren, anordnen, ordnen, systematisieren.

untertreiben, herunterspielen, tiefstapeln, bagatellisieren, bescheiden sein.

Unterwäsche, Wäsche, Dessous.

unterwegs, auf dem Wege, auf Reisen, verreist, fort, weg, auf Achse *(salopp)*, auf Tour *(salopp)*, on the road *(salopp)*.

Unterweisung, Anleitung, Ausbildung, Schulung, Drill, Lektion, Unterricht.

[1]**unterwerfen,** besiegen, überwinden, unterjochen, unter das Joch zwingen, sich jmdn. untertan machen, vernichten, schlagen, bezwingen, überwältigen, niederringen, bodigen *(schweiz.),* baschgen *(schweiz.),* jmdm. ein Morgarten bereiten *(schweiz.),* jmdn. außer Gefecht setzen, jmdn. zur Strecke bringen *(ugs.),* jmdn. kampfunfähig machen, aufreiben, ruinieren, fertigmachen *(salopp),* jmdn. in die Knie zwingen / *(salopp)* in die Pfanne hauen.

[2]**unterwerfen** (sich), sich beugen / fügen / ergeben, sich einem Joch beugen, unterliegen, in die Knie gehen, sich unterordnen.

Unterwelt, Hölle, Inferno, Schattenreich, Totenreich, Hades, Orhus, Ort der Finsternis / Verdammnis.

unterwürfig, devot, demütig, ehrerbietig, ergeben, kniefällig, servil, knechtisch, kriecherisch, speichelleckerisch.

unterzeichnen, unterschreiben, seinen [Friedrich] Wilhelm / seinen Servus d[a]runtersetzen *(ugs. scherzh.),* unterfertigen, gegenzeichnen, abzeichnen, seine Unterschrift geben, paraphieren, quittieren, saldieren *(österr.),* signieren.

untreu, ungetreu, treubrüchig, treulos, verräterisch, wortbrüchig, abtrünnig, eidbrüchig.

unüberlegt, unbesonnen, ohne Sinn und Verstand, planlos, ziellos, wahllos, unbedacht, impulsiv, gedankenlos, leichtsinnig, leichtfertig, fahrlässig.

unüberwindbar, unüberwindlich, unbezwingbar, unbezwinglich, unbesiegbar.

unüblich, ungewöhnlich, ausgefallen, unkonventionell, ungebräuchlich, ungewohnt.

unumgänglich, nötig, erforderlich, geboten, unerläßlich, notwendig, lebensnotwendig, unentbehrlich, unmißbar *(schweiz.),* obligat, unvermeidlich, unausbleiblich, unausweichlich, unabwendbar, zwingend.

unumschränkt, totalitär, autoritär, autokratisch, selbstherrlich, willkürlich, patriarchalisch, repressiv, absolutistisch, obrigkeitlich.

unumwunden, rundheraus, rundweg, geradewegs, ohne Umschweife, geradezu, freiweg, geradeheraus, freiheraus, einfach, direkt, glattweg, glatt, schlankweg, ohne Zögern / Zaudern.

unveränderlich, feststehend, stereotyp, erstarrt.

unverantwortlich, verantwortungslos, nicht zu verantworten, ohne Verantwortungsgefühl, leichtsinnig, leichtfertig.

unverbesserlich, eingefleischt, überzeugt, unbekehrbar, hoffnungslos, vollkommen, ausgemacht.

unverdorben, lauter, rein, sauber, makellos.

Unvereinbarkeit, Gegensätzlichkeit, Widersprüchlichkeit, Widerspruch, Schizophrenie, Janusköpfigkeit, Gegenteiligkeit, Ungleichartigkeit, Polarisierung, Disparität, Polarität, Antinomie.

unvergänglich, unwandelbar, bleibend, unzerstörbar, dauernd, ewig, ohne Ende, unauslöschlich, immerwährend, unsterblich.

unvergessen, unvergeßlich, denkwürdig, unauslöschlich.

unvergleichlich, außergewöhnlich, ungewöhnlich, ausgefallen, ungeläufig, außerordentlich, exzeptionell, extraordinär, groß, erstaunlich, überraschend, entwaffnend, umwerfend, bewundernswert, bewunderungswürdig, großartig, ersten Ranges, brillant, kapital, stupend, hervorragend, überragend, eminent, überwältigend, hinreißend, eindrucksvoll, unschätzbar, beeindruckend, beträchtlich, erklecklich, stattlich, ansehnlich, nennenswert, bedeutend, ohnegleichen, sondergleichen, einzigartig, erheblich, grandios, imponierend, imposant, phänomenal, beachtlich, enorm, sensationell, epochal, epochemachend, spektakulär, aufsehenerregend, auffallend, auffällig, flippig, abenteuerlich, frappant, verblüffend, fabelhaft, sagenhaft, märchenhaft.

unverheiratet, ledig, alleinstehend, alleinig *(österr.).*

unverhofft, unerwartet, unvorhergesehen, unversehens, überraschend, unvermutet.

unvermischt, gereinigt, absolut, rein, unverfälscht.

Unvernunft, Torheit, Narrheit, Unverstand, Unbesonnenheit, Unklugheit.

unverschämt, frech, ungezogen, unartig, ungesittet, unmanierlich, unverfroren, indolent *(bildungsspr.),* dreist, keck, keß, vorlaut, vorwitzig, naseweis, naßforsch *(ugs.),* impertinent, ausverschämt *(landsch.),* patzig *(ugs.),* pampig *(ugs.),* flapsig *(ugs.).*

Unverschämtheit, Frechheit, Dreistigkeit, Impertinenz, Ungezogenheit, Unverfrorenheit, Insolenz *(bildungsspr.),* Chuzpe.

unversehens, plötzlich, urplötzlich, jäh, jählings, abrupt, sprunghaft, auf einmal, mit einem Mal, unvermittelt, unvorhergesehen, unvermutet, unerwartet, unverhofft, überraschend, Knall auf / und Fall, [wie ein Blitz] aus heiterem Himmel, schlagartig, von heute auf morgen, über Nacht.

unversehrt, ganz, heil, unbeschädigt, unverletzt.

unverzeihlich, unentschuldbar, unverantwortlich, unvertretbar, verantwortungslos, nicht zu verantworten, sträflich.

unverzichtbar, unabdingbar, unaufgebbar, unveräußerlich, unentbehrlich.

unverzüglich, gleich, sogleich, sofort, brühwarm *(ugs.),* ohne Aufschub, spornstreichs, stracks, stante pede *(ugs.),* stehenden Fußes, vom Fleck weg, alsbald, unmittelbar, auf der Stelle, hier und jetzt, hic et nunc *(bildungsspr.),* umgehend, prompt, auf Anhieb, postwendend, wie aus der Pistole geschossen.

unvollständig, unvollkommen, lückenhaft, bruchstückhaft, fragmentarisch, unvollendet, unabgeschlossen, unbeendet, unfertig, halb, halbfertig.

unvorbereitet, improvisiert, aus dem Stegreif / Handgelenk, ohne Vorbereitung, ex tempore.

Unvoreingenommenheit, Sachlichkeit, Vorurteilslosigkeit, Unparteilichkeit, Überparteilichkeit, Neutralität, Objektivität.

Unwahrheit, Lüge, Notlüge, Desinformation, Unwahres, Erfindung, Legende, Märchen, Lügenmärchen, Räuberpistole, Ammenmärchen, Dichtung und Wahrheit, Lug und Trug *(abwertend),* Bluff, Schwindel *(ugs.),* Pflanz *(österr.),* Geflunker, Flunkerei, Jägerlatein, Seemannsgarn.

unwahrscheinlich, kaum glaublich / denkbar / möglich, zweifelhaft, nicht anzunehmen.

unwichtig, belanglos, ohne Belang, trivial, unerheblich, unwesentlich, nebensächlich, bedeutungslos, unbedeutend, unmaßgeblich, nicht erwähnenswert, irrelevant.

unwiderruflich, unabänderlich, endgültig, definitiv, ein für allemal, unumstößlich.

unwirksam, wirkungslos, zwecklos, erfolglos, ergebnislos.

Unwissenheit, Unkenntnis, Bildungslücke, Nichtwissen, Ignoranz, Uninformiertheit, Wissensmangel.

unwohl, übel, schlecht, mies *(ugs.),* speiübel *(ugs.),* blümerant.

unzufrieden, unbefriedigt, enttäuscht, verbittert, frustriert.

Unzufriedenheit, Verdrossenheit, Unlust, Unbehagen, Mißbehagen, Mißfallen, Mißmut, Verbitterung, Frust *(ugs.),* Bitterkeit, Bitternis.

unzulänglich, unzureichend, unbefriedigend, mangelhaft, mangelbar *(schweiz.),* unzukömmlich *(österr.),* ungenügend, halbbatzig *(schweiz.),* halbbacken *(schweiz.),* halbwertig, nicht ausreichend.

Unzulänglichkeit, Mangel, Schwäche, Fehler, Defekt, Makel, Manko, Lücke, Macke *(ugs.),* Nachteil, Desiderat *(geh.),* schwache Stelle, wunder Punkt.

unzulässig, gesetzwidrig, ungesetzlich, illegitim, illegal, kriminell, unstatthaft, unerlaubt, verboten, untersagt, unrechtmäßig, auf ungesetzlichem Wege, auf Schleichwegen, strafbar, außerhalb der Legalität, deliktisch *(schweiz.),* nicht rechtmäßig, nicht statthaft.

unzusammenhängend, zusammenhanglos, beziehungslos, ungereimt.

[1]**üppig,** luxuriös, feudal, fürstlich, überreichlich, überreich, reich, verschwenderisch.

[2]**üppig,** dick, wohlbeleibt, stark, korpulent, vollschlank, fest *(schweiz.),* breit, behäbig, füllig, dicklich, mollig, mollert *(ugs. österr.),* rundlich, rund, kugelrund, drall, knubbelig, wohlgenährt, voluminös, umfangreich, pummelig, fett, feist, feiß *(südwestd., schweiz.),* fleischig, dickwanstig, dickleibig, fettleibig.

[1]**urban,** städtisch, großstädtisch, weltstädtisch.

[2]**urban,** gewandt, weltgewandt, weltläufig, weltmännisch, sicher, geschliffen.

Urfassung, Original, erste Fassung, Urschrift, Urtext, Lesart.

Urheber, Gründer, Gründungsvater, Begründer, Mitbegründer, Initiator, [geistiger] Vater, Schöpfer, Anreger, Anstifter *(abwertend).*

Urin, Harn, Wasser, Pipi *(ugs.),* Seiche *(derb),* Pisse *(derb).*

Urkunde, Schriftstück, Dokument, Unterlage, Papier.

Urlaub, Urlaubszeit, Ferien, Ferienzeit, Pause, freie Zeit, Freizeit.

Urlauber, Feriengast, Gast, Erholungsuchender, Sommerfrischler, Tourist, Urlaubsreisender, Fremder, Kurgast.

Urschrift, Original, Urtext, Erstschrift, Urfassung.

ursprünglich, originär, original, eigentlich, von Haus aus, primär.

Ursprünglichkeit, Natürlichkeit, Echtheit, Ungekünsteltheit, Reinheit, Jungfräulichkeit, Originalität, Unverfälschtheit, Unverbrauchtheit, Urwüchsigkeit.

Urteil, Stimme, Votum, Entscheidung, Entscheid, Erkenntnis, Erkanntnis *(schweiz.).*

urteilen, beurteilen, ein Urteil fällen / abgeben, denken über, werten, bewerten, begutachten, abschätzen, einschätzen, würdigen, etwas von jmdm. / etwas halten, halten / ansehen / erachten für, stehen zu, eine bestimmte Einstellung haben zu, charakterisieren, beleuchten, durchleuchten, betrachten / empfinden / auffassen / nehmen / verstehen als, etwas in jmdm. *bzw.* in etwas sehen / erblicken, aufs falsche / richtige Pferd setzen *(ugs.)*, jurieren / mit zweierlei Maß messen, parteiisch / nicht unparteiisch sein.

Urwald, Dschungel, Regenwald, Monsunwald.

V

Vagabund, Nichtseßhafter, Wohnungsloser, Person ohne festen Wohnsitz, Tramp, Landfahrer, Landstreicher, Stadtstreicher, Berber, Tippelbruder *(ugs.)*, Penner *(ugs. abwertend)*, Pennbruder *(ugs. abwertend)*, Pendler, Stromer *(ugs.)*, Herumtreiber, Umgänger *(landsch.)*, Trebegänger *(ugs.)*, Clochard, Strabanzer *(österr.)*, Lumpazius *(veraltet)*.

vage, unklar, unscharf, unbestimmt, ungenau, nebulös, verschwommen, schemenhaft.

Vagina, Scheide, Scham *(geh.)*, Pussi *(ugs.)*, Muschi *(ugs.)*, Feige *(derb)*, Büchse *(derb)*, Loch *(derb)*, Pflaume *(derb)*, Fotze *(derb)*, Schnecke *(derb)*, Fut *(derb)*, Möse *(derb)*.

Vamp, Femme fatale, Verführerin, Sirene, Circe.

Vasall, Gefolgsmann, Satellit, Statthalter, Satrap, Paladin, Lehnsmann, Trabant, Leibwächter, Lakai *(abwertend)*, Marionette *(abwertend)*.

Vater, Papa, Paps, Papi, Daddy, Alter *(ugs.)*, alter Herr.

Vaterland, Heimat, Heimatland, Geburtsland, Herkunftsland, Ursprungsland.

vegetarisch, fleischlos, pflanzlich.

Vegetation, Pflanzenwuchs, Flora, Pflanzenwelt, Pflanzenreich.

vegetieren, sich durchschlagen, wie ein Hund leben, ein Hundeleben führen, nicht auf Rosen gebettet sein, sich durchs Leben schlagen, sich über Wasser halten, sein Leben / Dasein fristen; zum Leben zuwenig, zum Sterben zuviel haben.

verabreden, vereinbaren, aushandeln, abmachen, ausmachen, absprechen, sich verständigen / einigen auf.

Verabredung, Rendezvous, Stelldichein, Tête-à-tête, Termin, Dating, Date, Zusammenkunft, Zusammentreffen.

verabreichen, verabfolgen, verpassen, geben, applizieren.

verabsäumen, unterlassen, [sein] lassen, nicht tun / machen, bleibenlassen, unterwegen lassen *(schweiz.).*

verabscheuen, Abscheu / Widerwillen / Ekel empfinden, verabscheuenswert / verabscheuungswürdig / abscheulich / widerwärtig finden, jmdm. unerträglich / zuwider sein, mißbilligen, ablehnen, zurückweisen, von sich weisen.

verabschieden (sich), weggehen, auseinandergehen, sich trennen, scheiden, sich empfehlen, verlassen, den Rücken wenden / kehren, Abschied nehmen, auf Wiedersehen sagen, sich lösen / losreißen.

verächtlich, abschätzig, pejorativ, abfällig, geringschätzig, wegwerfend, despektierlich.

Verachtung, Geringschätzung, Geringschätzigkeit, Abschätzigkeit, Abfälligkeit, Naserümpfen.

verallgemeinern, abstrahieren, generalisieren, schablonisieren.

veraltet, altmodisch, unmodern, gestrig, zöpfig *(ugs.),* uralt, aus der Mottenkiste *(ugs.),* aus grauer Vorzeit, Opas ..., obsolet, abgelebt, vorsintflutlich *(abwertend),* altväterisch, altfränkisch, altbakken *(ugs.),* aus dem Jahre Schnee *(österr.),* antiquiert, altertümlich, archaisch.

veränderlich, wechselhaft, wechselvoll, schwankend, wandelbar, unbeständig.

[1]**verändern,** ändern, abändern, umändern, umkrempeln *(ugs.),* etwas auf den Kopf stellen, modifizieren, revidieren, umarbeiten, überarbeiten, umwandeln, umstoßen, über den Haufen werfen, umformen, umsetzen, transformieren, ummodeln, modeln, abwandeln, wandeln, variieren, umfunktionieren, ummünzen, verwandeln, anders machen.

[2]**verändern** (sich), sich wandeln, sich entwickeln / ändern, im Gang / in der Entwicklung / im Fluß sein, im Wandel begriffen / noch nicht abgeschlossen sein.

[3]**verändern** (sich), umsatteln, [den Beruf] wechseln, einen anderen Beruf ergreifen, die Tapeten wechseln *(ugs.),* umsteigen auf *(ugs.).*

Veränderung, Wandel, Wandlung, Wechsel, Umschwung, Wende, Übergang, Fluktuation.

verängstigt, ängstlich, furchtsam, schreckhaft, phobisch, bang, besorgt, angsterfüllt, angstvoll, angsthaft *(veraltend),* angstbebend, angstschlotternd, angstverzerrt (vom Gesicht), zähneklappernd *(ugs.),* bänglich, beklommen, scheu, schüchtern, verschüchtert, eingeschüchtert, verschreckt, dasig *(südd., österr.),* zaghaft, zag.

[1]**Veranlagung,** Veranlagtsein, Anlage, Geartetsein, Geartetheit, Geprägtsein, Beschaffensein, Beschaffenheit, Artung, Gepräge, Vorbelastetsein *(scherzh.),* Vorbelastung *(scherzh.).*

[2]**Veranlagung,** Begabung, Fähigkeiten, Befähigung, Ingenium, Anlage, Gaben, Geistesgaben, Talent, Genialität, Genie.

veranschaulichen, verlebendigen, vergegenständlichen, konkretisieren, illustrieren, demonstrieren, anschaulich / lebendig / gegenständlich machen.

veranstalten, durchführen, abhalten, ausrichten, aufziehen, durchziehen *(ugs.),* organisieren, inszenieren, arrangieren, halten, geben, unternehmen, machen.

verantworten, einstehen für, die Verantwortung tragen / übernehmen / haben, auf seine Kappe nehmen, stehen zu, geradestehen für, den Buckel hinhalten für *(ugs.),* die Suppe auslöffeln, verantwortlich zeichnen für, sich verantwortlich fühlen für.

verantwortlich, zuständig, kompetent, befugt, maßgebend.

Verantwortung, Verantwortungsgefühl, Verantwortungsbewußtsein, Verantwortlichkeit, Zuverlässigkeit, Pflichtgefühl, Pflichtbewußtsein.

verantwortungsbewußt, pflichtbewußt, verantwortungsvoll, zuverlässig.

Verantwortungslosigkeit, Pflichtvergessenheit, Ehrvergessenheit, Unzuverlässigkeit, Windigkeit, Pflichtvernachlässigung, Pflichtversäumnis, Pflichtverletzung, Unredlichkeit.

Verarbeitung, Auswertung, Nutzbarmachung, Ausarbeitung, Bearbeitung, Aufbereitung.

verargen, verübeln, übelnehmen, krummnehmen *(ugs.),* ankreiden, nachtragen.

verärgern, jmdn. ärgern, aufbringen, hochbringen *(salopp),* reizen, wütend / rasend machen, in Harnisch / Wut bringen, ertäuben *(schweiz.),* jmdm. das Blut in Wallung bringen, Unfrieden stiften, böses Blut machen, jmdn. bis aufs Blut peinigen / quälen / reizen, auf die Palme bringen *(salopp),* zur Weißglut bringen, jmdm. die Freude verderben / die Lust nehmen, jmdn. erbosen / erzürnen / empören / erbittern / verdrießen / kränken / verstimmen / verwunden / bekümmern / deprimieren / betrüben / bedrängen / *(ugs.)* fuchsen / *(ugs.),* wurmen, jmdm. auf die Nerven / *(salopp)* auf den Wecker fallen *bzw.* gehen, jmdm. den letzten Nerv rauben / töten *(ugs.),* auf jmds. Nerven herumtrampeln, jmdm. zuviel werden, ein rotes Tuch für jmdn. sein, wie ein rotes Tuch auf jmdn. wirken.

verärgert, ärgerlich, böse, aufgebracht, entrüstet, empört, peinlich / unangenehm berührt, unwillig, ungehalten, unwirsch, fünsch *(niederd.),* indigniert, erbost, erzürnt, erbittert, zornig, fuchtig, wütend, wutentbrannt, wutschäumend, wutschnaubend, fuchsteufelswild, zähneknirschend, grimmig, ingrimmig, tücksch *(ugs. landsch.).*

verausgaben (sich), sich anstrengen, alle Kräfte anspannen, sich fordern, sich etwas abverlangen, seine ganze Kraft aufbieten, seinen Stolz dareinsetzen, sich ins Zeug legen *(ugs.),* nichts unversucht lassen, alle Hebel / *(ugs.)* Himmel und Hölle in Bewegung setzen, sich ins Geschirr legen, sich bemühen / befleißigen / befleißen / mühen / abmühen / abarbeiten / abschleppen / strapazieren / *(ugs.)* auf den Hosenboden setzen / *(ugs.)* abrackern / plagen / abplagen / *(landsch.)* placken / *(landsch.)* abplacken / *(österr.)* abfretten / *(ugs.)* abschuften / quälen / abquälen / *(ugs.)* schinden / *(ugs.)* abschinden / aufreiben / Mühe geben; es sich sauer werden lassen, bemüht sein, einen Versuch machen, sein möglichstes / Bestes / das menschenmögliche tun, sich zusammenreißen *(salopp);* zusehen, daß ...; zu strampeln haben *(ugs.),* schuften *(salopp),* puckeln *(salopp),* ackern *(salopp),* asten *(salopp),* krebsen *(salopp),* herumkrebsen *(salopp),* rumkrebsen *(salopp),* sich in geistige Unkosten stürzen *(iron.).*

Verbannung, Exil, Ausweisung, Vertreibung, Ausstoßung.

verbarrikadieren, verrammeln,

versperren, verschanzen, unzugänglich machen, blockieren.

[1]**verbessern,** berichtigen, korrigieren, korrektionieren *(schweiz.),* richtigstellen, revidieren, emendieren, abklären, klären, klarstellen, jmdn. [eines anderen / eines Besseren] belehren, klarlegen, einer Klärung zuführen, dementieren.

[2]**verbessern,** reformieren, erneuern, neu gestalten, umgestalten, revolutionieren, optimieren.

Verbesserung, Korrektur, Berichtigung, Richtigstellung, Revision.

verbieten, untersagen, verwehren, versagen, nicht erlauben / gestatten / zulassen / genehmigen, nein sagen.

verbilligen, ermäßigen, herabsetzen, heruntersetzen, Rabatt / Prozente geben, einen Nachlaß geben, [im Preis] reduzieren.

verbinden, bandagieren, umwickeln, einen Verband anlegen, faschen *(südd., österr.).*

verbindlich, bindend, endgültig, definitiv, feststehend, unwiderruflich, obligatorisch.

[1]**Verbindung,** Kontakt, Berührung, Kommunikation, Anschluß, Fühlungnahme, Annäherung, Brückenschlag, Ansprache *(österr.),* mitmenschliche / zwischenmenschliche Beziehungen, Tuchfühlung.

[2]**Verbindung,** Liaison, Vereinigung, Koalition. Allianz, Entente [cordiale], Achse, Föderation, Konföderation, Zusammenschluß, Fusion, Kartell.

[3]**Verbindung,** Lebensgemeinschaft, Beziehung, Zweierbeziehung, Beziehungskiste *(Jargon),* Partnerschaft, eheähnliche Gemeinschaft, wilde Ehe, Ehe ohne Trauschein, Ehe auf Probe, Konkubinat, Onkelehe.

Verbindungsmann, Gewährsmann, Informant, Quelle, V-Mann, Kontaktmann, Hintermann.

verbittern, jmdn. ärgern, verärgern, aufbringen, hochbringen *(salopp),* reizen, wütend / rasend machen, in Harnisch / Wut bringen, ertäuben *(schweiz.),* jmdm. das Blut in Wallung bringen, Unfrieden stiften, böses Blut machen, jmdn. bis aufs Blut peinigen / quälen / reizen, auf die Palme bringen *(salopp),* zur Weißglut bringen, jmdm. die Freude verderben / die Lust nehmen, jmdn. erbosen / erbittern / erzürnen / empören / verdrießen / ärgern / kränken / verstimmen / verwunden / bekümmern / deprimieren / betrüben / *(ugs.)* fuchsen / *(ugs.)* wurmen / bedrücken, jmdm. auf die Nerven / *(salopp)* auf den Wecker fallen *bzw.* gehen, jmdm. den letzten Nerv rauben / töten *(ugs.),* auf jmds. Nerven herumtrampeln, jmdm. zuviel werden, ein rotes Tuch für jmdn. sein, wie ein rotes Tuch auf jmdn. wirken.

verbittert, unzufrieden, unbefriedigt, enttäuscht, frustriert.

verblassen, verschießen, schießen *(südd., österr.),* ausbleichen, bleichen, verbleichen, ausblassen, abblassen.

verblaßt, abgeblaßt, ausgebleicht, verwaschen, verschossen.

verblüffend, erstaunlich, auffallend, überraschend, frappant.

verblüfft, überrascht, verwundert, erstaunt, staunend, mit offenem Mund, sprachlos, stumm, verdutzt.

[1]**verborgen,** leihen, borgen, ausleihen, ausborgen, zur Verfügung stellen, verleihen, darleihen, herleihen *(bes. südd.),* auf Borg geben *(ugs.),* pumpen *(ugs.).*

[2]**verborgen,** latent, versteckt, verdeckt, unmerklich, unterschwellig, schlummernd, unter der Oberfläche.

verbrauchen, konsumieren, verkonsumieren *(ugs.),* aufbrauchen, aufzehren.

Verbraucher, Endverbraucher, Konsument, Kunde, Käufer, Abnehmer.

Verbrechen, Straftat, Untat, Übeltat, Gewalttat, Missetat *(veraltend),* Frevel, Freveltat, Delikt, Kapitalverbrechen.

Verbrecher, Straftäter, Rechtsbrecher, Gesetzesbrecher, Straffälliger, Delinquent, Missetäter *(geh.),* Übeltäter, Täter, Krimineller, Frevler *(geh.),* Strolch *(abwertend),* Unhold *(abwertend),* Ganove *(abwertend),* Gangster *(abwertend).*

[1]**verbreiten,** ausstreuen, herumerzählen, herumtragen, ausposaunen *(ugs.),* aussprengen *(geh.),* breittreten *(ugs.),* unter die Leute bringen, in Umlauf bringen / setzen, in die Welt setzen, an die große Glocke hängen.

[2]**verbreiten** (sich), sich äußern, sprechen / reden über, etwas von sich geben, sich ausbreiten / auslassen über, sich ergehen in / über, Stellung nehmen, seine Meinung kundtun, den Mund auftun, meinen, erklären, behaupten.

verbrennen, brennen, schmoren, sengen, schwelen, glühen, glimmen, glosen *(landsch.),* glosten *(schweiz.),* aufflammen, aufbrennen, in Flammen aufgehen / stehen, lodern, auflodern, lohen, wabern, flackern, aufflackern, versengen, ein Raub der Flammen werden, verglimmen, verglühen, verkohlen.

verbrüdern (sich), fraternisieren, sich solidarisieren, sympathisieren, Freundschaft schließen.

verbünden (sich), zusammengehen, koalieren, eine Koalition eingehen, sich zusammentun / zusammenschließen / vereinigen / verbinden / assoziieren.

verbürgen, gewährleisten, bürgen für, verbriefen.

verbürgt, authentisch, echt, zuverlässig, aus erster Hand / Quelle, gewährleistet, garantiert, sicher.

Verdacht, Argwohn, Mißtrauen, Skepsis, Zweifel, Bedenken.

verdächtig, anrüchig, berüchtigt, verschrien, übel beleumdet, in üblem Geruch stehend, einen schlechten Leumund habend, halbseiden, verrufen, fragwürdig, bedenklich, undurchsichtig, unheimlich, lichtscheu, nicht ganz hasenrein / astrein *(ugs.),* zweifelhaft, dubios, ominös, obskur, suspekt.

verdächtigen, anschuldigen, bezichtigen, beschuldigen, zeihen, jmdm. etwas unterstellen / unterschieben / *(salopp)* unterjubeln / zur Last legen, jmdm. die Schuld in die Schuhe schieben, für etwas verantwortlich machen, in Verdacht haben.

verdammen, brandmarken, ächten, verfemen, verpönen, in Acht und Bann tun, verfluchen, verwünschen, verurteilen, etwas / das Kind beim [rechten *bzw.* richtigen] Namen nennen, den Stab brechen über, geißeln, anprangern, an den Pranger stellen.

verdanken, jmdm. etwas danken / schulden, jmdm. etwas zu danken haben, Dank schulden, zu Dank verpflichtet sein, sich zu Dank verpflichtet fühlen, in jmds. Schuld stehen.

[1]**verderben,** umkommen, schlecht

werden, schimmeln, verschimmeln, vergammeln *(ugs.)*.

[2]**verderben,** verpfuschen, verpatzen, vermasseln *(ugs.)*, vermurksen *(ugs.)*, verkorksen *(ugs.)*, versieben *(ugs.)*, verbocken *(ugs.)*, versauen *(ugs.)*, verhunzen *(ugs.)*, verwursteln *(ugs.)*, die Karre in den Dreck fahren *(ugs.)*.

verderbenbringend, verderblich, unheilvoll, unheildrohend, unheilbringend, unheilschwanger, unglückselig, unglücklich, ruinös, schädlich.

verdeutlichen, deutlich machen, jmdm. seinen Standpunkt klarmachen, mit jmdm. deutsch reden / Klartext sprechen / Tacheles reden, Fraktur reden.

verdienen, einnehmen, bekommen, erhalten, kriegen *(ugs.)*, beziehen, bezahlt bekommen, einstreichen *(ugs.)*, kassieren *(ugs.)*.

Verdienst, Gehalt, Dotierung, Besoldung, Bezahlung, Entlohnung, Lohn, Verdienst, Salär *(schweiz.)*, Fixum, Adjutum *(schweiz.)*, Gage.

verdienstvoll, anerkennenswert, lobenswert, verdienstlich, löblich, rühmlich, rühmenswert, achtbar, ehrenvoll, bemerkenswert, bewundernswert, beeindruckend, imposant.

verdient, angesehen, geachtet, bewundert, geehrt, verehrt, hochgeschätzt, geschätzt, beliebt, geliebt, angebetet, vergöttert, gefeiert, populär, volkstümlich, volksverbunden, renommiert.

verdinglichen, hypostasieren, vergegenständlichen, personifizieren.

verdrießen, jmdn. ärgern, verärgern, aufbringen, hochbringen *(salopp)*, reizen, wütend / rasend machen, in Harnisch / Wut bringen, ertäuben *(schweiz.)*, jmdm. das Blut in Wallung bringen, Unfrieden stiften, böses Blut machen, jmdn. bis aufs Blut peinigen / quälen / reizen, auf die Palme bringen *(salopp)*, zur Weißglut bringen, jmdm. die Freude verderben / die Lust nehmen, jmdn. erbosen / erzürnen / empören / erbittern / kränken / verstimmen / bekümmern / deprimieren / betrüben / fuchsen / wurmen, jmdm. auf die Nerven / *(salopp)* auf den Wecker fallen *bzw.* gehen, jmdm. den letzten Nerv rauben / töten *(ugs.)*, auf jmds. Nerven herumtrampeln, etwas wird jmdm. zuviel, eine Landplage sein, lästig sein, ein rotes Tuch für jmdn. sein, wie ein rotes Tuch auf jmdn. wirken.

verdrossen, mürrisch, bärbeißig, grämlich, verdrießlich, griesgrämig, hässig *(schweiz.)*, mauserig *(schweiz.)*, sauertöpfisch, brummig, mißmutig, mißvergnügt, mißgestimmt, mißlaunig, mißgelaunt, vergnatzt *(ugs.)*, gnatzig *(ugs.)*, vergrätzt *(ugs.)*, gereizt, übellaunig, muffig, grantig, leid *(schweiz.)*, maßleidig *(südd.)*.

verdunkeln, abdunkeln, dunkel machen, abblenden, abschatten, das Tageslicht / die Sonne abschirmen.

verdünnen, verwässern, verlängern *(ugs.)*, strecken *(ugs.)*, panschen *(ugs.)*.

Verehelichung, Vermählung *(geh.)*, Eheschließung, Trauung, Heirat, Hochzeit.

verehren, hochachten, ehren, in Ehren halten, adorieren *(geh.)*, jmdm. Ehre erzeigen / erweisen, schätzen, bewundern, würdigen, anbeten, vergöttern, jmdm. zu Füßen liegen, ästimieren, respektieren, anerkennen, honorieren, große Stücke auf jmdn. halten *(salopp)*, viel für jmdn. übrig haben *(ugs.)*.

verehrt, angesehen, geachtet, bewundert, geehrt, verdient, hochgeschätzt, geschätzt, beliebt, geliebt, angebetet, vergöttert, gefeiert, populär, volkstümlich, volksverbunden, renommiert.

vereinbaren, übereinkommen, sich abstimmen / besprechen / arrangieren / einig werden / einigen, verabreden, aushandeln, stipulieren, ausmachen, absprechen, abmachen, sich verständigen, handelseinig werden, eine Vereinbarung / Übereinkunft / ein Übereinkommen treffen, verkommen *(schweiz.),* eine Einigung erzielen.

Vereinbarung, Abmachung, Absprache, Abrede, Übereinkunft, Übereinkommen, Abkommen.

vereinfachen, simplifizieren, volkstümlich / gemeinverständlich machen, popularisieren.

vereinigen, vereinen, einen, verschmelzen, zusammenschließen, unter einen Hut bringen *(ugs.),* integrieren, assoziieren.

vereinnahmen, kassieren, abkassieren, einkassieren, einnehmen, einstecken, einheimsen, einsammeln, eintreiben, einstreichen *(ugs.),* einziehen, heben *(landsch.),* einheben *(südd., österr.),* erheben, beitreiben, betreiben *(schweiz.).*

vereint, gemeinsam, gemeinschaftlich, kooperativ, zusammen, Hand in Hand, Seite an Seite, im Verein mit, in Zusammenarbeit mit, genossenschaftlich, gesamthaft *(schweiz.).*

verenden, eingehen, krepieren, verrecken, sterben.

vererben, hinterlassen, vermachen *(ugs.),* zurücklassen, nachlassen.

verewigen (sich), sich unsterblich machen, sich ein Denkmal setzen, sich ein bleibendes Andenken erwerben, sich in das Buch der Geschichte eintragen, in die Geschichte / Unsterblichkeit eingehen.

verfahren, vorgehen, handeln, agieren, sich verhalten, einen bestimmten Weg einschlagen, eine bestimmte Methode anwenden.

[1]**Verfahren,** Methode, Weg, Schiene *(ugs.),* System, Arbeitsweise, Technik, Verfahrenstechnik, Verfahrensweise, Vorgehensweise, Handhabung, Strategie, Taktik.

[2]**Verfahren,** Gerichtsverfahren, Prozeß, Rechtsverfahren.

Verfall, Zerfall, Zersetzung, Auflösung.

verfälschen, verzerren, verdrehen, entstellen, auf den Kopf stellen, umkehren, jmdm. das Wort im Mund herumdrehen.

Verfasser, Autor, Schreiber, Schriftsteller, Dichter.

Verfassung, Befinden, Zustand, Form, Befindlichkeit.

verfaulen, faulen, verwesen, sich zersetzen, in Fäulnis übergehen, den Weg alles Irdischen gehen *(ugs.).*

verfehlt, mißraten, mißlungen, fehlgeschlagen, vorbeigelungen *(scherzh.).*

verfeinden (sich), sich entzweien / veruneinigen / zerstreiten / verzanken / überwerfen, uneins werden, sich verkrachen *(ugs.),* Streit kriegen / bekommen / haben.

verfeindet, verzankt, zerstritten, entzweit, verkracht *(ugs.).*

verfeinern, sublimieren, läutern, erhöhen, veredeln, kultivieren, zivilisieren, vergeistigen, hochstilisieren.

verfertigen, anfertigen, fertigen, herstellen, bereiten, zubereiten, machen *(ugs.),* etwas in der Mache haben *(salopp),* fabrizieren.

verfilmen, filmisch darstellen / gestalten / umsetzen, auf die Lein-

wand bringen, einen Film drehen / *(ugs.)* machen über.
verfolgen, jagen, hetzen, treiben, nachstellen, nachsetzen, nachlaufen, nachrennen, nachjagen, nachsteigen, hinter jmdm. hersein, sich an jmds. Sohlen heften.
verfrieren, erfrieren, Frost abbekommen / *(ugs.)* abkriegen, auswintern.
verfügbar, bereit, fertig, parat, gerüstet, vorbereitet.
Verführerin, Vamp, Femme fatale, Sirene, Circe.
verführerisch, sexy, lasziv, aufreizend, betörend, attraktiv, anziehend.
vergammeln *(ugs.),* verderben, umkommen, schimmeln, verschimmeln, schlecht werden.
[1]**vergangen,** überlebt, überholt, überaltert, passé, vorbei, verstaubt, abgetan, anachronistisch.
[2]**vergangen,** gewesen, vormalig, ehemalig, früher, letzt..., verflossen *(ugs.),* Alt... (z. B. Altbundeskanzler), Ex... (z. B. Expräsident).
vergänglich, endlich, sterblich, zeitlich, Schall und Rauch, nicht ewig, flüchtig, kurzlebig.
vergeben, übertragen, überantworten, zuteilen, zuschlagen, übergeben, jmdm. den Zuschlag geben.
vergehen, vorbeigehen, vorübergehen, verrinnen, verfließen, verstreichen, verrauchen, verrauschen, verfliegen, dahingehen, ins Land gehen.
Vergeltung, Rache, Abrechnung, Heimzahlung, Revanche, Ahndung, Bestrafung, Gegenschlag, Vergeltungsschlag, Vergeltungsmaßnahme.
vergessen, nicht [im Kopf / im Gedächtnis] behalten, nicht mehr wissen, verschwitzen *(ugs.),* verbummeln *(ugs.),* versieben *(ugs.),* verschusseln *(ugs.),* nicht denken an, aus dem Gedächtnis verlieren, sich nicht erinnern können, einen Filmriß haben *(salopp),* ein Gedächtnis wie ein Sieb haben.
Vergeßlichkeit, Gedächtnisschwäche, Vergessen, Gedächtnisschwund, Gedächtnisstörung, Gedächtnislücke.
vergewaltigen, mißbrauchen *(geh.),* notzüchtigen *(veraltend),* schänden *(veraltet),* sich an jmdm. vergehen, jmdm. Gewalt antun *(geh.),* sich an jmdm. vergreifen, entehren *(veraltet).*
Vergleich, Parallele, Gegenüberstellung, Konfrontation, Konfrontierung, Nebeneinanderstellung.
vergleichbar, gleichartig, ähnlich, von gleicher / ähnlicher Art, [annähernd] gleich, verwandt, sich *bzw.* einander gleichend / ähnelnd / entsprechend, analog, übereinstimmend.
vergleichen, nebeneinanderstellen, nebeneinanderhalten, gegenüberstellen, konfrontieren, messen, zum Vergleich heranziehen, einen Vergleich anstellen, vergleichsweise beurteilen, Vergleiche / Parallelen ziehen.
vergnügen (sich), sich unterhalten / amüsieren / *(scherzh.)* verlustieren, Spaß finden an, fröhlich sein.
[1]**Vergnügen,** Unterhaltung, Zerstreuung, Ablenkung, Belustigung, Amüsement, Kurzweil, Zeitvertreib, Gaudi *(südd., österr. ugs.).*
[2]**Vergnügen,** Lust, Entzücken, Ergötzen, Frohlocken *(geh.),* Freude, Fröhlichkeit, Frohsinn, Lebenslust, Lebensfreude, Daseinsfreude, Vergnügtheit, Lustigkeit, Spaß, Glück.
vergnügt, lustig, fröhlich, froh, frohgemut, frohsinnig, heiter,

stillvergnügt, sonnig, lebenslustig, lebensfroh, unkompliziert, amüsant, lebensmunter *(schweiz.),* munter, putzmunter, aufgeräumt, fidel, quietschvergnügt, puppenlustig *(landsch.),* kregel *(nordd.),* dulliäh *(österr.),* aufgekratzt *(ugs.),* nicht schwermütig, guter Dinge, belustigt, gut gelaunt, aufgedreht *(ugs.),* kein Kind von Traurigkeit.

Vergrößerung, Steigerung, Zunahme, Wachstum, Zuwachs, Intensivierung, Anstieg, Vermehrung, Erhöhung, Verstärkung, Ausweitung.

verhaften, inhaftieren, festnehmen, gefangennehmen, arretieren *(veraltend),* in Haft / Gewahrsam / *(veraltet)* Verhaft nehmen, dingfest machen *(geh.).*

[1]Verhältnis, Relation, Beziehung, Bezug, Interaktion *(bildungsspr.),* Zusammenhang, Interdependenz *(bildungsspr.),* Abhängigkeit.

[2]Verhältnis, Liebelei, Liebschaft, Flirt, Liebesabenteuer, Abenteuer, Liebeserlebnis, Erlebnis, Amouren *(veraltend, noch scherzh.),* Affäre, Liebesaffäre, Liebesverhältnis, Bratkartoffelverhältnis *(ugs.),* Liaison, Romanze, Episode, Techtelmechtel *(ugs.),* Gspusi *(bes. südd., österr.),* Pantscherl *(österr. ugs.),* Bandelei *(österr. veraltet).*

verhandeln, erörtern, besprechen, durchsprechen, behandeln, bereden, diskutieren, bekakeln *(ugs.),* durchkauen *(ugs.),* durchhecheln *(ugs.).*

Verhandlung, Gerichtsverhandlung, Gerichtstermin, Tagsatzung *(österr.).*

Verhängnis, Unheil, Unstern, Unglück, Verderben.

verharmlosen, verniedlichen, vernütigen *(schweiz.),* herunterspielen, bagatellisieren, als Bagatelle behandeln / hinstellen, als geringfügig / unbedeutend hinstellen.

verhauen, verprügeln, versohlen, durchprügeln, auf jmdn. einschlagen, durchhauen, jmdm. die Hosen / den Hosenboden strammziehen, jmdm. den Hintern versohlen, jmdm. den Frack vollhauen / vollschlagen, jmdn. übers Knie legen, jmdm. das Fell / das Leder gerben, verdreschen *(salopp),* vermöbeln *(salopp),* verkloppen *(salopp),* verschlagen *(ugs.),* verwichsen *(salopp),* verwamsen *(salopp),* verbimsen *(salopp),* vertrimmen *(salopp),* vertobaken *(salopp),* verkamisolen *(salopp),* verkeilen *(salopp),* durchbleuen *(salopp),* durchwalken *(salopp),* durchwichsen *(salopp),* abschwarten *(salopp),* verwalken *(salopp),* es setzt Prügel / Hiebe / etwas *(ugs.),* es gibt Prügel / Schläge / *(salopp)* Senge / *(ugs.)* Haue.

verheilen, abheilen, heilen, heil werden, vernarben, zuheilen.

verheimlichen, nichts sagen, verschweigen, geheimhalten, unerwähnt lassen, kein Wort über etwas verlieren, verbergen, übergehen, totschweigen, für sich behalten, [eine Mitteilung / Nachricht] unterschlagen, dichthalten *(salopp),* nicht mitteilen.

Verheimlichung, Geheimhaltung, Geheimniskrämerei *(abwertend),* Geheimnistuerei *(abwertend).*

verheiraten (sich), sich verehelichen / *(geh.)* vermählen, heiraten, in den Ehestand treten *(geh.),* eine Ehe schließen / eingehen, im Hafen der Ehe landen *(scherzh.),* in den Hafen der Ehe einlaufen *(scherzh.),* den Bund fürs Leben schließen *(geh.),* jmdm. das Jawort geben *(geh.),* jmdm. die Hand fürs Leben reichen *(geh.),* Hochzeit halten / feiern / machen, in den heiligen Stand der Ehe treten *(geh.),* sich trauen lassen, getraut werden, die Ringe tauschen / wechseln, sich kriegen *(ugs. scherzh.),* unter die Haube kommen *(scherzh.),* eine Familie gründen.

verhindern, hindern an, unterbinden, verhüten, vereiteln, durchkreuzen, hintertreiben, verwehren, blockieren, abblocken, boykottieren, abwehren, abwenden, abbiegen *(ugs.),* konterkarieren *(bildungsspr.),* zu Fall bringen, zunichte machen, unmöglich machen, jmdm. in den Arm fallen / das Handwerk legen / einen Strich durch die Rechnung machen / *(ugs.)* die Tour vermasseln.

verhöhnen, auslachen, verspotten, verlachen, lachen / spotten über, schadenfroh sein, sich lustig machen über.

verirren (sich), sich verlaufen, fehlgehen, irregehen, die Orientierung / Richtung verlieren, den Weg verfehlen, vom Weg abkommen / abirren, in die Irre gehen, sich verfranzen *(ugs.).*

verkaufen, veräußern, vertreiben, absetzen, abgeben, abstoßen, zum Verkauf bringen, zu Geld machen *(ugs.),* loswerden *(ugs.),* losschlagen *(ugs.),* anbringen *(ugs.),* an den Mann bringen *(ugs.),* verhökern *(ugs.),* verschachern *(ugs.),* verscheuern *(ugs.),* versilbern *(ugs.),* verkitschen *(ugs.),* verkümmeln *(ugs.),* verkloppen *(ugs.),* verscherbeln *(ugs.),* verramschen *(ugs.),* verschleudern *(ugs.).*

verkehren, koitieren, Geschlechtsverkehr ausüben, beiliegen, begatten, kopulieren, mit jmdm. schlafen [gehen], mit jmdm. ins Bett gehen / *(ugs.)* steigen, mit jmdm. zusammensein, Verkehr / Geschlechtsverkehr / intime Beziehungen haben, den Akt vollziehen, Liebe machen *(ugs.),* es jmdm. besorgen, mit jmdm. intim werden, die ehelichen Pflichten erfüllen, beiwohnen, mit jmdm. auf die Stube / *(salopp)* Bude gehen, jmdn. auf sein Zimmer nehmen, jmdn. abschleppen, sich lieben, sich hingeben / schenken, einander gehören, verschmelzen, eins werden, der Stimme der Natur folgen, dem Trieb nachgeben, ein Abenteuer mit jmdm. haben, es mit jmdm. treiben / haben / *(ugs.)* machen, sich mit jmdm. abgeben / einlassen, reiten, rübersteigen, steigen über, jmdm. zu Willen sein, jmdn. ranlassen *(derb),* sich jmdn. nehmen / *(salopp)* hernehmen / *(salopp)* vornehmen, jmdn. vernaschen *(salopp),* stoßen *(derb),* aufs Kreuz legen *(salopp),* umlegen *(derb),* Nummer schieben / machen *(derb),* bumsen *(salopp),* orgeln *(derb),* ficken *(derb),* vögeln *(derb),* huren *(abwertend).*

Verkehrssprache, Landessprache, Amtssprache, Lingua franca, Nationalsprache, Volkssprache, Stammessprache.

Verkehrsstauung, Stauung, Stau, Stockung, Autoschlange, Schlange.

verkehrt, falsch, unrichtig, fehlerhaft, unzutreffend, verfehlt, irrig.

verkehrtherum, seitenverkehrt, verkehrt, umgekehrt, spiegelbildlich, verdreht, verkehrtrum *(ugs.).*

verkennen, nicht ernst / nicht für voll nehmen, zu wenig Wert legen auf, jmdm. / einer Sache nicht gerecht werden, mit Füßen treten, außer acht lassen, in den Wind schlagen, auf die leichte Schulter nehmen, pfeifen auf *(ugs.),* scheißen auf *(derb).*

verkleben, antrocknen, eintrocknen, verkrusten, verschorfen.

verkleiden (sich), sich kostümieren / maskieren / vermummen.

Verkleidung, Kostümierung, Kostüm, Maske, Maskierung, Maskerade, Vermummung.

verklingen , verhallen, ausklingen, aushallen, abklingen, austönen *(selten),* verwehen, ersterben, kaum noch zu hören sein.

verknüpfen, verbinden, einen Kontakt / eine Verbindung / eine Beziehung herstellen, zusammenbringen, in Kontakt bringen, vereinigen, koppeln, verkoppeln, verklammern, verzahnen, verquikken, verketten, verflechten.

verkörpern, darstellen, mimen, spielen, agieren, auftreten als.

Verkörperung, Inbegriff, Inkarnation, Inbild, Prototyp, Muster.

verköstigen, verpflegen, mit Nahrung versorgen, zu essen geben, bekochen *(scherzh.),* in Kost haben, abfüttern *(ugs.).*

verladen, laden, beladen, vollladen, befrachten, bepacken, aufpacken, vollpacken, aufladen, aufsacken, aufbürden, auflasten, einladen, verschiffen, einschiffen, aufhalsen *(ugs.).*

verlagern, verlegen, auslagern, aussiedeln, räumen, evakuieren.

Verlagerung, Umschichtung, Umstrukturierung, Strukturwandel.

[1]**verlangen,** fordern, beanspruchen, wollen, wünschen, begehren *(geh.),* heischen *(geh.),* geltend machen, bestehen / dringen / beharren / pochen / insistieren auf, die Forderung / den Anspruch erheben.

[2]**verlangen,** erfordern, voraussetzen, bedürfen, brauchen, kosten.

[1]**Verlangen,** Leidenschaft, Begier, Begierde, Sinnlichkeit, Gier, Begehrlichkeit, Begehren, Konkupiszenz, Kupidität, Gelüst[e], Gieper *(landsch.),* Jieper *(bes. berlin.),* Passion, Trieb, Appetenz.

[2]**Verlangen,** Wunsch, Begehren, Bedürfnis, Sehnsucht.

[1]**verlassen,** sitzenlassen, jmdn. sich selbst / seinem Schicksal überlassen, jmdn. im Stich lassen.

[2]**verlassen** (sich auf), jmdm. glauben, bauen / zählen auf, rechnen auf / mit, Glauben / Vertrauen schenken, Vertrauen haben, vertrauen, trauen.

[3]**verlassen,** vereinsamt, ohne Freunde, ohne Gesellschaft, allein [auf weiter Flur], mutterseelenallein, solo.

Verlassenheit, Leere, Öde, gähnende Leere.

verlautbaren, verlauten, bekanntgeben, melden, vermelden, bekanntmachen, kundmachen *(veraltend),* kundgeben *(geh.),* kundtun *(geh.),* vernehmlassen *(schweiz.).*

Verlautbarung, Bekanntmachung, Mitteilung, Bekanntgabe, Kundgabe *(geh.),* Kundmachung *(österr.),* Vernehmlassung *(schweiz.),* Verkündigung, Information, Bulletin, Kommuniqué.

verleihen, leihen, borgen, ausleihen, ausborgen, zur Verfügung stellen, darleihen, verborgen, herleihen *(bes. südd.),* auf Borg geben *(ugs.),* pumpen *(ugs.).*

verletzen, kränken, beleidigen, verwunden, jmdn. ins Herz / bis ins Mark treffen, insultieren, schmähen, treffen, jmdm. einen Stich ins Herz geben, jmdm. eine Beleidigung zufügen, jmdn. vor den Kopf stoßen, verprellen, bei jmdm. ins Fettnäpfchen treten, jmdm. auf den Schlips treten, jmdm. auf die Hühneraugen treten *(ugs.),* jmdm. Nadelstiche versetzen.

Verletzung, Verwundung, Wunde, Trauma, Blessur.

verleumden, verteufeln, verketzern, verunglimpfen, jmdm. die Ehre abschneiden, diffamieren, jmdm. etwas nachsagen / nachreden / andichten / anhängen.

verlieben (sich), Zuneigung / Neigung fassen zu, sein Herz verlieren / verschenken / hängen an, jmdm. zu tief in die Augen sehen, in Liebe entbrennen / erglühen *(geh.)*, sich vergucken / vergaffen / verknallen / vernarren / verschießen *(ugs.)*, Feuer fangen *(ugs.)*, fliegen auf *(ugs.)*.

verlieren, verlegen, verlustig gehen, nicht mehr finden / haben, verbummeln *(ugs.)*, verschlampen *(ugs.)*, versaubeuteln *(ugs.)*.

verlocken, reizen, aufreizen, entflammen, locken, jmdm. den Mund wäßrig machen *(ugs.)*, anmachen *(salopp)*, jmdn. verrückt / scharf machen *(ugs.)*, aufgeilen *(salopp)*.

Verlockung, Reiz, Zauber, Anreiz, Anziehungskraft, Wirkung, Pfiff *(ugs.)*, Kitzel.

verlorengehen, abhanden kommen, fortkommen, wegkommen, verschwinden, sich selbständig machen *(ugs.)*, verschüttgehen *(ugs.)*, flötengehen *(ugs.)*, Beine kriegen / bekommen *(ugs.)*, in die Binsen / zum Kuckuck / zum Teufel gehen, hops / heidi gehen *(ugs.)*.

verlosen, losen, auslosen, das Los ziehen, das Los entscheiden lassen.

Verlust, Ausfall, Einbuße, Minus, Flaute.

Vermassung, Gleichmacherei *(abwertend)*, Nivellierung, Gleichschaltung, Gleichstellung.

vermehren, mehren, äufnen *(schweiz.)*, aufstocken, verstärken.

Vermehrung, Fortpflanzung, Arterhaltung.

vermengen, vermischen, verquikken, verbinden, durcheinanderbringen, durcheinanderwerfen, in einen Topf werfen *(ugs.)*.

[1]**vermessen,** messen, abmessen, bemessen, ausmessen, berechnen, abzirkeln.

[2]**vermessen** (sich), sich erdreisten, erkühnen / erfrechen, die Dreistigkeit / Vermessenheit / Kühnheit / Stirn / Frechheit haben *bzw.* besitzen, so dreist / vermessen / kühn sein, sich etwas erlauben / anmaßen, sich nicht scheuen / *(abwertend)* entblöden, nicht zurückschrecken / haltmachen / zurückscheuen vor.

vermischen, mischen, vermengen, mengen, verkneten, kneten, mixen, zusammenbrauen, verrühren, verquirlen.

vermißt, verschollen, unauffindbar, überfällig, abgängig *(österr.)*.

vermittels, mittels, kraft, mit, vermöge, mit Hilfe von, an Hand von, durch.

Vermittler, Mittler, Mittelsmann, Mittelsperson, Verbindungsmann.

vermodern, modern, verrotten, sich zersetzen.

vermögen, können, imstande / in der Lage / fähig sein zu, draufhaben *(ugs.)*.

Vermögen, Geld, Kapital, Besitz, Mittel, Geldmittel, Vermögenswerte, Reichtum.

vermögend, reich, begütert, wohlhabend, bemittelt, gutsituiert, betucht, zahlungskräftig, patent, mit Glücksgütern gesegnet, behäbig *(schweiz.)*, vermöglich *(schweiz.)*, hablich *(schweiz.)*.

Vermummung, Verkleidung, Verhüllung, Tarnung, Maskierung, Camouflage.

vermuten, mutmaßen, wähnen,

spekulieren, meinen, annehmen, glauben, denken, schätzen, ahnen, erahnen, wittern, tippen auf *(ugs.)*, die Vermutung haben.

vermutlich, anscheinend, dem Anschein nach, wie es scheint, vermutlich, vermeintlich, es sieht so aus, es ist denkbar / möglich, es kann sein; es ist nicht ausgeschlossen, daß...; mutmaßlich, wahrscheinlich, höchstwahrscheinlich, aller Wahrscheinlichkeit nach, voraussichtlich, aller Voraussicht nach, wenn nicht alle Zeichen trügen, wohl.

[1]**vernehmen,** hören, verstehen, akustisch aufnehmen, mitkriegen *(ugs.)*, aufschnappen *(ugs.)*.

[2]**vernehmen** *(geh.)*, erfahren, hören, jmdm. zu Ohren kommen, zugetragen kriegen, Kenntnis von etwas bekommen / kriegen, Wind von etwas bekommen *(salopp)*.

vernehmlich, laut, hörbar, vernehmbar, lauthals, lautstark, geräuschvoll, überlaut, durchdringend, markerschütternd, durch Mark und Bein gehend, ohrenbetäubend, ohrenzerreißend, schrill, grell, gellend, aus vollem Hals, aus voller Kehle, aus Leibeskräften, mit dröhnender Stimme, nicht leise, nicht ruhig, nicht still.

vernetzen, verbinden, verknüpfen.

vernichten, zerstören, ruinieren, zugrunde richten, destruieren *(geh.)*, demolieren, kaputtmachen *(ugs.)*, verwüsten, verheeren.

verniedlichen, bagatellisieren, abwiegeln, als Bagatelle behandeln / hinstellen, als geringfügig / unbedeutend hinstellen, verharmlosen, vernütigen *(schweiz.)*, herunterspielen.

Vernissage, Ausstellungseröffnung, Eröffnung.

Vernunft, Verstand, Intellekt, Ratio, Denkvermögen, Auffassungsgabe, Geist, Geistesgaben, Grütze *(ugs.)*, Grips *(ugs.)*, Köpfchen *(ugs.)*.

veröffentlichen, publizieren, bekanntmachen, kundmachen, unter die Leute bringen *(ugs.)*.

Verpflanzung, Transplantation, Übertragung, Überpflanzung, Anaplastik *(Med.)*.

verpflegen, verköstigen, mit Nahrung versorgen, zu essen geben, bekochen *(scherzh.)*, in Kost haben, abfüttern *(ugs.)*.

Verpflegung, Nahrung, Proviant, Mundvorrat, Essen [und Trinken], das leibliche Wohl, Fressalien *(ugs.)*, Wegzehrung, Speise und Trank, Futter, Futterage *(ugs.)*, Fressen, Atzung, Freßpaket *(ugs.)*, Kost.

verpflichten, betrauen, beauftragen, befassen mit.

verplappern (sich; *ugs.*), sich versprechen, sich verreden, sich verschnappen *(landsch.)*, jmdm. herausrutschen *(ugs.)*.

verprügeln, versohlen, durchprügeln, verhauen, zusammenschlagen, zu Brei schlagen / zu Hackfleisch machen *(derb)*, auf jmdn. einschlagen, durchhauen, jmdm. die Hosen / den Hosenboden strammziehen, jmdm. den Hintern versohlen, jmdm. den Frack vollhauen / vollschlagen, jmdn. übers Knie legen, jmdm. das Fell / Leder gerben, verdreschen *(salopp)*, vermöbeln *(salopp)*, verkloppen *(salopp)*, verschlagen *(ugs.)*, verwichsen *(salopp)*, verwamsen *(salopp)*, verbimsen *(salopp)*, vertrimmen *(salopp)*, vertobaken *(salopp)*, verkamisolen *(salopp)*, durchbleuen *(salopp)*, durchwalken *(salopp)*, durchwichsen *(salopp)*, abschwarten *(salopp)*, verwalken *(salopp)*, es setzt Prügel / Hiebe / etwas *(ugs.)*, es gibt Prügel / Schläge / *(salopp)* Senge.

verpulvern *(ugs.)*, durchbringen, verbrauchen, aufbrauchen, vertun, verwirtschaften, verbringen, verprassen, verplempern *(ugs.)*, verläppern *(ugs.)*, verjubeln *(ugs.)*, verjuxen *(ugs.)*, das Geld auf den Kopf hauen / kloppen *(salopp)*, das Geld zum Fenster hinauswerfen / *(salopp)* hinausschmeißen, verbumfiedeln *(salopp)*, verklötern *(nordd. salopp)*.

verraten, Verrat üben *(geh.)*, preisgeben, denunzieren, anzeigen, angeben, anbringen *(landsch.)*, anschwärzen *(ugs.)*, verpfeifen *(ugs.)*, petzen *(ugs.)*, verpetzen *(ugs.)*, singen *(ugs.)*, verzinken *(ugs.)*, hochgehen lassen.

verriegelt, geschlossen, verschlossen, versperrt, zugeschlossen, zugesperrt *(bes. südd., österr.)*, abgeschlossen, abgesperrt *(bes. südd., österr.)*, zu *(ugs.)*, verrammelt *(ugs.)*.

verringern, vermindern, herabmindern, abmindern, schmälern, verkleinern, minimieren, dezimieren, reduzieren, drosseln, herabsetzen, herunterschrauben, herunterdrükken, abgrenzen, begrenzen, eingrenzen, beschränken, einschränken, streichen, Abstriche machen.

verrotten, modern, vermodern, sich zersetzen.

verrücken, rücken, umstellen, fortrücken, an einen andern Platz / Ort rücken.

[1]**verrückt** *(ugs.)*, bekloppt *(salopp)*, bescheuert *(salopp)*, behämmert *(salopp)*, blöde *(ugs.)*, närrisch *(ugs.)*, hirnverbrannt *(ugs.)*, hirnrissig *(ugs.)*, deppert *(südd., österr.)*, [balla]balla *(ugs.)*, nicht [recht] gescheit *(ugs.)*, plemplem *(ugs.)*, meschugge *(ugs.)*, nicht ganz dicht *(ugs.)*, nicht ganz richtig *(ugs.)*, nicht bei Trost *(ugs.)*, nicht bei Groschen *(ugs.)*.

[2]**verrückt,** überspannt, überdreht, verstiegen, skurril, extravagant, ausgefallen, überspitzt, närrisch, verdreht.

verrufen, anrüchig, berüchtigt, verschrien, übel beleumdet, in üblem Geruch stehend, einen schlechten Leumund habend, halbseiden, fragwürdig, bedenklich, verdächtig, undurchsichtig, unheimlich, lichtscheu, nicht ganz hasenrein / astrein *(ugs.)*, zweifelhaft, dubios, ominös, obskur, suspekt.

Versager, gescheiterte / *(ugs.)* verkrachte Existenz, Taugenichts, Nichtsnutz, Null *(ugs.)*, Niete *(ugs.)*, Flasche *(salopp)*, Blindgänger *(salopp)*.

versammeln (sich), sich sammeln, zusammenkommen, zusammentreffen, sich treffen, zusammentreten, sich zusammenfinden, sich ein Stelldichein geben.

Versammlung, Konferenz, Tagung, Treffen, Meeting, Kongreß, Beratung, Sitzung, Symposion, Symposium, Zusammenkunft.

versäumen, verpassen, vertrödeln *(ugs.)*, verbummeln *(ugs.)*, verschlafen, verpennen *(ugs.)*, versieben *(ugs.)*, zu spät kommen, den richtigen Zeitpunkt / den Anschluß verpassen, sich etwas entgehen / durch die Finger gehen lassen.

verschaffen (sich etwas), beschaffen, besorgen, herbeischaffen, bringen, holen, verhelfen zu etwas, aufbringen, beibringen, zusammenbringen, zusammenkratzen, auftreiben, haben.

verschenken, schenken, ein Geschenk / Präsent machen, jmdm. etwas verehren / *(ugs.)* vermachen, jmdm. etwas zu Füßen legen, vergaben *(schweiz.)*, hergeben, jmdn. beschenken / *(österr.)* beteilen, weggeben, geben, herschenken, wegschenken.

verschieben, aufschieben, hinausschieben, zurückstellen, vertagen, verlegen, umlegen, verzögern, hinauszögern, hinausziehen, verschleppen, auf die lange Bank schieben *(ugs.),* auf Eis legen *(ugs.).*

verschieden, unterschiedlich, verschiedenartig, abweichend, andersartig, anders, divergent *(bildungsspr.),* divergierend *(bildungsspr.),* unähnlich, ungleichartig, ungleich.

verschiedentlich, des öfteren, mehrfach, mehrmals, mehrmalig, wiederholt, ein paarmal, nicht selten.

verschimmeln, schimmeln, umkommen, verderben, schlecht werden, vergammeln *(ugs.),* gammelig werden.

verschlafen, schlaftrunken, schläfrig, dösig *(ugs.),* unausgeschlafen, übernächtigt, müde, schlafbedürftig, ruhebedürftig, übermüde, bettreif *(ugs.).*

Verschleiß, Kräfteverschleiß, Abnutzung, Abnutzungserscheinung, Alterserscheinung.

verschleppen, entführen, kidnappen, rauben, deportieren.

verschließen, schließen, zumachen, abschließen, zuschließen.

verschlissen, abgenutzt, abgegriffen, abgewetzt, abgeschabt, verschabt, blank, schäbig, gewaschen, zerschlissen, durchgewetzt *(ugs.),* dünn geworden.

[1]**verschlossen,** geschlossen, versperrt, zugeschlossen, zugesperrt *(bes. südd., österr.),* abgeschlossen, abgesperrt *(bes. südd., österr.),* verriegelt, zu *(ugs.),* verrammelt *(ugs.).*

[2]**verschlossen,** unzugänglich, verhalten, distanziert, kühl, unterkühlt, frostig, unnahbar, spröde, herb, reserviert, kontaktarm, kontaktschwach, menschenscheu, introvertiert, ungesellig, menschenfeindlich, misanthropisch, zugeknöpft, unaufgeschlossen, zurückhaltend.

[3]**verschlossen,** zugeknöpft, zurückhaltend, reserviert, still.

verschlüsseln, chiffrieren, codieren, kodieren, encodieren, enkodieren, in Geheimschrift / Geheimsprache abfassen.

verschmähen, ablehnen, abschlagen, abweisen, verweigern, versagen, abwinken, abfahren lassen *(ugs.),* abblitzen lassen *(ugs.),* einen Korb geben, die kalte Schulter zeigen, abschlägig bescheiden, nein sagen, ausschlagen.

Verschmelzung, Vereinigung, Verbindung, Synthese, Zusammenfügung.

verschnaufen, [sich] ausruhen, rasten, ruhen, sich entspannen, [sich] ausrasten *(südd., österr.).*

verschneit, zugeschneit, eingeschneit, mit Schnee bedeckt, weiß, winterlich, unter einer Schneedekke liegend.

verschossen, abgeblaßt, verblaßt, ausgebleicht, verwaschen.

verschroben, schrullig, kauzig, absonderlich, wunderlich, sonderbar.

verschütten, vergießen, umschütten, verschlabbern *(ugs.),* schlabbern *(ugs.).*

verschweigen, nichts sagen, geheimhalten, verheimlichen, unerwähnt lassen, kein Wort über etwas verlieren, verbergen, übergehen, totschweigen, für sich behalten, [eine Mitteilung / Nachricht] unterschlagen, dichthalten *(salopp),* nicht mitteilen.

verschwenden, vergeuden, verschleudern, vertun, mit etwas verschwenderisch umgehen, [sein Geld] zum Fenster hinauswerfen / mit vollen Händen ausgeben / *(ugs.)* auf den Kopf hauen, aasen *(landsch.)*, hausen *(landsch.)*.

verschwenderisch, üppig, luxuriös, feudal, fürstlich, überreichlich, überreich, reich.

verschwiegen, dezent, diskret, taktvoll.

verschwommen, schemenhaft, nebulös, dunkel, vage, ungenau, unklar, unscharf, unbestimmt.

verschwören (sich), konspirieren, komplottieren, paktieren, packeln *(österr.)*, ein Komplott schmieden, in ein Komplott verwickelt sein, mit jmdm. unter einer Decke stekken, gemeinsame Sache mit jmdm. machen, mit jmdm. zusammenspannen *(schweiz.)*.

Verschwörer, Aufrührer, Umstürzler, Revolutionär, Reformator, Neuerer, Rebell, Revoluzzer *(abwertend)*, Aufständischer, Insurgent *(veraltet)*.

Verschwörung, Konspiration, Komplott.

[1]**versehen,** bekleiden, innehaben, einnehmen, ausüben, amtieren / tätig sein / Dienst tun als.

[2]**versehen** (sich), sich irren / täuschen / verrechnen / *(ugs.)* vergaloppieren / *(ugs.)* vertun / *(ugs.)* verhauen, fehlgehen, im Irrtum / *(ugs.)* auf dem Holzweg sein, danebenhauen *(ugs.)*, schiefgewikkelt sein *(ugs.)*, schiefliegen *(ugs.)*, auf dem falschen Dampfer sitzen / sein *(ugs.)*, einen Fehler machen.

Versehen, Fehler, Fehlgriff, Mißgriff, Mißverständnis, Irrtum, Lapsus, Schnitzer *(ugs.)*, Patzer *(ugs.)*.

versehentlich, unabsichtlich, unbeabsichtigt, absichtslos, ohne Absicht, von ungefähr / *(selten)* ohngefähr, unbewußt, ungewollt, aus Versehen.

versenken (sich), sich vertiefen / sammeln / konzentrieren, meditieren, nachdenken.

versiegen, versanden, versickern, steckenbleiben, ins Stocken geraten, stocken, ausgehen, ausklingen.

versiert, bewandert, beschlagen, erfahren, firm, sicher, fest, sattelfest, sachverständig.

versinken, sinken, absinken, untergehen, absaufen *(salopp)*, wegsakken, absacken, versacken.

versonnen, gedankenvoll, nachdenklich, vertieft, [in Gedanken] versunken, gedankenverloren, selbstvergessen, entrückt, verträumt, träumerisch.

verspätet, säumig, saumselig, unpünktlich, mit Verspätung, nicht zur rechten / vereinbarten Zeit, nicht termingerecht.

verspeisen, aufessen, aufzehren, vertilgen, verschmausen, verschlingen, verschlucken, konsumieren, verkonsumieren *(ugs.)*, verdrücken *(ugs.)*, auffuttern *(ugs.)*, verputzen *(ugs.)*, wegputzen *(ugs.)*, verspachteln *(ugs.)*, seinen Teller leer essen, leer spachteln *(ugs.)*, ratzekahl essen *(ugs.)*.

versponnen, wirklichkeitsfremd, weltfremd, verträumt, unrealistisch.

verspotten, auslachen, verlachen, verhöhnen, lachen / spotten über, schadenfroh sein, sich lustig machen über.

[1]**versprechen,** versichern, beteuern, geloben *(geh.)*, beschwören, schwören, beeiden, beeidigen, einen Eid schwören, auf seinen Eid nehmen, an Eides Statt erklären, sein Wort geben / verpfänden, sein Ehrenwort geben, die Hand

darauf geben, sich verpflichten, zusichern, zusagen, garantieren.

[2]**versprechen** (sich), sich verreden, sich verplappern *(ugs.)*, sich verschnappen *(landsch.)*, jmdm. herausrutschen *(ugs.)*.

verspüren, spüren, fühlen, empfinden, merken, wahrnehmen, gewahr werden, ergriffen werden.

verständigen, instruieren, unterrichten, aufklären, informieren, vertraut machen mit, in Kenntnis / ins Bild setzen, benachrichtigen, Nachricht / Bescheid geben, wissen lassen, Auskunft geben / erteilen.

verständlich, begreiflich, verstehbar, einsichtig, einsehbar, nachvollziehbar, plausibel, deutlich, klar.

verstärken, forcieren, intensivieren, erhöhen, steigern, verschärfen, vorantreiben, nachhelfen, Druck / Dampf hinter etwas machen *(ugs.)*, potenzieren.

verstauen, unterbringen, wegpakken, einpacken, verfrachten *(ugs.)*.

verstecken, verbergen, verdecken, verhüllen, tarnen.

[1]**verstehen,** begreifen, fassen, erfassen, kapieren *(ugs.)*, folgen können, mitbekommen *(ugs.)*, mitkriegen *(ugs.)*, schnallen *(salopp)*, schalten *(ugs.)*, checken *(ugs.)*, fressen *(salopp)*, auf den Trichter kommen *(ugs.)*, intus kriegen *(ugs.)*, klarsehen *(ugs.)*, durchschauen, durchblicken, durchsteigen *(ugs.)*.

[2]**verstehen,** begreifen, Verständnis haben für, einsehen, nachvollziehen, nachempfinden, sich hineinversetzen können in.

[3]**verstehen** (etwas), begabt sein, etwas können / *(ugs.)* loshaben / *(salopp)* auf dem Kasten haben; der geborene ... sein, jmdm. [im Blut] liegen, jmds. Neigungen entgegenkommen, jmds. Fähigkeiten entsprechen, jmds. starke Seite sein *(ugs.)*, jmdm. auf den Leib geschrieben sein, eine Ader für etwas haben, das Zeug zu etwas haben *(ugs.)*.

versteifen (sich), steif / fest werden, erstarren.

verstimmen, jmdn. ärgern, verärgern, aufbringen, hochbringen *(salopp)*, reizen, wütend / rasend machen, in Harnisch / Wut bringen, ertäuben *(schweiz.)*, jmdm. das Blut in Wallung bringen, Unfrieden stiften, böses Blut machen, jmdn. bis aufs Blut peinigen / quälen / reizen, auf die Palme bringen *(salopp)*, zur Weißglut bringen, jmdm. die Freude verderben / die Lust nehmen, jmdn. erbosen / erzürnen / empören / erbittern / verdrießen / ärgern / kränken / bekümmern / deprimieren / betrüben / *(ugs.)* fuchsen / *(ugs.)* wurmen / bedrücken, jmdm. auf die Nerven / *(salopp)* auf den Wecker fallen *bzw.* gehen, jmdm. den letzten Nerv rauben / töten *(ugs.)*, auf jmds. Nerven herumtrampeln, jmdm. zuviel werden.

verstimmt, gekränkt, beleidigt, verletzt, pikiert, verschnupft *(ugs.)*, eingeschnappt *(ugs.)*, mucksch *(nordd.)*.

Verstimmung, Unmut, Verärgerung, Groll, Unwille, Erbitterung, Mißgestimmtheit, Gereiztheit, schlechte Laune.

verstorben, tot, gestorben, abgeschieden, hingeschieden, verschieden, verblichen, erloschen, heimgegangen, entseelt, leblos, unbelebt, ohne Leben, mausetot *(ugs.)*, hinüber *(ugs.)*, hin *(ugs.)*, hops *(ugs.)*, krepiert *(salopp)*.

Verstorbener, Toter, Verblichener *(geh.)*, Heimgegangener *(geh.)*,

Entschlafener *(geh.)*, Abgeschiedener *(geh.)*, Hingeschiedener *(geh.)*, Entseelter *(geh.)*, Verewigter *(geh.)*.

Verstoß, Verfehlung, Unrecht, Zuwiderhandlung, Übertretung, Vergehen, Delikt, Straftat, Fehltritt, Sakrileg *(bildungsspr.)*.

verstoßen (gegen), verletzen, unterlaufen, untergraben, antasten, übertreten, Unrecht tun, sündigen, freveln, einer Sache zuwiderhandeln, widerrechtlich handeln.

verstricken, verwickeln, hineinziehen, hineinmanövrieren, hineinreiten, reinreißen *(ugs.)*, in eine unangenehme Lage / Situation bringen, eine [schöne] Suppe einbrocken *(ugs.)*.

verteidigen (sich), sich wehren, Widerstand leisten, sich entgegenstellen, nicht nachgeben / wanken, fest bleiben, bis zum letzten Atemzug kämpfen.

Verteuerung, Teuerung, Teuerungsrate, Preisanstieg, Preissteigerung, Preiserhöhung, Kostenexplosion.

Vertiefung, Grube, Loch, Kute *(bes. berlin. ugs.)*, Kuhle *(ugs.)*, Graben.

vertikal, senkrecht, lotrecht.

vertilgen, aufessen, verspeisen, verschmausen, verschlingen, verschlucken, konsumieren, verkonsumieren *(ugs.)*, verdrücken *(ugs.)*, auffuttern *(ugs.)*, verputzen *(ugs.)*, wegputzen *(ugs.)*, verspachteln *(ugs.)*, seinen Teller leer essen, leer spachteln *(ugs.)*, ratzekahl essen *(ugs.)*.

vertragen (sich), mit jmdm. auskommen / harmonieren / in Frieden leben, sich nicht zanken.

verträglich, friedfertig, friedliebend, friedlich, umgänglich, friedsam *(geh. veraltend)*.

vertrauen, jmdm. glauben, sich auf jmdn. verlassen, bauen / zählen auf, rechnen auf / mit, Glauben / Vertrauen schenken, Vertrauen haben.

vertrauenerweckend, glaubwürdig, überzeugend, zuverlässig.

vertrauensselig, gutgläubig, leichtgläubig, gläubig, unkritisch, auf Treu und Glauben, vertrauensvoll, guten Glaubens, bona fide.

vertrauenswürdig, ehrlich, glaubwürdig, zuverlässig, geradlinig, gerade, offen, offenherzig, freimütig, frank und frei, unverhüllt, unverhohlen, wahrhaftig, wahr, wahrhaft, ohne Falsch.

vertraulich, persönlich, intern, privat, privatim *(bildungsspr.)*, unter vier Augen, unter uns, [ganz] im Vertrauen.

vertreiben, austreiben, verjagen, wegjagen, fortjagen, verscheuchen, scheuchen / jagen / treiben aus *bzw.* von.

vertreten, einspringen / eintreten / in die Bresche springen für, aushelfen, Vertretung machen, die Vertretung übernehmen.

Vertreter, Handelsvertreter, Reisender, Handlungsreisender, Akquisiteur, Werbevertreter, Agent *(veraltend)*, Schlepper *(ugs. abwertend)*, Klinkenputzer *(ugs. abwertend)*.

vertrocknet, trocken, ausgetrocknet, dürr, verdorrt, ausgedorrt.

vertrösten, hinhalten, warten / *(ugs.)* zappeln lassen, [mit leeren Worten] abspeisen.

vertun, durchbringen, verbrauchen, aufbrauchen, verwirtschaften, verbringen, verprassen, verplempern *(ugs.)*, verläppern *(ugs.)*, verjubeln *(ugs.)*, verjuxen *(ugs.)*, verpulvern *(ugs.)*, das Geld auf den Kopf hauen / kloppen *(salopp)*, das Geld zum Fenster hinauswerfen / *(salopp)* hinausschmeißen, verbumfiedeln *(salopp)*, verklötern *(nordd. salopp)*.

vertuschen, verschleiern, kaschieren, verwischen, vernebeln, verschweigen, verheimlichen, Gras wachsen lassen / nicht mehr sprechen über, den Schleier des Vergessens / der Vergessenheit über etwas breiten.

verübeln, übelnehmen, verargen, krummnehmen *(ugs.)*, ankreiden, nachtragen.

Verunglimpfung, Beschimpfung, Beleidigung, Schmähung, Kränkung, Insult.

verunglücken, einen Unfall haben / erleiden / *(ugs.)* bauen, zu Schaden kommen, verunfallen *(bes. schweiz.)*.

verunreinigen, beschmutzen, beschmieren, vollschmieren, besudeln, bekleckern, besabbern, beklecksen, anpatzen *(österr.)*, antrenzen *(österr.)*, beflecken, einen Fleck machen, sich verewigen *(scherzh.)*, bespritzen, vollspritzen, schmutzig / *(salopp)* dreckig machen, versauen *(derb)*, einsauen *(derb)*.

verunstalten, entstellen, verschandeln *(ugs.)*, verunzieren, verstümmeln, verhunzen *(ugs. abwertend)*.

verursachen, bewirken, bedingen, veranlassen, herbeiführen, hervorrufen, heraufbeschwören, auslösen, erwecken, zeitigen *(geh.)*, mit sich bringen, nach sich ziehen, in Bewegung / in Gang setzen, ins Rollen bringen, provozieren, zur Folge haben.

verurteilen, aburteilen, schuldig sprechen, mit einer Strafe belegen, für schuldig erklären, verdonnern *(ugs.)*, verknacken *(ugs.)*.

vervielfältigen, reproduzieren, kopieren, fotokopieren, ablichten, einen Abzug / einen Abdruck / einen Durchschlag / eine Kopie / eine Abschrift, eine Ablichtung machen, abziehen, pausen, lichtpausen, hektographieren.

vervollständigen, komplettieren, eine Lücke schließen, ergänzen, vervollkommnen, vollenden, auffüllen, hinzufügen, perfektionieren.

verwachsen, bucklig, krumm, schief, mißgestaltet, mißgebildet, verkrüppelt, krüppelig, deformiert.

verwahren, aufheben, aufbewahren, bewahren, behalten, versorgen *(schweiz.)*, zurückbehalten, zurückhalten, jmdm. etwas vorenthalten, unter Verschluß halten, in Verwahrung / an sich nehmen, sammeln, ansammeln, häufen, anhäufen, akkumulieren, speichern, aufspeichern, beiseite legen / bringen, horten, hamstern *(ugs.)*.

verwahrlosen, herunterkommen, verderben, verkommen, verlottern, verludern, verwildern, versacken, verschlampen, verrohen, abrutschen, abgleiten, abwirtschaften, auf die schiefe Bahn / Ebene kommen, auf Abwege geraten / kommen, unter die Räder / *(ugs.)* auf den Hund kommen, vom rechten Weg abkommen.

verwandt, gleichartig, ähnlich, vergleichbar, von gleicher / ähnlicher Art, [annähernd] gleich, sich *bzw.* einander gleichend / ähnelnd / entsprechend, analog.

Verwandter, Angehöriger, Anverwandter, Blutsverwandter, Familienmitglied, Familienangehöriger.

Verwandtschaft, Gemeinsamkeit, Ähnlichkeit, Geistesverwandtschaft, Affinität, Berührungspunkt, Bindeglied, Verbindung.

verwechseln, vertauschen, durcheinanderbringen, durcheinanderwerfen.

verweisen, hinweisen, andeuten, zeigen, aufmerksam machen.

verwelken, welken, welk werden, verblühen, vergehen.

verwenden, Verwendung haben für, gebrauchen, Gebrauch machen von, in Gebrauch nehmen, anwenden, einsetzen, zum Einsatz bringen, verwerten, ausschlachten *(ugs.),* sich einer Sache bedienen, sich etwas dienstbar machen, benutzen, nutzen, sich zunutze machen.

Verwendung, Anwendung, Gebrauch, Einsatz.

[1]**verwerten,** verwenden, anwenden, sich einer Sache bedienen, ausschlachten *(ugs.),* nutzen, benutzen, sich zunutze machen.

[2]**verwerten,** wiederverwerten, wiederverwenden, recyceln, rezyklieren.

verwesen, faulen, verfaulen, sich zersetzen, in Fäulnis übergehen, den Weg alles Irdischen gehen *(scherzh.).*

Verwesung, Fäulnis, Zersetzung, Auflösung.

[1]**verwirklichen,** realisieren, erledigen, Wirklichkeit / Realität werden lassen, in die Tat umsetzen, Ernst machen, wahr machen, ins Werk / in Szene setzen, ausführen, durchführen, vollstrecken, vollziehen, durchziehen *(ugs.),* zustande / zuwege bringen, bewerkstelligen, über die Bühne bringen, schmeißen *(ugs.),* schaukeln *(ugs.).*

[2]**verwirklichen** (sich), eintreffen, eintreten, in Erfüllung gehen, sich erfüllen, sich realisieren, kommen, wahr werden.

verwirren, irremachen, beirren, irritieren, durcheinanderbringen, drausbringen *(österr.),* aus dem Konzept / aus der Fassung / aus dem Text bringen, in Verwirrung / Unruhe versetzen, verunsichern, unsicher / konfus / verwirrt machen, derangieren, konsternieren, in Zweifel stürzen.

Verwirrung, Konfusion, Durcheinander, Gewirr, Wirrsal, Wirrnis, Wirrwarr, Kuddelmuddel *(ugs.),* Chaos, Tohuwabohu.

verwöhnen, auf Rosen betten, auf Händen tragen, jmdm. jeden Wunsch von den Augen ablesen, es jmdm. vorn und hinten reinstecken *(salopp abwertend).*

verwöhnt, anspruchsvoll, wählerisch, kritisch, schwer zufriedenzustellen, heikel, mäkelig.

Verworfenheit, Lasterhaftigkeit, Liederlichkeit, Unmoral, Verdorbenheit, Verderbtheit, Verruchtheit.

verworren, wirr, verfahren, verwickelt, unklar, chaotisch, unzusammenhängend, abstrus, kraus, konfus, diffus.

verwundert, überrascht, erstaunt, staunend, mit offenem Mund, verblüfft, sprachlos, stumm, verdutzt.

Verwünschung, Fluch, Drohung, Drohwort.

verzagt, pessimistisch, schwarzseherisch, defätistisch.

Verzagtheit, Mutlosigkeit, Niedergeschlagenheit, Kleinmut *(geh.),* Kleinmütigkeit *(geh.),* Resigniertheit, Deprimiertheit.

verzärteln, verziehen, verwöhnen, verhätscheln, verweichlichen, verpimpeln *(ugs.).*

verzaubern, bezaubern, bestrikken, berücken, behexen, verhexen, faszinieren, blenden, umgarnen, becircen, betören.

Verzauberung, Faszination, Bezauberung, Berückung.

Verzeichnis, Liste, Zusammenstellung, Aufstellung, Tabelle, Register.

verzeihen, entschuldigen, vergeben *(geh.),* nachsehen, Nachsicht zeigen, Verzeihung gewähren *(geh.),* nicht nachtragen / übelnehmen, ein Auge zudrücken *(ugs.).*

verzichten (auf), abschreiben, abstreichen, Abstriche machen, abtun, fallenlassen, Verzicht leisten, sich einer Sache entschlagen, seine Rechte abtreten, resignieren, aufgeben, verloren geben, nicht mehr rechnen mit, sich trennen von, sich einer Sache begeben, einer Sache entsagen / entraten / abschwören / absagen, zurücktreten / absehen / lassen / ablassen / abgehen / abkommen / abstehen / Abstand nehmen von, Umgang nehmen von *(schweiz.),* sich etwas versagen / aus dem Kopf *bzw.* Sinn schlagen, etwas zu Grabe tragen, an den Nagel hängen *(ugs.),* in den Mond / in den Kamin / in den Schornstein / in die Esse / in den Wind schreiben *(ugs.),* fahrenlassen *(ugs.),* bleibenlassen *(ugs.),* lassen, schießenlassen *(salopp).*

verzieren, schmücken, ausschmükken, zieren, verschönern, dekorieren, garnieren.

verzweigen (sich), sich gabeln / teilen / *(landsch.)* zwieseln, abzweigen, abgehen.

Verzweigung, Gabelung, Weggabelung, Abzweigung, Scheideweg, Wegscheid.

Vestibül, Foyer, Wandelhalle, Lobby, Wandelgang, Halle, Lounge, Vorhalle, Vorraum, Empfangshalle, Empfangsraum.

Viadukt, Brücke, Überführung, Steg.

viel, reichlich, unzählig, ungezählt, zahllos, wie Sand am Meer, in Hülle und Fülle, in großer Zahl, jede Menge *(ugs.),* in rauhen Mengen *(ugs.),* [mehr als] genug, massenhaft *(ugs.),* massenweise *(ugs.),* massig *(ugs.),* in Massen *(ugs.),* en masse *(ugs.),* haufenweise *(ugs.),* nicht wenig.

vieldeutig, doppeldeutig, mehrdeutig, zweideutig, doppelsinnig, schillernd, äquivok *(bildungsspr.),* mißverständlich, unklar, vage, amphibolisch *(bildungsspr.).*

viele, zahlreiche, nicht wenige, eine große Zahl, eine Unzahl, ungezählte, unzählige, zahllose, unzählbare, Hunderte, Tausende, Millionen, Aberhunderte, Abertausende, eine [ganze] Reihe, Heerscharen, Legionen, Myriaden *(geh.),* eine Menge / Anzahl / Vielzahl / Masse / [endlose] Folge, eine breite Palette von, massenhaft, haufenweise *(ugs.).*

vielerlei, allerlei, mancherlei, allerhand, alles mögliche, viel, verschiedenes.

Vielfalt, Mannigfaltigkeit, Vielgestaltigkeit, Verschiedenartigkeit, Buntheit, Reichtum, Fülle, Palette, Spektrum, Skala.

vielleicht, eventuell, möglicherweise, unter Umständen, womöglich, wenn es geht, gegebenenfalls, notfalls, allenfalls, wohl, es ist möglich / denkbar, es kann sein / ist nicht auszuschließen.

vielseitig, aufgeschlossen, interessiert, empfänglich, lernbegierig.

Viertel, Stadtteil, Ortsteil, Stadtviertel, Stadtbezirk, Bezirk, Gegend, Grätzel *(österr.),* Quartier *(österr., schweiz.).*

Virus, Krankheitserreger, Krankheitskeim, Keim, Bakterie, Bazille, Bazillus.

vis-à-vis, gegenüber, auf der anderen / andern / gegenüberliegenden Seite.

[1]**Vitalität**, Leistungskraft, Spannkraft, Fitneß.

[2]**Vitalität**, Lebenswille, der Wille zu leben, Lebensenergie, Lebenskraft, Selbsterhaltungstrieb.

Vitrine, Schaukasten, Auslage, Schaufenster.

Vokabel, Wort, Ausdruck, Bezeichnung, Benennung, Begriff, Terminus.

Volksmenge, Volksmasse, Volksscharen, Scharen, Menschenmenge, Menschenmasse, Menge, [breite] Masse, Volk, schweigende Mehrheit.

volkstümlich, volksläufig, allgemeinverständlich, gemeinverständlich, populär.

voll, randvoll, gefüllt, angefüllt, zum Überlaufen.

vollbringen, bewältigen, meistern, lösen, schaffen, erringen, es bringen *(ugs.)*, jmdm / einer Sache gewachsen sein, fertig werden / zu Rande kommen / *(salopp)* klarkommen mit, eine Schwierigkeit überwinden, eine Hürde nehmen, mit etwas einig werden, sich zu helfen wissen, über die Runden kommen, aus der Not eine Tugend machen, [das Ziel] erreichen; erreichen, daß ...; gelangen zu / an, bestehen.

vollenden, fertigmachen, fertigstellen, zu Ende führen, letzte Hand anlegen.

Völlerei *(abwertend)*, Genuß, Genußfreude, Schwelgerei, Genußsucht *(abwertend)*, Genußgier *(abwertend)*.

völlig, ganz, ganz und gar, gänzlich, zur Gänze, voll, voll und ganz, vollkommen, hundertprozentig *(ugs.)*, lückenlos, vollständig, in extenso *(bildungsspr.)*, in Grund und Boden, vollauf, komplett *(ugs.)*, restlos, total *(ugs.)*, in toto *(bildungsspr.)*, pauschal, in jeder Hinsicht / Beziehung, an Haupt und Gliedern, über und über, von oben bis unten, mit Stumpf und Stiel, mit Haut und Haar / Haaren, von Kopf bis Fuß, vom Scheitel bis zur Sohle, vom Wirbel bis zur Zehe, bis zum äußersten / letzten / *(ugs.)* Tezett, bis aufs Messer *(ugs.)*, bis an die Grenze des Erlaubten, durch alle Böden *(schweiz.)*, von Grund auf / aus.

vollkommen, vollendet, ideal, makellos, perfekt, fehlerlos, tadellos, einwandfrei, untadelig, untadelhaft, mustergültig, musterhaft, vorbildlich, beispielhaft.

vollschlank, dick, wohlbeleibt, beleibt, stark, korpulent, fest *(schweiz.)*, breit, behäbig, füllig, dicklich, mollig, mollert *(österr. ugs.)*, rundlich, rund, kugelrund, üppig, drall, knubbelig, wohlgenährt, voluminös, umfangreich, pummelig, fett, feist, feiß *(südwestd., schweiz.)*, fleischig, dickwanstig, dickleibig, fettleibig.

Volltreffer, Haupttreffer, Hauptgewinn, Treffer, Gewinn, Großes Los, erster Preis.

vollzählig, komplett, komplettiert, vervollständigt.

Vorahnung, Ahnung, Vorgefühl, Gefühl, Vorherwissen, Vermutung, Befürchtung, innere Stimme, sechster Sinn *(ugs.)*, Animus *(ugs.)*.

vorantreiben, ankurbeln, in Gang / in Schwung bringen, Dampf hinter etwas machen *(ugs.)*, Gas geben, anheizen, grünes Licht geben, durchstarten, beschleunigen.

vorausahnend, prophetisch, hellseherisch, seherisch, divinatorisch, vorahnend.

Voraussage, Vorhersage, Prognose, Prophezeiung, Weissagung, Orakel.

voraussehbar, absehbar, vorhersehbar, vorherzusehen, berechenbar, vorausberechenbar, voraussagbar, erkennbar, vorhersagbar.

voraussetzen, erfordern, verlangen, bedürfen, brauchen, kosten.

Voraussetzung, Bedingung, Vorbedingung, Kondition, Bedingnis *(österr. Amtsspr.),* Conditio sine qua non.

voraussichtlich, anscheinend, dem Anschein nach, wie es scheint, vermutlich, vermeintlich, es sieht so aus, es ist denkbar / möglich, es kann sein; es ist nicht ausgeschlossen, daß...; mutmaßlich, wahrscheinlich, höchstwahrscheinlich, aller Wahrscheinlichkeit nach, aller Voraussicht nach, wenn nicht alle Zeichen trügen, wohl.

Vorbehalt, Bedenken, Einwand, Zweifel, Skepsis.

vorbehalten (sich etwas), sich etwas ausbitten / ausbedingen / *(österr.)* austragen, etwas zur Bedingung machen, verlangen, fordern.

vorbehaltlos, bedingungslos, rückhaltlos, voraussetzungslos, ohne Einschränkung / Vorbehalt / Vorbedingung / Bedingungen, ohne Wenn und Aber.

vorbereiten, einleiten, anbahnen, in die Wege leiten, Beziehungen / Verbindungen anknüpfen, Fühlung nehmen, Kontakt aufnehmen.

Vorbeugung, Prävention, Schutz, Prophylaxe, Verhütung, Verhinderung.

vorbildlich, mustergültig, musterhaft, beispielhaft, beispielgebend, exemplarisch, nachahmenswert.

Vorbote, Auspizien, Vorzeichen, Omen, Menetekel.

vordem, damals, früher, seinerzeit, in / zu der *bzw.* jener Zeit, in jenen Tagen, da, dazumal, einst, einstens, einmal, ehemals, einstmals, derzeit, vormals, ehedem, weiland *(veraltet),* zu Olims Zeiten, Anno dazumal / *(ugs.)* dunnemals / *(ugs.)* Tobak, im Jahre / anno Schnee *(österr.),* vor Zeiten, vor alters.

vordergründig, durchschaubar, durchsichtig, fadenscheinig *(abwertend),* schwach.

voreilig, vorschnell, zu schnell, unüberlegt.

voreingenommen, parteiisch, parteilich, parteigebunden, vorbelastet, befangen, subjektiv, einseitig, einäugig, blind gegenüber einer Sache, unsachlich, ungerecht, nicht unparteiisch.

Vorfahr, Ahn, Ahnherr, Urvater, Väter, die Altvordern.

Vorfall, Ereignis, Begebenheit, Begebnis, Geschehen, Geschehnis, Vorkommnis.

vorfühlen, sondieren, die Fühler ausstrecken, einen Versuchsballon steigen lassen, testen.

vorführen, präsentieren, vorstellen, zeigen.

Vorgang, Prozeß, Verlauf, Ablauf, Hergang, Gang, Lauf.

Vorgehen, Maßnahme, Handlung, Handlungsweise, Schritt, Aktion.

Vorgesetzter, Leiter, Chef, Dienstherr, Boß, Meister.

vorgestellt, gedacht, gedanklich, ideell, immateriell.

vorhaben, beabsichtigen, wollen, intendieren, bezwecken, den Zweck haben / verfolgen, die Absicht haben, planen, schwanger gehen mit *(ugs.),* etwas in Aussicht nehmen, sich etwas vornehmen / *(veraltend)* vorsetzen / zum Ziel setzen / in den Kopf setzen, sich mit dem Gedanken tragen, ins Auge fassen, im Auge haben, im Sinn haben, sinnen auf, im Schilde führen, es anlegen auf, sich bemühen um.

Vorhaben, Absicht, Plan, Intention, Vorsatz, Ziel, Bestreben, Streben, Projekt.

vorherrschen, überwiegen, vorwiegen, dominieren, prädominieren, das Feld beherrschen.

vorherzusehen, absehbar, voraussehbar, vorhersehbar, berechenbar, vorausberechenbar, voraussagbar, erkennbar, vorhersagbar.

Vorkämpfer, Schrittmacher, Wegbereiter, Vorreiter, Vordenker, Avantgardist, Avantgarde, Protagonist, Bahnbrecher, Wegebahner *(schweiz.),* Vorbereiter, Pionier.

vorknöpfen (sich), sich jmdn. vornehmen / schnappen / kaufen *(salopp),* jmdn. ins Gebet nehmen, jmdm. ins Gewissen reden.

vorkommen, bestehen, auftreten, existieren, vorhanden sein, sich finden, begegnen.

Vorkommnis, Ereignis, Begebenheit, Begebnis, Geschehen, Geschehnis, Vorfall.

vorläufig, zunächst, fürs erste, als erstes / nächstes, für einmal *(schweiz.),* vorerst, vorab, vorderhand, einstweilen, bis auf weiteres.

vorlegen, auslegen, verauslagen, vorstrecken *(ugs.),* in Vorlage bringen, vorschießen *(ugs.).*

vorliebnehmen (mit), sich zufriedengeben / begnügen / bescheiden, fürliebnehmen mit *(veraltend),* sich genügen lassen / genug sein lassen an.

vormalig, gewesen, vergangen, ehemalig, früher, letzt..., verflossen *(ugs.),* Alt... (z. B. Altbundespräsident), Ex... (z. B. Expräsident).

vormerken, reservieren, freihalten, zurücklegen, vorbestellen, vorausbestellen.

[1]**vornehm,** geschmackvoll, adrett, elegant, schick, apart, fesch, flott, kleidsam, mondän, gut angezogen, schmuck, gefällig geschmakkig *(österr. ugs.),* nicht geschmacklos.

[2]**vornehm,** gewählt, gepflegt, gehoben.

Vornehmheit, Noblesse, Adel, Würde, Hoheit, Erhabenheit, Majestät.

Vorrang, Priorität, Vorrangigkeit, Schwerpunkt, Hauptgewicht.

Vorrat, Rücklage, Reservoir, Lager, Reserve, Topf *(ugs.).*

Vorrichtung, Apparat, Maschine, Gerät, Apparatur, Maschinerie, Automat.

vorsätzlich, absichtlich, geflissentlich, wissentlich, absichtsvoll, beabsichtigt, gewollt, bewußt, mit Willen / Bedacht / Absicht, willentlich, wohlweislich, mit Fleiß *(südd., österr., schweiz.),* zum Trotz, erst recht, nun gerade, aus Daffke *(berlin. salopp),* zufleiß *(österr.),* justament *(österr.).*

Vorschlag, Empfehlung, Rat, Ratschlag, Tip *(ugs.),* Hinweis.

vorschlagen, einen Vorschlag machen, anregen, eine Anregung geben, anraten, raten, einen Rat geben / erteilen, empfehlen, anempfehlen, jmdm. nahelegen.

vorschnell, voreilig, zu schnell, unüberlegt.

vorschriftsmäßig, ordnungsgemäß, wie vorgeschrieben, nach / laut Vorschrift, der Vorschrift entsprechend.

Vorsehung, Vorherbestimmung, Prädestination, Bestimmung, Schicksal, Geschick, Los.

[1]**vorsichtig,** behutsam, sanft, scho-

nend, schonungsvoll, sorgsam, pfleglich, sorgfältig.

[2]**vorsichtig,** umsichtig, weitblikkend, besonnen, bedachtsam, bedacht, bedächtig, mit Umsicht / Vorsicht / Überlegung / Ruhe / Besonnenheit / Bedacht.

vorsichtshalber, vorsorglich, für / auf alle Fälle, sicherheitshalber, klugerweise, schlauerweise, aus Vorsicht, lieber.

Vorsitz, Leitung, Führung, Direktion, Management, Präsidium.

vorsorgen, sichern, absichern, sicherstellen, Sicherheitsmaßnahmen / Sicherheitsvorkehrungen / Maßnahmen / Vorkehrungen / Vorsorge treffen, vorbauen *(ugs.).*

vorsprechen, besuchen, Besuch machen / abstatten, jmdn. [mit einem Besuch] beehren, zu Besuch kommen, einkehren, absteigen, vorbeikommen *(ugs.),* aufsuchen, jmdm. seine Aufwartung machen, hereinschauen, gehen / hingehen zu, Visite machen, auf einen Sprung vorbeikommen / kommen, zukehren *(österr.),* hereinschneien *(ugs.),* ins Haus platzen *(ugs.).*

[1]**vorstellen,** darstellen, repräsentieren, bilden, ausmachen, ergeben, ausdrücken, aussagen, sagen, besagen, heißen, bedeuten, die Bedeutung haben.

[2]**vorstellen,** präsentieren, vorführen, zeigen.

[3]**vorstellen** (sich etwas), sich etwas ausmalen / denken / ins Bewußtsein rufen, sich ein Bild / einen Begriff / eine Vorstellung machen von, sich etwas vergegenwärtigen / vor Augen führen.

vortäuschen, vorspiegeln, vorgeben, vorschützen, vormachen, vorspielen, vorgaukeln, heucheln, fingieren, simulieren, mimen; sich stellen / so tun, als ob; fälschlich behaupten, einen falschen Eindruck erwecken, ein falsches Bild geben.

Vorteil, Nutzen, Profit, Plus, Ertrag, Ausbeute.

Vortrag, Referat, Rede, Ansprache.

vortragen, vorsprechen, sprechen, vorlesen, lesen, rezitieren, deklamieren, aufsagen, zum besten geben, zu Gehör bringen, referieren, eine Rede / einen Vortrag / eine Ansprache / ein Referat halten.

vortrefflich, trefflich, gut, sehr gut, bestens, exzellent, fein, herrlich, vorzüglich, ausgezeichnet, hervorragend, erstklassig, prima *(ugs.),* eins a *(ugs.),* picobello *(ugs.),* klasse *(ugs.),* spitze *(ugs.),* astrein *(ugs.),* super *(ugs.).*

vorübergehen, vorbeigehen, vergehen, enden, aufhören, zu Ende gehen, ein Ende haben, zum Erliegen kommen.

vorübergehend, kurz, flüchtig, momentan, zeitweise, zeitweilig, kurzfristig, für kurze Zeit / einen Augenblick, nicht dauernd, für den Übergang.

Vorurteil, Voreingenommenheit, Parteilichkeit, Befangenheit, Einseitigkeit.

Vorwand, Ausrede, Ausflucht, Finte *(abwertend),* Entschuldigung, Notlüge, Bluff.

vorwärtskommen, avancieren, aufrücken, steigen, befördert werden, klettern *(ugs.),* arrivieren, hochkommen, emporsteigen, aufsteigen, emporkommen, etwas werden, es zu etwas bringen, Karriere machen, sein Fortkommen finden, die Treppe rauffallen *(ugs.),* auf die Beine fallen *(ugs.).*

vorwegnehmen, vorgreifen, antizipieren *(bildungsspr.),* zuvorkommen.

vorwerfen, vorhalten, vorstellen,

vor Augen halten, jmdm. Vorhaltungen / Vorwürfe / eine Szene machen, jmdm. etwas hindrükken / hinreiben / unter die Nase reiben / aufs Butterbrot schmieren *(ugs.).*

vorwiegend, meist, meistens, meistenteils, mehrenteils *(österr.),* zumeist, in der Regel, größtenteils, zum größten Teil, in der Mehrzahl, überwiegend.

vorwitzig, naseweis, vorlaut, keck, neugierig.

Vorwurf, Vorhaltung, Beanstandung, Monitum, Bemängelung, Zurechtweisung, Rüge, Tadel, Anwurf.

Vorzeichen, Vorbote, Omen, Auspizien, Menetekel.

Votum, Urteil, Stimme, Entscheidung, Entscheid, Meinungsäußerung.

W

Wache, Polizeirevier, Revier, Polizeidienststelle.
wachsen, gedeihen, wachsen [blühen] und gedeihen, sich gut entwickeln, dankbar sein.
wackelig, lose, locker, nicht fest.
Wagemut, Waghalsigkeit, Tollkühnheit, Draufgängertum, Mumm *(ugs.)*.
wagen, sich trauen, getrauen, sich erdreisten, sich erkühnen, riskieren, aufs Spiel setzen, ein Risiko eingehen, den Mut haben, es ankommen lassen auf, va banque spielen.
Wagen, Fahrzeug, Gefährt, Vehikel *(abwertend)*.
Wagenladung, Ladung, Fuhre, Fuder, Fracht, Frachtgut.
Wahl, Urnengang, Abstimmung, Stimmabgabe, Votum.
[1]**wählen,** auswählen, auslesen, lesen aus, heraussuchen, herausklauben *(landsch.)*, klauben aus *(landsch.)*, selektieren, aussuchen, suchen, finden, die Wahl treffen, Auswahl treffen / vornehmen, ausersehen, nehmen, jmds. Wahl fällt auf.
[2]**wählen,** erwählen *(geh.)*, auswählen, küren *(geh.)*, erkiesen *(veraltet)*, ausersehen, auslesen, bestimmen, eine / seine Wahl treffen, sich entscheiden für, aussuchen.
[3]**wählen,** seine Stimme abgeben, zur Wahl gehen, abstimmen, votieren.
wählerisch, verwöhnt, anspruchsvoll, kritisch, schwer zufriedenzustellen, heikel, mäkelig.
wahllos, unbesonnen, unüberlegt, ohne Überlegung, ohne Sinn und Verstand, planlos, ziellos, unbedacht, gedankenlos, unkritisch, willkürlich.
Wahnsinniger, Psychopath, Irrer, Verrückter *(ugs.)*.
Wahnwitz, Absurdität, Unvernunft, Aberwitz, Irrwitz, Wahnsinn, Irrsinn, Unsinn, Unsinnigkeit, Dummheit, Betise, Sottise, Widersinnigkeit, Sinnwidrigkeit, Sinnlosigkeit, Torheit, Narrheit, Blödsinn *(ugs.)*, Blödsinnigkeit, Hirnverbranntheit *(ugs.)*, Witzlosigkeit, Hirnrissigkeit *(ugs.)*, Quatsch *(salopp)*.
währenddessen, unterdessen, währenddem, dieweil, derweil, indessen, inzwischen, mittlerweile, in der Zwischenzeit, zwischenzeitlich, zwischendurch.
wahrhaftig, aufrichtig, ehrlich, vertrauenswürdig, zuverlässig, geradlinig, gerade, offen, offenherzig, freimütig, frank und frei, unverhüllt, unverhohlen, wahr, wahrhaft, ohne Falsch.
wahrnehmen, bemerken, gewahren, zu Gesicht bekommen, sehen, sichten.
wahrscheinlich, anscheinend, dem Anschein nach, wie es scheint, vermutlich, vermeintlich, es sieht so aus, es ist denkbar / möglich, es kann sein; es ist nicht ausgeschlossen, daß...; mutmaßlich, höchstwahrscheinlich, aller Wahrscheinlichkeit nach, voraussichtlich, aller Voraussicht nach, wenn nicht alle Zeichen trügen, wohl.

Wald, Waldung, Wäldchen, Forst, Hain *(dichter. veraltet),* Tann *(dichter. veraltet),* Holz *(dichter.),* Gehölz.

Wall, Wand, Mauer, Gemäuer.

walten, herrschen, bestehen, vorhanden sein.

Wandelhalle, Foyer, Lobby, Wandelgang, Halle, Vestibül, Lounge, Vorhalle, Vorraum, Empfangshalle, Empfangsraum.

[1]**wandeln,** verwandeln, abwandeln, ändern, verändern, umwandeln, umstoßen, über den Haufen werfen.

[2]**wandeln** (sich), sich entwickeln / ändern / verändern, im Gang / in der Entwicklung / im Fluß sein, im Wandel begriffen / noch nicht abgeschlossen sein.

[3]**wandeln** (sich), sich bessern, sich läutern / bekehren / aus einem Saulus ein Paulus werden, Einkehr halten, umkehren, in sich gehen, ein neues Leben beginnen, ein besserer / neuer Mensch werden, den alten Adam ausziehen / von sich werfen / ablegen.

wanken, schwanken, taumeln, torkeln.

Ware, Handelsgut, Konsumgut, Handelsware.

Warenzeichen, Schutzmarke, Handelsmarke, registered trademark, WZ.

warm, lau, lauwarm, überschlagen, lind, mild.

warnen, abraten, widerraten, zu bedenken geben, abberufen von, verleiden, vermiesen *(ugs.),* einwenden.

warten, abwarten, zuwarten, sich abwartend verhalten, sich gedulden, sich in Geduld fassen, etwas an sich herankommen / auf sich zukommen lassen.

Wartung, Erhaltung, Instandhaltung, Unterhaltung, Pflege.

waschen, Wäsche haben, Waschtag haben.

Wasser, H_2O, das Naß *(scherzh.),* das nasse / feuchte Element.

WC, Toilette, Null-Null, Klo *(ugs.),* Klosett, Abort *(veraltend),* Abtritt *(veraltend),* Abee *(ugs.),* [stilles / verschwiegenes] Örtchen *(scherzh.),* gewisser Ort *(verhüll.),* Häuschen *(ugs.),* Lokus *(ugs.),* Nummer Null *(ugs.),* Tante Meyer *(scherzh.),* sanitäre Anlagen, Bedürfnisanstalt, Scheißhaus *(derb),* Latrine.

Wechsel, Fluktuation, Veränderung, Wandel, Wandlung, Umschwung, Wende, Übergang.

wechselhaft, wechselvoll, veränderlich, schwankend, wandelbar, unbeständig.

wechselweise, abwechselnd, umschichtig, alternierend, im Wechsel mit.

wecken, aufwecken, aus dem Schlaf reißen, munter / wach machen, aus dem Bett werfen *(ugs.),* wach rütteln.

[1]**weg,** fort, nicht mehr da, verschwunden, unauffindbar, nicht zu finden, verschollen, abhanden gekommen.

[2]**weg,** abwesend, aushäusig, nicht zu Hause, nicht greifbar, nicht anwesend, nicht da, fort, ausgeflogen, nicht zu sprechen, über alle Berge.

wegfallen, fortfallen, in Wegfall / in Fortfall kommen, unter den Tisch fallen, flachfallen *(ugs.).*

weggehen, fortgehen, gehen, davongehen, ausziehen, von dannen gehen, von hinnen gehen, seiner Wege gehen, den Rücken kehren, aufbrechen, abmarschieren, sich entfernen / zurückziehen / absetzen / absentieren / verfügen / fortbegeben / wegbegeben / trollen / aufmachen / *(ugs.)* fortmachen, auf den Weg / *(ugs.)* auf die Strümpfe *bzw.* auf die Socken machen / *(derb)* verpissen, den Staub von den Füßen schütteln, abhauen *(salopp),* die Flatter machen *(ugs.),* abzittern *(salopp),* absocken *(salopp),* abzwitschern *(salopp),* abschieben *(salopp),* abschwirren *(salopp),* abschwimmen *(salopp),* absegeln *(salopp),* losziehen *(ugs.),* abdampfen *(ugs.),* lostigern *(salopp),* abrücken *(ugs.),* Leine ziehen *(salopp),* weglaufen, laufen, davonlaufen, rennen, wegrennen, abzischen *(salopp),* das Weite suchen, Fersengeld geben, ausrükken *(ugs.),* ausreißen *(ugs.),* Reißaus nehmen *(ugs.),* ausbüxen *(salopp),* auskneifen *(salopp),* auswichsen *(salopp),* durchbrennen *(salopp),* durchgehen *(salopp),* auskratzen *(salopp),* die Kurve kratzen *(salopp),* sich fortstehlen / fortschleichen / wegstehlen / davonstehlen / auf französisch empfehlen / *(ugs.)* davonmachen / *(ugs.)* aus dem Staube machen / *(ugs.)* verkrümeln / *(salopp)* verdrücken / *(salopp)* verdünnisieren / *(salopp)* dünnmachen / *(salopp)* flüssigmachen / *(salopp)* verziehen / fortscheren / wegscheren, [von der Bildfläche] verschwinden *(ugs.),* abtauchen, untertauchen, stiftengehen *(salopp),* verduften *(salopp).*

wegjagen, verjagen, vertreiben, austreiben, fortjagen, verscheuchen, scheuchen / jagen / treiben aus, scheuchen / jagen / treiben von.

wegschaffen, beseitigen, entfernen, fortschaffen, wegbringen, entsorgen, aus der Welt schaffen.

wegwerfen, wegtun, wegschmeißen *(salopp),* aussondern, ausrangieren *(ugs.),* zum alten Eisen werfen, aussortieren.

wegziehen, abwandern, weggehen, gehen, fortgehen, auswandern, nicht bleiben, davongehen.

wehklagen, klagen, in Klagen ausbrechen, die Hände ringen, jammern, jmdm. die Ohren volljammern *(ugs. abwertend),* lamentieren *(abwertend),* maunzen *(landsch.),* raunzen *(bayr., österr.),* sempern *(österr.),* barmen *(ugs.).*

wehleidig, zimperlich, [über]empfindlich, jammernd, klagend.

Wehmut, Trauer, Traurigkeit, Betrübnis *(geh.),* Melancholie, Bekümmertheit, Bekümmernis *(geh.),* Trübsal *(geh.).*

wehmütig, schwermütig, trübsinnig, depressiv, melancholisch, pessimistisch, schwarzseherisch, defätistisch, miesepetrig *(ugs.),* hintersinnig *(schweiz.),* bregenklüterig *(landsch.),* trübselig, wehselig *(schweiz.).*

Wehrdienst, Militärdienst, Heeresdienst, Kriegsdienst, Kommiß *(ugs.),* Barras *(ugs.).*

wehren (sich), sich zur Wehr setzen / seiner Haut wehren / *(ugs.)* auf die Hinterbeine stellen / *(ugs.)* nicht die Butter vom Brot nehmen lassen / nichts gefallen lassen.

weichherzig, gütig, grundgütig, herzlich, kordial *(veraltet),* warmherzig, gut, seelengut, herzensgut, gutherzig, gutmütig, sanftmütig, barmherzig, gnädig, mild, eine Seele von Mensch / von einem Menschen / *(salopp scherzh.).*

weiden, äsen, grasen.

Weile, Weilchen, Nu, Atemzug, Sekunde, Minute, Augenblick, Moment.

weinen, Tränen vergießen, in Tränen zerfließen, sich in Tränen auflösen, es gibt Tränen, heulen *(ugs.),* flennen *(ugs. abwertend),* greinen *(ugs.),* plärren *(ugs.),* schluchzen, wie ein Schloßhund heulen *(ugs.),* Rotz und Wasser heulen *(salopp);* weinen, daß es einen Stein erweichen könnte, Krokodilstränen weinen / vergießen.

Weinerlichkeit, Wehleidigkeit, Larmoyanz.

[1]**Weise,** Art und Weise, Form, Stil, Manier, Modus *(geh.),* Zuschnitt, Tour *(ugs.),* Masche *(ugs.).*

[2]**Weise,** Lied, Volkslied, Kunstlied, Gesang, Melodie, Song, Folk, Folksong.

Weisung, Auftrag, Anweisung, Direktive, Verhaltensmaßregel, Verhaltungsmaßregel *(veraltend),* Ukas, Order, Instruktion, Reglement, Gebot, Geheiß, Aufforderung, Anordnung, Befehl, Kommando, Verfügung, Dekret.

Weitblick, Scharfblick, Scharfsichtigkeit, Hellsichtigkeit.

Weite, Größe, Geräumigkeit, Großräumigkeit, Großflächigkeit.

Weiterbildung, Fortbildung, Erwachsenenbildung.

weitererzählen, weitersagen, weitertragen, weitergeben, hinterbringen, zutragen.

weitermachen, fortsetzen, fortfahren, fortführen, weiterführen, weiterverfolgen, am Ball bleiben *(ugs.).*

weitgehend, generell, allgemein, im allgemeinen, im großen [und] ganzen, mehr oder weniger, mehr oder minder, mehr – weniger *(österr.),* durchweg, durchwegs *(österr.),* gemeinhin, weithin, durchgängig, fast immer, durch die Bank *(ugs.),* durchs Band [weg] *(schweiz.),* [für] gewöhnlich, gemeiniglich *(veraltet).*

weitläufig, ausführlich, eingehend, in extenso, breit, langatmig *(abwertend),* weitschweifig, prolix, umständlich, wortreich, lang und breit *(ugs. abwertend),* des langen und breiten *(ugs. abwertend),* langstielig *(ugs. abwertend).*

weitschweifig, ausführlich, eingehend, in extenso, breit, langatmig *(abwertend),* prolix, umständlich, weitläufig, wortreich, lang und breit *(ugs. abwertend),* des langen und breiten *(ugs. abwertend),* langstielig *(ugs. abwertend).*

weitsichtig, weitblickend, weitschauend, vorausschauend, vorausblickend, voraussehend.

welken, verwelken, welk werden, vergehen, verblühen, verdorren.

Welle, Woge, Brecher, Brandung.

wellen, legen, einlegen, ondulieren *(veraltend).*

wellig, lockig, gewellt, gelockt, geringelt, kraus, onduliert, gekräuselt.

Welt, Erde, Erdkreis, Erdball, Erdkugel, Globus [blauer] Planet.

Weltall, All, Weltraum, Raum, Weltenraum, Kosmos, Universum.

weltmännisch, gewandt, weltgewandt, weltläufig, urban, sicher, geschliffen.

wenden (sich an), herantreten an, vorsprechen bei, ansprechen, anschreiben, anrufen, jmdm. mit etwas kommen *(ugs.).*

wendig, beweglich, gewandt, agil, mobil, flexibel, geschickt.

[1]**wenig,** minimal, unerheblich, unbeträchtlich, nicht nennenswert, gering, geringfügig, unbedeutend, lächerlich, kaum etwas, eine Spur [von], eine Idee ..., ein Hauch von, ein Quentchen ..., ein Körnchen ...

[2]**wenig,** karg, kärglich, unergiebig, dürftig, ärmlich, armselig, pop[e]lig *(ugs.),* plöt[e]rig *(landsch.),* spärlich, knapp, schmal, kümmerlich, beschränkt, bescheiden, frugal.

wenigstens, mindestens, zum wenigsten / mindesten, zumindest, gut, gut und gern.

wenn, falls, sofern, wofern; für den Fall / im Falle, daß.

[1]**werben,** einen Werbefeldzug / eine Werbekampagne starten, Reklame machen, die Werbetrommel rühren, Propaganda machen / treiben, propagieren, Werbung machen, Werbemittel einsetzen, bewerben.

[2]**werben,** (jmdn. für etwas), jmdn. für etwas zu gewinnen / interessieren suchen, sich jmds. Mitarbeit / Unterstützung sichern.

Werbung, Reklame, Propaganda, Publicity, PR, Public Relations, Öffentlichkeitsarbeit, Kontaktpflege, Werbekampagne, Promotion, Sales-promotion, Verkaufsförderung, Werbefeldzug, Werbemaßnahme, Schleichwerbung, Product placement.

Werdegang, Laufbahn, Karriere, Lebensweg, Lebenslauf, Curriculum vitae, Entwicklungsgang, Vita *(bildungsspr.).*

werden, entstehen, sich entfalten / entwickeln / bilden / entspinnen, aufkommen, erscheinen, sich zeigen, zum Vorschein kommen, hervorgerufen werden, auftauchen *(ugs.),* herauskommen, wie Pilze aus dem Boden / aus der Erde schießen, üblich werden, in Gebrauch kommen.

werfen, schleudern, katapultieren, schmeißen *(salopp),* feuern *(salopp),* pfeffern *(salopp),* schmettern.

[1]**Werk,** Fabrik, Betrieb, Fabrikationsstätte, Werkstätte, Unternehmen, Firma.

[2]**Werk,** Arbeit, Œuvre, Opus, das Schaffen, Gesamtwerk, Gesamtœuvre, Machwerk *(abwertend),* Elaborat *(abwertend).*

werken, werkeln, sich zu schaffen machen, herumpusseln *(ugs.),* pusseln *(ugs.),* hantieren, sich beschäftigen mit, bosseln *(ugs.).*

Werkzeug, Gerätschaft, Gerät, Instrument.

werten, bewerten, eine Wertung vornehmen, beurteilen, ein Urteil fällen / abgeben.

wertfrei, wertneutral, nüchtern, sachlich, objektiv, unparteiisch.

wertlos, minderwertig, schlecht, billig, miserabel, gering, inferior *(bildungsspr.),* schäbig, lausig *(ugs.),* saumäßig *(salopp),* unter aller Würde / Kritik / *(ugs.)* Kanone / *(salopp)* Sau, ohne Wert, keinen Pfennig / Heller / *(ugs.)* Pfifferling wert.

wertvoll, kostbar, teuer, qualitätsvoll, exquisit, hochwertig, von guter Qualität.

Wesen, Wesensart, Art, Gepräge, Gemütsart, Natur, Naturell, Typ, Charakter, Temperament, Eigenart, Anlage, Veranlagung.

wesensgleich, geistesverwandt, ebenbürtig, kongenial.

wesentlich, wichtig, belangvoll, bedeutungsvoll, bedeutsam, gewichtig, zentral, essentiell, substantiell, relevant, signifikant.

Wettbewerb, Konkurrenz, Wirtschaftskampf, Existenzkampf, Erwerbskampf, Ausschreibung, Wettstreit, Wettkampf, Wetteifer.

wetterwendisch, launisch, launenhaft, unberechenbar, exzentrisch, grillenhaft, kapriziös, bizarr.

wettmachen, aufholen, [Boden] gutmachen, einholen, nachholen, nachziehen, ausgleichen, das Gleichgewicht herstellen, gleichziehen.

wichtig, belangvoll, bedeutungsvoll, bedeutsam, führend, gewichtig, wesentlich, zentral, essentiell, substantiell, relevant, signifikant.

Wichtigkeit, Bedeutung, Gewicht, Rang, Größe, Geltung.

Wichtigtuer, Besserwisser, Neunmalkluger, Neunmalschlauer, Neunmalgescheiter, Oberlehrer, Alleswisser, Rechthaber, Sprüchemacher, Sprücheklopfer, Klugscheißer *(derb),* Klugschnacker *(nordd.),* Wichtigmacher, Gschaftlhuber *(südd., österr.).*

widerfahren, jmdm. begegnen / zustoßen, jmdn. erwarten, jmdm. blühen *(ugs.),* jmdm. zuteil werden, auf jmdn. zukommen, jmdm. in den Schoß fallen, erleben.

Widerhall, Nachhall, Hall, Nachklang, das Nachhallen, das Nachklingen, das Weiterklingen, das Widerhallen, Echo, Resonanz.

widerlegen, ad absurdum führen, entwaffnen, jmdm. den Wind aus den Segeln nehmen, jmdn. / etwas Lügen strafen, entkräften, [einem Verdacht] den Boden entziehen, das Gegenteil beweisen, Gegenargumente vorbringen.

widerlich, ekelhaft, ekelerregend, eklig, unappetitlich, degoutant.

Widerruf, Zurücknahme, Dementi, Absage, Ableugnung, Zurückziehung, Rückzug *(schweiz.),* Sinneswechsel, Sinneswandel.

Widersacher, Gegner, Kontrahent, Intimfeind, Widerpart, Antagonist, Antipode, Gegenspieler, Feind, Opponent, Regimekritiker, Dissident, Frondeur, Neinsager, die andere Seite.

widersetzen (sich), sich sträuben / wehren / zur Wehr setzen, sich mit Händen und Füßen wehren / sträuben.

Widerspenstigkeit, Eigensinn, Eigensinnigkeit, Halsstarrigkeit, Starrsinn, Starrsinnigkeit, Rechthaberei, Unnachgiebigkeit, Intransigenz, Starrköpfigkeit, Dickschädeligkeit, Steifnackigkeit, Unbelehrbarkeit, Störrischkeit, Sturheit, Bockbeinigkeit *(ugs.),* Bockigkeit *(ugs.),* Kratzbürstigkeit, Aufsässigkeit, Aufmüpfigkeit, Unbotmäßigkeit, Trotz, Widersetzlichkeit, Renitenz, Protesthaltung, Widerborstigkeit, Ungehorsam, Unlenksamkeit, Eigenwilligkeit, Verbohrtheit, Hartgesottenheit, Hartnäckigkeit, Verstocktheit, Uneinsichtigkeit, Dickköpfigkeit, Obstination.

widersprechen, Widerspruch erheben, dagegenhalten, entgegenhalten, einwenden, einwerfen, Einwände erheben / machen, replizieren, kontern, Kontra geben, jmdm. über den Mund fahren *(ugs.),* jmdm. in die Parade fahren, aufbegehren, antworten.

widersprüchlich, gegensätzlich, widerspruchsvoll, widersprechend, schizophren, einander ausschließend, paradox, widersinnig, unlogisch, disjunktiv, [diametral] entgegengesetzt, gegenteilig, umgekehrt, konvers, oppositionell, dichotomisch, unvereinbar, ungleichartig, disparat, konträr, polar, kontradiktorisch, komplementär, korrelativ, antithetisch, antinomisch, adversativ.

Widersprüchlichkeit, Gegensätzlichkeit, Widerspruch, Schizophrenie, Janusköpfigkeit, Gegenteiligkeit, Ungleichartigkeit, Unvereinbarkeit, Polarisierung, Disparität, Polarität, Antinomie.

widerstandsfähig, abgehärtet, gestählt, unempfindlich, stabil, resistent, gefeit, unempfänglich, immun, nicht anfällig.

Widerstandskämpfer, Guerilla, Guerillero, Freischärler, Franktireur, Partisan, Untergrundkämpfer.

widerwärtig, abscheulich, scheußlich, häßlich, unschön, greulich, widerlich, ekelhaft, zum Kotzen *(derb),* abscheuerregend, ätzend *(ugs.),* schlimm, schlecht.

Widerwillen, Abscheu, Ekel, Aversion, Degout, Abneigung.

widerwillig, unwillig, nicht geneigt, abgeneigt, ungern, unlustig, lustlos, widerstrebend, mit Widerwillen / Unlust.

[1]**widmen,** zueignen, dedizieren, zudenken, verehren, weihen, schenken.

[2]**widmen** (sich), sich befassen mit, sich beschäftigen / tragen / abgeben mit, sich in etwas hineinknien *(ugs.),* einer Sache frönen / huldigen, umgehen mit, schwanger gehen mit *(ugs. scherzh.).*

wieder, wiederum, abermals, nochmals, noch einmal, zum x-tenmal, erneut, aufs neue, von neuem, neuerlich.

Wiederbelebung, Neubelebung, Wiederaufleben, Renaissance, Comeback, Wiedergeburt.

wiedergeben, zurückgeben, retournieren, zurückstellen *(österr.).*

Wiederherstellung, Wiederherrichtung, Instandsetzung, Instandstellung *(schweiz.),* Sanierung, Rekonstruktion, Erneuerung, Reorganisation, Renovierung, Restauration, Restitution, Reparatur.

[1]**wiederholen,** nachsprechen, nachsagen, nachreden, nachplappern, echoen, nachbeten.

[2]**wiederholen,** repetieren, rekapitulieren, nachmachen, noch einmal machen, kopieren.

wiederkommen, zurückkommen, zurückkehren, wiederkehren, heimkommen, heimkehren.

wiederverwenden, verwerten, wiederverwerten, recyceln, rezyklieren.

[1]**wiegen,** abwiegen, auswiegen, einwiegen, das Gewicht feststellen, auf die Waage legen, austarieren.

[2]**wiegen,** wichtig / bedeutsam sein, von Wichtigkeit / Bedeutung sein, Gewicht / Bedeutung haben, zählen, ins Gewicht fallen, eine Rolle spielen, zu Buche schlagen, großgeschrieben werden.

[1]**wild,** ungezähmt, ungebändigt, unzivilisiert.

[2]**wild,** stürmisch, ungezügelt, hemmungslos, ungestüm, unbändig, zügellos, außer Rand und Band.

Willenlosigkeit, Antriebsschwäche, Energielosigkeit, Willensschwäche, Willenslähmung.

Willenskraft, Tatkraft, Energie, Spannkraft, Leistungsfähigkeit, Dynamik, Schwung, Initiative, Schaffenskraft.

willensschwach, haltlos, willenlos, energielos, nachgiebig, weich, pflaumenweich *(ugs.),* schwach.

willfährig, bereit, gewillt, geneigt, gesonnen, willig, gutwillig, gefügig, gefüge.

willkommen, gelegen, erwünscht, gern gesehen, lieb.

[1]**Willkür,** Gewalt, Zwang, Terror, Terrorismus, Staatsterrorismus, Militärgewalt, Waffengewalt.

[2]**Willkür,** Eigenmächtigkeit, Selbstherrlichkeit, Anmaßung, Tyrannei, Despotie.

willkürlich, wahllos, ohne Überlegung, unkritisch, unüberlegt.

winden (sich um), sich schlingen um, sich ranken um, sich schlängeln um, sich ringeln um.

windig, luftig, zugig, böig, auffrischend, stürmisch.

Windigkeit, Pflichtvergessenheit, Ehrvergessenheit, Unzuverlässigkeit, Pflichtvernachlässigung, Pflichtversäumnis, Pflichtverletzung, Unredlichkeit, Verantwortungslosigkeit.

winzig, klein, fipsig *(ugs.),* zu kurz

geraten *(scherzh.)*, [herzlich] wenig, klitzeklein, mickrig, kleinwinzig, kleinwuzig *(österr.)*, lütt *(nordd.)*, gering, murklig *(abwertend)*, geringfügig, unerheblich, minimal, nicht nennenswert, unbedeutend, unbeträchtlich, lächerlich.

[1]**Wirbel**, Strudel, Strömung, Drift.

[2]**Wirbel** *(abwertend)*, Getue *(abwertend)*, Gedöns *(ugs. abwertend)*, Gewese *(ugs. abwertend)*, Theater *(abwertend)*, Affentheater *(ugs. abwertend)*, Affenzeck *(salopp)*, Pflanz *(österr. ugs.)*, Tamtam *(ugs. abwertend)*, Zirkus *(abwertend)*, Sturm im Wasserglas, viel Lärm um nichts.

[1]**wirken**, einwirken, wirksam werden, sich auswirken, zur Auswirkung / zur Wirkung / zum Tragen kommen, auf fruchtbaren Boden fallen, hinhauen *(ugs.)*, hinziehen *(ugs.)*, sitzen *(ugs.)*, ziehen *(ugs.)*, seine Wirkung nicht verfehlen, eine Wirkung haben / erzielen, Einfluß ausüben, einen Effekt haben / erzielen, etwas bewirken.

[2]**wirken**, agieren, handeln, tätig sein, sich tummeln, werkeln, etwas tun, arbeiten.

wirklich, tatsächlich, in der Tat, de facto, in praxi, realiter, faktisch, effektiv, vorhanden, real, existent, real existierend, bestehend, gegenständlich, konkret.

Wirklichkeit, Realität, Sosein, Sachlage, Sachverhalt, Faktizität.

wirksam, wirkungsvoll, effizient, probat.

wirkungslos, unwirksam, zwecklos, erfolglos, ergebnislos.

wirr, verfahren, verworren, verwikkelt, unklar, chaotisch, unzusammenhängend, abstrus, kraus, konfus, diffus.

Wirrwarr, Gewirr, Wirrsal, Wirrnis, Durcheinander, Konfusion, Verwirrung, Kuddelmuddel *(ugs.)*, Chaos, Tohuwabohu.

Wirtschaft, Haushalt, Hauswesen, Haushaltung, Hausstand.

wirtschaften, hantieren, herumwirtschaften *(ugs.)*, herumhantieren *(ugs.)*, fuhrwerken *(ugs. abwertend)*, herumfuhrwerken *(ugs. abwertend)*, geschäftig sein.

wirtschaftlich, geschäftlich, finanziell, geldlich, geldmäßig, monetär, pekuniär.

wispern, flüstern, pispern, pispeln, zischeln, zischen, tuscheln, hauchen, raunen, murmeln, brummeln.

wissen, Kenntnis haben von, Bescheid wissen, unterrichtet / orientiert / informiert / eingeweiht / ins Geheimnis gezogen / auf dem laufenden sein, kennen, gehört / erfahren haben, Einblick gewinnen [in], im Bilde sein.

Wissenschaftler, Gelehrter, Wissenschafter *(schweiz., österr.)*, Forscher, Stubengelehrter, Studierter, Akademiker, Mann der Wissenschaft, Privatgelehrter.

Wissensdrang, Wissensdurst, Wißbegier[de], Neugier[de], Erkenntnisdrang, Forschungstrieb, Forschungseifer, faustisches Streben.

wissentlich, absichtlich, geflissentlich, absichtsvoll, beabsichtigt, vorsätzlich, gewollt, bewußt, mit Willen / Bedacht / Absicht, willentlich, wohlweislich, mit Fleiß *(südd., österr. schweiz.)*, zum Trotz, erst recht, nun gerade, aus Daffke *(berlin. salopp)*, zufleiß *(österr.)*, justament *(österr.)*.

Witz, Mutterwitz, Humor, Ironie, Spott.

Witzbold, Spaßvogel, Spaßmacher, Schalk, Schelm, Clown, Kasper, Possenreißer, Komiker.

[1]**witzig,** komisch, urkomisch, ulkig, spaßig.

[2]**witzig,** geistreich, geistvoll, sprühend, spritzig, launig, schlagfertig.

woanders, anderswo, sonstwo, anderwärts.

wochentags, werktags, alltags, in / *(landsch.)* unter der Woche.

wohlauf, gesund, [gesund und] munter, kraftstrotzend, gesundheitsstrotzend, frisch, kerngesund, kregel *(landsch.),* pumperlgesund *(österr. ugs.),* nicht krank, wohl, fit, mobil *(ugs.),* in Form, auf dem Posten *(ugs.),* wieder auf dem Damm *(ugs.).*

Wohlbefinden, Gesundheit, Wohlsein, Rüstigkeit, Wohlergehen, Befinden, Fitneß, Gesundheitszustand.

wohlerzogen, artig, brav, folgsam, fügsam, gehorsam, lieb, manierlich, gesittet, mit Kinderstube.

wohlfeil, billig, preiswert, preisgünstig, kostengünstig, herabgesetzt, im Preis gesenkt, fast umsonst, [halb] geschenkt, preiswürdig, günstig, zu zivilen Preisen, spottbillig.

wohl fühlen (sich), sich behaglich / heimisch / wie zu Hause fühlen, in seinem Element sein, sich aalen, sich rekeln, sich sonnen, sich fühlen wie der Fisch im Wasser, gut drauf sein *(ugs.).*

wohlhabend, vermögend, reich, begütert, bemittelt, gutsituiert, betucht, zahlungskräftig, potent, mit Glücksgütern gesegnet, behäbig *(schweiz.),* vermöglich *(schweiz.),* hablich *(schweiz.).*

Wohltätigkeit, Barmherzigkeit, Mildtätigkeit.

wohlüberlegt, ausgewogen, ausgereift, überlegt, [gut] durchdacht, ausgearbeitet, ausgetüftelt *(ugs.),* ausgefeilt, ausgeknobelt *(ugs.),* durchgeknobelt *(ugs.).*

wohnen, bewohnen, leben, hausen, sich aufhalten, sitzen *(ugs.),* seinen Wohnsitz haben, wohnhaft / ansässig / daheim sein, zu Hause sein, verschlagen worden sein, sich häuslich niedergelassen haben.

Wohngemeinschaft, WG, Wohngruppe, Großfamilie, Kommune.

wohnhaft, einheimisch, ansässig, ortsansässig, heimisch, beheimatet, zu Hause, alteingesessen, eingesessen, eingeboren, niedergelassen, heimatberechtigt, heimatgenössisch *(schweiz.),* eingebürgert, verbürgert *(schweiz.),* zuständig nach *(österr.).*

Wohnung, Wohnsitz, Behausung, Domizil, Heim, Daheim *(bes. südd.),* Zuhause.

[1]**Wölbung,** Rundung, Ausbuchtung, Ausstülpung, Bauch.

[2]**Wölbung,** Gewölbe, Kuppel, Dom *(dichter.).*

Wolken, Bewölkung, Wolkendekke, Gewölk, Wolkenfeld, Wolkenmassen, Wolkenmeer.

wolkenlos, sonnig, heiter, strahlend, klar.

wolkig, bewölkt, bedeckt, bezogen, grau, verhangen.

wollen, wünschen, begehren, ersehnen, erträumen, erhoffen, jmdm. ins Auge / in die Augen stechen, sein Herz an etwas hängen, mögen, vesucht sein zu tun, jmdm. am Herzen liegen.

Wort, Ausdruck, Bezeichnung, Benennung, Vokabel, Begriff, Terminus.

wortgewandt, beredt, beredsam, zungenfertig, redegewandt, sprachgewaltig, redegewaltig, eloquent, deklamatorisch.

wortkarg, schweigsam, einsilbig, lakonisch, mundfaul *(ugs.),* maulfaul *(ugs.)*, nicht mitteilsam, zugeknöpft.

wortlos, stumm [wie ein Fisch], grußlos, schweigend.

wortreich, ausführlich, eingehend, in extenso, breit, langatmig *(abwertend)*, weitschweifig, prolix, umständlich, weitläufig, lang und breit *(ugs. abwertend)*, des langen und breiten *(ugs. abwertend)*, langstielig *(ugs. abwertend)*.

Wortschwall, Redeschwall, Redefluß, Tirade, Suada.

wühlen, stöbern, kramen, suchen, etwas nach etwas durchsuchen.

Wunde, Verwundung, Verletzung, Trauma, Blessur.

wunderbar, herrlich, schön, hervorragend, toll *(ugs.)*, prima *(ugs.)*, ausgezeichnet, klasse *(ugs.)*, spitze *(ugs.)*, die Härte *(ugs.)*, super *(ugs.)*, geil *(ugs.)*, optimal, [echt] stark *(ugs.)*, bärig *(ugs.)*, bärenstark *(ugs.)*, fetzig *(ugs.)*, scharf *(ugs.)*.

wundern (sich), erstaunt sein, sich verwundern, staunen.

Wunsch, Begehren, Begehr *(veraltet)*, Verlangen, Herzenswunsch, Wunschdenken.

wünschen, begehren, ersehnen, erträumen, erhoffen, [haben] wollen, jmdm. ins Auge / in die Augen stechen, sein Herz an etwas hängen, mögen, versucht sein zu tun, jmdm. am Herzen liegen.

Würde, Ehre, Ansehen, Größe, Erhabenheit, Vornehmheit, Gravität, Dignität, Grandezza.

würdelos, unwürdig, ehrlos, erniedrigend.

würdevoll, majestätisch, gravitätisch, gemessen, hoheitsvoll, königlich, feierlich.

[1]**würdigen,** anerkennen, honorieren, belohnen, Tribut / Anerkennung zollen, jmdm. etwas danken.

[2]**würdigen,** achten, hochachten, ehren, in Ehren halten, adorieren *(geh.)*, jmdm. Ehre erzeigen / erweisen, schätzen, verehren, bewundern, anbeten, vergöttern, jmdm. zu Füßen liegen, ästimieren, respektieren, anerkennen, honorieren, große Stücke auf jmdn. halten *(salopp)*, viel für jmdn. übrig haben *(ugs.)*.

Würze, Geschmack, Aroma, Arom *(dichter.)*.

würzig, aromatisch, herzhaft, feurig, pikant, scharf, stark [gewürzt], gewürzt, beißend, raß *(südd., österr., schweiz.)*, räß *(südd., österr., schweiz.)*.

Wut, Zorn, Ärger, Stinkwut *(salopp)*, Rage *(ugs.)*, Täubi *(schweiz.)*, Grimm, Ingrimm, Jähzorn, Raserei, Furor.

Wutanfall, Wutausbruch, Zornausbruch, Zornesausbruch, Tobsuchtsanfall, Koller *(ugs.)*, Rappel *(salopp)*, Raptus.

wütend, ärgerlich, böse, aufgebracht, verärgert, entrüstet, empört, peinlich / unangenehm berührt, unwillig, ungehalten, unwirsch, indigniert, erbost, erzürnt, erbittert, zornig, fuchtig, wutentbrannt, wutschäumend, wutschnaubend, fuchsteufelswild, zähneknirschend, grimmig, ingrimmig, tücksch.

XYZ

Yuppie, Karrierist, Karrieremacher, Karrieremensch, Aufsteiger, Erfolgsmensch, Emporkömmling, Parvenü.

zaghaft, ängstlich, furchtsam, schreckhaft, phobisch, bang, besorgt, angsterfüllt, angstvoll, angsthaft *(veraltend)*, angstbebend, angstschlotternd, angstverzerrt (vom Gesicht), zähneklappernd *(ugs.)*, bänglich, beklommen, scheu, schüchtern, verschüchtert, eingeschüchtert, verschreckt, dasig *(südd., österr.)*, verängstigt, zag.

Zahl, Anzahl, Quantum, Quantität, Menge.

zahlen, bezahlen, begleichen, erledigen, hinblättern *(ugs.)*, auf den Tisch des Hauses legen, erlegen, blechen *(ugs.)*, berappen, tief in die Tasche greifen müssen.

zählen, wichtig sein, Bedeutung / Gewicht haben, von Bedeutung / von Wichtigkeit / bedeutsam sein, wiegen, ins Gewicht fallen, eine Rolle spielen, zu Buche schlagen, großgeschrieben werden.

zahllos, viel, reichlich, unzählig, ungezählt, wie Sand am Meer, in Hülle und Fülle, in großer Zahl, jede Menge *(ugs.)*, in rauhen Mengen *(ugs.)*, [mehr als] genug, massenhaft *(ugs.)*, massenweise *(ugs.)*, massig *(ugs.)*, in Massen *(ugs.)*, en masse *(ugs.)*, haufenweise *(ugs.)*, nicht wenig.

zahlreiche, viele, nicht wenige, eine große Zahl, eine Unzahl, ungezählte, unzählige, zahllose, unzählbare, Hunderte, Tausende, Millionen, Aberhunderte, Abertausende, eine [ganze] Reihe, Heerscharen, Legionen, Myriaden *(ugs.)*, eine Menge / Anzahl / Vielzahl / Masse / [endlose] Folge, eine breite Palette von, massenhaft, haufenweise *(ugs.)*.

zahlungsunfähig, bankrott, insolvent, illiquid, blank *(salopp)*, pleite *(salopp)*.

zähmen, bändigen, zügeln, zurückhalten, im Zaum / in Schranken halten, Zügel anlegen, mäßigen, bezähmen.

Zähne, Kauwerkzeuge, Gebiß.

Zank, Gezänk, Gezanke, Zankerei, Krach, Streit, Knies *(salopp landsch.)*, Zwist, Zwistigkeit, Händel.

zanken (sich), in Streit geraten, aneinandergeraten, zusammenstoßen, sich streiten / *(landsch.)* kabbeln / *(ugs.)* beharken / *(ugs.)* strubeln / *(ugs.)* in den Haaren liegen / *(ugs.)* in die Haare geraten *bzw.* kriegen / *(ugs.)* in die Wolle kriegen, einen Auftritt haben mit.

zart, zierlich, zartgliedrig, feingliedrig, grazil, zerbrechlich, fragil, schmächtig.

zartbesaitet, empfindlich, empfindsam, dünnhäutig, überempfindlich, feinbesaitet, verletzbar, verletzlich, feinfühlig, sensibel, allergisch, sensitiv, mimosenhaft.

zartfühlend, rücksichtsvoll, taktvoll, einfühlend, schonend, fürsorglich, umsichtig, aufmerksam.

Zauber, Anmut, Liebreiz, Reiz, Lieblichkeit, Schmelz, Zartheit,

Grazie, Charme, Liebenswürdigkeit.

Zauberei, Zauber, Zauberkunst, Zauberwesen, Hexenwerk, Hexerei, Teufelswerk, Teufelskunst, Teufelspakt, Magie, Schwarze Kunst.

Zauberer, Zaubrer, Zauberpriester, Schamane, Magier, Hexenmeister, Hexer.

zauberhaft, bezaubernd, reizend, charmant, bestrickend, berükkend, entzückend, liebenswürdig, gewinnend, anmutig.

zaubern, hexen, Zauberei betreiben / treiben, den Zauberstab schwingen.

Zecher, Trinkgenosse, Zechgenosse, Zechkumpan, Zechbruder *(ugs.),* Saufkumpan *(derb),* Saufkumpel *(derb).*

[1]**Zeichen,** Gebärde, Geste, Pantomime, Wink, Handzeichen, Deuter *(österr.).*

[2]**Zeichen,** Anzeichen, Anhaltspunkt, Symptom, Kennzeichen, Merkmal, Omen, Hinweis.

[3]**Zeichen,** Symbol, Sinnbild, Emblem, Bild, Chiffre, Piktogramm.

zeichnen, malen, abbilden, skizzieren, stricheln.

Zeichnung, Graphik, Bild.

[1]**zeigen,** aufweisen, haben, besitzen, sich kennzeichnen durch, in sich tragen / bergen, jmdm. / einer Sache eigen sein / eigentümlich sein / eignen.

[2]**zeigen,** bekunden, erkennen lassen, an den Tag legen, zum Ausdruck bringen, dartun, dokumentieren, kundgeben, offenbaren.

[3]**zeigen** (sich), offenkundig / offenbar werden, ans Licht kommen, sich herausstellen / enthüllen, zu werden versprechen, sich entpuppen als.

[4]**zeigen** (etwas), von etwas zeugen, etwas beweisen, ein Beweis für etwas sein, von etwas Zeugnis ablegen / ein Zeichen sein, von etwas künden *(geh.).*

zeitgleich, gleichzeitig, simultan, synchron, synchronisch.

zeitig, frühzeitig, früh, beizeiten, rechtzeitig, zur rechten Zeit.

zeitlos, nicht zeitgebunden, nicht der Mode unterworfen, klassisch.

zeitraubend, langwierig, viel Zeit kostend / in Anspruch nehmend, langatmig, umständlich, arbeitsaufwendig.

Zeitschrift, Periodikum, Illustrierte, illustrierte Zeitung, illustriertes Blatt, Journal, Magazin.

Zeitung, Blatt, Organ, Gazette, Blättchen *(abwertend).*

zeitweilig, zeitweise, vorübergehend, kurzfristig, kurz, momentan, flüchtig, für kurze Zeit / einen Augenblick, nicht dauernd, für den Übergang.

Zelle, Loch *(salopp),* Gefängniszelle, Verlies *(veraltet),* Karzer *(veraltet).*

zelten, campen, Camping machen *(ugs.),* campieren *(bes. österr., schweiz.),* biwakieren.

Zensur, Note, Benotung, Bewertung, Beurteilung, Prädikat.

Zentrum, Mittelpunkt, Mitte, Kern, Herz, Herzstück, Achse, Pol, Brennpunkt, Knotenpunkt, Schnittpunkt, Zentralpunkt.

[1]**zerbrechen,** in Stücke gehen, kaputtgehen, in die Brüche gehen, entzweigehen, das Zeitliche segnen *(scherzh.).*

[2]**zerbrechen,** entzweibrechen, brechen, bersten, platzen, zerplatzen, springen, zerspringen, splittern, zersplittern.

zerbrechlich, fragil, zart, zartgliedrig, zierlich, feingliedrig, schmächtig, grazil.

zerdehnt, gedehnt, breit ausgewalzt, in die Länge gezogen.

Zerfall, Zersetzung, Verfall, Auflösung.

zerfallen, verfallen, alt, altersschwach, baufällig, morsch, brüchig.

zerhacken, spalten, entzweihakken, entzweihauen, klieben *(bayr., österr.).*

zerknautscht, zerknittert, knittrig, zerdrückt, verdrückt, knautschig, verknautscht, geknautscht, krump[e]lig *(ugs.),* verkrumpelt *(ugs.).*

zerknirscht, schuldbewußt, reuevoll, bußfertig, reumütig, reuig, Reue empfindend.

zerknittert, knittrig, zerdrückt, verdrückt, knautschig, zerknautscht, verknautscht, geknautscht, krump[e]lig *(ugs.),* verkrumpelt *(ugs.).*

zerlaufen, schmelzen, zerschmelzen, zergehen, zerfließen, sich auflösen.

zerlegen, auseinandernehmen, zertrennen, zerteilen, auflösen, demontieren, abbauen, tranchieren.

zermahlen, zerreiben, pulverisieren, zerstoßen, zerstampfen, zerklopfen.

zermalmen, zerquetschen, zerdrücken, zu Mus / Brei machen, breitdrücken, breitquetschen, breitwalzen, zermatschen *(salopp).*

zermürben, mürbe machen, weichmachen *(salopp),* kleinkriegen *(salopp),* jmds. Widerstandskraft brechen.

zermürbt, mürbe, entnervt, demoralisiert, gestreßt.

zerren, reißen, ziehen, zupfen.

zerschlagen (sich), mißglücken, mißlingen, mißraten, fehlschlagen, schiefgehen *(ugs.),* danebengehen *(ugs.),* verunglücken, platzen, auffliegen, ins Wasser fallen, wie ein Kartenhaus zusammenfallen, in die Hose gehen *(ugs.),* scheitern, floppen *(ugs.).*

zersetzen (sich), faulen, verfaulen, in Fäulnis übergehen, den Weg alles Irdischen gehen *(scherzh.).*

Zersetzung, Auflösung, Verwesung, Fäulnis.

zerstören, ruinieren, vernichten, zugrunde richten, destruieren *(geh.),* demolieren, kaputtmachen *(ugs.),* verwüsten, verheeren.

zerstreiten (sich), sich entzweien / veruneinigen / verfeinden / verzanken / überwerfen, uneins werden, Streit kriegen / bekommen / haben, sich verkrachen *(ugs.).*

[1]**zerstreuen,** erheitern, aufheitern, aufmuntern, ablenken, auf andere Gedanken bringen, Stimmung machen, Leben in die Bude bringen *(salopp).*

[2]**zerstreuen** (sich), sich ablenken, einen Tapetenwechsel vornehmen *(ugs.),* für Abwechslung sorgen, einmal etwas anderes hören und sehen wollen, Zerstreuung suchen.

zerstreut, unaufmerksam, zerfahren, abgelenkt, abwesend, geistesabwesend, unkonzentriert.

Zerstreuung, Unterhaltung, Ablenkung, Vergnügen, Belustigung, Amüsement, Kurzweil, Zeitvertreib, Gaudi *(südd., österr. ugs.).*

zerstritten, verzankt, entzweit, verfeindet, verkracht *(ugs.).*

zertrümmern, zerschlagen, zerbrechen, zerteppern *(ugs.),* zerschmeißen *(ugs.),* zerschmettern, zertreten, zerstampfen, zertrampeln, eintreten, einschlagen, demolieren, kaputtmachen *(ugs.),* aus etwas Kleinholz / etwas zu Kleinholz machen *(ugs.),* einer Sache den Rest geben *(ugs.),* kurz und klein schlagen *(ugs.).*

zetern, keifen, vom Leder ziehen, wie ein Rohrspatz schimpfen, Gift und Galle speien / spucken, fluchen, wettern, poltern, donnern, belfern, bellen, keppeln *(österr.).*

Zeug, Kram, Krimskrams, Trödelkram, Trödel *(ugs. abwertend),* Krempel *(ugs. abwertend),* Siebensachen, Gerümpel *(abwertend),* Plunder *(ugs. abwertend),* Dreck *(derb abwertend),* Mist *(derb abwertend),* Zimt *(salopp abwertend),* Graffelwerk *(bayr., österr.),* Klumpert *(bayr., österr.),* Kramuri *(österr.),* Gesums *(ugs.),* Zinnober *(abwertend).*

Zeuge, Augenzeuge, Beobachter, Zuschauer, Gaffer, Schaulustiger.

zeugen (für, gegen), Zeuge sein, Zeugnis ablegen *(geh. veraltend),* als Zeuge aussagen / auftreten, etwas bezeugen.

Zeugung, Befruchtung, Besamung, Insemination, Fekundation, Fertilisation, Kopulation, Imprägnation, Begattung, Schwängerung, Konzeption, Empfängnis, In-vitro-Fertilisation, künstliche Befruchtung.

zeugungsunfähig, unfruchtbar, impotent, steril, infertil.

ziehen, reißen, zerren, zupfen, ziepen *(ugs.),* rupfen.

Ziel, Bestimmungsort, Endstation, Zielort, Endziel.

zielstrebig, zielbewußt, zielsicher, unbeirrt.

zieren (sich), genant / genierlich sein, sich genieren / anstellen / haben.

Ziererei, Geziertheit, Gespreiztheit, Gestelztheit, Geschraubtheit, Affektiertheit, Gekünsteltheit, Künstelei, Manieriertheit, Gezwungenheit, Steifheit, Unnatürlichkeit, Geschwollenheit.

zierlich, zart, zartgliedrig, feingliedrig, grazil, schmächtig, zerbrechlich, fragil.

Zimmer, Stube *(landsch.),* Gemach *(geh.),* Kammer, Kabinett *(geh.),* Gelaß *(geh.),* Loch *(abwertend),* Kabuff *(abwertend),* Kemenate *(veraltet),* Klause *(scherzh.),* Bude *(ugs.),* Raum, Räumlichkeit.

zimperlich, empfindlich, überempfindlich, pimpelig *(ugs.),* wehleidig.

zirka, ungefähr, etwa, in etwa, schätzungsweise, annähernd, beiläufig *(österr.),* überschlägig, überschläglich, überschlagsmäßig *(landsch.),* rund, pauschal, über den Daumen gepeilt *(ugs.),* vielleicht, sagen wir, gegen, an die.

Zirkulation, Umlauf, Kreisumlauf, das Zirkulieren.

zirkulieren, in Umlauf sein, umlaufen, die Runde machen, kursieren.

zischeln, zischen, tuscheln, flüstern, wispern, pispern, pispeln, hauchen, raunen, murmeln, brummeln.

Zitat, Textausschnitt, Auszug, Textstelle, Ausspruch, Diktum, Bonmot.

zittern, beben, erzittern, erbeben, zucken, den Tatterich haben *(ugs.),* vibrieren, bibbern *(ugs.).*

Zivilisation, Kultur, Fortschritt, Entwicklung.

zögern, zaudern, zagen *(geh.),* sich abwartend verhalten.

Zoo, Zoologischer Garten, Tiergarten, Tierpark, Menagerie.

Zopf, Haarzopf, Flechte, Haarflechte.

Zorn, Ärger, Wut, Stinkwut *(salopp),* Rage *(ugs.),* Täubi *(schweiz.),* Grimm, Ingrimm, Jähzorn, Raserei, Furor.

zornig, ärgerlich, böse, aufgebracht, verärgert, entrüstet, empört, peinlich / unangenehm berührt, unwillig, ungehalten, unwirsch, fünsch *(niederd.),* indigniert, erbost, erzürnt, erbittert, fuchtig, wütend, rabiat, wutentbrannt, wutschäumend, wutschnaubend, fuchsteufelswild, zähneknirschend, grimmig, ingrimmig, tücksch.

zotteln, trotten, zuckeln, zockeln, trippeln, schlappen *(ugs.),* stiefeln, schlurfen, schlurren *(ugs.),* watscheln, stapfen, tappen, schleichen, latschen *(ugs.).*

Zuber, Bottich, Bütte *(landsch.),* Schaff *(südd., österr.).*

zudecken, bedecken, verdecken, abdecken, decken auf/über, überdecken, überziehen, darüberbreiten, breiten über, ausbreiten.

zudem, außerdem, überdies, obendrein, weiter, weiters *(österr.),* weiterhin, des weiteren, ferner, fernerhin, im übrigen, ansonsten, sonst, dazu, daneben, nebstdem *(schweiz.),* erst noch *(schweiz.).*

zudringlich, plump-vertraulich, aufdringlich, penetrant, lästig.

Zueignung, Widmung, Dedikation.

zuerst, zunächst, fürs erste, als erstes / nächstes, für einmal *(schweiz.),* vorerst, vorab, vorderhand, vorläufig, bis auf weiteres.

zufallen, an jmdn. fallen, jmdm. zufließen / zukommen, an jmdn. gehen, jmdm. zugesprochen / zugeteilt / zuerkannt werden, in jmds. Besitz gelangen / übergehen.

zufassen, greifen, ergreifen, erfassen, fassen, anfassen, in die Hand nehmen.

Zuflucht, Zufluchtsort, Zufluchtsstätte, Refugium, Freistatt, Asyl, Versteck, Schlupfloch, Schlupfwinkel, Unterschlupf.

zufolge, gemäß, laut, nach, entsprechend.

zufrieden, glücklich, selig, beglückt, hochbeglückt, glückselig, glückstrahlend, freudestrahlend, im sieb[en]ten Himmel *(ugs.).*

zufriedengeben (sich), sich begnügen / bescheiden, vorliebnehmen mit, fürliebnehmen mit *(veraltend),* sich genügen lassen / genug sein lassen an.

Zufriedenheit, Bescheidenheit, Einfachheit, Genügsamkeit, Selbstbescheidung, Selbstbeschränkung, Anspruchslosigkeit, Bedürfnislosigkeit.

zufriedenstellen (jmdn.), befriedigen, etwas stillen, [einer Forderung] entsprechen, erfüllen, jmdn. abfinden, jmdm. eine Abfindung zahlen, jmdm. Genüge tun.

zugegen, anwesend, da, greifbar, gegenwärtig, zur Stelle, hier, zu Hause.

zügeln, bändigen, zurückhalten, im Zaum / in Schranken halten, Zügel anlegen, mäßigen, zähmen, bezähmen.

zügellos, hemmungslos, ungezügelt, wild, unkontrolliert, orgiastisch *(geh.).*

zugestehen, gewähren, [einem Wunsch] entsprechen, [einer Bitte] stattgeben, bewilligen, zuteil werden lassen.

zugig, luftig, windig, böig, auffrischend, stürmisch.

Zugkraft, Sog, Magnetismus, Anziehungskraft, Attraktivität, Affinität.

Zugnummer, Glanzpunkt, Glanznummer, Glanzlicht, Glanzstück, Stern, Star, Prachtstück, Paradenummer, Zugstück, Zugpferd, Attraktion, Clou, Schlager, Aushängeschild.

zugrunde richten, ausbeuten, [jmdn. bis aufs Blut] aussaugen, jmdm. das Mark aus den Knochen saugen, arm machen, jmdn. an den Bettelstab bringen, ruinieren, jmdm. das Gas abdrehen *(salopp),* jmdm. den Rest geben *(ugs.)*, auspowern *(abwertend)*, jmdm. die Gurgel zuschnüren / zudrücken *(ugs.)*, jmdm. den Hals abschneiden *(ugs.)*, jmdm. das Fell über die Ohren ziehen *(ugs.)*, ausnutzen, ausnützen *(landsch.)*.

zu Hause, daheim, am häuslichen Herd, in seinen vier Wänden / Pfählen, im trauten Heim, im Schoß der Familie, in der Heimat, im eigenen Land.

Zuhause, Behausung, Domizil, Heim, Daheim *(bes. südd.)*, Wohnung; Stelle, wo man hingehört.

zuhören, anhören, hinhören, ganz Ohr sein, die Ohren spitzen *(ugs.)*, jmdm. Gehör schenken / sein Ohr leihen, ein offenes Ohr haben für, die Ohren aufsperren *(salopp)*, an jmds. Lippen hängen.

Zuhörerschaft, Zuhörer, Hörerschaft, Publikum, Auditorium.

zukommen (auf jmdn.), jmdm. begegnen / widerfahren / zustoßen, jmdn. erwarten, jmdm. blühen *(ugs.)*, jmdm. zuteil werden, jmdm. in den Schoß fallen, erleben.

zukünftig, in Zukunft / *(österr.)* Hinkunft, hinkünftig *(österr.)*, von nun an, ab jetzt, künftig, kommend.

Zulage, Gratifikation, Zuwendung, Sonderzulage, Remuneration *(bes. österr.)*, Prämie.

zulässig, statthaft, erlaubt, gestattet.

zumachen, schließen, zuschließen, verschließen, abschließen, einklinken, zuklinken, zuschlagen, zuballern *(ugs.)*, zuknallen, zuwerfen, zuschmettern, zuschmeißen *(salopp)*, die Tür [hinter sich] ins Schloß fallen lassen / werfen / schmettern.

zunächst, zuerst, fürs erste, als erstes / nächstes, für einmal *(schweiz.)*, vorerst, vorab, vorderhand, vorläufig, bis auf weiteres.

Zunahme, Steigerung, Wachstum, Zuwachs, Intensivierung, Anstieg, Vergrößerung, Vermehrung, Erhöhung, Verstärkung, Ausweitung, Eskalierung, Eskalation, das Fortschreiten, Progression.

Zuname, Familienname, Nachname, Eigenname, Vatersname, Name.

zünden, anzünden, anstecken, entzünden, anbrennen, anfachen, entfachen, zum Brennen bringen.

zunehmen, anwachsen, ansteigen, anschwellen, sich vermehren / vervielfachen / vergrößern / ausweiten, eskalieren.

Zuneigung, Sympathie, Liebe, Interesse, Anhänglichkeit, eine Schwäche für, Verbundenheit.

zunutze machen (sich etwas), ausnutzen, ausnützen, sich einer Sache bedienen, jmdn. zu etwas gebrauchen, aus etwas / jmdm. Vorteil ziehen, die Gelegenheit beim Schopfe packen / fassen / greifen / nehmen, jmdm. auf der Nase herumtanzen.

zupackend, energisch, resolut, tatkräftig, willensstark, forsch.

zurechtgemacht, aufgeputzt, herausgeputzt, aufgedonnert *(abwertend)*, overdressed, aufgemascherlt *(österr.)*, gstatzt *(österr.)*, aufgemacht *(ugs.)*, in großer Toilette, gestriegelt *(ugs.)*, geschniegelt und gebügelt *(scherzh.)*, wie geleckt *(scherzh.)*, geputzt / geschmückt wie ein Pfingstochse *(ugs. scherzh.)*, tipptopp, wie aus dem Ei gepellt, aufgetakelt, piekfein, ausstaffiert.

zurechtmachen (sich), sich schönmachen / feinmachen / herausputzen / aufputzen / putzen, sich aufmachen / pudern / *(schweiz.)* rüsten / *(abwertend)* auftakeln / *(abwertend)* aufdonnern / *(österr. abwertend)* aufmascherln, sich in Staat / Gala / Schale / Wichs werfen *bzw.* schmeißen *(ugs.)*, Toilette machen.

zurechtstutzen, jmdm. den Kopf zurechtsetzen / zurechtrücken, jmdn. zur Ordnung rufen, jmdm. Bescheid / die Meinung sagen, jmdm. auf die Finger klopfen.

zurechtweisen, zusammenstauchen *(salopp)*, eine Gardinenpredigt / Strafpredigt / Standpauke halten, jmdm. die Leviten lesen, mit jmdm. ein Hühnchen zu rupfen / noch ein Wörtchen zu reden haben, jmdm. etwas flüstern, jmdm. aufs Dach steigen / Bescheid stoßen / die Meinung geigen / den Marsch blasen *(salopp)*, abkanzeln, jmdm. den Kopf waschen, jmdm. die Flötentöne beibringen, jmdm. eins auf den Dekkel geben *(ugs.)*, jmdm. eins reinwürgen *(salopp)*, jmdn. heruntermachen / runtermachen / runterputzen *(salopp)*, jmdn. fertigmachen *(ugs.)*, jmdn. zur Minna / Schnecke machen *(salopp)*, jmdn. zur Sau machen *(derb)*, jmdn. Mores lehren, es jmdm. geben.

zürnen, grollen, Groll hegen, einen Zorn haben.

zurück, rückwärts, nach hinten, retour.

zurückerstatten, erstatten, vergüten, zurückzahlen.

zurückgeben, wiedergeben, retournieren, zurückstellen *(österr.)*.

zurückgehen (auf), beruhen / fußen / zurückzuführen sein auf, seinen Ursprung / seine Wurzel haben in, stammen von, entstammen, herrühren von.

zurückhalten, bändigen, zügeln, im Zaum / in Schranken halten, Zügel anlegen, mäßigen, zähmen, bezähmen.

zurückhaltend, passiv, untätig, inaktiv, reserviert, teilnahmslos, still.

Zurückhaltung, Reserve, Reserviertheit, Skrupel, Skepsis.

zurückkehren, zurückkommen, wiederkommen, wiederkehren, heimkehren, heimkommen, zurückfinden.

zurücklegen, sparen, ansparen, sich etwas ersparen / *(schweiz.)* erhausen, beiseite legen, auf die Seite legen, auf die hohe Kante legen.

zurückschauen, sich erinnern, sich entsinnen / besinnen / zurückerinnern, sich etwas ins Gedächtnis zurückrufen / rufen, jmds. / einer Sache gedenken, denken an, jmdm. einfallen / in den Sinn kommen / durch den Kopf gehen, zehren von, zurückdenken, zurückblicken, zurückschauen, Rückschau halten, jmdm. noch klar vor Augen stehen.

zurücksetzen, benachteiligen, diskriminieren, unterschiedlich / ungerecht behandeln.

zurückstecken, sich bescheiden, in seinen Forderungen zurückgehen, Abstriche machen, kleinere / kleine Brötchen backen, sich mäßigen, bescheidener werden.

zurückstellen, verschieben, aufschieben, hinausschieben, vertagen, verlegen, umlegen, verzögern, hinauszögern, hinausziehen, verschleppen, auf die lange Bank schieben *(ugs.)*, auf Eis legen *(ugs.)*.

zurücktreten, den Abschied nehmen, den Hut nehmen, demissionieren, abdanken, sein Amt zur Verfügung stellen / niederlegen / *(österr.)* zurücklegen, einen Posten abgeben / abtreten, sich [ins

Privatleben] zurückziehen, abtreten.

zurückweisen, von sich weisen, ablehnen, mißbilligen, verabscheuen, Abscheu / Widerwillen / Ekel empfinden, verabscheuenswert / verabscheuungswürdig / abscheulich / widerwärtig finden, jmdm. unerträglich / zuwider sein.

zurückziehen (sich), sich distanzieren von, abrücken von, sich innerlich entfernen von, mit etwas nichts zu tun / zu schaffen haben wollen, Abstand nehmen von etwas, ein Rückzugsgefecht machen.

Zusage, Zusicherung, Versprechen, Versprechungen, Verheißung, Gelöbnis, Ehrenwort, Wort, Beteuerung.

[1]**zusagen,** eine Zusage machen, zusichern, in Aussicht stellen, versprechen.

[2]**zusagen,** gefallen, behagen, imponieren, Gefallen / Geschmack finden an, auf den Geschmack kommen, Blut geleckt haben *(ugs.),* schön finden, jmdm. sympathisch / angenehm / genehm sein, jmds. Typ sein, jmds. Fall *(ugs.)* / nach jmds. Herzen sein, auf jmdn. / etwas stehen *(salopp),* Anklang finden, konvenieren *(veraltet),* bei jmdm. [gut] ankommen *(ugs.),* es jmdm. angetan haben, jmdm. liegen, nicht unbeliebt sein.

zusammen, gemeinsam, gemeinschaftlich, kooperativ, Hand in Hand, Seite an Seite, im Verein mit, in Zusammenarbeit mit, vereint, genossenschaftlich, gesamthaft *(schweiz.).*

Zusammenarbeit, Mitarbeit, Zusammenwirken, Kooperation, Teamarbeit, Teamwork.

zusammenbrauen (sich), heraufziehen, aufziehen, heranziehen, im Anzug sein, herankommen, aufkommen, nahen, herannahen, sich nähern, kommen, drohen, dräuen *(veraltet).*

zusammenbrechen, ohnmächtig werden, schlappmachen *(ugs.),* abbauen, zusammenklappen, zusammensacken, kollabieren, in Ohnmacht fallen / sinken, umfallen, umsinken, zu Boden sinken, Sterne sehen, umkippen *(ugs.),* jmdm. schwarz / Nacht vor den Augen werden, jmdm. schwinden die Sinne, aus den Latschen / Pantinen kippen *(salopp).*

Zusammengehörigkeitsgefühl, Gemeinsinn, Solidarität, Wir-Gefühl, Gemeingeist, Verbundenheit, Zusammengehörigkeit.

zusammenhängen (mit), in Verbindung / Zusammenhang / Beziehung zueinander stehen, mit etwas verquickt sein.

Zusammenhalt, Kohäsion, Haltekraft, Bindekraft.

zusammenhalten, unzertrennlich sein, [wie Kletten] aneinander hängen, ein Herz und eine Seele sein.

zusammenhanglos, unzusammenhängend, beziehungslos, ungereimt.

zusammenpassen, harmonieren, passen, zusammenstimmen, stimmen.

zusammenschließen (sich), sich verbünden / vereinigen / verbinden / zusammentun / assoziieren, zusammengehen, koalieren, eine Koalition eingehen.

Zusammenschluß, Verbindung, Liaison, Vereinigung, Koalition, Allianz, Entente [cordiale], Achse, Föderation, Konföderation, Fusion, Kartell.

zusammensetzen (sich aus), bestehen aus, sich rekrutieren aus, gebildet werden von.

zusammenstauchen *(salopp),* abkanzeln, jmdm. eine Gardinenpredigt / Strafpredigt / Standpauke halten, jmdm. die Leviten lesen, mit jmdm. ein Hühnchen zu rupfen / noch ein Wörtchen zu reden haben, jmdm. etwas flüstern, jmdm. aufs Dach steigen / Bescheid stoßen / die Meinung geigen / den Marsch blasen *(salopp)*, zurechtweisen, jmdm. den Kopf waschen, jmdm. die Flötentöne beibringen, jmdm. eins auf den Deckel geben *(ugs.)*, jmdm. eins reinwürgen *(salopp)*, heruntermachen, runtermachen, runterputzen *(salopp)*, fertigmachen *(ugs.)*, jmdn. zur Minna / zur Schnecke machen *(salopp)*, jmdn. zur Sau machen *(derb)*, jmdn. Mores lehren, es jmdm. geben.

Zusammenstoß, Zusammenprall, Aufprall, Aufschlag, Anprall, Kollision, Karambolage.

zusammenstoßen, kollidieren, zusammenprallen, zusammenknallen, zusammenkrachen, zusammenrauschen *(ugs.)*.

zusammenstürzen, einstürzen, einfallen, zusammenfallen.

zuschanzen (jmdm. etwas), jmdm. etwas zustecken / zuspielen / zuschieben / an die Hand geben.

Zuschauer, Publikum, Auditorium, Besucher, Betrachter, Gaffer, Beobachter, Zaungast, Schaulustiger, Zeuge, Augenzeuge.

zuschließen, abschließen, schließen, zumachen, absperren *(landsch.)*, zusperren *(landsch.)*, zuriegeln, verriegeln.

Zuschuß, Unterstützung, Beitrag, Beihilfe, Subvention, Finanzspritze, Zubuße, Zuschlag, Zustupf *(schweiz.)*.

[1]**zusetzen,** beimischen, beimengen, beigeben, beifügen, zugeben, hinzugeben, zufügen, hinzufügen, einrühren, unterrühren, dranrühren *(landsch. ugs.)*, ranrühren *(landsch. ugs.)*, verschneiden *(Fachspr.)*.

[2]**zusetzen** (jmdm.), drängen, bedrängen, jmdm. die Hölle heiß machen, keine Ruhe geben, jmdm. keine Ruhe lassen, jmdn. nicht in Ruhe lassen, nicht nachlassen / aufhören mit, insistieren, bohren, jmdn. in die Mangel / Zange nehmen, jmdn. hart herannehmen.

Zuspruch, Trost, Tröstung, Aufrichtung, Stärkung, Ermunterung, Aufheiterung, Aufmunterung, Ermutigung, Beruhigung, Beschwichtigung.

Zustand, Verfassung, Befinden, Form.

zuständig, maßgebend, verantwortlich, kompetent, befugt.

zustehen (jmdm.), jmdm. zukommen / gebühren, jmds. gutes Recht sein, ein Anrecht / einen Anspruch haben auf.

zustellen, liefern, anliefern, beliefern, ausliefern, bringen, zubringen, zustreifen *(österr. veraltend)*.

Zustellung, Lieferung, Ablieferung, Anlieferung, Abgabe, Belieferung, Auslieferung, Zuführung, Zuleitung, Zufuhr, Zusendung, Übermittlung, Überweisung, Weiterleitung, Weitergabe, Überstellung, Übergabe, Einhändigung, Überbringung.

zustimmen, seine Zustimmung / Einwilligung geben, grünes Licht geben, seinen Segen zu etwas geben, einiggehen / konformgehen mit, einverstanden sein mit.

zustoßen, jmdm. begegnen / widerfahren / *(salopp)* blühen / zuteil werden / auf jmdn. zukommen / in den Schoß fallen, jmdn. erwarten, etwas erleben.

Zutaten, Ingredienzen, Beimengungen, Beimischungen, Bestandteile, Inhaltsstoffe.

zutragen (sich), geschehen, erfolgen, stattfinden, vonstatten gehen, verlaufen, über die Bühne gehen *(ugs.)*, vor sich gehen, eintreten, sich ereignen / begeben / abspielen, zustande kommen, vorfallen, vorgehen, passieren, zugange sein *(landsch.)*, gehen *(schweiz.)*, es gibt etwas.

zutreffen, zutreffend / richtig / wahr sein, stimmen, hinkommen *(ugs.)*.

zuverlässig, ehrlich, vertrauenswürdig, geradlinig, gerade, offen, offenherzig, freimütig, frank und frei, unverhüllt, unverhohlen, wahrhaftig, wahr, wahrhaft, ohne Falsch, glaubwürdig, vertrauenerweckend.

Zuversicht, Hoffnung, Vertrauen, Zutrauen.

zuversichtlich, hoffnungsvoll, hoffnungsfroh, unverzagt, getrost, optimistisch.

zuviel, überladen, übermäßig, übersteigert, überzogen, überreichlich, strotzend vor, starrend vor, wuchernd, üppig, redundant, überschüssig, überzählig, überflüssig.

[1]**zuvorkommend,** höflich, aufmerksam, hilfsbereit, rücksichtsvoll, taktvoll, wie es sich gehört, gentlemanlike, ritterlich *(veraltend)*, galant *(veraltend)*.

[2]**zuvorkommend,** freundlich, nett, liebenswürdig, entgegenkommend, verbindlich.

Zuvorkommenheit, Höflichkeit, Aufmerksamkeit, Hilfsbereitschaft, Takt, Feingefühl, Zartgefühl, Anstand, Ritterlichkeit *(veraltend)*, Galanterie *(veraltend)*, Courtoisie *(veraltend)*.

zuwandern, an einem Ort seßhaft werden, seine Zelte aufschlagen, bleiben, sich niederlassen, sich ansiedeln, Fuß fassen, Wurzel schlagen, Aufenthalt nehmen, vor Anker gehen.

zuweilen, manchmal, gelegentlich, bisweilen, zuzeiten, vereinzelt, mitunter, von Zeit zu Zeit, ab und zu, ab und an, hin und wieder, dann und wann, hie[r] und da, ein oder das andere Mal, fallweise *(österr.)*.

zuwenden, hinwenden (sich), sich wenden zu, sich zukehren, sich zudrehen, sich öffnen, jmdn. an sich heranlassen, auf jmdn. eingehen, sich mit jmdm. befassen.

Zuwendung, Gratifikation, Zulage, Sonderzulage, Remuneration *(bes. österr.)*, Prämie.

zuwiderhandeln (einer Sache), verstoßen gegen, verletzen, unterlaufen, untergraben, antasten, übertreten, Unrecht tun, sündigen, freveln, widerrechtlich handeln.

zuzahlen, draufzahlen *(ugs.)*, nachzahlen, nachbezahlen.

Zwang, [zwingende] Notwendigkeit, Unerläßlichkeit, Erfordernis, Gebot, ein Muß.

zwängen, pressen, quetschen, drücken, kneten, klemmen.

zwanglos, ungezwungen, natürlich, locker, leger, lässig, ungehemmt, unbefangen, gelöst, nonchalant, large *(schweiz.)*, unzeremoniell, hemdsärmelig *(ugs.)*, frei, salopp, formlos.

zwangsweise, notgedrungen, gezwungenermaßen, der Not gehorchend, gezwungen, zwangsläufig, in Ermangelung eines Besseren, unfreiwillig, ungern, schweren Herzens, nolens volens, ob man will oder nicht, wohl oder übel.

Zweck, Sinn, Ziel, Absicht, Zweck und Sinn, Intention.

zweckmäßig, opportun, vernünftig, sinnvoll, angemessen, gegeben, tauglich, geeignet, zweckentsprechend, zweckdienlich, sachdienlich, praktikabel, brauchbar.

zweideutig, anstößig, unschicklich, ungehörig, unziemlich, shocking, ungebührlich, unanständig, zweideutig, nicht salonfähig / *(scherzh.)* stubenrein, pikant, lasziv, schlüpfrig, schmutzig, unsittlich, unmoralisch, schlecht, wüst, liederlich, zuchtlos, verdorben, verderbt, verrucht, ruchlos, verworfen, unzüchtig, pornographisch, tierisch, zotig, schweinisch *(abwertend),* lasterhaft, sittenlos, unkeusch, unsolide, ausschweifend, obszön.

Zweifel, Bedenken, Vorbehalt, Einwand, Skepsis.

zweifelhaft, fraglich, ungewiß, unsicher, unbestimmt, unwahrscheinlich, windig *(ugs.).*

zweifellos, zweifelsohne, zweifelsfrei, ohne Zweifel, fraglos, gewiß, sicher, sicherlich, unbestritten, unbestreitbar, unstreitig.

zweifeln, bezweifeln, anzweifeln, in Frage stellen, in Zweifel ziehen; ich fresse einen Besen [samt der Putzfrau], wenn ... *(salopp).*

zweigeteilt, geteilt, auseinander, getrennt.

Zweitschrift, Abschrift, Duplikat, Doppel, Durchschlag, Durchschrift, Kopie, Ablichtung.

Zwerg, Wichtel, Wichtelmännchen, Gnom, Heinzelmännchen, Kobold, Däumling.

zwicken, kneifen, zwacken, petzen *(landsch.).*

[1]**zwingen,** nötigen, erpressen, Druck / Zwang ausüben, jmdn. unter Druck setzen, jmdm. das Messer an die Kehle setzen, jmdm. die Pistole auf die Brust setzen, Daumenschrauben ansetzen.

[2]**zwingen** (sich), sich einen Ruck geben, seinem Herzen einen Stoß geben, sich überwinden.

zwingend, stichhaltig, beweiskräftig, unwiderlegbar, unwiderleglich, unangreifbar, hieb- und stichfest, bündig, schlüssig, stringent, schlagend, triftig.

zwitschern, singen, tirilieren, quirilieren, quinkelieren, trillern, flöten, pfeifen, schlagen, rufen, piepen, piepsen.

zwittrig, zweigeschlechtig, androgyn, doppelgeschlechtig, bisexuell, hermaphroditisch.

zynisch, sarkastisch, kalt, gallig, bitter, bissig, beißend, scharf, ironisch, verletzend, höhnisch, voller Verachtung.

Register

A

B

C

D

E

I

J

K

L

M

N

O

P

Q

R

S

T

U

V

W